भूमंडलीकरण और हिंदी उपन्यास

भूमंडलीकरण और हिंदी उपन्यास

पुष्पपाल सिंह

राधाकृष्ण प्रकाशन

ISBN : 978-81-8361-503-7

भूमंडलीकरण और हिंदी उपन्यास

पहला संस्करण : 2012
दूसरा संस्करण : 2015
This book is printed on **Print on Demand** Technology : 2025

मूल्य : ₹995

प्रकाशक
राधाकृष्ण प्रकाशन प्राइवेट लिमिटेड
जी-17, जगतपुरी, दिल्ली-110 051

शाखाएँ : अशोक राजपथ, साइंस कॉलेज के सामने, पटना-800 006
पहली मंजिल, दरबारी बिल्डिंग, महात्मा गांधी मार्ग, प्रयागराज-211 001
1, अनमोल सोराबजी संतुक लेन, धोबी तलाव, मरीन लाइंस, मुम्बई-400 002
वेबसाइट : www.radhakrishnaprakashan.com
ई-मेल : info@radhakrishnaprakashan.com

BHUMANDALIKARAN AUR HINDI UPANYAS
by Pushp Pal Singh

प्रिय पत्नी
जिन्होंने इस कार्य के चलते एकाकीपन का दंश भोगा
और
अपने सभी प्यारे बच्चों को
जिनका विभिन्न रूपों में
अमूल्य सहयोग रहा
और जो पापा को बार-बार
इतना काम करने से प्रेमपूर्वक
बरजते रहे।

पूर्व कथन

भूमंडलीकरण सामान्यतः एक ऐसी अवधारणा होनी चाहिए थी कि पूरे विश्व में एक संस्कृति विकसित हो जो पूरे भूमंडल को एक विश्वग्राम में परिवर्तित कर सारी दुनिया के मनुष्य-मात्र के कल्याण के लिए प्रतिबद्ध होती। इस रूप में यह हमारे 'वसुधैव कुटुम्बकम्' की धारणा के अनुकूल होता जिसमें विश्व मानवता के कल्याण की शिव कामना है किंतु आज वर्तमान रूप में वैश्वीकरण एक ऐसी धारणा है जिसका मूलाधार बाजार, बाजारवाद और उपभोक्तावाद है। पूरी दुनिया को अपने बाजार के रूप में परिवर्तित कर विश्व की सर्वोच्च–'सुपर' शक्ति अमेरिका अपने रूप में ढालकर सांस्कृतिक दृष्टि से अपना बनाने, आर्थिक दृष्टि से अपने न्यस्त स्वार्थों की संपूर्ति के लिए पूरे विश्व को एक रंग में रँगने के संकल्प को कार्य रूप दे चुका है, पूरा विश्व उसके द्वारा परिकल्पित मॉल संस्कृति बनकर रह गया है। यह वैश्वीकरण एक प्रकार से पूरी दुनिया का अमेरिकीकरण है जो सारे राष्ट्रों की स्थानिक संस्कृति, जातीय चेतना को पूरी तरह लील कर अपने रंग में रँग डालने की बड़ी भारी सफल कूटनीति है जिसके कारण पूरा विश्व उसकी चपेट में आ चुका है। एक प्रभंजन के प्रवेग से अमेरिकी अर्थनीतियाँ और तथाकथित भूमंडलीय संस्कृति चारों ओर अपना पसारा पसार चुकी है। होना यह चाहिए था कि पूरे विश्व स्तर पर सभी देशों की सभ्यताएँ-संस्कृतियाँ मिलकर मानव कल्याण के एक मंगलकारी स्वप्न को यथार्थ रूप में देने का प्रयत्न करतीं किंतु हुआ इसके बिलकुल उलट कि प्रत्येक देश की संस्कृति के शुभ और शिव को अमेरिकी संस्कृति के दानवी डैनों ने दबोच कर एक नई–अंकल सैम-संस्कृति का पसारा चहुँओर फैला दिया। प्रत्येक राष्ट्र के सामने यह समस्या आ खड़ी हुई कि वह पुरातन को न छोड़ पाने के मोह में रहते हुए भी इस नयी संस्कृति के कम्बल को ओढ़ने लगा, पूरी तरह अपने से चिपकाये हुए, उसमें एक नई ऊष्मा खोजने लगा। इसीलिए न-न करते हुए भी सभी उससे चिपट

कर पूरी तरी गले लगाने में ही अगाध प्रसन्नता अनुभव करने लगे। सूचना प्रौद्योगिकी, तकनीकी उन्नति, उपग्रह-सैटेलाइट–क्रांति ने राष्ट्रों की भौगोलिक सीमाओं का अर्थ समाप्त कर पूरी दुनिया को एकमेक करने का बीड़ा उठा लिया है। प्रत्येक देश की राष्ट्रीय अस्मिता, भाषा-संस्कार, बोलियाँ, भाषाएँ, लोक-संस्कृति, सब कुछ मटियामेट होकर अमेरिकीकरण की प्रक्रिया में अपनी निजता खो चुके हैं, जो कुछ बचा है, वह भी क्षरण की प्रक्रिया में है। भारतीय संस्कृति का चरित्र प्रारंभ से ही उदार रूप में सर्वसमावेशी रहा है, जितनी भी संस्कृतियों के कारवाँ यहाँ आए, वे यहीं की संस्कृति में घुलमिल कर एकमेक हो गए। किंतु अब उत्तर आधुनिक समय में वैश्वीकरण की यह आँधी जितने प्रवेग से भारत में आई, हमारी संस्कृति के भी पैर उखाड़ दिए हैं, अपने पैरों को पूरी शक्ति से रोपे रखने के सभी प्रयत्न प्रायः निष्फल होते नजर आ रहे हैं, हम भी वैश्वीकरण के बहाव में बहकर नव विकास के नाम पर इसी वैश्विक गाँव–ग्लोबल गाँव–का अंग बनते जा रहे हैं। परिवेश ने हमारे ऊपर इन स्थितियों को पूरी तरह थोपकर हमें उपभोक्तावादी संसार के ऐसे मायावी व्यूह में डाल दिया है कि हम उससे निकल पाने की जुगत नहीं निकाल पा रहे हैं। पूरी दुनिया ऐसी उपभोक्तावादी संस्कृति में तब्दील हो रही है जहाँ पैसा ही सब कुछ है। अकूत धन पाने की आकाशचुम्बी लालसाएँ भयावह भ्रष्टाचार और घोटालों को जन्म देकर मनुष्य को पतन के गर्त में पहुँचा रहे हैं। पूरी दुनिया को मालामाल करने की मृगमरीचिका धनिकों को और अधिक धनैश्वर्यशाली और निर्धनों को और अधिक विपन्न बनाकर दोनों के बीच की खाई को निरंतर गहरा और चौड़ा करने की नई आर्थिक वैश्विक व्यवस्था के नए निजाम के रूप में सामने आ रही है। वैश्वीकृत नव उदारवाद ने गरीबी और युवा बेरोजगारी की दर पूरे विश्व में किस प्रकार बढ़ायी है इसे अब अमेरिका से उठे जनांदोलन–वॉल स्ट्रीट पर कब्जा करो, आक्यूपाई वॉल स्ट्रीट जैसे बवंडर के रूप में देखा जा सकता है जिसने पूरे यूरोप को अपनी गिरफ्त में ले लिया है। यह संकेतित करता है कि वैश्वीकरण ने विश्व के गरीबों–जो अमेरिका में अपने को 'हम 99 प्रतिशत हैं'–'वी आर नाइनटी-नाइन परसेंट'–कह रहे हैं–को किस स्थिति में लाकर खड़ा कर दिया है। पूरी दुनिया में कमोबेश यही स्थितियाँ भूमंडलीकरण की सौगात के रूप में सामने आ रही हैं। बाजारवाद के युग में साहित्य और कलाओं की कोई उपयोगिता सामान्य मनुष्य को दिखाई नहीं दे रही है, किंतु वैश्वीकरण के इस घोर

तमस में भी कलाएँ और साहित्य ही मनुष्य की संस्कृति के श्रेष्ठ को बचाने का उपक्रम कर सकती हैं। यह सुखप्रद स्थिति है कि सभी कलाएँ और साहित्य भूमण्डलीकरण की दानवी शक्तियों का भरपूर विरोध कर रही हैं। उपन्यास युग–जीवन का एक सशक्त चित्र प्रस्तुत कर अशिवकारी तत्त्वों का प्रतिरोध उपस्थित करनेवाली समर्थ विधा है। हिंदी उपन्यास भी अपनी तरह से वैश्वीकरण की प्रायः अपराजेय, दुर्निवार स्थितियों का प्रतिरोध उपस्थित कर मानव-कल्याण का एक स्वस्थ मार्ग प्रशस्त कर रहा है जिससे हम राष्ट्रीय संस्कृति और अस्मिता को किसी सीमा तक बचा सकें। हिंदी उपन्यास ने पिछली सदी के लगभग अंतिम दशक से भूमण्डलीकरण के उस विकराल रूप से निपटने का जो उपक्रम किया है, प्रस्तुत पुस्तक हिंदी उपन्यास के इसी तेजस्वी रूप का सम्यक् अध्ययन प्रस्तुत करने का एक विनम्र प्रयास है।

पुस्तक का प्रथम अध्याय भूमंडलीकरण की अवधारणा, उसके प्रमुख घटकों, विकास के विभिन्न चरणों का विश्लेषण करते हुए, उसके आर्थिक तथा सांस्कृतिक पक्षों का तार्किक विश्लेषण प्रस्तुत करता है। स्त्रीवाद–फेमिनिज़्म–की अवधारणा और उसके विकास के प्रमुख सोपानों का गहन अध्ययन भी इस अध्याय में हुआ है। इस प्रकार यह अध्याय पुस्तक की सैद्धान्तिकी का कार्य करता है। 'हिंदी उपन्यास : समकालीन परिदृश्य' शीर्षक दूसरा अध्याय 1985 से अद्यतन 2009 तक के प्रकाशित उपन्यास, उपन्यास साहित्य के विकास को ऐतिहासिक परिप्रेक्ष्य में विश्लेषित कर प्रथम बार यहाँ हिंदी उपन्यास के पिछले प्रायः 25 वर्षों का विधिवत इतिहास प्रस्तुत करता है। एक प्रकार से यह इस कालावधि के संपूर्ण हिंदी उपन्यास का पुनर्मूल्यांकन भी है, अपने नए विवेक और नई स्थापनाओं के साथ। 'वैश्वीकरण के संदर्भ में उपन्यास-दृष्टि' शीर्षक तीसरा अध्याय वैश्विक संदर्भों में हिंदी उपन्यास में यथार्थ चित्रण की नूतन अवधारणा, उपन्यास की मृत्यु : फतवे और घोषणाएँ तथा हिंदी उपन्यास में घटित शैल्पिक परिवर्तनों को लक्षित करता है। अध्याय चार 'हिंदी उपन्यास : पश्चिम की संस्कृति का वर्चस्व और आक्रमण' का विवेचन हिंदी के महत्त्वपूर्ण उपन्यासों के संदर्भ में प्रस्तुत करता है। पाँचवे अध्याय में 'बाजारवाद, उपभोक्तावाद तथा वैश्वीकरण के अन्य सांस्कृतिक संकट' को जिस रूप में हिंदी उपन्यास चित्रित करता है उसका विवेचन किया गया है। छठा अध्याय 'हिंदी उपन्यास : नारीवाद और नई स्त्री चेतना' पर

केन्द्रित है। इस नई नारी चेतना ने दांपत्य, प्रेम और यौन सम्बन्धों को जिस नए रूप में पुनर्परिभाषित किया है, महिला कथाकारों के उपन्यासों के संदर्भ में उस सबका विशेष विवेचन किया गया है। सातवें अध्याय 'हिंदी उपन्यास : भूमंडलीय अपसंस्कृति का राजनीतिक परिदृश्य' में भूमंडलीय स्थितियों के चलते राजनीतिक के अपराधीकरण, उग्र सांप्रदायिकतावाद, आतंकवाद और अपराध जगत का चित्रण जिस रूप में उपन्यास में हुआ है, उसका विश्लेषण किया गया है। अंतिम आठवाँ अध्याय 'मूल्यसंक्रमण : हिंदी उपन्यास' में क्षरित होते हुए जीवन मूल्यों की पीड़ा का आकलन करता हुआ जीवन और साहित्य के बदलते मूल्यों-मानों के उपन्यास में चित्रित रूप को उद्घाटित करता है। प्रस्तुत अध्ययन मूलतः विश्वविद्यालय अनुदान आयोग की प्रायोजना के अन्तर्गत प्रस्तुत किया गया था, उसी का परिवर्द्धित रूप यह पुस्तक है, जो हिंदी उपन्यास पर पड़ने वाले भूमंडलीय प्रभावों का सम्यक् अध्ययन प्रस्तुत करता हुआ अपसंस्कृति के वैश्विक पसारे पर हिंदी उपन्यास का प्रतिरोधी स्वर उपस्थित करता है।

इस प्रकल्प को पूरा करने में मेरे परिजनों, विभागीय सहयोगियों तथा अनेक साहित्यिक मित्रों का अमूल्य सहयोग, सद्भाव और तरह-तरह से प्रेरणा मिलती रही है। सर्वप्रथम आभारी हूँ, डॉ. सुखविंदर कौर बाठ का, जिन्होंने विभागाध्यक्ष के रूप में अपना पूर्ण सहयोग प्रदान किया। डॉ. रवि कुमार 'अनु' और डॉ. रामनिवास शर्मा का अमूल्य सहयोग तरह-तरह से प्रायोजना को पूरा करने के लिए मिलता रहा, इसीलिए पूर्ण मन से सभी के प्रति आभार!!

विशेष धन्यवाद और आभार श्री अशोक महेश्वरी जी के प्रति जिन्होंने पांडुलिपि को देखकर दस-पाँच मिनटों में ही उसे उलट-पलटकर प्रकाशन का निर्णय ले लिया। इससे पूर्व उन्होंने अपने प्रकाशन संस्थान के नव्यतम उपन्यासों को अध्ययन में शामिल करने का बहुमूल्य सुझाव दिया था। उनकी आत्मीयता मेरी पूँजी है।

—पुष्पपाल सिंह

अनुक्रम

भूमंडलीकरण और हिंदी उपन्यास

भूमंडलीय सांस्कृतिक संक्रमण : स्थिति और दिशा

सांस्कृतिक दृष्टि से आज हम एक ऐसे संक्रमणकालीन समय में जी रहे हैं जिसमें पुरातन से छुटकारा और नए का ग्रहण हमसे हो नहीं पा रहा है। यह नया और नई जीवन दृष्टि है क्या, इसी सोच में समकालीन चिंतना, विचारणा हलकान है। चहुँ ओर भूमंडलीकरण—वैश्वीकरण, ग्लोबीकरण का जो शोर है वह इसी चिंता का मूर्त रूप है जिसने हमारे वैचारिक जगत और जीवन-पद्धति में एक अभूतपूर्व परिवर्तन उपस्थित कर दिया है। भूमंडलीकरण और वैश्वीकरण दोनों ही आज ग्लोबलाइजेशन, ग्लोबीकरण के लिए सर्वस्वीकृत शब्द हैं। इस दिग्भ्रमित स्थिति ने हमारे साहित्य और कलाओं को भी व्यापक रूप में प्रभावित किया है। भारतीय संस्कृति का चरित्र सदैव से सर्वग्राही तथा सर्वसमावेशी रहा है, सदियों से आते अनेक आक्रांता अपने साथ जिस सांस्कृतिक विरासत को लेकर आते रहे, वह भारतीय संस्कृति के सागर में समाकर एकमेक होती रही। किंतु आज मुख्य अंतर यह आया कि हमारे पैर इस भूमंडलीय आँधी में टिक नहीं पा रहे हैं। आँधी या अंधड़ तो आकर एक वेग से निकल जाता है, सब कुछ में से काफी कुछ को उखाड़ते, झिंझोड़ते और कुछ को पूरी तरह ध्वस्त करते हुए किंतु यह वैश्वीकरण दुनिया को सम दृष्टि से समतल, एकमेक, करने के इरादे से जहाँ गया है, पूरी तरह जमकर बैठ गया है, अपने सर्वग्रासी डैनों को पूरी तरह पसारकर। प्रौद्योगिकी और तकनीक की अभूतपूर्व प्रगति, सूचना-क्रांति का तीव्र विस्फोट, कम्प्यूटर और मोबाइल के क्षेत्र में अपूर्व क्रांतिकारी परिवर्तनों, विज्ञापन के मायावी जगत से प्रोत्साहित उपभोक्तावाद, विपणन-प्रबंधन की नित नई युक्तियों ने हमारा समाजार्थिक, राजनीतिक तथा धार्मिक परिवेश पूरी तरह बदलकर रख दिया है। हम अपने स्थापित पारंपरिक मूल्य-मानों, श्रेष्ठ जीवन-मूल्यों को क्षरित और ध्वस्त होते देख पूरी तरह विचलित हैं। इन सारी स्थितियों को हम भले ही अपनाने के लिए प्रस्तुत न हों किंतु परिवेश ने हमारे ऊपर इन स्थितियों को पूरी तरह थोप दिया है। उन्मुक्त, खुले, बाजार की अर्थनीति और व्यवस्था ने उपभोग का विराट मायाचक्र रच अकूत धन-संपत्ति आयत्त करने का ऐसा आत्मघाती स्वप्न वर्तमान मनुष्य को दे डाला है जिसके लिए वह किसी भी प्रकार के साधन अपनाने को तत्पर है। राष्ट्रीय और वैयक्तिक दोनों स्तरों पर हम अपने को उधारजीवी विकास-प्रक्रिया में पड़ा पाते हैं। साथ ही उदात्त और श्रेष्ठ के

प्रति हमारी निष्ठा निरंतर ह्रासशील स्थिति को प्राप्त होती चली गई। येन-केन प्रकारेण लक्ष्य तक पहुँचने की हड़बड़ाहट हमें जीवन के सभी क्षेत्रों में 'शार्ट कट' की संस्कृति में ढाल रही है। इसलिए आज वैश्वीकरण हमारे विचार-जगत में एक सतत चिंता का रूप धारण कर गया है। प्रख्यात समाजशास्त्री प्रो. श्यामाचरण दुबे इन स्थितियों के प्रति अपनी चिंता इस रूप में प्रकट करते हैं : "समकालीन भारतीय समाज तीव्र संक्रमण के दौर से गुजर रहा है। परिवर्तन की आँधियाँ कई दिशाओं से आ रही हैं–एक ओर आधुनिकीकरण की अनिवार्यता है। दूसरी ओर परंपरा के आग्रह हैं। पश्चिम की आर्थिक और तकनीकी सहायता अपने साथ वहाँ की जीवन शैली और मूल्य ला रही है, जिन्हें अपनी जड़ से कटे भारतीय आधुनिकता समझकर बिना तर्क के अपना रहे हैं। इस अंधानुक्रमण ने एक नई चिंता को जन्म दिया है–अपनी अस्मिता और पहचान खोकर एक आकृतिविहीन भीड़ की गुमनामी में खो जाने की।' xxxx हमारी संस्कृति अनुकरण की भोगवादी और लिप्सावादी संस्कृति बन गई है। आर्थिक उदारता, खुलापन और वैश्वीकरण संसार-भर में एक अपसंस्कृति फैला रहे हैं। हम इस प्रवृत्ति के असहाय दर्शक मात्र बनकर रह गए हैं।"[1] वैश्वीकरण की अवधारणा हमारी संस्कृति के लिए कोई नई बात नहीं है, तत्संबंधी हमारी पारंपरिक अवधारणा 'वसुधैव कुटुम्बकम्' के प्रकल्प में पूरे विश्व समुदाय को एक कुटुम्ब, एक कुल, मानने का प्रबल आग्रह रहा है किंतु भूमंडलीकरण की शब्दावली का वैश्विक गाँव–ग्लोबल विलेज–हमारी इस विश्व मानवतावादी धारणा से बिलकुल अलग है। 'वैश्विक गाँव' की मान्यता का आर्थिक पक्ष-बाजार तथा बाजारवाद–इसे हमारी पुरातन मान्यता से पूरी तरह अलग कर एक प्रच्छन्न और अघोषित आक्रमण का रूप दे डालता है। वैश्वीकरण का यह आर्थिक पक्ष इसे नव साम्राज्यवाद का रूप प्रदान करता है। सुनियोजित विधियों, क्रिया-कलापों और अनेकानेक युक्तियों से यह मिथ्या भ्रम संपूर्ण विश्व में प्रचारित और प्रस्थापित कर दिया गया है कि भूमंडलीकरण के अन्तर्गत बाजार का अंग बन जाना ही विकास का एकमात्र मार्ग है। प्रख्यात वैज्ञानिक शिक्षाविद् प्रो. यशपाल ने भी विचार किया है कि वर्तमान में यह वैश्वीकरण हमारे प्राचीन सांस्कृतिक आदर्श से किस प्रकार भिन्न है, "भूमंडलीकरण का अर्थ यह नहीं है कि यह सब लोगों के लिए बराबर है। इसमें 'वसुधैव कुटुम्बकम्' जैसी बात बिलकुल नहीं है। भूमंडलीकरण एक ऐसी स्वेच्छाकारी प्रक्रिया है जिसके नियमों का पालन हमें करना पड़ेगा और हम सबको उसके पीछे चलना पड़ेगा। ये यह भी तय करेंगी कि हमारी स्थितियाँ कैसी होंगी। उन्हें कैसी होनी चाहिए। आपको अनुकूलित किया जाएगा।"[2] देखते-देखते पूरा विश्व समुदाय इस अवधारणा को स्वीकृति दे चुका है, जो कुछ शेष रह गए हैं, वे दे रहे हैं। विचारणा ('थॉट', 'थियेरी') के रूप में भूमंडलीकरण, उपभोक्तावाद, उन्मुक्त बाजार व्यवस्था या कहें खुला, उदार बाजार, आदि की चर्चा प्रायः 25-30 वर्ष पूर्व प्रारंभ हो गई थी किंतु इस दिशा में विशेष सक्रियता पिछले 15-20 वर्षों, विशेषतः 1989-90 से

तीव्रतर रूप धारण करती चली गई। पहले यह मान्यता थी कि पीढ़ियों में वैचारिक अंतराल 20-25 वर्षों की अवधि में आता है किंतु वैज्ञानिक प्रगति, तकनीक और प्रौद्योगिकी के सबल चरणों के बढ़ते पीढ़ियों का यह अंतराल 10-10 वर्षों में घटित होते देखा गया है। कहने को आज हम कहते हैं कि अब यह पीढ़ी-परिवर्तन 5-5 वर्षों में घटित हो रहा है किंतु वास्तविकता यह है कि यह परिवर्तन प्रत्येक बीते वर्ष में तेजी से लक्षित किया जा सकता है। कहना न होगा कि वह दिन दूर नहीं जब हम परिवर्तन की इस द्रुत गति का आकलन करने की स्थिति में नहीं रहेंगे, केवल उसके बहाव में बहते ही चले जाएँगे। आवश्यकता इस बात की है कि हम भूमंडलीकरण के अवधारणात्मक पक्ष का समीचीन विश्लेषण करें।

भूमंडलीकरण : अवधारणा

भूमंडलीकरण के दो पक्ष हैं : आर्थिक और सांस्कृतिक किंतु ये दोनों कोई बिलकुल पृथक-पृथक संभाग (कंपार्टमेंट्स, वाटर टाइट कंपार्टमेंट्स) नहीं हैं, दोनों एक दूसरे से प्रभावित और संग्रथित हैं। वैश्वीकरण के आर्थिक पक्ष से उपभोक्तावाद या बाजारवाद जुड़ा हुआ है। बाजारवाद सभ्यता के स्वरूप को आमूल-चूल परिवर्तित कर सांस्कृतिक परिवर्तन की एक अदृश्य पीठिका प्रस्तुत करता है। भूमंडलीकरण की निसर्ग प्रक्रिया में श्रेयस्कर यह था कि विश्व के समस्त देश, उनकी संस्कृतियाँ, एक-दूसरे को प्रभावित करते, एक-दूसरे का श्रेष्ठ ग्रहण करते किंतु वास्तविकता यह है कि यह प्रक्रिया मात्र पश्चिमीकरण बनकर रह गई है और भी दो-टूक कहें तो वह पश्चिमीकरण भी नहीं है अपितु मात्र 'अमेरिकीकरण' बनकर रह गया है। अपने पूँजीवादी हथकंडों, प्रशासनिक तंत्र से अमेरिका ने आज विश्व में इस प्रकार की स्थितियाँ उत्पन्न कर दी हैं कि उसकी इच्छा के बिना कोई भी राष्ट्र कोई महत्त्वपूर्ण निर्णय नहीं ले सकता। यदि कोई ऐसा दुस्साहसी पग उठाता है तो उसे ईराक बना दिया जाता है। अमेरिकी संस्कृति की दिग्विजय है यह!! भूमंडलीकरण के विषय में अमेरिकी विदेश मंत्री हेनरी किसींजर ने 1966 ई. में 'वाशिंगटन पोस्ट' समाचार-पत्र के अपने एक लेख में कहा था कि कुछ ही समय में अमेरिकी संस्कृति और विकास मॉडल का वर्चस्व पूरे विश्व में फैल जाएगा। समय ने इसे सत्य कर दिखाया, आर्थिक-सांस्कृतिक उन्माद ने पूरे विश्व के आर्थिक और सांस्कृतिक भूगोल में एक ऐसी खलबली मचाकर रख दी है कि आज प्रत्येक विचारक, साहित्यकार, संस्कृतिकर्मी इस संकट और समस्या से अपने-अपने ढंग से जूझ रहा है।

वस्तुतः भूमंडलीकरण मूलतः एक आर्थिक नियमन की व्यवस्था के रूप में अस्तित्व में आया किंतु इसके बाजारवादी पक्ष ने इसे सांस्कृतिक रूपांतरण की प्रक्रिया में डाल दिया। इस प्रकार अवधारणात्मक रूप में इसके दो पक्ष हैं आर्थिक तथा सांस्कृतिक पक्ष। किंतु ऐसा नहीं है कि ये दोनों पृथक-पृथक संभाग हैं, ये एक दूसरे से अन्तर्ग्रथित हैं। उत्पादों के लिए बाजार की तलाश और उसके लिए विज्ञापन के

मायावी जगत द्वारा टी. वी. के पर्दे के उपयोग ने समस्त विकासशील देशों की संस्कृति को अमेरिकी संस्कृति में ढाल देने की सतत प्रक्रिया प्रारंभ कर दी। अतः वैश्वीकरण के इन दोनों ही पक्षों पर विचार करना अपेक्षित है।

(क) भूमंडलीकरण : आर्थिक पक्ष

विगत बीस-इक्कीस वर्षों में जिस रूप में भूमंडलीकरण की यह प्रक्रिया तीव्र हुई है, उसका आधार **'वाशिंगटन आम राय'-1989-('वाशिंगटन कॉन्सेसियस')** है जिसके प्रस्तोता अन्तरराष्ट्रीय अर्थशास्त्रीय अध्ययन संस्थान ('इंस्टीट्यूट फॉर इंटरनेशनल इक्नॉमिक्स') के **प्रसिद्ध अर्थशास्त्री जॉन विलियमसन** थे। उन्होंने अपने संस्थान में प्रसिद्ध अर्थशास्त्रियों को संगोष्ठी में एकत्रित कर विचार मंथन के लिए आमंत्रित किया जिसमें उन्होंने पश्चिम के सबल राष्ट्रों को उनकी आर्थिक स्थितियों और ऋण की निरंतर बढ़ोत्तरी से उबारने के लिए एक ऐसा **दस–सूत्रीय कार्यक्रम** प्रस्तावित किया जिसके विषय में सम्मिलित राष्ट्रों के प्रतिनिधि एक रूप, आम राय, बना सकें। इसका प्रस्तावन करनेवाला वाशिंगटन कौन-सा वाशिंगटन है, इसकी व्याख्या स्वयं प्रो. विलियमसन ने इस रूप में की–"इस शोध-पत्र का वाशिंगटन दोनों हैं–कांग्रेस प्रशासन के वरिष्ठ अधिकारियों का राजनीतिक वाशिंगटन तथा तकनीकी विशेषज्ञों, अन्तरराष्ट्रीय वित्तीय संस्थानों, अमेरिकी सरकार के वित्तीय निकायों, फेडरल रिजर्व बोर्ड तथा शीर्ष चिंतकों ('थिंक टैंक्स') का वाशिंगटन।"[3]

वाशिंगटन आम राय की अवधारणा भी विचारणीय है, 'वाशिंगटन आमराय' ('वाशिंगटन कॉन्सेसियस') पद 1989 ई. में अस्तित्व में आया। इसका सर्वप्रथम लिखित उल्लेख जॉन विलियमसन ने अपने आधार-पत्र ('बैकग्राउंड पेपर') में किया जिसे उन्होंने अन्तरराष्ट्रीय अर्थशास्त्रीय संस्थान ('इंस्टीट्यूट फॉर इंटरनेशनल इकॉनोमिक्स') द्वारा आयोजित सम्मेलन में प्रस्तुत किया था। इस आयोजन का उद्देश्य उन नीतियों का पुनर्वीक्षण करना था जिसके आधार पर लेटिन अमेरिका की आर्थिक नीतियों का नियमन 1950 ई. से चला आ रहा था। प्रो. विलियमसन ने जो अपना दस सूत्रीय कार्यक्रम प्रस्तुत किया उसके विषय में उनका विचार था कि–लेटिन अमेरिका में प्रायः प्रत्येक व्यक्ति को वह स्वीकार्य होगा–इसीलिए इसे 'वाशिंगटन आम राय' नाम दिया गया। इन विचार-सूत्रों पर उन्होंने अन्तरराष्ट्रीय अर्थशास्त्रीय संस्थान के अपने तत्कालीन निदेशक फ्रेड बर्गस्टन (Fred Bergston) के साथ विचार-विमर्श किया और यह निर्णय लिया गया कि इन पर व्यापक और गहन विचार-विमर्श के लिए एक सम्मेलन बुलाया जाए कि ये मान्यताएँ किस रूप में स्वीकृति पाती हैं। ये सभी महत्त्वपूर्ण दस सूत्र व्यापक रूप में स्वीकार किए गए। अमेरिका के रीगन प्रशासन और ब्रिटेन के थेचर प्रशासन ने उन्हें पूर्ण स्वीकृति प्रदान की। हाँ! इस दस-सूत्री योजना में ब्रिटेन की प्रधानमंत्री श्रीमती थेचर का निजी और विशेष अवदान 'निजीकरण' ('प्राइवेटाइजेशन') का था

जिसकी उपयोगिता समय ने स्वतः ही प्रमाणित कर दी है। इस प्रकार ये 'दस महत्त्वपूर्ण योजनाएँ' थीं जिन्होंने 1989 ई. में दुनिया का आर्थिक मानचित्र बदलने की आधारशिला रख दी। इस प्रस्तावना के दस सूत्रीय सुधार कार्यक्रम इस प्रकार थे–

1. राजस्व संबंधी अनुशासन (फिसकल डिसिप्लिन)
2. सार्वजनिक खर्च की प्राथमिकताओं का पुनर्निधारण (रिआर्डरिंग पब्लिक एक्सपेंडीचर प्रारअ्टीज)
3. कर सुधार (टैक्स रिफॉर्म)
4. ब्याज दरों का उदारीकरण (लिबरलाइजिंग इंटेरेस्ट रेट्स)
5. प्रतिस्पर्द्धी विनिमय दर (ए कंपटेटिव एक्सचेंज रेट)
6. व्यापार उदारीकरण (ट्रेड लिबरलाइजेशन)
7. देश में प्रत्यक्ष विदेशी निवेश का उदारीकरण (लिबरलाइजेशन ऑफ इनवार्ड फॉरेन डाइरेक्ट इनवेस्टमेंट)
8. निजीकरण (प्राइवेटाइजेशन)
9. उदारीकरण (डिरेग्यूलेशन)
10. सम्पत्ति का स्वामित्व (प्रॉपर्टी राइट्स)

पर्याप्त चर्चा के पश्चात् 'वाशिंगटन आम राय' को स्वरूप प्राप्त हुआ। यह सैद्धांतिकी नव उदारवाद पर आधारित है जिसमें किसी भी राष्ट्र के विकास की 'चार मीनारें' विशेष रूप से खड़ी की गईं–

1. जी.डी.पी. में वृद्धि
2. विदेशी मुद्रा भंडार में वृद्धि
3. निर्यात में वृद्धि
4. विदेशी पूँजी निवेश

इस प्रकार पूँजी और व्यापार का अपने राष्ट्र-राज्य की सीमाओं से बाहर निवेश और प्रसार, विभिन्न राष्ट्रों के बाजारों का एक-दूसरे से अधिकाधिक अंतर्संबंध-व्यापार तथा सांस्कृतिक संबंध वैश्वीकरण की धुरी बन गए। अमेरिका की ओर से किए गए ये प्राथमिक प्रयत्न वस्तुतः उसके ही हितों का संवर्द्धन करते चले गए और 'वैश्वीकरण' 'अमेरिकीकरण' का ही पर्याय बनता चला गया। वैश्वीकरण से निकलने वाली 'सब जन हिताय सब जन सुखाय' की ध्वनि के विपरीत यह व्यवस्था सारे संसार को कुछ सशक्त पूँजीवादी प्रतिष्ठानों यानी बहुराष्ट्रीय कंपनियों और उनके संकेन्द्रण के सबसे सबल केन्द्र अमेरिका के हितों की रक्षा का माध्यम बनी हुई है। संसार को एक करने की इसकी दृष्टि पूरी तरह एकायामी है। यह सिर्फ व्यापार के लिए दुनिया को एक करना चाहती है–बाकी सारी बातें आनुषंगिक हैं।[4] किंतु भूमंडलीकरण का प्रभाव केवल बाजार तथा व्यापार तक ही सीमित होकर नहीं रह गया, पूरी सभ्यता और संस्कृति को इसने अपने रंग में रंग दिया। रहन-कहन,

भाषा-भूषा, आचार-विहार, आदि जीवन के सभी पक्षों का पूरे भूमंडल ('ग्लोब') पर वैश्वीकृत स्थितियों का प्रभाव पड़ा। यह बाजारू संस्कृति का निर्बाध प्रसार अब रुकने की बात नहीं रह गया है, एक प्रकार से यह अप्रतिरोध्य ही हो चला है, इसके प्रभाव को केवल साहित्य और कलाओं के चिंतन द्वारा ही कुछ सम पर लाया जा सकता है।

विभिन्न ज्ञान-अनुशासनों ने अपने-अपने परिप्रेक्ष्य में वैश्वीकरण को लक्षित कर परिभाषित करने का प्रयत्न किया है। पूँजी-निवेश क्षेत्र में इसे पूँजी को अपने घरेलू बाजारों से अन्तरराष्ट्रीय क्षेत्र में विभिन्न बाजारों में निवेशित कर अधिकाधिक लाभ अर्जित करने का अवसर माना। हमारे प्रधानमंत्री तथा प्रसिद्ध अर्थशास्त्री डॉ. मनमोहन सिंह ने वैश्वीकरण को अवसर और चुनौती के रूप में मानते हुए कहा कि "ज्ञान की अर्थ-व्यवस्था के विकास ने विज्ञान और प्रौद्योगिकी पर आधारित उत्पादों के लिए नए बाजार का मार्ग प्रशस्त किया है। क्या हम इस प्रक्रिया को प्रोत्साहित करने के लिए कुछ कर रहे हैं? हमें वैश्वीकरण को शर्तिया जीतनेवाला खेल बनाना होगा। वैश्वीकरण की चुनौतियों से हम कैसे निपटते हैं और इसके विविध अवसरों का कैसे उपयोग करते हैं, यह विश्व के अन्य देशों से हमारे संबंधों को आधार प्रदान करेगा।" अपने इसी भाषण में उन्होंने इस बात पर बल दिया कि कुछ ही समय में भारत ने अपने को आर्थिक विकास की एक नई मंजिल तय कर एक नई शक्ति का रूप दिया है, "एक दशक पूर्व किसने सोचा होगा कि भारत सॉफ्टवेयर सेवाओं का बड़ा निर्यातक बनकर उभरेगा और 'ब्रेन ड्रेन' के स्थान पर 'ब्रेन गेन' की नई प्रक्रिया उभरेगी।"[5] अर्थशास्त्रियों ने माना कि वैश्वीकरण की यह प्रक्रिया विकासशील राष्ट्रों को द्रुत तकनीकी उन्नति के द्वारा विकसित राष्ट्रों के समकक्ष आने का अवसर प्रदान करती है। यह वह प्रक्रिया है जिसके द्वारा विभिन्न राष्ट्रों की अर्थ-व्यवस्थाएँ परस्पर संयुक्त हो विकास के नए आयाम प्राप्त करती हैं। अर्थ-व्यवस्थाओं के इस एकीकरण को मूर्त रूप देने में तकनीकी, व्यापारिक उन्नति तथा पूँजी के उन्मुक्त प्रवाह से और तेजी आती है। व्यापार, प्रौद्योगिकी, आदि के कारण जन-समाज की बड़ी संख्या का उन्नत राष्ट्रों में प्रवास व्यापार के अन्तरराष्ट्रीयकरण को और अधिक विकासमान स्थिति में ला देता है। 1989 ई. के बाद इन प्रयासों में तेजी से अभिवृद्धि हुई है।

वर्तमान के इतिहासविदों और समाचार-विश्लेषणों ने 20 वर्ष बीत जाने पर वर्ष **1989 ई. के महत्त्व का आकलन** कर स्थापित किया है कि यह ऐसा वर्ष था जिसने आगामी बीस वर्षों में विश्व में महत्त्वपूर्ण घटनाओं, आर्थिक नीतियों और राजनयिक समीकरणों की दिशा को निरन्तर निर्धारित किया। बीस वर्ष पूर्व (1989 ई. में) जो अद्वितीय घटनाएँ घटीं उन्होंने उन शक्तियों को प्रेरित कर दिया जो आज भी हमारी दुनिया की नियति निर्धारित कर रही है। हाल ही में विश्व प्रसिद्ध अंग्रेजी पत्रिका 'टाइम' ने जून 29–जुलाई 6, 2009 के अंक में अपने प्रख्यात टिप्पणीकार, मिशेल इल्लिओट (Michael Elliot) का विशेष लेख '1989–वह वर्ष जिसने दुनिया बदल

दी’ (1989 द ‘इयर दैट चेन्जड द वर्ल्ड’) प्रकाशित किया है जिसमें उन्होंने बताया है कि किस प्रकार इस वर्ष ने हमारे भूमंडल का नक्शा हमेशा-हमेशा के लिए बदलकर रख दिया है। **“1989 निश्चित रूप से उन वर्षों में से एक है जिन्होंनज धुरी ही बदल डाली।** कुछ चीजें निश्चित रूप से बदली हैं, और संपूर्णता में बदली हैं और अभी भी हम उसी परिवर्तन की प्रक्रिया में जी रहे हैं। कुछ चीजें समाप्त हुईं, उदाहरणार्थ साम्यवाद का एक शासन प्रणाली के रूप में अंत, किंतु इसके साथ ही यह विचार पल्लवित हुआ कि अन्तरराष्ट्रीय व्यवस्था का परिचालन राज्य (‘स्टेट’) के कार्य-व्यापारों द्वारा ही संभव है। जो बातें किंचित् अस्पष्ट रूप में 20 वर्ष पूर्व धारणा में आईं, यथा बहुराष्ट्रीय व्यापार, तकनीकी अभिनव ज्ञान और इन सबके प्रति निष्ठा–इन्हीं के द्वारा आज हमारी दुनिया का परिचालन हो रहा है, ठीक उसी प्रकार जैसे राज्य उनका परिचालन करता। 1989 ई. के बाद की घटनाओं का जो भी महत्त्व रहा हो, इस वर्ष का युगों तक अपना अक्षुण्ण महत्त्व रहेगा। इसे समकालीन समय के सर्वाधिक प्रतिष्ठित अध्ययन में स्वीकारा गया है।”[6] यह अध्ययन, विश्लेषण प्रसिद्ध अमेरिकी मेधावी विद्वान **फ्रांसिस फ्यूकूयामा** द्वारा प्रस्तुत किया गया जो अमेरिका के तत्कालीन योजना विभाग में एक प्रतिष्ठित अधिकारी थे। उन्होंने अपना यह शोध-पत्र ‘नेशनल इंटरेस्ट’ पत्रिका में **‘इतिहास का अंत’ (‘द एंड ऑफ हिस्ट्री’)** शीर्षक से प्रकाशित कराया, बाद में इस पत्र को उन्होंने एक पुस्तक का रूप देकर प्रकाशित कराया जो बहुचर्चित और समादृत पुस्तक के रूप में चर्चित हुई। इस पत्र की मुख्य स्थापना थी “जो हम आज देख रहे हैं वह शीत युद्ध का अंत मात्र नहीं है, न ही यह युद्धोत्तर के समय के काल-खंड विशेष, व्यतीत होना मात्र है। यह तो वस्तुतः **‘इतिहास का अंत’** है, **मनुष्य की वैचारिक विकास प्रक्रिया का अंतिम बिंदु है** और साथ ही पश्चिम के उदार प्रजातंत्र का वैश्विक विस्तार है जो मानव रहित प्रशासन तंत्र का अन्यतम रूप है।”[7] टिप्पणीकार मिशेल इलिओट ने स्वीकारा है कि फ्यूकूयामा के विचार शेष रही सदी में किस प्रकार स्वीकारे जाएँगे, यह तो भविष्य के गर्भ में है किंतु एक बात सुनिश्चित है कि उनके **आर्थिक उदारवाद की निर्बाध विजय-दुंदभि** चहुँ ओर सुनाई दे रही है।[8] इस **आर्थिक नव उदारवाद** को 1930 ई. की महामंदी के बाद के समय में आर्थिक क्षेत्र में सबसे बड़ा पग बताया गया जिसका प्रस्थान बिंदु 1989 ई. का वर्ष ही है।

राजनीतिक क्षेत्र में वैश्वीकरण को एक ऐसी प्रक्रिया के रूप में देखा गया जहाँ राष्ट्रीय सीमाओं से आगे जाकर विभिन्न देशों में व्यापारिक संबंध बनाए जा सकते हैं और इन्हीं व्यापारिक सक्रियताओं के आधार पर अन्तरराष्ट्रीय संबंधों का नियमन किया जाता है। विभिन्न राष्ट्रों के बीच होनेवाले आर्थिक समझौते, व्यापार समझौते तथा विभिन्न देशों के व्यापारिक हितों का संरक्षण करनेवाले उनके **संगठन (जी-7, सार्क, आदि) भूमंडलीकरण के राजनीतिक पग हैं।** विभिन्न देशों के बीच होनेवाले

अनेक सांस्कृतिक समझौते, शिष्ट मंडलों, आदि का आदान-प्रदान इस प्रक्रिया को और भी तीव्र गति प्रदान करते हैं। भूगोलशास्त्रियों, मैसे[9] आदि ने स्पष्टतः घोषित किया कि **भूमंडलीकरण** किसी प्राकृतिक शक्ति के द्वारा सम्भव नहीं हुआ अपितु यह एक **राजनीतिक और आर्थिक विकास-प्रक्रिया** के कारण सम्भव हुआ जिसमें **विश्व व्यापार संगठन, अन्तरराष्ट्रीय मुद्रा कोष, अमेरिका, बहुराष्ट्रीय कंपनियों, विश्व बैंक,** आदि ने और भी तीव्र गति दी। इस प्रकार अर्थशास्त्रियों, वाणिज्य प्रबंधकों, राजनीतिशास्त्रियों, भूगोल शास्त्रियों, संस्कृति कर्मियों सभी ने स्वीकारा है कि भूमंडलीकरण एक ऐसी प्रक्रिया है जिसमें पूरे विश्व की अर्थ-व्यवस्थाएँ व्यापक बाजार की तलाश में तकनीक और प्रोद्योगिकी के उन्नत रथ पर चढ़ एक या एक-सी होती चली जाएँ जिनमें पूँजी की निर्बाध आवाजाही सम्भव होती रहे। इसके नियमन के लिए अमेरिका ने ऐसी युक्तियाँ अपनाकर अन्तरराष्ट्रीय संस्थाओं, निकायों का ऐसा संजाल संगठित किया कि वह एक सर्वोच्च शक्ति और पूरी दुनिया के नियंता रूप में प्रतिष्ठित रहे। प्रसिद्ध संस्कृति-कर्मी एजाज अहमद का भी यही विचार है, "दुनिया की प्रमुखतम वित्तीय, सैन्य और प्रौद्योगिकीय ताकत के रूप में अमेरिका को इस समूची नई व्यवस्था का आकार देने की सहूलियत प्राप्त है, वैसी किसी औपनिवेशिक ताकत की कभी नहीं रही।"[10] अमेरिका किस प्रकार इस सारी व्यवस्था का नियंता बन गया है, इसको इस बात से समझा जा सकता है कि भूमंडलीकरण की ताकतों के विभिन्न घटक प्रमुख संस्थानों के मुख्यालय वाशिंगटन डी. सी. में केन्द्रित हैं जो अमेरिकी सरकार का भी मुख्यालय है—वाल स्ट्रीट, अन्तरराष्ट्रीय मुद्रा कोष, विश्व बैंक, विश्व व्यापार संगठन, संयुक्त राष्ट्र संघ, आदि।" यहीं से पूरी दुनिया की अर्थव्यवस्थाओं का नियमन होता है। **अमेरिका को भूमंडलीकरण को संभव बनाने वाली अजेय शक्ति** का रूप यहीं से प्राप्त होता है।

अपने-अपने आर्थिक हितों की सुरक्षा और व्यापक बाजार की तलाश के हितों में भूमंडलीकरण की प्रक्रिया का प्रारंभ बहुत पहले उन्नीसवीं शती में ही हो गया था। कुछ लोग भूमंडलीकरण की प्रक्रिया का प्रारम्भ 17वीं शती के प्रारंभ से ही देखते हैं जब पुर्तगाली, अंग्रेजी, डच तथा फ्रांसीसी व्यापारिक कंपनियों ने अपने देशों से बाहर की सीमाओं में अपने व्यापार का प्रसार प्रारंभ कर दिया था। इनमें सर्वाधिक सफल **ईस्ट इंडिया कंपनी** रही जिसने व्यापारिक संस्था से राजनीतिक शक्ति का रूप ग्रहण कर अपने औपनिवेशिक विस्तार के मंसूबों को पूरा किया। एक प्रकार से यह **पहली बहुराष्ट्रीय-मल्टीनेशनल-कंपनी** का रूप ग्रहण कर लेनेवाली संस्था थी। अपनी राष्ट्र-राज्य सीमाओं से बाहर बाजारों की तलाश की इस साम्राज्यवाद योजना ने ब्रिटिश राज को दुनिया की सर्वोच्च शक्ति के रूप में प्रतिष्ठित किया। कुछ विद्वान इस औपनिवेशिककरण की प्रक्रिया को और भी पीछे ले जाकर देखते हैं, "...बहुत प्रारंभिक समय से ही पूँजीवाद के तर्क में सकल विश्व-बाजार की ओर प्रस्थान

निहित रहा है और ऐसा बाजार बनाने में उपनिवेशवाद ने मुख्य भूमिका निभाई है। बहरहाल, पन्द्रहवीं शती से लेकर जब यह सब शुरू हुआ, अठारहवीं शती के अंत तक वास्तविक उपनिवेशवाद की प्रक्रिया मुख्यतया अमेरिकी महाद्वीपों में केन्द्रित रही और उन्नीसवीं सदी में ही एशिया और अफ्रीका का बड़ी तीव्रता से औपनिवेशीकरण हुआ और दुनिया दो हिस्सों में बँट गई, जिसमें एक ओर विकसित पश्चिम के औद्योगिक देश थे और दूसरी ओर गैर-औद्योगिक उपनिवेशों और आश्रित राज्यों के विशाल पिछड़े इलाके थे।"[11] इसलिए भूमंडलीकरण के विकास के क्रमिक चरणों का संक्षिप्त सही आकलन समीचीन होगा।

भूमंडलीकरण : विकास के क्रमिक चरण

आधुनिक **भूमंडलीकरण का प्रथम चरण** प्रायः 1850-1914 ई., प्रथम विश्व-युद्ध तक के समय को माना जाता है जिसमें मोहाविष्ट करनेवाली अर्थ-व्यवस्था आंग्ल-अमेरिकी (एंग्लो-अमेरिकन) नियंत्रण में पल्लवित होती है। इस समयावधि के प्रारंभ का यह वह समय था जब ब्रिटिश शक्ति का दुनिया के व्यापार और पूँजी बाजार पर अपने उपनिवेशी राष्ट्रों के माध्यम से एकछत्र साम्राज्य था और वही अपने कुछ विकसित औपनिवेशिक देशों के उपभोक्ताओं में अपने उत्पादों के लिए माँग बनाए रखती थी। शनैः-शनैः रूप ग्रहण करती इस अन्तरराष्ट्रीय औद्योगिक अर्थ-व्यवस्था में धीरे-धीरे अमेरिका ने अपनी प्रौद्योगिक तथा तकनीकी उन्नति के बल पर अपना वर्चस्व स्थापित करना प्रारम्भ कर दिया। किंतु अर्थ-व्यवस्था के भूमंडलीकरण की यह प्रक्रिया पहले बहुत धीमी रही, इसलिए प्रथम विश्व युद्ध से पूर्व के समय में वैश्विक व्यापार-व्यवस्था में कोई महत्त्वपूर्ण तथा क्रांतिकारी परिवर्तन घटित नहीं हुए, ये परिवर्तन ऐसे अवश्य थे जिनसे अमेरिकी शक्ति, उसकी कूटनीतिक श्रेष्ठता तथा सशक्त अर्थ-व्यवस्था का वर्चस्व सहज रूप में बनता दिखाई दे रहा था। ऐसे ही समय में अमेरिका के नीति-नियंताओं ने यह समझ लिया कि तकनीकी उन्नति, औद्योगिक विकास का वैश्विक अर्थ-व्यवस्था के विकास में क्या महत्त्व हो सकता है। **अमेरिकी राष्ट्रपति विलियम मैक्निले** ने एक **दूरदर्शी वैश्वीकरण-स्वप्न** देखकर अपनी नीतियों का निर्धारण कर इस दिशा में एक महत्त्वपूर्ण पग उठाया। बीसवीं शती में महायुद्ध की घटना ने वैश्वीकरण की इस प्रक्रिया को बाधित कर इसकी गति को धीमा अवश्य कर दिया। बीसवीं शती का आगमन होते-होते अमेरिका ने ब्रिटिश शक्ति का स्थान लेना प्रारम्भ कर दिया था और उसके औपनिवेशिक व्यापार-प्रसार में प्रतिस्पर्द्धात्मक स्थिति उत्पन्न कर दी।[12] अमेरिका की तकनीकी उन्नति और अनेक नई खोजों ने भूमंडलीय बाजार में उसकी धाक जमानी शुरू कर दी। यातायात, परिवहन के उन्नत साधन यथा स्टीम इंजिन, परिचालित जहाजरानी, स्वेज-पनामा नहरों का अस्तित्व में आना आदि ने यूरोपीय और अमेरिकी माल को सूदूर क्षेत्रों तक सुविधापूर्वक पहुँचाने

का कार्य किया, अन्तर्महाद्वीपीय केबिल संचार-व्यवस्था ने यूरोप और अमेरिका के व्यवसायियों को द्रुत गति से संपर्क साधने में सक्षम बनाया जिसके परिणामस्वरूप 1893 ई. में शिकागो, 1898 ई. में ओमाहा, 1901 बुफालो तथा 1904 ई. में सेंट लुइस तथा बाद में चलकर पश्चिमी योरुपीय देशों के अनेक व्यापारिक-राजनीतिक सम्मेलनों में अमेरिकी तकनीकी और प्रौद्योगिकी की उन्नति को सराहा और स्वीकारा गया। **आवागमन, परिवहन, संचार के इन समुन्नत साधनों ने दुनिया के देशों के बीच की भौगोलिक दूरियों को समाप्तप्राय कर भूमंडलीकरण की प्रक्रिया को तेज कर दिया।**

अमेरिकी उत्पादों की अन्तरराष्ट्रीय बाजार में पहुँच ने भूमंडलीकरण की प्रक्रिया को और भी गति प्रदान कर दी। कुछ प्रसिद्ध अमेरिकी ब्रांडों के उत्पादों ने इस समय अभूतपूर्व व्यापार किया। इसके उदाहरणस्वरूप एक उत्पाद का नाम लिया जा सकता है, फिलडेफिया की कंपनी 'बाल्डविन लोकोमेटिव वर्क्स' अपने इंजिनों की शक्ति, गति तथा गुणवत्ता के लिए प्रख्यात थी। 1900 ई. में इस कंपनी का एक इंजिन प्रतिदिन के औसत से दक्षिणी अमेरिका, अफ्रीका, एशिया, आस्ट्रेलिया तथा यूरोप में निर्यात किया जाता था। बीसवीं शती आते-आते इस कंपनी का यह इंजिन व्यवसाय इतना बढ़ गया कि साइबेरिया, अर्जेंटाइना, मिस्र आदि में इसने अपनी पहुँच बना ली। अमेरिकी कंपनियों को रेल-पथ, सड़क, पुल, आदि के निर्माणों के अनुबंध मिस्र आदि स्थानों पर वहाँ मिलने लगे जहाँ अब तक ब्रिटिश कंपनियों का वर्चस्व था।

वाणिज्यिक क्षेत्रों में संबंधों के बढ़ते सिलसिले ने सांस्कृतिक संबंधों की भी नींव डालकर वैश्वीकरण के सांस्कृतिक पक्ष को प्रारंभिक विस्तार दिया। क्रीड़ा-क्षेत्र में ओलम्पिक खेलों का आयोजन, सामाजिक-धार्मिक क्षेत्र में दूसरे राष्ट्रों में वैवाहिक संबंध, मिशनरियों के कार्य तथा अन्य लोकोपकारी संस्थाओं के कार्यों ने वैश्वीकरण के सांस्कृतिक पक्ष की आधारशिला रखी। कारनेगी ने करोड़ों की संपत्ति अमेरिका तथा ब्रिटिश उपनिवेशों में सार्वजनिक पुस्तकालय खोलने के लिए वसीयत रूप में छोड़ी। रॉकफैलर ने बहुत बड़ी राशि के निवेश से 'रॉकफैलर फाउंडेशन' समस्त विश्व में मानवता के कल्याणकारी कार्यों के लिए स्थापित कर दी। तेल उत्पादक एक बादशाह ने और आगे उसके पुत्र ने करोड़ों-करोड़ों रुपए की राशि कितने ही लोकोपकारी न्यासों को दान स्वरूप प्रदान की जिससे चिकित्सा, विज्ञान, स्वास्थ्य-सेवाओं, शिक्षा आदि में शोध तथा अन्तरराष्ट्रीय स्तर पर शोधकों के आदान-प्रदान कार्यक्रमों को चलाया जा सके। कारनेगी के सहयोगी हेनरी फिप्स ने बहुत बड़ी राशि लाखों जानें लेनेवाली यक्ष्मा जैसी भयंकर संक्रामक बीमारी पर आयोजित होनेवाले अन्तरराष्ट्रीय सम्मेलन के लिए प्रदान की। उन्हीं के समकालीन डेरियस आग्डन मिल्स ने 1912 ई. में चाइल के एक खोज अभियान के लिए बहुत बड़ी राशि उपलब्ध कराई जिसने दक्षिणी ध्रुव के ऊपर के एक चौथाई आकाश-भाग में सबसे अधिक चमकीले तीन सौ से ऊपर नक्षत्रों को मापने का कार्य किया। विज्ञान और चिकित्सा-क्षेत्र में हुए अनेक जनकल्याणकारी कार्यों के अतिरिक्त

अनेक अमेरिकियों ने मानव-अधिकारों के संरक्षण के निमित्त 1906 ई. के आस-पास प्रभूत राशि उपलब्ध कराई। अनेक बैंकिग, खनन तथा निर्यात से सम्बन्धित बड़ी कंपनियों ने प्रथम विश्वयुद्ध से पूर्व अनेक आपदा-राहत कार्यों के लिए उदार दान दिए। 1906 ई. में न्यूयार्क मर्चेंट एसोशिएशन ने वालपेरेजो भूकंप पीड़ितों के लिए आठ हजार डॉलर की राशि जुटाई। इतनी ही राशि अमेरिका की गुगनेहीम संस, डब्ल्यू. आर. ग्रेस एंड कंपनी, आदि ने इस कार्य के लिए मुहैया कराई। इस प्रकार 1914 ई. तक कितने ही अमेरिकियों ने व्यक्तिगत स्तर पर और वहाँ की प्रसिद्ध कंपनियों, फर्मों, आदि ने बहुत बड़ी राशि अपनी राष्ट्रीय सीमाओं से बाहर **लोकोपकारी कार्यों के लिए मुक्त हस्त से दान** की **जिससे भूमंडलीकरण की प्रक्रिया** इस प्रारम्भिक दौर में **तेजी से चल पड़ी**।

भूमंडलीकरण का दूसरा चरण 1914-1950 ई. तक माना गया है। प्रथम विश्व-युद्ध की समाप्ति से लेकर 1950 ई. तक प्रौद्योगिकी और तकनीकी विकास की गति यद्यपि पर्याप्त तीव्र रही किंतु फिर भी इस दौर में भूमंडलीकरण की प्रक्रिया कुछ धीमी रही। अन्तरराष्ट्रीय स्तर पर जो आर्थिक व्यवस्था पनप रही थी, वह इस समय कुछ अंशों तक बाधित रही जिसका मुख्य कारण विभिन्न राष्ट्रों में पनपता शीत युद्ध और 1920 ई. से प्रायः 1930 ई. तक चलती आर्थिक क्षेत्र की महामंदी थी, कुछ देश तो इससे 1939-40 ई. तक ही उबर पाए। प्रथम विश्वयुद्ध के बाद अमेरिकी कंपनियों ने ब्रिटिश कंपनियों का दुनिया के पश्चिमी गोलार्द्ध और एशिया में वर्चस्व एक प्रकार से समाप्त ही कर दिया, अमेरिकी कंपनियों का व्यवसाय चारों ओर फैलने लगा। इसके साथ ही अन्तरराष्ट्रीय स्तर पर अनेक सांस्कृतिक संस्थाओं की स्थापना हुई। जिससे स्वतः ही वैश्वीकरण की प्रक्रिया को शक्ति मिलती रही। संग्रहालय-म्यूजियम्स-लोकप्रिय कलाओं-पोपुलर आर्ट्स-समकालीन संगीत-कंटपरेरी म्यूजिक-आदि के लिए अंतरराष्ट्रीय संस्थाओं-कांग्रेस, परिषद्, सभाओं आदि की स्थापना हुई। अकेले अमेरिका में शताधिक अंतरराष्ट्रीय गोष्ठियाँ, परिसंवाद, प्रशांत क्षेत्रीय संबंधों का अध्ययन, बहुराष्ट्रीय पत्रकार सम्मेलन आदि के रूप में न्यूयार्क में आयोजित हुए। **गुगेनहीम न्यास (Guggenheim Foundation)** नामक एक नए न्यास ने कितनी ही विशेषतः लेटिन अमेरिका से संबंधित, शोध परियोजनाओं का आर्थिक भार वहन किया। अंतरराष्ट्रीय शिक्षण संस्थान ने कितने ही विदेशी छात्रों को अमेरिका आकर अध्ययन करने के लिए धनराशि छात्र-वृत्तियों के रूप में प्रदान की। इसी समय अमेरिकी रेडियो तथा फिल्मों ने अपनी राष्ट्रीय सीमाओं से बाहर पर्याप्त लोकप्रियता प्राप्त की। किंतु वैश्वीकरण के इन सारे उपक्रमों को मंदी की मार और द्वितीय विश्वयुद्ध के प्रारंभ ने बाधित किया। किंतु अब तक अन्तरराष्ट्रीय समुदाय में महत्त्वपूर्ण शक्तियों को यह समझ में आने लगा था कि अन्तरराष्ट्रीय अर्थव्यवस्था पर ही शांति की आधारशिला रखी जा सकती है और 'यदि उत्पाद राष्ट्रों की सीमाओं को नहीं लाँघ सकते हैं तो सेनाओं को सीमाओं को लाँघना पड़ेगा, उनका

अतिक्रमण करना होगा। द्वितीय विश्वयुद्ध के समय से ही अमेरिका को पुनः विश्व की अगुआई करने की ऐसी परिस्थितियाँ प्राप्त होती चली गईं कि वह अपने शांतिपूर्ण, समृद्ध और संगठित विश्व के स्वप्न को साकार कर सके। द्वितीय महासमर ने औद्योगिक, वैज्ञानिक और तकनीकी विकास तथा औद्योगिक और सामरिक शक्तियों के अभूतपूर्व सहकार के अवसर उपस्थित कर दिए, यथा परमाणु शक्ति के शांतिपूर्ण उपयोग के अनेक अवसर तथा विद्युत् उत्पादन में उसकी उपयोगी भूमिका, पैन्सीलिन के बड़े पैमाने पर उत्पादन से अनेक रोगों के नियंत्रण में अभूतपूर्व सफलता, रडार तथा कम्प्यूटर आदि के आविष्कार। **सामरिक उपयोग के लिए कंप्यूटर के आविष्कार** और उसके निरंतर परिष्करण ने तो एक क्रांति ही उपस्थित कर दी। कंप्यूटर की खोज सैन्य अभियानों को सफल बनाने के लिए प्रक्षेपक हथियारों की दूरी की परिगणना करने के लिए की गई थी। यह जानकारी भी बड़ी रोचक है कि **पहली कंप्यूटर मशीन एनाएक (ENIAC)** इतनी भीमकाय थी उसने 1800 वर्ग फीट का क्षेत्र घेर रखा था तथा उसमें 18000 बड़ी-बड़ी वैक्यूम ट्यूब लगी हुई थीं। फिर धीरे-धीरे जब ट्रांजिस्टर, माइक्रोचिप, आदि की आविष्कृति हुई तो कंप्यूटर का आकार छोटे से छोटा होता चला गया। **युद्धकालीन समय में** ऐसी **अनेक खोज सैन्य-अभियानों के लिए** की गईं जिनका **सूचना-क्रांति को संभव बनाने में** महत्त्वपूर्ण योगदान रहा। युद्ध के समय वैमानिकी (एविऐशन) के क्षेत्र में हुई तकनीकी प्रगतियों ने संसार-भर में आवागमन को जितना सुकर एवं द्रुतगामी बना दिया, उसने दुनिया के भूगोल को सीमित कर भूमंडलीकरण की प्रक्रिया को तीव्र किया। प्रथम महायुद्ध के बाद ही **उपभोक्ता-उत्पादों की अन्तरराष्ट्रीय स्तर पर खपत** बढ़ती चली गई। इस बात को समझने के लिए सबसे बढ़िया उदाहरण **कोकाकोला** का है जिसकी विश्व विजयी छवि की आधारशिला **1923 ई.** में रखी गई जब इस कंपनी की बागडोर रॉबर्ट डब्ल्यू. वुड्रफ के हाथों में आई। उसने **कोकाकोला** को अमेरिकियों के लिए ऐसा नित्यप्रति के **जीवन का अपरिहार्य अंग** बनाने की ठान ली जिसके बिना उनका काम ही न चल पाए। अमेरिकी सिपाहियों को उसने कोक पर इस रूप में आश्रित बना दिया कि इसके अभाव में वे जीवन की कल्पना भी न कर सकें। युद्ध के मैदान में और उससे पहले तथा बाद में कोक उनके लिए कितना अपरिहार्य हो उठा, इसके विषय में एक उदाहरण दिया जा सकता है। जब एक अमेरिकी पॉयलट स्कॉटलैंड में विमान-दुर्घटना में बुरी तरह घायल हो गया तो होश आने पर उसने एकदम कोक की ही माँग की। इसी प्रसंग (थीम) पर आधारित कोक का एक विज्ञापन वर्तमान में भी टी.वी. चैनलों पर दिखाया जा रहा है। अमेरिकी कोक के इतने आदी होते चले जा रहे थे और उधर नाजी तथा जापानी इसे **अमेरिकन समाज की बीमारी** मानकर इससे परहेज करने की कोशिश कर रहे थे। द्वितीय युद्ध की समाप्ति तक कोक ने सभी महाद्वीपों में 63 बॉटलिंग प्लांट लगाकर अपनी उपस्थिति बना ली थी। 1948 ई. तक आते-आते और उसका विशुद्ध लाभ 356 लाख अमेरिकी डॉलर तक जा पहुँचा।

दो-दो विश्व-युद्धों की मार से डगमगाती अन्तरराष्ट्रीय अर्थ व्यवस्था को सुधारने के लिए या कहें अपने आर्थिक हितों की संरक्षणार्थ अमेरिका ने कुछ ऐसी संस्थाओं की स्थापना की जो वैश्विक अर्थ-व्यवस्था को नियन्त्रित करने में आज तक महत्त्वपूर्ण भूमिका अदा कर रही हैं। **1944 ई. में अमेरिका के ब्रेटनवुड्स** नामक नगर में अपने **मित्र राष्ट्रों का** एक **सम्मेलन** उसने बुलाया। यह वह समय था जब ब्रिटेन, फ्रांस, जर्मनी तथा जापान की अर्थ-व्यवस्थाएँ युद्ध के कारण धराशायी हो गई थीं, अमेरिका इस संकट से पूरी तरह निरापद था और युद्ध-काल में अपने उत्पादों, तकनीकी श्रेष्ठता, सुचारु संचार प्रणाली, उन्नत आवागमन तथा परिवहन के साधनों, युद्ध-सामग्री और सैन्य आवश्यकता की मशीनरी, आयुध-संपूर्ति, आदि के बल पर वह एक सर्वोच्च तथा सर्वमान्य आर्थिक और सैन्य-शक्ति के रूप में प्रतिष्ठित हो गया। फलतः उसने जो चाहा, मित्र राष्ट्रों के सामने उससे सहमति रखने के अतिरिक्त कोई और विकल्प ही नहीं था। **ब्रेटनवुड्स सम्मेलन** में अमेरिका ने यूरोप और जापान आदि की अर्थव्यवस्थाओं को पुनः पटरी पर लाने एवं इन्हें सहायता देने के लिए दो अन्तरराष्ट्रीय संस्थाओं की स्थापना करवाईं : वे थीं **अन्तरराष्ट्रीय विश्व बैंक** जिसका पूरा नाम था पुनर्निर्माण तथा विकास **अन्तरराष्ट्रीय बैंक-इंटरनेशनल बैंक फॉर रिकन्स्ट्रक्शन एंड डेवलपमेंट तथा दूसरी अन्तरराष्ट्रीय मुद्रा कोष-इंटरनेशनल मोनेटरी फंड (आई.एम.एफ.)**। इन दोनों ही अन्तरराष्ट्रीय संस्थाओं के मुख्यालय न्यूयार्क के वाशिंगटन डी.सी. में रखे गए जिससे अमेरिका का पूरा नियंत्रण इन पर रह सके। राष्ट्र संघ का मुख्यालय पहले से ही न्यूयार्क में था। ब्रेटनवुड्स के इस आयोजन में ब्रिटेन के प्रख्यात **अर्थशास्त्री जे. मेनार्ड कीन्स** भी सम्मिलित हुए थे और उनका यह स्पष्ट मत था कि अन्तरराष्ट्रीय विनिमय के लिए किसी एक देश की मुद्रा पर ही निर्भर रहना वैश्विक अर्थ व्यवस्था के लिए उपयोगी नहीं रहेगा, इससे आर्थिक असंतुलन उत्पन्न होगा। **डॉलर की निर्भरता** के ही कारण 21वीं शती के प्रथम दशक के अंत से पहले, 2008 ई. में, पूरा विश्व आर्थिक मंदी के गहन अँधेरे में धकेल दिया गया और 1920-30 ई. की मंदी से भी अधिक गंभीर आर्थिक संकट आज विश्व के सभी देशों के सामने खड़े हैं। इस विषय का विवेचन थोड़े बाद में चलकर किया जाएगा, किंतु यहाँ यह जानना ही समीचीन होगा कि किस प्रकार विश्व बैंक और अन्तरराष्ट्रीय मुद्रा कोष जैसी संस्थाओं ने भूमंडलीकरण की प्रक्रिया को तेज किया। अभी अन्तरराष्ट्रीय व्यापार संगठन तो अस्तित्व में नहीं आ पाया था किंतु विश्व की व्यापार स्थिति के सुचारू नियमन के लिए **गैट (जनरल एग्रीमेंट ऑन ट्रेड एंड टेरिफ)** समझौता हुआ जिसे दुनिया के अधिकांश देशों ने स्वीकार कर लिया। इस बीच कुछ अन्य अन्तरराष्ट्रीय संस्थाएँ भी अस्तित्व में आईं, अन्तरराष्ट्रीय नागरिक उड्डयन संघ–इंटरनेशनल सिविल एविशेयन आरगेनाइजेशन–ऐसी ही एक महत्त्वपूर्ण संस्था थी। 1947 ई. में इसकी स्थापना ने पूरे विश्व में नागरिक उड्डयन को नियंत्रित करने और सुचारू रूप

से हवाई यात्रा के व्यापार को चलाने, उसका संवर्द्धन करने का बड़ा महत्त्वपूर्ण कार्य किया, 1960 ई. तक आते-आते विश्व के 116 देश अन्तरराष्ट्रीय उड्डयन व्यवस्था से सम्बद्ध हो गए। शीत युद्ध के चलते अन्तरराष्ट्रीय विश्व-समुदाय दो शक्ति केन्द्रों अमेरिका और रूस में बँटने लगा। कालांतर में देखा गया कि सोवियत संगठन, रूस का पूर्णतः विघटन हो गया। भूमंडलीकरण के अध्येताओं का मत है कि यदि सोवियत रूस का पतन न होता तो भूमंडलीकरण का स्वरूप कुछ भिन्न हुआ होता।

भूमंडलीकरण का तीसरा चरण 1951-1990 तक माना जाता है। द्वितीय महायुद्ध के पश्चात् अमेरिका में जाकर बसनेवाले प्रवासियों की संख्या में निरंतर वृद्धि होती चली गई। प्रथम महायुद्ध से पूर्व अमेरिका में जानेवाले प्रवासियों की संख्या औसतन 15 लाख वार्षिक थी, द्वितीय महायुद्ध तक यह संख्या लगभग यही रही किंतु महायुद्ध के बाद यह निरंतर बढ़ती चली गई। 1956 में बीस लाख लोग अमेरिका आए और 1970 तक यह संख्या एक करोड़ जा पहुँची। 1940 से पूर्व अमेरिका में अधिकांश लोग समुद्री मार्ग से जहाजों से आते थे किंतु द्वितीय महायुद्ध के पश्चात् वे हवाई जहाजों से आने लगे। जिस तेजी से लोग अमेरिका में हवाई यात्राओं से आ रहे थे, उसका अनुमान इन आँकड़ों से लगाया जा सकता है कि अमेरिका की घरेलू उड़ानें 1945 ई. में 6.6 मिलियन की संख्या से 1957 ई. में बढ़ कर 48.7 मिलियन तथा 1970 ई. में 153.4 मिलियन हो गई। इसी प्रकार की बढ़ोतरी अन्तरराष्ट्रीय उड़ानों में भी लक्षित की गई। 1945 ई. की यात्री संख्या 4,76,000 से बढ़कर 1957 ई. में 4.5 मिलियन तथा 1970 तक यह 16.3 मिलियन तक जा पहुँची। इस प्रकार अमेरिका धीरे-धीरे सभी दृष्टि से केन्द्रीयता का स्थान ग्रहण कर रहा था। शीत युद्ध के इसी दौर में **1957 ई. में अमेरिका ने यूरोपीय साझा बाजार (यूरोपियन कॉमन मार्केट) नामक संगठन बनाया** जिसमें अमेरिका ने भारी निवेश कर यूरोपीय राष्ट्रों को व्यापार, तकनीक, प्रौद्योगिकी, उपग्रह संचार-व्यवस्था आदि के द्वारा बहुत निकट सम्पर्क में ला दिया। विश्व के अन्य देशों से भी अमेरिका के इन क्षेत्रों में सम्पर्क बढ़े जिससे पूरे विश्व को द्रुत और दूरगामी संचार व्यवस्थाओं, कंप्यूटर आदि के द्वारा बहुत निकट ला दिया गया और राष्ट्रों के बीच की भौगोलिक दूरियाँ बहुत बड़ी सीमा तक छोटी होती चली गई, दुनिया कंप्यूटर और मोबाइल पर चलती उँगलियों से नियंत्रित होने लगी। पल भर में एक देश से दूसरे देश में पूँजी का निवेश उँगली से बटन दबाने मात्र से होने लगा। इलैक्ट्रॉनिक मीडिया ने विश्व के राष्ट्रों को जिस चामत्कारिक रूप में एक-दूसरे के निकट ला दिया, उससे पूरा विश्व एक ग्राम (ग्लोबल विलेज) के रूप में दिखाई देने लगा। इस प्रकार **कंप्यूटरकृत संचार तंत्र, संभार, ने वैश्वीकरण की प्रक्रिया को बहुत द्रुत गति प्रदान कर दी।**[13] ऐसे ही समय **1962 ई.** में जनसंचार माध्यमों (मास मीडिया) के समाज पर प्रभावों का अध्ययन करते हुए **मार्शल मैक्लुहन (Marshal Mcluhan)** नामक कनडैयिन समाज-शास्त्री ने **वैश्विक**

गाँव (ग्लोबल विलेज) की अवधारणा को जन्म दिया। **सूचना-क्रांति और मीडिया** नए से नए तकनीकी प्रयोगों-रेडियो, टेलीविजन आदि ने पूरे विश्व के राष्ट्रों को **एकजातीय संस्कृति (होमोजेनस कल्चर)** में ढालने का अभूतपूर्व प्रयत्न कर पूरी दुनिया को एक ही रंग में रँगने का सफल प्रयत्न किया। साठ के दशक में बृहत् स्तर पर नागरिक उड्डयन, परिवहन तथा संप्रेषण के समुन्नत माध्यमों के द्वारा राष्ट्रों में न केवल पूँजी का द्रुत प्रवाह, स्थानांतरण सम्भव हुआ बल्कि उपभोक्ता उत्पादों की लागत और कीमतों में भी कमी आई जिससे राष्ट्रों के बीच राजनीतिक, आर्थिक तथा सांस्कृतिक दृष्टि से दूरियाँ कम हुईं और पूरी दुनिया में न केवल बी.बी.सी., सी.एन.एन. आदि के समाचार-चैनल सुलभ हुए अपितु उनके अनेक सोप-ओपेरा जस के तस या देश विशेष के लिए अनुकूलित कर दिखाए जाने लगे—हॉलीवुड सिनेमा तथा अमेरिका के पॉप गायक और आरकेस्ट्रा पूरी दुनिया में लोकप्रिय हो चले। **वैश्वीकरण की आर्थिकता ने सांस्कृतिक वैश्वीकरण को संभव बनाया।**

1973 से 1989 ई. तक भूमंडलीकरण का एक विशेष दौर कहा जा सकता है जिसमें अमेरिका से बाहर पूँजी और व्यापार का उन्मुक्त प्रवाह तथा निवेश विभिन्न देशों में तीव्रता से हुआ। अनेक बहुराष्ट्रीय कंपनियों ने यूरोप के देशों, जापान, ब्राजील आदि में अपने व्यापार को प्रतिष्ठित कर अधिकाधिक मुनाफा प्राप्त करने के सफल प्रयत्न किए। तेल निर्यात करनेवाले देशों ने अपना अलग संगठन **'ओपेक'** बनाया और पूरे विश्व के तेल-बाजार के नियंत्रण में अपनी कारगर भूमिका निभानी शुरू की। कितनी ही बड़ी बहुराष्ट्रीय और मंझोली कंपनियों ने जेट-युग की तीव्रगामी गतिशीलता तथा उपग्रह संचालित सूचना माध्यमों का लाभ उठाते हुए तीव्र प्रतिस्पर्द्धात्मक आर्थिक जगत में अपनी पैठ विभिन्न देशों में बनाई। वैश्वीकरण की इस प्रक्रिया ने एक अन्तरराष्ट्रीय सद्भावना को विकास मान करने की दिशा दी जिससे प्रेरित होकर विश्व के अग्रणी उद्योगपतियों ने कुछ ऐसे संघ बनाए जो अमेरिकी सरकार के राजनीतिक नियंत्रण से बाहर रहकर दूसरे देशों के राजनीतिक और व्यापारिक नेतृत्व को प्रभावित कर सकें। 1973 ई. में अमेरिका के कुछ उद्योगपतियों ने एक त्रिराष्ट्रीय ऐसा आयोग बनाया जिसमें अमेरिका, पश्चिमी यूरोप तथा जापान के व्यापार, राजनीति, कानून तथा शिक्षा क्षेत्र के बुद्धिजीवियों का प्रतिनिधित्व था। इसी प्रकार का सम्मेलन **1982 में देवोस** स्विटजरलैंड में हुआ जिसमें यूरोप के अग्रणी उद्योगपतियों ने यूरोपीय आर्थिक जगत की समस्याओं पर विमर्श किया। अमेरिका के राजनीतिक नेतृत्व और प्रसिद्ध अर्थशास्त्रियों ने जो नीतियाँ निर्धारित कीं उनमें **अर्थनीतियों में उदारवाद एवं उन्मुक्त बाजार-व्यवस्था, खुले बाजार के नीति-निर्धारण पर बल** दिया। अमेरिकी **राष्ट्रपति रोनेल्ड डब्ल्यू. रीगन** वर्ष 1911-2004, (राष्ट्रपति काल 1981-89) युग को तकनीक परिचालित **आर्थिक भूमंडलीकरण के द्वितीय चरण के प्रारंभकर्ता और पोषक** होने का श्रेय दिया जाता

है जिन्होंने अमेरिका के नेतृत्व में वैश्विक स्तर पर राजनीतिक एवं आर्थिक स्वातंत्र्य की संभावनाओं के द्वार खोल दिए। उनके कार्यकाल की समाप्ति तक तकनीकी विकास में बड़ी क्रांति हो चुकी थी और पूरे भूमंडल के आर्थिक, राजनीतिक एवं सांस्कृतिक जगत में अभूतपूर्व परिवर्तन लक्षित किए जा रहे थे। परवर्ती अमेरिकी राष्ट्रपतियों ने भी वैश्वीकरण के इस महत्त्व को स्वीकार करते हुए इस दिशा में अपने आगामी पग उठाए।

1990 से अद्यतन **भूमंडलीकरण का चौथा चरण** कहा जा सकता है जिसमें यह निश्चय ही एक आँधी की गति से दुनिया-भर में छाकर पैर जमा चुका है। यही वह समय है जब **वैश्वीकरण मात्र और मात्र अमेरिकीकरण** बनकर रह गया है। यही वह समय है जब **वाशिंगटन आम राय** का क्रियान्वन प्रारंभ हुआ। अनेक राजनयिक वार्ताओं, सम्मेलनों के फलस्वरूप **दिसम्बर 1992 में नाफ्टा समझौते** (नार्थ अमेरिकन फ्री ट्रेड एग्रीमेंट) पर हस्ताक्षर करने के लिए अमेरिका, कनाडा और मैक्सिको के राष्ट्र-प्रमुख सेंट एंटेनिओ (टेक्सास) में एकत्रित हुए। अमेरिकी राष्ट्रपति जार्ज एच. डब्ल्यू. बुश ने अपने शासन-काल की समाप्ति से पूर्व इसे अमेरिकी संसद से पास करवाना चाहा था किंतु यह सम्भव हुआ उनके उत्तराधिकारी **राष्ट्रपति बिल क्लिंटन** के शासन काल में जब काफी बहस-मुबाहिसे के बाद नवम्बर, 1993 में इसे अमेरिकी कांग्रेस की स्वीकृति मिली। तत्पश्चात् व्यापक विश्व समुदाय को अमेरिका-संचालित इस अर्थ व्यवस्था के नियमन में सम्मिलित करने के लिए **जनवरी, 1995 में विश्व व्यापार संगठन (डब्ल्यू.टी.ओ.-वर्ल्ड ट्रेड ऑरगेनाइजेशन)** अस्तित्व में आया। धीरे-धीरे इसे विश्व के अधिकांश राष्ट्रों ने स्वीकार कर लिया जो वर्तमान में समस्त राष्ट्रों के बीच नए व्यापारिक समझौतों, नियम-कानून बनाने और सभी प्रकार की व्यापारिक नीतियों के निर्धारण की व्यवस्था देखने वाली संस्था है। **2001 ई. में दोहा सम्मेलन** में इसके संविधान में कुछ संशोधन किए गए। **जुलाई 2008 तक विश्व के 153 देश इसके सदस्य बन चुके हैं** जिनकी पूरे विश्व-व्यापार में 95 प्रतिशत तक की भागीदारी है। इस संस्था का मुख्यालय जेनेवा (स्विटजरलैंड) में अवस्थित है। इन सभी प्रयत्नों ने अमेरिका को एक नए शक्ति केन्द्र, सामरिक और आर्थिक दृष्टि से विश्व के सर्वाधिक सशक्त राष्ट्र का रूप दे दिया तथा समस्त विश्व के अमेरिकीकरण की भूमंडलीय प्रक्रिया को और तीव्र कर दिया। 1990 के बाद का यह वही समय है जब वाशिंगटन आम राय को तेजी से क्रियान्वित कर पूरे विश्व में अमेरिकी वर्चस्व पूरी तरह प्रस्थापित हो गया। भूमंडलीकरण के गंभीर अध्येताओं ने यह माना है कि भूमंडलीकरण के नाम पर हो रहे अमेरिकीकरण से मात्र कुछ देशों को ही इसका लाभ मिल रहा है और इसका सर्वाधिक उपभोगकर्त्ता अमेरिका ही है।

इस प्रकार **प्रथमतः और मुख्यतः भूमंडलीकरण का आधार आर्थिक है** जिसके द्वारा विश्व के अधिकाधिक देशों की अर्थव्यवस्थाओं का नियमन अमेरिकी निर्देशों

पर किया जा सके जिससे अमेरिकी वर्चस्व सर्वत्र सर्वप्रमुख रूप में बना रहे। इसीलिए अन्तरराष्ट्रीय मुद्रा कोष (इंटरनेशनल मोनेटरी फंड) ने भूमंडलीकरण को परिभाषित करते हुए कहा है कि यह विश्व के विभिन्न देशों में एक-दूसरे पर बढ़ती आर्थिक निर्भरता तथा राष्ट्रीय सीमाओं से बाहर उत्पादों, पूँजी के अबाध आदान-प्रदान हैं।[14] किंतु **2007 के उत्तरार्द्ध में** ही **अमेरिकी अर्थ-व्यवस्था के चरमराने** और **डॉलर की निरंतर गिरावट** से जो **ह्रासशील स्थितियाँ** आईं, 2008 जनवरी के आते-आते यह व्यवस्था न केवल धराशायी हुई अपितु इसने अन्तरराष्ट्रीय जगत में भूचाल ला कर सभी देशों की अर्थ व्यवस्था, शेयर बाजार और अचल संपत्ति के कारोबार में एक हड़कम्प मचाकर रख दिया। पहली आर्थिक महामंदी भी अमेरिका से ही प्रारम्भ हुई थी और **वर्तमान की वैश्विक मंदी भी अमेरिका से ही प्रारम्भ हुई।** पूरी दुनिया 1920-39 ई. की आर्थिक मंदी से भी बदतर स्थितियों का सामना कर रही है, ऊँट किस करवट बैठेगा अभी किसी को भी पता नहीं चल पा रहा है। नव-निर्वाचित **अमेरिकी राष्ट्रपति बराक ओबामा ने इसे चुनौती के रूप में स्वीकार कर अमेरिकी अर्थ-व्यवस्था को आर्थिक मंदी से उबारने का दृढ़ संकल्प लिया है।** किंतु अभी तो अमेरिका, फ्रांस, स्पेन, भारत, चीन, सिंगापुर, मलेशिया आदि देशों से नित्य नई-नई खबरें आ रही हैं कि अमुक देश में इतने मिलियन कर्मचारियों की नौकरी चली गई, इतनों की जानेवाली है। कुछ देश अपने आँसू पोंछने के लिए बार-बार यह कह रहे हैं कि हमारे यहाँ आर्थिक मंदी के इतने भारी नुकसान नहीं हुए जितने अन्य समुन्नत देशों में। वैश्विक मंदी के चलते दुनिया के देशों के सामने जो संकट हैं उन पर विचार करने के लिए **जी-7 तथा जी-20 (संगठन)** जैसे **देशों के सम्मेलन** बार-बार वैश्विक अर्थ-व्यवस्था को उपस्थित घोर संकटों से उबारने के लिए किए जा रहे हैं। **जी-7 की बैठकें अपनी दो वर्ष की निर्धारित समयावधि से पूर्व ही 11 अप्रैल, 2008, फिर 10 अक्तूबर, 2008 को वाशिंगटन में और 14 फरवरी, 2009 को रोम में हुई। इसी प्रकार जी-20 की बैठक 14 मार्च 2009 को इंग्लैंड में हुई और 2 अप्रैल 2009 को लंदन में हुई है।** अमेरिका तथा विश्व के अन्य देश नित्य प्रति नए-नए उपाय सोच रहे हैं कि किस प्रकार विश्व को इस आर्थिक संकट से उबारा जाए। प्रायः समस्त विश्व के अर्थशास्त्री और कुछ देशों के राष्ट्र प्रमुख यह घोषित करते रहे हैं इस वैश्विक मंदी का और भी भयावह समय अभी आनेवाला है। अभी वैश्विक अर्थ-व्यवस्था एक गहरी डुबकी और लगाएगी, उसी के बाद इसका निस्तार होगा। विश्व बाजारों में अब यह कोई अफवाह नहीं रह गई है, बल्कि सुनिश्चित रूप में कहा जा रहा है कि **आर्थिक मंदी का अगला दौर** आगे अभी और आनेवाला है। पूरे विश्व के अर्थशास्त्री तथा शीर्ष प्रशासनिक नौकरशाही उन युक्तियों की तलाश में लगे हुए हैं कि किस प्रकार 2009 ई. में ही अर्थ-व्यवस्था को इस महामंदी से निजात दिलाई जाए। अमेरिका, इंग्लैंड, फ्रांस, स्पेन, जर्मनी, जापान आदि देश अपने यहाँ के बैंकों

तथा अन्य महत्त्वपूर्ण वित्तीय कंपनियों-ए.आई.जी. (अमेरिका)–आदि को विपुल राशि उनके व्यवसाय को धुरी पर लाने के लिए सहायतार्थ अनुदान आदि के रूप में दे रहे हैं। प्रतीक्षा आशा के सूरज के निकलने की है।

भूमंडलीकृत आर्थिकता : श्याम पक्ष

भूमंडलीकृत आर्थिकता के अभावों और श्याम पक्ष पर चर्चा प्रारम्भ से ही रही किन्तु इधर कुछ वर्षों में अर्थशास्त्रियों, समाजशास्त्रियों तथा संस्कृति के अध्येता निरंतर भूमंडलीकरण के कुप्रभावों का अध्ययन उनका मुख्य सरोकार बन गया है। **वैश्विक आर्थिकता (इकॉनमी) का सबसे अधिक दुखद पक्ष** जो पूरे विश्व के सामने आया है, वह है **पूँजी, धन का असमान वितरण।** समस्त देशों में पूँजी का संकेन्द्रीकरण उच्च वर्ग में अधिकाधिक होता चला जा रहा है और गरीब और अधिक गरीब होते चले जाने के लिए अभिशप्त हैं। पूरे विश्व को इसके भयावह परिणाम निरन्तर भोगने पड़ रहे हैं। विभिन्न देशों की जनसंख्या में ही नहीं विश्व के समुन्नत राष्ट्रों और गरीब राष्ट्रों के बीच की खाई भी निरन्तर बढ़ती चली जा रही है। एक ओर दुनिया के वे राष्ट्र हैं जिन्हें भूमंडलीकरण ने बहुत-बहुत समृद्धि दी है, इसकी मलाई के वे ही भागीदार रहे, अमेरिका को यह लाभ सर्वाधिक मिला। स्विटजरलैंड में हुए एक अध्ययन में विश्व के 122 देशों के आँकड़ों के आधार पर यह निष्कर्ष पाया गया कि अमेरिका भूमंडल का सर्वाधिक वैश्वीकृत राष्ट्र है, इसके बाद क्रमशः स्वीडन, कनाडा, इंग्लैंड तथा लक्जमबर्ग का स्थान आता है तथा सबसे कम वैश्वीकृत देशों में टोगो (Togo), चड (CHAD) तथा सैंट्रल अफ्रीकन रिपब्लिकन देशों के नाम हैं। **यू.एन. हैबीटाट की स्लम्स की चुनौतियाँ ('द चेलैंज ऑफ स्लम्स') शीर्षक रिपोर्ट** के अनुसार वैश्विक पूँजी के अपरिमित व्यापारिक उछाल, उत्कर्ष ने 'स्लम्स' गंदी बस्तियों की संख्या में प्रभूत वृद्धि की है। विश्व के प्रमुख देशों के बीच अमीर और गरीब के बीच की यह खाई निरन्तर किस प्रकार बढ़ती गई और समाज का अभिजन कैसे अधिकाधिक पूँजी-सम्पत्ति का स्वामित्व प्राप्त करता चला गया, इसके आँकड़े भी कम चौंकानेवाले नहीं हैं। प्रायः दस वर्ष पूर्व प्रसिद्ध अमेरिकी **अर्थशास्त्री जॉन के. गेलब्रेथ** ने आगाह किया था कि अमेरिका में एक वर्ग विशेष तक बढ़ती यह अमीरी किस प्रकार गरीबी की चिंताकुल बढ़ोत्तरी करेगी। कुछ वर्ष बाद उन्होंने तत्कालीन अमेरिकी राष्ट्रपतियों केनेडी और जॉन्सन को इस खतरे से सावधान किया था। यदि प्रति व्यक्ति आय का आकलन करें तो अमेरिकी की औसतन आय 1979 ई. के मुकाबले आज 70% बढ़ गई है। इनमें यदि 1% सर्वाधिक धनी अमेरिकी नागरिकों की बात करें तो पिछले 25 वर्षों में आय-कर काटकर उनकी आय में 111.3 प्रतिशत की वृद्धि दर्ज की गई है, यह 2,98,900 डॉलर से बढ़कर 631, 700 डॉलर प्रतिवर्ष हो गई किन्तु एक और अग्रणी समाचार-पत्र 'इंटरनेशनल हेरॉल्ड ट्रिब्यून' (न्यूयार्क टाइम्स

का उपक्रम) के अनुसार इन एक प्रतिशत अमेरिकियों की आय एक ही वर्ष में 2005-06 में 14% बढ़ी है। किन्तु इसके विपरीत गरीबों के आँकड़ों पर दृष्टि डालें तो भयावह स्थितियाँ सामने आती हैं। अभी हाल के आँकड़ों के अनुसार, "उन अमेरिकियों का प्रतिशत जो भयंकर गरीबी में रह रहे हैं, पिछले बत्तीस सालों में सबसे अधिक हो गया है और **धनवानों और धनहीनों के बीच की खाई बढ़ती ही जा रही है।**"[15] सन् 2005 की जनगणना के अनुसार "करीब एक करोड़ साठ लाख अमेरिकी अत्यन्त गरीबी में जी रहे हैं। ऐसे अमेरिकियों की संख्या सन् 2000 और 2005 के बीच छब्बीस प्रतिशत बढ़ी। वैसे मोटे तौर पर गरीब माने जानेवाले अमेरिकियों की तादाद में इसी दौरान छप्पन फीसदी वृद्धि हुई है।"[16] बुश प्रशासन के एक वरिष्ठ वित्त प्रशासनिक अधिकारी ने बताया कि पूँजी और आय की इस विषमता का मुख्य कारण टैक्नोलॉजी का द्रुत विकास रहा है।[17] अकेले अमेरिका की ही यह स्थिति नहीं है कि वहाँ धनिकों और धनहीनों की यह खाई विस्तार पाती चली गई है, चीन, भारत, मलेशिया, थाइलैंड, जापान, कोरिया आदि देशों में भी यही स्थिति है कि धनी निरन्तर समृद्धि और गरीब और अधिक कंगाली की ओर बढ़ रहे हैं। टैक्नोलॉजी के द्रुत विकास को इसका एक बड़ा कारण बताया गया है किन्तु **आर्थिक मंदी** स्थितियों को और भी विषमतर बना रही है। अब तो नित्य सी.एन.एस., बी.बी.सी., आदि समाचार चैनलों पर समाचार आते रहते हैं कि अमेरिका में वर्ष 2009 में एक करोड़ लोग नौकरी से हाथ धोनेवाले हैं, स्पेन में 40 लाख लोग, मलेशिया ने 55,000 बंगाली कर्मियों को देश से बाहर जाने के लिए कह दिया है, अमेरिका ने कुछ नौकरियों पर विदेशियों के लिए प्रतिबंध लगा दिया है, आस्ट्रेलिया आगामी वर्ष में कुछ क्षेत्रों में नौकरी के लिए वीजा देना बिलकुल बंद कर रहा है, आदि। भारत के आँकड़े बता रहे हैं कि पिछले तीन महीनों (2009) में यहाँ 5 लाख लोगों की नौकरियाँ गई हैं। **टैक्नोलॉजी स्वचालित मशीनों-उपकरणों की आविष्कृति कर मजदूरों को बेकार कर उनका रोजगार छुड़वा देती है।** अर्थशास्त्रियों ने इस समस्या पर गंभीरतापूर्वक विचार किया है, "टैक्नोलॉजी में मजदूरों का उपभोग स्तर बढ़ा कर ऑटोमेशन और मशीनीकरण से फालतू और बेरोजगार हुए मजदूरों को नए उद्योग खोल कर काम कर लगाए रखने की जो बात यूरोपीय सोशलिस्टों ने पहले सोची थी, वह कारगर नहीं हो सकती। इसका बहुत ही सीधा-सादा कारण यह है कि बेरोजगार हुए मजदूरों को यह अतिरिक्त क्रय-शक्ति प्रदान नहीं की जा सकती कि वे नए उद्योगों की वस्तुओं को खरीद सकें, खरीदना तो दूर रहा, पहले से चले आ रहे उद्योगों द्वारा निर्मित वस्तुओं तक को खरीदना उनके लिए सम्भव नहीं हो सकता। इसलिए फालतू या बेरोजगार हुए मजदूरों को रोजगार या काम उपलब्ध करवाने के लिए नए उद्योग विकसित करने की यह एक आवश्यक शर्त है कि बंद अर्थ-व्यवस्था के बाहर बाजार प्राप्त करने की होड़ मचे। लेकिन जब अन्य औद्योगिक अर्थ-व्यवस्थाएँ भी इसी दिशा

में (बेरोजगार मजदूरों को काम उपलब्ध करवाना) सचेष्ट हों तो गतिरोध का पैदा होना अवश्यम्भावी है। आज दुनिया में यही स्थिति है और अमरीकी, यूरोपीय और जापानी अर्थ-व्यवस्थाएँ नए बाजार प्राप्त करने की होड़ कर रही हैं। जब कोई अर्थ-व्यवस्था जितना आयात करती है उससे ज्यादा निर्यात करने लगे तो वह अन्य अर्थ-व्यवस्थाओं को बेरोजगारी का भी निर्यात करती है।"[18] इस प्रकार की बेरोजगारी से दुनिया के सभी देशों में अमीरी-गरीबी के बीच की खाई बढ़ती चली जा रही है। **चीन में अमीर-गरीब के बीच के अन्तर** का एक अध्ययन दिसम्बर 2005 में हुआ जिसमें बताया गया कि 1970 ई. के बाद चीन की शहरी आबादी और ग्रामीणों के बीच इस वर्ष सबसे अधिक अन्तर आया है। वर्तमान में शहरी चीनी ग्रामीण चीनियों की तुलना में 3.3 गुना अधिक आय अर्जित कर रहे हैं। वहाँ की कम्युनिस्ट पार्टी के उप-प्रमुख झेंग एकसनलि (Zhag Xinili) ने चेतावनी दी कि चीन में अमीर और गरीब के बीच की यह खाई इतनी बढ़ जाएगी कि 2020 ई. तक शहरी व्यक्ति की आय ग्रामीण व्यक्ति की आय से चार गुना अधिक हो जाएगी, इसके प्रति हमें सचेत हो जाना चाहिए। इससे पूर्व पार्टी के एक अग्रणी मुख-पत्र ने इसी वर्ष (2005 में) चेतावनी दी थी कि **धन की असमानता (वेल्थ डेस्पेरिटी)** पिछले कुछ वर्षों में **खतरे के पीले निशान (येलो लेविल)** तक पहुँच चुकी है और आगामी पाँच वर्षों में यह खतरे के **'लाल निशान' (रेड लेविल) तक पहुँच सकती है।** दक्षिणी एशिया, एशिया प्रशांत, के शिशुओं संबंधी अध्ययन के सन्दर्भ में संयुक्त राष्ट्र संघ की यूनिसेफ जैसी संस्थाओं ने वर्ष 2008 में जो अध्ययन कराए, उनका निष्कर्ष यही था कि इन देशों में अमीर और गरीब के बीच की खाई एक खतरे के रूप में बढ़ रही है।''

यदि हम भारतीय परिदृश्य पर दृष्टि डालें तो **इंडिया शाइनिंग के शोर के बीच भी कंगालीकरण की यह प्रक्रिया यहाँ भी थमी नहीं है।** सरकारी रिपोर्टें और विभिन्न पत्रिकाएँ हमारी अमीरी का बखान करते थकती नहीं हैं। 2007 तक यूपीए सरकार का दावा था कि आर्थिक विकास दर (जी.डी.पी.) बढ़ने से आम लोगों के जीवन-स्तर में सुधार हो रहा है और प्रसिद्ध व्यापार-पत्रिका 'फोर्ब्स' के अनुसार भारत में प्रतिवर्ष 10 हजार नए अरबपति बन रहे हैं। मैरिल लिंच और कैपजेमिनी नामक दो प्रसिद्ध वित्तीय कंपनियों ने 2007-8 में कराए सर्वेक्षण के अनुसार **विश्व-समृद्धि** पर एक **रिपोर्ट जून 2008** में प्रकाशित की जिसके अनुसार दुनिया में ऐसे करोड़पतियों की संख्या सबसे अधिक है जिनके पास निवेश करने के लिए चार करोड़ रुपये हैं, यह चार करोड़ निवेश करनेवाली संख्या 2 वर्ष 2007 में 22.6% की दर से बढ़ी है, 2007 में यह दर 20.5% की वृद्धि दर्ज करती है। हम दुनिया में दूसरे स्थान पर थे, सिंगापुर पहले स्थान पर था, **2008 में हम पहले स्थान पर आ गए** तथा इन चार करोड़ वाले **धन-कुबेरों की संख्या** 2006 में 1,00,015 थी, 2007 में वह 1,23,000 जा पहुँची। इन आँकड़ों में इन धनपतियों की इस सम्पत्ति में अचल सम्पत्ति भवनों-भूखंडों आदि

को सम्मिलित नहीं किया गया है। हाल ही (अक्तूबर 2008) के आँकड़े बताते हैं कि **भारत में करोड़पतियों की संख्या में 23% की दर से वृद्धि** हुई है। फोर्ब्स पत्रिका के अनुसार भारत में **प्रति वर्ष 10 हजार नए अरबपति** बन रहे हैं। 2007 के उत्तरार्द्ध से, विशेषतः जनवरी 2008 से, मंदी की मार का जो कहर पूरे विश्व में छा रहा है, उस बीच भारत में **अमीरी और गरीबी के बीच की विरोधाभासी स्थितियों के तथ्य** चौंकाने वाले हैं। पूरे विश्व के वित्तीय बाजार में साठ अरब डॉलर की राशि डूब गई। सितम्बर 2008 में अमेरिका के पाँच बड़े बैंक धराशायी हो गए। 2009 लगते-लगते वहाँ की सबसे बड़ी वित्तीय कंपनी एन.आई.जी. अभूतपूर्व संकट से धराशायी हो गई, इसे तथा अपने बैंकों को उबारने के लिए अमेरिका ने प्रभूत राशि अनुदान के रूप में झोंक दी, फिर भी मंदी की कयामत रोके नहीं रुक पा रही है। अमेरिका से प्रारम्भ हुई इस मंदी की मार ने भारत के शेयर बाजार को सबसे बुरी तरह ध्वस्त कर दिया, जहाँ 65% गिरावट आई, 2007 में विदेशी वित्तीय संस्थानों द्वारा निवेश किए गए सत्रह अरब डॉलर में से 13 अरब डॉलर 2008 में निकाल लिए गए। किन्तु इसी बीच (31.11.08 के अंग्रेजी 'हिंदुस्तान') का यह समाचार भौंचक्का करता है कि मंदी की मार से छोटी और मंझोली कारों की बिक्री एक वर्ष में घटी है किन्तु विलासितापूर्ण (लक्जरी) गाड़ियों की श्रेणी की कारों में मर्सीडीज तथा बी.एम.डब्ल्यू. की माँग सर्वाधिक बढ़ी है। मर्सीडीज के प्रमुख विपणन अधिकारी ने बताया कि मर्सीडीज रेंज ने भारत में 11 वर्ष से अपनी उपस्थिति में सबसे अधिक बिक्री इस वर्ष की है, ग्यारह वर्षों में यह उनका सर्वोत्तम वर्ष रहा है। जनवरी से अक्तूबर, मात्र दस मास में इन कारों की बिक्री में 46% की वृद्धि हुई और कुल 3,141 कारों की बिक्री हुई। यदि इन तीनों कारों के मॉडलों की बिक्री की बात की जाए तो इन दस महीनों में 6,500 कारें बिकीं, अकेले मर्सीडीज का हिस्सा इस बिक्री में 50% से अधिक रहा। यह सब तब सम्भव हुआ जब खरीददारों का यही वर्ग शेयर बाजार में बुरी तरह मार खा रहा था। हाल ही (फरवरी-मार्च 2009) का यह समाचार कम चौंकानेवाला नहीं है कि लुधियाना में मर्सीडीज ने अपनी 54 लाख की गाड़ी का नया मॉडल बाजार में उतारा–इस वर्ष केवल 22 गाड़ियाँ ही आनी हैं और मात्र एक माह में ही 22 की 22 गाड़ियाँ बुक हो गई हैं। इसके विपरीत भारत की कंगाली की वास्तविकता से भी रू-ब-रू होना लाजिमी है। कुछ अध्ययनकर्ताओं ने यह भी दिखाया है कि विश्व-समृद्धि के मायावी स्वप्न को दर्शाने के लिए विश्व बैंक, अन्तरराष्ट्रीय मुद्रा कोष जैसे संस्थान आँकड़ों को झूठे ढंग से तोड़-मरोड़ कर पेश करते हैं। भारत में भी सरकारी स्तर पर लोगों को भरमाने वाले आँकडे पेश किए जाते हैं। सरकार गरीबी घटाने के आँकड़े पेश कर दर्शा रही है कि 1991 में प्रारम्भ किए गए आर्थिक सुधार कार्यक्रमों के कारण गरीबी घटी है। सरकारी आँकड़ों के अनुसार 1991 ई. में देश की लगभग आधी आबादी गरीबी रेखा के नीचे थी और आज लगभग एक चौथाई आबादी गरीबी रेखा से नीचे है। केन्द्र

सरकार का मानना है कि इन आर्थिक सुधार कार्यक्रमों के चलते गरीबी-रेखा से नीचे की आबादी का प्रतिशत घटकर आधा रह गया है। लेकिन सरकारी दावों को निरस्त करते हुए शरद यादव जैसे राजनीतिज्ञों का मत यह है, "इन कथित आर्थिक सुधार कार्यक्रमों से गरीबी बढ़ी है। अमीर लोग और अमीर हुए हैं और गरीब लोग और गरीब हुए हैं। गरीबों की हालत को और भी बदतर बनाकर कुछ लोग और अमीर हो रहे हैं। गरीबी के समुद्र के बीच अमीर लोगों का एक टापू अपने आपको खुशहाल बना रहा है।''[19] **अर्जुन सेन गुप्त** जैसे अर्थशास्त्री ने बतलाया है कि किस प्रकार ये आँकड़े झूठे और भरमाने वाले हैं। अर्जुन सेन असंगठित क्षेत्र के उद्यम पर बने राष्ट्रीय आयोग के अध्यक्ष हैं। उन्होंने बताया कि देश में 77 प्रतिशत आबादी की आय प्रतिदिन बीस रुपए से कम है। **नवम्बर 2007 में** प्रस्तुत **अर्जुन सेन गुप्त** की यह **रिपोर्ट**[20] बताती है कि यह "शेष सतहत्तर प्रतिशत आबादी न तो बाजार का हिस्सा है और न सरकारी सरोकार का। 1991 के सरकारी आँकड़ों को, जिसमें पचास प्रतिशत लोगों के गरीबी रेखा से नीचे होने की बात कही गई थी, को मान लिया जाए, तो यह भी मानना पड़ेगा कि पिछले सोलह सालों में गरीबी रेखा से नीचे रहनेवालों का अनुपात देश की आबादी में बढ़कर सतहत्तर प्रतिशत हो गया है।" भारत में विभिन्न क्षेत्रों की गरीबी के आँकड़े रूह कँपा देनेवाले हैं। डॉलर की मजबूती और भारतीय मुद्रा रुपए की कमजोरी किस प्रकार कहर ढा सकती है, इसे निर्यात-व्यापार से जुड़े कुछ कपड़ा, प्लास्टिक व चमड़ा जैसे उद्योगों के आँकड़ों से समझा जा सकता है–जिनमें वर्ष 2007-08 में तीस से चालीस लाख कर्मियों की नौकरियाँ चली गई हैं। इस संबंध में हमारे वाणिज्य मंत्रालय का यह तर्क ज्यादा दमदार नहीं है कि इस अवधि में अन्य क्षेत्रों में नौकरियों के अवसर बढ़े हैं। छोटा मजदूर श्रेणी का कर्मचारी रोज नया व्यवसाय नहीं सीख सकता। हाथ से काम करनेवाले कर्मचारियों का यह संकट कितना भयावह है, इसका अनुमान इस बात से लगाया जा सकता है कि 30-40 लाख लोगों की नौकरी जाने का अर्थ उनके परिवार के 4-5 सदस्यों की मुँह की रोटी छिनना है। मोटे रूप में यदि एक परिवार में औसतन कम से कम चार सदस्य भी मान लिए जाएँ तो $40 \times 4 =$ एक करोड़ साठ लाख लोगों की जिंदगी तबाह हो गई। यह पूँजी के असमान वितरण तथा समाज के एक वर्ग विशेष में ही केन्द्रित हो जाने का भयावह परिणाम है। शिशुओं की बदहाली देश में कैसी है, इसके भी हृदय-द्रावक आँकड़ों पर नजर डाली जानी चाहिए। अकेले मध्य प्रदेश में नवजात शिशु से लेकर 6 वर्ष तक के कुपोषण के शिकार बच्चों की संख्या 33,000 से ऊपर है। अकेले सतना (म.प्र.) जिले में शिशु-मृत्यु-दर 76% है। तीन में से एक भारतीय महिला का वजन औसत से कम है जिससे उनका प्रजनन, संतति, भी कम वजनवाली है। भारत के 70% बच्चे रक्ताल्पता ('अनेमिक') के शिकार हैं। **यूनीसेफ की रिपोर्ट** भारत में पाँच साल से कम आयु की शिशु मृत्यु दर विचलित करनेवाली है, अकेले वर्ष 2006 में 2.1 मिलियन

शिशु इस आयु वर्ग में मृत्यु को प्राप्त हुए। भारत को गम्भीर चेतावनी देते हुए कहा गया कि इतनी तेजी से विकासमान अर्थ-व्यवस्था को स्वास्थ्य सेवाओं, पोषण, शिक्षा लैंगिक समानता और शिशु संरक्षण क्षेत्रों में अवश्य ही सुधार लाना चाहिए ('मस्ट इंप्रूव')।[21] अब इस ओर पग उठाते हुए भारत के प्रधान मन्त्री डॉ. मनमोहन सिंह ने **कुपोषण से निपटने के लिए 'राष्ट्रीय पोषण चुनौती परिषद्' का गठन** कर इसका नियंत्रण स्वयं सम्भाला है। यह बात अपनी जगह है कि कांगो जैसे अफ्रीकी देश के भूख से बिलबिलाते बढ़े हुए पेट और बड़े सिर के नंग-धड़ंग बच्चों का ध्यान आया है जिन्हें बी.बी.सी. चैनल पर देखकर मन वितृष्णा से भर उठता है। पाव रोटी (ब्रेड) के लिए बच्चों की भीड़ के बढ़ते याचक हाथ और आँखों में उमड़ी दया की भीख देर तक चेतना पर दस्तक देती है किन्तु भारतीय परिदृश्य में ये बातें इसलिए अधिक चिंताकुल हैं कि हमें विश्व की सर्वाधिक तेजी से बढ़ती अर्थ-व्यवस्थाओं में से एक माना जाता है।

कृषि क्षेत्र में बढ़ रही गरीबी का बयान देश के सर्वाधिक समृद्ध पंजाब, वर्षों-वर्षों सूखे की मार झेलते विदर्भ क्षेत्र (महाराष्ट्र) और आन्ध्र-प्रदेश के कर्ज की मार से बिलबिलाते **किसानों की आत्म-हत्याएँ** करती हैं। इन आत्म-हत्याओं का सिलसिला रुक नहीं पा रहा है, नित्य प्रति समाचार-पत्रों में इन राज्यों से आत्म-हत्याओं के समाचार प्रकाशित होते रहते हैं जो यह सोचने पर विवश करते हैं कि शहरों में नित्य खुलते मॉल्स, बिग बाजार, रिलायंस, ईजी डे, आदि के हर शहर में खुलते स्टोर्स, उनमें विविध ब्रांडों के उपभोक्ता-उत्पाद, मैक्डोनल आदि की शृंखलाएँ हमारी अर्थ-व्यवस्था के किन विद्रूपों को संकेतित करते हैं। एक ओर अमीरों का वह वर्ग है जो अकूत सम्पत्ति का स्वामी है। **2007 की आर्थिक समृद्धि में भारतीय अरबपतियों की सम्मिलित आय 177 अरब डॉलर से बढ़कर 351 अरब डॉलर तक जा पहुँची। विश्व के सर्वाधिक दस धनपतियों की सूची** में महान बिल गेट्स का स्थान प्रथम से फिसल कर तीसरा हो गया जबकि इस सूची में हमारी भागीदारी चौथे (लक्ष्मी मित्तल) पाँचवें (मुकेश अम्बानी), छठे (अनिल अम्बानी) तथा आठवें (के.पी.सिंह-डी-एल.एफ.) स्थान को प्राप्त कर गई। टाइम्स ऑफ इंडिया ने भारतीय कम्युनिस्ट पार्टी के नेता **सीताराम येचुरी** के हवाले से बताया कि **भारत के 36 अरबपतियों का सकल घरेलू आय का 25% हिस्सा है और दूसरी ओर प्रति 30 मिनट एक किसान भारत में आत्महत्या कर रहा है।**[22] देश की जनसंख्या के बीच बढ़ता यह आर्थिक असंतुलन सामाजिक अशांति और असंतोष का जनक होता है जिसके संकेत भारत और चीन जैसे बड़े देशों में मिलने प्रारम्भ हो गए हैं। **भूमंडलीकरण प्रदत्त विकास के इस नए ढाँचे (मॉडल)** ने जिस आर्थिक समृद्धि को सम्भव किया है, समाज के पिछड़े वर्ग तथा ग्रामीण क्षेत्र उससे 'कंगालीकरण' की ओर जाने के लिए अभिशप्त हैं।[23] कदाचित् आर्थिक विकास की कोई नई वैकल्पिक व्यवस्था, नया ढाँचा, तथा नव चिंतन समाज की इस अभिशाप से मुक्ति का मार्ग प्रशस्त कर सके।

(ख) भूमंडलीकरण : सांस्कृतिक पक्ष

अमेरिका सर्वोच्च आर्थिक शक्ति ही नहीं बन गया अपितु अपने माल, उत्पादों को पूरी दुनिया में पहुँचाने के लिए भूमंडलीकृत स्थितियों, टैक्नोलॉजी, प्रौद्योगिकी और संचार क्रांति ने उसे **एक नव-साम्राज्यवाद का शक्ति केन्द्र** भी बना दिया। उसका यह साम्राज्यवादी वर्चस्व केवल उपभोक्तावादी जीवन-दृष्टि और अमेरिकी सभ्यता के प्रसार तक ही सीमित होकर नहीं रह गया, उसने **पूरे विश्व की संस्कृतियों को लीलने की प्रक्रिया** बहुत तेजी से, बीसवीं शती के अन्तिम दो दशकों में विशेषतः, प्रारम्भ कर दी। इसे कुछ लोगों ने सभ्यता और संस्कृति के अन्तरराष्ट्रीयकरण का नाम भी दिया। वस्तुतः आज पूरे विश्व के लोग जिस प्रकार एक दूसरे के सम्पर्क में हैं, इससे पूर्व ऐसा कभी भी मानव-इतिहास में सम्भव नहीं हुआ था। जितनी द्रुत गति से आज सूचना और पूँजी का प्रवाह पूरे विश्व में सम्भव हुआ है, उतना कभी भी नहीं हुआ था, जितनी सुविधापूर्वक और तीव्रता से माल और व्यक्तियों की आवाजाही इस जैट युग में बढ़ी है, वह अभूतपूर्व है। टेलीमार्केटिंग और ऑन लाइन ट्रेडिंग-परचेज़िंग, व्यापार और खरीद-बिक्री, की नई अवधारणा न केवल जन्म ले चुकी है अपितु पूरी तरह प्रचलन और प्रचार में है। आज हम एक ऐसे विश्व में रह रहे हैं जिसमें हम बहुत अंशों तक एक-दूसरे पर आश्रित हैं। यह भूमंडलीकरण विश्व का सांस्कृतिक पक्ष है। व्यक्तियों और उत्पादों की यह अन्तरराष्ट्रीय आवाजाही केवल व्यापार के निमित्त ही नहीं हो रही है अपितु सामाजिक कार्यकर्त्ता (एक्टीविस्ट), मजदूर-नेता, पत्रकार, बौद्धिक-वर्ग—साहित्यकार और कलाकार फिल्मकार, यहाँ तक कि अपराध जगत के शातिर और आतंकवादी, मादक द्रव्यों के तस्कर आदि अन्तरराष्ट्रीय स्तर पर ही अपने-अपने कार्य-क्षेत्र में सक्रिय हैं। वस्तुतः यह **संस्कृति का वैश्वीकरण** है जिसके चलते विश्व पटल पर स्थापित संस्कृतियाँ अपनी सांस्कृतिक बहुलता तथा स्थानिकता को त्यागती हुई एक-सी संस्कृति-**एकल संस्कृति** (**'मोनो कल्चर'**) में ढलती चली जा रही हैं। पहले यह पश्चिमीकरण की प्रक्रिया थी जो ब्रिटिश साम्राज्यवादी शक्ति-प्रसार के साथ उसके अधीनस्थ अफ्रीका, एशिया, लेटिन, अमेरिका, वेस्ट इंडीज तथा ईस्ट इंडीज आदि देशों में अपने पैर पसार रही थी। धीरे-धीरे ब्रिटिश साम्राज्य के छिपते सूरज के साथ-साथ यह अमेरिकीकरण का रूप धारण करती गई।

भारत वर्ष के सन्दर्भ में ब्रिटिश शक्ति ने जो उसका पश्चिमीकरण प्रारम्भ किया, वह सीधे-सीधे भारतीय संस्कृति पर आक्रमण था। तत्कालीन सन्दर्भों में भारतीय संस्कृति का अर्थ था "हिन्दू संस्कृति, हिन्दू धर्म, हिन्दू समाज, हिन्दू सभ्यता, हिन्दू जीवन दर्शन" और तब पश्चिमीकरण तथा अब वैश्वीकरण के रूप में इस सब पर प्राणघातक आक्रमण हुआ है।"[24] 'हिन्दू' के स्थान पर 'भारतीय' कहना ही अधिक विवेक सम्मत होगा, जो कुछ भी हमारी संस्कृति में 'भारतीय' के नाम से जाना जाता है, उस सब पर यह अप्रतिरोध्य निर्मम सांस्कृतिक आक्रमण आज सबकी चिंता का विषय बनता जा रहा

है। ब्रिटिश औपनिवेशिक नीतियों ने हमारे पारम्परिक धर्म, संस्कृति के पश्चिमीकरण की प्रक्रिया से या तो रूपांतरित करना प्रारम्भ किया था या कुछ दृष्टियों से पूरी तरह अपदस्थ कर दिया। जो भारतीय धर्मांतरण कर ईसाइत की क्रोड़ में आए उन्हें रहन-सहन और सोच में पूरी तरह अंग्रेजियत में ढालने की कोशिश की गई, परिणाम यह हुआ कि **श्वेत प्रभुओं के अनुकरण पर 'काले साहबों'** (**'ब्राउन साहब'**) की एक पूरी जमात खड़ी कर दी गई। अंग्रेज प्रभुओं के अनुकरण पर पूरी तरह उनके रंग में रँगी भारतीय बाबुओं की जो विशिष्ट प्रजाति अस्तित्व में आई, उसे **'मैकॉले के बच्चों'** के रूप में भी सम्बोधित किया जाता रहा है जो पूरी तरह पाश्चात्य सभ्यता संस्कृति के ही पुजारी हैं।"[25] इसे **'मैकॉलेकरण'** इसलिए कहा गया कि मैकॉले ने जो 1834-38 तक भारत में गवर्नर जनरल की प्रशासन सम्मति के विधि-वेत्ता सदस्य के रूप में यहाँ रहा, गवर्नर जनरल पर दबाव डाल कर स्कूलों में छठी कक्षा के पश्चात् संस्कृत और अरबी के स्थान पर अंग्रेजी की शिक्षा और शिक्षा माध्यम के रूप में अंग्रेजी को प्रभावी ढंग से लागू करवा दिया। यहीं से भारतीय संस्कृति के पश्चिमीकरण की प्रक्रिया पुख़्ता रूप में प्रारम्भ हो गई। उसने ब्रिटिश सरकार के सामने जो दावा किया था कि इस शिक्षा प्रणाली के द्वारा मैं भारतीयों की एक ऐसी बड़ी जनसंख्या ब्रिटिश राज को दूँगा जो केवल जन्म और शरीर से तो भारतीय होंगे, किन्तु अपनी रहन-सहन और सोच में वे पूरी तरह अंग्रेज ही बन जाएँगे। उसका यह संकल्प उसके अनुमानित समय से बहुत पहले साकार हो गया। **उसने ब्रिटिश राज और औपनिवेशिक सांस्कृतिक दासता की ऐसी सुदृढ़ नींव रखी कि आज तक हम जीवन और प्रशासन में उसकी लीक पीट रहे हैं।** 1857 ई. के पश्चात् भारत में जो दंड संहिता-इंडियन पीनल कोड (1860) बना, उसका मुख्य आधार **मैकॉले का 'क्रिमिनल लॉ सिस्टम'** ही था तथा इसी के आधार पर **'क्रिमिनल प्रोसिजर कोड (1872)** तथा **'सिविल प्रोसिजर कोड (1909)** बना, आज भी भारतीय न्याय-व्यवस्था इन्हीं का सहारा लेकर चल रही है। भारत ही नहीं ब्रिटिश उपनिवेश रहे देशों—सिंगापुर, श्रीलंका, नाइजीरिया, जिम्बाब्वे, आदि में आज भी कानूनी ढाँचा मुख्यतः इन्हीं 'कोडों' ('कोड्स') के आधार पर चल रहा है। इस प्रकार ब्रिटिश शासकों ने हमारे **सांस्कृतिक औपनिवेशीकरण की प्रक्रिया में हमारे मस्तिष्क, बुद्धि का भी ब्रिटिशीकरण प्रारम्भ** कर दिया और क्रमशः हमारे पारम्परिक स्कूलों, शिक्षा संस्थानों आदि की विलुप्ति प्रारम्भ हो गई। महर्षि दयानंद और उनके आर्य समाज संचालित स्कूलों कॉलिजों का नाम ही 'दयानंद एंग्लो' 'वैदिक' नहीं था, **वैदिक शिक्षा-पद्धति और सोच का** भी यह धीरे-धीरे होनेवाला **आंग्लीकरण** था। अच्छी बात यह हुई कि भारत में ईसाइत में धर्मांतरण की प्रक्रिया अधिक स्वीकार्य नहीं हो पाई। हिन्दू समाज द्वारा हाशिए पर डाल दिए गए मात्र कुछ अत्यधिक गरीब वर्ग और कुछ जनजातियाँ ही ईसाई धर्म की क्रोड़ में गईं। स्वामी विवेकानन्द ने औपनिवेशिक शक्ति के इस सर्वग्रासी रूप के खतरे की ओर अपने सर्वधर्म संसद के शिकागो अधिवेशन

(1893 ई.) भाषण में चेतावनी दे दी थी, यदि भारत समाप्त होता है तो समस्त विश्व से आध्यात्मिकता का लोप हो जाएगा, धर्म के लिए आत्मिक उदारता समाप्त हो जाएगी, समस्त आदर्श बिला जाएँगे और इनके स्थान पर वासना और भोग की देवी और देवता का साम्राज्य होगा जिनके पुजारी होंगे धन, जिनके अनुष्ठान होंगे पाखंड, बल प्रदर्शन तथा प्रतिस्पर्द्धा और बलि दी जाएगी मानवीय आत्मा की। ऐसा कभी नहीं होगा।''[26] किन्तु भारत के भाग्य की विडम्बना यह हुई कि आज यही सब कुछ वैश्वीकरण की अप्रतिरोध्य और अविवेकी प्रक्रिया द्वारा सम्भव हो रहा है। वैश्वीकरण की प्रक्रिया स्थानिक संस्कृति पर बुरी तरह बुलडोजर फेर देती है, ऐसा पूरी दुनिया में हो रहा है। अपनी संस्कृतियों को बचाने के समस्त प्रयत्न विफल होते जा रहे हैं और **हम एकल संस्कृति-अमेरिकी संस्कृति के अंग बनते जा रहे हैं।**

द्वितीय विश्व-युद्ध के बाद **ब्रिटेन की साम्राज्यवादी शक्ति का स्थानापन्न अमेरिकी साम्राज्यवाद** बनता चला गया। जैसे-जैसे आर्थिक क्षेत्र में विश्व में अमेरिका और अमेरिकी पूँजी का वर्चस्व बढ़ता गया, उसी तरह सांस्कृतिक क्षेत्र में देशों की स्थानीय संस्कृतियों पर अमेरिकी सभ्याचार, जीवन मूल्य छाते गए। **अमेरिकी संगीत, टी.वी. कार्यक्रमों की लोकप्रियता** उस देश की सीमाएँ लाँघकर पूरे भूमंडल में अपनी लोकप्रियता स्थापित करने लगे। कुछ कार्यक्रमों ने तो **सामूहिक वैश्विक उन्माद (हिस्टीरिया) की-सी लोकप्रियता** अर्जित की और उन्होंने अकूत धन-राशि अपनी सी.डी./डी.वी.डी.-बिक्री द्वारा प्राप्त की। ब्रिटेन के **बीटल्स** ने अमेरिका होते हुए पूरे विश्व में द्रुत गति से छा जाने का जो कीर्तिमान स्थापित किया, वह अभूतपूर्व था। 1963-1968 के वर्षों में **सेटेलाइट प्रसारण-कार्यक्रमों** द्वारा वे दुनिया-भर में छा गए। 1965 में ब्रिटेन की महारानी ने विदेश व्यापार में वृद्धि के योगदान के लिए बीटल्स-ग्रुप को सम्मानित किया। पाँच महाद्वीपों के अठारह देशों में **'अवर वर्ल्ड'** नामक कार्यक्रम में अपनी उपस्थिति से उन्होंने अपार लोकप्रियता प्राप्त की। 1967 ई. में उन्होंने जो अपने एल्बम **'सर्जेंट पीपर'स लोनली हार्ट्स', क्लब बैंड, आदि** निकाले जिन्होंने विश्व युवा समुदाय में एक तहलका मचा देने की स्थिति पैदा कर दी और पूरी दुनिया एक **'पॉप कल्चर' की लहर** में बह गई। बाद के वर्षों में यही स्थिति पॉप गायक **माइकल जैक्सन, मेडोना, ब्रिटनी स्पियर्स** आदि ने पैदा कर दी। उनके **पॉप संगीत एल्बमों की अरबों-करोड़ों में** बिक्री पूरे विश्व में हुई तथा आज भी उसकी लोकप्रियता में कोई कमी नहीं आई है। टैक्नोलॉजी, द्रुत संचार व्यवस्था, आवागमन की जेट-युगीन सुविधाओं ने विश्व-भर में सांस्कृतिक आदान-प्रदान की सुविधाएँ बहुत बढ़ा दीं किन्तु फिर भी **अमेरिकी संस्कृति ने 'प्रदान' में ही विश्वास रखा, दूसरी संस्कृतियों से उसने ग्रहण प्रायः नहीं ही किया।** केवल रेस्त्रां आदि के खानों में 'चाइनीज', 'थाई', 'इंडियन फूड', 'पाकिस्तानी फूड' आदि ही विश्व के कुछ अन्य देशों में भी मान्यता और लोकप्रियता प्राप्त कर सके। किन्तु दूसरी ओर **मैक्डोनल के पीज्जा, बर्गर,** आदि उनके

कोक के साथ ही पूरी दुनिया में, शहर-शहर, गाँवों तक में अपनी पहुँच बना सके। “रीजर्स (Rilgess) जैसे चिंतक इसे **‘मैक्डोनाल्डीकरण’ की प्रक्रिया** कहते हैं। मैक्डोनाल्ड फटाफट खाने का प्रतीक है। **मैक्डोनाल्ड की एक पूरी संस्कृति** विकसित हो गई है।”[27] कोक और मैक्डोनल वहाँ तक भी अपनी पहुँच बना चुके हैं, जहाँ रेगिस्तानों में, दूर-दराज के गाँवों में, पीने का पानी भी ठीक तरह से मयस्सर नहीं हो पा रहा है। खुले बाजर की नीति, मुद्रा के द्रुत प्रवाह के इंटरनैटीय साधन-उपकरण, उपभोक्तावादी दृष्टि, उपभोग करो और फेंको (‘यूज एंड थ्रो’) की जीवन-पद्धति, तथा किसी भी देश के उत्पाद की पूरी दुनिया में सुलभता ने इस अमेरिकी संस्कृति के द्रुत और तीव्र प्रसार को संभव बनाया। समान रूप से विकसित इस संस्कृति ने पौर्वात्य संस्कृतियों से कुछ भी ग्रहण नहीं किया अपितु अन्य संस्कृतियों का निरन्तर पश्चिमीकरण किया। समाज-चिंतकों, भूमंडलीकरण के अध्येताओं ने इस पर गम्भीर चिंताएँ और आक्रोश जताया है, “भूमंडलीकरण गैर-पश्चिमी संस्कृतियों के लिए मारक साबित हो रहा है। ऐसी दुनिया किस काबिल है? ऐसा एक आयामी समाज, जो अंततः बिना किसी लगाव के खत्म हो जाएगा। यह कहना कि पश्चिम और गैर-पश्चिम में बिना किसी बाधा के विचारों का आदान-प्रदान हो रहा है और संस्कृति एवं परम्परा का संश्लेषण इसी पर आधारित होगा-समुचित नहीं जान पड़ता। आज जो कुछ भी घट रहा है और पश्चिम से तीसरी दुनिया पर ही आरोपित किया जा रहा है, उसमें हमारा परिचय किसी भारतीय मेडोना से नहीं होता। हम किसी चीनी माइकेल जैक्सन को नहीं जानते। कोई मोरोक्कन जूलिया सवट्र्स या फिलिपीनी न्यू किड्स भी टी.वी. के चैनलों में उपस्थित नहीं हैं। ब्राजीलियाई शेक्सपीयर की चर्चा नहीं की जाती। उसके नाटक नहीं खेले जाते। भारतीय टी.वी. चैनल ‘सहारा मनोरंजन’ पर अंग्रेजी लेखिका बार्बरा कार्टलैंड मुकदमा दायर करती है, मगर भारत का कोई लेखक उसके लिखे पर आरोप नहीं लगा पाया है। भूमंडलीकरण स्टेज पर न चीनी ओपेरा देखने को मिलता है, और न ही उर्दू-हिन्दी कविता का पाठ मिलता है। वास्तव में **भूमंडलीय मंच अपने-आपमें एक पश्चिमी मंच है। यह पश्चिमी सत्ता और नियंत्रण का ही व्यक्तिकरण है।**” “जितनी भी गैर-पश्चिमी निर्मिति और कलाकृतियाँ हैं, वे पश्चिमी मानस को महज गुदगुदाती हैं। अतः **भूमंडलीकरण** के नाम पर **वस्तुतः नव पश्चिमीकरण है,** जिसमें हम सबको रँगा जा रहा है।”[28] वस्तुतः यह अमेरिकीकरण ही मुख्यतया है जिसमें विभिन्न देशों में स्थानीय संस्कृति, बहुलतावादी संस्कृति का उच्छेदीकरण हुआ है।

भारत के परिप्रेक्ष्य में इस अपसंस्कृति ने विशेषतः हमें किस प्रकार प्रभावित किया है, इसका संक्षिप्त आकलन निम्नलिखित शीर्षकों में किया जा सकता है :

1. उपभोक्तावाद तथा ब्रांडिड संस्कृति
2. मीडिया-जगत : टी.वी तथा समाचार-पत्र
3. विज्ञापन का मायावी जगत

4. अश्लीलता और नई नैतिकताएँ
5. नई-नारी चेतना
6. सांस्कृतिक विस्थापन (डॉयस्पोरा)
7. भ्रष्टाचार
8. अपराध जगत
9. आतंकवाद
10. भाषा और साहित्य

इन सब बातों को बिलकुल अलग-थलग करके नहीं देखा जा सकता। ये परस्पर अन्तग्रर्थित हैं। अध्ययन और समझने की सुविधार्थ ही इन्हें पृथक् शीर्षकों में रखा गया है।

उपभोक्तावाद तथा ब्रांडिड संस्कृति में भारत ही नहीं पूरा विश्व ढलता जा रहा है, वैश्वीकरण के अर्थ-तंत्र ने एक **'वैश्विक गाँव'–ग्लोबल विलेज**–ही नहीं सिरजा एक **'वैश्विक सुपर बाजार'('ग्लोबल सुपर मार्केट')** खड़ा कर दिया। पश्चिमी देशों के उत्पाद, माल (प्रॉडक्ट) पूरी दुनिया में बहुतायत से उपलब्ध हैं। इन उत्पादों के माध्यम से ही पश्चिम और विशेषतः अमेरिका हमारे सांस्कृतिक मूल्यों में बदलाव उपस्थित कर रहा है। उपभोक्तावाद के रूप में यह संस्कृति जिस रूप में समस्त विकासशील राष्ट्रों में फैल रही है, प्रसिद्ध कथाकार निर्मल वर्मा इसका सांस्कृतिक विश्लेषण इस रूप में करते हैं, "जब मैं अमेरिका का नाम लेता हूँ, तो वह दुनिया के एक भूखंड एवं देश के नाम के तौर पर उतना नहीं, जितना एक 'रूपक' के रूप में जिसकी पाखंडी दुनिया अपनी सम्पन्नता, अपने विकास और भौतिक सम्पन्नता के चरमोत्कर्ष पर पाती है। आज अमेरिका पश्चिमी सभ्यता के मूल्य-बोध, आचार-संहिता और नैतिक मान मर्यादाओं का प्रतीक है। विश्व संस्कृति का केन्द्र बिन्दु जिसके इर्द-गिर्द समूचा भूमंडल घूमता दिखाई देता है, एक ऐसा मैग्नेटिक फील्ड, जिसकी ओर पूर्व-पश्चिम के समस्त देश खिंचते चले आते हैं। कहने को "भूमंडलीकरण की अवधारणा समूची दुनिया को अपने में समाहित करती है किन्तु कौन नहीं जानता कि इसकी चालक शक्ति का मूल स्रोत पश्चिमी सभ्यता के रथ के साथ जुड़ा है, जिसके दोनों पहिए–सार्वभौमिक और समानता के विकास के राजपथ पर एक साथ भागते हैं।''[29] इस संस्कृति ने ही पिछली सदी को **'भोगवादी सदी'** का अभिधान और रूप दिया है। बहुराष्ट्रीय-मल्टीनेशनल-कंपनियों ने उदारीकरण, खुला बाजार, मुक्त बाजारजनित उपभोक्तावाद को जन्म दिया। बाजार की यह व्यवस्था, **बाजार का मनुष्य को कीलने का यह माया-प्रपंच** ही भूमंडलीय अर्थ-व्यवस्था का मुख्य आधार है। बहुराष्ट्रीय कंपनियाँ विशुद्ध रूप से व्यावसायिक कंपनियाँ हैं जिनका एकमात्र उद्देश्य, अंतिम लक्ष्य लाभ-मुनाफा–अर्जित करना है। उनके ऊँचे-से-ऊँचे और निचले-से-निचले अफसर-कर्मचारी के सामने बिक्री-लक्ष्य ('टारगेट्स') रखे हुए होते हैं, उन्हें येन-केन प्राप्त करना ही इनकी नौकरी की सफलता और अगली प्रोन्नति का द्वार है। **तीव्र प्रतिस्पर्द्धा** के इस युग में 'कर लो

दुनिया मुट्ठी' में न केवल हमारी एक कंपनी विशेष का प्रेरणा-वाक्य है अपितु सभी बहुराष्ट्रीय कंपनियाँ इसी रूप में दुनिया को मुट्ठी में कर लेने के लिए कृत-संकल्प हैं। सभी देशों के व्यापक जनसमुदाय की जीवन-चर्या को अपने उत्पादों के माध्यम से नियंत्रित कर उनको उन चीजों का इतना चाहवान बना दिया है कि उनके बिना वे जिंदगी की कल्पना भी न कर सकें। सुबह उठते ही चाहे बैड-टी के रूप मे या टूथ-ब्रश, टूथ-पेस्ट के रूप में बहुराष्ट्रीय कंपनियों के उत्पाद हमें जीवन शुरू करने की जुगत देते हैं। देखते-देखते ही छोटे शहरों के चौराहों पर बिकती दातुनें, घर-घर में समाचार-पत्रों की तरह दातुनें फेंकने, फेरी वाले ('हाकर्स') बिला गए हैं।" समूची दुनिया दैत्याकार मल्टीनेशनल्स के भयावह जबड़ों के नीचे आती जा रही है। प्रकारांतर से यह भी कहा जा सकता है, राष्ट्र-राज्यों की सर्वोच्च निर्णायक शक्ति अर्थात् संप्रभुता का स्थानान्तरण हो रहा है और अब राजनीतिक संप्रभुओं के हाथों से छूटकर मल्टीनेशनल्स याने कि पृथ्वी के चंद कुबेरों के हाथों में जा रही है।[30] ये बहुराष्ट्रीय संस्थाएँ इस विपुल रूप में धनराशि का निवेश करती हैं, राष्ट्र सरकारें इनके सामने लाचार हो झुकती चली जाती हैं। यदि ये राष्ट्र विशेष से पूँजी का स्थानान्तरण कर लें तो उसकी अर्थ-व्यवस्था पूरी तरह चरमरा जाती है, 2007 के उत्तरार्द्ध और 2008 में भारत इसका परिणाम भुगत चुका है। इन कंपनियों ने 'बाजार' की स्थिति ऐसी बना दी है कि पूरी दुनिया सुनियोजित रूप में इनके उत्पादों की दास बनती चली जा रही है। अत्यन्त सुनियोजित रूप में पूरे विश्व में यह अवधारणा प्रचारित की जा रही है कि **मुक्त बाजार और उदारीकरण के द्वारा ही विकास का मार्ग** प्रशस्त किया जा सकता है। प्रौद्योगिकी और संचार क्रांति के नित-नए चरण इसी बाजार के कारक बनते हैं, इनमें से यदि कुछ आकर्षक नामों का ही उल्लेख किया जाए तो डिजीटल कैमरा, फास्टट्रेक और हाईटैक टैक्नोलॉजी, कंप्यूटर, कार, मोबाइल फोन, फैक्स, साइबरनेटिक्स, साइबर स्पेस, इंटरनेट, सर्फिंग आदि। सौन्दर्य और प्रसाधन के एक-से-एक बढ़कर एक-से-एक मँहगे उत्पाद, सौन्दर्य प्रतियोगिताओं का बाजार, फैशन-बाजार आदि मिलकर बाजारीकरण का ऐसा परिदृश्य निर्मित करते हैं कि मनुष्य ने आवश्यक-जरूरी ('नीड'), 'आरामदायक' ('कंफर्ट्') तथा 'ऐश्वर्य' ('लक्जरी') का विवेक खोकर सब कुछ को 'आवश्यकता' ('नीड') के रूप में स्वीकार कर अपनी जीवन-चर्या का अंग बना डाला है। वर्तमान के प्रधान मन्त्री और देश के प्रख्यात प्रतिष्ठित अर्थशास्त्री जब वित्त मन्त्री थे उन्होंने बजट चर्चा के दौरान एक महत्त्वपूर्ण बात कही थी जो ध्यातव्य है, वह बाजारवाद के चरित्र को पूरी सच्चाई मे उघाड़ती है, "एक अभूतपूर्व युग का उदय हो रहा है, जिसमें बाजार कभी बंद नहीं होते। चौबीसों घंटे बाजार काम करते रहते हैं। ये रोमांचक क्षण हैं इतिहास के। मनोवैज्ञानिक जानते हैं कि जो कभी नहीं सोता है, उसके शरीर को कभी विश्राम नहीं मिलता है। आखिरकार ऐसी स्थिति आ जाती है, कि वह पागल हो जाता है तो क्या **हम एक और पागल बाजार की ओर बढ़ रहे हैं जो कभी नहीं**

सोता है? जिसके सोचने की क्षमता ही नहीं है? जो मुनाफा और अधिक मुनाफा कमाने की ओर बढ़ रहा है।''[31] अधिक मुनाफा कमाने खाने के चक्कर में मध्यवर्गीय भारतीय ने जो पिछले दो वर्षों में भोगा है वह 'पागल बाजार' में 'पागल' हो जाने की स्थिति ही है।

उपभोक्तावाद ने व्यक्ति को जिस अंधी, कभी न समाप्त होनेवाली दौड़ में धकेल दिया है, उसने हमारे जीवन-परिवेश को बदलकर रख दिया है। एक **नए प्रकार की भौतिकवादी संस्कृति** का विकास हो चला है, सब भागे जा रहे हैं, कहाँ तक दौड़ना हमारा लक्ष्य हो सकता है, यह किसी को भी पता नहीं चल पा रहा है, बस भागमभाग और आपाधापी। एक नया जीवन-दर्शन विकसित हो चला है कि हमें सर्वोच्च और सर्वश्रेष्ठ को ही आयत्त करना और चरम तक पहुँचना है। बाजार की स्थितियों ने व्यक्ति के जीवन में भी गला-काट स्पर्द्धा-भाव जगा दिया है। बहुराष्ट्रीय कंपनियों ने नए-नए उत्पाद, नई-नई ऊँची नौकरियाँ सामने रख उनकी प्राप्ति के लिए लालसा जगा दी है। बहुराष्ट्रीय निगमों ने 1985 से 1992 के बीच विकासशील देशों में अस्सी लाख नौकरियाँ प्रदान कीं। रिश्ते-ब्याहों में लड़के-लड़की की एक आकर्षक उपलब्धि-अर्हता यह भी बन गई कि वह एक बहुराष्ट्रीय कंपनी में हैं। यह रुतबे का एक मानक बन गया। इस सबके बीच हमारों युग-युगों से पोषित आदर्श *'जब आवै संतोष धन, सब धन धूरि समान'* धरे के धरे रह गए 'धूरि समान' ही बनकर रह गए वे आदर्श। **आज इस उपभोक्तावादी दृष्टि ने हर व्यक्ति और प्रत्येक उत्पाद को एक 'पण्य' (कमॉडिटी) का रूप दे दिया।** सोचा जाता है कि दुनिया में कोई वस्तु अलभ्य नहीं है, सहजता से प्राप्य है, बशर्ते आपके पास खरीदने लायक पूँजी हो। इस उपभोक्तावादी दृष्टि ने ही आज धन, पूँजी को ही जीवन का चरम लक्ष्य बना डाला। आज हमारी **आवश्यकताएँ और प्राथमिकताएँ पूरी तरह बदली हुई** हैं।

इस बाजारवाद का सर्वप्रमुख आधार **सपने और लालसाएँ बेचना है।** सेल्समेन-प्रशिक्षण-बाजार-प्रबंधन में यह सिखाया जाता है कि किस प्रकार किसी उत्पाद के लिए लालसाएँ जगाई जाती हैं। बहुराष्ट्रीय निगमों में जो शोध और विकास प्रखंड ('आर.एंड डी.') हैं उनमें निरन्तर यह शोध चलती रहती है कि आगामी दस-बीस वर्षों में अमुक वस्तु, उत्पाद, औषधि आदि के लिए किस प्रकार 'माँग' पैदा की जा सकेगी। इसका सबसे अच्छा उदाहरण मैक्डोनल के पीज्जा, बर्गर आदि फास्ट-फूड्स हैं, ये सब मोटापा बढ़ाते हैं यह एक सर्वज्ञात तथ्य है–पहले मोटापा बढ़ाया, अब इसे घटाने के लिए कितनी-कितनी औषधियाँ, पेय, टॉनिक आदि ईजाद किए गए। इसी के साथ स्वास्थ्य-प्रबंधन के लिए 'जिम' तरह-तरह की व्यायाम-मशीनें, स्वास्थ्य-संभार कार्यक्रम ('हेल्थ पैकेज') नित नए रूप में सामने आ रहे हैं। योग व्यवसाय बनकर 'पेटेंट' कराया जा रहा है, सुन्दिरयाँ सी.डी., डी.वी.डी. बनवाकर शरीर को स्वस्थ रखने की युक्तियाँ बता रही हैं। इस बाजार का अगला कदम यह है कि ऐसा मध्यवर्ग खरीददार

के रूप में विकसित करो जो मँहगे से महँगे ब्रांड की वस्तुओं को खरीदने की क्षमता से युक्त हो जाए। यदि वर्तमान में उसके साधन इतने न हो कि वे उस वस्तु को खरीद सकें जिसके लिए उनमें प्रबल कामना, लालसा जगा दी गई है, तो उन्हें **'उधार की संस्कृति'** में ढाल दो, 'ऋणम् कृत्वा घृतम् पीबेत' उनका आदर्श बना दो। उनकी नकद खरीदने की क्षमता नहीं है तो बिना माँगे जबरदस्ती उन्हें ऋण-लोन लेने का आमंत्रण निरन्तर देते रहो, 'कभी तो भनक पड़ेगी कान' की स्थिति आएगी ही। बड़े-बड़े स्टॉकिस्ट-टी.वी., फ्रिज, ए.सी., वॉशिंग मशीन आदि उधार आसान किस्तों पर उपलब्ध करा रहे हैं, फिर भी दिल नहीं ललचाता तो किसी के साथ मुफ्त बैग, कोई सस्ती घड़ी या ऐसी ही फालतू-फंड की वस्तु रिझाने के लिए दी जाती है। यदि आप किसी स्टॉकिस्ट, स्टोर, शो-रूम से उधार नहीं लेना चाहते तो बैंक आपके द्वारे आ-आकर **क्रेडिट कार्ड, उधार का लाइसेंस,** बड़ी आसान शर्तों पर उपलब्ध करा रहे हैं। फिर भी बटुए (पर्स) का मालिक इन बहकावों-फुसलावों में नहीं आ पा रहा है तो उसके बच्चों, परिवार के अन्य सदस्यों में 'नेबर्स एनवी' 'पड़ौसियों की ईर्ष्या' की प्रतिस्पर्द्धात्मक भावना से ऐसी प्यास जगा दीजिए कि उससे सिर्फ खरीदते ही बने। इन तथ्यों को भारतीय परिवेश में फैशन उत्पादों, रसोई-उपकरणों, घरेलू उपकरणों-वाशिंग मशीन आदि उत्पादों के बढ़ते बाजार में भली-भाँति देखा जा सकता है। केवल फेस-क्रीम का ही उदाहरण लें तो कोल्ड-क्रीम, स्नो-क्रीम, ऑल पर्पज क्रीम, रिंकिल-फ्री क्रीम, गोरे होने की क्रीम-बीसों क्रीमों के बीसों ब्रांड बाजार में नित नई धमक विज्ञापनों के माध्यम से बना रहे हैं। ऐसी-ऐसी क्रीम जिनकी पहले कल्पना भी नहीं की जा सकती थी, आज बाजार में उपलब्ध हैं। गर्भधारण के पश्चात् पेट की झुर्रियों के निशान-स्ट्रेच आदि हटाने, गोरी रंगत को चमकाने, दीप्ति देने (शाइनर्स) की क्रीम, कील मुँहासे हटाने, फटी बिवाइयाँ हटाने, धूप आदि से बचाने, आदि की कितनी-कितनी किस्में बिक रही हैं। रात की क्रीम, दिन की क्रीम, पसीने की बदबू भगाने के डिओडरेंट, विभिन्न प्रकार के शैम्पू, जैल, कमसिन बनाने वाली गोलियाँ, मोटापे घटाने के खाद्य, आदि न जाने कितने उत्पादों के अम्बार बाजार में लगे हुए हैं। कास्मोस्यूटिकल्स का यह उद्योग प्रतिवर्ष 7.8% की दर से बढ़ रहा है, बाजार के विश्लेषकों का मत है 2007 तक इस व्यवसास में 8.5% की वार्षिक वृद्धि-दर दर्ज की गई। **शरीर रख-रखाव (बॉडी केयर) का यह व्यवसाय** स्किन-केयर, नेल केयर, हेयर केयर के विशिष्ट अनुभागों में अपने सैकड़ों उत्पाद लेकर उपस्थित है जिनकी बिक्री धड़ल्ले से हो रही है। वर्तमान की वैश्विक महामंदी का सौन्दर्य-व्यापार की सेहत पर कोई असर नहीं हुआ है। इस सन्दर्भ में उत्तर भारत के सर्वप्रमुख और पंजाब के सर्वाधिक समृद्ध औद्योगिक नगर लुधियाना के आँकड़े द्रष्टव्य हैं। वाई.एंड ई. स्टाइल मीडिया प्रा. लि. के निदेशक और 'हैड ऑपरेशन' यतन आहलुवालिया ने कहा है कि 'सौन्दर्य-व्यापार अपना आकर्षण कभी नहीं खो सकता क्योंकि किसी भी समय मनुष्य सुन्दर ही दिखना चाहेगा, न कोई

बाल कटाना छोड़ेगा, न उन्हें रंगना और न अपने चेहरे-मोहरे को आकर्षक बनाना छोड़ेगा।' उनके अनुसार अकेले लुधियाना में हर दूसरे सप्ताह 'हेयर केयर' और 'स्किन-केयर' का कम से कम एक उत्पाद बाजार में उतार दिया जाता है (लांचिंग) और पिछले कुछ ही महीनों में कम से कम 200 उत्पाद (प्रॉडक्ट्स) हमने बाजार में उतारे हैं।' अन्तरराष्ट्रीय ब्रांडों से भारतीय बाजार में मॉल, स्टोर्स और अन्य दुकानें भरी पड़ी हैं। मॉल्स ब्रांडिड संस्कृति को नित नया बढ़ावा देकर शहर-दर-शहर तथा राष्ट्रीय राजमार्गों पर अपनी नित्य नई-नई शाखाएँ खोलकर मनुष्य को ही एक ब्रांड में तब्दील करने पर तुले हुए हैं। प्रभा खेतान ने उचित ही कहा है "ब्रांड से निर्मित होता हुआ उपभोक्ता स्वयं में एक ब्रांड बन जाता है—एक भोगा जाता हुआ ब्रांड। इसी प्रवृत्ति को फैशन, रुचि, जीवन-शैली कहा जाता है और उत्तर आधुनिक समाज में इसी के आधार पर सामाजिक भिन्नताएँ आधारित होती हैं, जो पहले वर्गीय समाज और राजनीतिक पक्षधरता से भिन्न हैं।"[32] **वैश्विक गाँव-ग्लोबल विलेज की यही उपभोक्तावादी संस्कृति पूरे विश्व में अपने डैने फैलाए हुए हैं।**

मीडिया जगत टी.वी. तथा समाचार-पत्र, पत्रिकाएँ ही मुख्यतः वे माध्यम हैं जिनके कंधों पर चढ़ यह उपभोक्तावादी वैश्विक संस्कृति अपना पसारा फैलाती जा रही है। टी.वी. के दो-दो सौ चिंघाड़ते चैनल चौबीसों घंटे हमें, हमारे परिवार और पूरी भारतीय जीवन प्रणाली को इस पश्चिमी, अमेरिकी संस्कृति में ढाल रहे हैं। प्रायः तीस वर्ष पहले जिस टी.वी. के प्रति हम नाक-भौं सिकोड़ रहे थे*, आज वह अपने आधुनिकतम रूपों और मॉडलों में हर घर में, तथा कुछ घरों में एकाधिक, किसी-किसी के यहाँ हर कमरे में उपस्थित है। बहुत-से विकासमान, समृद्ध राष्ट्रों ने भी टी.वी. की आँधी को रोकने के कुछ असफल प्रयास किए, "यह सांस्कृतिक आक्रमण इतना महत्त्वपूर्ण हो गया है कि पिछले दिनों गेट समझौते की शर्तों में सिनेमा और टी.वी. के निर्बंध प्रवेश के खिलाफ स्वयं यूरोपीय समुदाय, विशेषकर फ्रांस का स्वर अत्यधिक मुखर था क्योंकि उसे अमरीकी कला-व्यापार की स्पर्द्धा से अपनी सांस्कृतिक अस्मिता के नष्ट होने का खतरा दिखाई देता था।"[33] टी.वी. मात्र मनोरंजन का साधन नहीं रह गया, एक धीमा मीठा जहर-सा यह हमारी सांस्कृतिक धमनियों में घोल हमें अपने ही प्रकार से अनुकूलित करता है। मनोरंजन के रूप में शिशु, किशोर और युवा संतानें जिस जीवन-प्रणाली की सीख अपना रही हैं, उससे सारा समाज परेशान और हैरान है किन्तु टी.वी. के इन्हीं 'रियल्टी शोज' पर लाखों-करोड़ों की बिखरती समृद्धि की लूट में समाज का एक बड़ा वर्ग सहर्ष सम्मिलित हो रहा है। पश्चिमीकरण,

* दिल्ली के एक कमरे में दिसम्बर की कड़ाके की सर्दी में उस समय मैंने एक वृद्ध को छत पर त्रिपाल जैसा काला कपड़ा तान कर उसके नीचे खाट बिछा कर सोते देखा था। उसकी इस स्थिति की तह में जब मैं गया तो ज्ञात हुआ कि नीचे घर वालों ने टी.वी. (तब ब्लैक एंड व्हाइट ही थे) लगा रखा है और यह विरोधस्वरूप यहीं सोता है, टी. वी. उसे बर्दाश्त नहीं, खास तौर से उन दिनों का लोकप्रिय कार्यक्रम 'चित्रमाला'।

अमेरिकीकरण का यह सबसे सशक्त माध्यम जिस रूप में मनोरंजन परोस कर हमारी जीवन-पद्धति की दिशाएँ निर्धारित कर रहा है, वह सभी के लिए चिंता का विषय बना हुआ है। पिछले वर्ष कुपित होकर देश के प्रधान मन्त्री मनमोहन सिंह को भी कहना पड़ा कि 'बच्चों को तो बख़्श दो'। 'रियल्टी शोज' व 'नच ले' के नामधारी अनेक प्रदर्शनों में जो नंगई और अश्लीलता परोसी जा रही है, उसे देखकर मुँह से यही निकलता है, 'शाबाश है इनके माँ-बाप को जो अपने बच्चों, विशेषतः लड़कियों से यह सब करा रहे हैं।' 9-10 साल के शिशुओं को कामुक-से वस्त्र पहना कर और इश्क-विश्क के भौंडे गीतों पर जो नृत्य मुद्राएँ दिखाई जाती हैं, उसे देखकर देश आए एक प्रवासी (एन.आर.आई.) का विचलित होकर यह कथन था कि यहाँ तो अमेरिका को भी मात दे दी गई, यदि अमेरिका में ऐसा होता तो सबसे पहले तो कार्यक्रम के निर्माता पर मुकदमा चलता और फिर उन बच्चों के माँ-बाप को दंडित किया जाता। किन्तु यहाँ कोई कहने-सुननेवाला नहीं है। एक नृत्य कार्यक्रम में एक निर्णायक ने अवश्य कहा था कि बच्चों को इतने 'व्यस्क' गीत मत दो। किन्तु जब निर्णायकों का यही वर्ग युवाओं के 'नाच कार्यक्रमों', जिनमें कितनी ही मुद्राएँ सीधे-सीधे रति मुद्राएँ हैं, में यह कहते पाए जाते हैं कि तुम्हारे प्रेम-प्रदर्शक नृत्य में तुम्हारी आपस की 'कैमिस्ट्री' ठीक नहीं थी, तो पता नहीं निर्णायक और कौन-सी कामुक मुद्राओं में इस 'कैमिस्ट्री' का अच्छा रूप देखना चाहते हैं। यह देखना भी कम रोचक अध्ययन नहीं होगा कि भारतीय टी.वी. चैनलों पर प्रस्तुत होनेवाले कितने-कितने कार्यक्रम अमेरिकी चैनलों की सीधे-सीधे नकल हैं—'इंडियन आइडल', 'यस बॉस', 'कौन बनेगा करोड़पति', आदि-आदि अमेरिका के भी लोकप्रिय कार्यक्रम हैं। 'स्टार चैनल' के मालिक रूपर्ट मर्डोक के पूरी दुनिया के 50 देशों में स्टार ब्रांड के चैनल हैं, रूपर्ट मैर्डोक आस्ट्रेलियन हैं किन्तु अमेरिका में जाकर बस गए हैं। वे 'मीडिया मुगल'-मीडिया-सम्राट के नाम से जाने जाते हैं, मुद्रण माध्यम-समाचार-पत्रों की दुनिया में भी उनका वर्चस्व है। उनके अपने सर्वाधिक बिक्री वाले समाचार पत्र अमेरिका, आस्ट्रेलिया, यूरोपीय देशों में पहले से ही विद्यमान हैं, उनका 'न्यूज कार्पोरेशन' निगम दुनिया का सबसे शक्तिशाली समाचार-पत्रों का समूह है। इस साम्राज्य में और इजाफा करते हुए उन्होंने वर्ष 2007 में पाँच अरब डॉलर की राशि में 'डाउ जोंस न्यूज वायर' नामक समाचार-पत्र को 'बैनक्राफ्ट फेमिली' से अधिगृहीत किया है। उनका 'स्टार चैनल' सभी देशों में उसी अमेरिकी संस्कृति को तरह-तरह से बढ़ावा दे रहा है। स्टार ब्रांड के स्टार प्लस, स्टार-वन, स्टार गोल्ड, स्टार स्पोर्ट्स आदि न जाने कितने चैनल पहले से ही भारत में अपनी धाक जमाकर करोड़ों-करोड़ों भारतीयों का अनुकूलन अपने प्रसारणों से करते आ रहे हैं। अब (2008 में) उन्होंने घोषित किया है कि एक वर्ष में वे पूरे देश में छः और क्षेत्रीय चैनल प्रारम्भ कर देंगे। शेष चैनल जी.टी.वी., सोनी आदि तथा अन्य क्षेत्रीय चैनल भी उसी प्रकार के सोज तथा रियल्टी कार्यक्रम

नियोजित कर अपनी प्रतिस्पर्द्धा बनाए रखते हैं। टी.वी. चैनलों की ये प्रस्तुतियाँ जिस प्रकार समाज में बहुविध समस्याओं को जन्म देकर अपराधी-वृत्ति को बढ़ावा दे रही हैं, समाजवादी चिंतक सुरेन्द्र मोहन उसका विश्लेषण इस प्रकार प्रस्तुत करते हैं, "मनोरंजन के तौर पर पड़ोस के टी.वी. से खास तौर पर उनकी किशोर और युवा संतानें जिस जीवन-प्रणाली को सीख रही हैं, उससे पीढ़ियों में टकराव बढ़ रहा है। टी.वी. और सिनेमा के दृश्यों और रीति-रिवाजों के टकरावों से पैदा हुए विभ्रमों और असामाजिक तत्त्वों के शिकार बने ये बेरोजगार मगर जल्दी धनी बनने के आकांक्षी तरुण-युवा अपराधों की पकड़ में आते जा रहे हैं।" अपराधों की भी नई-नई तरकीबें, जुगतें वे टी.वी. चैनलों और सिनेमा से सीखकर उनका क्रियान्वन करते हैं। टी.वी. पर सौन्दर्य प्रतियोगिताएँ देख-देखकर शहर-शहर, नगर-नगर, कस्बों तक में सौन्दर्य प्रतियोगिताओं का आयोजन किया जा रहा है। विश्वविद्यालय, कॉलिज, स्कूल, प्राथमिक कक्षाओं के 'इंटरनेशनल' अंग्रेजी नामधारी रौबीले स्कूलों तक में कैट वाक्, रैंप-प्रदर्शन, 'मिस' और 'मिस्टर' क्लास आदि के आयोजन अब इन संस्थाओं के सांस्कृतिक कार्यक्रमों का अभिन्न अंग बन गए हैं। इन सौन्दर्य प्रतियोगिताओं के लिए छोटे-छोटे कस्बों में किस प्रकार की तैयारियाँ कर टी.वी. से परदे पर जाने लायक बनाने के 'कैच दैम यंग' के मंतव्य से आयोजन होते हैं, इसके उदाहरण स्वरूप पटियाला (पंजाब) के निकटवर्ती एक छोटे-से कस्बे समाना से एक घटना की समाचार-पत्र रिपोर्टिंग उद्धृत करना प्रासंगिक होगा। 21 जुलाई 2004 के 'दैनिक भास्कर' में 20 जुलाई के तिथि-अंकन के साथ यह समाचार प्रकाशित हुआ, "अयूर हर्बल्ज बाम्बे द्वारा समाना में महिलाओं को मेकअप संबंधी जानकारी देने के लिए सेमिनार आयोजित किया गया। इस अवसर पर पंचकूला से आए तरुण कपूर ने महिलाओं व ब्यूटी पार्लज की संचालिकाओं को हेयर कटिंग व चेहरे को सुन्दर बनाने के लिए नई-नई तकनीकों के बारे में बताया।" इसी प्रकार एक समाचार यह है, "पटियाला के ब्यूटी-क्लब की ओर से 'मेकअप डिजाइनरी' एक स्थानीय होटल में एक दिवसीय ब्यूटी वर्कशाप का आयोजन किया गया। वर्कशाप में प्रसिद्ध सौन्दर्य विशेषज्ञ मनीष कटारिया ने उन्हें विभिन्न समस्याओं के निदान और बेहतर सौन्दर्य-सज्जा के बारे में जानकारी दी।" केवल एक शहर के सौन्दर्य-सज्जा के इस 'सघन कार्यक्रम' से अनुमान लगाया जा सकता है कि टी.वी. चैनलों पर आयोजित सौन्दर्य प्रतियोगिताओं, फैशन परेड्स ने किस प्रकार जन-जीवन को प्रभावित किया है। टी.वी. अनेक रूपों में अपनी सर्वग्रासी संस्कृति में सबको धकेलकर इस वैश्विक संस्कृति में दीक्षित कर रहा है।

समाचार-पत्र, पत्रकारिता भी भूमंडलीकरण के प्रभावों से अछूते नहीं रहे। समाचार-पत्र एक लोकोपकारी प्रकल्प न रहकर पूरी तरह व्यावसायिकता में ढलकर मात्र एक उत्पाद ('प्रॉडक्ट') बनकर रह गए और इसी रूप में उनका बाजार-प्रबंधन

किया जा रहा है। फलतः सनसनीखेज पत्रकारिता का जन्म हुआ और किसी भी खबर को इस रूप में प्रस्तुत किया जाता है जिससे एक सनसनी जग सके—इसीलिए प्रायः सभी समाचार-पत्र हत्या, बलात्कार, षड्यन्त्रों की खबरों की प्राथमिकता के साथ आ रहे हैं। नंगई और अश्लीलता-भरे रंगीन चित्र आवश्यक अंग के रूप में पूरे-पूरे पृष्ठों में नित्य ही छोटी-छोटी खबरों की चिप्पियों के साथ प्रकाशित होते हैं। विज्ञापन के युग में उनकी आर्थिकता केवल विज्ञापनों पर ही आधारित है। पाठक को विज्ञापनों की भरमार के बीच खबरों की तलाश करनी पड़ती है। क्या सोचा भी जा सकता था कि पत्रकारिता में विज्ञापन इतना प्रभावी हो जाएगा कि समाचार-पत्र का मुख-पृष्ठ (अंग्रेजी हिन्दुस्तान टाइम्स) और पूरा अखबार चार पृष्ठीय विज्ञापन का आवरण लेकर उपस्थित होगा? करोड़ों-करोड़ों की बिक्री वाले समाचार पत्र प्रत्येक नगर से अपने संस्करण विज्ञापनों के बल पर ही निकाल रहे हैं। विज्ञापनों के द्वारा ही एक-एक रुपए का अखबार जन-सुलभ हो रहा है, कभी-कभी तो मात्र 12/- रु. में पूरे महीने अखबार देने की योजनाएँ आई हैं—144/- रु. में पूरे वर्ष। ऐसे में उनमें बहुत अधिक स्तरीयता खोजना दुःसाहस ही कहा जाएगा। संतोषदायी तथ्य यह भी है कि पाँच-पाँच, तीन-तीन रुपए वाले स्तरीय समाचार-पत्रों का भी एक प्रबुद्ध पाठक वर्ग अभी है। मुद्रण और इलेक्ट्रॉनिक—दोनों माध्यमों पर भूमंडलीय स्थितियों पर दुष्प्रभाव पड़ा है।

विज्ञापन का मायावी जगत जिस प्रकार बाजारवाद और उपभोक्तावादी संस्कृति को बढ़ावा देता हुआ विज्ञापित वस्तु की माँग को बढ़ा रहा है, देखकर विस्मय होता है। विज्ञापन किसी न किसी रूप में विश्व के सभी देशों में विद्यमान रहा है किन्तु आज उसका स्वरूप बिलकुल बदला हुआ है। आज उसका उद्देश्य हो गया है, आवश्यकता न होने पर वस्तु की तीव्र ललक और प्राप्ति की दुर्दमनीय कामना जगा देना, वह वस्तु की गुणवत्ता को रेखांकित नहीं करते अपितु उसकी तीव्र आवश्यकता का अनुभव करा देने के विश्वासी हैं। इस विज्ञापन कला को पूर्णतः व्यावसायिक बनाने के लिए विभिन्न प्रशिक्षण संस्थानों में उनके लिए पाठ्य-क्रम चलाए जा रहे हैं, विज्ञापनों को अधिकाधिक प्रचार में लाने के लिए विज्ञापन एजेंसियाँ खोली जा रही हैं जिससे यह एक पूर्ण विकसित कला एवं संस्था का रूप धारण कर गई हैं। आज कोक, पेप्सी, विभिन्न कारों, तेलों, मसालों, सौन्दर्य तथा प्रसाधन उत्पादों के लाखों-लाखों रु. प्रति सैकिंड देकर किए जानेवाले लम्बी-लम्बी अवधि के विज्ञापनों को देखकर अनुमान लगाया जा सकता है कि कितना-कितना खर्च विज्ञापनों पर आता होगा। उसमें भाग लेनेवाले विख्यात, नामवर कलाकारों, मॉडलों आदि की फीस उससे अलग है जिनके ऊँचे भाव सुनकर मुँह खुला-का-खुला रह जाता है, क्रिकेट सितारे धोनी, फिल्मी सितारे शाहरुख खान, अक्षय कुमार आदि की एक बार की फीस 6-6 करोड़ रु. प्रति विज्ञापन बताई जाती है। आश्चर्य तब होता है जब ये नाम और मँहगे प्रतिष्ठित व्यक्तित्व 5-5 रु. के पैन, कुरकुरे पैकट, बिस्किट और दो-दो रुपए, एक-एक रुपए

के शैम्पू-शैसे जैसे उत्पादों का विज्ञापन करते हैं। इनकी मँहगी फीस और चैनल का खर्चा निकालकर उपभोक्ता को माल वास्तविक रूप में कितना दिया जाता होगा, जिसके पैकिंग की भी भारी कीमत है, उसका अनुमान सहज ही लगाया जा सकता है। अर्थशास्त्रियों ने इस पर गंभीर विचार कर विज्ञापन को अर्थशास्त्रीय अध्ययन का एक महत्त्वपूर्ण अंग बना दिया है। विज्ञापन किस प्रकार एक भरमाने की कला का रूप धारण करता चला जा रहा है, इस पर अर्थशास्त्रियों ने विचार किया है। विज्ञापन किस प्रकार 'आवश्यकता' का सृजन कर समाज को प्रभावित करते हैं, अमेरिकी पत्रकार वांस पैकार्ड ने अपनी पुस्तक 'द हिड्डेन पर्सएडर्स' में इसका अध्ययन किया है कि "किस प्रकार विज्ञापन के जरिए उपभोक्ता के मानस को प्रभावित किया जाता है और उत्पाद विशेष के लिए उसमें इच्छा और ललक पैदा कर वास्तविक आवश्यकता न होने पर भी खरीदने के लिए प्रेरित किया जाता है।"[34] "पैकार्ड ने विज्ञापन के बच्चों पर पड़नेवाले प्रभाव पर चिंता जताई है। अमेरिका के मैरीलैंड विश्वविद्यालय के प्रोफ़ेसर बेंजामिन जे. बारबर ने अपने अध्ययन में बताया है कि कैसे भूमंडलीकरण के दौर में विज्ञापन के द्वारा बाजार बच्चों को भ्रष्ट, वयस्कों को बचकाना बनाता हुआ, सभी नागरिकों को पूरी तरह निगल रहा है।[35] विज्ञापन का भार उत्पाद ('प्रॉडक्ट') पर डाला जाता है जिसका वहन अंततः उपभोक्ता की जेब को ही करना पड़ता है। खरीददार की यह जेब कैसे कटती है, उसको पता ही नहीं चलता। जाड़े-गर्मी का मौसम बदलते ही विभिन्न उपभोक्ता वस्तुओं ('कंज्यूमर आइटम्स') कपड़ों, जूतों, रसोई उपकरणों, ए.सी. कूलरों आदि की जो भारी सेल लगती है, 'सेल धमाकों' के विज्ञापन तरह-तरह से आपके घरों में घुसते हैं, वह बड़ा भारी भरमानेवाला खेल है। एक खरीदो-दो पाओ, तीन पाओ, के विज्ञापन भी इन्हीं चालों के चित्ताकर्षक (कैची) रूप हैं।

विज्ञापन-जगत की एक नई जुगत सांस्कृतिक, उत्सवधर्मी आयोजनों के प्रायोजनों की है। प्रसिद्ध बहुराष्ट्रीय कंपनियाँ कवि-सम्मेलनों, गोष्ठियों जैसे साहित्यिक कार्यक्रमों, दुर्गा पूजा के पांडालों, गणेश-पूजा के विविध आयोजनों का प्रयोजन कर तरह-तरह से अपने बाजार को बढ़ाती हैं—मेकडोनाल्ड, केंटुकी, पिजा (पीज्जा) हट, कोकाकोला, पैप्सी, जैसी प्रसिद्ध कंपनियाँ इस ओर प्रसन्नता से अग्रसर रहती हैं। बाजार-विशेषज्ञ इन लोकधर्मी उत्सवों के प्रयोजन से अपनी विपणन रणनीतियों का निर्धारण करते हैं। ये बड़ी-बड़ी कंपनियाँ ढाई-तीन करोड़ रु. विज्ञापनों पर इसलिए खर्च करती हैं कि यह एक प्रकार से उनका निवेश है जो उन्हें चालीस-पचास करोड़ का व्यवसाय सहज ही दिला देता है। जूता और चमड़ा निर्यात उद्योग से सम्बद्ध प्रभा खेतान ने एक रोचक अध्ययन अपनी पुस्तक में प्रस्तुत किया है कि विज्ञापन किस प्रकार वस्तुओं, उनके ब्रांडों में अन्तर स्थापित कर उनका बाजार बना देता है, मशीनें तो सभी एक-सी हैं। बाटा के जूतों और नाइक के जूतों में फर्क कहाँ था? सभी तो समान हैं। फिर यदि एडीडास या नाइक का जूता अन्य किसी चीनी व्यापारी के बनाए

जूते से भिन्न नहीं है तो ग्राहक नाइक के जूतों को ही क्योंकर खरीदेगा? यह तो विज्ञापन का कमाल है, जिसके माध्यम से भिन्नता को उत्पन्न किया जा रहा है। विज्ञापन के जरिए ऐसा करिश्मा उत्पन्न करना था कि बाटा बोलते ही जूता, टाटा बोलते ही स्टील, डालडा बोलते ही वनस्पति घी आँखों के सामने तैर जाएँ और इन्हें खरीदने व पहनने वाले, बच्चे-बूढ़े-बूढ़ी सभी तैयार हो जाएँ।[36] विज्ञापनों के द्वारा ब्रांड संस्कृति स्थापित की जाती है—बाटा, टाटा, रीबॉक, नाइक, मोंट कार्ले, एप्पल, द बाडी शॉप, शहनाज हुसेन, बारबर हबीब, फैशन डिजाइनर रोहित बल, आदि ने विज्ञापनों और विभिन्न कार्यक्रमों के प्रायोजनों द्वारा ही अपने ब्रांडों की महत्ता स्थापित की। साहित्य (के कम), संगीत, प्रशासनिक सेवा के 'उच्चतम अभिजनों' (किरण बेदी) तक ने विज्ञापन जगत में प्रवेश कर उपभोक्ता को कम्पनी विशेष के उत्पाद के प्रति आकर्षित करने के प्रयत्न कर बाजार की ताकतों को बढ़ावा दिया। आज टी.वी. चैनलों पर कोई कार्यक्रम नहीं है जिसका प्रायोजन विज्ञापन-दाता बड़ी कंपनियाँ न कर रहीं हों। क्रिकेट जैसे खेल में करोड़ों-अरबों का जो विज्ञापनी जगत है, अपनी उपस्थिति जिस रूप में दिखा रहा है, यह एक सर्वज्ञात तथ्य है। विज्ञापन की शक्ति कहाँ-कहाँ अपना लोहा मनवा रही है, इसका ताजा उदाहरण 2009 के आम चुनाव हैं। विभिन्न राजनीतिक दल अपने-अपने नारों-उपलब्धियों के बखान के साथ लोकप्रिय टी.वी. चैनलों पर नए-नए विज्ञापनों के रूप में आ रहे हैं। आश्चर्य तब हुआ जब एक दिन इंडिया टुडे (हिन्दी) के साथ गुजरात के मुख्य-मन्त्री नरेन्द्र मोदी के चमत्कारी व्यक्तित्व और गुजरात की उपलब्धियों की सी.डी. मुफ्त में प्राप्त करा दी गई। उपभोक्तावाद को प्रश्रय देती यह विज्ञापन-संस्कृति इतने गहरे रूप में विभिन्न समाजों के मनोभूगोल को बदलती है कि किसी भी रूप में नागरिकों को इससे कोई भी राष्ट्र बचा नहीं सकता। वैश्विक संस्कृति के एकल स्वरूप के प्रसार में इस विज्ञापनी शक्ति का महत् योग है।

विज्ञापन और टी.वी. संस्कृति समाज में **अश्लीलता की नई अवधारणाएँ और एक नई नैतिकता** (इथिकल कोड) विकसित कर रही है। भूमंडलीय, विशेषतः हॉलीवुड का, सिनेमा बरास्ता वॉलीवुड अश्लीलता के प्रति हमारे दृष्टिकोण में परिवर्तन उपस्थित कर चुका है। टी.वी. और सिनेमा जिस रूप में नंगई ('ओपिननेस' तथा 'एक्सपोजर' दोनों) के लिए भारतीय मानस को अनुकूलित कर चुके हैं और भी आगे करते जा रहे हैं, उससे सब कुपित-दुखित तो हैं किन्तु नित्य उसी में डूबते जा रहे हैं, या डूबने को विवश हैं। ध्यान दीजिए प्रायः 15-20 वर्ष पूर्व की हिन्दी फिल्मों का—वहाँ से लेकर आज तक हम धीरे-धीरे नंगई और अश्लीलता को स्वीकार करते चले गए। टी.वी. और सिनेमा ने हमें इन वर्षों में इस प्रकार अनुकूलित कर लिया कि अब हमें नंगई में कुछ भी बुरा नहीं लगता, हम उसके अभ्यस्त होते चले गए। पहले जब टी.वी. पर कोई दृश्य ऐसा आ जाता था जिसमें युगल शारीरिक रूप से तनिक भी निकट आते

तो परिवार में कुछ बड़े चुपचाप उठकर चले जाते थे किन्तु आज वह अहसास-बोध ही समाप्त हो गया है—दृश्य में, चाहे नृत्य कार्यक्रमों में या अन्यत्र कितनी भी खुली काया क्यों न हो, उसे सहज स्वीकार मिल चुका है। आज श्लील-अश्लील के बीच की दीवारें भरभराकर गिर चुकी हैं। कुछ वर्षों पहले जब आस्कर पुरस्कारों का जीवंत प्रसारण देखा था तो उसकी तुलना में हमारे यहाँ के सिने-टी.वी. पुरस्कार समारोहों में इतनी खुली-खुली वेशभूषा-ड्रेस नहीं होती थी किन्तु अब हमारे समारोहों में आस्कर-मंच से भी अधिक खुली और कामुक वेश-सज्जा देखने को मिलती है। हॉलीवुड फिल्मों-सितारों के अनुकरण हमारे सिनेमा में निरन्तर होते चले गए। यदि वहाँ चुम्बन और रति-मुद्राएँ आम हैं तो हमारे यहाँ भी ये धड़ल्ले से आ चुकी हैं। अब तो स्थिति यह आ गई है कि सिनेमा अभिनेत्रियों में जबरदस्त प्रतिस्पर्द्धा है, कौन कितना ज्यादा उघड़ ('एक्सपोज' हो) सकती है। प्रत्येक शुक्रवार को उद्घाटित होने वाली फिल्मों में कोई न कोई बाला है जो नंगे होने के पिछले रिकार्डों को मात देती हुई अपना अगला कदम उठाती है। टी.वी. अभिनेत्रियाँ भी वक्षोज, जंघाओं, टाँगों के प्रदर्शन में किसी से भी पीछे नहीं हैं। आज 'सैक्सी' ('कामुक') 'हॉट' (उत्तेजक) या 'सीजलिंग' (दहकती हुई) गौरवपूर्ण सम्बोधन हो गए हैं, ये सब विशेषण पहले वेश्या या उससे मिलते-जुलते वर्ग-कॉलगर्ल आदि, या फिर दुश्चरित्र समझी जानेवाली लड़कियों के लिए ही नियत थे किन्तु आज जिस स्पृहणीय अर्थ में इनका प्रयोग हो रहा है और जिसके लिए किया जाता है, वह उस प्रयोग, सम्बोधन को पाकर कृतज्ञता-भाव से भर जाती है, पूरी तरह गद्गद् हो जाती है। पहले लगभग गाली जैसे ये शब्द कितने गौरवपूर्ण होकर किस प्रकार समाज में प्रयुक्त हो रहे हैं, देख-सुनकर आश्चर्य होता है—सैक्सी कार, सैक्सी शेयर बाजार, सैक्सी मौसम, 'हाय सैक्सी' ऐसे ही सम्बोधन हैं। फैशन-शो, फैशन-वीक जिनकी आयु भारत वर्ष में अभी (2009 में) कुल बारह वर्ष है, ने भारतीय अभिजन वर्ग ('एलीट क्लास') में नया 'वस्त्र-नय' (फैशन कोड) निर्धारित कर दिया है। फैशन वीक, सिने-टी.वी. पुरस्कार समारोहों, अलंकरणों आदि में जो प्रथम पांक्तेय महिलाएँ हैं उनकी वेशभूषा पर दृष्टिपात कर यही बोध होता है कि हम हॉलीवुड-संसार से किसी भी प्रकार कम नहीं हैं। 'लो-कट', 'अर्ध-वक्ष', 'बैकलैस' आदि परिधान हमें पूरी तरह अमेरिकी-समाज का अंग हो जाने का बोध देते हैं—नए-नए मुल्लाओं ने अल्ला-अल्ला कुछ ज्यादा जोर से ही पुकारा। 'फैशन वीक' में नामी-गिरामी वस्त्र-निर्माता, डिजाइनर सुप्रसिद्ध मॉडलों से अपने जिन वस्त्रों का प्रदर्शन कराते हैं, उनका खुलापन आश्चर्यचकित करता है। विदेशी बाजार को दृष्टि में रखकर तैयार किए गए इन 'डिजाइनर' कपड़ों का इस देश में प्रदर्शन अपनी कितनी सार्थकता सिद्ध कर सकता है, इसको एक उदाहरण से समझा जा सकता है। पाँच छः वर्ष पूर्व जब किसी चैनल के पत्रकार ने फैशन वीक के दर्शकों में से कुछ से पूछा कि प्रदर्शित पोशाक आपको कैसी लगी तो उनका सरल-सा उत्तर था, 'बहुत अच्छी लगीं किन्तु जब दूसरा प्रश्न किया गया कि

'क्या आप इन वस्त्रों को अपने घर-परिवार में पहन सकेंगी' तो उनका उत्तर नकार में ही था। यह कैसी विरोधाभासी स्थिति है कि यह परिधान-पोशाक हमें अच्छी तो लग रही है किन्तु इसे हम घर-परिवार मे पहन नहीं सकेंगी। आज यह दिक्कत नहीं रह गई है, अब ऐसी कुछ पोशाकें-वेशभूषाएँ 'सामान्यता' (नॉरमल) की श्रेणी में आ गई हैं। जिन लोगों ने एक नवोदित सिने अभिनेत्री को पुरस्कार ग्रहण करने के लिए मंच पर इस रूप में जाते देखा है कि उसे वक्षोज का केवल काला भाग ही कुर्तेनुमा वस्त्र के दोनों पल्लुओं से ढका था शेष पूरा सामना उघड़ा हुआ, उन्हें देखकर यह धक्का अवश्य लगा होगा कि भारतीय समाज अश्लीलता की यह यह कौन-सी परिभाषा गढ़ रहा है जिससे वक्ष का केवल अग्रभाग ही ढका होना चाहिए—जब तक वह नहीं उघड़ता तब तक कुछ अश्लील नहीं है। अनेक टी.वी. प्रसारणों, रीयल्टी शोज, डांस शोज में ही यही अवधारणा बल पाती दिख रही है। भारतीय दंड संहिता इंडियन पीनल कोड की धारा 292 के अन्तर्गत किसी भी सार्वजनिक स्थान पर स्त्री को अश्लील ढंग से प्रस्तुत करना एक दंडनीय अपराध है। फैशन वीक-आयोजनों में दो बार मॉडल के कैट वाक करते हुए पल्लू खिसककर गिर चुका है, उपरी वस्त्र, टॉप, का पल्लू, सरककर मॉडल का वक्ष पूरी तरह नंगा हो गया। दोनों बार ये घटनाएँ कुछ हजार दर्शकों के बीच ही घटित हुईं किन्तु कई चैनलों ने इस घटना में 'दुर्घटना' के रूप में करोड़ों-करोड़ों दर्शकों तक बार-बार अपने समाचार-बुलेटिनों में 'सहर्ष' पहुँचाया। यह इस रूप में प्रदर्शित किया गया कि 2006 की दुर्घटना का पुनर्वार 'चाक्षुष' स्मरण कराया। कितने ही फिल्म निर्देशकों और परिधान-विशेषज्ञों ने इसे 'वार्ड रोब मिसमैनेजमैंट' का नाम देते हुए 'ऐसा हो जाता है' कहकर कर्तव्य की इतिश्री कर ली। जिस रूप में चैनल बार-बार इस घटना की प्रस्तुति कर रहे थे—2006 की घटना में मॉडल को पूरी तरह ऊपर से निर्वस्त्र दिखाकर, क्या उन पर भारतीय दंड संहिता की वही धारा 292 लागू नहीं होती थी? यद्यपि 2006 में हुई फैशन वीक की इस दुर्घटना पर महाराष्ट्र उच्च न्यायालय ने आयोजकों को यह हिदायत दी थी कि यदि प्रदर्शन के दौरान ऐसा हो जाए तो प्रकाश व्यवस्था मंद कर दी जानी चाहिए और प्रतियोगी मॉडल्स को ऊपरी-परिधान के नीचे अन्तर्वस्त्र (इनर सूट) पहनना आवश्यक कर देना चाहिए। किन्तु इस न्यायायिक आदेश की धज्जियाँ उड़ाते हुए पुनः 2008 में यह घटना घटित होती है जिसमें प्रतियोगी ने न अन्तर्वस्त्र पहना हुआ था, न उस दृश्य पर प्रकाश व्यवस्था मंद की गई। कुछ समाचार-चैनलों ने अवश्य वक्ष-स्थल पर दृष्टि-अवरोधक रूप में हल्की पट्टी-सी दिखा दी किन्तु एक चैनल पर बिना किसी अवरोधक के कई-कई बार वक्ष-स्थल को पूरी तरह निर्वस्त्र दिखाया गया। क्या ये सभी चैनल भारतीय दंड संहिता की उसी धारा 292 के अन्तर्गत दंडनीय की श्रेणी में नहीं आते? इस प्रकार की घटनाओं को मीडिया सूच्य घटनाओं या फिर ग्राफिक्स के द्वारा भी दिखा सकता है जैसा कि रेल, विमान-हादसों आदि को दिखाया जाता है किन्तु चैनलों

की चिंता में टी.आर.पी. और 'इसे सबसे पहले देख रहे हैं आप...' का जोश चढ़ा रहता है। बहुत सारी हदों को तोड़ते हुए मार्च 2009 में एक फैशन शो के दौरान फिर एक घटना घटी जिससे इस बात की संपुष्टि होती है कि भारतीय मानस किस प्रकार धीरे-धीरे अश्लीलता का अभ्यस्त होता जा रहा है। (मार्च 2009 में) फैशन-शो के दौरान सिने-स्टार अक्षय कुमार ने अपनी जीन्स की जिप खोलने के लिए पहले एक मॉडल को बरजा किन्तु फिर दूसरी ओर जाकर अपनी पत्नी से जिप के ऊपर का बटन खुलवा ('अनबटन') दिया। दर्शक-समूह, उपस्थित मान्य गण चुपचाप यह देखते रहे–अब 4 अप्रैल को जब किसी ने पुलिस में इस घटना की प्राथमिकी दर्ज कराई तो हलचल प्रारम्भ हुई है, अक्षय कुमार ने माफी माँगी है। प्रश्न उठता है कि यदि कोई नागरिक इस सबके खिलाफ कोई केस दर्ज़ नहीं कराता है तो क्या समाज-कार्यक्रम के प्रायोजक-प्रस्तोता, प्रशासन तंत्र–इस प्रकार की अश्लीलताओं को स्वीकार करते ही चले जाएँगे? प्रश्न यह भी उठता है कि पश्चिमी विश्व, विशेषतः अमेरिका आदि में, केवल कुचाग्र ढाँपने और नारी के गुप्तांग को ढकने-भर में ही श्लीलता की रक्षा हो जाती है, शरीर चाहे कितने ही नग्न और कामुक रूप में उघड़ा रह जाए। क्या भारत में भी अश्लीलता को इतने तक ही सीमित कर देना चाहिए? समय आ गया है कि भारत में ऐसे विषयों पर मंथन हो और जनचेतना जगाई जाए कि क्या 'आइटम-सांग्स', 'आइटम नम्बर्स' में नृत्य की रति-मुद्राओं और फैशन टी.वी. को मात देती 'वस्त्र-संस्कृति' ('ड्रैस-कल्चर') भारतीय परिवेश में स्वीकार्य है? अश्लीलता को केवल नारी के दो अंगों के उघाड़ पर ही केन्द्रित नहीं कर देना चाहिए, किसी गाने के बीच में अभिनेता का सामने से पीठ कर तौलिया खोल देना भी अश्लील है, लड़कों के पेशाब करते दिखाए जानेवाले विज्ञापन भी अश्लील हैं। हमें विचारना होगा कि क्या 'बीड़ी जला लइए', 'किस-मी स्लो, स्लोली', 'खटिया सरका लई', 'पड़ोसी के चूल्हे से आग लै लइए', जैसे गीतों में अश्लीलता किस कोटि की है? बहुराष्ट्रीय कंपनियाँ महिलाओं के लिए जो सैफ्टी-पैड्स के विज्ञापन हर दो-दो मिनट बाद इस रूप में दे रही हैं कि मासिक-स्राव के दरिया बह रहे हों, जुगुप्सापूर्ण वे विज्ञापन अश्लीलता की किस श्रेणी में आने चाहिए? फूहड़ हास्य कार्यक्रमों में खुल्लमखुल्ला मंच पर जो द्वयर्थक अश्लील संवाद बोले जाते हैं, निर्णायक उन पर कभी-कभी दाँतों में जीभ तो दबाते हैं किन्तु किसी निर्णायक ने अभी तक यही नहीं कहा है, तथाकथित 'कलाकारों' (भँडैती के कलाकार') को नहीं बरजा है कि उन्हें मंच पर इस प्रकार की बकवास नहीं करनी चाहिए। छोटे-छोटे बच्चों के द्वयर्थक संवाद सुन कर भी न दर्शक विचलित हैं, न निर्णायक, न कार्यक्रम के निर्माता-प्रस्तुतकर्त्ता!! भारत जैसे संस्कृति-पूजक देश के सामने कुछ वर्ष पहले का चीन की सरकार का वह पग अनुकरणीय आदर्श है जब उन्होंने विश्वप्रसिद्ध अमेरिकी गायिका ब्रिटनी स्पीयर्स को यह आदेश थमा दिया कि वह चीन आना चाहे तो वहाँ अपने प्रदर्शन ('शो') के दौरान वह वेशभूषा, परिधान

धारण नहीं करेगी जो वह प्रायः अपने प्रदर्शनों ('शोज') में धारण करती है। चीन-सरकार का यह प्रतिबंध किस रूप में लागू हुआ, यह तो मेरी जानकारी में नहीं है किन्तु इससे यह विचार अवश्य मिलता है कि भारत, चीन जैसे प्राचीन संस्कृतियों के वारिसों को इस दिशा में कुछ सार्थक अवश्य सोचना चाहिए।

जब एक दिशा में अश्लीलता को समाज इस रूप में स्वीकार करता चला जाता है तो उसके दूरगामी परिणाम बहुत-से क्षेत्रों में पड़ते हैं। इसका ताजा शिकार क्रिकेट के खेल का अभी का आँखों देखा उदाहरण है। क्रिकेट के खेल में हसीनाओं का पदार्पण 'चीयर-लीडर्स'—प्रेरक-बालाओं का पर्दापण सांस्कृतिक सोच के व्यक्तियों के लिए बड़े विचलित कर देनेवाले रूप में हुआ है। पहले ये बालाएँ (लगभग बार-बालाओं, बार गर्ल्ज जैसी ही) विदेशों से आयातित की गईं, अब आई.पी.एल. मैचों की दूसरी शृंखला प्रारम्भ होने से पहले जगह-जगह प्रतियोगिताएँ कराकर उनका चयन किया जा रहा है। इसी चयन में कल रात (4.4.09 को) एक निर्णायक जो देश के प्रसिद्ध नृत्य-शिक्षक तथा नृत्य-आयोजक ('कोरियोग्राफर') हैं, एक किशोरी से सामने बैठे क्रिकेट खिलाड़ियों को इंगित कर परिहास से पूछते हैं—'तुम इनमें से किसके साथ डेटिंग पर जाना चाहोगी।' कहने की आवश्यकता नहीं रह जाती कि आज 'डेटिंग' का क्या अर्थ ग्रहण हो रहा है। स्मृति में टी.वी. का वह कार्यक्रम 'क्रेजी किया रे' भी आया जिसमें प्रस्तोता ने डेटिंगवाला प्रश्न तो पूछा ही, अलग-अलग एपीसोड में ये प्रश्न भी पूछे गए 'किस खिलाड़ी के होंठ सबसे अधिक जूसी हैं, किस खिलाड़ी की आँखें, कौन-सबसे अधिक 'हॉट' तथा 'सैक्सी' ('कामुक') है। इन सब सवालों को दर्शक समाज इसलिए आसानी से पचा रहा है कि वह उस वैश्विक गाँव का वासी है जिसमें हर वर्ष दुनिया की सबसे अधिक सैक्सी, एशिया की सबसे अधिक सैक्सी स्त्री, आदि इसी प्रकार सबसे अधिक सैक्सी पुरुषों की अधिकारिक रूप में घोषणा की जाती है। इन सारी स्थितियों के परिणामस्वरूप छोटे-छोटे शहरों तक में 'रेव' पार्टियों का आयोजन प्रचलन पा गया है। चिंता का विषय यह भी बनता जा रहा है कि शिशु-पीढ़ी इस परिवेश से कौन-से सांस्कृतिक मूल्य ग्रहण कर रही है। अपने देखे हुए समाज के इसे 'सबको' वे स्वाभाविक-सहज जीवन-पद्धति के रूप में स्वीकार करते चले जाएँगे।

वैश्विक अमेरिकी संस्कृति के प्रभाव-स्वरूप हमारे यहाँ भी समलैंगिकता—स्त्री समलैंगिकता, पुरुष-समलैंगिकता प्रश्रय पा रही है। समलैंगिक विवाह लड़कियों में नित्य बढ़ते चले जा रहे हैं। उनको कानूनी मान्यता दिलाने का प्रश्न भी केन्द्र सरकार और कई उच्च न्यायालयों के सामने है। किशोर मातृत्व, अविवाहित मातृत्व, सहजीवन जैसी समस्याओं से जूझता हमारा समाज वैश्विक परिदृश्य में श्लील और अश्लील की नई परिभाषाएँ घड़ता हुआ नई नैतिकता ('न्यू एथिक्स') विकसित कर रहा है। ये नए मानक और व्यवहार हमारी संस्कृति में कितने और किस 'शुभ' का निर्माण कर सकेंगे, यह भविष्य के गर्भ में है।

भूमंडलीकृत प्रभाव से पूरे विश्व में **एक नई नारी चेतना का अभ्युदय** हुआ जिसे **स्त्री विमर्श ('फेमिनिज्म')** के रूप में जाना जाता है और आज जो हिन्दी में स्त्री विमर्श या स्त्रीवादी विमर्श के रूप में जोरों से चर्चा में है। भारत में नारीवादी चेतना का उदय भिन्न परिस्थितियों और परिवेश में हुआ, इसलिए उसका स्वरूप भी अमेरिका और पश्चिमी देशों से भिन्न रहा किन्तु किसी न किसी रूप में उनका उत्स अमेरिका-इंग्लैंड आदि देशों में ही है, इसलिए वहाँ नारीवाद का जन्म और विकास जिस रूप में हुआ, उसका संक्षिप्त अवलोकन अपेक्षित है। नारीवाद से तात्पर्य है स्त्री को पुरुष सत्तात्मक व्यवस्था में राजनीतिक, सामाजिक, यौनिक, बौद्धिक, आर्थिक सभी क्षेत्रों में पुरुष के बराबर अधिकार मिलें, सभी दृष्टियों से उन्हें पुरुष के समकक्ष समझा जाए, किसी भी दृष्टि से हीनतर नहीं। इसी विचार-दृष्टि से प्रेरित होकर विश्व-भर में अनेक आन्दोलन हुए तथा अनेक सिद्धान्त, विचार-सरणियाँ प्रस्थापित-प्रचारित हुईं। इन सबका मुख्य उद्देश्य जीवन के प्रत्येक क्षेत्र में स्त्री-स्वातंत्र्य और अस्मिता का सम्मानकर उसे समाज में समादृत स्थान दिलाना रहा जिससे लैंगिकता के आधार पर स्त्री के साथ भेदभावपूर्ण व्यवहार कर उसे 'दोयम' दर्जे की सामाजिक इकाई न समझा जाए। **पश्चिम के नारीवादी आन्दोलन के इतिहास को तीन चरणों में रखकर देखा गया है। प्रथम चरण** 19वीं शती से बीसवीं शती के प्रारम्भ, प्रायः 1920 ई. तक माना गया है, जिस दौर में इसका उद्देश्य नारी को राजनीतिक स्तर पर पुरुष के समान अधिकार दिलाना, विशेषतः उसे पुरुष के समान ही मताधिकार दिलाना रहा। इसके साथ ही सम्पत्ति तथा कार्य-क्षेत्र में भी स्त्री को समान अधिकार दिलाकर उसे अपने शरीर का भी पूरा मालिकाना हक दिलाना था जिससे वे स्वाभिमानपूर्वक मातृत्व धारण, गर्भ-पात, आदि के निर्णय स्वयं ले सकें, और उनका शरीर उनकी अपनी सम्पत्ति है, पति को उसके यौनिक संबंधों का निर्धारक बनने का अधिकार नहीं है। इंग्लैंड में महिला-आन्दोलनों के परिणामस्वरूप 1918 ई. में 30 वर्ष से ऊपर की महिलाओं को सर्वप्रथम मताधिकार ('राइट ऑफ वोट') प्राप्त हुआ, 1928 ई. में जाकर 21 वर्ष तक की सभी महिलाओं को यह अधिकार प्रदान कर दिया गया। 1919 ई. में अमेरिका के सभी राज्यों में महिलाओं को मताधिकार प्रदान कर दिया गया। मताधिकार के अतिरिक्त जीवन के सभी क्षेत्रों में स्त्री के समान अधिकार दिलाने के प्रयत्न इस प्रथम चरण में चलते रहे। इसके बाद अमेरिका में तो 1920 के बाद यह नारीवादी आन्दोलन मृतप्राय ही हो गया। **1949 ई. में सीमोन द बोउवा की** प्रसिद्ध कृति **'द सेकिंड सेक्स' का प्रकाशन** हुआ जो नारीवादी आन्दोलन में तो प्रमुख स्थान रखती ही है, समस्त विश्व के वैचारिक जगत में इस कृति ने उथल-पुथल मचा दी।

नारीवादी आन्दोलन की **द्वितीय लहर** के रूप में 1960 ई. के बाद यह आन्दोलन पुनर्जीवित होना प्रारम्भ हुआ। इसके पुनः अस्तित्व में आने के स्पष्ट लक्षण तो अमेरिकी राष्ट्रपति केनेडी द्वारा 1961 ई. में महिला-स्थिति के आकलन के लिए गठित

'कमीशन ऑन द स्टेटस ऑफ वीमेन' के अस्तित्व में आने से दिखाई देने प्रारम्भ हुए। इस कमीशन ने कई सर्वे-रिपोर्ट प्रस्तुत कीं जिनमें आँकड़ों सहित समाज में स्त्री की दोयम दर्जे की स्थिति का आकलन-विश्लेषण किया गया। अनेक नारीवादी सक्रिय कार्यकर्ता ('एक्टीविस्ट') लैंगिक आधार पर मिलने वाले असमान सामाजिक-राजनीतिक व्यवहार के प्रति स्वर उठाते रहे। **नारी-स्वातंत्र्य ('वीमेन्स लिबरेशन') पद का सर्वप्रथम प्रयोग अमेरिका में 1964 ई. में 'रैम्पाट्र्स' (Ramparts) नामक पत्रिका में हुआ** और नारीवाद के साथ विवादित **'ब्रा-ब्रर्निंग' आन्दोलन** भी जुड़ गया। 1966 ई. में बैटी फ्रीडन ने **राष्ट्रीय महिला संघ (नेशनल आर्गेनाइजेशन फॉर वीमेन)** नामक संस्था की स्थापना की जिसने इस आन्दोलन को बहुत सही परिप्रेक्ष्य में रखकर देखने की चेष्टा की। फ्रीडन का विचार था कि पारिवारिक दायित्वों तथा मातृत्व धारण का निर्वाह तो स्त्री का कर्तव्य है ही, उसके पश्चात् ही उसे अपने अधिकारों के प्रति सचेत और सक्रिय होना है। 1966-68 के बीच स्त्रीवादी आन्दोलनों से जुड़ी नई पीढ़ी ने और अधिक सचेत रूप में शिकागो, टोरेंटो, डेट्रोयट, सीएटल, जेन्सविले, आदि नगरों में अपने-अपने कुछ अध्ययन-समूह ('स्टडी सर्किलूस') बनाए और 1968 में राष्ट्रीय स्तर पर गोष्ठी आयोजित की जिसमें अमेरिका, कनाडा आदि से आए 200 प्रतिनिधियों ने भाग लिया। 1969 ई. तक इस आन्दोलन ने इतना जोर पकड़ लिया कि अमेरिका-कनाडा आदि में 'महिला-मुक्ति', 'नारी-मुक्ति' ('वीमेन लिबरेशन') घर-घर में जनप्रिय हो उठा। यह एक प्रकार से नारी-मुक्ति के नए द्वार खोलने का आन्दोलन बन गया। बीसवीं शती में आठवें दशक के बाद **(1980-90 में) नारी-मुक्ति आन्दोलन की तीसरी लहर** मानी जाती है। यह वह समय है जब यह आन्दोलन विश्व के प्रायः सभी देशों में अपनी जड़ें जमा चुका है और प्रत्येक देश में स्त्री-अधिकारों के लिए संगठन बन गए और अनेक मुक्ति-आन्दोलनों के बीच नारीवादियों में विभिन्न मुद्दों को लेकर तीव्र विवाद हुए। केरॉल गिलिगन (Carol Gilligan) जैसी मनोवैज्ञानिकों ने इस मान्यता पर बल दिया कि स्त्री-पुरुष के बीच मौलिक रूप से लैंगिक वैभिन्य है, उसे स्वीकार कर लेना चाहिए किन्तु दूसरी ओर कुछ ऐसी विचारक थीं जिनकी मान्यता थी कि उन दोनों के बीच लैंगिक भेद सामाजिक परिस्थितियों के कारण है, यही उनकी कार्य-प्रणाली में अन्तर उपस्थित करता है। कुछ लोगों का विचार था कि आज की परिस्थितियों में नारीवाद बेमानी होकर रह गया है, अब उसके आन्दोलनधर्मी रूप की कोई आवश्यकता नहीं रह गई है। उनका मत था कि नारीवादी आन्दोलन ने महिलाओं को उनके अधिकार दिलाकर पूरी तरह पुरुष-समकक्षता में ला खड़ा किया है। उन्हें यौनिक स्वतन्त्रता पूरी तरह प्राप्त हो गई है जिसके प्रमाण में वे अमेरिकी-पश्चिमी-टी.वी. की बहुत सी प्रस्तुतियों का साक्ष्य देते हैं, यथा-ब्रिजेट जोन्स डायरी, सैक्स एंड द सिटी, एली मकबील आदि–ये सभी सीरियल **नारी को प्राप्त यौनिक स्वतन्त्रता (सैक्स फ्रीडम)** का उद्घोष हैं। भिन्न-भिन्न राष्ट्रों में

नारीवाद के इस नए रूप को अपने-अपने राष्ट्र की परिस्थितियों के अनुरूप ही स्वीकृति मिल सकी, यथा अमेरिका में श्वेत-अश्वेत महिलाओं के सन्दर्भ में समस्या का आकलन किया गया, इसी प्रकार अन्य देशों में भी जातीय ('रेस') आधार पर स्त्रीवाद पर विचार हुआ। कुछ लोगों के अनुसार नारीवाद 'स्त्री में अपने अधिकारों के प्रति जागरूकता जगाना है' तो कुछ ने इसे पुरुषों के समान सभी क्षेत्रों में समान अधिकार और समान कार्य के लिए समान वेतन, पारिश्रमिक की माँग के रूप में देखा। किन्तु अभी भी पाकिस्तान जैसे राष्ट्र हैं जहाँ महिलाओं के मत का पुरुषों के मतों के समान गणन-मूल्य नहीं होता। उनके यहाँ स्वात घाटी में जिस प्रकार महिलाओं के लिए पृथक् आचार संहिता और दंड संहिताएँ हैं, वे तो किसी आदिम-युग के ही अवशेष हैं।

भारत में **नारीवादी आन्दोलन** का स्वरूप कुछ भिन्न रहा है जिसे **तीन चरणों में** रखकर देखा जा सकता है–**प्रथम चरण 1820-1914 ई., द्वितीय चरण 1915-1947 ई. तथा तृतीय चरण 1970 से अद्यतन**। भारत में नारी-जागृति के प्रयत्नों का इतिहास सर्वप्रथम शेष विश्व से इस रूप में अलग है कि प्रारम्भ से ही इस ओर पुरुष वर्ग ने अपना महत्त्वपूर्ण योग दिया और दूसरे बाद में चलकर नारी-जागृति से सीधे-सीधे राष्ट्रीय स्वतन्त्रता संग्राम-आन्दोलन से सम्बद्ध कर देखा गया। 1850 से भी पूर्व 1829 ई. में जब विलियम बैंटिक ने सती प्रथा उन्मूलन के लिए कानून बनाया तो यह नारी-दशा सुधार की ओर प्रथम सराहनीय पग था। राजा राममोहन राय तथा मिशनरियों के सहयोग और प्रोत्साहन से विलियम बैंटिक ने वह कार्य सम्पन्न कर दिखाया जो अकबर, औरंगेजेब, पेशवाओं और जयपुर के शासक महाराज जयसिंह आदि के प्रयत्न करने पर भी सम्भव न हुआ था। इसी प्रकार कन्या-हत्या के विरुद्ध कानून 1795 तथा पुनः 1802 ई. में बनाए जा सके थे किन्तु इन कानूनों का कठोरता से पालन बैंटिक तथा हार्डिंग के समय में ही आकर सम्भव हुआ (यद्यपि यह कुप्रथा रुक अभी तक नहीं पाई है और अब कन्या-भ्रूण-हत्याएँ निरन्तर बढ़ती ही चली जा रही हैं)। **1856 ई. में** ब्रिटिश सरकार ने एक और क्रांतिकारी कदम उठाया जब **विधवा पुनर्विवाह कानून** पास कर दिया गया। यद्यपि इसके लिए पं. विद्यासागर जैसे समाज सुधारक पहले से ही सक्रिय रूप में प्रचार कर रहे थे, कानूनन रूप से विधवा विवाह स्वीकृति भी एक बड़ा पग थी, यद्यपि इनके परिणाम लगभग नगण्य ही रह पाए। किन्तु फिर भी विद्यासागर जी के विधवा पुनर्विवाह आन्दोलन में दाय को भुलाना सम्भव नहीं होगा। रूढ़ियों में बुरी तरह जकड़े उस बंगाली समाज में 1855-60 ई. के बीच उन्होंने 25 विधवा विवाह सम्पन्न कराए और इन युगलों को आर्थिक सहायता भी दी। **1850 ई.** में पं. विद्यासागर ने **बाल-विवाह का विरोध** करने का भी बीड़ा उठाया था, और वे बहु-विवाह प्रथा के खिलाफ भी आन्दोलन करते रहे। 1840-50 ई. के बीच नारी-शिक्षा के प्रति भी जागरूकता आनी प्रारम्भ हुई, 1849 ई. में कलकत्ता में बेथ्यून स्कूल की स्थापना इस शिक्षा में

सार्थक पग था। यद्यपि 1821 में लड़कियों की शिक्षा का द्वार ईसाई मिशनरियों द्वारा खोला जा चुका था किन्तु उनके यहाँ मुख्य बल शिक्षा पर न होकर उनके धर्म की शिक्षा पर था, इसलिए उसका वांछित प्रभाव समाज पर न पड़ा। महाराष्ट्र में भी इस ओर प्रयत्न प्रारम्भ हुए, 1851 ई. में ज्योतिबा फुले और उनकी पत्नी के प्रयत्नों से पुणे में एक कन्या विद्यालय खुला। फुले दम्पती ने **विधवा-विवाह के** लिए भी **प्रयत्न** किए, इनकी प्रेरणा से नारी-उत्थान के अन्य कार्यक्रम प्रारम्भ हुए। विष्णु शास्त्री पंडित ने 'विधवा पुनर्विवाह सभा' ('विडो रिमैरिज एसोशिएन) नामक संस्था बना डाली। 1852 में गुजरात में सत्यप्रकाश जी ने विधवा पुनर्विवाह का आन्दोलन चलाया। हिन्दी, मराठी, बंगला, गुजराती, आदि भारतीय भाषाओं के साहित्य ने भी इस ओर महत्त्वपूर्ण भूमिका निबाही। स्वामी दयानन्द सरस्वती के आर्य समाज की स्थापना (1869) के पश्चात् नारी-जागृति के आन्दोलन को और भी बल मिला, कन्या-शिक्षा के क्षेत्र में अपने डी.वी. गर्ल्स स्कूल, आर्य कन्या पाठशालाओं की श्रृंखला से नारी-शिक्षा और नारी-जागृति में आर्य-समाज ने अविस्मरणीय योगदान किया।

राष्ट्रीय कांग्रेस ('इंडियन नेशनल कांग्रेस') की स्थापना के पश्चात् तो भारत में नारी-उत्थान आन्दोलन राष्ट्रीय आन्दोलन से जुड़कर और भी सशक्त रूप धारण कर लेता है। राष्ट्रीय आन्दोलन में गांधीजी ने सदैव महिला-जागृति को महत्त्व दिया और उनकी प्रेरणा से हजारों स्त्रियाँ सहर्ष जेल गईं और विभिन्न रूपों में जलूस, पिकेटिंग, शराबबंदी, विदेशी वस्तुओं-वस्त्रों के बहिष्कार आदि स्वतन्त्रता-संग्राम की गतिविधियों में बढ़-चढ़ कर भाग लिया। 1950 ई. आते-आते राष्ट्रीय कांग्रेस की प्रधान (प्रेसीडेंट) के रूप में सरोजिनी नायडू का चुना जाना, महिला-जागृति की दिशा में एक बड़ा पग है, मानो सुदीर्घ वर्षों के संघर्ष का फल नारी-शक्ति को मिला था। 1930 ई. सरोजिनी नायडू ने अखिल भारतीय महिला-सम्मेलन ('ऑल इंडिया वीमेन्स क्रांफ्रेस') को बम्बई में जो उद्‌बोधन दिया, वह द्रष्टव्य है, "हम कमजोर, डरपोक, अत्याचार सहनेवाली स्त्री नहीं हैं, हमारे आदर्श के रूप में साहसी सावित्री और अपने सतीत्व की रक्षा करनेवाली सीता जैसी देवियाँ हैं।" 19 वीं शती के अन्तिम वर्षों में बीसवीं शती आते-आते हिन्दी पत्र-पत्रिकाओं ने भी नारी-जागृति के क्षेत्र में जो महत्त्वपूर्ण भूमिका निबाही, उसका भी संकेत-मात्र करना यहाँ अपेक्षित है। 1874 ई. से काशी से भारतेन्दु जी के सम्पादकत्व में पहली महिला-पत्रिका 'बाला-बोधिनी' का प्रकाशन प्रारम्भ हुआ, जिसने अपने चार वर्षों के प्रकाशन काल में महिला-जागरण, स्त्री-शिक्षा का महत्त्वपूर्ण कार्य किया। उसके मुख-पृष्ठ पर जो दोहे प्रकाशित होते थे, उनमें से एक का उदाहरण द्रष्टव्य है जो स्त्री-पुरुष समानता का उद्‌घोष इस रूप में करता है–

जो हरि सोई राधिका जो शिव सोई शक्ति।
जो नारी सोई पुरुष यामैं कछु न विभक्ति ॥[37]

स्वतन्त्रता-प्राप्ति के पश्चात् कुछ वर्ष नारी-जागृति का आन्दोलनात्मक रूप कुछ शांत ही रहा। स्वतन्त्रता के बाद जो नई पीढ़ी शिक्षिता होकर आई, उस पर विश्व के नारीवादी आन्दोलनों की सक्रियता का प्रभाव पड़ा और पूरे वैश्विक सन्दर्भ में जिस रूप में एक नई नारी चेतना विकसित हो रही थी, भारतीय परिदृश्य में भी 1970 के बाद उसका बहुत स्पष्ट प्रभाव स्वरूप ग्रहण करने लगा। यहाँ भी स्त्री-मुक्ति के कितने ही संगठन अस्तित्व में आए। यथा 1975 ई. में स्त्री मुक्ति-संगठन ('वीमेन्स लिबरेशन संगठन') की स्थापना हुई। भारतीय सन्दर्भ में एक बात विशेष महत्त्व की यह है कि जिस महिला मताधिकार के लिए इंग्लैंड-अमेरिका में स्त्री-संगठनों को सत्तर वर्षों तक निरन्तर संघर्ष करना पड़ा, वे भारतीय नारी को स्वतः ही, बिना किसी संघर्ष के प्राप्त हो गया। राष्ट्रीय स्तर पर नारी हितों की रक्षक संस्था के रूप में सरकार ने जनवरी 1992 में राष्ट्रीय महिला आयोग की स्थापना कर एक महत्त्वपूर्ण कार्य किया। अनेक सजग महिला-कार्यकर्ताओं (वीमेन एक्टीविस्ट) ने महिलाओं को जागरूक बनाने, उनके अधिकारों की रक्षा, लैंगिक आधार पर किसी भी प्रकार के भेद-भाव का विरोध, दहेज-प्रथा का विरोध, कार्य-स्थलों पर विभिन्न प्रकार के उत्पीड़नों का विरोध, वैयक्तिक स्तर पर नारी को सभी प्रकार की–देहगत, वैचारिक-स्वतन्त्रता, महिलाओं का प्रत्येक क्षेत्र, विशेषतः संसद और विधान सभाओं में 33% आरक्षण, आदि को अपना लक्ष्य बनाकर तत्संबंधी क्षेत्रों में उल्लेखनीय कार्य किए हैं। वृन्दा करात, नफीसा अली, उर्वशी बुटालिया, मेधा पाटेकर, मधु किश्वर, रूथ मनोरमा, रमाणिका गुप्त आदि ने महिला-हितों, अधिकारों के लिए निरन्तर कार्य किया है। इस सबके बावजूद नारी-उत्पीड़न, बालिकाओं का बलात्कार, दहेज-मृत्यु-हत्याएँ, आदि भारतीय समाज के कठोर सच हैं। देश में अठारह वर्षों तक इन्दिरा गांधी जैसी सशक्त महिला का प्रधान मन्त्री के रूप में शासन रहा किन्तु वह भी स्त्री को उसकी समस्याओं से मुक्ति न दिला सका। 1980 ई. में अखिल भारतीय महिला सम्मेलन ('आल इंडिया वीमेन्स कान्फ्रेंस') को सम्बोधित करते हुए इन्दिरा गांधी ने विश्व की आधी जनसंख्या-स्त्रियों के प्रति सामाजिक अन्याय पर चिंता व्यक्त की थी[38] किन्तु इससे भारतीय नारी की स्थिति में कोई विशेष बदलाव नहीं आया।

1990 ई. के बाद भारत में महिला-जागृति का कोई संगठनात्मक रूप प्रखर रूप में सामने नहीं आता है किन्तु विभिन्न समाज-चिन्तकों तथा लेखक-लेखिकाओं की दृष्टि इस ओर निरन्तर गई है कि युग-युग से प्रताड़ित भारतीय नारी को पुरुष-सत्तात्मक व्यवस्था में किस प्रकार समान और सम्मानप्रद स्थान दिलाया जा सकता है। कमला भसीन, चकी सरकार, कुमारी जयवर्धन, उमा शंकर झा, लिडले, पेट्रेशिया जेफरी, रोजर जैफरी, इरा माथुर, राजेश्वरी सुन्दर राजन, कमला विश्वेरन, इन्द्रा घोष, नीता, प्रभा खेतान, मृणाल पांडे, आदि ने अपने अध्ययनों द्वारा स्त्रीवादी विमर्श में महत्त्वपूर्ण योग दिया है। 'हंस' पत्रिका' के सम्पादक राजेन्द्र यादव को यह

श्रेय है कि उन्होंने 'हंस' के विशेषांकों के द्वारा हिन्दी में दलित प्रश्न और नारी प्रश्न को लेखकीय चिंता के केन्द्र में लाने का बहुत बड़ा कार्य किया जिससे, प्रेरित होकर अनेक हिन्दी लेखिकाओं मृणाल पांडे, प्रभा खेतान, मृदुला सिन्हा, अनामिका, क्षमा शर्मा, लवलीन, विभा देवसरे, शशि कला राय, लता शर्मा, मैत्रेयी पुण्या आदि ने अपनी प्रखर सोच से नारी विमर्श में अपनी पुस्तकों द्वारा योग दिया।[39] स्त्री विमर्श संबंधी महिला साहित्यकारों की पुस्तकों की बात आई तो यहाँ 'काल फॉर वीमेन' प्रकाशन संस्थान की चर्चा आवश्यक लग रही है जो एशिया की प्रथम और कदाचित् एकमात्र स्त्रीवादी ('फेमिनिस्ट') प्रकाशन संस्था है जिसकी स्थापना 1984 ई. में रितु मेनन तथा उर्वशी बुटालिया द्वारा की गई। प्रथम वर्ष में दो पुस्तकें प्रकाशित करने के प्रस्थान बिन्दु से आज यह संस्था लेखिकाओं की एक वर्ष में 12 पुस्तकें प्रकाशित कर रही है जिनका विषय नारी समस्याएँ ही रहता है।

अब विश्व भर में **महिला सशक्तीकरण आन्दोलन (एम्पावरमेंट ऑफ वीमेन)** का जोर है। 17 अप्रैल, 2008 को डेनमार्क के कोपेनहेगेन नगर में **एम.डी.जी. 3 सम्मेलन (MDG 3 Conference)** का आयोजन कर आर्थिक क्षेत्र में महिला सशक्तीकरण की दिशा में वैश्विक स्तर पर कारगर कदम उठाने का संकल्प लिया गया। डेनिश सरकार ने 7 मार्च 2008 को अपनी मंत्री-परिषद् के एक मन्त्री सुश्री उल्ला टॉरनीज के द्वारा–**'ग्लोबल कॉल टू एक्शन कंपेन'** कार्यक्रम घोषित कराया जो लैंगिक आधार पर सबकी समानता का स्वप्न पूरे विश्व के लिए देखता है। प्रत्येक देश की सरकार, सामाजिक संगठनों एवं कार्यकर्ताओं ने इस दिशा में कुछ अतिरिक्त प्रयत्न ('टू डू समथिंग एक्सट्रा') करने की अपील की। इसके लिए उन्होंने पूरे विश्व में 100 मशाल ('टार्च') घुमाने का निर्णय लिया। भारत में दलित चेतना से जुड़ी रूथ मनोरमा तथा प्रसिद्ध स्त्रीवादी सक्रिय कार्यकर्ता उर्वशी बुटालिया को भारत में प्रथम मशाल-वाहक का गौरव प्रदान किया, डेनिश राजदूत ने उन्हें यह मशाल सौंपी। नारी-सशक्तीकरण के इस उद्देश्य की सम्पूर्ति के लिए **डेनिश सरकार ने एम.डी.जी.-3 चैंपियन नेटवर्क' (MDG 3 Champion Network)** नामक एक संगठन स्थापित कर एक बड़ा कार्य किया है। नारी-हित-संवर्द्धन की दिशा में यह एक महत्त्वपूर्ण पग सिद्ध होगा। भारत का इस आन्दोलन से सम्बद्ध होना सिद्ध करता है कि भारतीय महिलाएँ विश्व में चल रहे नारीवादी विमर्शों एवं क्रिया-कलापों से न केवल भली-भाँति परिचित हैं अपितु उनमें सार्थक रूप में अपनी भागीदारी भी निभा रही हैं।

नारीवादी प्रयत्नों से भारत में जिस नई नारी-चेतना का उदय हुआ है, उसके केन्द्र में नारी की आर्थिक तथा वैयक्तिक स्वतन्त्रता है। समाज में समान अवसरों, कार्य रोजगार, सम्पत्ति में समान अधिकार, पित-सत्तात्मक परिवार और समाज व्यवस्था में सम्मानपूर्ण स्थान, सभी प्रकार के महिला उत्पीड़नों-अत्याचारों के विरुद्ध सक्षम रूप में खड़े होना तथा वैयक्तिक स्तर पर विवाह, यौनिक स्वातंत्र्य, मातृत्व अधिकार,

गर्भ-निरोधक उपकरणों-औषधियों आदि के प्रयोग में स्वविवेक और स्व-निर्णय का अधिकार आज भारतीय नारी के स्त्रीवादी विमर्श की चिंता के केन्द्र में हैं। सहजीवन, अविवाहित मातृत्व, समलैंगिक संबंधों की स्वतन्त्रता आदि जो जीवनाचार हमारे यहाँ अपनी जमीन तलाश रहे हैं, वे यौनिक स्वतन्त्रता की ही माँग हैं। यह उनका देह से मुक्ति का एक प्रयत्न है क्योंकि नारी एक देह-मात्र ही नहीं है। देह के लिए जो सारे विधान और निर्णायक स्थितियाँ पुरुष के निर्णय के ही अधीन है, आज नारी उन्हें अस्वीकार करती है। इस सन्दर्भ में प्रभा खेतान के विचारों का उद्धरण अपेक्षित है, "स्त्री केवल देह तो होती नहीं और न ही स्त्री की यौनिकता को हम देह और उसके उपभोग तक सीमित कर सकते हैं। सेक्स और जेंडर दो अलग-अलग चीजें हैं। सेक्स का अर्थ हुआ स्त्री की जैविकता और जेंडर का अर्थ हुआ लैंगीकरण की वह सामाजिक प्रक्रिया जिसके कारण स्त्री का अस्तित्व उसकी विभिन्न भूमिकाएँ और पुरुष वर्ग के साथ उसका संबंध निर्धारित होता है। स्त्री का अपना होना और उस होने की प्रक्रिया को सारी अर्थवत्ता अब तक पित-सत्ता निर्धारित करती आई है। चूँकि कोई 'दूसरा' यानी पुरुष जाति उसका निर्धारण करती है, इसलिए स्त्री की अपनी स्वायत्तता नहीं रहती। उसका वस्तुकरण हो जाता है। नारीवाद केवल नर-मादा के आंतरिक संबंधों का ही उल्लेख नहीं करता। यह स्त्री की यौनिकता को स्थापित जरूर करना चाहता है मगर सबसे अधिक नारीवाद स्त्री की यौनिकता के प्रति उस समझ को अभिव्यक्त करना चाहता है और उस बोध को हासिल करना चाहता है जिसके बारे में अब तक स्त्री खामोश रहती आई है।"[40] यौनिक, काम सुख के लिए मात्र पुरुष-निर्भरता को आज स्त्रीवादी विमर्श नकार कर 'शिश्न-प्रवेश रहित काम' की अवधारणा को प्रश्रय दे रहा है, नारी के अनेक कामाचार ('सैक्सुअल विहेवियर') इसी से प्रेरित हैं। इस संबंध में अनामिका का यह कथन द्रष्टव्य है, "स्त्रियों की अपनी स्वतन्त्र यौन-इयत्ता है जो किसी 'कंस्ट्रेशन कॉम्प्लेक्स' से पीड़ित नहीं और यौन-सुख के लिए पुरुषों की मुखापेक्षी भी नहीं। क्लाइटोरिस नामक इसका अंग विशेष बहुत-सारे ऐसे स्नायु तंत्रों की सिद्ध पीठिका है जो इसे शिश्न से भी अधिक संवेदनशील और तृप्तिमुखी बनाता है।"[41] नारीवाद के वैश्विक प्रभावों को आत्मसात करते हुए भारतीय नारी ने भी अपने प्रकार से 'स्व' की तलाश की है और अपनी परिस्थितियों के अनुरूप इस 'स्व' की पुरजोर प्रस्थापना के लिए प्रयत्नशील है, वह नए युग की नए सोच की नारी है। पारम्परिक विवाह-संस्था और दाम्पत्य के अबूझ रिश्तों की उसने नए सिरे से तलाश शुरू की है जिसमें उसके लिए भरपूर स्पेस-स्वातंत्र्य हो। हमारा स्त्री-रचित कथा-साहित्य विस्तार और गहराई में इन प्रश्नों से जूझता है।

भूमंडलीकरण की आर्थिक स्थितियों ने विभिन्न राष्ट्रों की भौगोलिक सीमाओं को एक-दूसरे के बहुत निकट ला दिया है। पूँजी के हरित चारागाह की तलाश में कम विकसित या अविकसित देशों के नागरिक विकसित पूँजीवादी व्यवस्था के देशों में जा

बसते हैं। भारत और एशिया के अन्य देशों के नागरिकों के लिए धन कुबेरों का देश अमेरिका तो मक्का-मदीना है ही, कनाडा, इंग्लैंड तथा यूरोप के अन्य देशों में भी भारतीयों की बड़ी संख्या जा बसी है। आज तो 'स्टेट्स' में बसना भारतीय समाज में अपने प्रकार का प्रतिष्ठा-प्रतीक ('स्टेटस सिम्बल') ही बन गया है। देश की बड़ी संख्या के इस प्रकार विदेश में जा बसने से **सांस्कृतिक विस्थापन ('डायस्पोरा')** की विकट समस्या भारतीय समाज में उठ खड़ी हुई है। आज उच्च मध्यवर्गीय समाज के माता-पिता यही चाहते हैं कि उनकी संतति किसी प्रकार अमेरिका, कनाडा या इंग्लैंड चली जाए। यदि माता-पिता नहीं चाहते तो उच्च तकनीकी शिक्षा प्राप्त युवक किसी न किसी प्रकार अपने सपनों के देश अमेरिका-कनाडा पहुँच जाना चाहते हैं, देर-सवेर वे अपना लक्ष्य प्राप्त कर ही लेते हैं। उपभोक्तावादी दृष्टि ने नई पीढ़ी में जो धन-लिप्सा जगा दी है, उनके लिए कल्पवृक्ष, नंदन-कानन और कामधेनु अमेरिका ही है। कभी-कभी तो लगने लगता है कि मेधा की दृष्टि से कहीं अपना देश बंजर ही न रह जाए, सारी-की-सारी मेधा तो अमेरिका कूच कर रही है। टी.वी., फिल्म, इंटरनेट आदि इलैक्ट्रिक माध्यमों ने इस लिप्सा को और अधिक प्रदीप्त किया है। अब नौकरी के लिए केवल इंटरनेट पर प्रयास-रत रहकर विदेश, अमेरिका आदि देशों में नौकरी पक्की की जा सकती है। प्रसिद्ध पत्रकार रामशरण जोशी ने समस्या के इस पहलू पर इस प्रकार विचार किया है, "विभिन्न चैनलों के सीरियलों के औसत किशोर-पात्रों का लोकप्रिय संवाद होता है : अमेरिका जा रहा हूँ या अमेरिका से आया हूँ। उपभोक्ता भारतीय समाज की युवा-पीढ़ी के 'सभी स्वर्ग' अमेरिका से शुरू होकर उसी में समा जाते हैं। इस समाज की पीढ़ी को 'अमेरिका-जाई' कहना अधिक उपयुक्त होगा। इस नई पीढ़ी के इथोस का प्रतिनिधित्व करता है 'अंकल साम'।" उच्च-शिक्षित पीढ़ी ही नहीं, अल्प शिक्षित, मध्यम शिक्षित-डिप्लोमाधारी तथा अब प्रायः अशिक्षित भी अमेरिका-कनाडा जाने की होड़ में लगे हुए हैं। 10 वीं-बारहवीं पास विद्यार्थियों को आगे की शिक्षा के लिए विदेश भेजने वाली संस्थाएँ पंजाब में नगर-नगर, कस्बे-कस्बे में कुकुरमुत्तों की तरह उगी देखी जा सकती हैं जो धड़ाधड़ विद्यार्थियों को पढ़ाई के नाम पर विदेश भेज रही हैं किन्तु कुछ समय बाद ये छात्र अधिकांशतः वहीं के होकर रह जाते हैं। किसान अपनी जमीनें बेच-बेचकर, गिरवी रखकर बच्चों को विदेश भेज देते हैं। ये लोग वहाँ जाकर वतन की याद में पुनः अपनी जमीन और संस्कृति से जुड़ने के छिटपुट प्रयत्न करते हैं—कभी यहाँ की ठेठ वेशभूषा धारण कर, कभी कुछ सांस्कृतिक आयोजन कर, कभी कुछ लोक गायकों और सिने-सितारों को आमंत्रित कर तो कभी हाइटैक बाबाओं—साधु सन्तों को अपने नए देश में कीर्तन-प्रवचन, योग-ध्यान, आदि कराकर। इधर उनके पीछे छूट गए परिजन, विशेषतः माता-पिता बच्चों के विदेश में जा बसने से अपने ही प्रकार का एकाकीपन और वृद्धावस्था के दंश भोगते हुए एक अभिशप्त-सा जीवन जीने की नियति भोगते हैं। पुणे जैसे महानगर में ऐसी जिंदगी भोगते माता-पिताओं ने एन.आर.आई.

अभिभावकों की एक संस्था ही बना डाली जिससे वे अपने सुख-दुख को बाँट सकें। कुछ माता-पिता अपने बेटे-बेटियों की ओर से निराश हो वृद्ध गृहों, आश्रम स्थलों, वरिष्ठ नागरिक सेवाओं का आश्रय लेते हैं। यदि वे अकेले लाचार जिंदगी भी जीते हैं तो अपराधी तत्त्व उनकी हत्या करने में नहीं चूकते, दिल्ली, गुड़गाँव, नोएडा, चण्डीगढ़, पंचकूला आदि में ऐसे वृद्ध दम्पतियों की हत्या के समाचार नित्य ही समाचार पत्रों में देखे जाते हैं। भारतीयों के इस प्रकार के विदेश-पलायन ने हमारी सामाजिक संरचना के ताने-बाने को बिखराकर रख दिया है। वैश्वीकरण का यह बहुत भयावह पक्ष है। यह प्रक्रिया हमारे सांस्कृतिक परिवेश और जीवन-मूल्यों को प्रभावित कर रही है जिससे प्रबुद्ध वर्ग चिंतित है। किन्तु कुछ समाजशास्त्री इससे चिंतित नहीं है, वे इस दृष्टि से भूमंडलीकरण के उज्ज्वल पक्ष पर भी विचार करते हैं। प्रख्यात समाजशास्त्री प्रो. योगेश अटल इस बात से चिंतित नहीं है कि भूमंडलीकरण के द्वारा हम जातीय अस्मिता की विलुप्ति की ओर जा रहे हैं, "वैश्वीकरण का अर्थ यह नहीं है कि आज हम अपना अस्तित्व खोकर विश्व का अंग हो चुके हैं। इस दौर में सभी संस्कृतियों के अपने निजी अस्तित्व के होने की पुष्टि हुई है। इसी का परिणाम है कि आज भारत के बाहर भी अनेक देशों में भारत है और भारत के भीतर ही एक लघु विश्व की झलक मिलने लगी है। भारत का वैश्वीकरण और अन्य देशों में पनपता भारतीयकरण इस नई प्रक्रिया का द्योतक है। बहुलतावादी समाजों में हमारी अपनी एक छवि बन रही है। भारतीय और अतिथि-समाजों की संस्कृतियों की परस्पर अन्तर्क्रियाओं से उद्भूत ढेरों समानधर्मी संस्कृतियाँ सृजित हो रही हैं जो भारत को विश्व-व्यापी बना रही हैं।"[42] प्रो. योगेश अटल को भारतीय सिनेमा और संगीत आदि के विदेशों में प्रदर्शन में भी भारतीय संस्कृति का विस्तार दिखाई देता है। लंदन के ब्रिसबेन में हिन्दुओं का सबसे बड़ा मन्दिर, विभिन्न देशों में बन रहे 'लघु भारत' उन्हें वैश्वीकरण के ही अंग लगते हैं। प्रो. योगेश अटल की यह धारणा बड़ी भ्रांत है, विदेश के इन आयोजनों और मन्दिरों के निर्माण से यह सिद्ध नहीं होता कि वे वैश्वीकरण की प्रक्रिया में सांस्कृतिक प्रभाव हैं या इन सबसे कोई समानधर्मा संस्कृतियाँ विकसित हो रही हैं। यह सब तो उस प्रक्रिया का अंग है कि जहाँ-जहाँ भारतवंशी, भारतवासी गए हैं, वे अपनी पारम्परिक धरोहर को अपने तईं सुरक्षित रख रहे हैं, अपनी धार्मिक आस्थाओं को विदेश में रहकर भी जी रहे हैं किन्तु यह भी सत्य है कि वे वहाँ की संस्कृति को लेश-मात्र भी प्रभावित नहीं कर रहे हैं। हमारी चिंता तो यह है कि हम यहाँ रहकर भी 'हम' नहीं रह पा रहे हैं, बड़ी तीव्र प्रक्रिया से हमारा अमेरिकीकरण हो रहा है। वैश्वीकरण की स्थितियों में अपनी सांस्कृतिक अस्मिता को बचाने का संकट सभी देशों के सामने समान रूप से उपस्थित है। इस विषय पर गम्भीर अध्ययन हुए हैं कि किस प्रकार **स्थानीय संस्कृतियों का** यह **पश्चिमीकरण** पूरी दुनिया को अपनी गिरफ्त में लिये हुए है। एन्थॉनी स्मिथ ने अपनी प्रसिद्ध पुस्तक 'द जिओपोलिटिक्स ऑफ इन्फार्मेशन : हाउ वेस्टर्न कल्चर

डॉमिनेट्स द वर्ल्ड' के अध्ययन में यह निष्कर्ष दिया है, "बीसवीं सदी के आखिरी वर्षों में नए इलेक्ट्रॉनिक्स से आजादी को खतरा, पुराने उपनिवेशवाद के मुकाबले कई गुना ज्यादा है। इस नए मीडिया में पश्चिम की किसी भी पुरानी टैक्नोलॉजी से कहीं अधिक ग्राही ('रिसीविंग') संस्कृतियों के अंदर की गहराइयों में प्रवेश करने की अद्भुत क्षमता है। उसके परिणाम विकासशील देशों के आन्तरिक अंतर्विरोधों को तीव्र कर अत्यन्त विनाशकारी साबित हो सकते हैं।"[43] विदेश में बस गए भारतीयों की नई पीढ़ी वहाँ के सामाजिक सांस्कृतिक वातावरण में अपने नए जीवन-मूल्य किस रूप में तलाश रही है, सांस्कृतिक विस्थापन की यह भी एक बड़ी समस्या है।

भूमंडलीकरण की नियामतों में **अपराध जगत और आतंकवाद** के वैश्विक प्रसार को अनदेखा नहीं किया जा सकता। किसी एक देश में होने वाली आतंकवादी घटनाओं के तार विश्व में कहाँ-कहाँ किस रूप में जुड़े होते हैं, देखकर विस्मय होता है। 26 नवम्बर, 2008 को मुम्बई में हुए आतंकी हमलों में न केवल पाकिस्तान और उसकी खुफिया एजेंसियों का हाथ होने के पुष्ट समाचार तो पहले से ही आ रहे हैं, अब (15.4.09) को चौंकानेवाला समाचार यह आया है कि रियाज नामक फंड मैनेजर ने मुम्बई आक्रमणों के लिए धन ही मुहैया नहीं कराया अपितु स्पेन से वी.ओ.आई. पी. (VOIP) हथियार मुहैया कराए। रियाज अपराध जगत का ऐसा खूँखार व्यक्ति है जिसके नेट-वर्क के तार पूरे यूरोप में फैले हुए हैं। अलकायदा और लश्करे तौयबा जैसे संगठन पूरी दुनिया में अपनी गतिविधियों से शांति को भंग करते रहते हैं। इनसे डॉन दाऊद के तार किस प्रकार जुड़े हुए हैं, इसे एक प्रभावशाली अमेरिकी सांसद एड. रॉयस ने (15.4.09) लॉस एंजिल्स में इस प्रकार अभिव्यक्त किया, "दाऊद भारतीय संगठित अपराध का गॉड-फादर है। वह पायरेसी के धंधे से जुड़ा हुआ है, सच कहूँ तो दाऊद अलकायदा का एक बड़ा समर्थक है और पूर्व में लश्कर को भी समर्थन देता रहा है।" रॉयस ने दाऊद को मुम्बई में 1993 में हुए सिलसिलेवार विस्फोटों के लिए भी जिम्मेदार ठहराया। उसकी डी. कम्पनी के विषय में रॉयस ने कहा कि ''डी. कम्पनी भारतीय फिल्म उद्योग में वितरण से लेकर धन लगाने तक हर हिस्से में शामिल है।''[44] दुबई आदि से भी ये लोग फिल्म-पायरेसी (नकली वी. सी.डी., डी.वी.डी.) आदि का धंधा कर देशों की अर्थ-व्यवस्था में सेंध लगाए रखते हैं। नकली दवाओं के धंधे, नशाखोरी के विविध उत्पाद-कोकीन, हैरोइन आदि का भयावह अपराध जगत पूरी दुनिया में फैल चुका है। बी.बी.सी., सी.एन.एन. आदि न्यूज चैनलों ने हाल में अपने समाचार-प्रसारणों में खुलासा किया है कि मैक्सिको-अमेरिका के बीच अवैध दवाओं की यह तस्करी 13 अरब अमेरिकी डॉलर प्रतिवर्ष की है और अमेरिका तथा मैक्सिको की सीमा पर हजारों अमेरिकी सैनिक इस अवैध व्यापार को रोकने के लिए रात-दिन चौकसी करते हैं किन्तु फिर भी यह व्यापार दिनोदिन बढ़ता ही जा रहा है। मैक्सिको का अवैध तस्करी का बादशाह दुनिया के

सर्वाधिक धनाढ्यों की सूची में फोर्ब्स पत्रिका द्वारा निरन्तर परिगणित किया जाता रहा है। अधिकांशतः यहीं से दुनिया के अधिकांश देशों में ये मादक द्रव्य पहुँचाए जाते हैं। इन अवैध मादक-द्रव्यों, पदार्थों आदि की बिक्री से आतंकवादी संगठन हथियारों का जखीरा, यहाँ तक कि परमाणु अस्त्र तक प्राप्त कर लेते हैं। धार्मिक जुनून, प्रजाति और नृवंशीय आधारों पर पनपे आतंकी संगठन मादक उत्पादों की तस्करी से पूरी दुनिया के लिए सिर दर्द बने हुए हैं। अमेरिका, इंग्लैंड, इटली, इजरायल, रूस आदि देशों की पुलिस और खुफिया तंत्र इस वैश्विक समस्या से निपटने के उपाय निरन्तर करते रहते हैं फिर भी **अमेरिका के विश्व-व्यापार केन्द्र (वर्ल्ड ट्रेड सेंटर) 11.9 (2000) का पूरे विश्व को हिला देनेवाला भयंकर हादसा** हुआ जिसे शशि थरूर जैसे राजनयिकों ने **विश्व में 21 वीं शती का प्रस्थान बिन्दु** ही बता दिया।[45] आतंकवाद निरोधी अन्तरराष्ट्रीय संस्थान (द इंटरनेशनल इंस्टीट्यूट फॉर काउंटर टेरेरिज्म-आई.सी.टी.) ने 13 नवम्बर, 2007 को तीसरे विश्व में बढ़ते अपराधों और आतंकी गतिविधियों को नियंत्रित करने के लिए **'वैश्विक आतंकवादी अपराध' (ग्लोबल टेरेरिज्म क्राइम)** सम्मेलन किया जिसमें विश्व के अनेक देशों के प्रतिनिधियों ने भाग लेकर अपनी चिंताए प्रकट कीं और हिजबल, अलकायदा की आतंकी गतिविधियों और दवाओं तथा मादक दवाओं की तस्करी पर रोक लगाने के प्रयत्नों पर चर्चा की। हाल ही (अप्रैल 2009, द्वितीय सप्ताह) में अमेरिका ने जब अनुभव किया कि मैक्सिको से मारिजुआना की अवैध तरस्की नहीं रोकी जा सकती तो मारिजुआना को अवैध से वैध औषधि घोषित कर दिया। वस्तुतः अन्तरराष्ट्रीय स्तर पर अनेक देशों के संगठन अपराध जगत के संगठित रूप, अलकायदा, हिजबुल (हिजबल) आदि द्वारा अमेरिका, भारत, पाक, बांग्ला देश, इजरायल आदि में किए जा रहे आतंकी हमलों से निपटने की पुरजोर कोशिश में लगे हुए हैं जिससे विश्व में शांति कायम रह सके। किन्तु अलकायदा और हिजबुल इस्लाम के रक्षक होने का दावा कर पूरी दुनिया में मुसलमानों की भावनाओं को भड़काकर विश्व-शांति के लिए एक भयंकर समस्या बन गए हैं। इससे मुस्लिम समुदाय को भी बड़ी हानि हुई है कि उन्हें जिस देश में लोग रह रहे हैं वहाँ अपनी प्रश्नांकित होती राष्ट्र-भक्ति की बार-बार निष्ठा सिद्ध करने के अतिरिक्त प्रयास करने पड़ते हैं। हिन्दुस्तान के मुसलमानों के जन-सामान्य को बारम्बार यह सिद्ध करना पड़ता है कि वे देश-भक्ति में किसी अन्य भारतीय से कमतर नहीं हैं। इससे मुसलमान-समुदाय एक विशेष मानसिक दबाव की चिति ('साइके') में रहता है। अन्तरराष्ट्रीय स्तर पर अपराध और आतंकी गतिविधियों की रोक-थाम की समीक्षा करती विभिन्न एंजेसियों और अनेक राष्ट्रों की पुलिस के उच्चाधिकारियों ने बार-बार इस बात को रेखांकित किया है कि अलकायदा आतंकी गतिविधियों को संरजाम देनेवाला और पूरे विश्व में साम्प्रदायिक तथा आतंकी प्रवृत्तियों को बढ़ावा देनेवाला सबसे अधिक खतरनाक संगठन है।[46] 2001 ई. के बाद

अफगानिस्तान में अमेरिकी सेना से जिस प्रकार अलकायदा निरन्तर युद्ध-रत है, उससे उसने न केवल अधिकाधिक आतंकी आक्रमण विभिन्न देशों में कराए हैं, अपितु इस्लामी जिहाद के नाम पर इजरायल, पाकिस्तान, भारत, बांग्ला देश, आदि में साम्प्रदायिक ताकतों को बढ़ावा दिया है। इन गतिविधियों को अंजाम देने के लिए धन-राशि मादक पदार्थों-द्रव्यों, हथियारों की तस्करी, आर्थिक अपराधों आदि अवैध कार्यों से ही जुटाई जाती है। इस प्रकार अपराध और आतंक आज पूरे विश्व के लिए एक भीषण समस्या हैं। इन आपराधिक और आतंकी गतिविधियों का एक बड़ा उद्देश्य विश्व की सर्वाधिक सर्वोच्च राष्ट्रशक्ति अमेरिका को चुनौती देना भी है।[47]

अपराध जगत तथा आतंकवाद के समान ही सभी राष्ट्रों में फैल रहा **भ्रष्टाचार** भूमंडलीकृत समाज की एक अन्य भयावह समस्या है। पिछली सदी के अंतिम दो दशकों से भूमंडलीकरण की तीव्र प्रक्रिया में विभिन्न देशों में आर्थिक समुन्नति और समृद्धि के द्वार जिस प्रकार खुलते चले गए, उसी प्रकार अमेरिका ही नहीं विश्व के सभी विकासशील राष्ट्रों में भ्रष्टाचार की निरन्तर बढ़ोत्तरी होती चली गई। कुछ आर्थिक विश्लेषकों ने विकासशील देशों में ही भ्रष्टाचार को अधिक पैर पसारते पाया किन्तु आँकड़े इस धारणा को भ्रामक सिद्ध करते हैं। भ्रष्टाचार केवल विकासशील देशों की अर्थ-व्यवस्थाओं में ही नहीं अमेरिका जैसे पूर्ण विकसित, चाइल तथा बोस्वानिया जैसे विकासशील और कोलंबिया, लिबेरिया, जिम्बाब्वे जैसे छोटे देशों में भी फैला हुआ है। रिश्वतखोरी सभी देशों में फैला हुआ एक बड़ा रोग है, पूरे विश्व में प्रतिवर्ष कम से कम एक खरब डॉलर से भी अधिक (ट्रिलियन डॉलर) की रिश्वत ली-दी जाती है। चिंता का विषय यह भी बना हुआ है कि दुनिया-भर में भ्रष्टाचार, रिश्वतखोरी का रूप कुछ 'वैध' ('लीगल') मान्यता या स्वीकृति-सी प्राप्त करता चला जा रहा है। विभिन्न देशों का राजनीतिक नेतृत्व भ्रष्टाचार के काले-धन की अनदेखी भी करता है और 'हम्माम में सब नंगे' की स्थिति में कोई किसी से भी कुछ नहीं कह पाता है। भारत को ही लें तो इस लोकसभा चुनाव (2009) में विभिन्न प्रत्याशियों ने नामांकन करते हुए अपनी करोड़ों-करोड़ों की सम्पत्ति के विवरण-भरे हैं, जब आज प्रत्येक मध्यवर्गीय औसत भारतीय के पास कार जैसा वाहन है, हमारे इन करोड़पति ('बेचारे') प्रत्याशियों के पास न कार है, न सिर छिपाने के लिए घर—सब सरकार ही इन्हें मुहैया करा देती है। फिर भी देश की कोई ऐसी प्रशासनिक इकाई (आयकर विभाग की) नहीं है जो कुछ ही वर्षों में करोड़ों-करोड़ों के स्वामी बने 'राजनेताओं' से पूछ सके कि यह राशि आई कहाँ से? यदि गलती से आयकर आदि, विभाग कोई मामला उठाते भी हैं तो उसे 'सिद्ध' नहीं कर पाते हैं और कानून की दृष्टि में जब तक कोई अपराध सिद्ध नहीं हो पाता है, वह दोषी को पाक-साफ बने रहने की सुविधा देता है। अब चुनावी मौसम में स्विस बैंक में जमा भारत की 70 लाख करोड़ रु. की राशि, काला धन का मामला गरम चर्चा में है। भ्रष्टाचार संबंधी सरकारी आँकड़े वैयक्तिक-प्रयत्नों अध्ययनों से

प्राप्त आँकड़ों से हमेशा अलग होते हैं, इस संबंध में अमेरिका का उदाहरण बहुत रोचक होगा। भ्रष्टाचार का अध्ययन करनेवाली संस्था 'ट्रांसपेरेसी इंटरनेशनल' ने वर्ष 2004 में अमेरिका की गणना विश्व के 180 देशों में सबसे कम भ्रष्ट राष्ट्रों में की और भ्रष्टता में उसको 18 वाँ स्थान दिया गया। किन्तु जब डेनियल कॉफमैन (Daniel Kanfman) ने भ्रष्टाचार संबंधी 104 देशों के आँकड़ों का विश्लेषण किया तो उनमें अमेरिका को 53 वें स्थान पर पाया, इटली, चाइल, बोस्बाना, कोलंबो तथा दक्षिणी अफ्रीका के देशों को कम भ्रष्ट पाया। वास्तविकता यह है कि दुनिया-भर के देशों में कितने ही भ्रष्टाचार-निवारण कानून और भ्रष्टाचार-निरोधी संस्थाएँ बनीं किन्तु भ्रष्टाचार विश्व के सभी देशों में बुरी तरह फैल चुका है। विश्व बैंक जैसी संस्थाओं ने इसे कैंसर करार दिया किन्तु यह महारोग वैश्विक स्तर पर निरन्तर बढ़ता जा रहा है। विश्व बैंक के अन्तरराष्ट्रीय मामलों के निदेशक डॉ. विजय भार्गव ने[48] भ्रष्टाचार का गम्भीर अध्ययन प्रस्तुत करते हुए उसे छः श्रेणियों में रखा है–

1. महाभ्रष्टाचार–वह भ्रष्टाचार है जिसमें राष्ट्रों के प्रमुख (राष्ट्रपति, प्रधानमन्त्री), मंत्रियों तथा वरिष्ठ प्रशासनिक अधिकारियों की संलिप्ति होती है और जिनसे कुछ प्रमुख व्यवसायियों, राजनीतिज्ञों अथवा बड़े अपराधियों के हित सधते हैं।
2. राजनीतिक भ्रष्टाचार–इस भ्रष्टाचार में सम्राट्/साम्राज्ञी, विधायक आदि वे लोग हैं जो ऐसे नियमों-कानूनों का विधान करते हैं जिनसे व्यवस्था चलती है। ये प्रशासनिक अधिकारी निजी लाभ के लिए मोटी रिश्वतें लेते हैं और बदले में उन व्यक्तियों को लोकहित के विपरीत जाकर लाभ प्रदान करते हैं।
3. औद्योगिक निकायों में भ्रष्टाचार–इसका संबंध उस भ्रष्टाचार से है जो विभिन्न उद्योगों में माल आपूर्ति करनेवाले या उनके माल की खरीद में सहायक प्रतिनिधियों आदि में लेन-देन के रूप में होता है। इसका एक रूप यह भी है कि जब कम्पनी के प्रशासनिक अधिकारी कम्पनी परिसम्पत्तियों, धन का उपयोग शेयरधारकों को नुकसान पहुँचाते हुए व्यक्तिगत लाभ के लिए करते हैं।*
4. प्रशासनिक भ्रष्टाचार–यह वह भ्रष्टाचार है जिसमें किन्हीं व्यक्ति विशेषों, और व्यापारिक संस्थाओं को कम कर (टैक्स) देने, नियमों-कानूनों से बचने अथवा निचले स्तर पर अनुबंध (कांट्रेक्ट) आदि प्राप्त करने के लिए रिश्वतें दी जाती हैं, और अनुचित रूप से पक्षपात किया जाता है।
5. छोटे-मोटे भ्रष्टाचार–में भ्रष्टाचार का वह रूप आता है जिसमें नित्य-प्रति के कार्यालयी कार्यों के निपटान, कस्टम-निकासी, भवन-निर्माण के परमिट, आदि के लिए अपेक्षया छोटी-राशि रिश्वत रूप में दी जाती है।
6. सुनियमित भ्रष्टाचार–वह भ्रष्टाचार है जो समाज में सभी स्तरों पर व्याप्त है।

---

* भारतीय संदर्भ में सॉफ्टवेयर कं. सत्यम् का घोटाला इसका ताजा उदाहरण है।

राजनीतिक नेतृत्व और प्रशासन-तंत्र अनेक रूपों में भ्रष्टाचार को प्रश्रय देता है—सरकार द्वारा बहुत से साजों-समान, उत्पाद और सेवाएँ दूसरे देशों और निजी संस्थानों से लेनी होती हैं, उनकी प्राप्ति में बीच का कमीशन, विभिन्न स्तरों पर रिश्वत ली-दी जाती है। विभिन्न प्रकार के अनुदान, आर्थिक सहायता (सब्सिडीज), सार्वजनिक उद्योगों-निकायों के निजीकरण संबंधी नीति-निर्धारण आदि में खूब रिश्वतबाजी होती है। इसी प्रकार रक्षा-सौदों-हथियारों, तकनीकी उपकरणों आदि के खरीद-अनुबंध व्यक्ति विशेष या कम्पनी विशेष को देने के लिए अन्तरराष्ट्रीय और राष्ट्रीय स्तर पर भारी कमीशन राशि का आदान-प्रदान रिश्वत रूप में होता है। फिर सरकारी स्तर पर बिठाए जानेवाले जाँच आयोगों का सिलसिला चलता रहता है जिसमें सालों-साल निकल जाते हैं और परिणाम पहाड़ खोदने पर चुहिया मिलने जैसा होता है। भारत में बोफोर्स का सौदा इसका बहुत जीवंत उदाहरण है।

भारतवर्ष के सन्दर्भ में भ्रष्टाचार की चर्चा की जाए तो इस क्षेत्र में हमारी उच्चता के शिखर 'कम महत्त्व वाले' नहीं हैं। पिछले कुछ वर्षों में भारत ने अपने आर्थिक विकास के नए झण्डे तो गाढ़े ही, परमाणु सन्धि, ऑलम्पिक शूटिंग गोल्ड, कई-कई ऑस्कर पुरस्कारों से दुनिया-भर में प्रशंसा अर्जित की है किन्तु इस सबके बीच भी एक कटु सत्य यह भी है कि हमने इस दौरान भ्रष्टाचार के नए-नए शिखर आयत्त किए हैं—इस क्षेत्र में भी हम किसी से पीछे नहीं हैं। 2007 की तुलना में 2008 में हमारी ईमानदारी में खोट की बढ़ोत्तरी हुई है। 23 सितम्बर, 2008 को 'ट्रांसपेरेसी इंटरनेशनल इंडिया' की ओर से पूरे विश्व में भ्रष्टाचार और ईमानदारी-इंटेग्रेटी का एक सर्वेक्षण 180 देशों के आँकड़ों के आधार पर विश्लेषित और घोषित हुआ। 180 देशों में भारत का स्थान 85 वाँ है और दक्षिण एशिया में हमें सर्वाधिक भ्रष्ट होने का सम्मान प्राप्त है। गनीमत यह हुई कि पिछले वर्ष (2008 में) भारत का स्थान 72 वाँ था। हमारी ईमानदारी 10 अंकीय तालिका (टैन प्वाइंट स्केल) में पिछले वर्ष की तुलना में और अधिक कमी आई है, वर्ष 2007 में यह 3.5 थी तो इस वर्ष 3.4 रह गई है। यह भी हमारे लिए संतोष का कोई बिन्दु नहीं बनता कि हमारा पड़ोसी पाकिस्तान भ्रष्टाचार में 135 वें और ईमानदारी में 2.5 अंक के स्थान पर है। मीडिया में इसका विश्लेषण करती हुई ट्रांसपेरेसी इंटरनेशनल इंडिया की प्रवक्ता अनुपमा झा ने कहा, अब 'कोई शर्म बाकी नहीं रह गई है' ('नो शेम इज लेफ्ट')।[49] कुछ राजनेताओं ने तो यह तर्क भी दिया कि एशिया के अन्य देशों में भी भ्रष्टाचार इसी रूप में वृद्धि पा रहा है, यह तर्क अपने आप में हमारी बेशर्मी का ही एक रूप उजागर करता है। हमारे राजनेताओं को एशिया के अन्य देश तो दिखाई देते हैं किन्तु विकसित अर्थ-व्यवस्था या कहें विकासशील अर्थ-व्यवस्था का वह देश ब्राजील दिखाई नहीं देता जहाँ ईमानदारी ('इंटेग्रेटी') का स्तर कहीं ऊँचा है और डेनमार्क जैसे देश में वह 9.3 अंक है। हम अच्छे, और अच्छों के अनुकरण की सोच विकसित क्यों नहीं कर सकते। इससे भी

बड़ा देश का दुर्भाग्य यह है कि हमें भ्रष्टाचार, भ्रष्टाचार जैसा दिखना बंद हो गया है, हम उसे युग-धर्म मानकर प्रायः यही कह देते हैं, 'यह तो सभी जगह हो रहा है, चल रहा है।' अभी वह समय हमारी स्मृति से बहुत दूर नहीं गया है जब लाखों-लाखों के 'घोटाले' ('स्केम्स') सुन हमारे रोंगटे खड़े होते थे (चारा घोटाला, बोफोर्स आदि) अब देश ने आर्थिक प्रगति की है तो घोटाले भी करोड़ों से कम के सुनने में नहीं आते। बड़े से बड़े प्रशासनिक अधिकारी, देश की सर्वोच्च प्रशासनिक सेवा के 'योग्य कर्मठ' आई.ए.एस. अधिकारी, न्यायाधीश, इंजीनियर, पुलिस के वरिष्ठतम अधिकारी करोड़ों-करोड़ों के घपलों में संलिप्त है। अब घोटालों के समाचारों से भरे अखबार कोई सनसनी उत्पन्न नहीं कर पाते–सब इन खबरों को रोज की चलताऊ खबर मानकर आगे बढ़ लेते हैं। भ्रष्टाचार का कितना ही घिनौना, दारुण, रूप हो–चाहे शहीदों के ताबूत हों, चाहे राष्ट्रीय गौरव की विश्व के सात आश्चर्यों में परिगणित ताजमहल जैसी विश्व धरोहर की वीथिका–कॉरीडोर की करोड़ों-करोड़ों की हेरा-फेरी की बात हो–इन सबके प्रति कहीं जन-प्रतिरोध, जनांदोलन, बुद्धिजीवियों की कोई प्रतिक्रिया कहीं भी दिखाई नहीं देती। जो स्वयंसेवी संस्थाएँ किसी फिल्म, किसी वेलेंटाइन डे, किसी देवी-देवता के अश्लील चित्र पर सड़कों पर बवाल मचाने के लिए उतर आती हैं, उनमें से कोई भी किसी भ्रष्टाचार के विरोध में कभी सामने नहीं आती हैं। सरकार जाँच आयोगों का ताम-झाम खड़ा कर अपना पल्ला झाड़ लेती है। भारतीय शासन-व्यवस्था तथा प्रशासन तंत्र में भ्रष्टाचार की स्थिति कितनी भयावह हो गई है, हाल (2009) के चुनावों से कुछ पहले से इसका एक उदाहरण द्रष्टव्य है। हमारे नगर (पटियाला) की सड़कों की हालत सभी जगह खस्ता थी। चुनावों की आमद देखते हुए नगर निगम ने इन्हें फरवरी अंत में और मार्च प्रारम्भ में नई परतें बिछाकर, पैच वर्क कराकर 'ऐन दुरुस्त' कर दिया, शहरवासी भी प्रसन्न, गद्‌गद् कि चलो चुनावों के कारण ही सही, नगर की सड़कें तो सुधरीं। किन्तु यह क्या कि अभी (अप्रैल मध्य में) चुनावों के लिए वोट पड़नी प्रारम्भ भी नहीं हुईं कि सड़कें यथास्थिति को प्राप्त कर गईं या करने लगीं–पैच वर्क उखड़ गए, डाली गई सड़क-पर्तों की कलई खुल गई। ऐसा मसाला डाला गया कि एक-डेढ़ माह भी नहीं चल पाया। एक प्रबुद्ध नागरिक, कांट्रेक्टर, से बात होती है कि 'यार, सड़कों की यह हालत कैसे हो गई, तो उसका कथन था–'सर जी, ये काम तो फाइलों में कई-कई बार हो जाता है–अब सड़क चाहे जैसी भी हो। शहर की विभिन्न कॉलोनियों को राशि लाखों-लाखों में आवंटित कर दी गई कि 31 मार्च, वित्तीय वर्ष के अंत तक, सभी कार्यों का निपटान कर दिया जाएगा किन्तु अभी तक अधिकांश स्थानों पर स्थिति जस की तस है।' विश्व बैंक के अन्तरराष्ट्रीय मामलों के निदेशक डॉ. विजय भार्गव ने जिसे 'छोटे-मोटे' ('पैटी') भ्रष्टाचार का रूप बताया है–सामान्य जन उससे रहवास की नारकीय स्थितियों को भोगता है। बरसात से पहले न जाने कितनी बार फाइलों में बड़ी नदी की घास और गाद निकालने का काम अंजाम

पाता है, देखें भी तो कौन 'घास तो बार-बार जम ही जाती है।' नालों आदि की सफाई की भी यही स्थिति है। जनता ने अपने मन से समझौता कर लिया है कि इस सबमें कोई बदलाव नहीं आएगा, यह सब तो ऐसे ही चलेगा। इस प्रकार वैश्विक स्तर से लेकर राष्ट्रीय स्तर तक, प्रांतीय से लेकर नगर स्तर तक आज भ्रष्टाचार के अनेकानेक नित-नए रूप सामने आ रहे हैं।

भाषा और साहित्य का क्षेत्र भी भूमंडलीय स्थितियों से अछूता नहीं है। भूमंडलीकरण ने आर्थिक विकास के जो तीव्रगामी तुरंग पूरी दुनिया में दौड़ा दिए, उसने सूचना-क्रांति का जो विस्फोट किया वह सब अंग्रेजी भाषा के माध्यम से ही हुआ। इंटरनेट और कंप्यूटर ने औद्योगिक विकास में जो महत्त्वपूर्ण भूमिका निभाई उनका माध्यम अंग्रेजी ही रहा। वैश्वीकरण जिस प्रकार एकल संस्कृति (मोनो-कल्चर) का विकास कर रहा है, भाषा की दृष्टि से भी उसी प्रकार समस्त विश्व को अंग्रेजीकरण की प्रक्रिया में ढाल रहा है जिससे विश्व की अनेक भाषाओं के सामने अस्तित्व का संकट आ खड़ा हुआ है। वर्ष 2008 को संयुक्त राष्ट्र संघ ने 'अन्तरराष्ट्रीय भाषा वर्ष' घोषित किया तथा अपनी संस्था यूनेस्को के माध्यम से गहन सर्वेक्षण कराकर **3 नवम्बर 2008** को ब्रुसेल्स, पेरिस, जिनेवा तथा न्यूयार्क स्थानों पर एक **'ज्ञान समाजों की ओर'** (**'टुवाड्र्स ए नॉलिज सोसायटीज'**) शीर्षक से एक अध्ययन रिपोर्ट प्रकाशित की जिसमें यह गम्भीर चिन्ता प्रकट की गई कि पूरे भूमंडल में 6780 भाषाएँ बोली जाती हैं और इनमें 6432 भाषाएँ तो ऐसी हैं जिनके बोलने वालों की संख्या 1.50 करोड़ हैं। 585 करोड़ ऐसे लोग हैं जो 268 भाषाएँ बोलते हैं किन्तु 21 वीं शती के अंत तक प्रौद्योगिकी और तकनीकी उन्नति तथा सूचना-क्रांति के विभिन्न उपकरण इनमें से आधे से अधिक भाषाओं का अस्तित्व समाप्त कर देंगे। इससे भी आगे जाकर यह रिपोर्ट कुछ भाषाविदों का यह मत भी उद्धृत करती है कि वैश्विक परिदृश्य में भाषाओं की विलुप्ति की यह प्रक्रिया और भी तेज है और शती के अंत तक लगभग 90-95 प्रतिशत, अर्थात् लगभग 6432 भाषाओं की विलुप्ति हो जाएगी। इन भाषाओं के संरक्षण के लिए यूनेस्को ने सुझाव दिया कि राष्ट्रों को बच्चों को प्राथमिक-प्राइमरी-कक्षाओं से ही दो या तीन भाषाओं के अध्ययन को प्रोत्साहित करना चाहिए। साथ ही उद्योग-जगत आदि को अपने आँकड़ों तथा इंटरनेट पर उपलब्ध सामग्री को दूसरी भाषाओं में अनूदित कर प्रस्तुत करने की तैयारी बड़े पैमाने पर करनी चाहिए। किन्तु हो इसके उलट रहा है– इंटरनेट पर जो सामग्री उपलब्ध कराई जाती है उसमें चार पृष्ठों में से तीन अंग्रेजी में ही होते हैं और आज इंटरनेट सामग्री का उपयोग जो लोग करते हैं उनमें से 50% से अधिक ऐसे लोग हैं जिनकी मातृ भाषा अंग्रेजी ही है। वे सब अधिकाधिक अंग्रेजी ही ग्रहण करते चले जा रहे हैं। इस 'ज्ञान समाज' की ओर अग्रसर विश्व को इंटरनेट के अधिकाधिक प्रयोग की सलाह भी दी गई है। यह बड़ी विरोधाभासी स्थिति है– जब भूमंडल में इंटरनेट का प्रसार-उपयोग अधिक होगा तो स्वतः ही उन जन-समाजों

में अंग्रेजी का प्रयोग और वर्चस्व बढ़ता चला जाएगा। इससे मातृ-भाषाओं और बोलियों की विलुप्ति प्रक्रिया और भी तेज होती चली जाएगी, जो भाषाएँ बच जाएँगी, उनका और अधिक आंग्लीकरण हो जाएगा।

इन सब बातों का विश्लेषण यदि भारतीय भाषाओं और विशेषतः हिन्दी के सन्दर्भ में किया जाए तो यह बात तीव्रता से उभरकर आती है कि भारतीय भाषाओं का आंग्लीकरण इस वैश्वीकरण-प्रक्रिया में और भी तीव्रता से हो रहा है। हिन्दी को ही लें, तो आज उसका स्वरूप और प्रकृति द्रुत गति से परिवर्तन की प्रक्रिया में है। हिन्दी की सर्वप्रमुखता और शक्ति को कोई नकार नहीं रहा है, बाजार और विज्ञापन की शक्तियोँ ने उसकी क्षमता और उपादेयता को पहचान कर अपने ही ढंग से उसका अनुकूलन प्रारम्भ किया है–इससे उसका चलित रूप और अधिक समृद्धतर रूप में विकसित हो रहा है। हिन्दी का पन्हिगलिशीकरण तेजी से हो रहा है–पंजाबी-हिन्दी-इंग्लिश से उसका जो घालमेल उपस्थित हो रहा है, वह उसके परिनिष्ठित स्वरूप के लिए चिंता का विषय भी है किन्तु बाजार उसका भरपूर उपयोग कर रहा है। हिन्दी की शक्ति को पहचान कर अंग्रेजी समाचार-पत्रों का विज्ञापन संसार और बहुराष्ट्रीय कंपनियों तथा अन्य बड़ी कंपनियों के विपणन विशेषज्ञ बाजार-विज्ञापन में हिन्दी के प्रयोग को विशेष महत्त्व देते चले जा रहे हैं। इसलिए हिन्दी आज बाजार की सर्वाधिक प्रिय भाषा बन गई है। रोमन में लिखी हिन्दी के बिना अंग्रेजी समाचार-पत्रों का भी काम चल नहीं पा रहा है–"AA GAYYA EK DUM ASLI INDIAN, KAR LO DUNIYA MUTTHI MEN" जैसे विज्ञापनों से समाचार-पत्र भरे ही रहते हैं। एक खबर शीर्षक अंग्रेजी अखबार में इस प्रकार है–NRI Ka Desi Dil इधर अधिकांश हिन्दी समाचार-पत्र, जो चरित्र में समाचार-पत्र कम, उत्पाद-प्रोडक्ट अधिक बन गए हैं, वे देवनागरी में अंग्रेजी और स्थानीय भाषाओं का तड़का इस प्रकार लगा कर भाषा का एक अलग चलित रूप जबरदस्ती थोपते हुए हिन्दी का नया चरित्र गढ़ रहे हैं। कुछ उदाहरण द्रष्टव्य हैं–'वान्टेड, हैपिली मेरिड विद चण्डीगढ़/लाइफ राउण्ड दी क्लाक/वर्किंग मॉम की लाइफ/कैरियर प्लस'।

कुछ समाचार-पत्र रोमन में अपने हिन्दी शीर्षक देने में नहीं हिचक रहे हैं–Dance With me /Filmi Work/Good luck/Fashion/ Trade Hellow Delhi आदि, आदि।

पन्हीकरण का उदाहरण देखिए–'बूढ़े बाजू तो पक्के बाल, चलदे ने बड़ी शान नाल/एना सौंखा नईं वोटोरा नूं समझना।

भाषाई परिनिष्ठता, शुचिता का प्रश्न यहाँ बेमानी हो गया है, भाषाई शुचिता की दीवारें तेजी से गिरती जा रही हैं। यहाँ यह विचारणीय नहीं है कि बाजार की शक्तियों ने हिन्दी को कितना ऊर्जावान और सक्षम-सशक्त किया है, चिंता का विषय यह है कि भूमंडलीकरण की इस प्रक्रिया ने जन भाषाओं और बोलियों को हाशिए पर

डालकर उन्हें विलुप्ति की ओर अग्रसर किया है। प्रांतीय भाषाओं की भी स्थिति यही है, उनका अधिकाधिक अंग्रेजीकरण हो रहा है। हिन्दी और शेष प्रांतीय भाषाओं की जातीय अस्मिता और चरित्र की निजता विलुप्ति की प्रक्रिया में है।

भूमंडलीय दुष्प्रभावों को लेकर समस्त देशों का साहित्य चिंतित है। विशेषतः तीसरी दुनिया के विकासशील राष्ट्रों के साहित्य में अमीरी-गरीबी के बीच की बढ़ती खाई और मनुष्यता के छीजने की पीड़ा गहराई से अभिव्यक्ति पाती है। हिन्दी साहित्य के सन्दर्भ में देखें तो कविता तथा कथा-साहित्य में वैश्वीकरण के प्रभाव विशेषतः देखे जा सकते हैं। नए से नया और पुराने से पुराना कवि आज भूमंडलीकृत स्थितियों से विचलित हो उन्हें अपनी कविता में विभिन्न बिम्बों, प्रतीकों, मिथकों आदि के माध्यम से चित्रित कर रहा है। कुछ कवियों के उदाहरणों से इस तथ्य को समझा जा सकता है कि भूमंडलीकरण आज उनकी कविता का सरोकार किस रूप में है। भगवत रावत की 'कविता कहते हैं कि दिल्ली की कुछ आबोहवा और'[50] में विकास की तीव्र प्रक्रिया में नगरों के महानगरीकरण और अपना मूल चरित्र खो देने की पीड़ा भोपाल के दिल्ली में रूपांतरित होने के रूप में अभिव्यक्ति पाती है–

भोपाल के नामों, निशानों को बाकायदा
मिटाया जा रहा है एक-एक करके
भोपाल को धकेला जा रहा है
भोपाल से बाहर
अपने पूरे हो-हल्ले के साथ
घुसी आ रही है दिल्ली भोपाल में
अब किसको कैसे पुकारूँ
कि भोपालवासियों
सावधान
भोपाल हुआ जा रहा है दिल्ली।

कुँवर नारायण अपनी 'बाजश्रवा के बहाने' की कविताओं में बड़े प्रभावी बिम्बों में भूमंडलीकरण के इस दर्द को उकेरते हैं, 'एक अन्य आरम्भ'[51] शीर्षक कविता की 'जादूनगरी' उस सोने की नगरी अमेरिका को ही संकेतित करती है–

सोने की एक जादूनगरी' ऐसा सुना है
उधर भी है
इसी भूगोल और इतिहास से निर्मित
ऐसा ही एक संसार-
इतना ही वस्तुमय
और इतना ही मायावी

इतना ही बंजर और ऊसर
एक चाँद की तरह
चमकता है दूर से
वहाँ से तुम्हें अपना यह घर भी
दिखाई देगा सुदूर यादों की धुन्ध में
बरसों से यही सुनती आ रही हूँ
ऐसा ही पढ़ा है कहानियों में
कि उधर जो भी जाता
फिर घर लौट कर नहीं आता।

कविता की युवतर पीढ़ी और नवोदित पीढ़ी ने भी वैश्वीकृत प्रभावों का आकलन अपनी तरह से किया है, पूर्ण विद्रोही और आक्रोश शील स्वर में। दिनेश कुशवाह अपनी 'जार्ज बुश! पेट्रोल से अधिक ज्वलनशील है आदमी का थूक'[52] में विश्व के अमेरिकीकरण पर यह धधकता आक्रोश इस रूप में अभिव्यक्त करते हैं–

दुनिया के बहरे हो चुके राष्ट्राध्यक्षो! सुनो
शुतुर्मुर्ग नहीं जॉर्ज बुश हूँ मैं
जल्दी ही दागी जाएगी एक शक्तिशाली मिसाइल
जिसकी आवाज से तुम्हारे कान ठीक हो जाएँगे
अंधों तुम्हें रोशनी मिलेगी
अब दुनिया बच्ची नहीं रही
इसलिए धरती पर कहीं नहीं बनेंगे खिलौने
कभी नहीं दिखाई देगा आकाश में दागदार चाँद।
जिन्हें अपने दाँत और नाखून बचाने हैं
उन्हें कहो पेट्रोल पिएँ
कि कुछ भी नहीं है पेट्रोल से दमदार।"

उदय प्रकाश ने 'घर की दूरी', 'बैरागी आया है गाँव', आदि कविताओं में 'इंडिया शाइनिंग' के बीच गरीबी का जिस रूप में चित्रण किया है, वह अमीर-गरीब के बीच की बढ़ती खाई का गहरा संवेदनात्मक चित्रण है। अपनी 'दिल्ली' कविता में उदय प्रकाश ने अमीरी-गरीबी के इस दुर्लंघ्य अंतर को सर्वाधिक धनाढ्यों में से एक ओनासिस के हीरो-जवाहरातों से भरे एक जहाज और गुलाम के बिम्ब से इस रूप में चित्रित किया है–

कितनी बड़ी-बड़ी इमारतें हैं दिल्ली में
असंख्य जगमग जहाज
डगमगाते हैं चारों ओर रात भर
कहाँ जा रहे होंगे इनमें बैठे तिजारती

कितने जवाहरात लदे होंगे इन जहाजों में
कितने गुलाम
अपनी पिघलती चर्बी की ऊष्मा में
पतवारों पर थककर सो गए होंगे।
ओनासिस! ओनासिस!
यहाँ तुम्हारी नगरी में,
फिर से है एक अकेला आदमी।[53]

अनेक कवियों-कवयित्रियों ने दलित चेतना और स्त्री-चेतना पर बहुत प्रभावी रूप में लिखकर अपनी वैश्विक चेतना का परिचय दिया है। अनामिका, कात्यायनी, आदि ने नारी-पक्ष में 'दुर्ग द्वार पर दस्तक' का कार्य करती कविताएँ लिख नारी चेतना का परिचय दिया है, अनामिका की 'फर्नीचर' 'मौसियाँ', 'एक औरत का पहला राजकीय प्रवास', 'पतिव्रता' जैसी कविताएँ इस भाव-बोध का सशक्त परिचय देती हैं।[54] एकांत श्रीवास्तव, निलय उपाध्याय, कुमार अंबुज, मदन कश्यप, देवीप्रसाद मिश्र आदि कवियों ने भूमंडलीकरण की प्रक्रिया में शेष होती मानवता की नियति पर सशक्त कविताएँ रची हैं।

कथा-साहित्य–कहानी और उपन्यास दोनों ही–जीवन यथार्थ का अधिक निकटता से और विस्तार में जाकर विश्लेषण करने की क्षमता से युक्त विधाएँ हैं, फलतः भूमंडलीकरण के प्रभावों का प्रत्यक्षतः विश्लेषण यहाँ अधिक सशक्त रूप में हो सका है। कहानी अपने परिवेश की घटनाओं को अधिक त्वरा और 'तात्कालिक' रूप में ग्रहण करती है, फलतः वैश्वीकरण की प्रक्रिया में अपसंस्कृति का जो प्रसार हो रहा है, उसे कहानी ने बहुत गहराई और विस्तार से विश्लेषित किया है–भूमंडलीकरण के द्वारा लाई गई आर्थिक असमानता, अमीर-गरीब के बीच की बढ़ती खाई, किसानों की आत्म-हत्याओं का न रुकनेवाला सिलसिला, उपभोक्तावाद और बाजारवाद का खुला खेल, पैसे की अनथक दौड़ और आकाशचुम्बी स्वप्नों का संसार, सौन्दर्य प्रतियोगिताएँ, विज्ञापन का तिलस्मी लोक और उस सबके बीच छीजती मानवता, श्रेष्ठ मानवीय मूल्य, आदि कहानी की चिंता में प्रमुख रूप से विद्यमान रहे हैं। कमलेश्वर, उदयप्रकाश, मनोहर श्याम जोशी, मृणाल पांडे, रमेश उपाध्याय, संजीव, शैवाल, जयनंदन, विष्णु नागर, सुनीता जैन, मनीषा कुलश्रेष्ठ, रणेन्द्र, नीलाक्षी सिंह, आदि कहानीकारों ने वैश्वीकरण के अनेक ऊपरकथित पक्षों को अपनी कहानियों में चित्रित किया है। हिन्दी की सशक्त कहानियाँ प्रचुरता में वैश्वीकरण की अपसंस्कृति का प्रतिरोधी स्वर बार-बार मुखरित करती हैं।

उपन्यास विधा अपने विस्तृत फलक पर वैश्वीकरण की समस्याओं को और भी विस्तार तथा गहराई में जाकर विश्लेषित करने की स्थिति में है। हिन्दी उपन्यास ने बहुत सूक्ष्म संवेदन, गहराई और विस्तार में जाकर देश, समाज और व्यक्ति पर पड़ने वाले प्रभावों का अध्ययन कथात्मक धरातल पर किया है। भूमंडलीकृत प्रभावों का कोई

ऐसा पक्ष नहीं है जो हिन्दी उपन्यास में चित्रित न हुआ हो और उस चित्रण का आशावादी उज्ज्वल पक्ष यह है कि वहाँ यथा-स्थिति का विरोध करनेवाले पात्रों और स्थितियों का सृजन कर उपन्यासकार ने अपनी सार्थक भूमिका सिद्ध की है। भारत के लिए यह एक सांस्कृतिक संक्रमण का काल है, उपन्यासकारों की मनीषा ने इन वैश्विक प्रभावों का आकलन जिस रूप में किया है, उसका सम्यक् विवेचन ही आगामी अध्यायों में अभीष्ट है।

सन्दर्भ

1. श्यामचरण दुबे, *समय और संस्कृति*, पृ. 131 तथा 134.
2. प्रो. यशपाल, उद्धृत *अक्षर पर्व*, मार्च 2004, नरेन का लेख।
3. ''दि वाशिंगटन ऑफ दिस पेपर इज बोथ द' पॉलिटिकल वाशिंगटन ऑफ कांग्रेस एंड सीनिअर मैम्बर्स ऑफ द' एडमिनिस्ट्रेशन एंड द' टेक्नोक्रेटिक वाशिंगटन ऑफ द' इंटरनेशनल फाइनेशनल इंस्टीट्यूशंस, द' अकॉनॉमिक एजेन्सीज ऑफ द' यू.एस. गवर्नमेंट, द' शॉर्ट हिस्ट्री ऑफ द वाशिंगटन कॉन्सेसियस', 'फ्राम द' वाशिंगटन कान्सेसियस टूवर्ड्स ए न्यू ग्लोबल गवर्नेन्स'', शीर्षक शोध-पत्र से, बारसेलोना, 24-25 सितम्बर 2004.
4. सच्चिदानन्द सिन्हा, *भूमंडलीकरण की चुनौतियाँ*, भूमिका।
5. डॉ. मनमोहन सिंह, 25 फरवरी 2007 को नई दिल्ली में दिए गए भाषण से उद्धृत ('दैनिक भास्कर'-26 फरवरी 2007)
6. येट 1989 ट्रुयूली वाज ऑफ दोज ईयर्स दैट द 'वर्ल्ड शिफ्टिड ऑन इट्स पिवट. समथिंग्स डिड चेन्ज, एंड चेन्जड् अटरली, वी आर लिविंग विद देयर कॉनसिक्वेन्सिस स्टिल. समथिंग्स एंडिउ, टुअ–नॉट जस्ट कम्यूनिज्म एज ए स्टेट प्रैक्टिस, फॉर एक्जापिंल, बट ऑलसो द' आईडिया दैट द' इंटरनेशनल सिस्टम इज ड्राइवन सोलनी बाई स्टेट एक्शन, इन ए' चे दैट वाज ओनली डिमली परसीव्ड 20 ईयर्स ऐगो, एलीमेंट्स सच एज मल्टीनेशनल बिजनेस, टेक्नॉलोजिकल इनोवेशन एंड पर्सनल फेथ नाउ शेप अवर वर्ड जस्ट एज स्टेट्स डू. व्हाटएवर द 'इंर्पोटेन्स ऑफ इवेंट्स आफ्टर 1989, द' इयर इटसेल्फ इज वन फार द' एजिज. दैट वाज अंडरस्टुड एट द' टाइम : इन द' मोस्ट फेमस कंटपरेरी ऐनेलेसिस ऑफ करैंट इवेंट्स.–मिशेल इलिओट्ट 'टाइम'–29 जून–6 जुलाई अंक–1989 द ईयर दैट चेंज्ड द वर्ल्ड'–लेख।
7. ''व्हाट् वी मे बी विटनेसिंग इज नॉट जस्ट द 'एंड ऑफ कोल्ड वार, ऑर द' पासिंग ऑफ ए 'परटिकुलर पीरियड ऑफ पोस्टवार हिस्ट्री, बट द' एंड ऑफ हिस्ट्री एज सच : दैट इज द' यूनिवर्सलाइजेशज ऑफ वेस्टर्न लिब्रल डेमोक्रेसी एज द' फाइनल फॉर्म ऑफ ह्यूमन गवर्नमेंट."–फ्यूकूयामा, उद्धृत–उपरोक्त लेख, 'टाइम', वही अंक।
8. वही.
9. 'ज्याग्रेफी' (पत्रिका), 87 (उद्धृत www. answers. com globalisation. r = 67.
10. एजाज अहमद, सफर हाशमी स्मृति व्याख्यान, *आलोचना* (त्रैमासिक), अंक-छह, जुलाई-सितम्बर, 2001.
11. वही।
12. वही।
13. ''इनक्रीज्ड कंप्यूटिंग पावर एंड द' इंटरनेट हैव बीन द' एशिंयसल अंडरपिनिंग ऑफ ग्लोबेलाइजेशन, विद आउट दैम द' लॉजिस्टिक्स फर्म्स इन हाँग-काँग हू मैनेज ग्लोबल

सप्लाई चेन्स वुड नॉट बी एबिल टु डु देयर जॉब।"–मिशेल इलिओट्ट, 'टाइम' जून 29-जुलाई 6, 2009 अंक।

14. ग्लोबलाइजेशन इज द' "ग्रोइंग इकॉनमिक इंटरडिपेंडेंस ऑफ कंट्रीज वर्ल्डवाइड थ्रू इनक्रीज़िंग वॉल्यूम एंड वैरायटी ऑफ क्रॉस-बार्डर ट्रांजिकशंस इन गुड्स एंड सर्विसिज, फ्री इंटरनेशनल कैपिटल फ्लोज, एंड मोर रेपिड एंड वाइड स्प्रेड डिफ्यूजन ऑफ टैक्नोलॉजी।" w.w.w. wikipedia.
15. टोनी पुघ, *ह्यूस्टन क्रॉनिकल,* 26 फरवरी, 2007, उद्धृत गिरीश मिश्र, 'जनसत्ता', 9-4-2007.
16. द्र. 'हेराल्ड ट्रिब्यून' समाचार-पत्र का विश्लेषण, 'द गैप बिटवीन रिच एंड पुअर ग्रोज इन द' यूनाइटेड स्टेट्स.
17. सच्चिदानन्द सिन्हा, *भूमंडलीकरण की चुनौतियाँ,* पृ. 22.
18. 'द डिवाइड बिटवीन रिच एंड पुअर इज राइजिंग एट ए ट्रबलिंग रेट विदइन सबरिजिअंस ऑफ एशिया पोसिफिक, लीविंग वास्ट नंबर्स ऑफ मदर्स एंड चिल्ड्रन एट रिस्क।'
19. शरद यादव, *असल में गरीबी कितनी है,* जनसत्ता, 7 नवम्बर, 2007.
20. रिपोर्ट का शीर्षक 'कंडीशन ऑफ वर्क एंड प्रमोशन ऑफ लाइफहुड्स इन द' अनआर्गेनाइन्ड सेक्टर।'
21. 'रिच पुअर गैप इन एशिया पुटिंग चिलड्रन'स लाइव्स एट रिस्क'-यूनिसेफ रिपोर्ट, 5 अगस्त 2008.
22. ''ए फारमर कमिट्स सुसाइड एवरी 30 मिनिट्स, द' गैप बिटवीन द' टू इंडियज इज वाइडनिंग।" सीताराम येचुरी, *टाइम्स ऑफ इंडिया*।
23. ''हम देहातों में सर्वत्र कंगालीकरण की प्रक्रिया को तेज होते देख रहे हैं क्योंकि उद्योगों को बढ़ाने के लिए किसानों के साथ अन्यायपूर्ण व्यवहार हो रहा है–उन्हें एक ऐसे व्यापार में जबरदस्ती भागीदार बनाया जा रहा है जिसमें उन्हें घाटा ही घाटा सहना पड़ता है। विकास चाहे सरकारी क्षेत्र के तहत हो या निजी क्षेत्र के तहत, स्थिति में कोई फर्क नहीं पड़ता।" सच्चिदानन्द सिन्हा, भूमंडलीकरण की चुनौतियाँ, पृ. 24.
24. ''इंडियन कल्चर व्हिच मीन्स हिन्दू कल्चर, हिन्दू रिलीजन, हिन्दू सोसाइटी, हिन्दू सिविलाइजेशन, हिन्दू वे ऑफ लाइफ, आर अण्डर द' लेथल थ्रैट ऑफ द' रूथलैस फोर्सिस ऑफ ग्लोब्लाइजेशन टुडे।" वी. सुन्दरम्, 3 दिसम्बर, 2006. Boloji. com.
25. वी. सुन्दरम्, वही।
26. ''शैल इंडिया डाई? दैन, फ्रॉम द' वर्ल्ड ऑल स्प्रिचयुअलिटी विल बी एक्सटिंक्ट, एंड इट्स प्लेस विल रेन द' डुअल्टी ऑफ लस्ट एंड लक्जरी एज द' मेल एंड फीमेल डिटीज? विद मनी एज इट्स प्रीस्ट, फ्रॉड, फोर्स, एंड कंपटीशन इट्स सेरेमनीज, एंड हयूमन सोल इट्स सैक्रेफाइस, सच ए थिंग कैन नैवर बी।"-स्वामी विवेकानन्द का शिकागो भाषण, विकीपीडिया।
27. प्रभा खेतान, भूमंडलीकरण : *ब्रांड संस्कृति और राष्ट्र,* पृ. 34
28. वही, पृ. 11
29. निर्मल वर्मा, *भूमंडलीकरण के दौर में साहित्य की जातीय संस्कृति और व्यक्ति-चेतना,* वागर्थ, 58, फरवरी 2000.
30. जी.सी. सिद्धार्थ, *बाजार के अँधेरे में प्रकाश की एक किरण, वागर्थ*-78, दिसम्बर 2001.
31. मनमोहन सिंह, *अक्षर पर्व* मार्च 2004, मृणाल पांडे द्वारा उद्धृत।
32. प्रभा खेतान, *भूमंडलीकरण : ब्रांड संस्कृति और राष्ट्र,* पृ. 32.

33. सुरेन्द्र मोहन, *भूमंडलीकरण के दौर में जन-जीवन*, जनसत्ता, 3 मई, 08.
34. गिरीश मिश्र, भूमंडलीकरण की दुनिया में विज्ञापन, जनसत्ता
35. प्रभा खेतान, *भूमंडलीकरण : ब्रांड संस्कृति और राष्ट्र*,
36. वही।
37. उद्धृत, *सरला : एक विधवा की आत्म जीवनी*, प्रज्ञा पाठक, पृ. 7
38. ''आई हैव ऑफन सैड दैट, आई' म नॉट ए फेमिनिस्ट, येट, इन माइ-कन्सर्न फॉर द' इंप्रिवेलेज्ड, हाउ कैन आई इग्नोर वीमन हू, सिन्स द' बिगनिंग ऑफ हिस्ट्री हैव बीन डॉमिनेटिड एगनस्ट इन सोशल कस्टम एंड मोर एक्टिव, नॉट बिकाज दे आर वीमन, बट, बीकाज दे डू कंप्राइज हॉफ द' ह्यूमन रेस।" इंदिरा गांधी, उद्धृत-इंटरनेट से, सागरिका सतपदी का लेख।
39. द्र. परिशिष्ट, ग्रन्थ सूची, स्त्री-विमर्श संबंधी ग्रन्थ।
40. प्रभा खेतान, 'हंस'-*स्त्री-भूमंडलीकरण पितृसत्ता के नए रूप* , मार्च 2001 अंक।
41. अनामिका, 'हंस' *अतीत होती सदी और स्त्री का भविष्य* : खंड-1, जनवरी-फरवरी 2000 अंक।
42. प्रो. योगेश अटल, *वर्तमान भारत : विगत का इतिहास*, भाव्य का भाष्य 'वागर्थ'-91, फरवरी 2003.
43. एन्थानी स्मिथ, *द जिओपोलिटिक्स ऑफ इन्फार्मेशन, हाउ वेस्टर्न कल्चर डॉमिनेट्स द* वर्ल्ड, आक्सफोर्ड यूनिवर्सिटी, प्रेस, न्यूयार्क 1980, पृ. 176, उद्धृत 'हंस' अर्द्धशती विशेषांक, खंड-2, अक्तूबर 1997 पूरनचन्द्र जोशी का लेख।
44. द्र. दैनिक भास्कर, 16 अप्रैल '09.
45. शशि थरूर, *टाइम्स ऑफ इंडिया* में अपने कॉलम में
46. ''नॉट ऑल मुस्लिम्स आर टेररिस्ट, बट मुस्लिम!" "अल-कायदा इज वन ऑफ द' क्विनटेसिंयल ग्रुप्स रेस्पांसिबिल फॉर टरनिंग टेरो-फिनोमेना।''–रूसी जनरल कुलीकोव-13 नवम्बर 2007 को 'ग्लोबल टेररिज्म-क्राइम' सम्मेलन में (द इंटरनेशनल इंस्टीट्यूट फॉर काउंटर-टेररिज्म-आई.सी.टी.–का आयोजन)
47. द्र. इंटरनेट पर-(i) द' थ्रेट फ्रॉम इंटरनेशनल आरगेनाइज्ड क्राइम एंड ग्लोबल टेररिज्म (ii) ग्लोबल टेररिज्म एंड इंटरनेशनल क्राइम (iii) द' बैटिल एगेन्स्ट द' टेररिज्म ऑफ क्राइम-ग्लोबल टेररिज्म।
48. डॉ. विजय भार्गव, निदेशक अंतरराष्ट्रीय मामले, विश्व बैंक, का *ग्लोबल न्यूज सेमिनार सीरीज* में अक्तूबर 2005 में प्रस्तुत शोध-पत्र।
49. 'लोकसभा' चैनल पर हुई परिचर्चा (23.9.08) के आधार पर विश्लेषण और आँकड़े।
50. भगवत रावत, *अम्मा से कुछ बातें*, पृ. 143.
51. कुँवर नारायण, *वाजश्रवा के बहाने*, पृ. 57, 58.
52. दिनेश कुशवाह, *इसी काया में मोक्ष*, पृ. 46-47.
53. उदय प्रकाश, *कवि ने कहा : उदय प्रकाश*, पृ. 42 तथा द्र. पृ. 59, 81.
54. अनामिका, *कवि ने कहा : अनामिका।*

हिंदी उपन्यास : समकालीन परिदृश्य

सन् 1985 या उसके आस-पास के समय से हिंदी उपन्यास का जो सृजन-परिदृश्य है, उसे 'समकालीन हिंदी उपन्यास' के रूप में देखा-परखा जा सकता है। यह बात अपनी जगह पर सही है कि 15-20 वर्ष पश्चात् 'समकालीन' की अवधारणा निश्चित रूप से कुछ और होगी, कुछ और आगे की होगी। मोटे रूप से हम वर्तमान से पन्द्रह-बीस या अधिक से अधिक पच्चीस वर्ष पीछे के समय को 'समकालीन' की परिसीमा में रखकर उस काल खंड की विधा विशेष की साहित्यिक प्रवृत्तियों के विश्लेषण-मूल्यांकन में प्रवृत्त हो सकते हैं। यूँ भी साहित्यिक अध्ययन के इतिहास में दो-चार वर्ष का समय कोई विशेष महत्त्व नहीं रखता क्योंकि किसी भी काल-खंड की विधा में नव प्रवृत्तियाँ या धाराएँ न यकायक उद्भूत होती हैं, और न ही यकायक उनकी विलुप्ति हो जाती है।

उपन्यास की प्रवृत्ति मुख्यतः अतीतजीवी रही है, वह अपनी कथा के सूत्र अतीत में, बहुत पीछे के इतिहास में खोजता रहा है जबकि कहानी की प्रवृत्ति 'तात्कालिकता' की रही है, अतः वह अपने वर्तमान समय में तेजी से हस्तक्षेप करती हुई समय की प्रत्येक प्रमुख घटना से मुठभेड़ करती रही है। भीष्म साहनी का 'तमस' (1973) यदि विभाजन की त्रासदी को कथ्य बनाता है तो 'मय्यादास की माड़ी' (1988) प्रथम स्वतंत्रता संग्राम 1857 से प्रारम्भ कर 1950 ई. तक के समय को कथा में समेटता है। कामतानाथ का द्विखंडी उपन्यास 'कालकथा' (2000) स्वतंत्रता आंदोलन के दौर को लेकर चलता है, गिरिराज किशोर 'ढाई घर' (1991) तथा 'गिरमिटिया' (2001) में स्वातंत्र्य-पूर्व के समय को ही कथा के केन्द्र में रखते हैं। असगर वजाहत 'सात आसमान' (1996) में कंपनी-राज्य से प्रारंभ कर आजादी के बाद तक के समय तक कथा को पहुँचाते हैं। जगदीश चन्द्र भी 'नरक कुंड में वास' (1994), आदि में रवीन्द्र वर्मा 'नियान्वे' (1999) 'मैं अपनी झाँसी नहीं दूँगा' (2004) जैसे उपन्यासों में कथा को पीछे से ही उठाते हैं किंतु वर्तमान से संयुक्त कर उसे पूरी तरह आज में निक्षेपित कर देते हैं। इस सबके रहते हुए भी समकालीन उपन्यास हाल के वर्षों में बहुत तेजी से अपनी प्रवृत्ति को 'तात्कालिकता' की ओर उन्मुख कर लेता है। बिलकुल सन्निकट का वर्तमान उपन्यास की चिंता का केन्द्रीय विषय बनकर उभरता है। बाबरी मस्जिद प्रकरण, गोधरा कांड तथा उसके बाद का गुजरात नर-संहार, देश में चारों ओर फैली साम्प्रदायिकता,

कश्मीर का निरन्तर सुलगते रहना, भूमंडलीय ग्राम के प्रसाद रूप में अपसंस्कृति के अनेकानेक आक्रमण, उपभोक्तावाद, नव बाजारवाद तथा उसकी मुक्त बाजार व्यवस्था सांस्कृतिक विरूपण, आदि जैसे राष्ट्रीय महत्त्व के तात्कालिक मुद्दे उपन्यास की चिंता पर छाए रहे हैं। गीतांजलि श्री का 'हमारा शहर उस बरस', 'खाली जगह', रवीन्द्र वर्मा का 'दस बरस का भँवर', भगवान सिंह का 'उन्माद', अलका सरावगी का 'कलिकथा : वाया बाईपास', 'शेष कादम्बरी', 'एक ब्रेक के बाद', क्षमा कौल का 'दर्दपुर', मंजूर एहतेशाम का 'पहर ढलते', मो. आरिफ का 'उपयात्रा' आदि ऐसे अनेक सशक्त उपन्यास हैं जिन्होंने वर्तमान, सन्निकट के वर्तमान को अपना कथ्य बनाया है। यह हिंदी उपन्यास के लिए एक बहुत बड़ा प्रस्थान बिंदु है। महत्त्वपूर्ण औपन्यासिक कृतियों का संक्षिप्त परिचयात्मक विवेचन कर समकालीन उपन्यास की समृद्ध परंपरा से परिचित हुआ जा सकता है। किसी भी ऐसे सर्वेक्षण-मूल्यांकन में 'काफी कुछ को', 'बहुत कुछ को', सम्मिलित करने के पश्चात् भी 'थोड़ा-बहुत' अवश्य छूट सकता है। 'थोड़ा-बहुत' इसलिए भी छोड़ा गया है कि कुछ कृतियाँ प्रायोजित चर्चाओं-समीक्षाओं में 'बड़ी महत्त्वपूर्ण' और 'कालजयी' भले ही मान ली गई हो किंतु उपन्यास के इतिहास की समग्रता में वे अपना स्थान नहीं बना पाती हैं। कुछ ऐसे सशक्त उपन्यासकारों की कृतियों के साथ भी न्याय करने की चेष्टा की गई है जिनको समकालीन उपन्यास-अध्ययन में स्थान ही नहीं मिल पाया, यथा सत्येन कुमार, ऋता शुक्ला, द्रोणवीर कोहली, सन्हैयालाल ओझा, आदि। उपन्यास की समृद्ध परंपरा के इस अवलोकन को मुख्यतः कालक्रमानुसार, वर्ष-वार, ही रखा गया है किंतु जिस उपन्यासकार की कृतियाँ बाद के वर्षों में भी आई हैं, निरंतर आती रही हैं, उनका उल्लेख भी प्रथम उपन्यास के साथ ही कर दिया गया है जिससे उसकी कृतियों की चर्चा एक साथ ही हो सके तथा व्यर्थ में ही एक ही नाम का पुनर्वार उल्लेख न हो।

अमृतलाल नागर ने 'बूँद और समुद्र' जैसे मील के पत्थर उपन्यास के पश्चात् 'मानस का हंस', 'नाच्यौ बहुत गोपाल', 'खंजन नयन' जैसे चर्चित उपन्यास लिखकर हिंदी उपन्यास को समृद्धि प्रदान की थी। इस कालावधि में उनके 'करवट' (1985) तथा 'पीढ़ियाँ' (1996) दो उल्लेखनीय उपन्यास प्रकाशित हुए। 'करवट' में 1805 से लेकर 1905 ई. तक का शतवर्षीय समय और 'पीढ़ियाँ' में 1905 से 1942 का भारतीय इतिहास का उथल-पुथल-भरा समय कथा-रूप में ग्रहण किया है। 'करवट' में राजनीतिक घटनाओं को चित्रित करना लेखक का उद्देश्य नहीं है, इसलिए भारतीय इतिहास की 1857 की क्रांति जैसी महत्त्वपूर्ण घटनाएँ भी यहाँ अपेक्षित महत्त्व नहीं पाती हैं। अंग्रेजों के साम्राज्य में भारतीय परिवेश में जो समाजार्थिक-सांस्कृतिक परिवर्तन घटित हो रहे थे उनका सांगोपांग विवेचन उपन्यास में प्रामाणिकता से किया गया है। किसान और मजदूरों की आर्थिक स्थिति अंग्रेजों की औपनिवेशिक नीतियों के कारण जिस प्रकार बद से बदतर होती चली गई, वह भी 'करवट' में

कुशलता से चित्रित हुआ है। 'पीढ़ियाँ' उपन्यास 'करवट' के कथ्य को ही आगे बढ़ाता हुआ 'करवट' के देश दीपक टंडन के पुत्र जयंत की तीन पीढ़ियों-जयंत, सुमंत तथा युधिष्ठिर के माध्यम से देश में हो रहे राजनीतिक-सामाजिक परिवर्तन का गंभीर विश्लेषण प्रस्तुत करता है। देश और समाज का इतनी सूक्ष्मता से चित्रण-विश्लेषण अमृतलाल नागर के उपन्यासों को एक विशिष्ट पहचान देता है।

व्यक्तिवादी धारा के उपन्यासों का यह बड़ा अभाव रहा है कि वे पाठक को अपने में गहरे डुबा पाने की क्षमता से युक्त नहीं रहे किंतु इस धारा को एक नया मोड़ देते हुए **सत्येन कुमार** का 'छुट्टी का दिन' (1986 ई.) उपन्यास आया जिसमें दो अनाथ बालकों—रवि और आदित्य के माध्यम से एक दुर्धर्ष जिजीविषा का परिचय देकर चुनौतीपूर्ण पात्र-सृष्टि की गई है। रवि और आदित्य अनाथालय की नारकीय जिंदगी से ऊपर उठकर जीवन में समृद्धि के शिखर छूने की चुनौती अपने लिए खड़ी करते हैं, और वास्तविक अर्थों में 'सर्वहारा' की जिंदगी से छुट्टी पाकर समाज में अपने लिए सम्मानपूर्ण स्थान अर्जित करते हैं। यह उपन्यास अपनी गहन अनुभव-संपदा, जीवन के व्यापक फलक से जुड़ाव तथा आदित्य और अदिति की अपूर्व रसभीनी प्रेम-कथा जिस रूप में प्रस्तुत करता है, उससे सहज ही यह विश्वास नहीं होता कि यह किसी कथाकार की प्रथम औपन्यासिक कृति है। व्यक्तिवादी धारा के 'शेखर एक जीवनी' तथा 'नदी के द्वीप' जैसे प्रसिद्ध उपन्यासों के पात्र अपने समस्त व्यक्ति-स्वातंत्र्य और व्यक्तिवादी मूल्यों की स्थापना के बावजूद अपने समय और समाज से अलग-थलग, पूर्णतः छिटके-छिटके, लगते हैं किंतु 'छुट्टी का एक दिन' के पात्र अपनी ही तरह की अलमस्त जिंदगी जीते हुए भी समाज के भीतर हैं, वे उसी का अंग लगते हैं। प्रेमकथा का चित्रण करनेवाले इस उपन्यास की यह सर्वथा नवीन भूमि है। यहाँ पात्र निम्नवर्गीय जिंदगी से उठकर समाज के उच्चतम स्तर तक की यात्रा अपने पुरुषार्थ, संघर्ष से तय करते हैं। जीवन-संघर्ष की यात्रा में टकराते ये पात्र अपने समय के अनेक महत्त्वपूर्ण प्रश्नों-समस्याओं से जूझते हुए शिक्षित बेरोजगारी, सुख और संतोष की अवधारणा, आधुनिक जीवन में व्याप्त विसंगतियों (हिपोक्रेसीज), आई.ए.एस. तथा टेक्नोक्रेट्स के बीच चलती श्रेष्ठतर मेधा-स्पृहा, आई.ए.एस. की अतिविशिष्ट (स्नॉबरी) प्रवृत्ति, मार्क्सवादी लेखन की सही दृष्टि, लेखक-पाठक तथा लेखक-आलोचक संबंध, जैसे अनेक मुद्दों पर गंभीरता से विचार किया गया है। अदिति और आदित्य की प्रेम-कथा को जिस सूक्ष्मता और काव्यात्मकता संवेदन से रचा गया है, वह बाद के उपन्यासों में विरल है, इसीलिए वह स्मरणीय है। 'नदी को याद नहीं' (1998 ई.) अपने दूसरे उपन्यास में भी सत्येन कुमार सामंती परिवेश में स्त्री-पुरुष संबंधों और प्रेम उपन्यास का विषय बनाते हैं किंतु यहाँ प्रेम चित्रण का वह साहित्यिक औदात्य, सूक्ष्मता और संवेदन की कोमलता नहीं है जो 'छुट्टी का दिन' उपन्यास में है, न ही यह दूसरा उपन्यास पहले उपन्यास के समान कथ्य और शिल्प का वैभव प्राप्त कर सका है।

संजीव ने 'सावधान नीचे आग है' (1986 ई.) उपन्यास में झरिया क्षेत्र की कोयला खदानों के जीवन का चित्रण खदान की दुर्घटना को केन्द्र में रखकर किया है। यह उपन्यास चासनाला खान-दुर्घटना की त्रासदी के बाद लिखा गया है, यहाँ भी कथा के 'चंदनपुर' में कोयला खदान में 100 खानकर्मी फँस जाते हैं, उनमें से कोई भी बचाया नहीं जा सका। यहाँ लेखक व्यवस्था का कुप्रबंधन और विफलता दिखा कर सवाल उठाता है कि जर्मनी में खदान दुर्घटना में केवल बारह लोग फँसते हैं, उसमें से ग्यारह को सुरक्षित निकाल लिया जाता है किंतु यहाँ खदान में सौ आदमी फँसते हैं और उनमें से एक को भी जीवित नहीं बचाया जा सकता। खदानों में पानी का रिसाव सदैव उपस्थित एक भयंकर समस्या है वहाँ किंतु पेट की भूख-शमन की समस्याओं के चलते एकाध मजदूर ही खान में भीतर उतरने का विरोध जता पाता है, जो नीचे उतरते हैं उन्हें बचाने के कोई खास प्रबंध नहीं किए जाते। दुर्घटनाओं के बाद मुआवजे की प्रक्रिया शुरू होती है जिसका परिचालन यूनियन के दादा-गुंडे, चालाक अफसरों और कितने ही स्वार्थी तत्त्वों द्वारा होता है। जाँच कमीशनों का जमीनी सच भी उपन्यासकार ने सूक्ष्मता और प्रामाणिकता से उजागर किया है। 'धार' (1990) भी कोयला खदान की कथा-भूमि का उपन्यास है जिसमें उस क्षेत्र की गरीबी, आदिवासियों-जनजातियों के शोषण की कथा अत्यंत संवेदनात्मक रूप में कही गई है। कथ्य और कथा-भूमि का परिचय उपन्यास के इन शब्दों से सहज ही में मिल जाता है "न दिन है, न रात, दोनों की दहलीज पर संताल परगना का पूरा नगा इलाका घायल गुर्राते सूअर की तरह पड़ा है। नंगी-अधनंगी पहाड़ियाँ, जहाँ-तहाँ खड़े साल, महुए, खजूर और ताड़ के पेड़, ढेरे की झाड़ियाँ, बलुई बंजर धरती, सूखती नदियाँ, सूखते कुएँ, तालाब, भयंकर पोखरिया खादों, जहाँ-तहाँ सोए पड़े मुर्दे-से लोग। मंत्र-कीलित पूरा इलाका। इंसानों को मवेशियों के रूप में हाँकते ले जा रहे हैं ठेकेदार। रामपुर हाट, चित्तरंजन, जामताड़ा, वहाँ से ट्रेन पकड़कर असम, बंगाल, बिहार या कहीं और? है कोई जानगुरु (ओझा) जो इन्हें मंत्र से शापमुक्त कर दे।" 'पाँव तले की दूब' (1995 ई.) उपन्यास में भी इसी खनिज क्षेत्र के औद्योगिकीकरण की प्रक्रिया में गाँवों–आदिवासियों के शोषण की कथा कही गई है। 'सूत्रधार' (2002) प्रसिद्ध लोक कवि भिखारी ठाकुर पर केन्द्रित उनका जीवनीपरक उपन्यास है। 'आकाश चंपा' (2008) संजीव का नवीनतम उपन्यास है जिसमें आजादी से पहले के समय से प्रारंभ कर कथा वर्तमान तक का समय तो समेटती ही है किंतु कुछ 'ऐतिहासिक भूलों' का चित्रण करती हुई, 1857 के प्रथम स्वातंत्र्य-संग्राम में दलितों और अन्य पिछड़ी जातियों, जनजातियों के महत्त्वपूर्ण योगदान का प्रथम बार आकलन करती हुई इतिहास-बोध को एक नई दिशा देती है। उपन्यास का दूसरा महत्त्वपूर्ण पक्ष है झारखंड क्षेत्र की पहाड़िया जैसी अनेक जनजातियों के इतिहास में प्रवेश कर इस अंचल का शोधपरक समाजशास्त्रीय अध्ययन प्रस्तुत करना। 'आकाश चंपा' शीर्षक को सार्थकता प्रदान

करती एक भीनी-सी प्रेम-कथा है जो इस जन्म में सार्थकता न पाती हुई अगले जन्म में अपनी सार्थकता तलाशने की कामना करती है जिस प्रकार आकाशचंपा अपनी भूल सुधारते हुए उन डालों पर कुसुमित होती है जिन पर पिछली बार फूल नहीं आए थे। अपने समय की अनेक समस्याओं से टकराता यह एक सशक्त उपन्यास है।

शिवप्रसाद सिंह का बहुचर्चित उपन्यास 'नीला चाँद' (1988 ई.) प्रकाशित हुआ जिसे 1991 ई. में साहित्य अकादमी पुरस्कार, 1992 ई. में शारदा सम्मान और 1993 ई. में व्यास सम्मान प्राप्त हुए। जिसमें काशी का ईस्वी सन् 1060 और उसके आसपास का समय बहुत शोधपरक दृष्टि से प्रस्तुत हुआ है। इतिहास और संस्कृति का अत्यंत गहन और शोधपरक ललित वर्णन करने के बाद भी सघन मुद्रणवाला 536 पृष्ठीय उपन्यास यह सवाल छोड़ जाता है कि क्या वास्तव में केवल इतिहास-प्रस्तुति के लिए ही औपन्यासिक संरचना को अपनाया जाना चाहिए? यह उपन्यास उनके 'गली आगे मुड़ती है' (1973) की अगली कड़ी के रूप में आया है जिसमें मध्य काल की काशी का चित्रण हुआ है। इससे अधिक सफल उनका उपन्यास 'कोहरे में युद्ध' (1993) है जिसमें बुंदेलखंड में स्थित जुझौती रियासत मुस्लिम आक्रांताओं के सम्मुख एक दीवार की तरह अडिग खड़ी होकर राष्ट्रीय संकट में नागरिकों, शासकों, सेनानायकों आदि के सम्मुख एक आदर्श (मॉडल) बनकर संघर्ष करती है। उपन्यास सांप्रदायिक सौहार्द की जिस रूप में स्थापना का प्रयत्न करता है वह भी सराहनीय है। सांप्रदायिक मानसिकता से लड़ने में कहीं भी उपन्यासकार की दृष्टि एकांगी या सांप्रदायिक नहीं रही है जैसा कि इधर की कथा-कृतियों में प्रायः दिखाई देता है कि सांप्रदायिक उन्माद का ठीकरा एक ही वर्ग के सिर फोड़कर कर्तव्य की इतिश्री मान ली जाती है। शिवप्रसाद सिंह के अन्य उपन्यासों में नटों के जीवन पर आधारित 'शैलूष' (1989) और स्त्री-दुर्दशा पर 'औरत' (1992), प्रकाशित हुए। 'कुहरे में युद्ध' की दूसरी कड़ी के रूप में 'दिल्ली दूर है' (1993) उपन्यास आया, वस्तुतः यह लेखक के पृथुलाकार उपन्यास 'हनोज दिल्ली दूर अस्त है' के ही दो खंड हैं जिन्हें प्रकाशन-सुविधा के लिए दो उपन्यासों की जिल्द का रूप दे दिया गया। 'वैश्वानर' (1996) शिवप्रसाद सिंह का अंतिम उपन्यास है जिसमें कथा को ऋग्वेदिक कालीन समय से उठाकर वैदिक संस्कृति के परिप्रेक्ष्य में काशी का चित्रण हुआ है। उपन्यास में इतने बड़े दाय के बावजूद शिवप्रसाद सिंह के उपन्यास प्रबुद्ध बौद्धिक वर्ग में भी अधिक लोकप्रियता प्राप्त नहीं कर पाए।

'उस चिड़िया का नाम' (1989) **पंकज बिष्ट** का पहाड़ी जीवन पर आधारित महत्त्वपूर्ण उपन्यास है। अपने पहले उपन्यास लेकिन 'दरवाजा' में लेखक ने दिल्ली के साहित्यिक समाज और लेखकीय जिंदगी को कथ्य बनाया है तो इस दूसरे उपन्यास में पहाड़ की ज़िंदगी के आर्थिक और सामाजिक पक्षों का सूक्ष्म संवेदनात्मक चित्रण हुआ है। पहाड़ी संस्कृति अपने पूरे विवरणों–लोक-नृत्य, सामाजिक रीति-रिवाजों,

कर्मकांडों और जीवन जीने की विषम स्थितियों में चित्रित होकर पहाड़ में हो रहे समाजार्थिक परिवर्तनों की गहरी पहचान देती है। पहाड़ी स्त्री की संघर्षशील स्थिति और संबंधों के स्तर पर उसकी व्यथा-कथा का कारुणिक चित्रण उपन्यास का एक अत्यंत सशक्त पक्ष है। पहाड़ी अंचल के चित्रण के साथ उत्तर प्रदेश के पूर्वांचल का चित्रण भी हिंदी उपन्यास में पर्याप्त विस्तार और वैविध्य में हुआ है, जिसे **विवेकीराय** ने विशेषतः अपना कथ्य बनाया। इस कालावधि में उनके 'समर शेष है' (1988), 'मंगल भवन' (1994) तथा अमंगलहारी (2000) उपन्यास प्रकाशित हुए, इससे पूर्व अपने 'पुरुष पुराण' (1975), 'लोकऋण' (1977), 'श्वेत पत्र' (1979) तथा 'सोना माटी' (1983) के कारण वे चर्चित रहे जिनमें सर्वाधिक प्रसिद्धि 'सोना माटी' को ही मिली। 'समर शेष है', 'मंगल भवन' और 'अमंगलहारी' तीनों ही उपन्यासों में उ.प्र. के पूर्वांचल के संक्रमणकालीन ग्राम-समाज का चित्रण पूरी प्रामाणिकता में हुआ है। इन उपन्यासों में गाँव की जागती हुई युवा पीढ़ी का व्यवस्था की भ्रष्टता से जो संघर्ष चित्रित किया गया है, उससे गाँवों की बदलती तस्वीर का परिचय गहराई से मिलता है। विवेकीराय के उपन्यास प्रेमचंद और रेणु की परंपरा का स्मरण कराते हुए अपने ग्रामीण समाज के विश्वस्त अभिलेखन ('डाक्यूमेंट्स') हैं।

विवेच्य काल-खंड में **भीष्म साहनी** के 'मय्यादास की माड़ी' (1988 ई.) 'कुंतो' (1993 ई.), 'नीलू नीलिमा नीलोफर' (2000 ई.) उपन्यास प्रकाशित हुए, इससे पूर्व उनके बहुचर्चित उपन्यास 'तमस' (1973 ई.) तथा 'बसंती' (1980) आए थे। स्त्री-व्यथा और नियति का चित्रण करता 'कुंतो' और सांप्रदायिकता की समस्या का सतही-सा चित्रण करता 'नीलू नीलिमा नीलोफर' उपन्यास सामान्यता से ऊपर नहीं उठ पाते हैं। भीष्म साहनी के उपन्यासकार की कीर्ति का आधार 'तमस' और 'मय्यादास की माड़ी' ही हैं। यद्यपि उनके उपन्यास 'तमस' को अधिक प्रसिद्धि और लोकप्रियता प्राप्त हुई जिसमें 'तमस' पर इसी शीर्षक से बने टी.वी. सीरियल का भी योगदान है किंतु कला और कथ्य के विराट वितान की दृष्टि से 'मय्यादास की माड़ी' उनका सर्वश्रेष्ठ उपन्यास कहा जा सकता है। न केवल भीष्म साहनी के औपन्यासिक कृतित्व में अपितु भारतीय भाषाओं के समस्त उपन्यास साहित्य में महत्त्वपूर्ण स्थान इसलिए माना जा सकता है क्योंकि इसमें लगभग सौ वर्षों के काल-खंड को समेटते हुए ब्रिटिश साम्राज्यवादी शक्ति के भारत में पैर पसारने का सूक्ष्म चित्रण सिक्ख अमलदारी के माध्यम से किया गया है किंतु वह पंजाब का परिदृश्य न रहकर पूरे देश का प्रामाणिक परिदृश्य बन जाता है और अपने समय का सूक्ष्म समाजार्थिक विश्लेषणपरक अध्ययन प्रस्तुत करता है। इसमें कथाकार की कल्पना के साथ गहन शोध का भी योग है, अधीत ग्रंथों के उद्धरण सिद्ध करते हैं कि यह पूरे सौ वर्षों का प्रमाण-पुष्ट कथात्मक इतिहास है। ईस्ट इंडिया कंपनी ने पंजाब का आधिपत्य ग्रहण कर वहाँ जो नई अमलदारी अपनी जागीरदारी प्रथा प्रारंभ की और ब्रिटिश साम्राज्यवाद का जो

शोषण-चक्र चला उसकी कथा दीवान मय्यादास की चार पीढ़ियों के माध्यम से प्रस्तुत कर पूरे भारत में ब्रिटिश शक्ति के फैलने और उससे त्राण पाने के लिए किए गए संघर्षों का भी प्रामाणिक ब्यौरा उपन्यास में मिलता है। दीवान मय्यादास उस अतीत गौरव और मूल्यों को सहेजती परंपरा के प्रतीक रूप में आए हैं जिनका ब्रिटिश साम्राज्य में निरंतर क्रमशः क्षरण हुआ है और हुकूमतराय तक आते-आते वे पूरी तरह विलुप्त हो जाते हैं, उनकी नियति यह बन जाती है कि वे 'माड़ी के निचले हिस्से में अपने लिए छोटा-सा इंग्लैंड बना' लेते हैं। उपन्यास इस दौर के सांस्कृतिक परिवर्तनों की झाँकी भी देता चलता है।

गिरिराज किशोर के इस कालावधि में 'असलाह' (1987), 'अन्तर्ध्वंस' (1990), 'ढाई घर' (1991), 'यातना घर' (1997), 'पहला गिरमिटिया' (1999) तथा 'इक आग का दरिया है' (2007), प्रकाशित हुए हैं। इससे पूर्व उनके 'चिड़ियाघर' (1968), 'यात्राएं' (1971), 'जुगलबंदी' (1973), 'दो' (1974), 'इन्द्र सुनें' (1978), 'दावेदार' (1979), 'तीसरी सत्ता' (1982), 'यथा प्रस्तावित' (1982) तथा 'परिशिष्ट' (1984) प्रकाशित हो चुके हैं। 'असलाह' उपन्यास अपने शीर्षक के अनुरूप दुनिया में हथियारों के लिए मची होड़ और उसके दुष्परिणामों का चित्रण है तथा 'अन्तर्ध्वंस' में अमेरिका जैसे शक्तिशाली देशों में नित नए होते अविष्कारों और प्रयोगों का वर्णन कर यह दिखाने की चेष्टा की गई है कि वे किस प्रकार मानवीयता विरोधी हैं। आर्थिक दृष्टि से अविकसित देशों, जिनमें भारत भी सम्मिलित है, की प्रतिभा का वहाँ किस प्रकार दोहन किया जाता है, वर्तमान की इस ज्वलंत समस्या को भी उपन्यास रेखांकित करता है। 'ढाई घर' जमींदारी के जीवन और सामंतीय दृष्टि का चित्रण करता है। जमींदारों का जीवन अपने अन्तर्बाह्य में पूरी संवेदनशीलता से चित्रित हुआ है। इस उपन्यास का समाज जिस सूक्ष्मता और प्रामाणिकता से यहाँ चित्रित हुआ है, वह गिरिराज किशोर के बहुत निकट से देखे हुए यथार्थ का प्रतिफलन है। इसी प्रकार 'यातना घर' में भी चित्रित यथार्थ उनका बहुत निकट से देखा और काफी अंशों में स्वयं भोगा हुआ यथार्थ है। देश के प्रतिष्ठित तकनीकी शिक्षण संस्थान, आई.आई.टी. कानपुर में कुल सचिव के रूप में रहते हुए उनकी सर्जनात्मक प्रतिभा को जो कुंठित वातावरण वहाँ मिला, फैकल्टी की जो घिनौनी राजनीति उन्हें सहनी पड़ी, उस सबको शब्द देता हुआ 'यातना घर' अपने प्रकार से कैंपस-कथा कहता है। वस्तुतः यह उपन्यास देश की इस प्रतिष्ठित संस्था में व्याप्त कदाचरण और कुछ हद तक अराजक स्थितियों को बेपर्दा करता है। गिरिराज किशोर के उपन्यासकार की अक्षय कीर्ति का आधार है उनका युग-पुरुष विश्ववंद्य, महात्मा गांधी के जीवन पर आधारित 'पहला गिरमिटिया' उपन्यास। इस उपन्यास में गिरिराज किशोर गांधीजी का पूर्ववर्ती जीवन, भारत आने से पूर्व और 'गांधी' बनने से पूर्व का चित्रण बहुत शोधपरक और कलात्मक संवेदन से करते हैं। उनके ऐतिहासिक रूप की रक्षा करते हुए भी अपनी

कल्पना से एक ऐसे महान् व्यक्तित्व का सृजन उपन्यासकार ने किया है जो हाड़-मांस का व्यक्ति होते हुए भी 'महानता' की ओर निरंतर अग्रसर रहता है। दक्षिण अफ्रीका में प्रवासी भारतीयों और अश्वेत जनता के पैरोकार इस महामानव के आंदोलनकारी रूप और दक्षिण अफ्रीका छोड़ने तक की जीवनी प्रस्तुत करता यह उपन्यास हिंदी उपन्यास के इतिहास में अपना विशिष्ट स्थान अर्जित करता है। गिरिराज किशोर का नवीनतम उपन्यास 'इक आग का दरिया है' (2007) भारतीय समाज की संक्रमणशील स्थिति का चित्रण करता हुआ पीढ़ियों के अंतराल पर विचार करता है।

वरिष्ठ कथाकार **कृष्णा सोबती** इस कालावधि में 'जिंदगीनामा' (1979) जैसी कोई ऐतिहासिक महत्त्व की स्मरणीय कृति तो नहीं दे सकीं किंतु उनके दो उपन्यास 'दिलोदानिश' (1993) और 'समय सरगम' (2000) तथा एक फिल्मी पटकथात्मक लघु उपन्यास 'जैनी मेहरबान सिंह' (2007) प्रकाशित हुए, जो उनके कथा कौशल से अत्यंत पठनीय बन सके हैं। 'दिलोदानिश' दिल्ली के सामंती समाज के जीवन को केन्द्रित कर लिखा गया उपन्यास है जिसमें हिन्दू-मुस्लिम के बीच विकसित होती उस गंगा-जमुनी संस्कृति के गहरे रेखांकन हैं जो हमारी राष्ट्रीय धरोहर के रूप में चीन्ही जा सकती है, जिसको बचाना वर्तमान के लिए अत्यंत श्रेयस्कर सिद्ध होगा। 'समय सरगम' उपन्यास आज की एक भीषण सामाजिक समस्या को उठाता है। संबंधों की दृष्टि से संवदेन-शून्य होते जगत में वृद्ध जिस रूप में आज जीवन जी रहे हैं, वह उपन्यास का कथ्य बनता है। वृद्धावस्था का एकाकीपन, शारीरिक और आर्थिक दृष्टि से परवशता, बहू-बेटों की उपेक्षा की त्रासदी यहाँ बहुत गहरी संवेदनात्मक दृष्टि से अभिव्यक्ति पाती है।

अपने उपन्यास 'रीछ' और 'जाग मछंदर गोरख आया' (1983) के लिए चर्चित **विश्वंभरनाथ उपाध्याय** के 'भूतनाथ' (1986), 'जोगी मत जा' (1989), 'विक्षुब्ध' (1990), 'कठपुतली' (1992), 'प्रतिरोध' (1998), 'भगवान परशुराम' आदि इस कालावधि के प्रमुख उपन्यास हैं जिनमें 'विक्षुब्ध' बहुत सशक्त उपन्यास है। 'विक्षुब्ध' एक प्रकार से विशुद्ध रूप से राजनीतिक क्षेत्र का प्रथम हिंदी उपन्यास कहा जा सकता है। राजनीतिक क्षेत्र के यथार्थ का चित्रण करनेवाले उपन्यास हिंदी में हैं किंतु पूरी तरह से केवल और केवल राजनीतिक व्यवस्था ('सिस्टम') की पड़ताल करता यह हिंदी का विरल उपन्यास कहा जा सकता है। रूस की साम्यवादी व्यवस्था के ढाँचे का चरमराकर टूटना, उस टूटन के बाद का मोह-भंग, भारतीय राजनीतिक परिदृश्य में साम्यवादियों, कम्युनिस्टों की उठा-पटक और न्यस्त राजनीतिक स्वार्थों की राजनीति, उनका मिथ्याचार, कथनी और करनी का अंतर, साम्यवादियों के साहित्यिक संगठन प्रलेस, जलेस आदि लेखक संघों की अंदरूनी राजनीति आदि की पोल खोलता उपन्यास अपने समय के सभी महत्त्वपूर्ण राजनीतिक प्रश्नों की तहों में जाता है। धरती पकड़ नामक पात्र के इस कथन से उपन्यास की प्रवृत्ति का परिचय पाया जा सकता है, "मैं

तथाकथित वामपंथियों/साम्यवादियों को, प्रगतिशील और जनवादियों को, जन-संस्कृति वालों को उनकी गन्ध से पहचान जाता हूँ।" वस्तुतः यह उपन्यास अपने विस्तृत कथा-फलक पर अपने समय की राजनीतिक परिस्थितियों का सूक्ष्म अंकन करता है।

मनोहरश्याम जोशी अपने 'कुरु-कुरु स्वाहा' और 'कसप' उपन्यासों के लिए चर्चित रहे हैं। इस काल-खंड में उनके 'टा-टा प्रोफेसर' (1995) 'हरिया हरक्यूलीज की हैरानी' तथा 'हमजाद' (1996) लघु उपन्यास आए, प्रथम तीन उपन्यासों में लेखक चौंकाने का प्रयत्न तो करता है किंतु ये सामान्यता से ऊपर न जा सके। सबसे अधिक चौंकाने की चेष्टा की उन्होंने अपने 'हमजाद' उपन्यास द्वारा। यद्यपि यह उपन्यास कथ्य की गंभीरता अथवा दृष्टि ('विजन') की परिपक्वता के कारण स्मरणीय नहीं है, अपितु अपने कथानायक के खुराफाती व्यक्तित्व के कारण चर्चित रहा। इसे उन्मुक्त काम-क्रीड़ा का उपन्यास भी कहा जा सकता है। इसका कथानायक नारकियानी साहब 953-954 स्त्रियों, कुमारियों का भोक्ता 'वीर नायक' है। इन सारे उपन्यासों ने मनोहरश्याम जोशी की 'लोकप्रियता' या 'पठनीयता' में भले ही अभिवृद्धि की हो किंतु इस 'स्टार लेखक' के कलाकार की रचनात्मकता के ग्राफ को निरंतर नीचे की ओर ही खींचा है। यह उपन्यास 'पल्प लेखन' (गूदेदार सस्ता मनोरंजन) के निकट जा बैठता है, निश्चित रूप से इसकी गणना उसी श्रेणी में होती यदि इसके लेखक मनोहरश्याम जोशी न होते। केवल भाषा-शैली के नए रचाव और लालित्य के आधार पर ही उनके उपन्यास को महत् अवदान नहीं माना जा सकता।

मनोहरश्याम जोशी के बहुत निकट बैठते उपन्यास **कृष्ण बलदेव वैद** के हैं। इस कालावधि में उनके 'काला कोलाज' (1996), 'नर नारी' (1996) तथा 'मायालोक' (1999) प्रकाशित हुए। अपने उपन्यासों को वैद ने फ्रांसीसी साहित्य के 'एण्टी नॉवेल' की तर्ज़ पर 'अनुपन्यास' कहा है, किंतु 'उसका बचपन' (1957) उपन्यास के बाद वैद अपने उपन्यासों में कथ्य की कोई नई जमीन नहीं तोड़ पाए हैं। उन्मुक्त काम-संबंधों के पक्षधर उनके सभी पात्र देह के भूगोल को खंगालते हुए 'उभारों' और 'गर्तों' में ही जीवन का परम खोजते रहते हैं, जमाने का और कोई गम वहाँ है ही नहीं। यौन और केवल यौन-चित्रण के कारण उनमें न तो वैयक्तिक संबंधों में प्रेम की तरल अनुभूतियों का चित्रण है और न ही संबंधों के कोई नए वृत्त खुल पाते हैं, न ही उन्हें कोई उदात्तत्ता देने की चेष्टा हुई है। समाजार्थिक, राजनीतिक, सांस्कृतिक समस्याओं से तो उनका कोई सरोकार ही नहीं है। यह आश्चर्य और एक अलग अध्ययन का विषय बनता है कि इतने लचर औपन्यासिक कृतित्त्व को एक व्यापक सराहना और सम्मान किन कारणों से प्राप्त हुआ है।

जगदीश चंद्र के उपन्यासकार की ख्याति उनके उपन्यास 'धरती धन न अपना' (1972) और 'कभी न छोड़ें खेत' (1976) के कारण विशेषतः रही किंतु इस कालावधि में उनके 'घास गोदाम' (1985), 'नरक कुंड में वास' (1994) तथा 'लाट

की वापसी' (2000) उपन्यास प्रकाशित हुए जिनमें सर्वाधिक महत्त्वपूर्ण 'नरक कुंड में वास' है। इस उपन्यास में दलित-जीवन कथा के केन्द्र में है, रेहड़ा चलाने वाले तथा मरे हुए पशुओं की कच्ची खाल को 'कमा' कर उपयोग में लाने लायक बनाने वाले मजदूरों को जो नारकीय जीवन जीकर संघर्ष करना पड़ता है, उनकी तकलीफों का अत्यंत मार्मिक चित्रण किया गया है। इस काम में नमक के पानी की हौदों में पैरों की चमड़ी तक गला डालने वाले मजदूर और मजदूर-टोला जिस रूप में पशुवत् जिंदगी बसर करते हैं, उसका अत्यंत सूक्ष्म और प्रामाणिक चित्रण करता हुआ लेखक इसी समाज में उदित उस नव-धनाढ्य वर्ग का भी चित्रण करता है जो अपनों का ही शोषण करता है। वस्तुतः छोटी कही जानेवाली जातियों की गरीबी जिस रूप में यहाँ चित्रित है, वह हिंदी उपन्यास की एक उपलब्धि है।

गोविंद मिश्र ने 'लाल पीली जमीन' (1976) तथा 'हुजूर दरबार' (1981) जैसे चर्चित उपन्यासों के बाद इस कालावधि में 'तुम्हारी रोशनी में' (1985), 'धीर समीरे' (1988), 'पाँच आँगनोंवाला घर' (1995) 'फूल इमारतें और बंदर' (2000), 'धूल पौधों पर' (2008) उपन्यासों का योगदान कर हिंदी उपन्यास को समृद्ध किया, 'कोहरे में कैद रंग' पर 2008 ई. में साहित्य अकादमी पुरस्कार भी प्रदान किया गया। 'तुम्हारी रोशनी में' महानगरीय परिवेश में सुवर्णा और अनंत तथा उसके पति रमेश के माध्यम से प्रेम, विवाह-संस्था और स्त्री-पुरुष मित्रता को आधुनिक परिस्थितियों के परिप्रेक्ष्य में खूब खुलकर जाँचा-परखा गया है। प्रेम का व्यक्तिगत उपन्यास को एकांगी नहीं बनाता अपितु नौकरीपेशा नारी की स्थितियों और संघर्षों से जुड़कर वह आज के संक्रमणकालीन समाज की एक प्रखर समस्या का गंभीर विश्लेषण प्रस्तुत करता है। 'धीर समीरे' में ब्रज-परिक्रमा को कथा का आधार बनाकर आधुनिकता और परंपरा, ईश्वर अवधारणा और आस्था का प्रश्न, जीवन की निरंतरता, उपभोक्तावाद, नारी-विमर्श के अनेक प्रश्न, साहित्य की अनेक चिंताएँ प्रेम-कथा के आवरण में अनुस्यूत हैं। 'पाँच आँगनोंवाला घर' में गोविन्द मिश्र तीन पीढ़ियों के माध्यम से सन् 1940 से 1990 ई. तक के काल-खंड को कथा-फलक में समेटते हैं। इन पचास वर्षों की सामाजिक-सांस्कृतिक परिवेश की संक्रमणशील स्थितियों को गहन संवेदनात्मक दृष्टि से प्रस्तुत किया गया है। पश्चिम की उपभोक्तावादी संस्कृति जिस प्रकार हमारे समाज को आक्रांत कर रही है, उसको गंभीर चिंता के साथ विश्लेषित किया गया है। 'फूल, इमारतें और बंदर' दफ्तरशाही के उस यथार्थ से परिचित कराता है जो लेखक का देखा-भोगा संसार है। प्रशासन-तंत्र, विशेषतः नौकरशाही का उच्च तबका जिस जोड़-तोड़ और कदाचार-भ्रष्टाचार में संलिप्त रहकर जिस रूप में सत्ता-सुख भोगता है, उसका अन्तर्बाह्य पूरी तरह यहाँ उघाड़ा गया है। मंत्रियों और उच्च पदस्थ अधिकारी वर्ग के सत्ता-सुख प्राप्त करने के अनेक जुगाड़ यहाँ प्रामाणिकता से चित्रित हुए हैं। प्रशासनिक प्रदूषण को उद्योगपति किस प्रकार नौकरशाही में प्रविष्टि पाकर और भी

प्रदूषित करते हैं, यह भी इस उपन्यास में कुशलता से अभिव्यक्त किया गया है। 'कोहरे में कैद रंग' में गोविंद मिश्र पुनः विवाह और प्रेम की स्थितियों से जूझते हुए एक लेखक के माध्यम से प्रेम और विवाह संस्था का विस्तृत विवेचन करते हैं, कहीं उसमें दार्शनिकता का पुट आया है तो कहीं रोमांटिक भाव-बोध। लेखक यहाँ प्रेम को विवाह संस्था के 'पूरक' रूप में स्वीकृति देता है। एक प्रकार से उनका प्रेम संबंधी जीवन-दर्शन यहाँ अकुंठ अभिव्यक्ति पाता है। 'धूल पौधों पर' (अपने ताजा उपन्यास) में भी गोविंद मिश्र पुनः विवाह संस्था से बाहर जाकर प्रेम को परिभाषित करने की चेष्टा करते हैं।

महेन्द्र भल्ला के उपन्यास 'उड़ने से पेशतर' (1987) तथा 'दो देश और तीसरी उदासी' (1997), उनके पहले उपन्यास 'दूसरी तरफ' (1976) की तरह विदेश की पृष्ठभूमि पर आधारित हैं कि पराई जमीन पर भारतीयों को किस प्रकार संघर्ष और अपमान-भरी जिंदगी जीनी पड़ती है। इंग्लैंड में नस्लवाद जिस रूप में फैला हुआ है, उसके चलते वहाँ के अपराधी मानसिकता वाले नवयुवक किस प्रकार तिरस्कारपूर्ण अमानवीय व्यवहार करते हैं, वह बहुत संवेदनात्मक रूप में इन उपन्यासों का कथ्य बनता है, 'उड़ने से पेशतर' में भारतीयों के प्रति व्यवहार की यह तकलीफ बहुत प्रामाणिकता से उकेरी गई है। उनकी तमन्ना है कि वे किसी तरह पैसा-पैसा बचाकर अपने देश लौट आएँ किंतु ऐसा हो नहीं पाता—उपन्यास के सभी पात्र इसी वेदना को ढोते हैं। प्रवासी जीवन पर ही **सुषम बेदी** ने 'हवन' (1989) तथा 'गाथा अमरबेल की' (1999) उपन्यास लिखे जो अमेरिकी जीवन की पृष्ठभूमि पर आधारित हैं। दुनिया के सबसे चमकदार भौतिकतावादी समाज में संबंधों की ऊष्मा का क्षरण हो निरंतर मशीनीकृत बनते चले जाने तथा प्रवासी भारतीयों का इस पराई धरती पर पैर जमाने का संघर्ष—दो मुख्य समस्याओं में उपन्यास की कथा संचरित करती है। गुड्डो जिस रूप में उस समाज में अपने को स्थापित करती है, वह उसकी जीवट का परिचय देती है। वह उन अनेक भारतीयों की प्रतिनिधि चरित्र बन जाती है जो उस स्वर्गिक धरती पर अपना अस्तित्व तलाश रहे हैं। बाद में चलकर उषा प्रियंवदा का 'अन्तर्वंशी' (2000) उपन्यास में भी इसी कथाभूमि को ग्रहण कर अमेरिका में बसे भारतीय समाज की गहरी पहचान एक नए सिरे से कराता है, यह पहचान न केवल वहाँ बसे भारतीयों के आपसी रिश्तों और जीवन-शैली की है अपितु भारतीयों की एक पूरी पीढ़ी की उस पीड़ा की गहरी पड़ताल है, जो पता नहीं किन-किन रूपों में अपनी धरती से उखड़ वहाँ बसने की संघर्ष-यात्रा में आ जुड़ते हैं। भले ही उनमें बेचारगी का भाव वहाँ बसने में न आया हो किंतु आज भी वे अपनी जमीन से किस प्रकार जुड़े हुए हैं, किस प्रकार यहाँ के रिश्ते-नातों से उनके संबंधों का नया समीकरण विकसित होता है, इनका सबका अत्यंत संश्लिष्ट चित्रण इस उपन्यास में किया गया है।

'हृदयेश' के उपन्यास 'पुनर्जन्म' (1985), 'दंडनायक' (1990), 'पगली घंटी' (1995)

आदि का भी महत्त्वपूर्ण स्थान है। उन्होंने आजादी के बाद छोटे शहरों के सामाजिक जीवन में हुए बदलाव को अपने उपन्यासों का कथ्य बनाया है। शशिप्रभा शास्त्री के 'परसों के बाद' (1985), 'ये छोटे महायुद्ध' (1988), 'उम्र एक गलियारे की' (1989), 'मीनारें' (1992), 'हर दिन इतिहास' (1995) आदि उपन्यास घर-परिवार के घेरे और समस्याओं के वर्णनात्मकता से आक्रांत उपन्यास हैं जो सामान्यता से ऊपर नहीं जा पाते हैं।

नरेन्द्र कोहली की प्रसिद्धि रामकथा मिथक की युग-धर्मानुरूप व्याख्या कर 'दीक्षा' (1974) 'अवसर' (1976), 'संघर्ष की ओर' (1978), 'युद्ध' (1979) आदि औपन्यासिक कृतियों का सृजन करने के लिए है। अपने इस उपन्यास-शृंखला द्वारा उन्होंने लोकप्रियता के नए कीर्तिमान स्थापित किए थे। इसी के अनुकरण में उन्होंने महाभारत की कथा को औपन्यासिक रूप देते हुए 'महासमर' शृंखला का प्रारंभ किया और इसके प्रथम खंड के रूप में 'बंधन' (1988) तथा अंतिम खंड 'निर्बंध' (2000) के रूप में आया–महाभारतीय कथा को इन आठ उपन्यासों के कलेवर में समेटना अपने आपमें एक चुनौतीपूर्ण और जीवट का काम है किंतु महाभारत कथा पर आधृत उपन्यासों में वह गहन दृष्टि और मिथक-प्रयुक्ति की वह सामर्थ्य दिखाई नहीं देती जैसे राम-कथा शृंखला के उनके उपन्यासों में है। लगता है यहाँ आकर लेखक की दृष्टि व्यावसायिक हो उठी है। इसके साथ ही कोहली ने स्वामी विवेकानंद के जीवन को आधार बनाकर 'अभिज्ञान' (1981) तथा 'तोड़ो कारा तोड़ो' (दो भाग, 1992-93) उपन्यास रचे किंतु 'महासमर' की भाँति इन उपन्यासों में भी गहन अन्तर्दृष्टि का अभाव रहा, इसी कारण उनके परवर्ती उपन्यासों का कोई विशेष नोटिस भी नहीं लिया गया।

अब्दुल बिस्मिल्लाह का 'झीनी-झीनी बीनी चदरिया' (1986) बनारस के बुनकरों के जीवन के अन्तर्बाह्य का प्रामाणिक अंकन करनेवाला एक महत्त्वपूर्ण उपन्यास है। लेखक ने बुनकर समाज की संघर्षपूर्ण जिंदगी उनके शोषित और विपन्न जीवन, धार्मिक कट्टरता और अंध विश्वासों में जीते लोगों, उनकी सांप्रदायिक मनोवृत्ति, आदि का चित्रण बहुत सूक्ष्मता और प्रामाणिकता से करते हुए मुसलमानों को मुख्य धारा से जोड़ने की प्रेरणा देने का प्रयास किया गया है। 'जहरबाद' (1990), 'दंतकथा' (1990) और 'मुखड़ा क्या देखे' (1996) उपन्यास तो अब्दुल बिस्मिल्लाह के सामान्य उपन्यास ही बनकर रह गए किंतु 'अपवित्र आख्यान' (2008) के रूप में पुनः वे एक सशक्त उपन्यास लेकर उपस्थित हुए हैं। यह उपन्यास तात्कालिक घटनाओं से हटकर, बाबरी मस्जिद प्रकरण या गुजरात नर-संहार की त्रासदी, आदि का जिक्र किए बिना भी भारतीय मानस–जिसमें हिंदू और मुस्लिम दोनों शामिल हैं–में घर कर गए सांप्रदायिक वैमनस्य की विष-चेतना को पूरी तरह उघाड़ता है। उपन्यास बहुत शिद्दत से इस विचार का प्रतिरोध उपस्थित करता है कि किस प्रकार राजनीति ने भाषाओं–उर्दू और हिंदी–को जाति विशेष मुस्लिम और हिंदू से जोड़कर पूरे देश में सांप्रदायिक वैमनस्य बढ़ाया है। हिंदी जगत में 'मुस्लिम लेखक' की

अवधारणा को बलपूर्वक पोषित करते हुए बार-बार यह अहसास कराया जाता है कि वह हिंदी का एक मुस्लिम लेखक है, उसे पीड़ा है कि उसकी कविता और कृतित्व को केवल कबीर, जायसी की परम्परा से जोड़कर देखा जाता है, सुर, तुलसी की परम्परा से नहीं। पूरा उपन्यास इस गहरी पीड़ा को कथात्मक संवेदन के साथ बुनता है कि व्यक्ति को व्यक्ति न मानते हुए हिंदू और मुस्लिम के रूप में पहचाना जाता है। 'हिंदू' और 'मुसलमान' दोनों पक्षों के बीमार चिंतन, सोच को दर्शाता हुआ सांप्रदायिक मनोवृत्ति पर करारी चोट करता यह एक महत्त्वपूर्ण उपन्यास है। **भगवान सिंह** भी अपने उपन्यास 'उन्माद' (1999) में साम्प्रदायिकता की समस्या से दो-चार होते हैं, इससे पूर्व उनका 'अपने अपने राम' (1992) भी इसी काल खंड में प्रकाशित हुआ था। भगवान सिंह 'उन्माद' में सांप्रदायिकता की समस्या को नए दृष्टिकोण से विवेचित करने का दावा तो करते हैं पर उपन्यास इस कसौटी पर खरा नहीं उतर पाता है। यद्यपि सांप्रदायिकता की समस्या पर लेखक गहरा विमर्श उपस्थित कर पाने में तो समर्थ हुआ है किंतु उसकी सीमा यह है कि वह आर.एस.एस. के पीछे ऐसे पिल पड़ता है कि उसमें कथा-निष्कर्षों की सहज परिणति नहीं हो पाती। दृष्टि की प्रतिबद्धता साहित्यकार के लिए बुरी बात नहीं है, बुरी बात है उस दृष्टि से परिचालित हो किसी वर्ग, पात्र और अनेक घटनाओं की ऐसी तोड़-मरोड़ कि उससे स्वयं एक प्रकार की सांप्रदायिकता झलकने लगे। यही 'उन्माद' की सीमा बन जाती है। उपन्यास की चिंतना की उपलब्धि दलित-हिंदू विमर्श, संघ की भाषा-नीति, देश को भीख माँगने की स्थिति में ला देनेवाली खुले बाजार की नीतियाँ, विवाह संस्था की सार्थकता पर विचार, मजहब का सामाजिक जीवन में प्रवेश, सांप्रदायिक मनोवृत्ति और दोनों समुदायों–हिन्दू-मुस्लिम–में घर कर गई बीमार मानसिकता का चित्रण गहन संवेदनात्मक धरातल पर किया गया है, उनका 'मुसलमान' उपन्यास भी इसी समस्या पर केन्द्रित था।

श्रवण कुमार गोस्वामी के 'मेरे मरने के बाद' (1985), 'चक्रव्यूह' (1988), 'आदमखोर' (1992), 'एक टुकड़ा सच' (1992) उपन्यास आए, जिनमें 'चक्रव्यूह' ही रेखांकन योग्य है जिसमें लेखक ने अपना बहुत निकट से देखा विश्वविद्यालयी जीवन अपने सभी श्वेत-श्याम रंगों के साथ चित्रित किया है। विश्वविद्यालय की भ्रष्ट व्यवस्था और घृणित राजनीति में संलिप्त वहाँ के समाज का सूक्ष्म और प्रभावी अंकन इस उपन्यास की बड़ी उपलब्धि है। **सन्हैयालाल ओझा** ने इस कालावधि में 'कसौटी' (2000 ई.) और 'द्वा-सुपर्णा' (दो खंड, 1983 ई.) उपन्यास लिखे किंतु उनका इससे पूर्व लिखा गया 'संभवामि' (दो खंड, 1983 ई.) देव-दानव संघर्ष से लेकर वर्तमान द्वितीय विश्व युद्ध तक की कथा को समेटता हुआ, एक महत्त्वाकांक्षी उपन्यास है। **मायानंद मिश्र** तथा **भगवती शरण मिश्र** ने भी मिथेतिहास और पौराणिक काल से सामग्री ग्रहण कर कुछ उपन्यास लिखे किंतु वे विशेष नहीं बन पाए।

1993 ई. में **सुरेन्द्र वर्मा** का बहुचर्चित उपन्यास 'मुझे चाँद चाहिए' आया, इसे

साहित्य अकादमी पुरस्कार भी प्राप्त हुआ। यह उपन्यास कथ्य के धरातल पर हिंदी में एक नई बयार लेकर आया और अब तक के अनछुए कथ्य रंगमंच की दुनिया तथा बम्बई के सिने जगत के मायावी संसार को अपने अन्तर्बाह्य में बड़ी प्रामाणिकता से पहली बार प्रस्तुत करता है। शाहजहाँपुर के निम्नमध्यवर्गीय परंपरावादी परिवार की सामान्य लड़की यशोदा उर्फ सिलबिल, अपने छोटे-से कस्बे से लखनऊ और फिर बम्बई तक की जो संघर्षपूर्ण यात्रा कर वर्षा वशिष्ठ की परिणति तक पहुँचती है, उसमें न केवल नए भारत की आधुनिका का रूप उजागर होता है अपितु स्त्री-स्वातंत्र्य का स्वर आद्यंत उभरता है। एक अनुगूंज-सी पूरे उपन्यास में परिव्याप्ति पाती है कि आज की नारी किस प्रकार समस्त चुनौतियों को स्वीकार करती हुई अपनी एक नई और पूरी तरह स्वतंत्र डगर अख्तियार करने की अभूतपूर्व क्षमता से युक्त है। दिव्या कात्याल के दिशा-निर्देशों से अपनी नियति का नया निर्माण करनेवाली वर्षा वशिष्ठ समस्त सामाजिक भीतियों तथा पारिवारिक अवरोधों को तोड़ती हुई जिस रूप में अपने प्रेमी हर्ष और उसकी मृत्यु के पश्चात् उसके बच्चे को अपनाकर अविवाहित मातृत्व को स्वीकारती है, वह प्रायः 25-30 वर्ष पूर्व स्त्री-स्वातंत्र्य का एक तूर्य-नाद-सा है। अपने सशक्त शिल्प और समृद्ध भाषा के लिए भी यह एक स्मरणीय उपन्यास है–भाषा में जो नया रचाव और लालित्य है, वह हिंदी गद्य को एक नई ऊर्जा प्रदान करता है। बाद में सुरेन्द्र वर्मा का उपन्यास 'दो मुर्दों के लिए गुलदस्ता' (1998 ई.) भी प्रकाशित हुआ किंतु वह सामान्यता से ऊपर नहीं उठ पाता है।

विनोद कुमार शुक्ल के इस कालावधि में प्रकाशित उपन्यास 'खिलेगा तो देखेंगे' (1996) तथा 'दीवार में एक खिड़की रहती थी' (1997) पर्याप्त चर्चा में रहे। इससे पूर्व उनका उपन्यास 'नौकर की कमीज' (1979) आया था। विनोद कुमार शुक्ल के उपन्यास हिंदी कथा-आलोचना, उपन्यास-आलोचना का बड़ा भारी विद्रूप प्रकट करते हैं–एक ओर आलोचकों-पाठकों-संपादकों का एक ऐसा वर्ग है जो इन उपन्यासों को अर्श पर बिठाता है और दूसरी ओर वे लोग हैं जो इन उपन्यासों को पूरी तरह खारिज करते हैं। चुनौतीपूर्ण उपन्यास अपने प्रचलित रूपबंध (फॉर्म) को तोड़ते तो हैं किंतु फिर भी एक सरसता, पठनीयता और जिसे कथा-मिजाज कहा जाए, वह तो उपन्यास का आवश्यक घटक है ही। पर यह गुण विनोद कुमार शुक्ल के परवर्ती दोनों उपन्यासों में तो सिरे से गायब है–एक ही बात को, संवाद को घसीटता-सा उनका शिल्प जब बार-बार एक ही तरह से बात को रगेदता रहता है तो पाठक को झुँझलाहट होती है (द्र. 49-50, 51, 203, आदि-खि.तो.दे.)। यद्यपि ये उपन्यास मध्य वर्ग की जिंदगी को उकेरने का प्रयत्न करते हैं किंतु मध्य वर्ग का यह यथार्थ न पाठक की पकड़ में आ पाता है और न उपन्यासकार की। सामान्य-सी घटना या प्रसंग को भी यहाँ एक रहस्य का-सा निर्मोक देने की चेष्टा इन उपन्यासों की असफल उपन्यासों की कोटि में ही ले जाकर बिठा देती है। कुछ लोग इन उपन्यासों

के काव्यात्मक-संवेदन के कायल हैं किंतु यह काव्यात्मक संवेदन शुक्ल के उपन्यासों को कथा-संवेदना को क्षत करता है।

नासिरा शर्मा के इस काल-खंड में 'शाल्मली' (1987), 'ठीकरे की मँगनी' (1989), 'जिन्दा मुहावरे' (1993) 'कुइयाँ जान' (2005) तथा 'जीरो रोड' (2008) उपन्यास प्रकाशित हुए। इससे पूर्व 'सात नदियाँ और एक समुन्दर' (1984) उपन्यास भी चर्चित रहा। 'शाल्मली' और 'ठीकरे की मँगनी' दोनों ही उपन्यासों में नारी की सामाजिक स्थिति को विश्लेषित किया गया है—शाल्मली में हिंदू परिवार की पृष्ठभूमि में दाम्पत्य की विसंगतियों का रेखांकन है तो 'ठीकरे की मँगनी' में मुस्लिम परिवार में स्त्री के दंशों को दर्शाया गया है—मुस्लिम पारिवारिक जीवन का यथार्थ यहाँ सूक्ष्मता से प्रस्तुत हुआ है। 'जिंदा मुहावरे' को लेखिका ने भारत विभाजन की पृष्ठभूमि में रचा है, भारतीय मुसलमान की चिति ('साइके') को यहाँ बड़ी सूक्ष्मता से प्रस्तुत कर उनकी सामाजिक स्थितियों को चित्रित किया गया है। 'कुइयाँ जान' में मुस्लिम पारिवारिक परिवेश में 'जल संकट-जल संपदा' के निरंतर ह्रास की समस्या को बड़ी गहरी कथात्मक संवेदना से उठाया गया है। 'जीरो रोड' दुबई के जीवन पर केन्द्रित उपन्यास है जिसमें इलाहाबाद से गया सिद्धार्थ अपनी जीवन-राह तलाशता है और उसी के माध्यम से दुबई के ऐतिहासिक, भौगोलिक, सांस्कृतिक और व्यावसायिक रूप के दर्शन प्रामाणिकता से होते हैं। उपन्यास सांस्कृतिक विस्थापन (डॉयस्पोरा) की समस्याओं से जूझता है।

मिथिलेश्वर ने बिहार के ग्रामीण जीवन को अपने उपन्यासों के केन्द्र में रखा है, इस कालावधि में उनके 'प्रेम न बाड़ी ऊपजे' (1995ई.), 'यह अंत नहीं' (2000) तथा 'माटी कहे कुम्हार से' (2006) प्रकाशित हो चुके हैं तथा 'पानी बिच मीन पियासी' 2009 में प्रकाशन के लिए घोषित है। मिथिलेश्वर के उपन्यासों की वर्णनात्मकता के कारण उनमें एक प्रकार की घोर अपठनीयता है, भाषा में कथात्मक रचाव बिलकुल नहीं है, उसमें एकदम ठस्सपन है। 'माटी कहे कुम्हार से' 515 पृष्ठों का वृहदाकार उपन्यास आलोचकीय विवशता के कारण (भारतीय ज्ञानपीठ से प्रकाशित है, इससे अपेक्षा और बढ़ जाती है) बामुश्किल (मुहावरे की भाषा में कहा जाए तो 'रोते-रोते') पूरा किया किंतु न पात्र सृष्टि, न उनका समुचित निर्वाह, आदर्श की झोंक में मुनीला की अस्वाभाविक निर्मिति—सभी कुछ उनके उपन्यासकार के प्रति निराश करती है। इनसे बेहतर बिहार के जन-जीवन को केन्द्र में रखकर लिखा गया **रामधारी सिंह 'दिवाकर'** का उपन्यास 'अकाल संध्या' (2006) है जिसमें गाँवों की वर्तमान समाजार्थिक और राजनीतिक स्थितियाँ गहराई और सूक्ष्मता से चित्रित हैं। उपन्यास की पात्र-सृष्टि और भाषा भी बाँधती है।

चंद्रकांता के 'यहाँ वितस्ता बहती है' (1992) 'अपने-अपने कोणार्क' (1995) तथा 'कथा सतीसर' (2001) इस कालखंड के चर्चित उपन्यास हैं। यद्यपि 'अपने-अपने कोणार्क' में चंद्रकांता ने उड़ीसा की पृष्ठभूमि में एक प्रेमकथा उठाई है किंतु उनकी

प्रकृत भूमि कश्मीर है जो अपनी समस्त प्राकृतिक सुषमा और समृद्ध संस्कृति के साथ, स्वतंत्रता से बाद के उथल-पुथल भरे समय की राजनीतिक तथा समाजार्थिक समस्याओं के साथ उनके 'ऐलान गली जिंदा है' (1984) 'जहाँ वितस्ता बहती है' और अत्यंत महत्त्वाकांक्षी उपन्यास 'कथा सतीसर' में बहुत प्रामाणिकता और सूक्ष्मता से प्रस्तुत है। 'कथा सतीसर' बहुत गहरे कथात्मक संवेदन से 1931 से अद्यतन (2000 ई.) के समय को समेटता हुआ उसकी समस्याओं का प्रत्यक्षदर्शी चित्रण प्रस्तुत करता है। कथा की पृष्ठभूमि में 'कश्मीर का इतिहास, भूगोल, पुराण, राजनीति, मिथ, लेजेंड और किस्से कहानियाँ हैं'–इन सबके माध्यम से 'कश्मीरियत' का असली चरित्र उपन्यास में उजागर होता है और "समय के यथार्थ को संस्कृति और मानवीय सरोकारों से जोड़कर" देखने का बहुत सफल प्रयत्न यहाँ हुआ है। कश्मीर के दर्द को जिन अन्य उपन्यासकारों ने अपने उपन्यासों में उकेरा है उनमें **पद्मा सचदेव** तथा **क्षमा कौल** के उपन्यास भी महत्त्वपूर्ण हैं। पद्मा सचदेव ने अपने उपन्यास 'नौशीन' (1995) तथा क्षमा कौल ने 'दर्दपुर' (2004) में निरंतर जलते हुए कश्मीर की विभिन्न समस्याओं को कथा के केन्द्र में रख वहाँ के निवासियों, पलायन कर गए कश्मीरी पंडितों के 'दर्द' को बहुत सूक्ष्मता से चित्रित किया है।

मंजूर एहतेशाम का 'सूखा बरगद' (1986) उपन्यास हिन्दू-मुस्लिम के बीच की सांप्रदायिक समस्या को बहुत गहरे रूप में मानवीय सरोकारों के साथ चित्रित करता हुआ मुस्लिम समाज के समाजार्थिक पक्ष को सुचिंतित रूप में विश्लेषित करता है। उनके 'बसारत मंजिल' उपन्यास में भी मुस्लिम समाज के अन्तर्बाह्य में प्रवेश किया गया है। 'पहर ढलते' (2007) उनका अपनी ही तरह का उपन्यास है जिसे 'दिसम्बर 1999 की एक रात' उपशीर्षक दिया गया है। यह छह छोटे-छोटे अध्यायों में विभक्त प्रायः 110 पृष्ठों की लघु कृति है जिसमें मुस्लिम समाज का चित्र विभिन्न वर्गों के पात्रों द्वारा अंकित है। महफिली माहौल की यह कथा मुस्लिम समाज के भीतर झाँकने का प्रयत्न करती है।

अपने 'चित्तकोबरा' (1979) उपन्यास से विशेष चर्चा में आईं **मृदुला गर्ग** का 'कठगुलाब' (1996) इस कालावधि का चर्चित उपन्यास है। यद्यपि अपने पूर्ववर्ती उपन्यासों 'वंशज' (1976), 'चित्तकोबरा (1979), 'अनित्य' (1980) तथा 'मैं और मैं' (1984) में वे स्त्री स्वातंत्र्य का प्रश्न विविध रूपों में उठाती हैं किंतु 'कठगुलाब' में वह स्त्रीवादी स्वर में नारी के अधिकार, भारतीय समाज की पारिवारिक व्यवस्था में नारी स्वातंत्र्य, प्रेम, विवाहेतर प्रेम, मातृत्व आदि के प्रश्नों को बड़ी गहराई और तार्किकता से उठाती हैं किंतु यहाँ उनका विमर्श बहुत अधिक मुखर होकर कथात्मक संवेदना को क्षत करता हुआ यह प्रतीति देता है कि वे औपन्यासिक शिल्प में व्याख्यान प्रस्तुत कर रही हैं (द्र. पृ. 68, 97, 100, 107 आदि)। विधाएँ एक-दूसरे में आवाजाही करती हैं किंतु इस हद तक नहीं कि वह कथात्मक कलेवर पर आरोपित लगने लगे।

इस सबके बावजूद भी यह एक प्रमुख उपन्यास का दर्जा हासिल करता है।

उपन्यास 'हवेलियों वाले' (1980) से ध्यानाकर्षण करनेवाले **द्रोणवीर कोहली** के 'आँगन कोठा' (1985), 'काया-स्पर्श' (1987), 'तकसीम' (1994), 'वाह कैंप' तथा 'ध्रुव सत्य' (2008) उपन्यास आए हैं। 'मुल्क अवाणों का' (2007) में प्रकाशित पुस्तक उनका नया उपन्यास नहीं है अपितु उसमें पहले खंड के रूप में 'हवेलियों वाले' और दूसरे खंड में 'आँगन-कोठा' उपन्यास संकलित हुए हैं। 'हवेलियों वाले' में पाकिस्तान रावलपिंडी जिले में थोहा माहर्म खाँ नामक स्थान के जनजीवन का जो सांगोपांग, प्रामाणिक और जीवंत चित्रण लेखक ने किया था, उसी कथा-भूमि और विभाजन के बाद के संतापों तथा विषम स्थितियों का सूक्ष्म विश्लेषण उनके आगे के सभी उपन्यासों में हुआ है। लेखक का उस जमीन और उसकी संस्कृति से जो गहरा जुड़ाव है, वह उनकी प्रत्येक औपन्यासिक कृति में आया है। अनायास ही नहीं है कि अपनी अब तक की अंतिम कृति 'ध्रुव सत्य' (2008) में उपन्यासकार ने मार्क्वेज, केट ग्रीनवील, ब्रेट ईस्टॉन एलिस, जी. के. चेस्टर्टन तथा कामू के उद्धरण देकर यह प्रस्थापित करने की चेष्टा की है कि 'मेरी प्रत्येक पुस्तक आत्मकथात्मक होती है' (ग्रेनवील)। वस्तुतः भोगे हुए विस्थापित जीवन और नए देश-परिवेश में पुनः स्थापित होने की संघर्षमयी स्थितियों का सशक्त चित्रण इन उपन्यासों में हुआ है। इन सबसे अलग हटकर 'चौखट' (2007-संशो. संस्क.) द्रोणवीर कोहली का एक नवीन कथ्य पर सशक्त उपन्यास है। पाश्चात्य संस्कृति के अंग बनते हमारे महानगर स्त्री-पुरुष संबंधों की नई परिभाषा गढ़ रहे हैं, 'अविवाहित दाम्पत्य' या 'सहजीवन' भारत में भी अपनी पैठ बना चुका है, उपन्यास इन्हीं संबंधों का विश्लेषण करता है।

चित्रा मुद्गल के 'एक जमीन अपनी' (1990), 'आवाँ' (2000) तथा 'गिलिगडु' (2002) जैसे सशक्त उपन्यास इसी काल-खंड में आए। तीनों ही उपन्यास अपने कथ्य की विशिष्टताओं के कारण हिंदी उपन्यास में अपना महत्त्वपूर्ण स्थान अर्जित करते हैं। 'एक जमीन अपनी' में लेखिका पाठक का साक्षात्कार विज्ञापन एजेन्सी जगत से कराती हुई उसके अन्तर-बाह्य को बहुत सूक्ष्मता से उघाड़ती हैं। उपन्यास अपने कथ्य में इतना संश्लिष्ट है कि उसे महिला लेखन के सीमित अनुभव वृत्त का उपन्यास नहीं कहा जा सकता अपितु वह एक ऐसे पुरुष प्रधान समाज और उसके विशिष्ट क्षेत्र का परिचय देता है नारी जिसके केन्द्र में है। नायिका अंकिता-अंकू-का गठन एक स्वस्थ स्त्रीवादी चेतना के अनुरूप हुआ है। उसे यह स्वीकार्य नहीं है कि केवल महिला होने के कारण उसे किसी दया-भाव से देखा जाए, वह तो समान रूप से कार्य कर पुरुष के समान ही प्रतिष्ठा अर्जित करना चाहती है। यह चरित्र सशक्त और आदर्श होने के साथ-साथ पूर्णतः यथार्थ हैं, संक्रमणकालीन भारतीय समाज में वह एक ऐसा चरित्र है जो वर्तमान की जरूरत और कल की दिशा है। वह न एक पल के लिए बेचारी होती है और न ही वह पूर्णतः उन्मुक्त जीवन की हामी बनती है।

उसे भली-भाँति पता है कि उसकी सामाजिकता की रेखाएँ कहाँ से खिंचनी प्रारंभ होती हैं और अपनी स्वतंत्रता का उपभोग वह किस सीमा तक कर सकती है। चित्रा का दूसरा उपन्यास 'आवाँ' भी महिला लेखन के सीमित अनुभव वृत्त की धारणा को खंडित करता हुआ यदि एक ओर ट्रेड यूनियनों की अंदरुनी राजनीति, प्रतिद्वन्द्विता, अन्तर्विरोध, मजदूर-हड़ताल आदि का सशक्त चित्रण करता है तो दूसरी ओर स्त्री-विमर्श को भी एक नई दृष्टि और दिशा देता है। मजदूर आंदोलन के संदर्भ में कथा मुंबई में व्याप्त अंडर-वर्ल्ड के विभिन्न गुटों के कार्य-कलाप, शिव सेना जैसे संगठनों की जगह-जगह चौधराहट आदि क्षेत्रों में भी संतरण करती है, दूसरी ओर स्त्री अस्मिता और उससे सम्बन्धित अनेक प्रश्न उपन्यास में उठाए गए हैं। स्त्री-स्वांतत्र्य, स्त्री-पुरुष का साथ, विवाह संस्था, विवाह संस्था से मोहभंग, इस मोहभंग की स्थिति में भी स्त्री-पुरुष का एक छत के नीचे रहना और सहवास की स्थितियाँ, समलैंगिकता, पुरुष साथी को नकारकर कुँआरी माँ की अवधारणा, समाज में प्रत्येक संबंध का केवल काम-संबंध में परिणत होना, समलैंगिकता, हर रूप में केवल स्त्री का यौन-शोषण, पिता और भाई जैसे पवित्र रिश्तों द्वारा भी स्त्री का बलात्कार, आदि प्रश्नों को विभिन्न नामी पात्रों के माध्यम से विश्लेषित किया गया है। स्त्री स्वातंत्र्य के प्रश्न को बड़े सुचिंतित रूप में चित्रित कर यह प्रश्न उठाया गया है कि स्त्री-स्वातंत्र्य के नाम पर क्या मर्द को एक विपक्ष की स्थिति में ही खड़ा कर उससे सदैव तीनः छ (36) का ही संबंध रखा जाए या पारिवारिक समंजन (एडजस्टमैंट) भी बनाए रखा जा सकता है। इस प्रकार यह उपन्यास लीक से हटकर अपने कथ्य के दोनों क्षेत्रों में एक नई जमीन तलाशता है। 'गिलिगडु' वृद्धावस्था की तल्ख सच्चाइयों को बड़े संवेदनात्मक रूप में चित्रित करनेवाला उपन्यास है, बाबू जसवंत सिंह और कर्नल स्वामी दोनों को अपने-अपने परिवारों में जो भोगना पड़ता है, वह आज के वैश्विक समाज का बहुत कड़वा और नंगा सच है। ऊपरी तौर पर अपनी सुखी पारिवारिक स्थितियों का ढिंढोरा पीटकर अपार सुख और खुशी का दिखावा करनेवाले कर्नल स्वामी का भयावह यथार्थ देर तक पाठकीय चेतना को आक्रांत रखता है।

मैत्रेयी पुष्पा के उपन्यासों ने बड़ी धमक के साथ अपनी उपस्थिति दर्ज़ कराई, अपने 'इदन्नमम' (1994) से वे एक श्रेष्ठ उपन्यासकार के रूप में चर्चित हुईं, यद्यपि इससे पूर्व उनके 'स्मृतिदंश' (1990) तथा 'बेतवा बहती रही' (1993) लघु उपन्यास प्रकाशित हो चुके थे। 'इदन्नमम' के पश्चात् 'चाक' (1997) उनका दूसरा महत्त्वपूर्ण और बहुचर्चित उपन्यास था, इसके बाद 'झूला नट' (1999), 'अलमा कबूतरी' (2000) तथा 'त्रिया हठ' (2006)। इनमें तीन उपन्यास 'इदन्नमम', 'चाक' और 'अलमा कबूतरी' बहुत सशक्त और महत्त्वपूर्ण हैं। मैत्रेयी के लेखन की विशेषता उनकी ग्राम्य जीवन पर अद्भुत पकड़ है। ब्रज और बुंदेलखंड के प्रायः पिछले 40-50 बरस के संक्रमणकालीन गाँव को स्त्री को केन्द्र में रखकर उन्होंने जिस प्रामाणिकता

और सूक्ष्मता से चित्रित किया है, वह उनकी विशेष उपलब्धि है। 'इदन्नमम' की मंदाकिनी उर्फ मंदा तथा 'चाक' की सारंग जैसे अविस्मरणीय चरित्रों की सर्जना के साथ-साथ जितने भी पात्र इन दोनों उपन्यासों में अपने जितने यथार्थ रंगों में आए हैं वे उस ग्राम-समाज की चेतना, रीति-नीति और रहन-सहन को पूरी तरह प्रतिच्छायित करते हैं। खेतिहर समाजों की जिंदगी के उतार-चढ़ाव, जमीन कब्जाने की तरह-तरह की जुगतें-तिकड़में, थाना, कोर्ट-कचहरी, ग्राम पंचायतों के विविध कार्य कलाप, वोट-नोट की राजनीति, पारिवारिक ताने-बाने में संबंधों की शुचिता, कल्मष, ऊष्मा, दुबे-छिपे प्रेम प्रसंग, गाँव में विकास का बढ़ता रथ और विकास की समृद्धि को अपने तईं भुनाने की जोड़-जुगत—सभी का चित्रण पूरे यथार्थ में हुआ है। सबसे बड़ी बात मंदा और सारंग के माध्यम से गाँव-समाज में प्रबल रूप से उठती नारी-चेतना है। युग-युग से पुरुष-समाज के नियमों में कैद नारी जिस रूप में अपनी स्वतंत्रता अर्जित कर अपना स्वतंत्र व्यक्तित्व निर्मित करती है, वह स्पृहणीय और वंदनीय है। गाँव-समाज के चित्रण में वहाँ के दलित-समाज का चित्रण न हो, किसी भी यथार्थवादी कृति में यह संभव नहीं है। दोनों उपन्यासों में दलितों की व्यथा पूरे संवेदन से उकेरी गई है। 'अलमा कबूतरी' तो दलितों की जैसी कंजर जनजाति के जीवन पर लिखी गई कथा है। कंजर देह का व्यापार करते हुए किस प्रकार अपराध जगत में ही जीते-मरते हैं, इसका प्रामाणिक अंकन यहाँ हुआ है। गाँव-समाज पर मैत्रेयी की भरपूर पकड़ ने उनकी भाषा को भी एक आंचलिक रंग और एक ताजा रचाव दिया है।

विभूतिनारायण राय को उपन्यासकार के रूप में पहचान अपने 'घर' उपन्यास से मिली किंतु विशेष चर्चा में रहे 'शहर में कर्फ्यू' (1986) तथा 'किस्सा लोकतन्त्र' (1993) उनके इस कालावधि के प्रसिद्ध उपन्यास हैं। 'प्रेम की भूत कथा' उनका सद्यः प्रकाशित (2009) उपन्यास है। विभूतिनारायण राय भारतीय पुलिस सेवा के वरिष्ठ अधिकारी हैं, अतः सांप्रदायिक दंगों के यथार्थ और प्रशासन-तंत्र के अन्तर-बाह्य से वे भली प्रकार परिचित हैं—इन्हीं दो कथा-भूमियों पर इन उपन्यासों की रचना की गई है। 'शहर में कर्फ्यू' सांप्रदायिक दंगों के बाद की स्थितियों का चित्रण करते हुए उन स्थितियों को विश्लेषित करता है जो सांप्रदायिक शक्तियों को बढ़ावा देती है। 'किस्सा लोकतन्त्र' में राजनीतिक और प्रशासनिक भ्रष्टाचार को परत-दर-परत उघाड़ते हुए भारतीय लोकतन्त्र की बीमार व्यवस्था के सच को चित्रित किया गया है। **भीमसेन त्यागी** का उपन्यास 'जमीन' (2004) उपनिवेशकालीन भारतीय ग्राम की राजनीतिक तथा समाजार्थिक स्थितियों का प्रामाणिक अंकन प्रस्तुत करता है। सन् 1942 के 'भारत छोड़ो' आन्दोलन से लेकर आजादी मिलने तक की गाँव की परिवर्तनशील स्थितियों का चित्रण करता उपन्यास भारतीय ग्राम-समाज की आशा-आकांक्षाओं, स्वप्नों को बनते-बिगड़ते, ध्वस्त होते देखने की पीड़ा का साक्ष्य बनता है। आजादी के बाद उपन्यास का कथा-वितान, 1962 के चीनी आक्रमण और 1964 ई. में पंडित

नेहरू के निधन तक फैला हुआ है, नेहरू-युग के अंत के साथ ही 'जमीन' की कथा का अंत होता है। पश्चिमी उत्तर प्रदेश के मेरठ-मवाना क्षेत्र, कौरवी-क्षेत्र पर पं. गौरीदत्त के लघु उपन्यास 'देवरानी जेठानी की कहानी' के बाद कदाचित् यह पहला 'बड़ा' उपन्यास है। **स्वयं प्रकाश** का उपन्यास 'बीच में विनय' (1994) एक कस्बे को केन्द्र में रखकर साम्यवादी आन्दोलन के अन्तर्विरोधों को रेखांकित करता हुआ कस्बे के कॉलिज के भ्रष्टाचार की कलई खोलता है और अपने पात्रों के माध्यम से साम्यवादी आन्दोलन को एक सही दिशा में ले जाने के कुछ सूत्र देता है।

प्रभा खेतान के उपन्यास अपनी प्रखर स्त्रीवादी सोच के लिए विशेष रूप से ख्यात हैं। 'आओ पेपे घर चलें' (1990), 'तालाबंदी' (1991), 'छिन्नमस्ता' (1993), 'अपने अपने चेहरे (1994) तथा 'पीली आँधी' (1996) उपन्यासों में उन्होंने पुरुष सत्तात्मक समाज में स्त्री की दोयम स्थिति, समाज में उसकी विविध रूपों में प्रताड़ना आदि का चित्रण कर अपनी नायिकाओं के माध्यम से ऐसा नारी-चरित्र खड़ा करने का प्रयास किया है, जो प्रदत्त परिस्थितियों में विद्रोह कर आर्थिक स्वावलम्बन प्राप्त कर नारी की स्वतन्त्र अस्मिता के मानक रूप में खड़ी हो सके। उनके सभी उपन्यासों की प्रवृत्ति आत्मकथात्मक रही है (जिसे उन्होंने व्यक्तिगत पत्राचार में स्पष्टतः स्वीकार भी किया था)। इन उपन्यासों में 'आओ पेपे घर चलें', 'छिन्नमस्ता' तथा 'पीली आँधी' विशेषतः उल्लेखनीय बन पड़े हैं। 'आओ पेपे घर चलें' में पश्चिम की नारी के जीवन के अन्तर्विरोधों और पीड़ा का मार्मिक साक्षात्कार है, उसके जीवन का अकेलापन और बेचारगी बहुत कारुणिक रूप में कथात्मक प्रस्तुति पाती है। 'छिन्नमस्ता' कलकत्ता के बंद मारवाड़ी समाज के अंतरंग में बहुत बेबाकी से प्रवेश करती हुई उसके अन्तर्विरोधों का खुलासा करती कृति है। सगे बड़े भाई द्वारा अनेक वर्षों तक बहन के साथ बलात्कार और उस बहन की व्यथित कर देनेवाली मनोदशा का चित्रण जिस साहसिकता और अकुंठ भाव से किया गया है, वह उपन्यास की एक उपलब्धि है और आगे के महिला कथा-लेखन के लिए एक दिशा-निर्धारक पहल है। 'पीली आँधी' में कलकत्ता के उस मारवाड़ी समाज का प्रामाणिक अंकन है, जो राजस्थान के बीहड़ क्षेत्रों से सूखा, अकाल, राजे-रजवाड़ों के शोषण से त्रस्त हो अपनी धरती से उखड़ कलकत्ते में आकर व्यवसाय के लिए आ जुटे। उपन्यास बड़े रोचक और प्रामाणिक रूप में कलकत्ता के बड़े-बड़े धनपतियों—'रूंगटाज', 'कानोड़ियाज', 'बड़जात्याज' आदि की संघर्षशील जिंदगी, जिसे लेखिका ने परिवार के बड़े-बूढ़ों, पुरखों के स्मृति-वनों से खंगाल कर प्रस्तुत किया है, जीवंत इतिहास के रूप में प्रस्तुत कर उनके लगभग पौने दो सौ सालों को पुनर्जीवित कर दिया है। रेत की 'पीली आँधी' के डर से राजस्थान के छोटे-छोटे गाँवों-कस्बों से दिसावरी के लिए निकले जीवट वाले ये मारवाड़ी किस प्रकार बड़ा बाजार की अँधेरी गलियों और कोठियों-कोठरियों से निकल अलीपुर जैसी संभ्रात, पॉश कॉलोनियों की अपनी आलीशान कोठियों में आ स्थापित हुए, यह सब

वर्णन मारवाड़ी समाज के बनने का ही इतिहास नहीं, अपितु कलकत्ता के भी शानदार रूप में बसने का, औपन्यासिक शिल्प में, संपूर्ण विवरण है।

रवीन्द्र वर्मा के तीन उपन्यास 'नियान्वे' (1998), 'मैं अपनी झाँसी नहीं दूँगा' (2004) तथा 'दस बरस का भँवर' (2007) विशेष रूप से महत्त्वपूर्ण हैं, जो एक 'उपन्यास-त्रयी' (ट्रियालॉजी) के रूप में 1857 ई. से लेकर 1992 ई. तक के समय संदर्भों को अपने कथात्मक विस्तार से समेटते हुए युग-चिंताओं को सशक्त रूप में अभिव्यक्त करते हैं। विवेच्य काल-खंड के उनके अन्य उपन्यास हैं–'जवाहर नगर' (1995), 'पत्थर ऊपर पानी' (2000) तथा 'आखिरी मंजिल' (2008)। अपनी उपन्यास-त्रयी में 1857 से बाद की देश की औपनिवेशिक दासता की पीड़ा, स्वतन्त्रता-प्राप्ति के लिए किया जानेवाला संघर्ष, 'स्वराज और सुराज' (?) की स्थापना के बाद सामान्य मनुष्य के स्वप्नों का भड़भड़ा कर टूटना और इस टूटन की पीड़ा, राम-मन्दिर ध्वंस, सांप्रदायिक दंगे, गुजरात का नर-संहार तथा साथ ही वैश्वीकरण की बढ़ती अपसंस्कृति के अनेकशः विकराल और असहनीय रूप, उपभोक्तावाद और बाजारवाद का बढ़ता वर्चस्व, नई पीढ़ी का अमेरिकीकृत जीवन-शैली में ढलते चले जाना, आदि, आदि महत्त्वपूर्ण प्रश्न उपन्यासों के विमर्श के केन्द्र में आते हैं। इन तीनों उपन्यासों की कथा-भूमि ('लोकेल') यद्यपि झाँसी है, कथा भी एक ही परिवार की पीढ़ियों के माध्यम से आगे बढ़ती है, किंतु उसमें पूरे देश का काल और समाज प्रतिभासित होता है।

कमलेश्वर का उपन्यास 'कितने पाकिस्तान' (2000 ई.) उपन्यास के पारंपरिक शिल्प में पर्याप्त तोड़-फोड़ करता हुआ एक विराट कथा-फलक का अत्यन्त महत्त्वपूर्ण उपन्यास है, जिसने थोड़े ही समय में बहुत अधिक लोकप्रियता प्राप्त की है, मात्र दो वर्षों की अवधि में उसके छः संस्करण प्रकाशित हो गए।[1] उपन्यास के लिए अपने आप में यह एक बड़ी उपलब्धि है। अब तक (2009 ई.) इसके ग्यारह संस्करण प्रकाशित हो चुके हैं। कथा में समय और भूगोल का अत्यन्त विस्तृत फलक ग्रहण करते हुए 'कितने पाकिस्तान' में कमलेश्वर राष्ट्रीय, अन्तरराष्ट्रीय स्तर पर चल रहे अनेक सघर्षों, समस्याओं और चिंताओं से जूझते हुए इसे सही अर्थों में एक वैश्विक परिदृश्यवाला उपन्यास बना देते हैं। कारगिल-युद्ध के प्रकरण से कथा-सूत्र उठाकर न केवल पाकिस्तान बनने की पर्दे के पीछे की राजनीति और पाकिस्तान की वैचारिक पृष्ठभूमि की निर्मिति के मूल में निहित कारणों की गंभीर छानबीन और पड़ताल है, अपितु आर्यों के भारत आगमन, सिंधु घाटी सभ्यता, यूनानी, बैबिलोनियन, मैसोपोटामियम, सुमेरी-अक्कारी सभ्यताओं के अनेक मिथकों की पूरी छानबीन करता हुआ लेखक क्रम के साथ आगे बढ़ता है। इन सभ्यताओं की मूलभूत एकताओं का रेखांकन तो होता ही है, साथ ही इन सभी समयों में देवत्व, ब्राह्मणत्व, गुरुडम ने सामान्य जन की, उसके विश्वासों की, उसके मानवीय मूल्यों की धर्म के नाम पर किस प्रकार अवहेलना

और अवमानना की है, उसको भी जाँचा-परखा गया है। अयोध्या के बाबरी-मस्जिद प्रकरण पर तत्कालीन इतिहास लेखकों, विभिन्न दस्तावेजों, साक्ष्यों के आधार पर सिद्ध किया गया है कि बाबर कभी अयोध्या गया ही नहीं, वह तो घग्घर (सरयू) नदी के दूसरे किनारे से वापिस चला आया था। 'बाबरनामा' के बीस पृष्ठों को गायब कराकर ब्रिटिश शासकों ने अपने न्यस्त स्वार्थों के लिए इतिहास के तथ्यों को जो गलत मोड़ दिया और किस प्रकार धर्मांध लोगों को इस 'इश्यू' को ज्वलन्त बनाए रखने के लिए प्रेरित किया जाता रहा—इतिहास के इन अँधेरों में रोशनी की तलाश करता उपन्यासकार अकबर-औरंगजेब-दाराशिकोह तक भी जाता है कि किस प्रकार धर्मांधता ने हिन्दुस्तान की एक नई बनती तहजीब को समाप्त कर औरंगजेबों का रास्ता खोल दिया था। इस प्रस्थापना से इतिहास की एक नई समझ की प्रतीति मिलती है। कथा-धारा में बीच में इस मंथरता के बाद उपन्यास पुनः अपनी तीव्र गति में पूरी दुनिया के देशों में बन रहे अलग-अलग 'पाकिस्तानों' की कैफियत लेता है। दक्षिण अफ्रीका के तीन सौ चालीस वर्षों से चल रहे वर्णभेदी साम्राज्य का अंत, नेल्सन मंडेला की विजय, ईरान की इस्लामी क्रान्ति, यूगोस्लाविया में बन रहे तीन-तीन 'पाकिस्तान', मॉरिशस, चीन, अल्जीरिया, टर्की, कोसोवो, आदि स्थानों पर चल रहे गृह-युद्धों आदि की तह में जाकर उनके पीछे छिपे उन कारणों को उघाड़ा गया है, जिनसे 'पाकिस्तान' बनते हैं, "कोई भी संस्कृति पाकिस्तानों के निर्माण के लिए जगह नहीं देती। संस्कृति अनुदार नहीं, उदार होती है। वह मरण का उत्सव नहीं मनाती, वह जीवन के उत्सव की अनवरत शृंखला है इसी सामासिक संस्कृति की जरूरत हमें है, क्योंकि वह जीवन का सम्मानकरती है।"[2] वस्तुतः 'कितने पाकिस्तान' उपन्यास में 'समय अदीब की कलम का कैदी हो गया है। देश, काल की सीमा लाँघकर जब चाहे जिस व्यक्ति को अदालत में पेश कर देता है, जिससे अदीबे आलिया अपने समय का हिसाब माँगता है। यही कारण है कि सिमरनजीत सिंह 'मान' से लेकर संयुक्त राष्ट्र-संघ के महासचिव कोफी अन्नान तक, श्रीनगर के हिन्दुस्तान मशीन टूल्स के शहीद एच.एल. खेड़ा तक, नागासाकी-हिरोशिमा से लेकर ब्राजील, पेरु, स्पेन तक, अमीर खुसरो से लेकर नूरुलहसन तक, मंटो, मोहन राकेश से लेकर सुभाष पंत तक सभी लेखक की अदालत में पेश होकर अपनी-अपनी तरह से सच के साक्ष्य बनते हैं। उपन्यास में कमलेश्वर के कथाकार की दो बहुत बड़ी उपलब्धियाँ हैं—किस्सागोई की कला तथा फंतासी का जादुई यथार्थ, दोनों ही गुणों के भरपूर इस्तेमाल से 'कितने पाकिस्तान' एक अविस्मरणीय और महनीय कृति बन गई है। उपन्यास में व्यक्त विचारों-स्थापनाओं से स्थान-स्थान पर असहमति की गुंजाइश हो सकती है, किंतु यह निःसंकोच रूप से कहा जा सकता है कि हिंदी में राष्ट्रीय-अन्तरराष्ट्रीय समस्याओं की ऐसी गंभीर पड़ताल करता हुआ, इतने गहरे बौद्धिक विमर्शवाला उपन्यास दूसरा नहीं है।

कथा-फलक के विस्तार और औपन्यासिक शिल्प में मौलिक परिवर्तन का एक

नई ताजगी का बोध देता **अलका सरावगी** का उपन्यास 'कलि-कथा : वाया बाईपास' (1998) प्रकाशित हुआ। कथ्य और शिल्प के नए आयामों के कारण न केवल यह चर्चित हुआ अपितु इस पर साहित्य अकादमी का प्रतिष्ठित पुरस्कार भी प्रदान किया गया। कलकत्ता के मारवाड़ी समाज की संरचना, उसका अतीत, उस अतीत का ऐतिहासिक, दस्तावेजी प्रमाणों सहित चित्रण न केवल कलकत्ता के इतिहास में गहरे उतरता है अपितु अंग्रेजों के खिलाफ संघर्ष की राष्ट्रीय चेतना का परिचय भी घटना-सूत्रों में अनुस्यूत मिलता है। 1757 ई. के प्लासी-युद्ध में हुई साजिशों को जिस प्रकार गहन अध्ययन कर प्रस्तुत किया गया है, वह औपन्यासिक संवेदन को एक नया रंग देता है। 1899 का 'छपनियाँ' (विक्रम संवत् उन्नीस सौ छप्पन) का अकाल, 1921 में मारवाड़ी समाज में हुआ पहला विधवा विवाह, आर.एस.एस. की गतिविधियाँ, कलकत्ता में खास हैसियत का भय बन जाना, प्रारम्भ से लेकर अब तक के कलकत्ता की जीवन शैली में समाजार्थिक परिवर्तनों को लक्षित करना, नई पीढ़ी का भूमंडलीकृत जीवन शैली में ढलते चले जाना, आदि से लेकर उपन्यास की कथा राम-मन्दिर राजनीति तथा बाबरी मस्जिद-ध्वंस तक के प्रकरणों तक आती है। वस्तुतः संक्षिप्त कलेवर में 'कलि कथा : वाया बाईपास' एक बहुआयामी कथा को नए शिल्प में सरस रूप में प्रस्तुत कर उपन्यास का नया मानक स्थापित करता है। अलका सरावगी के 2001 में 'शेष कादम्बरी', 2004 में 'कोई बात नहीं' तथा 2008 में 'एक ब्रेक के बाद' उपन्यास प्रकाशित हुए, इनमें विशेष रूप से महत्त्वपूर्ण बन पड़े हैं 'शेष कादम्बरी तथा 'एक ब्रेक के बाद'। 'शेष कादम्बरी' भी अपनी नई शैल्पिक युक्तियों में कलकत्ता को केन्द्र में रखकर पूरे देश की राजनीतिक तथा समाजार्थिक स्थितियों का विवेचन प्रस्तुत करता है—रूबी दी और कोलकाता कथा के खोल-भर रह जाते हैं, कथा के माध्यम से युग की महत्त्वपूर्ण चिंताओं से साक्षात्कार किया गया है। मूल्य-संक्रमण, भूमंडलीयकरण की विविधमुखी समस्याएँ, उपभोक्तावाद एवं बाजारवाद का चरित्र, पैसे के लिए अँधी दौड़ जिस प्रकार यहाँ चित्रित हुई है, उसे कादम्बरी की बाड़मेर से इस रिपोर्ट में देखा जा सकता है, "इस देश को ओबिचुअरी लिख रही हूँ। तीन साल से लगातार सूखा पड़ रहा है और तीन साल से सरकार हाथ पर हाथ धरे बैठी है। कोक, पेप्सी और बिसलेरी की कंपनियाँ हजारों गैलन माल ट्रकों में यहाँ भेज सकते हैं, सरकार पानी नहीं भेज सकती। पर कोक, पेप्सी का स्वाद गाय-बैल को तो है नहीं और न इनके मालिकों के पास इन्हें खरीदकर पीने के लिए पैसा है।" 'एक ब्रेक के बाद' उपन्यास में अलका कथा के केन्द्र में मुख्यतः कारपोरेट जगत, व्यवसाय जगत को रखकर भूमंडलीय व्यापार जगत, आर्थिकता के श्वेत-श्याम पक्षों, कंप्यूटर-क्रान्ति के नफे-नुकसान, 'इंडिया की इकॉनोमी कल्चर, पॉलिटिकल हिस्ट्री', मल्टीनेशनल कंपनियों के दिग्गज प्रबंधन अधिकारियों, विकास की द्रुत गति, समकालीन कला बाजार (आर्ट मार्केट), पर्यावरण-प्रश्न, मॉल्स और डिपार्टमेंटल

स्टोर्स के एक दिन में पाँच करोड़ रुपए के 'टर्न ओवर', इंडियन स्काई शॉप' आदि के वैश्वीकृत दृष्टिकोण, नई पीढ़ी और उसकी यौनिक स्वतन्त्रता आदि प्रश्नों-समस्याओं पर पूरे अधिकार से विश्वस्त विमर्श रचती है।

काशीनाथ सिंह का 'काशी का अस्सी' (2002 ई.) भी उपन्यास के विधागत चरित्र में बहुत-सारी तोड़-फोड़ कर ऐसी अनुपम कृति का रूप लेती है जो स्वयं उपन्यासकार को भी असमंजस में डाल देती है कि यह उपन्यास है या कहानी, कितु ध्यान से देखने पर इसकी कथा का वितान औपन्यासिक ही अधिक है। हिंदी गद्य में 'काशी का अस्सी' अपनी ही धज की विलक्षण कृति है। यह कृति इतने गहरे रूप में लोक में डूबी हुई है कि एक साथ प्रेमचन्द और रेणु की स्मृति करा देती है। पूर्ण अंकुठ भाव से लोक-जीवन की प्रस्तुति करते उपन्यासकार की कल्पना के घोड़े कब कहाँ दौड़ा ले जाएँ, पता ही नहीं चलता किंतु ये कल्पना-तुरंग बँधे अस्सी के थान पर ही रहते हैं। अस्सी (घाट) के विभिन्न चरित्रों-पात्रों को प्रस्तुत करता हुआ लेखक कभी प्रांतीय राजनीति, कभी पूरे देश की राजनीति तो कभी अंतरराष्ट्रीय प्रश्नों पर अपनी खाँटी दार्शनिक विवेचना को अस्सी की संसद में प्रस्तुत करता है। देश-दुनिया की ज्वलंत समस्याएँ—चुनावों की जातिगत और दलगत राजनीति, सांप्रदायिक शक्तियों को बेनकाब करता हुआ उपन्यासकार अपने समय के गंभीर प्रश्नों से खिलंदड़ी अंदाज में जूझता है। उपन्यास में व्यंग्य उसकी मारक-क्षमता ('स्ट्राइकिंग रेंज') को बहुत बढ़ा देता है—आपात्काल ('इमरजेंसी') विश्वविद्यालय की छात्र-राजनीति, मंडल-कमंडल का प्रपंच, गेहूँ और कोयला दोनों का ढाई रुपए किलो बिकना (चाहे कोयला खाइ, चाहे गेहूँ-दोनों समान भाव), जननेताओं का व्यक्तिगत पूँजी के पहाड़ खड़े कर लेना, आपाद-मस्तक भ्रष्टाचार-कदाचार में डूबी शासन-व्यवस्था और इन सबसे ऊपर मुलायम सिंह की सपा, काशीराम की बसपा, कांग्रेस, भाजपा, आदि दलों के जातिगत समीकरणों की बखिया उधेड़ते हुए चुनाव के समय बूथ-कैप्चरिंग, न्यायालयों तक को खरीद डालने की जुगतों, आदि की पोल पूरी तरह भाषा और शैली के पूर्ण उन्मुक्त भाव से खोलते हुए—'यह देख तमाशा लकड़ी का' तथा 'खुला खेल फर्रुखाबादी' का अंकुठ भाव अपनाया गया है। उपन्यास में गाली-गलौच का जो काशिया (काशी का और काशीनाथ सिंह का भी) नंग-मलंग गद्य है वह 'लिट्टे', 'खालिस्तान', 'उग्रवाद', राम-जन्मभूमि विवाद और बाबरी मस्जिद ध्वंस आदि की खबर अपने ही ढंग से लेता है। उपन्यास के पाँच अध्यायों के शीर्षक—'देख तमाशा लकड़ी का'—'संतों घर में झगरा भारी', 'संतों, असंतों और घोंघाबसंतों का अस्सी', 'पांडे कौन कुमति तोहें लागी' तथा 'कौन ठगवा नागरिया लूटल हो' उसकी प्रकृति का कुछ परिचय तो दे ही देते हैं किंतु स्थितियों के विद्रूप पर कितने देशज और खाँटी रूप में उपन्यासकार ने प्रहार किए हैं, इसे एक छोटे-से उद्धरण में देखा जा सकता है : "देश उसके एजेंडे पर था ही नहीं। उसके एजेंडा पर था राष्ट्रीय स्वाभिमान और गोसंरक्षण। देश भोंसड़ी के

रसातल में जाता है, तो जाए। ये अयोध्या और पोखरन जाएँगे।"[3] अपने कथ्य और शिल्प दोनों की निजता के लिए देर तक याद रखा जानेवाला महत्त्वपूर्ण उपन्यास बन पड़ा है 'काशी का अस्सी'। इस कालावधि में काशीनाथ सिंह का दूसरा महत्त्वपूर्ण उपन्यास 'रेहन पर रग्घू' (2008 ई.) आया है जिसे बुढ़ौती के दंश पर केन्द्रित उपन्यास कहा जा सकता है किंतु अपने विस्तार में जाता हुआ उपन्यास अपने को वैश्विक समस्याओं से जोड़ता है कथा-नायक रघुनाथ उर्फ रग्घू का जीवन-विस्तार जो बनारस के समीपस्थ पहाड़पुर गाँव से अमेरिका तक फैला हुआ है। अंबेडकर गाँव हो जाने से उनका चरित्र किस रूप में बदलता है, वह पूरे देश का भी परिदृश्य है। 'रेहन पर रग्घू' में लेखक ने अनायास नहीं लिखा है, अपितु यह एक वास्तविकता है कि 'रेहन पर रग्घू' मेरा घर है और शायद आपका भी।' उपन्यास में रघुनाथ मास्टर रग्घू का चरित्र एक प्रतिनिधि रूप प्राप्त कर लेता है, पूरे भारतीय परिदृश्य को साक्षात् करता हुआ। रघुनाथ की यह यात्रा बनारस के समीपवर्ती गाँव पहाड़पुर से प्रारम्भ होकर आधुनिक रूप (मॉडल टाउन के स्तर की) में बनी अशोक विहार कालोनी तक की है और उनके बेटों की तरह यह यात्रा नोएडा और अमेरिका तक की है। भूमंडलीकरण ने हमारी जीवन पद्धति और सोच को जिस रूप में बदलकर रख दिया है, जीवन-मूल्यों और मान्यताओं में जो निर्ममता और ध्वंस की स्थिति आई है, उसे उपन्यास बड़ी गहराई से उकेरता है। वृद्धावस्था का सबसे बड़ा दंश अकेलापन है, रग्घू मास्टर अपने अकेलेपन को भोगते हुए अपनी लड़ाई दो स्तरों पर लड़ते हैं—एक संबंधों के स्तर पर जहाँ पत्नी, बेटी, बेटे कोई भी उनकी पीड़ा को समझकर उनके साथ चलने को तैयार नहीं हैं। संबंधों की ऊष्मा शेष हो जाने की स्थिति से वे बार-बार जूझते हैं। यही उनकी नियति है, जिसे वे बेबसी से स्वीकार कर लेते हैं। दूसरी लड़ाई उन्हें सामाजिक और प्रशासनिक व्यवस्था से लड़नी पड़ती है। गाँवों में राजनीति का रूप, मंडल-कमंडल की राजनीति, आरक्षण आदि की जो आँधी चली, उसका बड़ा प्रामाणिक और सूक्ष्म अंकन उपन्यास में प्रस्तुत हुआ है। अगड़ों, सवर्णों की जमात में अकेले ठाकुर रघुनाथ सिंह हैं जो आरक्षण को सही ठहराते हैं किंतु इसी का अभिशाप उनके छोटे बेटे धनंजय को भोगना पड़ता है जिसको किसी भी प्रतियोगिता में एससी, एसटी कोटा और उनके कारण घटी हुई सीटों के चलते कहीं भी सफलता नहीं मिल पाती। इसी संदर्भ में लेखक ने एक बड़ी पेचीदा समस्या पर उँगली रखी है, वह है सवर्णों की बेटी का किसी एससी लड़के से विवाह। रग्घू मास्टर बेटी सरला का एससी लड़के भारती से प्रेम और विवाह स्वीकार नहीं कर पाते किंतु सरला का तर्क अपनी जगह सही है, "माँ, ये तो सात साल से लोगों के दरवज्जे-दरवज्जे घिघियाते फिर रहे हैं और इतने सालों से वह मेरी आरजू मिन्नत कर रहा है—पूरे सम्मान और इज्जत के साथ। कोटे में ही सही, लेकिन पीसीएस है। देखने-सुनने में भी किसी से कम नहीं। मेरी नौकरी से उसे एतराज नहीं।" किंतु उपन्यासकार थोथे आदर्शों की झोंक में कथा को

नहीं घुमाता अपितु पूरे सामाजिक परिदृश्य की कठोर वास्तविकताओं को सामने रखता हुआ रघुनाथ का पक्ष भी रखता है कि उन्हें अपने समाज में क्या-क्या सुनना-भुगतना होगा। नाती-नातियों, समधियों के संबंध को जीना और पचाना उनके लिए यह कितना-कितना मुश्किल होगा, यह पक्ष भी पूरी सहानुभूति से चित्रित हुआ है। सवर्णों और दलितों के सामाजिक संबंध, समीकरण जिस रूप में गाँव-समाज में बदले हैं, उपन्यासकार ने उनका सूक्ष्म एवं प्रामाणिक चित्रण किया है। गाँवों में दलितों का जो आर्थिक अभ्युदय हुआ है और वे एक नई शक्ति के रूप में उभरे हैं, उसका एक सकारात्मक पक्ष उपन्यासकार ने प्रस्तुत किया है। आर्थिक समृद्धि के बीच मनुष्यता कितनी छोटी पड़ी है, इसका चित्रण रघुनाथ के भतीजों द्वारा उनकी जमीन छीनने की कोशिशों में देखा जा सकता है। गाँवों की युवा पीढ़ी सपा, बसपा और भाजपा के खेमों में बँट जिन गतिविधियों में पड़ी रहती है, रघुनाथ के भतीजे देवेश, रमेश और नरेश की चर्चा उसका परिचय देती है। अपनी जमीन की रक्षा न कर पाने में विवश रघुनाथ मास्टर के पत्नी से कहे से शब्द पाठक को भीतर तक छीलते हैं–"शीला हमारे तीन बच्चे हैं लेकिन पता नहीं क्यों कभी मेरे भीतर एक ऐसी हूक उठती है जैसे लगता है–मेरी औरत बाँझ है और मैं एक निःसंतान पिता हूँ।"[4] इस प्रकार अपने समय की कथा कहता हुआ काशीनाथ सिंह का यह उपन्यास न केवल वृद्धावस्था की पीड़ा का आख्यान बनाता है अपितु भूमंडलीकृत परिवर्तित परिवेश का जीवंत चित्रण प्रस्तुत करता है।

वर्ष 2000 ई. में ही प्रख्यात कथाकार **निर्मल वर्मा** का उपन्यास 'अन्तिम अरण्य' आया जिसमें उनके पूर्ववर्ती उपन्यासों के समान दार्शनिकता तथा वैचारिक ऊहापोह के बीच वृद्धावस्था के अकेलेपन के संत्रास को पूर्णतः काल्पनिक स्थान की पृष्ठभूमि में चित्रित किया गया है। वातावरण के सुदीर्घ चित्र, पात्रों की वैचारिक गुत्थियों तथा कथा की मंथर गति कथा-संवेदना और पठनीयता को प्रभावित कर उपन्यास को महत्त्वपूर्ण कृति नहीं बनने देतीं। **कमल कुमार** के 'अपार्थ' (1986), 'आवर्तन' (1992), 'हैमबरगर' (1996) तथा 'यह खबर नहीं' (1999) प्रकाशित हुए जिनमें अंतिम दो उल्लेखनीय हैं। 'हैमबरगर' विदेश, अमेरिका की पृष्ठभूमि में भारतीय नारी की संघर्ष-कथा कहता है कि किस प्रकार वहाँ के सामाजिक जीवन और सांस्कृतिक मूल्यों के बीच भारतीय स्त्री-पुरुष वहाँ अपनी अस्मिता की तलाश करते हैं–कुछ गरेवाल जैसे लोग अमेरिकी युवतियों (कैथी) से विवाह भी कर लेते हैं, किंतु भारतीय परिवारों में उसकी स्थिति पूरी तरह से अजनबी बनी रहती है। उपन्यासकार की चिन्ता में वैश्वीकरण के कितने ही प्रश्न, कामकाजी नारी की स्थितियों, डॉलरों की चमक में छोटे-से-छोटे काम को स्वीकार कर लेने की विवश स्थिति, कार्य-स्थल पर भारतीय युवतियों का स्कर्ट आदि पहनना, काले-गोरों का संघर्ष, आदि आते हैं, जिन्हें कथात्मक संवेदन से अनुस्यूत किया गया है। 'यह खबर नहीं' उपन्यास राजनीति के अपराधीकरण, प्रशासन तंत्र की

भ्रष्टता, आदि की भुक्त-भोगी स्थितियों का आख्यान है। **जया जादवानी** का 'तत्त्वमसि' (2000 ई.) दार्शनिक और मनोवैज्ञानिक स्तर पर काव्यात्मक संवेदन के साथ प्रेम तत्त्व की व्याख्या करता एक महत्त्वपूर्ण उपन्यास है। कदाचित् प्रेम के अव्याख्येय और अशेष जीवन-तत्त्व की व्याख्या के लिए प्रेम का त्रिकोण होना आवश्यक है तभी प्रेम के देहगत और आध्यात्मिक स्वरूप को कुछ-कुछ पकड़ संभव हो पाती है। प्रस्तुत उपन्यास में इसी रूप में प्रेम को विक्रम (पति) और सिद्धार्थ (प्रेमी) के बीच मानसी तलाशने का प्रयत्न करती है। प्रेम के अकथनीय स्वरूप को मानते हुए इस प्रकार शब्दबद्ध करने का प्रयत्न करती है, पर पूरी तरह कर नहीं पाती है, "जो मैंने महसूस किया, जो जाना, सारी कोशिशें कर चुकने के बाद भी क्या मैं उसे ठीक-ठीक कह पाई? जो मैं वास्तव में कहना चाहती हूँ। लेकिन सिद्धार्थ इतना तो तय है कि जो मैं नहीं कह पाई, वह भी पकड़ पाते हो तुम। और तुम जो नहीं कह पाए, मैं भी तो पकड़ पाती हूँ। यही है वह अकथनीय शब्द। वाईब्रेशनल है यह सिद्धार्थ। प्रेम वाईब्रेशनल ही होता है न सिद्धार्थ। अनकहा पकड़ में आने लगे जब परम सत्य अद्वैत होने लगता है तभी। फिर कहाँ रह जाता है वह वेलजेबुब। आइसोला ही है वह।"[5]

रवीन्द्र कालिया का उपन्यास 'ए.बी.सी.डी.' (2004) दूसरे देश में जा बसने की समस्याओं पर नई दृष्टि और स्वस्थ सोच लेकर आता है। अपने संक्षिप्त कलेवर में उपन्यास भारतीय और पाश्चात्य (विशेषकर कैनेडियन-अमेरिकी) जीवन-दृष्टियों को समानान्तर रखकर एक नई चिंतन-दिशा खोलता है कि हम जो कुछ भारतीय हैं मात्र उसे ही श्रेष्ठ मानकर बैठ जाएँ और पश्चिम में जो कुछ भी अच्छा है, उसे मात्र अपसंस्कृति कहकर पल्ला झाड़ लें। दोनों जीवन-पद्धतियों-दृष्टियों को समानान्तर रखकर वृत्तान्त के आवरण में लेखक ने उस पर अपनी पैनी दृष्टि रखी है। भारतवंशियों (एन.आर.आईज) को विदेश में बस जाने पर किस प्रकार वहाँ की सांस्कृतिक दृष्टि और जीवन-मूल्यों से तारतम्य बिठाने में दिक्कतें आती हैं, उनकी नई पीढ़ी, विशेषतः लड़कियों को जिस रूप में जीवन जीना पड़ता है, उसका प्रभावी चित्रण इस उपन्यास में हुआ है। ए.बी.सी.डी. उपन्यास, जिसका पूर्ण रूप है–'अमेरिका बॉर्न कन्फ्यूज्ड देशी'–में शीनी और नेहा की पीढ़ी के माध्यम से भारतीयता के तथाकथित प्रेम और दाम्पत्य के श्रेष्ठ (?) मूल्यों को तार्किक चुनौती दी गई है। उनके बरक्स कैनेडियन समाज में पल्लवित उस जीवन-दृष्टि को रखकर देखा गया है, जिसमें न कोई छद्म है, न दुराव, न किसी किस्म का छल-कपट। एक अंकुठ और निर्द्वन्द्व भाव से जीवन जीने का सहज जीवन-दर्शन। भारतीयता के मूल्यों और मर्यादाओं को तरजीह देनेवाले पहली पीढ़ी के हरदयाल और उनकी पत्नी शील हैं, जो पंजाब छोड़कर कनाडा में बसने गए थे और उन्होंने अपनी आशा-आकांक्षाओं के अनुरूप धर्नाजन कर अपनी संतान–दोनों बेटियों को पाला-पोसा था। कथा का प्रारम्भ बड़ी बेटी शीनी के तलाक लेने के ई-मेल समाचार से होता है, जिसे हरदयाल हिंदुस्तान में रहते छोटे भाई प्रभु को भेजते हैं।

शीनी और उसकी छोटी बहन नेहा के लिए यह अवधारणा अकल्पनीय है कि कोई लड़की–अपूर्वा–पैंतीस साल की उम्र तक 'डेट' पर जाए बिना कैसे रह सकती है। एक ओर शील है कि वह अपनी दोनों बेटियों को 'असूर्यपश्या' बनाकर रखना चाहती है और दूसरी ओर उसकी दोनों बेटियाँ हैं, जो माँ के अंकुश को मानती हुई 'पूर्ण संयम' में तो रहती हैं, पर इन 'दकियानूसी' मूल्यों के प्रति पूरी तरह बगावत करने पर भी उतारू हैं। शीनी का अपनी माँ से कहना 'तुम लोगों की सारी नैतिकता चड्ढी तक सीमित है' एक ऐसा तेजाबी उत्तर है जिसे उसके माँ-बाप की पीढ़ी आसानी से पचा नहीं सकती। उपन्यास एक बहुत महत्त्वपूर्ण समस्या को बड़े खिलदंड़ अंदाज में उठाता है। विवाह और तलाक दोनों ही स्थितियों को कैनेडियन समाज बड़ी सहजता में लेता है। निक जैसे समर्पित 'भले' लड़के का शीनी से तलाक होनेवाला है। शीनी के माता-पिता यह भली-भाँति जानते हैं कि इस विवाह के टूटने में निक से अधिक दोषी उनकी बेटी शीनी है। शीनी के माँ-बाप इस तलाक से बहुत परेशान हैं और तरह-तरह के अनुष्ठान इस विवाह को बचाने के लिए करते हैं। मगर उनके और पाठक के भी आश्चर्य का ठिकाना नहीं रहता, जब वे देखते हैं कि निक अभी भी अपने सास-ससुर का वही आदर-सम्मानकरता है, उन्हें उतना ही प्रेम देता है, जितना पहले, उसके मन में कोई खटास नहीं है कि उनकी बेटी शीनी उसके साथ क्या व्यवहार कर रही है। रवीन्द्र कालिया अपने छोटे से उपन्यास में विदेशों में बसे भारतीयों के जीवन को एक बिलकुल नई और स्वस्थ दृष्टि से देखते हैं। उपन्यास का महत्त्व इस बात में है कि प्रथम बार ऐसा हो रहा है कि विदेशी संस्कृति को महज अपसंस्कृति कह कर अवमूल्यन की दृष्टि से न देखा जाकर उसके श्रेष्ठ को अपनाने का आग्रह एक खुली दृष्टि से किया गया है।

भगवानदास मोरवाल ने औपन्यासिक लेखन के लिए अपनी जन्म-भूमि 'मेवात' अंचल की कथा-भूमि ('लोकेल') को अपनाकर वहाँ के जन-जीवन पर 'काला पहाड़' (1999), 'बाबल तेरा देस में' (2004) तथा 'रेत' (2008) की रचना कर विकास की दृष्टि से हरियाणा के इस अविकसित और अलक्षित क्षेत्र के समाज को उसके श्वेत-श्याम पक्षों में प्रामाणिक रूप से प्रस्तुत किया है। 'काला पहाड़' में मेवात क्षेत्र के मेवों के जातीय चरित्र का उद्‌घाटन बहुत कुशलता से हुआ है। उनके बीच हिंदू-मुस्लिम के बीच की दीवारें जिस रूप में बेमानी हैं और जिस प्रकार का सांप्रदायिक सौहार्द वहाँ मौजूद है, वह एक अनुकरणीय आदर्श है। आर्थिक विपन्नता के चलते वहाँ के लोग किस प्रकार शहरों में भाग कर मजदूरी करने को अभिशप्त हैं, वह ऐसे ही पिछड़े अंचलों का, पूरे देश का सच है। 'बाबल तेरा देस में' तथा 'रेत' में भी वहाँ की जनजातियों का जीवन गहरे संवेदनात्मक रूप में चित्रित है, 'रेत' में कंजर (काननचर) जनजाति का चित्रण जिस शोधात्मक अध्ययन से प्रस्तुत हुआ है, वह उनके समाज का बहुत प्रामाणिक चित्रण है। मोरवाल के उपन्यासों का पृथलाकार होना सायास लगता है, वे अपने कथ्य को सघन

बुनावट से संक्षिप्त और अधिक प्रभावी बना सकते थे।

बंगला देश के अभ्युदय की घटनाओं को केन्द्र में रखकर **महुआ माजी** का उपन्यास 'मैं बोरिशाइल्ला' (2006) प्रकाशित हुआ जिसमें सांप्रदायिकता के वहशी जुनून की स्थितियों पर विचार हुआ है जो पाकिस्तान की निर्मिति में कारक बनीं और फिर भाषा के आधार पर पश्चिमी पाकिस्तानी शासकों के खिलाफ जो व्यापक जनान्दोलन चला उसकी परिणति बंगला देश में हुई। बंगला देश के अस्तित्व में आने से पूर्व वहाँ हत्याओं, लूट, आगजनी, बलात्कार आदि का जो अमानवीय वातावरण था, भारतीय सेना और राजनीतिक नेतृत्व की जो महत्त्वपूर्ण भूमिका बंगला देश के बनने में रही, उस सबका बड़ा शोधपरक चित्रण कथात्मक संवेदन के साथ विवेच्य उपन्यास में हुआ है। **प्रमोद कुमार तिवारी** के दो पृथुलाकार उपन्यास 'डर हमारी जेबों में' (2003) तथा 'अरे चांडाल' (2006) शीर्षक से आए जिनमें मुख्यतः राजनीति के अपराधीकरण और प्रशासन तंत्र की भ्रष्टता, कथा के केन्द्र में है। इनमें 'अरे चांडाल' विशेषतः उल्लेखनीय है जिसमें भारतीय ग्राम की तस्वीर समग्रता में और अत्यन्त सूक्ष्मता तथा प्रामाणिकता से कुँवरपुर ग्राम के माध्यम से प्रस्तुत हुई है। 'कुँवरपुर की जनता भी इसी देश की जनता थी'—उपन्यास में आया यह कथन सामान्य वाक्य मात्र नहीं है, वस्तुतः कथा में देश की सारी जनता के दुख-दर्द बड़ी कुशलता से उकेरे गए हैं। देश के लोकतन्त्र की ही तरह सभी गड्ढों को पार करते हुए "चलते देश की गाड़ी जिस तरह चल चल रही है" उसको पूरे विवरणों में जमीनी सच्चाइयों से जुड़कर प्रस्तुत किया गया है। ग्रामों में विकास के नाम पर चल रही विभिन्न योजनाओं की हकीकत, ग्राम शिल्प समितियों जैसी छोटी संस्थाओं तक की प्रधानी की चुनावी राजनीति, ब्लॉक के विकास-कार्यों का लेखा-जोखा, बैंक-लोन, पुलिसिया कारनामे, राजनीति का अपराधीकरण आदि की स्थितियों को रेखांकित करता उपन्यास अपनी कथ्य-शैली, भाषा-संस्कार में पग-पग पर फणीश्वरनाथ रेणु के 'मैला आँचल' की स्मृति कराता है।

महीप सिंह इस दौर का 'अभी शेष है' (2004) इस कालावधि के उपन्यास में अपने समकाल को प्रायः 1970-75 से लेकर शती के अंत तक के लगभग 25 वर्षों के समय को कथा के केन्द्र में रखते हुए आजादी के बाद के समय को यादों के झरोखों से देखते हुए पूर्वदीप्ति शैली में उठाते हैं। अपने समय के प्रायः सभी महत्त्वपूर्ण प्रश्नों से जूझता—देश-विभाजन का दर्द जिससे लोग आज तक उबर नहीं पाए हैं, पाकिस्तान से उजड़कर, पूरी तरह उजड़कर, आने के बाद शरणार्थियों का अपने जीवट से दिल्ली आदि स्थानों पर जमना, केवल जमना भर नहीं अपितु अपने पुरुषार्थ, कर्मठता से स्वयं को प्रत्येक क्षेत्र में शीर्ष पर स्थापित करना, पत्रकारिता में घुस आई राजनीति, संपादकों की नैतिकता, पंजाब में चल रही अकाली राजनीति और उसी की छत्र-छाया में पल रही दिल्ली की सिक्ख संगत में व्यापी राजनीति, गुरुद्वारों और डेरों के नियंत्रण की रस्साकस्सी, देश की राजनीतिक चालें, जे.पी. और विनोबा के किए गए क्रान्ति-प्रयत्न,

आपातकाल में लेखकों की घिनौनी कार्य-शैली—इन सब बहुत-बहुत जानी-पहचानी स्थितियों की तह में जाकर उपन्यासकार ने सब प्रश्नों पर एक निर्भीक और बेबाक सोच प्रस्तुत की है। **रमेशचन्द्र शाह** ने विवेच्य समय में 'सफेद परदे पर' (2006) उपन्यास प्रस्तुत किया जिसमें एक लेखक की जीवन-संध्या के एकाकीपन का चित्रण है, अनेक स्थलों पर यह पूर्णतः आत्मकथात्मक रूप ग्रहण कर लेता है। वस्तुतः पारिवारिक समंजन ('एडजस्टमेंट') उपन्यास के नायक, लेखक की मुख्य समस्या है। पत्नी की मृत्यु के पश्चात् अपनी स्वतन्त्रता, आज की भाषा में 'अपना स्पेस' तलाशता लेखक अपने बेटे-बहू के परिवार से अलग रहने का उपक्रम करता हैं। बेटे के परिवार को उनके अकेले रहने पर समाज से जो सुनना पड़ता है, उनकी प्रतिष्ठा जिस प्रकार धूल में मिलती है, वह पक्ष उपन्यास को विशेष रोचक बनाता हैं अन्ततः वृद्ध पुत्रों के आत्मीय पत्र के आग्रह से परिवार में लौट आता है। **मो. आरिफ** का 'उपयात्रा' (2006) बाबरी मस्जिद प्रकरण को आधार बनाकर लिखा गया उपन्यास है, जिसमें मस्जिद ध्वंस के बाद के दिनों में मुसलमानों की चिति ('साइके') का गहरा परिचय देकर साम्प्रदायिकता की मनोवृत्ति से जूझा गया है। अल्पसंख्यक वर्ग को धर्म के नाम पर जो मानसिक उत्पीड़न बहुसंख्यक समाज द्वारा दिया जाता है, उन स्थितियों का आत्मानुभूत चित्रण उपन्यास की विशेषता है। साम्प्रदायिकता के नाजुक मसले पर लेखक ने सूझवान विमर्श तो रचा है, किंतु इसके निर्वहन में उसे पूर्ण सफलता नहीं मिल पाई है, कहीं-कहीं उसकी दृष्टि स्वयं सांप्रदायिक-सी हो उठती है। **अनामिका** के 'दस द्वारे का पींजरा' तथा 'तिनका तिनके पास' दो उपन्यास (2008 में) आए हैं। दोनों की मूल कथा-भूमि स्त्रीवादी विमर्श है, उपन्यासों की घटनाएँ स्त्री-प्रश्नों के इर्द-गिर्द घूमती हुई नई पीढ़ी को नई सोच की नारी से पराजित कराती हैं। इन उपन्यासों का सर्वाधिक आकर्षक पक्ष इनका भाषा लालित्य है, विशेष रूप से 'तिनका तिनके पास' की भाषा अपनी नई लोच, प्रौद्योगिकी, सूचना क्रान्ति के परिवेश से गृहीत अनेक उपमाएँ तथा प्रतीक, जिस रूप में प्रयुक्त हुए हैं, वे हिंदी की अभिव्यक्ति क्षमता में आश्चर्यजनक वृद्धि कर उसे अपने ही प्रकार से संपन्नता प्रदान करते हैं। यद्यपि 'तिनका तिनके पास' में 'दस द्वारे का पींजरा' के कुछ घटना-प्रसंगों की पुनरावृत्ति होती है, किंतु फिर भी भारतीय समाज में स्त्री को लेकर अनेक चिंताएँ—दाम्पत्य की टूटन, दाम्पत्य में भी बलात्कार की स्थिति, कॉलगर्ल, विवाहेतर संबंध, सहजीवन, वैश्वीकरण की अपने समस्याएँ, अमेरिका के संदर्भ में नस्लवादी भेद-भाव, काले-गोरे की रंग भेद समस्या, दलित जीवन, बंगाल का अकाल, दिल्ली के निकट फार्म हाउसों में साहित्यकारों की रस-रंजन गोष्ठियों आदि पर विचार करता हुआ उपन्यास अपनी शैल्पिक नवीनता में भी आकर्षित करता है। घटना-बाहुल्य से उपन्यास सूचनाओं का भंडारण बनने का बोध भी देता है, किंतु अपने विमर्श और भाषा-वैभव की दृष्टि से यह महत्त्वपूर्ण बन जाता है।

वर्ष 2008 में कला-जगत् (आर्ट वर्ल्ड) की सच्चाइयों पर प्रसिद्ध चित्रकार

अशोक भौमिक का 'मोनालिसा हँस रही थी' शीर्षक महत्त्वपूर्ण उपन्यास प्रकाशित हुआ। पुस्तक रूप में प्रकाशन से पूर्व जून 2007 में 'बया' पत्रिका (संपा. गौरीनाथ) में प्रकाशित होकर उपन्यास काफी चर्चा में रहा। उपन्यास की कलात्मक परिपक्वता, चित्रण में लाघव का कौशल, चित्रात्मक बिम्बधर्मा भाषा का काव्यात्मक संवेदन जो प्रेम-कथा के सर्वथा अनुकूल है और संक्षिप्ति के होते हुए भी कथा-फलक की चमत्कृत कर देनेवाली विस्तृति, मात्र 120-121 पृष्ठों में कला-जगत के वैश्विक परिदृश्य की प्रस्तुति और कथा का इतिहास तथा वर्तमान में निरन्तर संतरण-सब कुछ बहुत प्रभावी रूप में सामने आता है और हिंदी के बड़े आकारों वाले उपन्यासों के सम्मुख एक चुनौती के रूप में खड़ा होता उपन्यास 'उपन्यास' के लिए नए मानक गढ़ता है। लखनऊ के आर्ट स्कूल और उसके निष्ठावान प्रधानाचार्य चित्रकार प्रो. अमित नियोगी की कला के प्रति प्रतिबद्धता तथा कला-जगत की अमर कृति मोनालिसा की हँसी के इतिहास की तथ्यात्मक प्रस्तुति, किशन के चित्रकार का आकस्मिक अभ्युदय, मोनालिसा के चित्रकार लियोनार्दो दा विंची और उनकी मॉडल लीसा घेरारडीन का इतिहास, वीनस की खंडित मूर्ति और उसके मूर्तिकार का इतिहास जिस कौशल से यहाँ संगुफित हुआ है उस सबको देखकर सहसा विश्वास नहीं होता कि यह लेखक का प्रथम उपन्यास है। वस्तुतः कला-जगत के यथार्थ, उसकी विपणन नीतियों तथा कला-इतिहास का इतना प्रामाणिक अंकन करनेवाली यह एक स्मरणीय सशक्त कृति है।

रजनी गुप्त का उपन्यास 'एक न एक दिन' (2008) घरेलू हिंसा पर केन्द्रित उपन्यास है, जिसमें स्त्री-पक्ष के अनेक महत्त्वपूर्ण पक्षों का कथात्मक विवेचन है। मध्यवर्गीय, निम्नवर्गीय परिवेश की घरेलू हिंसा को पहले भी कथा का विषय बनाया गया है, विवेच्य उपन्यास प्रथम बार अत्यन्त उच्च पदस्थ नारी या कहें समाज के समृद्ध तबके, खाए-पीए-अघाए लोगों के दाम्पत्य में आई घरेलू हिंसा को विषय बनाकर यह प्रश्न उठाता है कि क्या स्त्री का आर्थिक स्वातंत्र्य उसे उसका सम्मानप्रद स्थान समाज और घर में दिला सकता है? इतना अच्छा कमाती, इतना अच्छा सामाजिक जीवन जीती स्त्री कितनी-कितनी बेचारी हो सकती है, यह उपन्यास की कृति और अनन्या के दाम्पत्य की त्रासद स्थितियों से जाना जा सकता है। चौहान साहब और राजीव दोनों ही उच्च शिक्षा प्राप्त हैं, एक उच्च प्रशासनिक अधिकारी भी है किंतु दोनों ही जिस रूप में अपने घर में व्यवहार करते हैं, वह न केवल अमानवीय और बर्बर है अपितु पितृसत्तात्मक परिवार-व्यवस्था की खोखली नींव की कलई खोलता है। स्त्री-पुरुष-संबंधों का इस रूप में विवेचन करता उपन्यास विवाह संस्था के निरर्थक हो जाने की प्रतीति बारम्बार देता है। इसी बिन्दु पर आकर दाम्पत्य में किसी तीसरे की उपस्थिति और सहजीवन आदि पर विचार किया गया है।

हरी चरन प्रकाश का उपन्यास 'एक गंधर्व का दुःस्वप्न' (2008) न केवल कथ्य

अपितु उससे भी अधिक अपनी शैल्पिक संरचना और अभिव्यक्ति के व्यंग्यात्मक रंग के लिए देर तक याद रहनेवाला उपन्यास है। कथानायक भवनाथ तो कथ्य का माध्यम-भर बनता है, उसके द्वारा 'समय और जीवन' की विद्रूपमयी स्थितियों का सटीक चित्रण किया गया है। महात्मा गांधी की हत्या से लेकर 1975 में आपात्काल की घोषणा, नसबंदी अभियान का अविवेकपूर्ण हश्र, 17 जनवरी 1977 के लोकसभा चुनावों की घोषणा, आडवाणी की रथ-यात्रा, बाबरी मस्जिद ध्वंस, आदि देश की महत्त्वपूर्ण घटनाओं को आकलित करता विवेच्य उपन्यास अपने समय में सार्थक हस्तक्षेप करता है। सत्यार्थ प्रकाश, शहीद रामप्रसाद बिस्मिल, अशफाक उल्ला खाँ के उद्धरणों को जिस रूप में प्रयुक्त किया गया है, वह एक नया शैल्पिक प्रयोग है। **मधु काँकरिया** का उपन्यास 'सेज पर संस्कृत' (2008) रोचक शैली में जैन साध्वियों के जीवन के अन्तर्बाह्य में झाँकता हुआ, अनेक सामाजिक और स्त्री-अस्मिता के प्रश्नों को उठाता है। लेखिका शोधपरक दृष्टि से जैन धर्म और समाज की विसंगतियों के पर्दाफाश करती हुई बताती है कि किस प्रकार महावीर जी के निर्वाण के 943 वर्षों बाद जैन धर्म की आचार-संहिताएँ लिखकर धर्म की मनमानी व्याख्या की गई। संघमित्रा और छुटकी बहुत देर तक स्मृति में छा जानेवाली पात्र हैं। **जितेन ठाकुर** का 'उड़ान' (2008) उत्तराखंड के पहाड़ी जीवन पर केन्द्रित उपन्यास है। **अजय नावरिया** का 'उधर के लोग' (2008) दलित चेतना पर केन्द्रित उपन्यास है। जिसमें आधुनिक जीवन को प्रभावित करनेवाली भूमंडलीय प्रवृत्तियों पर भी यत्किंचित् विचार किया गया है। **राजू शर्मा** के 'हलफनामे' (2006) तथा 'विसर्जन' (2009) दो उपन्यास आए हैं जिनमें 'हलफनामे' में किसानों की आत्म-हत्या की समस्या और उन पर सरकार की मुआवजा राशि देने की विद्रूपताओं को चित्रित करते हुए भ्रष्ट राजनीतिक और प्रशासनिक व्यवस्था, कोर्ट-कचहरियों में सामान्य आदमी का शोषण और उसे लगभग मार देने जैसी भयावह स्थितियों का सशक्त चित्रण किया गया है। 'विसर्जन' भारत सरकार की उच्चतम खुफिया एजेंसियोंइंटेलिजेंस ब्यूरो, रॉ, सी.बी.आई. आदि की कार्य-शैलियों का अनुभव-जनित प्रामाणिक यथार्थ प्रस्तुत करते हुए देश में पसर गई भूमंडलीकृत आर्थिकता के श्वेत-श्याम पक्षों का सटीक चित्रण करता है। इसके साथ ही दिल्ली और दिल्ली के अनेक स्मारकों का यथा-प्रसंग इतिहास, अमेरिकी वर्चस्व, मुक्त-बाजार, उपभोक्तावाद का बढ़ता पसारा, रीयल्टी एस्टेट व्यापार में कूटी गई चाँदी, कंप्यूटर-क्रांति का चहुँ ओर फैला प्रसार, देश में नित्य उठती सांप्रदायिक समस्याओं आदि पर विमर्श रचा गया है किंतु अपनी शैल्पिक न्यूनताओं के कारण, यह महत्त्वाकांक्षी उपन्यास 'एक बहुत सफल कोटि का उपन्यास' बनते-बनते रह गया है। फिर भी अपने बहुआयामी कथा-फलक के कारण यह हमारा ध्यान आकृष्ट करता है।

अभी 2009 का प्रारम्भ-सा ही है, जयंती का 'खानाबदोश ख्वाहिशें', शरद सिंह का 'पचकौड़ी', ममता कालिया का 'अँधेरे का ताला', 'दुक्खम सुक्खम', मृदुला गर्ग का 'मिल जुल मन', प्रियंवद का 'छुट्टी के दिन का कोरस', ज्ञान प्रकाश विवेक

का 'आखेट' आदि उपन्यास आ चुके हैं। असगर वजाहत, पंकज बिष्ट, रणेन्द्र, आदि के उपन्यास घोषित हो चुके हैं। भारतीय ज्ञानपीठ प्रकाशन ने 2009 को अपना उपन्यास-वर्ष घोषित कर चन्द्रकिशोर जायसवाल, अभिमन्यु अनन्त, शिवमूर्ति, धीरेन्द्र अस्थाना, मधुकर सिंह, सुषम बेदी आदि के उपन्यास इसी वर्ष (2009 में) प्रकाशित करने का बीड़ा उठाया है।

हिंदी उपन्यास के पिछले प्रायः पच्चीस वर्ष की कथा-यात्रा का यह संक्षिप्त अवलोकन आश्वस्ति देता है कि हिंदी उपन्यास निरंतर समृद्धि के नए-नए शिखर आयत्त करता हुआ प्रगति-पथ पर अग्रसर है।

हिंदी उपन्यास : रेखांकित करने के प्रयास और साहित्यिक राजनीति

पिछले कुछ वर्षों में उपन्यास को साहित्य की केन्द्रीय विधा मानने, घोषित करने का शोर-शराबा और इस विधा को लेकर एक उत्सवधर्मी-सा वातावरण बना रहा है। 1998 ई. को 'उपन्यास वर्ष' (बतर्ज़ यूनेस्को घोषित 'बाल-वर्ष', 'महिला वर्ष', 'वृद्ध वर्ष' आदि घोषित किया गया।[6] इस सबका केन्द्रीय भाव यही है कि इधर उपन्यास-रचना को हिंदी में बहुत महत्त्व मिला है और न केवल संख्या की दृष्टि से अपितु गुणात्मक दृष्टि से भी हिंदी उपन्यास साहित्य को अपूर्व समृद्धि प्राप्त हुई है। इन वर्षों में विभिन्न पत्रिकाओं ने अपने उपन्यास केन्द्रित अंक निकाले तथा प्रतिष्ठित संस्थाओं ने उपन्यास केन्द्रित गोष्ठियों का आयोजन किया। 'हंस' के 1998 ई. के जुलाई तथा अगस्त दो अंकों में 'सदी का औपन्यासिक अंत' शीर्षक संपादकीयों में उपन्यास-चर्चा ही केन्द्र में रही। जुलाई 1998 ई. में ही 'हंस' की उपन्यास केन्द्रित वार्षिक संगोष्ठी आयोजित की गई। 'कथा-क्रम' (लखनऊ) का नवम्बर 1998 में उपन्यास केन्द्रित वार्षिक आयोजन हुआ तथा जनवरी 1999 में 'हंस' ने ही अपना उपन्यास विशेषांक 'हिंदी उपन्यास : एक सदी' (अतिथि संपा. पंकज बिष्ट) प्रकाशित किया। फिर भोपाल में अगस्त 1999 ई. में उपन्यास केन्द्रित 'पावस व्याख्यान माला' के अन्तर्गत जमकर उपन्यास-चर्चा हुई। 'वर्तमान साहित्य' ने भी अपना शताब्दी कथा विशेषांक (जनवरी-फरवरी 2000 ई.) निकालकर सदी के दस उपन्यास रेखांकित करने की चेष्टा की। इस सबके अतिरिक्त विभिन्न प्रकाशकों से जब बात होती है तो वे भी यही कहते हैं कि 'उपन्यास सबसे ज्यादा बिकता है', 'उपन्यास कैसा भी हो, बिक ही जाता है।' कहानीकार कहते भले ही न हों, किंतु प्रायः ही कुछ समय पश्चात्, कहानी में 'हाथ साफ हो जाने' के पश्चात्, चाहे सधे या न 'सधे' वे भी 'उपन्यास' के क्षेत्र में जोर आजमाइश करना जरूरी समझते हैं—एक छोटी विधा से बड़ी विधा में पैठ।

हिंदी में कुछ बरसों में उपन्यासों की बाढ़-सी आई। स्थिति यही बनी हुई है कि हिंदी ही नहीं अंग्रेजी तथा अन्य भारतीय भाषाओं में भी उपन्यास की लोकप्रियता बढ़ती ही रही है। ऑक्सफोर्ड प्रकाशन के स्टोर प्रबंधक विजय प्रताप सिंह के अनुसार

नब्बे प्रतिशत पाठक कहानी पसंद नहीं करते, अपितु वे उपन्यास पढ़ना पसंद करते हैं। वर्ष 2009 भी उपन्यासों का वर्ष रहेगा।[7]

उपन्यास-मूल्यांकन का संकट यह भी है कि कोई (पाठक/समीक्षक) क्या पढ़े और क्या छोड़े। यह संकट प्रायोजित समीक्षाओं और प्रायोजित गोष्ठियों में रेखांकित 'कराए' जाने के 'उपक्रमों' और 'लोकार्पण' गोष्ठियों-समारोहों की चर्चा के कारण और भी गहराता है। 'सही रचना' 'सही रूप' में पाठक के सामने आ सके ऐसे प्रयत्न प्रायः कम ही हो पाते हैं। किसी सामान्य-सी कृति को जब 'युद्ध और शांति', 'वार एंड पीस' से तुलित किया जाता है तो समीक्षा की विश्वसनीयता का प्रश्न भी सहज ही आंदोलित करने लगता है। रचनाकार को समीक्षा से संतोष न हो पाने का 'सनातन यक्ष प्रश्न' और 'कथा-समीक्षा के बोदेपन' का सहज बहाना और 'घोषणाएँ' भी श्रेष्ठ कृतित्व के रेखांकन को बाधित करती स्थितियाँ हैं।

इन संकटों से उबरते/बचते हुए हमारे 'चयन' का आधार क्या हो, यह विचारणीय है। मेरी समझ में इसके निम्नस्थ चार आधार बनाए जा सकते हैं या कहूँ मैं अपने पठन-पाठन और लेखन के लिए इन आधारों का प्रयोग करता हूँ :

1. प्रतिष्ठित पत्रिकाएँ
2. प्रतिष्ठित लेखक
3. प्रतिष्ठित प्रकाशक
4. नए लेखकों की चर्चित कृतियाँ।

प्रतिष्ठित पत्रिकाओं में भी उपन्यास-चर्चा भरमाने वाली हो सकती है, प्रतिष्ठित लोगों की समीक्षाएँ भी कभी-कभी किसी की शोभा-यात्रा में कंधा देते मिल सकती हैं। किंतु फिर भी सही समीक्षा की 'पहचान' पाठक को है, इसी प्रकार 'विश्वस्त समीक्षकों' की भी पाठक की अपनी एक सूची अवश्य होती है। प्रतिष्ठित पत्रिकाएँ किस प्रकार अवांछित उपन्यासों को रेखांकित कर तरजीह देती हैं, इसकी मिसाल थोड़ा रुक कर, अभी उपन्यास के पाठक की 'चयन-दृष्टि' पर विचार कर लिया जाए। दूसरा आधार यह हो सकता है कि जब भी किसी प्रतिष्ठित लेखक, यथा कमलेश्वर, भीष्म साहनी, निर्मल वर्मा, मनोहरश्याम जोशी, आदि का कोई उपन्यास आए तो उसे अवश्य पढ़ा जाना चाहिए। प्रतिष्ठित प्रकाशकों, यथा राजकमल प्रकाशन, राजपाल एंड सन्ज, राधाकृष्ण प्रकाशन, भारतीय ज्ञानपीठ प्रकाशन, सामयिक प्रकाशन, नेशनल पब्लिशिंग हाउस, आदि से जब कोई उपन्यास आए तो उसका भी नोटिस लिया जाना चाहिए, यद्यपि अब इन प्रकाशकों में से भी कई के यहाँ वैसी चयन-दृष्टि नहीं रह गई है क्योंकि वहाँ कोई स्थायी संपादन-व्यवस्था पहले की भाँति नहीं है। चौथा आधार यह होना चाहिए कि नए लेखकों की चर्चित कृतियों को जरूर पढ़ा जाना चाहिए यथा 'कलि-कथा : वाया बाईपास' (अलका सरावगी, 1997) यद्यपि लेखिका का प्रथम उपन्यास था किंतु इसने उपन्यास साहित्य में जो स्थान बनाया, वह सर्वविदित है, आदि।

इन आधारों पर हम उपन्यासों की बहुतायत में से श्रेष्ठ कृतित्व का चयन कर उनके पाठ में प्रवृत्त हो सकते हैं।

निर्मल वर्मा ने एक बार ('वागर्थ' के प्रवेशांक में) बड़ी तकलीफ से यह बात कही थी कि हिंदी में कविता और कथा-साहित्य के मूल्यांकन में जो राजनीति होती है, वह किसी भी अन्य भारतीय भाषा के साहित्य में नहीं है। यह राजनीति प्रतिष्ठित पत्रिकाओं के माध्यम से अधिक होती है। इस प्रकार की राजनीति के तहत कुछ कृतियों को इतना अधिक 'फोकस' में ला दिया जाता है कि उनको पढ़ने के लिए भी मन नहीं करता और एक वितृष्णा-भाव जागता है कि हम किन कृतियों का रेखांकन कर उन्हें चर्चा में ला रहे हैं या लाना चाहते हैं।

पाठक के चयन को भरमानेवाला घटक एक और भी है। वे हैं प्रतिष्ठित पुरस्कार, यद्यपि आज बड़े-बड़े पुरस्कारों की विश्वसनीयता प्रश्नांकित हो गई है। कभी-कभी ऐसी कृति पुरस्कृत होती है, भले ही उस रचनाकार के पास ही उससे बेहतर कृतियाँ हों, कि समझ नहीं पड़ता कि ऐसा क्यों हुआ। इस संबंध में दो उदाहरण दिए जा सकते हैं : शिवप्रसाद सिंह के उपन्यास 'नीला चाँद' और सुरेन्द्र वर्मा के 'मुझे चाँद चाहिए' उपन्यासों को साहित्य अकादमी पुरस्कार दिया गया। 'नीला चाँद' मेरे लेखे शिवप्रसाद सिंह की सर्वश्रेष्ठ कृति नहीं है और उस वर्ष के प्रकाशित उपन्यासों में भी वह 'सर्वश्रेष्ठ' नहीं है। इसी प्रकार 'मुझे चाँद चाहिए' एक अच्छा उपन्यास होते हुए भी इतनी महत्त्वपूर्ण कृति नहीं है जितना उसका शोर मचा। मुझे लगता है, होना यह भी चाहिए कि जब किसी कृति या कुछ उपन्यासों की वक्ती चर्चाओं, प्रायोजित चर्चाओं, गोष्ठियों, आदि का शोर थम जाए तो एक तटस्थ और गंभीर दृष्टि से कृतियों के पुनर्मूल्यांकन का सिलसिला शुरू हो।

साहित्यिक पत्रिकाएँ किस प्रकार उपन्यासों को रेखांकित करने की राजनीति करती हैं, इस संबंध में सबसे पहले पंकज बिष्ट के संपादकत्व में प्रकाशित 'हंस' (जनवरी, 1999) के 'हिंदी उपन्यास : एक सदी' अंक की चर्चा कर ली जाए। अतिथि संपादक के निवेदन 'सहस्त्राब्दि के द्वार पर' तथा अन्य टिप्पणियों में पंकज बिष्ट उपन्यास की जो सैद्धांतिकी निर्मित करते हैं, उनका चयन उससे संगति नहीं रखता। क्या यह संपादक की सीमा कही जाए कि नामी-गिरामी कलमों से जो भी कूड़ा-कर्कट आए, उसे प्रकाशित करना उसकी विवशता है? कृष्ण बलदेव वैद के 'अपूर्ण अँधेरे में' तथा मनोहरश्याम जोशी के 'येऽ बांधवा वा बांधवा वा' उपन्यास अंशों में कौन-सा 'प्रामाणिक सामाजिक यथार्थ' अथवा 'मानवीय मन की गहनतम पैठ' उन्हें किस रूप में दिखाई दी, यह तो वही जानें किंतु पाठक का यह वाजिब सवाल हो सकता है कि हिंदी उपन्यास की इस प्रौढ़ता में इन उपन्यास-अंशों की क्या सार्थकता हो सकती है? हिंदी उपन्यास का वह दौर कब का बीत चुका जब 'विमल उर्फ जाएँ तो जाएँ कहाँ' जैसी कृतियों को मान्यता मिली थी, कहानी में भी 'अकहानी' का दौर कब का गुजर

चुका किंतु 1993 ई. में प्रकाशित अपनी 'लीला और कहानियाँ' में भी कृष्ण बलदेव वैद वहीं खड़े एक नए रीतिकाल को जी रहे हैं और 1999 में प्रकाशित 'हंस' के इस उपन्यास-अंश में भी वही कामकला के फूहड़ प्रयोग कर रहे हैं। वैद के उपन्यास का प्रारंभ इस रूप में होता है, "जब वह बेहोश हो रही थी, मैं उसके उरोजों को अपनी निगाहों से निहार रहा था। उस मजलिस में बैठे कुछ और लोग भी शायद यही चोरी कर रहे हों, मैं और लोगों की उपस्थिति से आगाह होते हुए भी कल्पना कर रहा था कि उसके और मेरे सिवा वहाँ कोई नहीं था। हम दोनों एक पेड़ तले खड़े थे, पेड़ की शाखें हवा में झूल रही थीं, उसके उरोजों के अंगूर नक्की के (शायद मुद्रण की अशुद्धि, 'मक्की' शब्द होगा) दानों में बदलते जा रहे थे। उसके होंठों से उसकी बातें बुलबुलों की तरह फूट रही थीं, मेरे होंठ उन बुलबुलों के लिए हुमक रहे थे।" इसी उपन्यास में और आगे, "उसने मेरी कमीज मेरी पतलून से बाहर खींच कर कमीज के बटन और पतलून की जिप खोल दी, फिर अपना ब्लाउज उतार स्कर्ट को खींचकर पैरों के हवालेकर दी। उसने (न) अंगीया पहन रखी थी न अन्डी। अब मैं उसके हाथ में था, उसके होंठ मेरे होंठों से लिपटे जा रहे थे। जब मैंने जीभ उसके मुँह में डाली तो उसकी जीभ को गर्म पाया। महसूस हुआ मेरी जीभ किसी अच्छे कुएँ में लटक गई हो।" संपूर्ण उपन्यास-अंश इसी प्रकार के स्थूल वर्णनों की चेतना से युक्त है। जिन लोगों की स्मृति में 'विमल उर्फ जाएँ तो जाएँ कहाँ' न हो वे उसका पुनर्पाठ कर सकते हैं और 1993 ई. में प्रकाशित 'लीला और अन्य कहानियाँ' से मिलाकर देख सकते हैं कि किस प्रकार 1999 में, 'सहस्त्राब्दि के द्वार पर' पहुँचकर भी हमारा वरिष्ठ उपन्यासकार इसी संवेदना को जी रहा है।[8] दूसरा उपन्यास-अंश जिसकी ओर ध्यान दिलाना जरूरी है 'हमजाद' के लेखक मनोहरश्याम जोशी का 'येऽ बांधवा वा बाधवा वा' का है। इस उपन्यास का नायक भी कृष्ण बलदेव वैद के 'मायालोक' के नायक के समान पूरी तरह 'खिलाड़ी' है। उसे भी तरह-तरह की स्त्रियों से संपर्क करने और उन्हें भोगने में महारत हासिल है, "विवाहेतर संभोग के संदर्भ में उसकी दृष्टि विचित्र थी, उसे अपने बराबर की अथवा अपने से भी ऊँचे वर्ग की विदुषी-परिष्कृत महिलाएँ या तो इस कदर आराध्या लगतीं कि वह उन्हें हमबिस्तर बनाने की बात सोच ही नहीं सकता या शायद ईर्ष्यावश इतनी हास्यास्पद लगती कि वह उनसे व्यंग्य-विनोद ही करता रहता और यह व्यंग्य विनोद अंतरंगता को असंभव बना देता, मध्य या निम्न-मध्य वर्ग की घरेलू भाभीनुमा स्त्रियाँ अथवा निचले तबकों की फूहड़ मांसल महिलाएँ ही भोग्या लगती आईं। किसी निम्नवर्ग की स्त्री से पैसे के बल पर संभोग करने में उसे अपने जातिवादी और मार्क्सवादी दोनों ही संस्कारों के कारण संकोच होता आया।" "xxxxxx बरसों स्त्रीहीन रहने के बाद अभी छः महीने पहले वह एक भाभीनुमा घरेलू स्त्री से संबंध स्थापित करने में सफल हुआ। भरपूर यौन सुख देने और लेनेवाली वह महिला कभी सफल किंतु अब विफल वयोवृद्ध पियक्कड़ कैमरामैन की

दूसरी पत्नी थी जिसे न बहुपुरुषकामी किसी उन्मादिनी की श्रेणी में रखा जा सकता था और न वेश्या की, वह एक सामान्य-सी घरेलू स्त्री थी। xxxxx तो इमीरती की अनभोगी मांसलता को याद करते हुए वह अहल्या भाभी से मिलने के लिए ग्वालिया टैंक निकल पड़ा। वह आश्वस्त था कि आज भाभी से न केवल मिल सकेगा, बल्कि उनके साथ बकौल अनुभवी मित्र 'हिल' भी सकेगा।" फिर प्रारंभ होती है इस नायक की यात्रा इस भाभी को प्राप्त करने के लिए जिसे एक दूसरे 'भाई साहब' पहले से ही भोग रहे हैं। यह बात अपनी जगह सही है कि लेखक को यह 'डिक्टेट' नहीं कराया जा सकता कि वह क्या लिखे किंतु संपादक और पुस्तकों के प्रकाशकों से तो यह वाजिब अपेक्षा की ही जा सकती है कि वे अपने पाठक को पढ़ने के लिए क्या परोसें। यह अपेक्षा तब और भी बढ़ जाती है जब संपादक पंकज बिष्ट जैसा श्रेष्ठ उपन्यासकार और कई वर्ष 'आजकल' का कुशल संपादन करनेवाला व्यक्ति हो। आज हम बहुत बार अपने कठिन समय, संस्कृति की दृष्टि से विपन्न समय, वैश्वीकरण और उपभोक्तावाद, आदि, आदि के खतरों और इस सबसे निजात पाने के लिए शब्द की सत्ता की बात बार-बार कर रहे हैं तो क्या ऐसे समय में हमारा उपन्यास इसी तेवर से अपने समय से जूझ रहा है? उपन्यास को युग-चित्रण और समाज के पूरे अंतरंग में झाँकने का कारगर उपक्रम बताया जाता है तो क्या ये उपन्यास अपने समाज को कुछ दिशा दे रहे हैं या बदले हुए समय में मानवीय संबंधों का कोई नया वृत्त खोल पा रहे हैं? एक प्रश्न यह भी है कि पीले पारदर्शी कागज में बंद फुटपाथिया साहित्य, प्यारेलाल शर्मा और न जाने कौन-कौन से नामों के साहित्य में और हमारे इस श्रेण्य कहे जानेवाले साहित्य में कुछ अंतर रह गया है। ऊपर से तुर्रा यह कि हम बारम्बार इस लेखन को महत्त्वपूर्ण लेखन के रूप में रेखांकित कर रहे हैं। उसी अंक के संपादकीय में पंकज बिष्ट का कथन है, "कहानी और कविता की अखंड जुगलबंदी के बावजूद कृष्णा सोबती, मनोहरश्याम जोशी और कृष्ण बलदेव वैद्य जैसे लेखकों के अलावा विनोद कुमार शुक्ल अपने स्तर पर महत्त्वपूर्ण रचनाएँ करते रहे।" आज यह प्रश्न बहुत ज्यादा सार्थकता और संगति नहीं रखता कि उपन्यास या रचना में अश्लीलता है या नहीं, सवाल यह है कि इस नंगई को दिखाने और इस सबके भोक्ता वीर नायक को खड़ा करने में कौन-से कला-प्रयोजन या सामाजिक प्रयोजन सिद्ध होते हैं। यदि इस रचनाशीलता का विरोध नहीं होता है तो मुर्दों के लिए गुलदस्ते सजते रहेंगे, हमजाद आते रहेंगे (पाठकों की सूचनार्थ हमजाद का नायक 953-954 औरतों का शरीर-भोक्ता है)। मुझे कृष्ण बलदेव वैद के उपन्यास विमल उर्फ जाएँ तो जाएँ कहाँ के समर्पण-पृष्ठ का ध्यान आ रहा है जिस पर लिखा है "उन प्रकाशकों के नाम जिन्होंने इस उपन्यास को अस्वीकारा" किंतु अब तो लगता है कि प्रकाशकों की वह जमात ही समाप्त हो गई है जो ऐसी कृतियों को (बड़े नामों की कृतियों को) अस्वीकार करने की हिम्मत रखते हों। किंतु मुझे शंका है कि एक बड़ा पाठक वर्ग

स्वीकार भी कर पाएगा या कहें कि लोकप्रिय भी हो पाएँगी, ये तो थोक खरीद में ही जाएँगी। अब पाठक के चयन का यह आधार विलुप्त हो गया है कि वह प्रतिष्ठित नामों और प्रतिष्ठित प्रकाशकों की पुस्तक को एक आश्वस्ति के साथ पढ़ने के लिए उठाए।

राजेन्द्र यादव ने "सदी का औपन्यासिक अंत" ('हंस' जुलाई, अगस्त 1998) शीर्षक अपने दो संपादकीय लेखों में जिन उपन्यासों का रेखांकन किया है, उनकी चर्चा भी आवश्यक है। यादव हमारे बहुत अधीत, भारतीय और विदेशी भाषाओं की कृतियों का गहन और विस्तृत अध्ययन करनेवाले, कथाकार की संवेदना के कृती संपादक हैं। एक सफल उपन्यासकार के रूप में भी वे ख्याति प्राप्त हैं तथा विभिन्न उपन्यासों पर तुलनात्मक दृष्टि से साधिकार टिप्पणी करने के अधिकारी हैं। अपने इस आकलन में वे शताब्दी के दसवें दशक में प्रकाशित हिंदी के दस-बारह उपन्यासों को उपन्यास के आदर्श रूप ('मॉडल') में विश्लेषित और रेखांकित करते हैं। (यूँ इस आकलन की दूसरी किस्त अपेक्षाकृत अधिक विश्वसनीय और सारगर्भित है)। इन उपन्यासों में सर्वप्रथम महनीय कृति के रूप में वे प्रस्तुत करते हैं कृष्ण बलदेव वैद के उपन्यास 'नर-नारी' को। इस उपन्यास की संवेदना को राजेन्द्र यादव के ही शब्दों में लक्षित किया जा सकता है, "पुरुष मानसिकता के इन गड़बड़ाए समीकरणों का सबसे प्रामाणिक दस्तावेज है कृष्ण बलदेव वैद का उपन्यास 'नर-नारी'। भाषा के बेहद रचनात्मक प्रयोगों के माध्यम से आत्मालापों के रूप में लिखे गए इस उपन्यास का नायक अपने आपको सुअर (स्त्रीवादियों द्वारा मेल शॉवेनिस्टिक पिग का संक्षिप्त) कह कर अपनी स्थिति का मजाक उड़ाता है तो कभी अपने पर दया करता है। वह आत्मदया और आत्मधिक्कार का अजीब सम्मिश्रण है। xxxx यह सुअर न शारीरिक मार-पीट से उसे (पत्नी को) बस में कर पाता है, न संभोग-बलात्कार से, इस 'औरत ने घर में ही गदर' नहीं मचाया हुआ है बल्कि उसकी बहन को भी बिगाड़ कर रख दिया है। इस निहायत ही जटिल पुरुष पात्र की लगभग खिल्ली उड़ाता हुआ यह उपन्यास वैद ने अपनी प्रिय चेतना-प्रवाही शैली और खिलंदडी भाषा में लिखा है और इसे सिर्फ भाषा के आनंद के लिए भी पढ़ा जा सकता है। मैं इसे वैद की प्रौढ़ रचनाओं में से एक मानता हूँ हालाँकि यह सुअर उनके पहले के उपन्यासों 'विमल उर्फ जाएँ तो जाए कहाँ' या 'गुजरा हुआ जमाना' का ही विस्तार है।" यहाँ सवाल यह उठता है कि केवल भाषा के आनंद के लिए भी उपन्यास की सार्थकता हो सकती है चाहे उसका कथ्य कितना ही निकृष्ट और गर्हित हो? राजेन्द्र यादव इस टिप्पणी के अंत में बहुत दबे स्वर में नर-नारी उपन्यास को उनकी पूर्ववर्ती कृतियों 'विमल उर्फ जाएँ तो जाएँ कहाँ' तथा 'गुजरा हुआ जमाना' का विस्तार मानते हैं। कैसा विरोधाभासी कथन है यह कि वे इसे 'वैद की प्रौढ़ रचनाओं में से एक भी मान रहे हैं? जन-चेतना का प्रगतिशील कथा मासिक, 'हंस' के संपादक की यह कौन-सी जन-चेतना-सम्पन्न वृत्ति है जो 'नर-नारी' को अपने लेख का प्रथम पूजनीय उपन्यास मान रहे हैं।

'नर-नारी' या 'हमजाद' के संदर्भ में राजेन्द्र यादव जैसे प्रखर और तेजस्वी कलम के धारक संपादक, जिसने अपने संपादकीयों में बड़ी निर्भीकता से कितने ही राजनीतिक-सामाजिक प्रश्नों पर बड़ी तीखी प्रतिक्रियाएँ व्यक्त की हैं, को अवश्य पूछना चाहिए था कि इन कृतियों से कौन-सा समाज-हित या मानवीय चरित्र का कौन-सा नया पक्ष उद्‌घाटित हो रहा है। 'हमजाद' के अपसामान्य, रुग्ण मानसिकता के यौन-चित्रण हिंदी उपन्यास की थाती को क्या कुछ नया दे पा रहे हैं। 'पुरुष मानसिकता के गड़बड़ाये समीकरणों का सबसे प्रामाणिक दस्तावेज', प्रौढ़ कृति, आदि कहना कहाँ तक तर्क-संगत है? 'नर-नारी' के बाद राजेन्द्र यादव जिस दूसरी कृति को रेखांकित करते हैं, वह है शरद देवड़ा का 'प्रेमी प्रेमिका' संवाद। यद्यपि वे इस कृति को सम्माननीय दृष्टि से नहीं देखने, निहायत बचकाना उपन्यास बताते हैं किंतु प्रश्न यह है कि इस कृति का नाम भी क्यों लिया जा रहा है, न ही यह उपन्यास है, (उद्धरण चिह्न के साथ उपन्यास लिखकर शायद यादव जी इसके उपन्यास होने में अपनी शंका व्यक्त कर रहे हैं) ऐसी तो सैकड़ों चीजें हिंदी में लिखी जाती होगी जो हिंद पॉकेट बुक्स या डायमंड, आदि से प्रकाशित हैं किंतु क्या वे साहित्य या उपन्यास हैं? यदि नहीं हैं तो उनकी चर्चा क्या केवल इसीलिए हो जानी चाहिए कि वे एक भूतपूर्व उपन्यासकार ने लिखी हैं? इसी प्रकार राजेन्द्र यादव सुरेन्द्र वर्मा के उपन्यास 'दो मुर्दों के लिए गुलदस्ता' को इसलिए रेखांकित करना चाहते हैं कि वह "सम्पन्न फुरसती प्रौढ़ महिलाओं की शारीरिक भूख के लिए फाइव-स्टार होटलों या घरों में सुलभ पुरुष वेश्या की विजय-गाथा जिगोलो पर शायद पहली कथा-कृति" है, क्या कोई औपन्यासिक कृति इसीलिए सदी के औपन्यासिक आकलन में उल्लेखनीय बन सकती है कि वह जिगोलो पर प्रथम कथा कृति है? वस्तुतः ये कृतियाँ स्त्री-पुरुष के प्रकृत संबंधों को भी प्रकृत धरातल नहीं दे पाई हैं। स्त्री-पुरुष के आत्मीय, आवेगपूर्ण, उद्‌दाम काम प्रेरित अंतरंग क्षणों का अत्यंत तन्मयी भाव से कलात्मक चित्रण कितने ही उपन्यासों और कहानियों में हुआ है जो इन नंगईपूर्ण, विखंडित व्यक्तित्व के यौन-चित्रणों से कहीं अधिक ऐन्द्रीयता ('सैन्सुअस') पूर्ण है।

'हंस' उपन्यास-चर्चा से अलग हटकर हिंदी उपन्यास के रेखांकन संबंधी कुछ और बातें की जा सकती हैं। कथा-क्रम–1998 में दूधनाथ सिंह ने (संदर्भ कथा-क्रम, अप्रैल 1999 अंक में प्रतिभा कटियार द्वारा दी गई रपट) विनोद कुमार शुक्ल के उपन्यासों को लेकर "भाषा के साथ सह-संयोजन शरारतपूर्ण ढंग से करते हैं और एक तरह से भाषा के साथ खिलवाड़ करते हैं" का जो विरोधी स्वर डॉ. नामवर सिंह की टिप्पणी के संदर्भ में उठाया है उसमें बहुत बल है। इसे भाषा के साथ शरारतपूर्ण सह-संयोजन भले ही न माना जाए किंतु इतना तो सत्य लगता ही है कि उनके उपन्यासों को नए कला-प्रयोग कहकर पूरे औपन्यासिक-रचना-जगत में अपेक्षित से अधिक, आउट ऑफ प्रोपर्शन, महत्ता दी गई-चाहे वह 'नौकर की कमीज' या चाहे

'खिलेगा तो देखोगे' या चाहे 'दीवार में खिड़की रहती थी'। इसका परिणाम यही होता है कि कुछ ऐसी कृतियों के महिमा-मंडन से कुछ महत्त्वपूर्ण रचनाएँ उपेक्षित रह जाती हैं (दूधनाथ सिंह, कथा-क्रम में ही)। अतिरिक्त महिमामंडन का दुष्प्रभाव यह भी होता है कि कृति को पूरी वस्तुनिष्ठ दृष्टि से नहीं परखा जाता, सुरेन्द्र वर्मा के उपन्यास 'मुझे चाँद चाहिए' के साथ भी यही हुआ—उपन्यास पर साहित्य अकादमी पुरस्कार, कई-कई संस्करण, टी.वी. के लिए फिल्मांकन, आदि के बावजूद संजीव द्वारा वर्तमान साहित्य में उठाई गई शंकाएँ अपनी जगह सही होते हुए यह प्रश्न छोड़ जाती हैं कि क्या यह उपन्यास वास्तव में इतना महत् था जितना हमने उसे बनाया? आज आवश्यकता इस बात की है कि सभी प्रकार के पूर्वाग्रहों और राजनीति से पूरी तरह मुक्त होकर उपन्यास विधा के श्रेष्ठ का सही रेखांकन किया जाए। कृतियों पर पुनर्विचार कर उनका सही मूल्यांकन हो जिनका अतिरिक्त महिमा मंडन हुआ, उन कृतियों की सम्यक् चर्चा हो जो अलक्षित रह गई हैं।

संदर्भ

1. प्रथम संस्करण, जनवरी 2000/द्वितीय संस्क. जून 2000/तृतीय संस्क. नवम्बर 2000/चतुर्थ संस्क. फरवरी 2001/पंचम संस्क. जुलाई 2001/षष्ठम् संस्क. जून 2002
2. *कितने पाकिस्तान*, पृ. 182.
3. *काशी का अस्सी*, पृ. 93.
4. *रेहन पर रग्घू*, पृ. 89.
5. *तत्त्वमसि*, पृ. 130.
6. फरवरी 1999 के अंक में 'हंस' के संपादकीय में 1998 को '*निर्विवाद रूप से उपन्यासों का वर्ष*' बताया है।
7. हिंदुस्तान टाइम्स (अंग्रेजी, चण्डीगढ़ संस्क. 'स्टाइल' पृष्ठ पर), 1 मई 2008 ; भारतीय ज्ञानपीठ द्वारा भी वर्ष 2009 को उपन्यास वर्ष घोषित किया गया है।
8. सुविधार्थ 'लीला' तथा 'विमल उर्फ जाएँ तो जाएँ कहाँ' से ये अंश उद्धृत हैं :
   —"महसूस होता है होंठ तितलियों से खेल रहे हों। कुछ देर बाद उसकी नाक से फिसल कर मेरे होंठ उसके होंठों से जा मिलते हैं। अब उसकी देह की महक मेरे मुँह में आबाद हो रही है, मेरी जीभ उसकी जीभ को निला रही है। यहाँ से उसके शरीर का निचला प्रवेश शुरू होता है—घुंघराली त्रिकोण में से उठता हुआ नीला धुआँ, सनों की रेशमी ढलानें, नितम्बों की पिचकी हुई महराबें, पिंडलियों की लौकियाँ, पैरों के परिदेश" ।ल—*लीला और अन्य कहानियाँ*, पृ. 48.
   —'विमल उर्फ जाएँ तो जाएँ कहाँ' उपन्यास में प्रारंभ में ही 'उसकी मुख्य चीम' 'मौखिक मैथुन' बताई जाती है और उसी के अनुरुप यह सुबह-ही-सुबह संयुक्त परिवार का सदस्य विमल उठा है और अपने 'चिंतन' में है। ''मैं मूर्धन्य बनकर दिखाऊँगा। कभी तो। आज भी लगाएगा। लेकिन अभी तक पूरी तरह तना नहीं। केवल कसमसा रहा है। ढीली चारपाई में पड़ा ढीला-ढाला। चपटा चेहरा। चौकोर नाक। बुलंद बाल। ठिगनी ठोड़ी। रंग दूधिया। रीढ़ की हड्डी रबड़ की हरामी होंठ। मुसकराहट का वर्णन कई बार

होगा। अगर हिल न रहा होता तो शायद मरा हुआ साँप-सा।दोनों हाथ हरामी पर हावी। शायद कोई स्वप्नदोष होने जा रहा हो। यहाँ किसी गीले ख़्वाब का खरगोश। ओनी-ओजी। जाप शुरू हुआ। समाधि से पहले की खुरखुराहट। हाथ में हुमकता हथियार। लबालब जामेजम। इसीलिए यह अकड़। विमल की एक आँख का रुख भाभी के बिस्तर की तरफ है। दूसरी का मासी की नन्हीं की तरफ। जिस्म के दो झरोखे। नन्हीं अभी निखरी नहीं। उससे तो मासी ज्यादा मस्त। बात-बात पर कलाएँ। ममाड़ बुरे नहीं। बिट्टो बहन याद आ रही है। सहमी हुई सिरहाने। अधूरे अधरा कजरारे नयन। नर्म पड़ गया।" आदि, आदि।

वैश्वीकरण के संदर्भ में उपन्यास-दृष्टि

वैश्वीकरण ने सभी देशों के भाषा और साहित्य को प्रभावित कर प्रचलित साहित्यिक अवधारणाओं और विभिन्न विधाओं के पारम्परिक स्वरूप में महत्त्वपूर्ण परिवर्तन उपस्थित कर दिए हैं। वस्तुतः कथ्य ही किसी विधा की स्वरूप-निर्मित में महत्त्वपूर्ण कारक बनता है। भूमंडलीकृत विश्व की समाजार्थिक, राजनीतिक तथा सांस्कृतिक परिस्थितियाँ जिस रूप में बदली हैं, उसी प्रकार विभिन्न विधाओं के चरित्र में भी परिवर्तन आया है। यही कारण है कि पिछले 25-30 वर्षों में उपन्यासों का शैल्पिक ढाँचा काफी-कुछ बदला हुआ दिखाई देता है। इन परिवर्तनों को प्रमुखतः इस प्रकार लक्षित किया जा सकता है–

यथार्थ-चित्रण की नूतन अवधारणा और हिंदी उपन्यास

उपन्यास में यथार्थ-चित्रण का स्वरूप क्या हो, इसको लेकर हिंदी समीक्षा में खूब विमर्श हुआ, अनेक बहसें चलीं और इस बहस से जो सैद्धांतिकी निर्मित हुई क्या उससे हिंदी पाठक, उपन्यासकार और समीक्षा का भी कुछ लाभ हुआ, यह प्रश्न विचारणीय है। इधर, हाल के वर्षों में, हिंदी में कितने ही श्रेष्ठ उपन्यास आये तथा पत्र-पत्रिकाओं में 'उपन्यास विधा का संकट और भारतीय यथार्थ की चुनौती'[1] 'यथार्थवाद का अंत और उपन्यास की नई रचनाशीलता'[2], 'यथार्थ की सीमाएँ और हिंदी उपन्यास साहित्य'[3]– जैसे कई लेख देखने में आये। इन लेखों में बर्खेज, मार्खेज, कार्ल्स फून्टेस, मिलान कुंदेरा, सलमान रुश्दी आदि के विचार और उपन्यासों के नाम तथा कथ्य पर प्रकाश डालकर सामान्य पाठकों और सभी उपन्यासकारों को 'आतंकित' तो किया जाता ही है, आश्चर्य यह देखकर होता है कि 'भारतीय यथार्थ' का चित्रण करती एक भी औपन्यासिक कृति हिंदी में इन्हें उपलब्ध नहीं हो पाती। उपन्यास के यथार्थ की समझ को विकसित करने में इस प्रकार की फतवेबाज-उक्तियाँ (स्वीपिंग रिमार्क्स) हमें कहीं भी ले जाकर खड़ा नहीं कर पाती हैं, "'युद्ध और शांति' यथार्थवाद का महाकाव्यात्मक उपन्यास है और 'टेरा नोस्ट्रा' है फंतासी का महागल्प। इस उपन्यास से सारे संसार का गल्प एक नए युग में प्रवेश करता है। कालर्स फून्टेस ने इस उपन्यास में एक काल्पनिक महागाथा की रचना की है जो कि फंतासी है।"[4] "1975 ई. को विश्व के

कथा-साहित्य में नई कल्पनाशीलता के आने का वर्ष माना जा सकता है। यहीं से इस सदी का चौथा और अंतिम चरण आरंभ होता है। इसी वर्ष मैक्सिको के कथाकार कालर्स फून्टेस (Carles Fuentes) का विख्यात उपन्यास 'टेरा नोस्ट्रा' (Terra Nostra) प्रकाशित हुआ।"[5] इन कथनों का अर्थ यह हुआ कि हम यह मानकर चलें कि हिंदी ही नहीं संसार की सारी भाषाओं के उपन्यासकारों ने प्रथमतः इस उपन्यास, टेरा नोस्ट्रा को पढ़ा होगा और तब 'सारे संसार के गल्प' के नव-युग प्रवेश की प्रक्रिया प्रारंम्भ हुई होगी। इस लेख के सुधी लेखक विजेन्द्र नारायण सिंह को "हिंदी उपन्यास अपनी यात्रा में थक गया" लगता है और उसमें "रचनात्मकता की नई कोंपल नहीं फूट रही है" की प्रतीति होती है। उन्हें सलमान रुश्दी के 'द सैटनिक वर्सेस' (The Santanic Verses) में "नई कल्पना की एक विशेषता है कल्पना का उष्णकटिबंधीकरण (Tropi-callisation)। रुश्दी इस उपन्यास में परीकथा और पुराणकथा की पद्धति का अनुसरण करते हैं। "इसी प्रकार वे मिलान कुंदेरा के 'अमरत्व' (Immortality) उपन्यास की इस बात की प्रशंसा करते हैं कि वहाँ "बीसवीं सदी के अंत में इस कहानी के साथ अठारहवीं और उन्नीसवीं सदी के आरंभ में महाकवि गेटे और बेटिना की प्रेम कहानी भी जुड़ती है। स्थान और काल की इस च्युति के साथ स्वर्ग में गेटे और अमेरिकी कथाकार हेमिंग्वे के संवाद भी होते हैं। मानना होगा कि न केवल अरस्तू के संकलन मात्र का सिद्धांत ध्वस्त हो गया है वरन् यथार्थ का चूल ही हिल गया है।" कमलेश्वर के 'कितने पाकिस्तान' में कारगिल-युद्ध से लेकर प्राक्-ऐतिहासिक काल तक के घटना-क्रम, मुगल साम्राज्य की अनेक हस्तियाँ, मोहन-जोदड़ों और हड़प्पा का काल, कोफी अनान का समय-सब एक दूसरे में बहुत कुशलता से काल में, काल-क्रम में अन्तर्गमन करते हैं पर लेखक को वे कहीं भी नजर नहीं आते। विजेन्द्रनारायण सिंह के लेखों के इन उद्धरणों से मैं यह स्थापित करना चाहता हूँ कि ऐसा केवल उनके या राजकुमार राकेश के द्वारा ही नहीं हुआ है अपितु इधर एक दृष्टि पनप रही है कि हम हिंदी उपन्यास के यथार्थ की 'खोज' में या तो इन विदेशी चर्चित उपन्यासों का नाम लेते हैं, पश्चिम में रचे गए उपन्यास की सैद्धांतिकी का हवाला देते हैं, या फिर भारतीय भाषाओं के उपन्यासों की बात न कर भारत के अंग्रेजी लेखन, भारतीय उपन्यासकारों के अंग्रेजी उपन्यासों (खुशवंत सिंह, अनीता देसाई, चमन नाहल, विक्रम सेठ, अरुंधती राय, आदि) की बात करते हैं। बच्चन सिंह अपनी पुस्तक 'उपन्यास का काव्य-शास्त्र' में इसी प्रकार अनेक स्थानों पर पश्चिमी आलोचकों का नाम ले-लेकर ही अपनी बात कह पाते हैं। वे न केवल हेनरी जेम्स, परसील्यूबक, वर्जीनिया वुल्फ, सेलीबार्थ, आयनेवाट, डेविड लान, करमोड, आदि का नाम लेते हैं अपितु उन्हीं के सिद्धांतों के प्रकाश में हिंदी उपन्यास के यथार्थ की तलाश करते हैं, जैसे कि हिंदी या भारतीय उपन्यासकारों ने पहले पश्चिम के इन आचार्यों की सैद्धांतिकी को पढ़ा हो और फिर वे उपन्यास-रचना में संलग्न हुए हों। एक दो उदाहरण कथन की संपुष्टि में दिए जा सकते हैं :

(क) "वस्तुतः अज्ञेय की काल-चेतना का मूलाधार बर्गसाँ का 'डयूरी' (अवधि) का सिद्धांत है। इसे धार देने में जीद और ज्वायस का भी महत्त्वपूर्ण योग है। बर्गसाँ ऐसे आत्म की परिकल्पना करता है जो अतीत की अवधारणाओं को अलग-अलग आयात करता हुआ उन्हें एक ऐसी संश्लिष्ट-संपूर्णता में आबद्ध कर देता है, जिसमें प्रत्येक अवस्था दूसरी को अर्थवान बनाती है।"

(ख) 'कितने पाकिस्तान' (कमलेश्वर) के संदर्भ में उनका कथन है, "यह टाइम शिफ्टिंग का नहीं, स्पेस टाइम-कान्टीन्यूॲस का उपन्यास है, उसमें अतीत नहीं वर्तमान है।"–(पृ. 156)

इसी प्रकार अन्य बहुत से अध्ययनों में उपन्यास के यथार्थ-चित्रण के विश्लेषण में पाश्चात्य विद्वानों के सिद्धान्तों का आरोपण इस रूप में किया गया है कि उपन्यासकार ने मानो पहले उपन्यास की सैद्धांतिकी का अध्ययन किया है।

इस 'नई आलोचना दृष्टि' के बर-अक्स हिंदी उपन्यास में यथार्थ की स्थिति को लेकर हमारे (हिंदी) उपन्यासकारों की दृष्टि कहीं अधिक साफ है। प्रायः सभी उपन्यासकारों (संदर्भ 'संवाद और हस्तक्षेप', खंड : पाँच में प्रकाशित हिंदी उपन्यासकारों के वक्तव्य) ने यह माना है कि वे उपन्यास की किसी सैद्धांतिकी का 'अध्ययन-मनन' कर उपन्यास-रचना में प्रवृत्त नहीं होते। वे अपने यथार्थ को अपनी तरह से ग्रहण कर उसका पुनर्सृजन करते हैं। यह 'पुनर्सृजन' ही उनकी अपनी यथार्थ-चित्रण की प्रविधि और दृष्टि है। यह बड़े सुखद आश्चर्य का विषय है कि उपन्यास में यथार्थ-चित्रण की स्थिति पर इधर के चिंतन से कहीं अधिक स्पष्ट दृष्टि और सार्थक चिंतन मराठी के प्रसिद्ध समाज-चिंतक और साहित्य तथा इतिहास के प्रसिद्ध विद्वान् विश्वनाथ काशीनाथ राजवाड़े (1863-1926 ई.) के 'उपन्यास' शीर्षक निबंध (प्रथम प्रकाशन 1902 ई.) में प्राप्त होता है जिसे 'आलोचना' के 84वें अंक में डॉ. नामवर सिंह ने प्रकाशित किया था। यह निबंध आज भी उतना ही सार्थक लगता है और 'जादुई यथार्थवाद' की नई बहस पर भी उतनी ही प्रासंगिक टिप्पणी प्रस्तुत करता है। राजवाड़े ने उपन्यास की यथार्थ-चर्चा में दो शब्दों का प्रयोग किया है–'अद्‌भुत' (रोमांटिक) तथा 'यथार्थवादी' (रिअलस्टिक)। उनकी मान्यता है कि 'मात्र यथार्थ अंकन उपन्यास को पुलिस रिपोर्ट बना देगा। इसलिए यथार्थवादी उपन्यास की यह नियति है कि उसे अद्‌भुत का अर्थात् रोमांटिसिज्म का सहारा लेना पड़ता है, उससे समझौता करना पड़ता है।' 'शुद्ध अद्‌भुत (रोमांटिक) और शुद्ध यथार्थ (रिअलस्टिक) उपन्यास में असंभव है।' 'अद्‌भुत' (कल्पना) का सहारा लिए बिना लेखक उपन्यास में अपनी दृष्टि भी अनुस्यूत नहीं कर सकता, इसीलिए उन्होंने कहा "यथार्थ संसार की अपूर्णता को अद्‌भुत सृष्टि में पूर्णता प्रदान की जाती है।" वस्तुतः अन्य कलाएँ और साहित्य बिना 'अद्‌भुत' के अस्तित्व में ही नहीं आ सकतीं। इसलिए राजवाड़े प्रस्थापित करते हैं, "यथार्थवाद का लेबल लगे किसी भी उपन्यास में अद्‌भुत का समावेश हुआ ही।

संसार में एक स्थान ऐसा है जहाँ अद्‌भुत का सबसे कम अंश मिलता है और वह है अदालत के मामलों के समाचार पत्रों में छपने वाले इतिवृत। xxxxxx जिस तरह पृथ्वी से परे मनुष्य का अस्तित्व नहीं, उसी तरह अद्‌भुत के अभाव में उपन्यास का भी अस्तित्व नही।"[6] उपन्यासकार द्वारा प्रयुक्त यह 'अद्‌भुत' ही वस्तु यथार्थ को कला-यथार्थ में रूपांतरित करता है।

'यथार्थ' की अवधारणा के संबंध में हिंदी में हीगेल, जार्ज लुकाच, गिराई, ल्यूसिएँ गोल्डमान, जेम्स ज्वायस, मार्खेज, कालर्स फून्टेज, मिलान कुण्डेरा, आदि-आदि के सिद्धान्तों-रचनाओं की चर्चा बहुत हो चुकी है। यदि इन्होंने यथार्थ की अवधारणा के संबंध में दृष्टि को साफ भी किया है, विस्तार भी दिया है, तो उलझाया भी काफी-काफी है। इसलिए आज आवश्यकता इस बात की है कि 'यथार्थ' की अवधारणा को खोज हम अपने उपन्यासकारों की दृष्टि और रचनाओं को केन्द्र में रखकर करें। अज्ञेय, राजेन्द्र यादव, निर्मल वर्मा आदि की पीढ़ी ने तो विदेशी उपन्यासों को खूब-खूब पढ़ा किंतु परवर्ती पीढ़ी ने भी इन विदेशी चर्चित उपन्यासों को पढ़कर अपने सृजन की पृष्ठभूमि बनाई हो, या कहें अपने उपन्यासों की रचना से पूर्व इन्हें पढ़ना 'लाजिमी' समझा हो—ऐसा कुछ नहीं लगता, अनेक उपन्यासकारों की उपन्यास संबंधी अवधारणा से यही बात सिद्ध होती है। निर्मल वर्मा ने अपने एक भाषण में उपन्यास की अवधारणा पर विचार करते हुए इस बात पर बल दिया कि हमें पाश्चात्य विद्वानों के उपकरणों ('टूल्स') के आधार पर हिंदी उपन्यास के यथार्थ का परीक्षण नहीं करना चाहिए अपितु उसके लिए अपनी ही उपन्यास-परंपरा का दोहन करना होगा, हम अकसर पश्चिमी उपन्यास में होनेवाले मूलभूत परिवर्तनों की चर्चा करते हैं—प्रूस्त, काफ्का, जॉयस, म्युजिल ऐसे नाम हैं जो अनायास याद आते हैं, किंतु इस बात पर बहुत कम ध्यान दिया गया है कि खड़ी बोली के संक्षिप्त इतिहास में हिंदी कहानी और उपन्यास ने इतने कम समय में जो अप्रत्याशित मोड़ लिए हैं, वे न केवल भारतीय भाषाओं के इतिहास में बल्कि यूरोपीय उपन्यास के संदर्भ में भी दुर्लभ दिखाई देते हैं। प्रेमचंद के उपन्यास जो यथार्थवादी शैली में आज इतने परंपरागत जान पड़ते हैं, उन्होंने अपने समय में उन्नीसवीं शती की किस्सागोई की जमीन को छोड़कर अचानक ऐसा मोड़ लिया था जिसमें भारतीय समाज का औपनिवेशिक चरित्र अपने संपूर्ण दैन्य-दरिद्रता के साथ प्रकट हुआ था। पिछले दो सौ वर्षों के दौरान उत्तरी भारत के ग्राम्य जीवन में जो विषमताएँ और आत्मवंचनाएँ आई थीं, प्रेमचंद के पात्रों के चेहरों पर उनकी खरोंचें जिस कलात्मक निर्ममता से व्यक्त हुई हैं, वह सहसा हिंदी की उपन्यास विधा को बीसवीं शती के साहित्य के समकक्ष ला खड़ा कर देती हैं।"[7] वे इन विदेशी उपन्यासों से शैली फॉर्म के स्तर पर एक अनुभव संपन्नता और दृष्टि तो ग्रहण करते हैं, किन्तु वे मिलान कुंदेरा या कार्ल्स फून्टेस से प्रेरणा ग्रहण कर उनके अनुगमन पर रचना-रत हुए हों, यह दृष्टि सर्वथा

भ्रामक है। कलाकार जितना 'पढ़ता' है, 'गुनता' है, वह उन्हीं पग-चिह्नों पर चले, यह आवश्यक नहीं। पिछले बीस बरसों की हिंदी की औपन्यासिक कृतियों का अध्ययन यह प्रस्थापित करने के लिए पर्याप्त है कि उसमें कहीं भी इन "युगान्तरकारी कृतियों-'टेरोनास्ट्रा', 'इमोर्टलिटी', 'सेटेनिक वर्सेस' आदि का प्रभाव नहीं है। आज जब हमारे पास उपन्यासों की एक समृद्ध परंपरा है तो इस 'स्यापे' में कोई सार नजर नहीं आता, "हमारी (हमारे) युग की रचनात्मकता का जीरो आ गया है। ये संकट की घड़ी है। काँटा मध्य-रात्रि पर आया हुआ है और यथार्थवाद की घड़ी पर मध्य-रात्रि के घंटे की चोट पड़ रही है। सवाल यह है कि प्रतिभा को बड़ी विशेषता कालांतरण की क्षमता होती है जिसमें कालांतरण की क्षमता नहीं होती वह प्रतिभा नहीं है।"[8] इसमें कोई संदेह नहीं है कि 'यथार्थ' को 'यथार्थवाद' के अन्तर्गत जिस रूप में ग्रहण किया गया, आज उससे बहुत अलग और आगे जाकर अपने यथार्थ का सृजन उपन्यासकार ने किया है। यह यथार्थ को ग्रहण करने की नई दृष्टि और प्रविधि है, उसके क्षरण या समाप्ति का 'जीरो ऑवर' नहीं। जिस कल्पनापरक जादुई यथार्थ की बात हम संदर्भों से अलग कटकर करते हैं, आज के जटिल यथार्थ की अभिव्यक्ति के वे आवश्यक उपादान बन गए हैं।"[9] यदि आज उपन्यासकार फंतासी, नीति-कथा, पौराणिक कथा, मिथ आदि का प्रयोग कर यथार्थ की प्रस्तुति में प्रवृत्त होता है तो वह उसका यथार्थवादी धारा से 'कटाव', 'अलगाव' या 'च्युति' नहीं है, वे यथार्थ को अभिव्यक्ति के विभिन्न सशक्त उपादान (टूल्स) हैं, मनुष्य के वर्तमान को देखने-परखने के दृष्टिवान साधन हैं। इनके माध्यम से वर्तमान की समस्याओं पर गहन चिंतन है।[10] अस्वाभाविक नहीं हुआ है कि नारी की स्वतंत्र अस्मिता के प्रश्न पर विमर्श के लिए हिंदी ही नहीं कई भारतीय भाषाओं में 'द्रौपदी' के मिथक का पुनर्प्रस्तुतीकरण हुआ है। प्रतिभा राय के 'द्रौपदी' (ओड़िया) और बच्चन सिंह के 'पांचाली' उपन्यासों में यही दृष्टि है।

यथार्थ की प्रस्तुति लेखक किस रूप में करता है, इस पर बहुत विमर्श हुआ है। एक बात बहुत स्पष्ट है कि लेखकीय यथार्थ, दृश्यमान यथार्थ, वस्तुपरक यथार्थ से बिलकुल अलग होता है। उपन्यासकार अपनी इस सृष्टि, प्रतिसृष्टि का 'विश्वामित्र' है। "रचनाकार जिस यथार्थ को उजागर करता है, उसमें परंपरा और प्रयोग के द्वन्द्व से निष्पन्न रचनात्मक ऊर्जा अपने वर्तमान के समग्र को उजागर करती है। इस सत्य को व्यक्त करने के लिए रचनाकार को अपने निजी अनुभवों की जमीन को ही तोड़ना पड़ता है। अपने आपको चरित्रों में ढालना पड़ता है। इस रचना-संसार में उसके संस्कार, स्वप्न और विचारों का समग्र प्रस्फुटन होता है। अपने समय और समाज को रूपायित करने और उससे जूझने के लिए रचनाकार को जिन शब्दों का सहारा लेना पड़ता है, वे शब्द सत्य के बहुत नजदीक होकर ही यथार्थ की रचना करते हैं।"[11] यही जीवन यथार्थ और कला-यथार्थ का अंतर है।

जीवन यथार्थ और कला यथार्थ

जीवन यथार्थ और कला यथार्थ, जिसे 'रचना यथार्थ' भी कहा जा सकता है निश्चय ही अपना अलग-अलग अस्तित्व रखते हैं—यदि ऐसा न होता तो 'सत्यकथा', समाचार-पत्र-रिपोर्टिंग में अंतर ही नहीं होता। भले ही उपन्यास के मुखपृष्ठ पर 'एक यथार्थवादी उपन्यास' लिखा हुआ हो किंतु जब उसमें घटनाओं की प्रस्तुति मात्र यथावत् रूप में होती है, उसमें कलात्मकता, आकर्षण नहीं आ पाता है। कथाकार सूर्यबाला ने इस बात को इस रूप में कहा है, "यथार्थ का भ्रम उत्पन्न करनेवाले इस 'रचना-यथार्थ' में रचनाकार की अपनी दृष्टि, संवेदना, कल्पनाशीलता और स्थितियों की अनायास समीक्षा, और बहुत सारे तत्त्व समाहित होते हैं। इन अंकों के निचोड़ से बनता है कथा-यथार्थ चाहे वे इतिहास के दस्तावेज हों या मनोविज्ञान की गहनतम पर्तें या आँचलिक मिट्टी की सौंधी खुशबू, सारे कुछ को रचनाकार के सूक्ष्म, मैटलडिटेक्री टैकों से गुजर कर ही अपना यथार्थ प्रमाणित करना होता है। यहाँ कभी एक चरित्र से छिटककर कई चरित्र बनते हैं तो कभी यथार्थ के कई चरित्रों के अंशदान से कोई एक। एक स्थिति से अनेक स्थितियाँ, एक उपवन से अनेकवर्णी उपवन और कभी-कभी तो पूरा जंगल ही।"[12] हिंदी में यथार्थवादी परंपरा के पुरोधा प्रेमचंद ने जो बात बहुत पहले कही थी "कला दीखती तो यथार्थ है, पर यथार्थ होती नहीं" आज भी वस्तुपरक यथार्थ और कला-यथार्थ के संबंध में उतनी ही सही और उनकी कथा-परंपरा के वंशधरों के लिए एक आदर्श (मॉडल) है। यथार्थ की अवधारणा के संबंध में हमें हिंदी के प्रख्यात उपन्यासकारों की धारणा पर ही बल देना चाहिए, हम पग-पग पर अंग्रेजी उपन्यासकारों के यथार्थ संबंधी दृष्टिकोण को तो उद्धृत करते हैं किंतु हमारे उपन्यासकारों ने अपनी यथार्थ-चित्रण की अवधारणा के विषय में जो भी कहा है, उसकी ओर भी हमारा ध्यान जाना चाहिए, उसी से हमारे जातीय परंपरा के उपन्यास की सैद्धांतिकी की निर्मिति होगी। उदाहरणार्थ कृष्ण बलदेव वैद ने अपने डायरी-अंश में उपन्यास के यथार्थ पर एक महत्त्वपूर्ण टिप्पणी की है, "मेरी नजर में अज़ीम उपन्यास वही है जिसकी जान किसी ऐसे मजमून में न हो जो एक ही बार पढ़ने पर पूरी तरह समझ में आ जाए। गहराई से मेरा मतलब यही है। अतिभावुकता को मैं अजमत का दुश्मन समझता हूँ क्योंकि उसमें झूठ का अंश होता है, ऐसे झूठ का जिसके बूते पर आप कच्चे और कमनजर पाठकों को लुभा लेने में सफल हो जाते हैं। अजमत की एक और अलामत मेरी नजर में यह भी है कि पढ़ने के बाद पाठक परेशान हो और अन्दर तक, हमेशा के लिए बदल जाए।"[13] कृष्ण बलदेव वैद के पूरे कथन से सहमत होना आवश्यक नहीं, इसमें पर्याप्त वैमत्य की गुंजाइश है कि उपन्यास का मजमून ऐसा न हो कि पहली बार ही पढ़ने पर समझ में आ जाए। फिर भी उनके लेखे यथार्थ की जो अवधारणा है, उस पर विचार करना अपेक्षित है। इसी प्रकार इसी डायरी अंश में उन्होंने कहा है "अच्छा उपन्यास वही जिसके हर वाक्य के

बाद कुछ देर तक टहलना पड़े।"[14] यही कलात्मक आदर्श लेखक की अपनी विचारधारा, दृष्टि और अनुभव-सपन्नता के आधार पर एक ही घटना, मानवीय त्रासदी, पर अलग-अलग संवेदना की कथा-कृतियाँ और उनके चरित्र प्रस्तुत करता है। भारत विभाजन की त्रासदी पर 'झूठा सच', 'तमस' और 'उन्माद' (भगवान सिंह) आदि कृतियों में जो दृष्टि-भेद, पात्रगत विभिन्नता और समस्याओं पर सोचने का, विषय के निर्वाह ('ट्रटिमेंट') का अंतर है, वह इस कला-दृष्टि के आदर्श की संकल्पना, मूल्यों के प्रति लेखकीय दृष्टिकोण की भिन्नता का ही परिणाम है। इसीलिए विषय एक होते हुए भी नारी-स्वातंत्र्य और भारतीय परिदृश्य में उनकी समस्याओं पर 'छिन्नमस्ता' (प्रभा खेतान), 'कठगुलाब' (मृदुला गर्ग) 'इदन्नमम्', 'चाक', (मैत्रेयी पुष्पा) और 'तत्त्वमसि' (जया जादवानी) 'आवाँ' (चित्रा मुद्गल) आदि में स्त्री-विमर्श की उपस्थिति अलग-अलग रूपों में अपनी निजता स्थापित करती है। राजी सेठ ने इस कला-यथार्थ या 'रचना यथार्थ' को 'अयथार्थ' कहा है, "किसी अच्छे उपन्यास से गुजरते समय हमें कहाँ पता होता है कि हम एक बहुत बड़े अयथार्थ से गुजर रहे हैं, जिसकी सृष्टि उपन्यासकार ने परिचित यथार्थ को ध्वस्त करके बनाई है। ऐसा तो सदा होता है कि जीवन और अनुभवों के ऊबड़-खाबड़, क्रमहीन आगे-पीछेपन को रचना एक अर्थपूर्ण रचाव में संयोजित करती है, इसीलिए वह 'रचना' कहलाती है। उसमें, जिंदगी की रफ्तार से ज्यादा आयाम, ज्यादा संभावनाएँ, ज्यादा विकल्प होते हैं। क्योंकि वह होती नहीं सिरजी जाती है। 'कलाकार की इस नव-सृष्टि में' चुनौती वहाँ ज्ञात से अधिक जीवन के अज्ञात पहलुओं के अन्वेषण की है।"[15] 'जीवन के अज्ञात पहलुओं का अन्वेषण' उपन्यासकार अपनी दृष्टि और समझ से करता है। इस बात से सहमत होते हुए निर्मल वर्मा भी मिलान कुंदेरा के साक्ष्य से इसे उपन्यास की समझ और सूझबूझ मानते हैं। मिलान कुंडेरा इसे 'विजडम आफ दी नावेल' कहते हैं।

जीवन-यथार्थ को कथा के माध्यम से कला-यथार्थ में रूपांतरित करने की प्रत्येक उपन्यासकार की अपनी शैली और शिल्प होता है। इस कला-यथार्थ में ही उसका संवेदन-स्तर, जीवन स्थितियों में अपने प्रकार से हस्तक्षेप करने की क्षमता, चीजों-स्थितियों को देखने और ग्रहण करने की उसकी सामर्थ्य और दृष्टि का परिचय मिलता है। उसके अनुभव की निजता पूरी तरह कृति में प्रतिच्छायित होती है। यह बात राजेन्द्र यादव भी 'हंस' (दिसम्बर 2001) में इसी रूप में स्वीकारते हैं, "हर आत्मकथा एक उपन्यास है और हर उपन्यास एक आत्मकथा। दोनों के बीच सामान्य सूत्र फिक्शन है। इसी का सहारा लेकर दोनों अपने आपको कैद से निकलकर दूसरे के रूप में सामने खड़ा कर देते हैं। यानी दोनों ही कहीं न कहीं सर्जनात्मक कथा-गढ़ंत हैं। एक ठोस वास्तविकता बीत जाने के बाद किसी आसमानी नक्षत्र की तरह भाप बनकर समाप्त हो जाती है। हम स्मृति और कल्पना से उसका पुनर्सृजन करते हैं। वह हमारी व्यक्तिगत या सामूहिक यादें हैं जो बादलों की तरह रूप बदलती रहती हैं।" वस्तुतः

'ठोस वास्तविकता' का स्मृति और कल्पना से हुआ यह पुनर्सृजन ही उपन्यास का यथार्थ बनता है। प्रत्येक उपन्यासकार जीवन की नई-नई चुनौतियों को स्वीकारता हुआ उन्हें अपनी कृति के माध्यम से अपने सर्जक व्यक्तित्व के अनुरूप प्रस्तुत करता है। यही उपन्यास का 'यथार्थ', उसका 'अपना संसार' है। इसी 'अपने संसार' में एक प्रति संसार रचता हुआ उपन्यासकार आज क्षरित होते श्रेष्ठ जीवन-मूल्यों, पश्चिम से आई अपसंस्कृति की आँधी, उपभोक्तावाद और ग्लोबीकरण के अभिशापों से श्रेष्ठ जीवंन-मूल्यों को बचाने की चिंता में निरंतर संलग्न है। इस कथन का पूर्वार्द्ध भी लेखक के निष्कर्षों को देखने के लिए ध्यातव्य है, "बहुत यथार्थ हम झेल चुके हैं, यथार्थवाद का यात्री अब थक गया है। रेणु ने नया जीवन प्रदान करने के लिए प्रकृतिवाद का सहारा लिया। कुछ गीत गाए साइकिल की ट्रिन-ट्रिन, कुछ पक्षियों की चों-चों और तरह-तरह के कुछ कैमरे की क्लिक-क्लिक। ये सब यथार्थवाद में प्रकृतिवाद को लाकर के रेणु ने उसे पुनर्जीवित करने का प्रयास किया। इसी निष्ठा का उपयोग 'चाक' में किया गया है। उसी पद्धति को और 'चाक' जो है वो रेणु की 'परती परिकथा' की जुगाली है। यथार्थवाद का सबसे अधिक अपकर्ष विवेकीराय में दिखलाई पड़ता है। एक पद्धति निकली पाठ के भीतर पाठ की 'मुझे चाँद चाहिए।' अज्ञेय इसका उपयोग बहुत पहले किसी न किसी रूप में कर चुके थे।"[16]

उपन्यास की मृत्यु : फतवे और घोषणाएँ

समीक्षा-अंचलों में कभी-कभी कुछ समाचार या उद्घोषणाएँ सनसनी फैलाने के लिए प्रचारित की जाती हैं या कभी कुछ घोषणाएँ-फतवेबाजियाँ—साहित्यिक 'दादागीरी' स्थापित करने के लिए भी की जाती हैं। उनमें से एक प्रवृत्ति कभी किसी विधा तो कभी किसी विधा की मृत्यु की घोषणा या पुनर्जन्म की घोषणा है। कभी-कभी बड़े निरर्थक से शीर्षक देकर विधा की मृत्यु की संपुष्टि कर दी जाती है, "उपन्यास का पुनर्जन्म' (परमानंद श्रीवास्तव) शीर्षक पुस्तक यह प्रतिपादित करती है कि उपन्यास की मृत्यु हो चुकी और अब 'पुनर्जन्म' है, यद्यपि पूरी पुस्तक इस 'मृत्यु' और 'पुनर्जन्म' का कोई विश्लेषण प्रस्तुत नहीं करती। पूरी पुस्तक में विभिन्न उपन्यासों पर समीक्षात्मक निबंध हैं। पुस्तक की भूमिका का प्रथम वाक्य ही उसकी प्रकृति को दर्शा जाता है, 'उपन्यास का पुनर्जन्म' पुस्तक का पहला निबंध 'ठेठ देशज ठाठ का उपन्यास' शिवपूजन सहाय के उपन्यास 'देहाती दुनिया' (1926) पर एक तरह का पुनर्विचार है। पूरी पुस्तक में केवल एक अध्याय-उपन्यास में नाटक : उपन्यास का पुनर्जन्म। सुरेन्द्र वर्मा के उपन्यास 'मुझे चाँद चाहिए' में नाट्य-युक्तियों के प्रयोग को उपन्यास की नई तकनीक के रूप में विश्लेषित किया गया है।[17] प्रश्न उठता है कि जब-जब उपन्यासकार उपन्यास के शिल्प में नए-नए प्रयोग करेगा (यथा 'कमलेश्वर के कितने पाकिस्तान' तथा काशीनाथ सिंह के—'काशी का अस्सी' आदि में), तब-तब

उपन्यास का 'पुनर्जन्म' माना जाएगा? ऐसी घोषणाएँ महज एक आकर्षक शीर्षक तो पुस्तक को दे सकती हैं किंतु उपन्यास की मृत्यु या पुनर्जन्म को समझने की कोई नई दिशा या समझ प्रदान नहीं कर सकतीं। नोबेल पुरस्कार विजेता साहित्यकार वी.एस. नायपॉल ने 15 अक्तूबर, 2004 को अपनी नई पुस्तक 'मैजिक सीड्स' के विमोचन के समय ब्रिटिश काउंसिल, नई दिल्ली की सभा में उपन्यास की मृत्यु की घोषणा कर डाली। नायपॉल ने कहा कि उन्हें उपन्यास को मृत विधा इसलिए कहना पड़ रहा है क्योंकि उन्हें इस विधा के पुनरुद्धार की उम्मीद नहीं है। जमाने के बदलाव को उन्होंने अपनी इस प्रस्थापना का मूल कारण माना। इस बदले जमाने में लोगों की व्यस्तता भी चरम पर है। पहले लोग उपन्यास इसलिए पढ़ते थे क्योंकि दिल बहलाव के साधन सीमित थे। अब लोग फिल्म आदि देखना अधिक पसंद करते हैं। उनका मानना था कि यह जमाना टी.वी., सिनेमा और इंटरनेट का है। उपन्यास अब ऐसा माध्यम नहीं रह गया है कि वह लोगों को अपनी ओर खींच पाए। लोग दो घंटे में एक फिल्म देख लेते हैं जबकि एक उपन्यास को पढ़ने में सप्ताह या उससे अधिक का वक्त लग जाता है। खुद उनकी भी फिल्मों में रुचि बढ़ती जा रही है और पिछले छः महीनों में वे कई फिल्में देख चुके हैं इतना समय उन्होंने उपन्यास पढ़ने पर नहीं दिया। नायपॉल ने ही पहली बार उपन्यास की मौत का ऐलान नहीं किया, इससे पहले भी कितनी ही बार, कितनों-कितनों द्वारा उपन्यास की मृत्यु की घोषणाएँ की जा चुकी हैं। किंतु उपन्यास फिर भी हर भाषा में जीवित है, केवल जीवित ही नहीं एक जीवंत और लोकप्रिय विधा के रूप में जीवित और निरंतर पल्लवित-पुष्पित है। वस्तुतः ड्राइंगरूमी, सभा-गोष्ठियों के मंचों से किए गए ऐसे ऐलान कभी किसी एक विधा तो कभी किसी दूसरी विधा की मृत्यु की खतरे की घंटिया बजाते ही रहते हैं। यदि उपन्यास की रचना को मात्रा और गुणवत्ता के आधार पर देखा जाए, तो भी निराशा की आवश्यकता नहीं है। प्रकाशकों की राय का साक्ष्य भी यही कहता है कि उपन्यास की विधा सबसे ज्यादा बिकाऊ है, उपन्यास तो निकल ही जाता है यह उनकी मान्यता है। वे इसे बाजार में कभी न पिटनेवाला उत्पाद मानते हैं।[18] फिर भी नायपॉल का यह वक्तव्य कई सवाल, कई मुद्दे विमर्श के लिए छोड़ जाता है। पहला सवाल यही है कि आज के संघर्षसंकुल व्यस्त जीवन में उपन्यास के पाठ का सुभीता नहीं है। हमारे मनोरंजन के समय पर टी.वी. का बहुत बड़ा अतिक्रमण है। हमारे समय पर टी.वी. के अतिक्रमण की बात न केवल उपन्यास अपितु समस्त साहित्य पर लागू होती है। उपन्यास के संदर्भ में यह बात इसलिए और भी समुपयुक्त है क्योंकि यह एक पृथुलाकार विधा है, यद्यपि यहाँ भी 'लघु उपन्यास' की अवधारणा है। निश्चिततः उपन्यास का पाठ अधिक समय की माँग करता है। किंतु यह भी एक विरोधाभासी तथ्य है कि उपन्यास अब पढ़ा भी अधिकांशतः उन्हीं के द्वारा जाता है जिनके पास समय की कमी है। उपन्यास का पाठक मुख्यतः वह बौद्धिक वर्ग है जिसके पास अपनी तरह-तरह की व्यस्तताएँ हैं।

उपन्यास का जो साधारण पाठक वर्ग था, वह निश्चय ही टी.वी. की दुनिया में चला गया है। उसके पास रात-दिन सैकड़ों-सैकड़ों चैनलों का मायावी संसार है। उसी की डूब में उन्हें कोई ऊब नहीं होती। नायपॉल की घोषणा एक सीमा तक तो ठीक है कि उपन्यास का जो सामान्य पाठक या जनसाधारण वर्ग था, उसकी रुचि इस विधा में अब उतनी नहीं रही किंतु साहित्य-प्रेमी, विशिष्ट बौद्धिक वर्ग, अभी भी इस विधा को उसी भाव से ग्रहण करता है। पाश्चात्य साहित्य में भी उपन्यास की लोकप्रियता यही प्रमाणित करती है कि हजार-हजार टी.वी. चैनलों, एक से एक बढ़िया फिल्मों का संसार उपन्यास को लील नहीं सकता। उनके यहाँ हमारे यहाँ से बहुत पहले टी.वी. और फिल्म का पसारा आया था किंतु वह भी उपन्यास की यात्रा को बाधित नहीं कर सका। इसलिए हमें बहुत अधिक घबराने की आवश्यकता नहीं है कि टी.वी. आदि माध्यम उपन्यास को समाप्त कर देंगे। उपन्यास रहेगा और रहेगा, अपनी पूरी धज में, निरंतर विकासमान विधा के रूप में। हाँ, आज के परिप्रेक्ष्य में यह प्रश्न महत्त्वपूर्ण हो उठता है कि आज किस आकार का उपन्यास सफलता के सोपान चढ़ सकता है। यह बात ऊपरी तौर पर बहुत ज्यादा सार्थक शायद न लगे कि उपन्यास का आकार उसकी लोकप्रियता में एक कारक हो सकता है। यदि एक ओर आज दिनोदिन टी.वी. चैनलों और कार्यक्रम की अधिकता हो रही है तो दूसरी ओर पुनः मोटे उपन्यास को अपने जरा-मरण का भय इसलिए भी नहीं होना चाहिए कि मोटे, पृथुलाकार उपन्यास की रचना पर प्रकाशकों का भी दबाव आता जा रहा है। शायद लेखक को लगता है कि पृथुलाकार उपन्यास ही उन्हें अधिक सार्थक रूप में उपन्यासकार की हैसियत से प्रतिष्ठा दे सकता है या और अधिक गौरवपूर्ण होने के लिए 'बड़ा उपन्यास' लिखना जैसे नितांत आवश्यक-सा हो गया हो। यदि उपन्यास बड़ा न भी हो तो प्रकाशक उसे मोटे फांट में छापकर बड़ा कर लेता है (यथा 'हिडिम्ब'-पृ. सं. 264), अपने व्यावसायिक कारणों से। यद्यपि किसी भी साहित्यशास्त्र या आलोचक के द्वारा उपन्यास का आकार निर्देशित नहीं किया जा सकता किंतु यह बात समझ में आनी चाहिए कि प्रथम तो बड़े उपन्यास की साधना हरेक के बूते की बात नहीं, दूसरे हमें उपन्यास के इतिहास पर भी दृष्टिपात कर लेना चाहिए कि कितने ही पृथुलाकार उपन्यास अपने आकार के कारण ही यूँ ही गुम हो गए। सुनिश्चित अवधारणा नहीं दी जा सकती कि उपन्यास का आकार कितना हो किंतु आज की परिस्थितियों में यह माँग कोई बहुत अनुचित नहीं होगी कि उपन्यास बहुत अधिक विस्तृति में न जाए। नायपॉल द्वारा उपन्यास की मृत्यु-घोषणा और उसका आधार टी.वी. सिनेमा आदि बताने से उपन्यास, विशेषतः हिंदी उपन्यास अपने जीवन-रस के लिए यह सूत्र तो ग्रहण कर ही सकता है कि उसका आधार होना चाहिए कि वह ना तो दीर्घ हो और जितना भी आकार हो उसमें एक पठनीयता आद्यंत विद्यमान रहे। कथानक को घसीटने से भी कोई विशेष लाभ नहीं, वह अपने को पाठक पर भारी ही बनाता है। आज कथा में विमर्श और विचार

की गुंजाइश बढ़ी है किंतु उपन्यास और कहानी में उनका लालित्य, कथा-रस, अवश्य ही बना रहना चाहिए। कदाचित् कथाकार की रचना-मात्र की स्वाभाविक पर परिणति ही है यह, छोटे-छोटे रास्ते तय कर एक बड़े राजमार्ग पर आ जाना। (प्रत्येक) कथाकार आज चंद्रधर शर्मा गुलेरी नहीं हो सकता कि वह अपनी एक कहानी के बल-बूते पर ही अपना यश-सौध खड़ा कर सके। आज कहानी हिंदी की अत्यंत सशक्त विधा है जिसमें नई-नई प्रतिभाएँ रोज कथा-क्षितिज पर उभरकर आ रही हैं। निश्चय ही कुछ समय बाद वे उपन्यास-रचना में प्रवृत्त होंगी। उपन्यास की सृजन-यात्रा इसलिए भी नहीं रुक सकती कि युगबोध का समग्रता में चित्रण करने के लिए उपन्यास की कथा के विराट-फलक की आवश्यकता होती है, कहानी तो उस सबका खंड-खंड चित्र ही प्रस्तुत कर सकेगी। साहित्य का पाठक उससे ऐसी कृति की अपेक्षा रखेगा ही जिससे वह अपने संघर्ष-संकुल जीवन को समग्रता में साहित्यकार की संवेदनात्मक दृष्टि से देख सके। इन सब कारणों के लेखे उपन्यास-विधा को जरा-मरण का भय नहीं हो सकता, भले ही बार-बार उसकी मृत्यु की घोषणाएँ की जाती रहें।

उपन्यास में घटित शैल्पिक परिवर्तन

कथ्य के विविधवर्णी विस्तार और समृद्धि ने औपन्यासिक शिल्प में बड़े भारी परिवर्तन उपस्थित किए हैं। कभी-कभी उपन्यास में अन्य गद्य विधाएँ समाई हुई दिखती है तो कभी अध्यायों के शीर्षक चौंकाते हैं और कभी विभिन्न शैल्पिक युक्तियाँ उसे नया आकर्षण प्रदान करती हैं। इस सबका विवेचन निम्नस्थ रूप में किया जा सकता है–

विधा में अन्य विधाओं की अन्तर्भुक्ति

आज कोई भी साहित्यिक विधा अपने मूल स्वरूप में सिमटकर नहीं रह गई है, उसमें गद्य की अन्य विधाओं की अन्तर्भुक्ति बड़े कौशल से की गई है। इस विधागत तोड़-फोड़ में उस विधा का जो नया रूप निकलकर आता है, वह अपनी पारम्परिक शैली, वृत्तियों–अंतःप्रवृत्तियों को चुनौती देता हुआ एक नया रूप ही दे डालता है, वह किस विधा की कृति बन गई, स्वयं रचनाकार को भी उसका ठीक-ठीक भान नहीं हो पाता है। प्रसिद्ध कहानीकार हिमांशु जोशी ने अपने एक कहानी-संग्रह की भूमिका कथा में हो रहे परिवर्तनों पर इस रूप में विचार किया है, "साहित्य की विधाएँ भी नए-नए रूपों में परिभाषित हो रही हैं। कहानी, कहानी तक सीमित न रहकर, विशुद्ध सच का पर्याय भी बन रही है। जीवनियाँ जीवंत कथाओं का रूप ले रही हैं। आत्मकथाएँ औपन्यासिक शैली में पाठकों को अधिक रिझा रही हैं। यानी जो जैसा है, उसे हमें उस रूप की अपेक्षा किसी दूसरे रूप में देखना अधिक स्वाभाविक लग रहा है। कहानी का सच भी जीवन के सच का ही दूसरा रूप बनकर उभर रहा

है। विधाओं की सीमा-रेखाओं के टूटने से साहित्य का नया आकार ले रहा है, उसमें कम कृत्रिमता और अधिक आत्मीयता यानी अनुभूति की प्रामाणिकता अधिक सहज लग रही है।"[19]

'काशी का अस्सी' में काशीनाथ सिंह के उपन्यासकार की ऊहापोह यही है कि वे इसे उपन्यास मानें या कहानी या रिपोर्ताज, "इसी मुहल्ले का 'लाइव शो' है, यह कृति उपन्यास का उपन्यास और कथाओं की कथाएँ। खासा चर्चित, विवादित और बदनाम। लेकिन बदनाम सिर्फ अभिजनों में, आमजनों में नहीं।" यहाँ जिस रूप में रिपोर्टिंग, कथा-रिपोर्ताज, भाषण, पत्रकारिता, आत्मकथांश आदि का सहारा लेकर वर्तमान के जीवित राजनेताओं, साहित्यकारों, विश्वविद्यालयों, अध्यापकों और स्वयं कथाकार ने अपने को चित्रित किया है, औपन्यासिक शिल्प में यह सब नया है। लोकगीतों की शैली में व्यंग्य की तेज धार और बीच-बीच में लेखकीय हस्तक्षेप कर स्थानों आदि का परिचय जिस शैली में दिया गया है, वह उपन्यास के लिए एक नया आयाम है, 'अस्सी की डेलिवरी रोड' का कोष्ठक में परिचय देती हुई यह टिप्पणी देखिए ('डेलिवरी रोड' क्यों कहते हैं 'अस्सी रोड' को? सड़क के गड्ढे देखिए। जनानियों को बच्चे पैदा करने के लिए अस्पताल जाने की जरूरत नहीं। रिक्शे पर बैठ के चल दें इस रोड से। ज्यादा नहीं, एक फर्लांग। लेबर पेन के साथ बच्चा बाहर।)"[20] इसी प्रकार 'कितने पाकिस्तान' (कमलेश्वर) में इतने शैल्पिक प्रयोग वर्तमान में अतीत और अतीत में वर्तमान के प्रक्षेपण के लिए किए गए हैं कि कुछ लोगों ने उसे 'अनुपन्यास' कहा तो कुछ ने सीधे-सीधे उसे उपन्यास मानने से ही इनकार कर दिया। अदीबे आलिया की अदालत में उनका अर्दली किसी भी सदी के मृत और वर्तमान के जिंदा या मुर्दा किसी भी पात्र को उसके बयानों के लिए हाजिर कर देता है। उपन्यास जगह-जगह पर किसी न्यायालय के सच की रिपोर्टिंग करता है। डायरी शैली, पत्र शैली का थोड़ा-बहुत प्रयोग तो पहले के उपन्यासों में भी होता रहा है, किंतु वहाँ प्रमुखता औपन्यासिकता को ही दी गई थी, वर्तमान में ऐसे कितने ही उपन्यास हैं जो पूरी की पूरी डायरी या डायरी के अत्यधिक प्रयोग या डायरी के माध्यम से ही कथा-क्रम को आगे बढ़ाते हैं। डायरी की तरह फोन-वार्ताओं, सुदीर्घ फोन वार्ताओं का क्रम कथा-क्रम को आगे बढ़ाता है। अलका सरावगी के 'कलि-कथा : वाया बाईपास' तथा 'शेष कादम्बरी' दोनों उपन्यासों में ये प्रयोग बहुतायत से किए गए हैं। 'कलि-कथा : वाया बाईपास' में कई डायरी-तिथियों को परिकल्पित कर उन्हें अध्याय का शीर्षक देकर तत्कालीन समय के ऐतिहासिक तथ्य-सम्मत वर्णन दिए गए हैं, यथा '7 नवम्बर', 'प्रसन्न कुमार टैगोर स्ट्रीट', 'कौलः 1 जनवरी 2000 ईस्वी', '2 जुलाई 1940' आदि। अनामिका के उपन्यास 'तिनका तिनके पास' में शीर्षकों के साथ डायरी तिथियाँ दी गई हैं। 'हरी हवा–4 अगस्त 2006', 'काननबाला की मृत्युशय्या' 15 दिसम्बर 2004। ये डायरी प्रयोग 'अजय की डायरी' (डॉ. देवराज) जैसे उपन्यासों

के डायरी प्रयोग से अलग हैं, इनमें डायरी तत्कालीन ऐतिहासिक घटनाओं के भी प्रमाण-पुष्ट विवरण जनजीवन को जानने की एक दिशा खोजते दिखाई देते हैं। उपन्यास को एक बड़ी सीमा तक कथा-कलेवर में आत्म-वृतांत माना जाता है किंतु इधर उपन्यासकारों ने, विशेषतः लेखिकाओं के उपन्यासों में 'आत्मकथा' की सीमा तक, चित्रित किया है। प्रभा खेतान का 'छिन्नमस्ता' और इससे भी आगे बढ़कर मैत्रेयी पुष्पा के 'कस्तूरी कुंडल बसै' तथा 'त्रिया हठ' जैसे उपन्यासों में आत्म-कथा की विधा उपन्यास को आक्रान्त किए हुए है। विभिन्न विषयों पर विमर्श करते हुए उपन्यास कभी-कभी अपने चरित्र को विश्लेषण में पूरी तरह निबन्धधर्मा कर लेते हैं। मृदुला गर्ग के 'कठगुलाब' में स्त्री-पक्ष का विश्लेषण करने तर्क निबन्ध के सीमांतों का स्पर्श करने लगते हैं। कविता-पंक्तियों का प्रयोग तो बहुत पहले से उपन्यासों में होता रहा है ('नदी के द्वीप' आदि) किंतु दूसरों की तथा स्व-रचित कविताओं की पूरी-पूरी उद्धृति ('तिनका तिनके पास') भी इधर उपन्यासों में बहुतायत से दिखाई दे रही है। उपन्यास में नाटक की अन्तर्भुक्ति न केवल दूर-दूर तक चलते संवादों तक ही सीमित है, अपितु जिस प्रकार नाटक के अंकों में दृश्य-योजना होती है, इसी प्रकार दृश्य-एक, दो, तीन, आदि में उपन्यास के अध्यायों की कथा नियोजित की जाती है। अनामिका के 'दस द्वारे का पींजरा' उपन्यास के 'डाक्यूमेंटरी : पंडिता रमाबाई' अध्याय में डाक्यूमेंटरी के 32 दृश्यों में कथा कही गई है। यहाँ उपन्यास नाटक के साथ सिने-कला ('सिनेमेटोग्रैफी') का भी सहारा लेता है। इसी प्रकार इसी उपन्यास में 'सतूसार : क्रमांक : एक' में रेडियो-रूपक और डाक्यू-ड्रामा की शैली की बात उपन्यासकार ने स्वीकारी है, "एक साँस में हमने यह रेडियो-रूपक पढ़ तो लिया, पर इसे डॉक्यू-ड्रामा में बदलते हुए कई ड्राफ्ट बनाने होंगे।"[21] इस प्रकार उपन्यास आज कई विधाओं और कला-रूपों से अपने शैल्पिक संभार की निर्मिति कर रहा है।

उपन्यासों के अध्याय-शीर्षक

पहले उपन्यासों के अध्याय प्रायः ही एक, दो, तीन के क्रम से दिए जाते थे और कुछ उपन्यासों में अंत में 'उपसंहार' ('गुनाहों का देवता') भी होता था। किंतु अब उपन्यासों में इस शैली के अतिरिक्त कहीं अध्याय दिए ही नहीं जाते, केवल स्थान छोड़कर या समय-अंतराल-सूचक कोई चिह्न (   ) मात्र दे दिया जाता है ('तत्त्वमसि' : जया जादवानी)। उपन्यास के अध्यायों के विभिन्न शीर्षक देने की शैली इधर बहुत अधिक प्रचलन में आई है, कहीं-कहीं तो ये शीर्षक चौंकाने वाले मात्र होते हैं, कहीं पाठक के लिए इस शीर्षक से अध्याय के कथ्य की संगति बिठाना काफी मुश्किल-सा काम हो जाता है। अध्यायों के लिए शीर्षक का प्रयोग 'मुझे चाँद चाहिए' (सुरेन्द्र वर्मा) से अधिक होने लगा। इस उपन्यास में कथानक को पहले तीन खंडों-एक, दो, तीन, में बाँटा गया है फिर संक्षिप्त अध्यायों में शीर्षक देकर 'उपसंहार' दिया गया है। 'उपसंहार' के अन्तर्गत

एक शीर्षक सहित कुल 47 शीर्षक दिए गए हैं, कुछ शीर्षक द्रष्टव्य हैं–'सतरंगी इन्द्रधनुष', 'रामजी की गाय', 'फ्रेंड, फिलास्फर एवं गाइड', 'होपलैस केस', फिर कहीं 'कुंजे-कफस', 'फिर वही सैयाद का घर', 'मेरे जीवन के तीसरे पृष्ठ', 'जब नियति ट्रेजिक ढंग से किसी के साथ जुड़ गई', 'अपरिचय के सहयाद्रि', 'वर्षा जी बाथरूम में हैं' और 'अंतिम प्रेम की अन्तिम परिभाषा'। ये सभी शीर्षक कहीं न कहीं उस अध्याय के कथ्य से संबंधित हैं। अध्याय शीर्षकों का सर्वप्रथम आकर्षक प्रयोग अलका सरावगी के 'कलि-कथा : वाया बाईपास' में मिलता है और वे अध्याय के कथ्य से भी किसी न किसी रूप में संबंधित रहते हैं। कुछ शीर्षक द्रष्टव्य हैं, 'समवेयर इन द नार्थ', 'कलि-कथा : 1940', 'जदि निर्वासने पाठाबेई-कलिकाता, 'जिंदगियाँ बेमतलब', 'नाइन्टीन फोर्टी टू : अ लव स्टोरी', आदि। इसके बाद तो उपन्यासों में अध्यायों के इस प्रकार के शीर्षक देना एक फैशननुमा प्रवृत्ति ही बन गई। कुछ उदाहरण द्रष्टव्य होंगे, संजीव के 'आकाश चंपा' (2008) उपन्यास के कुछ शीर्षक इस प्रकार हैं–'सखि रे, की पूछसि अनुभव मोर', 'हाँ तो मैं क्या पढ़ रहा था?', 'सोसायटी के बैक बैंचर्स', 'गोभी के खेत में कंकालों की फसल', 'अलाउद्दीन और पद्मिनी', आदि। कुछ उपन्यासों में इन शीर्षकों में बड़ा वैचित्र्य है और कथा से उनकी क्या संगति बैठती है, यह समझने में कुछ देर लगती है, 'तिनका तिनके पास' के ये शीर्षक देखिए–'दारू पार्टियों का रीतिकाल : एलिस इन वंडरलैंड', 'हथिया दाँत निपोरे बाबा', 'गगन में गैब निसान उड़ै' : 'कोलाज' : 'भैया की चिट्ठियाँ', 'सर्वेण्ट्स क्वार्टर्स की दुनिया' : 'छछिया-भर छाछ' पे नाच', 'पंडिता रमाबाई : एक अतिरिक्त पांडुलिपि' : 'झकझक झमकती', 'वह्निवामा के दृग त्यों-त्यों' : 'प्राक्कथन', 'तुम करो विजय संयत प्राणों से प्राणों पर', 'जोगनिया कोठी : साहिल-स्पंदन के ई-मेल', 'जोगनिया कोठी : बड़ सूखसार पाओल तुअ तीरे', 'कौन-सी शिखा में कौन-सी धकधक' : 'घुँघराला धुआँ', 'गेरुई ज्वाला', आदि। उपन्यासों के अध्यायों के इन शीर्षकों का प्रभाव कहानी (विधा) के शिल्प पर भी पड़ा, वहाँ भी कहानी के उपखंडों को इसी प्रकार के लम्बे शीर्षक दिए जा रहे हैं।

आकारगत परिवर्तन

यदि पिछले कुछ वर्षों में प्रकाशित उपन्यासों के आकार पर दृष्टि डालें तो स्थिति बड़ी चौंकाने वाली व लगभग भयावह है। केवल 2005 में प्रकाशित कुछ उपन्यासों की स्थिति यह हैबाबल तेरा देस में (पृ. 484), कुइयाँजान (पृ. 416), पिछले पन्ने की औरतें (पृ. 304), महिमामयी (पृ. 352), 'खुदा सही सलामत है'-द्वि.सं. (पृ. 401), 'अरे चांडाल' (पृ. 464), माटी कहे कुम्हार से (पृ. 515द्धए छोटे ही फॉण्ट में) आदि। इससे पूर्व 2004 में 'कैसी आग लगाई' (पृ. 391), 2001 में 'कथा सतीसर' (पृ. 595), 'आवां' (पृ. 544), आदि। इससे थोड़ा पहले 'द्वा सुपर्णा', 'काला पहाड़' (पृ. 466), इससे भी पहले प्रकाशित द्विखंडीय उपन्यास 'काल कथा', आदि आकार

में भारी-भरकम थे। मैं यहाँ जान-पूछकर लेखकों के नाम नहीं दे रहा हूँएक तो सभी प्रतिष्ठित नामों के चर्चित उपन्यास हैं, दूसरे, मेरा उद्देश्य एक प्रवृत्ति की ओर ध्यान दिलाना है, किसी लेखक विशेष पर केन्द्रित विचार नहीं हैं ये। हालाँकि यह बात भी अपनी जगह सही है कि कुछ लेखक महानता के मिथ में छोटे उपन्यास लिखना जानते ही नहीं। शायद आज इतने बड़े-बड़े उपन्यासों को देखकर भयभीत होने की स्थिति मेरी ही नहीं है, अनेक पाठकों, आलोचकों तथा केवल सृजनात्मक लेखन करनेवाले लेखकों की भी है। एक कथाकार ने कभी मेरे आलोचक पर तरस खाते हुए किंचित् गर्वीले भाव से कहा था इन बड़े उपन्यासों को या सब कुछ को पढ़ना तुम्हारे आलोचक की विवशता है, हमारी नहीं। हम अपनी रुचि ('चॉयस') के हिसाब से पढ़ते हैं। एक और प्रतिष्ठित कथाकार मित्र स्वदेश दीपक से कभी चर्चा चल रही थी यशपाल के 'झूठा सच' की। उन्होंने बड़ी ईमानदारी और बेबाकी से कहा, यार, तुम्हारी हिम्मत की दाद देनी होगी, तुमने झूठा सच पूरा पढ़ लिया, मैंने तो पढ़ा ही नहीं और न ही कभी जरूरी लगा कि पढ़ूँ।' बेचारा आलोचक क्या करे, उसे अप-टू-डेट, अद्यतन रहने के लिए सब कुछ जो पढ़ना है। कथा-आलोचना, विशेषतः उपन्यास आलोचना, को यह टिप्पणी सहनी पड़ती है कि वह रचना के साथ कदम मिलाकर चलते हुए उसका समुचित मूल्यांकन नहीं कर पाती।

इस बात पर गंभीरता से विचार होना चाहिए कि आज जब भागमभागी बढ़ती जा रही है, पढ़ने के समय का तरह-तरह से अतिक्रमण हो रहा है, क्या हमारे पास (जिसमें पाठक, आलोचक सभी शामिल हैं) इन पृथुलाकार उपन्यासों को पढ़ने का अपेक्षित समय है? एक समय वह भी था जब विमल मित्र, अन्नपूर्णा देवी, आदि के अनूदित पृथुलाकार उपन्यास भी खूब पढ़े जा रहे थे, पर आज सामाजिक परिदृश्य बहुत बदला हुआ है। कुछ उपन्यासों का दीर्घसूत्री स्वरूप देखकर यह भी लगता है कि उनमें कथा को उसी प्रकार लम्बा खींचा गया है जैसे अनावश्यक रूप में टी.वी. सीरियलों को खींचा जाता है। कुछ लेखक बड़ा उपन्यास साध ही नहीं पा रहे हैं, उनकी कथा का शीराजा काफी बिखर जाता है। कहीं-कहीं उनमें पठनीयता का बुरी तरह क्षरण हो जाता है। यह समस्या हिंदी के उपन्यासों की ही नहीं है, अंग्रेजी आदि भाषाओं में भी महा उपन्यास लिखने की बीमारी है। इस समस्या पर कुपित होकर अंग्रेजी के प्रख्यात स्तंभकार खुशवंत सिंह ने भी एक स्तंभ लिखा जिसके प्रारंभ में ही उन्होंने निष्कर्ष रूप में कह दिया कि पूरे जीवन कथा-साहित्य पढ़ने की गिरफ्त में पड़ा हुआ, अब मैं इस निष्कर्ष पर पहुँचा हूँ कि उपन्यास चार सौ पृष्ठों से ऊपर नहीं होना चाहिए, उसमें पाँच-छः पात्रों का ही चरित्र-निर्वहन हो तथा उसका मूल्य 300/-रु. से कम ही हो। व्यक्तिगत उदाहरण देते हुए उन्होंने बताया कि तालस्तॉय के विश्व प्रसिद्ध उपन्यास 'वार एंड पीस' को उन्होंने कई बार पढ़ने का प्रयत्न किया किंतु उसके पृथुलाकार के ही कारण उसे बीच में ही छोड़ देना पड़ा। इसी प्रकार लगभग

50 वर्ष पूर्व प्रकाशित इरविंग स्टोन के उपन्यास (750 पृष्ठीय) 'द एगोनी एंड द एक्सटेसी' को वे बामुश्किल अब समाप्त कर पाए, उसका पढ़ना इसलिए लाजिमी था क्योंकि वह माइकेल एंजिलो तथा उनके युग पर केन्द्रित था। कुछ लेखकों को भ्रम है कि 'महा उपन्यासकार' या 'महान उपन्यासकार' होने के लिए बहुत 'महा उपन्यास' लिखना लाजिमी है। 'पुरस्कारकामी' लेखन ने भी इस 'महा उपन्यास' प्रवृत्ति को बढ़ावा दिया है—हाल के वर्षों में अनेक प्रतिष्ठित पुरस्कार पृथुलाकार उपन्यासों को ही प्रदान किए गए हैं। बड़े उपन्यासों को कुशल लेखक बहुत अच्छी तरह साध लेते हैं, ऐसे भी उदाहरण विरल नहीं हैं—कमलेश्वर का 'कितने पाकिस्तान' बड़े आकार का होते हुए भी पाठकों में (थोक खरीद के बल पर नहीं) खूब लोकप्रिय हुआ—यह दीगर बात है कि कुछ लोगों को वह 'उपन्यास' ही नहीं लगता।

उपन्यास के आकार (पृष्ठ संख्या) का उसकी लोकप्रियता पर क्या प्रभाव पड़ता है, इस पर चर्चा फिर कभी सही, फिलहाल मुझे संक्षेप में यह कहना है कि बहुत से उपन्यास अपने पृथुल आकार के कारण ही लक्षित होने या लोकप्रिय होने से रह जाते हैं। वह समय चला गया जब बांग्ला के आशापूर्णा देवी आदि के बड़े-बड़े उपन्यास हिंदी में खूब पढ़े जाते थे, खासे लोकप्रिय थे। आज उपन्यास के पाठक, गंभीर पाठक, के पास इतना समय और धैर्य नहीं है कि बहुत मोटे-मोटे उपन्यास पढ़ सके। यह परिवर्तित पाठकीय अभिरुचि है, लेकिन लेखकीय अभिरुचि बिलकुल इसके उलट जा रही है। उपन्यासकार प्रायः ही यह समझ बैठे हैं कि बड़े-बड़े आकार वाले 'महत्' उपन्यास लिखकर ही वे 'महत्त्वपूर्ण' हो सकते हैं। इसी प्रवृत्ति के चलते इधर हिंदी में पिछले दो-एक वर्षों के कुछ उपन्यासों के वृहदाकार रूप पर दृष्टि डाली जा सकती है—'आवाँ' (1999 ई.-544 पृष्ठ), 'उन्माद' (1999 ई., पृ. 344), 'फूल, इमारतें और बंदर' (2000 ई., पृ. 303), 'यह संत नहीं' (2000 ई., पृ. 391), 'चतुरंग' (2001 ई.पृ. 427) 'काला पहाड़' (1999 ई., पृ. 466), 'खुदा सही सलामत है' (पृ. 401), बाबल तेरा देस में' (पृ. 989),'कथा सतीसर' (2001 ई., पृ. 595), 'अरे चांडाल' (2006, पृ. 464), 'माटी कहे कुम्हार से' (2006, पृ. 515) यद्यपि यह प्रश्न अपने आप में बड़ा छोटा या बचकाना, ऊपर-ऊपर से, लग सकता है कि 'आकार' (पृष्ठ संख्या) उपन्यास की सफलता का निर्धारिक मानक नहीं माना जा सकता किंतु सोचना चाहिए कि रवीन्द्र कालिया का 'खुदा सहीं सलामत', कामतानाथ का 'काल कथा' (दो खंड) लगभग 800 पृष्ठ आदि उपन्यास क्यों अलक्षित रह गए। मुझे लगता है कि अनेक पुरस्कारों और बहुत सारी चर्चाओं के बावजूद 'पहला गिरमिटिया' (1999, पृ. 904) की भी यही नियति अपने आकार के कारण है। बड़े उपन्यास को साधना, पूर्ण पठनीय बना पाना, प्रत्येक लेखक की क्षमता नहीं हो सकती। यूँ पुनः स्पष्टीकरण देना चाहूँगा कि बड़ा उपन्यास भी पूर्णतः पठनीय और लोकप्रिय हो सकता है, आकार इस सफलता को सभी जगह बाधित करे, यह आवश्यक नहीं है। इस उदाहरण से कहना

मैं यह चाहता हूँ कि ऐसा कोई नियम-विधान नहीं बनाया जा सकता कि बड़े उपन्यास 'श्रेष्ठ', 'सशक्त', नहीं हो सकते, केवल मँझोले आकार या छोटे आकार के उपन्यास ही सफल और लोकप्रिय हो सकते हैं। न ही उपन्यास, अच्छे उपन्यास की कोई पृष्ठ संख्या तय की जा सकती है किंतु यह ध्यान रखना चाहिए कि वे अपने पाठक पर भारी न पड़े। एक लेखक मित्र का जब बार-बार, कभी-कभी नाराजगी से भरा आग्रह हुआ कि मैं उनके उपन्यास पर कुछ लिखूँ तो मैंने सभी 'खतरे' उठाते हुए स्पष्टता से लिख दिया कि मेरी दृष्टि में उपन्यास बहुत अपठनीय है—मुझसे दस पृष्ठ से ज्यादा नहीं पढ़े गए तो उन्होंने मेरी अज्ञानता पर तरस खाते हुए एक सूची भेज दी जिसमें नामी-गिरामी लोगों सहित छत्तीस व्यक्तियों द्वारा लिखी गई समीक्षाओं का विवरण पत्रिकाओं सहित था। एक सज्जन ने उस उपन्यास को तालस्तॉय के 'युद्ध और शांति' से तुलित करते हुए उसे महान उपन्यास सिद्ध किया था। 'महाकाव्यात्मक उपन्यास' की संज्ञा इधर एक संक्रामक बीमारी की तरह फैल रही है।

उपन्यास के बड़े आकारों को 'लोकार्पण गोष्ठियों' और प्रकाशकों ने भी बहुत बढ़ावा दिया है। लोकार्पण गोष्ठियों में आए विद्वान प्रायः ही 'अहो रूपम्, अहो ध्वनि' भाव से कृति और कृतिकार का गुणगान कर दोनों को ही आसमान पर बिठाकर चले जाते हैं। कृतिकार मदमस्त!! अगली कृति को और अधिक 'महान' (पृथुलाकार) बनाने के लिए कार्यरत हो चलता है। जब किसी उपन्यासकार मित्र से सुनता हूँ कि 'आजकल मैं एक बड़े उपन्यास' पर काम कर रहा/रही हूँ। तो मैं काँप जाता हूँ—संभल भई, एक और वजनी कृति साहित्य संसार का भार बढ़ाने जा रही है। प्रकाशकों को बड़ी कृति ('उत्पाद') बहुत 'सूट' करती है—नामी प्रकाशक उसे बेच तो लेते ही हैं—मोटी कृति-मोटा मुनाफा। लेखक भी खुश—दस प्रतिशत ही सही रॉयल्टी राशि तो मोटी मिल ही जाएगी। शायद वह प्रकाशकीय माँग पर अगली कृति को भी 'मोटा' कर देने को 'उतारू' हो जाता है। इस बात की पुष्टि मैं सोदाहरण करना चाहूँगा—एस.आर. हरनोट का उपन्यास आया 'हिडिम्ब'—वही वृहदाकार, भीतर से खोला तो देखा प्रकाशक ने पृष्ठ सं. बढ़ाने के लिए उसे मोटे फोन्ट में छापा है। फिर वही बात, बाजारीकरण के इस दौर में प्रकाशक के लिए कृति सिर्फ, और सिर्फ, मोटा मुनाफा कमाने का साधन है। उसका दृष्टिकोण शुद्ध व्यावसायिक है। ऐसे में हमारे उपन्यासकारों को कुछ ऐसे हाल ही में आए उपन्यासों को भी अपना 'कथा मॉडल' बना लेना चाहिए जो अपने छोटे आकार में भी महत् कृति का रूप लेते हैं—'नियान्वे', 'मैं अपनी झाँसी नहीं दूँगा', 'कलिकथा बाईपास', 'काशी का अस्सी', 'जमीन', आदि।

व्यापक कथा-फलक और विभिन्न शैल्पिक युक्तियाँ

भूमंडलीय संसार में आज जिस प्रकार अनुभव जगत का विस्तार हुआ, सूचना और प्रौद्योगिकी के क्षेत्र में जिस रूप में एक क्रान्ति हुई है, उससे उपन्यास का कथा-फलक

बहुत व्यापक हुआ है। भूमंडलीय जगत का कोई ऐसा अनुभव-क्षेत्र नहीं है, जो कथा का विषय न बना हो। राजनीति क्षेत्र की समस्त उठा-पटक, राजनीति का अपराधीकरण, चुनाव तथा वोट-तंत्र की राजनीति, राजनीतिक तथा प्रशासनिक क्षेत्र में दूर-दूर घर कर गए भ्रष्टाचार और कदाचार के विविध रूप, धर्म कदाचार के विविध रूप, धर्म, राजनीति और समाज में चिर संक्रामक रोग-सी फैली सांप्रदायिकता, इसी से प्रेरित मंदिर-मस्जिद की राजनीति, आदि समस्याओं को बारंबार उपन्यासों में चित्रित किया गया है, नए तथ्यों-सत्यों के प्रकाश में अपनी दृष्टि ('विजन') के साथ। वैश्वीकरण की आर्थिकता के श्याम-श्वेत पक्ष, अमीर-गरीब के बीच की बढ़ती खाई, भूमंडलीकरण द्वारा आरोपित बाजारवाद, उपभोक्तावादी मूल्य-दृष्टि, पैसे की बढ़ती लालसा और आकाशी स्वप्नों को पाने की मृगतृष्णा को बड़ी गहरी चिंता और सरोकार से उपन्यास का कथ्य बनाया गया। इन सब स्थितियों ने जिस रूप में संबंधों की ऊष्मा को लील लिया, माता-पिता तथा पुत्र-पुत्री के बीच दूरियाँ आकर वृद्धावस्था का जो दुर्वह रूप समाज देख रहा है, उस सब पर उपन्यासों ने निरन्तर अपनी दृष्टि रखी है। खेत, खलिहान से लेकर खदान-कोयला खदान, अयस्क खदान, लौह-खदान आदि के, संसारों और समाजों को गहराई से चित्रित किया। औपनिवेशिक दासता में रहते हुए देश और उसके व्यापक जनसमाज ने जो भोगा-सहा, उसे अपनी ऐतिहासिक दृष्टि से जाँच-परखकर साम्राज्यशाही का चरित्र उपन्यासकारों ने प्रस्तुत कर अपनी नई सोच का परिचय दिया है। बाजारवाद ने अन्तरराष्ट्रीय कला-जगत में भारतीय कला के विपणन की जो नईं-नईं युक्तियाँ तलाशीं, उन सबका परिचय भी हमें उपन्यास के माध्यम से मिला। इसी प्रकार अन्य क्षेत्रों में कथा के प्रवेश से हिंदी उपन्यास ने अपने फलक की विस्तृति का परिचय दिया है। इस बहुआयामी अनुभव-जगत को उपन्यास में चित्रित करने के लिए कथाकारों ने नई-नई शैल्पिक युक्तियाँ तलाशीं, जिसकी यत्किंचित् चर्चा विधा में अन्य विधाओं की अन्तर्भुक्ति के प्रसंग में की गई है। पूर्व-दीप्ति पद्धति से कथा को बहुत-बहुत पीछे ले जाना, फंतासी और व्यंग्य का सहारा ले कथानक का नया आश्चर्य-लोक परिकल्पित कर अपनी अपनी बात कहना, व्यंग्य का जबरदस्त प्रयोग कर पूरे परिवेश के सच को उघाड़ना, आदि कितनी नई-नई युक्तियों ने उपन्यास के कथ्य और स्वरूप को एक नई धज देकर उसे शैल्पिक समृद्धि प्रदान की है।

परिवर्तित भाषिक चेतना

कथ्य की इस व्यापकता, वैविध्य और शिल्प के नए संभार ने उपन्यासों की भाषा को भी एक नई दीप्ति से मंडित किया है। उपन्यास की भाषा ने अपने पूर्ण परिमार्जित और 'निखालिस' के शुद्धता-बोध को त्यागकर बहुत-बहुत खुली-खुली और सहजता की छवि अपनाकर 'भाषा बहता नीर' की सार्थकता सिद्ध करते हुए जीवनधर्मी गंध

को अपनाया। मँझली पीढ़ी के अनेक उपन्यासकार गाँवों की पृष्ठिभूमि से आए थे, अतएव उनकी भाषा अपने देशज व संस्कार में पगी हुई लोकाभिव्यक्ति की समृद्धि लेकर कथा में उपस्थिति पाती है। काशीनाथ सिंह और संजीव की उपन्यास-भाषा से उदाहरण देकर इस बात को समझा जा सकता है। काशीनाथ सिंह बनारस की बोली-बानी, वहाँ के गाली-गलौच को अपनी भाषा में अंकुठ भाव से अपनाते हैं, वे जिस अस्सी का वर्णन 'काशी का अस्सी' में करते हैं, गालियाँ वहाँ की राष्ट्रभाषा के आवश्यक अंग और श्रृंगार हैं, इसीलिए उनके पात्र सहज भाव से उचार देते हैं, "भोंसड़ी के सौ करोड़ की आबादी में पाँच झँटकुल्ली सी.पी.आई. और दिखाएँगे जैसे ये न हों तो देश ही न चले।" बात-बात पर 'यह गाली' उनकी वाणी का सहज श्रृंगार है, ''इन्हें साइकल चलाने की ट्रेनिंग मैं दूँगा। भोंसड़ी के, कहीं डंडे से राष्ट्र चलेगा।"[22] काशी का 'शब्द-कल्पद्रुम' अपनी पूरी धज के साथ काशीनाथ सिंह के इस उपन्यास में प्रयुक्त हुआ है, बिना किसी जोड़-घटाव के। संजीव के उपन्यास 'आकाश चम्पा' में उन्होंने अपने ग्रामांचल की बोली-बानी से कथा-भाषा को एक नई ऊर्जा और चेतना से सम्पन्न किया है, "चारों ओर झिलझिलाहट मच गई। राँची, माने पागलखाना! इस व्यंजना को पूरा बंगाल-बिहार बूझता था, सो के.के. कैसे न बूझता।" उन्होंने वहाँ की लोकोक्तियों का बड़ा सार्थक प्रयोग कर अपनी भाषा को समृद्धि दी है, "भीलों ने बाँट लिए वन, राजा को खबर तक नहीं। हमारे नाम पर इतना कुछ है, हमें पता ही नहीं है। मैं ठहरा फकीर।" भाषा को ऐतिहासिक पात्रों के नामों से जोड़कर जो उपमान संजीव ने प्रयुक्त किए हैं, उनका अर्थ-गौरव भी भाषा को एक नई चेतना देता है, बेटे द्वारा रिटायर्ड बूढ़े बाप मोती लाल के लिए किताबों की दुकान खोलने का ऐलान ऐसा था, "सन्न रह गए मोतीलाल। यह औरंगजेब द्वारा शाहजहाँ को लाल किले में कैद करने की घोषणा थी।"[23] जीवन के खुरदरे यथार्थ से अलग प्रेम-चित्रण में गद्य-भाषा में जो काव्यात्मक औदात्य उपन्यासों में आता है, उसके उदाहरणस्वरूप प्रसिद्ध चित्रकार अशोक भौमिक के 'मोनालिसा हँस रही थी' से उद्धरण देखे जा सकते हैं, प्रिंसीपल सतीश डंगवाल के कठोर-से चरित्र में भावुकता को दर्शाते ये शब्द हैं, "इतना भावुक होते हुए भी नहीं देखा था किसी ने उन्हें। यह पहाड़ पत्थर का नहीं, श्वेत खालिश बर्फ का बना हुआ था जो प्रेम और आत्मीयता की ऊष्मा से पिघल कर उल्लास की अलकनंदा बनकर बह चली थीउस दिन।" प्रेम के अंतरंग क्षणों का चित्रण करनेवाली चित्रकार की यह भाषा संगीत की सिंफनी का सृजन करती है, "मीना के घने कालों बासों के बीच से गुजरती माँग, उसे आदिवासियों को उस जंगल की पतली पगडंडी-सी लगी जिस पर लाल पलाश में कुछ फूल कुचले पड़े थे। जंगल के अंदर नशीले माँदल की आवाज सुनते हुए मीना और किशन, उस आवाज के उत्स को तलाशते धीरे-धीरे बढ़ने लगे। घने दरख़्तों वाले हरे घने जंगल के अंदर, भरी दोपहरी में शाम उतर आई थी। पर कोई भी दीप कहीं भी

नहीं जल रहा था। आदिकवियों का माँदल न जाने कब थम गया था। मीना और किशन जंगल के काजलहरे अँधेरे में अपना रास्ता खो चुके थे।" [24] पूर्ण कलात्मक संयम से चित्रित दो प्रेमियों का यह शरीर मिलन भाषा की सूक्ष्मता, चित्रकार की कला और माँदल के संगीतात्मक संवेदन को कथा-भाषा को एक नई दीप्ति से मंडित करता है।

नई पीढ़ी के लेखकों ने भाषा को अपने परिवेश की नई-नई चीजों, उपकरणों, संवेदनाओं से उपमान, बिम्ब, आदि देकर इतना ताजा, साभिप्राय, अर्थ-सक्षम और ऊर्जावान बना दिया कि भाषा एकदम से 'खिल उठी'। कुछ उदाहरण द्रष्टव्य होंगे– "साहिल से विदा लेकर उठी तो मन अदबदाया-सा प्रेशर कुकर हो गया था।" "अवसान काल में तो पुरुष महात्मा गांधी हो जाते हैं।" "मेरा मन इस चुप्पी से कुछ चोट खा गया, लेकिन 'आयोडेक्स मलिए, काम पे चलिए'–भाव से फिर मैं आगे बढ़ ली।" मेरी पिता ने मेरी माँ को पहले खरगोश, तोता-मैना और लोटन कबूतर, गाय, कुतिया और बसहा बैल, बकरा और गधी–सब समझा लेकिन इंसान नहीं। बात-बेबात उन्हें गुस्सा आ जाता और पीट-पीट कर अधमरा कर देते।"[25] भाषाई-शुद्धता की कृत्रिम दीवारों को तोड़ती यह कथा-भाषा अंग्रेजी से उसी अकुंठ भाव से शब्द अपनाती है जिस अकुंठ भाव से हमारे दैनिक जीवन और कर्म-व्यवहार में उनका प्रयोग हो रहा है। अभिजनों की भाषा में तो बिना अंग्रेजी शब्दों के इनके 'वर्णानुकूल' अभिजात्य आ ही नहीं पाता है, उपन्यास ने भी भाषा को इसी रूप में ग्रहण किया है। दो उदाहरण द्रष्टव्य हैं–"कहाँ पापा, सेल्स डिपार्टमेंट ने सैम्पल रिजेक्ट कर दिया। लंबी घूस खाना चाहता है। अपना तो हर मिल में पर्सेंट फिक्सड है।"[26] "तुम्हारा पति थोड़ा-सा काम्पलैक्स लगता है।"[27] कहना न होगा कि इन उद्धरणों में आए अंग्रेजी शब्दों का अनुवाद हास्यास्पद ही हो जाएगा। इस प्रकार आज उपन्यास की भाषा जीवनगंधी संस्कार लिए अधिक से अधिक तेजस रूप में सामने आ रही है।

इस प्रकार कथ्य के अनुरूप ही समकालीन उपन्यास में अनेक शैल्पिक परिवर्तन घटित होते चले गए हैं। आज हिंदी उपन्यास अपनी समृद्धि के बल पर वैश्विक स्तर पर प्रतिष्ठित है।

सन्दर्भ

1. *अकार*–एक–प्रवेशांक, मार्च, 2001
2. *कथाक्रम*–जुलाई-सितम्बर, 2001
3. *संवाद और हस्तक्षेप*–खंड : पाँच-संपा. विजयकुमार देव (म. प्र. राष्ट्रभाषा प्रचार समिति, भोपाल)

4-5. *कथाक्रम,* जुलाई-सितम्बर, 2001, पृ. 41 व 43

6. *आलोचना,* संपा. नामवर सिंह, 84वाँ अंक, जनवरी-मार्च 1988
7. निर्मल वर्मा-निर्मल वर्मा, महात्मा गांधी अन्तरराष्ट्रीय हिंदी विश्वविद्यालय द्वारा *फणीश्वरनाथ 'रेणु' स्मृति व्याख्यान माला* के अन्तर्गत दिया गया भाषण,–'बहुवचन' (पत्रिका)–अंक 3, अप्रैल-मई-जून, 2000 ई.
8. विजेन्द्रनारायण सिंह, *संवाद और हस्तक्षेप,* पृ. 88
9. कैथराइन ह्यूम (Kathryn Hume) ने अपनी पुस्तक 'FANTASY & MIMESIS' (Responses to Reality in Western Literature) में यही तथ्य स्वीकारा है, "Even in the modern world of reason&science, romances, tend to use magic devices&fantasy monsters." पृ. 152
10. "Fantasy cannot be avoided in the mythic mode. While nothing can guarantee good fantasy, the potential exists in this mode simply because it suited to deal with issues important to man." वही, कैथराइन ह्यूम।
11. डॉ. श्यामसुन्दर दुबे, *यथार्थ की सीमाएँ* और *हिंदी-उपन्यास-साहित्य, संवाद और हस्तक्षेप,* पृ. 91
12. सूर्यबाला, वही, पृ. 99
13. कृष्ण बलदेव वैद, *शम'अ, हर रंग में,* पृ. 114.
14. वही, पृ. 207
15. राजी सेठ, वही, पृ. 48-49
16. वही, पृ. 88
17. परमानंद श्रीवास्तव, *उपन्यास का पुनर्जन्म* (1995 ई.)
18. खुशवंत सिंह का स्तंभ *दिस एबव ऑल* द्रष्टव्य अंग्रेजी हिन्दुस्तान टाइम्स, चण्डीगढ, संस्करण, 1 जुलाई 2006
19. हिमांशु जोशी, *सागर तट के शहर,* 'भूमिका', पृ. 5.
20. काशीनाथ सिंह, *काशी का अस्सी,* पृ. 147.
21. अनामिका, *दस द्वारे का पींजरा,* पृ. 134.
22. काशीनाथ सिंह, *काशी का अस्सी,* पृ. 46, 47.
23. संजीव, *आकाश चम्पा,* पृ. 121, 233, 116.
24. अशोक भौमिक, *मोनालिसा हँस रही थी,* 'बया' पत्रिका, जून 2007, पृ. 191 तथा 193.
25. अनामिका, *तिनका तिनके पास,* पृ. 56, 57, 141, 246.
26. अलका सरावगी, *कलि-कथा : कथा बाईपास,* पृ. 194.
27. रजनी गुप्त, *एक न एक दिन,* पृ. 129.

हिन्दी उपन्यास : पश्चिम की संस्कृति का वर्चस्व और आक्रमण

वैश्वीकरण की प्रक्रिया में पश्चिम के जो आर्थिक तथा सांस्कृतिक प्रभाव हम पर पड़े, वे मुख्यतः अमेरिकी प्रभाव ही हैं। वस्तुतः भूमंडलीकरण पूरी दुनिया, भूमंडल (ग्लोब) का अमेरिकीकरण ही है। हिंदी के सभी सजग उपन्यासकारों ने किसी-किसी रूप में, कभी विस्तार में जाकर तो कभी यथा-अवसर कथा के क्रम में संक्षेप में भारत और भारतीयों के इस अमेरिकीकरण पर विभिन्न रूपों में चिंता प्रकट कर अपना रचनात्मक आक्रोश प्रकट किया है। हिंदी उपन्यास में यह ज्वलंत समस्या किस रूप में अभिव्यक्त हुई है, प्रमुख उपन्यासों के संदर्भ में उसका अध्ययन समीचीन होगा।

पाश्चात्य संस्कृति बनाम अमेरिकीकरण

ब्रिटिश औपनिवेशिक साम्राज्यवाद के प्रभाव में प्रायः साढ़े तीन सौ वर्ष (1601 से 1947 ई.) तक पहले हमारा पश्चिमीकरण होता रहा जो मुख्यतः ब्रिटेन का प्रभाव ही था, यद्यपि न्यूनाधिक प्रभाव अन्य योरुपीय शक्तियों–पुर्तगाल, डच आदि का भी रहा। 1757 ई. के प्लासी-युद्ध के पश्चात् ईस्ट इंडिया कंपनी ने जिस प्रकार धीरे-धीरे राजनीतिक सत्ता ग्रहण कर इंग्लैंड के मुकुट का शासन भारत में स्थापित कर अपनी साम्राज्य-शक्ति का विस्तार किया, उसी प्रकार जीवन के सभी क्षेत्रों में तीव्रता से हमारा पश्चिमीकरण प्रारम्भ हुआ। मैकाले की शिक्षा-नीति के पश्चात् भारत के पश्चिमीकरण की प्रक्रिया और भी तीव्र हो जाती है, इसे **'मेकालेकरण'** कहा गया, जिसकी चर्चा पहले की जा चुकी है (द्रष्टव्य पुस्तक का प्रथम अध्याय) किंतु बीसवीं शती के अन्तिम दो दशकों तक अमेरिकी शक्ति का वर्चस्व इतना बढ़ चुका था कि समस्त विश्व अमेरिकीकरण की गिरफ्त में पूरी तरह आ चुका है, पिछली शती के अन्तिम दस वर्षों में खुली अर्थ व्यवस्था के नारे ने तो चहुँ ओर अमेरिका की दुंदुभि बजा दी। हिंदी उपन्यास ने पहले ब्रिटिश साम्राज्यवादी अपसंस्कृति को अपनी तरह से चीन्हा और फिर बाद के वर्षों में अपसंस्कृति के अमेरिकी आक्रमण का गहरी चिंता से विश्लेषण किया है। इस समय तक अमेरिका जाने, अमेरिकी संस्कृति को विविध

रूपों में भारत में अपनाने, यूरोप के अन्य देशों कनाडा तथा आस्ट्रेलिया आदि स्थानों पर जाकर बस जाने की प्रवृत्ति बढ़ी है और उसके कारण हमारे जीवन, जीवन-पद्धति में जो परिवर्तन आया है उस सबका चित्रण हिंदी उपन्यासकार ने कथात्मक धरातल पर किया है। रवीन्द्र वर्मा ने अपने 'मैं अपनी झाँसी नहीं दूँगा' तथा 'दस बरस का भँवर' में विशेषतः और यत्किंचित् 'आखिरी मंजिल' उपन्यासों में भूमंडलीकरण की इस प्रक्रिया को गहरे इतिहास-बोध से विश्लेषित किया है। कहा जा चुका है कि भूमंडलीकरण मुख्यतः एक प्रकार का नव-साम्राज्यवाद ही है जो अपने माल की खपत के लिए विश्व-भर के संभावनाशील बाजारों की तलाश है। 'मैं अपनी झाँसी नहीं दूँगा' में भूमंडलीकरण की इस प्रक्रिया को ऐतिहासिक काल-क्रम में रखकर देखा है, जलियाँवाला हत्याकांड के विरोध में हुई हड़ताल पर मुरली और धुलेकर, राम लाल, आदि मित्र औपनिवेशिक शक्तियों के इस साम्राज्यवादी विस्तार पर चर्चा करते कहते हैं, "...यह बात 1857 की नहीं, सदियों पुरानी है जब यूरोप में भूमंडलीकरण शुरू हुआ।" 'भूमंडलीकरण क्या है' के उत्तर में वक्ता कहता है, "उन्होंने धरती पर व्यापार के बहाने उपनिवेशों की खोज शुरू की, जहाँ से वे कच्चा माल अपने कारखानों में ले जाएँ और तैयार माल वापस उपनिवेशों के बाजार में भेज दें। इस व्यापार में उपनिवेशों के उद्योग चौपट हुए और धीरे-धीरे गोरे उपनिवेशों में भी अपने उद्योग लगाने लगे। हमारे देश में यही हुआ। पड़ोस में कानपुर दूसरा मानचेस्टर हो रहा है। माल हमारा मुनाफा उनका! जिसका जूता, उसी का सिर।" धुलेकर इस संवाद को आगे बढ़ता हुआ भूमंडलीकरण के साम्राज्यवाद पर प्रहार करता है, "इसी भूमंडलीकरण का दूसरा नाम साम्राज्यवाद है, जिसे गोरे 'गोरे का कर्तव्य' (व्हाइट मैन्स बर्डन) भी कहते हैं। वे हमें गुलाम बनाकर हम पर एहसान कर रहे हैं–हमें नई तकनीक और संस्कृति दे रहे हैं।"[1] नई तकनीक और संस्कृति के नाम पर अंग्रेजों ने न केवल हमारी पारंपरिक अर्थ-व्यवस्था की रीढ़ तोड़कर न हमें अकालों की सतत शृंखला में धकेला अपितु हमारी संस्कृति को भी पूरी तरह अंगरेजियत में रँगने की प्रक्रिया प्रारंभ कर दी। झाँसी शहर के अकाल के बहाने साम्राज्यशाही द्वारा भारत को इस स्थिति में पहुँचाने की कारक स्थितियों का विश्लेषण हुआ है, "हर पाँच वर्ष बाद शहर में अकाल पड़ता था। ऐसी किंवदंती थी, शहर के बुजुर्ग कहते थे कि ऐसा पिछली सदी में नहीं होता था जब अंग्रेज नहीं आए थे। डाके थे, लूट थी–मगर अकाल नहीं था। क्यों कोई पूछता, अब क्यों अकाल है? इसलिए कि न खेत में अन्न है और न जेब में पैसा। जेब का पैसा कहाँ गया? पूछनेवाला पूछता। इंग्लैंड की जेब में। बुजुर्ग कहकर हँस देता।"[2] 1861 ई. में अमेरिका में गृह-युद्ध की स्थिति में कीमतों में भारी उछाल आया था, उसी समय के व्यापार ने अंग्रेजों के लिए बम्बई को एक 'स्वर्ण नगरी' (गोल्डन सिटी) में रूपान्तरित कर दिया। जिस प्रकार आज ब्रांडिड सामानों, उत्पादों के प्रति ललक ('क्रेज') है उसका परिचय देता हुआ उपन्यासकार वर्तमान को इतिहास में प्रक्षेपित

कर अंग्रेजों के समय अंग्रेजीकरण और वर्तमान में हमारे अमेरिकीकरण की प्रवृत्तियों का खुलासा करते हैं, "ग्राहक जानता था कि मेनचेस्टर का लेबल सभा-पार्टी में उसे ऊँचा दर्जा देगा। असल में सभा-पार्टी में वही लोग थे जिन्होंने फोर्ट में अंग्रेजों और उनकी इमारतों की शान को देखा था—वे डरे हुए लोग थे। वे अंग्रेजी लेबिल का भी रौब मानते थे और उसे धारण करना चाहते। लेबल का अहसास अंग्रेजी कमीज को और ज्यादा आरामदेह बना देता। लोग कहने लगे कि बम्बई की गर्मी के लिए काटन आदर्श है। अब आदर्श अंग्रेजी था। वह जमाना बीत चुका था जब व्यापारी अपनी उँगली से अंगूठी उतारकर ढाका की मलमल का पूरा थान उससे प्रवाहित कर देता और ग्राहक की आँख खुली की खुली रह जाती।"[3] यह भूमंडलीय आर्थिकता का सहज क्रम है जो तबसे अब तक निरंतर बल पा रहा है। 'दस बरस का भँवर' में भी रवींद्र वर्मा बार-बार इस जमाने को 'भूमंडलीकरण का जमाना'[4] कहकर भूमंडलीकृत अपसंस्कृति की कलई खोलते हैं जहाँ रतन अपने अमेरिका में बस गए भाई मदन को पूरी व्यापारिक शब्दावली में भारत में पूँजी निवेश की बात इसीलिए पूछता है क्योंकि उसकी नौकरी छूट गई है। अपनी लंबी चिट्ठी में रतन भाई से इस प्रकार बात करता है मानो किसी अमेरिकी कंपनी से भारत में व्यापार करने की बात चला रहा हो, अंबानी के बढ़ते उद्योग-साम्राज्य का हवाला देकर वह सिद्ध करना चाहता है कि किस प्रकार शून्य से शुरू कर अंबानी यहाँ तक पहुँचे हैं, वह भी उसी प्रकार की ऊँचाई हासिल कर सकता है, "...इस भूमंडलीकरण के दौर में अमेरिका से लेकर हिंदुस्तान तक नौकरियों के संसार का सिकुड़ना था। अंत में, यह सवाल पूछा गया था कि भारत में भैया कितना निवेश करना चाहेंगे।"[5] अमेरिका भारत में उसी प्रकार अपना नव उपनिवेशवाद फैला रहा है जैसा कि कभी अंग्रेजों ने फैलाया था और उसका एक ही परिणाम उसे दिखाई देता है कि "जो बच्चे आज पिज्जा खा रहे हैं, उनके लिए रोटी जुटाना मुश्किल हो जाएगा।" "दो सदी पहले अंग्रेजों ने एक हाथ में सलीब और दूसरे हाथ में बंदूक लेकर हमारे देश में प्रवेश किया था। इस दशक में गोरों ने फिर एक हाथ में पेप्सी और दूसरे हाथ में टी. वी. का केबिल लेकर हमारी धरती पर कदम रखे हैं। धरती पर कदम रखने वाले वे खुद वही हैं। उनके अक्स हैं। ये अक्स अंतरिक्ष में घूमते सैटेलाइट के जरिए हमारे घरों में आते हैं। हमें पता नहीं चलता। हम अमेरिकी बिम्बों के गुलाम हैं।" यह कथन बड़ी तकलीफ से सूचना-क्रान्ति के कँधों पर चढ़कर आ रहे भूमंडलीकरण का रेखांकन करता है। उपन्यासकार उस समय की कल्पना से आक्रान्त है, जब "नया आदमी भूमंडलीकृत होगा।"[6] पूरा देश इस 'नए आदमी' की छवि में ढलता चला जा रहा है किंतु इससे कुछ कदम आगे वे लोग हैं जिन्होंने अमेरिका का भरपूर और सब कुछ पा जाने के लिए वहीं का रुख कर लिया है और वहाँ जाकर वे वहीं के ही होकर रह गए हैं। भारत के झाँसी जैसे छोटे शहर का मदन उसी पीढ़ी का प्रतिनिधि है, "मदन अपने देश के सफलतम युवकों में से था

जो अमरीका जाकर बसते हैं। अमरीका की धरती पर उसका अपना घर था, जहाँ दो गाड़ियाँ खड़ी थीं। वह दूसरे अप्रवासी भारतीय युवकों से एक कदम आगे था। उसने एक अमरीकी लड़की से शादी की, जिसका नाम जेन था। जेन अभी तक भारत नहीं आई थी। मदन ने कहा, वह अगली बार जरूर आएगी। अलबत्ता उसकी तस्वीरें जरूर भारत आई थीं। रतन को उसकी तस्वीरें हॉलीवुड की किसी अभिनेत्री की तस्वीरें लगती थीं।"[7] 'आखिरी मंजिल' में माधव के विरोध में उसकी पत्नी बेटी को यह सिखाना चाहती है कि 'तुम खूब पढ़कर खूब लायक बनो ताकि बड़ी होकर हर साल अमेरिका जाओ और चाहो तो वहीं बस जाओ', जबकि माधव अपनी बेटी को समझाना चाहते हैं कि "हम एक गरीब देश में रहते हैं जहाँ एक-तिहाई लोग रोज रात को भूखे सोते हैं।"[8] इस प्रकार रवीन्द्र वर्मा के उपन्यास गहरी पीड़ा से भारत और भारतीयों के अमेरिकीकरण की प्रक्रिया को विश्लेषित करते हैं।

काशीनाथ सिंह के उपन्यास 'रेहन पर रग्घू' में अपनी नई पीढ़ी को अमेरिका बसते देख रग्घू मास्टर को कचोट है कि "कभी सोचा था कि एक छोटे-से गाँव से लेकर अमेरिका तक फैल जाओगे? चौके में पीढ़ा पर बैठकर रोटी प्याज नमक खानेवाले तुम अशोक विहार में बैठकर लंच और डिनर करोगे?"[9] यह पीड़ा अकेले रग्घू मास्टर की ही नहीं है, न जाने कितने-कितने गाँवों के इसी माहौल में पले-बढ़े नौनिहाल अमेरिका का रुख कर रहे हैं। मास्टर रग्घू के कॉलिज के मैनेजर उनकी हैसियत न देखकर उनके बेटे संजय की सॉफ्टवेयर इंजीनियर की डिग्री देखते हैं, जिसके बल पर उनकी बेटी अमेरिका जा सके। वे जल्दी से, तुर्ता-फुर्ती में, सोनल की शादी संजय से तय कर देते हैं, "तीन ही चार महीने का समय है कैलिफोर्निया जाने का। इसी बीच शादी है, एयर टिकट है, पासपोर्ट है, वीजा है, सारी तैयारियाँ हैं। सोनल अमेरिका और हनीमून को लेकर उत्साहित है।"[10] उनका 'काशी का अस्सी' उपन्यास भी तरह-तरह से वैश्वीकृत प्रभावों को, विशेषतः भूमंडलीय संस्कृति के उपभोक्तावाद और भोगवादी दर्शन पर व्यंग्य करता है।

अलका सरावगी ने बहुत सचेत रूप में 'कलि-कथा : बाया बाईपास' तथा 'शेष कादम्बरी' उपन्यासों में अमेरिकीकरण के बढ़ते दुष्प्रभावों का विश्लेषण किया है तथा उनका 'एक ब्रेक के बाद' उपन्यास तो पूरी तरह से भूमंडलीय समस्याओं पर ही केन्द्रित है। वैश्वीकरण की प्रक्रिया में हमारे जीवन-मूल्य, जीवनाचार जितनी तीव्रता से पिछले दस-पन्द्रह वर्षों में बदले हैं, उसके प्रति चारों ओर एक गहरा सरोकार है। यही पीड़ा 'एक ब्रेक के बाद' में इस प्रकार शब्द पाती है, "जमाना हर समय बदलता है, पर पिछले दस सालों में जमाना एक बार छलाँग लगाकर जैसे सौ साल आगे निकल गया है।" इससे पीढ़ियों का अंतराल भी तेजी से बढ़ रहा है। उपन्यास के प्रौढ़ के. वी. की पीढ़ी अब अपने को जमाने की नब्ज पकड़ने में अक्षम पा रही है। अब वही सफल हो सकता है जो जमाने के साथ चलकर रोज अपनी समझ को 'अपडेट' 'तरोताजा'

रख पाता हो।"[11] भूमंडलीकृत आर्थिकता, खुले बाजार की आर्थिक नीति जिस प्रकार आज हमें खोखली कर रही है, 'कलि-कथा : ...' के किशोर बाबू पंडित जी से कहते हैं कि अंग्रेजों के जमाने से लेकर आज तक औपनिवेशिक ताकतों ने हमारा किस प्रकार शोषण किया, "...ईस्ट इंडिया कंपनी ने भारत को जितना लूटा था, उससे हजारों गुना लूट अब विदेशी कंपनियाँ हमारे देश में कर रही हैं। डॉलर की तुलना में रुपए का दाम इतना गिरा दिया है कि यहाँ से एक करोड़ का माल विदेश जाता है, तो उनकी कीमत मिलती है एक चौथाई। यानी सिर्फ पच्चीस लाख। कहते हैं कि हम आर्थिक रूप से फिर गुलाम हो गए हैं।"[12] हमारा देश ही क्यों पूरी दुनिया को बाजार की तलाश में त्रस्त कर अमीरी और गरीबी के बीच इतनी चौड़ी खाई बना देना कि हर जगह युद्ध, गृह-युद्ध की स्थिति उत्पन्न हो जाती है। किशोर बाबू की बीमार पत्नी उनके पढ़े अखबारों की कतरनों से भरे एक लिफाफे को देखती है तो उसमें से यह निकलता है, "एक दूसरे लिफाफे में बोसनिया के युद्ध, इराक-ईरान युद्ध, रूस में पाव रोटी के लिए लंबी लाइन, इथोपिया के भूखे मरते बच्चों के चित्र उन्होंने डाल रखे हैं। तीसरे लिफाफे में बंगलूर की विश्व सुंदरी प्रतियोगिता, माइकल जैक्सन, देवराला सती के मामले में अभियुक्तों के दोषमुक्त होकर छूटने की सूचनाएँ इकट्ठी हैं।" समाचारों की इन कतरनों और पहले लिफाफे में बंद "हर्षद मेहता, नरसिंह राव, चंद्रास्वामी, सुखराम, लालूप्रसाद यादव, जयललिता के नामों की सूची"[13] यह स्पष्ट करने के लिए पर्याप्त है कि भूमंडलीय अर्थ-व्यवस्था ने किस प्रकार दुनिया के समाजों में अमीरों, बहुत अधिक धनाढ्यों तथा गरीब और सर्वस्व खोए दो वर्ग पैदा कर उनकी सुख-शांति छीन ली है। उपन्यास में फंतासी बुनते हुए उस समय की परिकल्पना की गई है जब तीसरा विश्व युद्ध तो नहीं होगा, किंतु स्थितियाँ विश्व-युद्ध से भी बदतर हो जाएँगी, "अचानक संसार में प्रकृति के पाँचों तत्त्व मिट्टी, जल, आग और हवा गड़बड़ा गए। और इसका प्रभाव सबसे पहले दुनिया के सबसे ताकतवर देश में दिखाई पड़ा। XXXX...जब तक उस देश की सरकार कदम उठाती कि दुनिया के दूसरे देशों को उसके पेड़-पौधे रहित होने का समाचार न मिले, तब तक सारे देश इसके बारे में जान गए थे। तुरंत सारे देशों ने अपना-अपना अनाज तालों में बंद कर लिया ताकि वे भूखों न मर जाएँ। एक किलो सोने के बदले एक किलो गेहूँ तक देने को कोई देश तैयार न था।"[14] भूमंडलीय आर्थिकता का सबसे अधिक श्याम पक्ष यह है कि जितना अधिक एक ही वर्ग, समाज का बहुत छोटा प्रतिशत, अमीर होता चला जाएगा, उसी अनुपात में गरीब और गरीब होता चला जाएगा। 'इंडिया शाइनिंग' को इस नई अर्थ-व्यवस्था में क्या 'हमारे देश की तरक्की का मतलब यह होगा कि गरीबी की रेखा के नीचे के छब्बीस प्रतिशत लोगों का पेट भरने लायक हम हो जाएँगे? छब्बीस प्रतिशत यानी तीस करोड़ लोग। इतने सारे लोगों की जिंदगी कैसे बनेगी जो सड़क के कुत्तों जैसी जिंदगी जी रहे हैं?"[15] विकास के रथ पर आरुढ़ हमारी व्यवस्था के सामने यह बड़ी

विकट समस्या है कि यहाँ अकूत अमीरी और बेइंतहा गरीबी एक साथ बढ़ रही है, 'एक ब्रेक के बाद' का गुरु इस समस्या का जिक्र बार-बार अपनी बातचीत में करता है, "गरीबी, गंदगी, गरमी सब कुछ बढ़ रहा है, और साथ ही अमीरी, गाड़ियाँ, नए होटल और कैसिनो भी बढ़ रहे हैं।" यह इस व्यवस्था का बहुत बड़ा विद्रूप है। गुरुचरण की डायरी के संदर्भ में यह प्रश्न के. वी. की पत्नी अत्यंत दृढ़ स्वर में उठाती है कि उसकी डायरी में लिखा है कि, "अगर उसकी मल्टीनेशनल कंपनी खदान पर कब्जाकर लेती है तो उसे कितने मिलियन डॉलर का फायदा होगा और देश की खनिज संपत्ति का कितना नुकसान होगा? दुनिया में सब जगह पाँच रुपए में मिलनेवाला माल उन्हें एक रुपए में मिलेगा। यह देश का विकास नहीं, देश को कौड़ियों के भाव बेचना है।"[16] वस्तुतः उपन्यासकार ने स्थान-स्थान पर अमेरिका संचालित उस आर्थिक मॉडल की तीव्र भर्त्सना की है, जो पूरी दुनिया के संसाधनों का अपने हित में दोहन कर प्रत्येक देश में अमीर और गरीब के बीच कभी न समाप्त होनेवाले अंतरालों को जन्म दे रहा है। राजू शर्मा के 'विसर्जन' उपन्यास में बहुत विस्तार में जाकर उन आर्थिक स्थितियों का विश्लेषण किया गया है कि किस प्रकार अमेरिका की अर्थ-नीतियों, वहाँ की बहुराष्ट्रीय कंपनियों ने भारत की अर्थ-नीतियों का अमेरिकीरण कर दिया है। सरकार की असफलता पर विपक्ष जिस प्रकार चोट करता है, वह देश की आर्थिकता ('इकॉनामी') और संस्कृति को अमेरिकी रंग में रँगना है, "आरोप-प्रत्यारोपों की झड़ियाँ : कि सरकार ने देश का भविष्य बहुराष्ट्रीय कंपनियों की तिजोरियों में गिरवी रख दिया है; भारत की सभ्यता, अखंडता, संस्कृति और सुरक्षा को खतरा पैदा हो गया है, निजी स्वार्थ और लालच की पूर्ति ने देश की अस्मिता के साथ खिलवाड़ किया है; सरकार देश के नवरत्न उपक्रम, किसान की जमीन, गरीब की रिहायश, मेहनतकश का पसीना, सब कुछ चंद डॉलर के लिए विदेशी कंपनियों को लुटाना चाहती है और इस बार जो देश की चमड़ी उधड़ेगी वह उपनिवेश की लूट से कहीं ज्यादा भयानक होगी।"[17] देश, सारी दुनिया के अन्य देशों की तरह, नव उपनिवेशवाद का जिस रूप में शिकार हो रहा है, 'विसर्जन' उपन्यास उन कारकों की तह में गहरा जाता है।

अमेरिकी अर्थ-व्यवस्था और जीवन-पद्धति में चाहे कितनी ही विसंगतियाँ क्यों न हों, अमेरिका जाने की ललक, सनक ('क्रेज') कभी कम नहीं हुई, निरंतर बढ़ती ही जाती है। लोग तरह-तरह की युक्तियाँ कर किसी भी तरह धरती के स्वर्ग अमेरिका में पहुँचने को ही अपना अन्तिम लक्ष्य बना लेते हैं। रवींद्र कालिया के उपन्यास 'ए.बी.सी.डी.' में पुरानी पीढ़ी द्वारा जन्मभूमि भारत की तरह-तरह से वंदना-भाव से की गई चर्चा से उकताई नई पीढ़ी की बेटी अपनी माँ जो 'गोमांस भक्षियों' के देश में रहना ही नहीं चाहती, का प्रतिरोध करती कहती है कि क्यों वह स्वयं को धोखा देती रहती है, "नागरिकता लेने के लिए न जाने कितने सच्चे-झूठे शपथ-पत्र तुमने दाखिल किए थे। मेरा मुँह न खुलवायो।" माँ जिस ऋषि-मुनियों के स्वर्ग—इस धरती

के गुण गाते अघाती नहीं है, वहाँ के नागरिकों की अमेरिका आने के लिए ऐसी घिनौनी हरकतें हैं, "माँ तुम जैसे जानती नहीं कि उसी ऋषि-मुनियों की धरती से छल-छद्म से कितने लोग यहाँ आते हैं। कोई सगी बहन से फर्जी शादी रचा कर चला आता है तो कोई बहू से। जितनी झूठी शादियाँ और झूठे तलाक यहाँ के हिंदुस्तानियों के बीच होते हैं, किसी दूसरे मुल्क के लोगों के बीच न होते होंगे।"[18] वस्तुतः 'अमेरिका बसे कन्फ्यूज्ड देसी' (उपन्यास 'ए.बी.सी.डी.' का पूरा नाम) लोगों को पहली पीढ़ी बार-बार स्वदेश लौटने की आतुरता में है और वहीं जन्मी नई पीढ़ी जो वहीं की होकर रह गई है, वह देश लौटना नहीं चाहती है। यही स्थिति कमल कुमार के उपन्यास 'हैमबरगर' में है, जहाँ पुरानी पीढ़ी यदि किसी तरह हिंदुस्तान लौटने का मन भी बना लेती है तो नई पीढ़ी तो आना ही नहीं चाहती। प्रथम तो वहाँ गए परिवार ऐसी आर्थिक स्थिति में आ जाते हैं कि वे लौटकर देश आने की बात सोच ही नहीं सकते किंतु यदि वे किसी प्रकार आने की सोचें भी तो स्थिति यह बनती है, "जब तब उसे हिंदुस्तान वापिस जाने की धमकी देता है पर वह यह भी जानता है कि हिंदुस्तान में अब उसके लिए कुत्ते की जिंदगी होगी। धोबी का कुत्ता घर का न घाट का। वह एक तरफ और उसके बीबी-बच्चे एक तरफ। कैसे चली जाए वह अपना काम छोड़कर, बसा-बसाया घर छोड़कर, बच्चे तो हिंदुस्तान के नाम से ही मुँह बिचकाते थे।"[19] अमेरिका गए लोगों की नई पीढ़ी पूरी तरह अमेरिकीकृत होने के लिए अभिशप्त है, किंतु उनकी दृष्टि में यह अभिशाप नहीं, आकाश-कुसुम की प्राप्ति है।

गाँव-समाज के लोग भी अमेरिका के आकर्षण से बँधे किस प्रकार वहाँ भाग रहे हैं, उसका पीड़ादायक वर्णन कुछ तो काशीनाथ सिंह के उपन्यास 'रेहन पर रग्घू' में देखा जा चुका है, रामधारी सिंह दिवाकर ने अपने उपन्यास 'अकाल संध्या' में इस स्थिति का मार्मिक आख्यान रचा है। उनके उपन्यास में 'माई के दालान में कहाँ है अमेरिका' शीर्षक दूसरे अध्याय में माई के दालान की बड़ी ममतामयी छाँव है जिसके बीच 'नन्दू के बाबू जी के इंतकाल और फिर नन्दू के अमेरिका चले जाने के बाद आस-पड़ोस के वे सब आश्रयहीन लोग—सौखीलाल, महाविर मियाँ, उलटदास आदि तथा इनमें से कुछ के परिवार-जन माई के यहाँ ही आश्रय पाए हुए हैं। बेटे के अमेरिका चले जाने के बाद इन सब परायों के बीच अपनापन खोजती माँ अमेरिका में बैठे बेटे की 'दुर्गति' देखती है, उसकी व्यथा फोन पर बात करते नंदू से इस रूप में अभिव्यक्त होती है, "तुम्हारा मन तो लगता है न नंदू अमेरिका में?" माई ने फोन पर बात करते हुए पूछा था। नंदू का जवाब था, "यह सोचने का समय कहाँ मिलता है माई कि मन लगता है या नहीं।" माई को याद है नंदू का वह जवाब सुन कर सन्न रह गई थी। मन को भी भुला दिया नंदू ने? इतना समय नहीं है नंदू के पास कि सोच सके मन के बारे में? मन की बात अमेरिका जाते ही एकदम झूठी हो गई?"[20] यह पूरा विवरण अमेरिका में बसे भारतीयों की जिंदगी की कचोट को अभिव्यक्ति देता है

कि किस प्रकार सारी समृद्धि के बीच एक छूँछापन उनकी ज़िंदगी में व्याप्त है। इस प्रकार हिंदी उपन्यास भारत और भारतीयों के अमेरिकीकरण की प्रक्रिया को चित्रित करता हुआ एक ऐसा प्रतिरोधी स्वर उपस्थित करता है कि किसी प्रकार इस वर्तमान व्यवस्था को बदलकर विकास का एक भारतीय मॉडल प्रस्तुत किया जा सके जिसमें अमीर और गरीब के बीच इतनी दूरियाँ न हों, शोषित और निर्धन भी एक सम्मानप्रद जीवन जीने की स्थितियाँ प्राप्त कर सकें।

पाश्चात्य संस्कृति का चित्रण और दृष्टि

पाश्चात्य संस्कृति का चित्रण जिन हिंदी कथाकारों ने किया है, उनकी दो श्रेणियाँ हैं। प्रथम, वे लोग जो विदेश में जाकर बस गए या जो लंबे समय तक वहाँ रहकर आए हैं, यथा उषा प्रियवंदा (नेल्सन), सुषम बेदी, कृष्ण बलदेव वैद, लक्ष्मीधर मालवीय, महेन्द्र भल्ला, सुनीता जैन, सोमा वीरा आदि तथा दूसरे वे लेखक जो थोड़े-बहुत समय के लिए व्यापार आदि के लिए या सैलानियों के रूप में विदेश गए—प्रभा खेतान, रवीन्द्र कालिया, नासिरा शर्मा आदि। उपन्यासों में संदर्भ मुख्यतः तो अमेरिका के ही हैं किंतु कुछ उपन्यासों में इंग्लैंड (महेन्द्र भल्ला), जापान (लक्ष्मीधर मालवीय), ईरान (नासिरा शर्मा) आदि के जीवन का भी चित्रण इस रूप में हुआ है कि भूमंडलीय स्थितियों ने वहाँ के जीवन और वहाँ बस गए भारतीयों को किस रूप में प्रभावित किया है। इन लेखकों की दृष्टि से देखे गए इस विश्व का अवलोकन एक रोचक अध्ययन है।

महेन्द्र भल्ला ने इंग्लैंड के जीवन पर अपने 'दूसरी तरफ' तथा समकालीन काल-खंड के उपन्यास 'उड़ने से पेशेतर' में इंग्लैंड में बस गए भारतीयों की समस्या पर गंभीरता से विचार कर स्थापित किया है कि विदेश के लिए 'उड़ने से पेशेतर' वहाँ के जीवन के विषय में जान लेना चाहिए ही। इंग्लैंड में लंदन के समीपवर्ती छोटा सा शहर 'स्लाओ' इस उपन्यास की कथा-भूमि है। इंग्लैंड में रहते हुए भारतीयों में किस प्रकार अपने देश लौट आने की प्रबल इच्छा है और वे वहाँ की जीवन-स्थितियों में किस प्रकार इस इच्छा को 'महत्त्वाकांक्षा' के रूप में दबाए वहाँ संघर्षमय जीवन जीते हैं, अपनी नौकरियों के पैसे-पैसे का हिसाब इसलिए लगाते हैं कि किसी जोड़-तोड़ से अपने देश वापिस आ सकें। "असल में इंग्लैंड में रह रहे पहली पीढ़ी के तमाम अप्रवासी हिंदुस्तानी वापस हिंदुस्तान लौटने की बड़ी तमन्ना रखते हैं। एक न एक दिन लौटने की तमन्ना। वे सोचते रहते हैं कि अगर कोई लाटरी (प्रीमियम बांड या फुटबाल 'पूल') निकल आए तो अभी, तुरन्त चले जाएँ, वरना, कुछ पैसा इक्ट्ठा करने के बाद।...मगर धीरे-धीरे सबकी नहीं तो अधिकांश की समझ में यह आने लगता है कि वे शायद कभी लौट नहीं पाएँगे।" विवेच्य उपन्यास के सभी पात्र केवल, कोहली, मीना, जोगिन्दर, सुषमा आदि इसी वेदना को ढोते फिरते हैं और उन्हें लगने लगता है कि हिंदुस्तान लौट आने की इच्छा ललक एक 'मृगतृष्णा है' और वे वहाँ की जिंदगी में 'मिसफिट' हैं।

इस वेदना को बढ़ानेवाला सबसे बड़ा कारण भारतीयों, कालों (ब्लैक्स) के साथ वहाँ के मूल निवासियों का दुर्व्यवहार है। विश्व में प्रजातन्त्र की जननी कहे जानेवाली इंग्लैंड की भूमि, मानव-अधिकारों के लिए लड़ने का दम भरनेवाला वहाँ का 'हाउस ऑफ कामन्स' आदि के देश में आज भी जातीय समस्या कितने विकराल रूप में उपस्थित है, महेन्द्र भल्ला का यह उपन्यास उसे अत्यन्त प्रामाणिक एवं सशक्त रूप में चित्रित करता है। अनेक पाठकों के लिए यह वहाँ के जीवन का सर्वथा अनजाना और बहुत-बहुत 'काला' पक्ष और पृष्ठ है। रास्ते चलते भारतीयों को गाली देना और पीटना तो एक सामान्य-सी बात है, भद्र भारतीय महिलाओं का सड़क पर चलना तक दूभर हो गया है। बिना बात सुषमा और उसकी माँ के मुँह पर गोरे गुंडों द्वारा थूक दिया जाना, जोगिन्दर, केवल, अनिल, आदि भारतीयों द्वारा उसका बदला लेना आदि उपन्यास के बहुत सशक्त पक्ष हैं जिनका रेखांकन अत्यन्त मार्मिकता से किया गया है। इस न्यायप्रिय (?) देश की पुलिस और व्यवस्था के अन्य अंग किसी प्रकार भी भारतीयों की रक्षा कर पाने में समर्थ नहीं हैं क्योंकि इस बुराई को दूर करने की उनमें 'इच्छा-शक्ति' ही नहीं है। इन स्थितियों के चलते भारतीयों को बार-बार यह अहसास होता है कि "बावजूद कुछ पैसा होने के (जिससे उन्होंने कार और घर आते ही ले लिये थे) वे मूलतः एक निखिद किस्म का जीवन जीने के लिए मजबूर थे।"[21] भारतीय नवयुवक इंग्लैंड में न जाने किन-किन ऊँची नौकरियों-पदों के स्वप्न लेकर आते हैं किंतु अधिकांशतः 'कारखाने की मजदूरी ही' उनकी 'किस्मत होती'। सफेद कालर की नौकरी के नाम पर डाकखाने में काउंटर क्लर्क जैसी छोटी नौकरी ही किसी-किसी को उपलब्ध हो पाती है, वह भी थोड़े समय पहले ही 'रंगीनों' ('कलर्ड') के लिए उपलब्ध होने लगी हैं। इंग्लैंड का यह दर्दनाक परिवेश कोई बहुत पुराना नहीं, सन् 1972-73 से लेकर तीन चार वर्षों का समय ही उपन्यास में चित्रित हुआ है। उपन्यास को पढ़ते-पढ़ते बार-बार यह अहसास होता है कि जिस प्रकार अफ्रीका में श्वेतों के अत्याचारों को रोकने के लिए महात्मा गांधी ने सत्याग्रह की लड़ाई लड़ी थी, ऐसे ही किसी नेता की आवश्यकता इंग्लैंड में फिर से है। बड़े और स्त्रियाँ ही नहीं, हमारे बच्चे तक भी श्वेत बच्चों के व्यवहार से आतंकित स्कूलों में अस्वाभाविक जीवन-परिवेश में पल-बढ़ रहे हैं। उपन्यास अपनी इस मुख्य समस्या के अतिरिक्त प्रासंगिक रूप में वहाँ की जीवन पद्धति के भी बहुत से पहलुओं को स्पष्ट करता चलता है यथा परिवार में बड़े-बूढ़ों की, परिवार में नहीं अपितु समाज में, उनकी स्थिति जहाँ कोई वृद्धा अपने कमरे में अकेली पड़ी मर जाती है और चार-चार दिन तक किसी को पता ही नहीं चलता। घर टूटने पर, तलाक की स्थिति में, वहाँ की औरत की दयनीय स्थिति, "इसका सबसे ज्यादा नुकसान उसी को होगा, सबसे ज्यादा तकलीफ उसी को होगी। यहाँ की औरतों को भी, घर टूटने पर, आदमी की अपेक्षा कहीं ज्यादा भुगतना पड़ता है, खासकर अगर बच्चे पास हों तो"[22] इसी प्रकार वहाँ के जीवन में व्यक्ति स्वातन्त्र्य

के मूल्य, खान-पान में सर्दी-गर्मी की वर्जनाओं का निषेध, आदि बातों की भी चर्चा उपन्यासकार ने भारतीय जीवन स्थितियों को समानान्तर रूप में रखकर की है। इस प्रकार महेन्द्र भल्ला 'उड़ने से पेशेतर' उपन्यास में इंग्लैंड के जीवन की पड़ताल बहुत गहराई से करते हुए वहाँ के सामाजिक तथा सांस्कृतिक स्थितियों की विद्रूप का रेखांकन करते हैं।

सुषम बेदी ने 'हवन' और 'गाथा अमरबेल की' उपन्यासों में अमेरिकी धरती पर भारतीयों की संघर्ष-यात्रा तथा न कुछ से सब कुछ या बहुत कुछ पा लेने के बाद भी जीवन में व्यापे छूँछेपन का मार्मिक अंकन किया है। 'हवन' प्रतीक बन जाता है उन आस्था और विश्वासों का जिसके स्वप्न संजो कर गुड्डो अपनी विषम पारिवारिक स्थितियों में भारत पहुँचती है। हवन-मंत्रों में की गई प्रार्थनाओं के फल से वह वंचित रह जाती है, उसे अपने चारों ओर उसका धुआँ ही व्याप्त दिखाई देता है। जीवन की संध्या पर पहुँच रही कथा-नायिका गुड्डो अपने अपार्टमेंट में कालीन के ऊपर अल्मुनियम का फॉयल बिछाकर हवन करती हुई, "ओं प्रजापते न त्वदेतान्योन्य विश्वा जातानि परि ता वभूव..." मंत्र का जाप कर उसके अर्थ पर अटक जाती है–"हे जड़ चेतन में व्याप्त, सब प्रजाओं के स्वामी परमात्मा! जिस-जिस पदार्थ की कामना करनेवाले होकर हम भक्ति करें, आपका आश्रय लेवें और वांछा करे वह हमारी कामना सिद्ध होवे, जिससे हम लोग धनैश्वर्यों के स्वामी हों। अर्थ गुनते-गुनते गुड्डो एक नजर अपने कमरे में मौजूद परिवार के सारे सदस्यों पर घुमा लेती है। उसे लगने लगता है कि वेद मंत्रों में माँगी गई उसकी कामनाओं, वांछाओं और धनैश्वर्यों के स्वामी होने की लालसाओं की परिणति क्या इसी रूप में होनी थी। छूँछेपन की इन्हीं स्थितियों में उसे अपनी मातृभूमि भारत की स्मृति रह-रहकर सालती है, उसका हवन करने का उपक्रम इसी स्मृति-दंश से उबरने का एक प्रयत्न है। हवन की सुगंधित तरंगों से मानो वह यहाँ के कल्मष को समाप्त कर देना चाहती है। 'हवन' की कथा की दो अन्तर्धाराएँ हैं : प्रथम भौतिकतावादी अमेरिकी संस्कृति में संबंधों की ऊष्मा का क्षरण और संबंधों का निरंतर मशीनों-सा होते चले जाना तथा दूसरे भारतीय प्रवासियों का उस पराई जमीन पर पैर जमाने का संघर्ष। दोनों ही रूपों में भारतीयों को पग-पग पर यह प्रश्न भीतर ही भीतर सालता रहता है कि वे यहाँ क्यों आए, क्या यहाँ का यह भोगवादी जीवन भारत के जीवन से किसी भी रूप में बेहतर है। इन दोनों अंतर्धाराओं में भी अमेरिकी जमीन पर पैर जमाने की संघर्ष-यात्रा का चित्रण अधिक मुखर होकर किया गया है। इन दोनों प्रवृत्तियों का प्रातिनिधिक चित्रण गुड्डों के माध्यम से हुआ है। सबसे पीड़ा-दायक बात यह है कि वहाँ की धरती पर बहन-भाई भी एकदम परायों-सा व्यवहार प्रारंभ कर देते हैं। गुड्डो की छोटी बहन पिंकी ही गुड्डो और उसके बेटे को वहाँ बुलाती है किंतु अब वही उसका शोषण करती है। अखबार की दुकान में सेल्समेन का कार्य करती गुड्डो जब थक-हारकर

घर आती है तो उसकी गोद-खिलाई बहन पिंकी घर के काम कराकर उसका शोषण करती है। उसे यह भी लगता है कि गुड्डो अपने वैधव्य के सहारे सबकी सहानुभूति बटोर लेना चाहती है। इन सब स्थितियों का चरम तब आता है जब गुड्डो और राजू को घर से बाहर निकाल देती है, उसका सामान तक बाहर फेंक देती है। यह घटना यूँ तो बड़ी सामान्य-सी लगती है, किंतु अनजाने परदेस में बिना किसी सहारे के अपनी ही सगी छोटी बहन द्वारा रात में बाहर फेंक देना, मिन्नतें करने पर भी रात को भी न रुकने देना, गुड्डो को पक्की नौकरी का भी सहारा न होना, छोटी वय के बेटे का भी साथ–सब कुछ बहुत अमानवीय और भयावह लगता है। गुड्डो को मँझली बहन गीता के यहाँ सहारा ढूँढ़ना पड़ता है जो अधिक व्यावहारिक और व्यापारिक है। तीन सौ डॉलर खर्चे के देने के बाद भी उसकी स्थिति वहाँ भार-रूपा ही है। गीता का पति अलग उसे परेशान कर उससे शारीरिक-संबंध बनाना चाहता है, "गीता के घर गुड्डो को चैन आराम कतई नहीं था। मेहमानों जैसी ही पड़ी थी। राजू को पढ़ने की भी सुविधा नहीं थी, कोई निश्चित कोना तो उनके पास था नहीं। गुड्डो सोचने लगी तीन-सौ डॉलर तो देती है, ऊपर से घर भी अपने जैसा नहीं।"[23] वहाँ से भी हटकर वह अपना अलग स्वतंत्र, आश्रय एक बेसमेंट में जमाती है, विदेश में पैर जमाने का वह गुड्डो का पहला दृढ़ पग है। 45 वर्ष की उम्र में पुनः एकाउंट्स की पढ़ाई कर एक अच्छी नौकरी जुटाने का प्रयत्न करती है, गुड्डो की इस कर्मठता के प्रति एक सम्मान-भाव जगता है। एकाउंट्स कोर्स के आखिरी महीनों में गुड्डो पर्सनिलिटी कोर्स कर बाल कटाकर पूरी तरह अपने को अमेरिकी जीवन-पद्धति में ढालने के प्रयत्न में सफल हो जाती है। हिंदुस्तान से अपनी दोनों बेटियों को अमेरिका बुला लेना, फिर एक बार वापिस भारत जाकर डॉक्टर दामादों के साथ अमेरिका लौटना और फिर अगली पीढ़ी का वहाँ जमने का संघर्ष उसकी जिंदगी के चक्र को पूरा करता है। उपन्यास में उन भारतीय युवकों की स्थिति का भी अंकन हुआ है जो ऊँची-ऊँची डिग्रियाँ लेकर अमेरिकी धरती पर अपने सपनों को साकार करने के लिए पदार्पण करते हैं। अपनी योग्यतानुरूप काम न पा कर उन्हें टैक्सी-ड्राइवर, होटलों में वेटर, आदि के छोटे-छोटे काम करने के लिए विवश होना पड़ता है। गीता के यहाँ दीपावली पार्टी में आया अरुण ऐसा ही युवक है। वर्क-परमिट न होने के कारण इमिग्रेशन वाले छापा मारकर उसे जेल में डाल देते हैं, जहाँ से उसकी गर्ल-फ्रेंड जूडी छुड़ाती है। ग्रीन कार्ड पाने के लिए वह वहाँ उससे विवाह कर लेता है किंतु यह विवाह एक व्यावसायिक समझौता-सा है। जब गुड्डो उससे वैवाहिक जीवन के विषय में पूछती है तो वह अपनी मानसिक स्थिति इस प्रकार व्यक्त करता है, "बहुत मुश्किल है जवाब देना। कभी कुछ बेमाना-सा लगता है अपने अपार्टमेंट में। हर चीज वहाँ जूडी के मन-मुताबिक है। मैं जैसे मन-माफिक उसकी एक चीज हो जाता हूँ।"[24] उसका मन कभी भी किसी हिंदुस्तानी लड़की से विवाह कर 'सही ढंग का घर' बनाने

का है। गुड्डो अमेरिका में उसी शहर में रह रही बहनों से भी बिना अपायंटमेंट के नहीं मिल पाती है, तब उसे अपना चण्डीगढ़ का जीवन याद आता है। क्रिसमस पर भी चारों ओर फैली खुशियों के बीच उसे वहाँ का सब कुछ बहुत निस्सार-सा लगता है, "जिंदगी को बेहतर और सुखकर बनाने के कितने ही कृत्रिम साधनों को इकट्ठा कर रहा है सारा का सारा समाज। सारी उम्र उन सुख के साधनों को जुटाने में ही खर्च हो जाती है। हर काम को आसान बनाने के लिए नई से नई मशीन की ईजाद और फिर उस मशीन को हासिल करने के लिए खुद पैसा कमाने के लिए मशीन बन जाना। बस, एक मशीन से दूसरी मशीन के दौर से गुजरने में ही जिंदगी की मशीन के कलपुर्जों का धीरे-धीरे क्षय हो जाना।"[25] अमेरिकी समाज में इस प्रकार आदमी की जिंदगी मशीन बनकर रह गई है, इसका पीड़ा-भरा चित्रण इस उपन्यास में कुशलता से किया गया है।

उषा प्रियंवदा (नेल्सन) के 'अन्तर्वंशी' उपन्यास में एक नए सिरे से अमेरिका में बसे भारतीय समाज के अंतरबाह्य का गहरा परिचय दिया गया है। यह पहचान न केवल वहाँ बसे भारतीयों के आपसी रिश्तों और जीवन-शैली की है अपितु भारतीयों की एक पूरी पीढ़ी की है जो किन-किन रूपों में अपनी धरती से उखड़ वहाँ बसने की प्रक्रिया में संघर्षरत है। भले ही उसमें एक बेचारगी का भाव वहाँ बसने में न आया हो किंतु आज भी वे अपनी जमीन से किस प्रकार जुड़े हुए हैं, किस प्रकार यहाँ के रिश्ते-नातों से उनका संबंधों का नया समीकरण विकसित होता है, इस सबका अत्यन्त संश्लिष्ट चित्रण 'अन्तर्वंशी' में हुआ है। बाला, राहुल, शिवेश, आदि पात्र अपनी वैयक्तिकता के साथ-साथ उन भारतीयों के प्रातिनिधिक चरित्र भी बनते हैं जो प्रतिवर्ष अमेरिका में जा बसते हैं। अमेरिका के संदर्भ में विवाह-संस्था और नारी-स्वातंत्र्य, आदि के प्रश्न भी स्त्रीवाद के विमर्श के रूप में प्रस्तुत किए गए हैं। बनारस की 'चुनमुन' का 'वनश्री', 'बाँसुरी' तथा वाना तक का सफर एक कस्बाई परिवेश और मनोवृत्ति की लड़की का दुनिया के सबसे 'मांड' शहर की नागरिक के रूप में रूपांतरण वस्तुतः भूमंडलीय परिवेश में आदमी के धीरे-धीरे पूरी तरह ढल जाने की प्रतीति कराता है। अमेरिका पहुँचकर भारतीयों को जो संघर्ष करना पड़ता है, उसके चित्र बार-बार उपन्यास में आए हैं, "अकसर रात को दो-तीन प्राणी अपने-अपने बैग में लिपटे सोये हुए हैं। सुबह किसका चेहरा चाय की मेज पर नजर आएगा, यह उसे नहीं मालूम होता। उसे यह भी मालूम नहीं होता कि एक विद्यार्थी की छात्रवृत्ति में इतने लोग कैसे गुजर कर लेते हैं। शायद सप्ताहांत में सेल पर बिकती हुई गाजर और अन्य सब्जियों पर।"[26] वाना और राहुल की प्रेम-कथा के माध्यम से उपन्यास 'उस देश और समाज में आ बसे' भारतीयों की कथा बनता है, "जहाँ अधिक से अधिक मेहनत करके अधिक से अधिक कमाना जीवन-मंत्र है।" यह जीवन मंत्र वैश्वीकरण का एक प्रखर प्रकल्प है।

आज जब सारे के सारे बुद्धिजीवी, संस्कृति-कर्मी, धर्मोपदेशक, समाज-शास्त्री वैश्वीकरण के चलते उपभोक्तावाद और पश्चिम की अपसंस्कृति के 'हमले' से घबराए हुए नई पीढ़ी के 'कुपथगामी' (?) होने से हैरान-परेशान हैं, रवीन्द्र कालिया का छोटा-सा उपन्यास एक पूर्वाग्रह-विमुक्त दृष्टि से अमेरिकीकरण और पश्चिमीकरण पर एक नई दृष्टि और स्वस्थ सोच लेकर आया है। अपने संक्षिप्त कलेवर में उपन्यास भारतीय और पाश्चात्य (विशेषतः कैनेडियन-अमेरिकी) जीवन-दृष्टियों को समानान्तर रखकर एक नई चिंतन-दिशा खोलता है कि हम जो कुछ भारतीय हैं, मात्र उसे ही श्रेष्ठ मानकर बैठ जाएँ या पश्चिम में जो कुछ भी अच्छा है, उसे मात्र 'अपसंस्कृति' कहकर पल्ला झाड़ लें। दोनों जीवन-पद्धतियों-दृष्टियों को समानान्तर रखकर वृत्तान्त के आवरण में लेखक ने उस पर उसकी अपनी पैनी सोच प्रकट की है। ऊपर-ऊपर से जिसे हम कैनेडियन या अमेरिकी समाज की स्वच्छंद, उन्मुक्त यौन-दृष्टि कह रहे हैं क्या उसके मूल में कुछ अच्छाइयाँ भी हैं जिन्हें भारतीय नैतिकतावादी दृष्टि के नाम पर समाज में लुका-छिपी जो यौन-संबंध दबे-ढके रूप में चले आ रहे हैं, के छद्म के इसी रूप में ढोते रहें—ये तीखे सवाल उठाकर पाठक की सोच में एक कंकड़ी डाल उसे उद्वेलित करते हैं।

भारत-वंशियों (एन.आर.आईज) को विदेश में बस जाने पर किस प्रकार वहाँ की सांस्कृतिक दृष्टि और जीवन-मूल्यों से तारतम्य बिठाने में दिक्कतें आती हैं, उनकी नई पीढ़ी, विशेषतः लड़कियों को जिस रूप में जीवन जीना पड़ता है इसके श्याम-पक्षों का चित्रण करते हुए अनेक उपन्यास हिंदी में आए। इन सभी उपन्यासों में अमेरिकी-पश्चिमी समाज में निर्बंध यौन-स्वतन्त्रता के मूल्यों-मानों को इस दृष्टि से देखा गया कि हमारे समाज में स्थापित नैतिक मर्यादाओं के वे कितना-कितना विपरीत हैं, किंतु रवीन्द्र कालिया का 'ए.बी.सी.डी.' उपन्यास, जिसका पूर्ण रूप है—'अमेरिका बार्न कन्फयूज्ड देशी'—में शीनी और नेहा की पीढ़ी के माध्यम से भारतीयता के तथाकथित प्रेम और दाम्पत्य के श्रेष्ठ (?) मूल्यों को तार्किक चुनौती दी गई है। उनके बरक्स कैनेडियन समाज में पल्लवित उस जीवन-दृष्टि को रखकर देखा गया है जिसमें न कोई छद्म है, न दुराव, न किसी किस्म का छल-कपट, एक अकुंठ और निर्द्वन्द्व भाव से जीवन जीने का सहज जीवन-दर्शन। भारतीयता के मूल्यों और मर्यादाओं को तरजीह देनेवाले पहली पीढ़ी के हरदयाल और उनकी पत्नी शील हैं, जो पंजाब छोड़कर कनाडा में बसने गए थे और उन्होंने अपने पुरुषार्थ से वहाँ अपनी आशा-आकांक्षाओं के अनुरूप धनार्जन कर अपनी संतान—दोनों बेटियों—को पाला-पोसा था। कथा का प्रारंभ बड़ी बेटी शीना के तलाक लेने के ई-मेल समाचार से होता है जिसे हरदयाल अपने हिंदुस्तान में रहते छोटे भाई प्रभु को भेजते हैं। शीनी और उसकी छोटी बहन नेहा के लिए यह अवधारणा अकल्पनीय है कि कोई लड़की—अपूर्वा—पैंतीस साल की उम्र तक 'डेट' पर जाए बिना नहीं रह सकती है। एक ओर शील है कि वह अपनी दोनों बेटियों को 'असूर्यपश्या' बनाकर रखना चाहती है और दूसरी ओर उसकी दोनों बेटियाँ

हैं जो माँ के अंकुश को मानती हुई 'पूर्ण संयम' में तो रहती हैं किंतु इन 'दकियानूसी' मूल्यों के प्रति पूरी तरह बगावत पर उतारू हैं। शीनी का अपनी माँ से कहना, "तुम लोगों की सारी नैतिकता चड्ढी तक सीमित है" एक ऐसा तेजाबी उत्तर है जिसे उसके माँ-बाप की पीढ़ी आसानी से पचा नहीं सकती। शीनी अपनी माँ को 'डेट' पर जाने से रोकने और 'चेस्टिटी बेल्ट' पहनाने के संदर्भ में ऐसा करारा उत्तर देती है जो उसे सुपाच्य नहीं है, "अपूर्वा के जाने के बाद माँ ने शीनी को डाँटा तो उसने अत्यन्त बदतमीजी में जवाब दिया कि माँ सिर्फ रात-दिन शलवार पर पहरा देनेवाली लड़कियाँ ही पवित्र नहीं होतीं। मैं देख रही हूँ, इस देश में हिंदुस्तानियों ने अपनी बेटियों को यही एक काम दे रखा है।"[27] शीनी को बहुत कोफ्त होती है यह सोचकर कि अपनी जातीय अस्मिता का गौरव बखान करनेवाली भारतीय कौम दलितों, अल्पसंख्यकों और अपनी बहुओं को जिंदा जिलाने वाली कौम जब नैतिकता और अहिंसा का वास्ता देती है। न ही नई पीढ़ी को यह बात पच पाती है कि जब भारतीय मूल के लोग कैनेडा की नागरिकता ग्रहण कर लेते हैं तो उनकी राष्ट्र-भक्ति इस राष्ट्र के प्रति न होकर भारत के प्रति क्यों है। शीनी माँ-बाप के सामने तीखा सवाल रख देती है कि 'तुम यहाँ की नागरिक हो और तुम्हारी लायल्टी दूसरे देश के साथ है। मैं तो यहाँ पैदा हुई और यहीं की जीवन-शैली अपनाऊँगी।' भारतीय मानस की इस ओछी सोच पर भी उपन्यास प्रहार करता है कि कोई लड़की 'डेट' पर जाते ही किसी की अंकशायिनी बन जाएगी। निक शीनी का स्पर्श-चुम्बन तक भी नहीं कर पाता है, यह सीमा-रेखा तो स्वयं स्त्री को अपने तईं तय करनी होगी। इसी प्रकार पंजाबियत से आकर्षित और शीनी को पूर्णतः समर्पित युवक निक है जो पंजाबी रसोई से लेकर सभी शिष्टाचार पंजाबी ढंग से निभाता है। यदि वह बार-बार अपनी सास का 'बोसा' ले लेता है तो उसमें एतराज वाली बात नहीं है। इसी प्रकार एस्टैला और शीनी के वार्तालाप में वर्जेनिटी का सवाल उठाया गया है। इस समाज में रहते हुए हरदयाल और उनकी पत्नी शील अभी भी भारतवर्ष के ज्योतिषियों के आश्रित रहकर काले कौवों और काली गाय की तलाश कैनेडा में कर रहे अपने जड़-संस्कारों से चिपके हुए हैं। काली गाय को ढूँढ़ना और डेरी फार्म में उसे मीठी रोटियाँ खिलाने के उपक्रम को एक दकियानूसी क्रिया के रूप में उकेरते हुए इस जड़ भारतीयता बोध की खिल्ली उड़ाई गई है। भारत के तथाकथित स्वामी जी किस प्रकार कैनेडा जैसे देश में जाकर अपनी खेती काटते हैं, उपन्यास इसकी भी अच्छी खबर लेता है। उपन्यास अपने उत्तरार्द्ध में एक बहुत महत्त्वपूर्ण समस्या को बड़े खिलदंड अंदाज में उठाता है। विवाह और तलाक दोनों ही स्थितियों को कैनेडियन समाज बड़ी सहजता में लेता है। निक जैसे समर्पित, 'भले', लड़के का शीनी से तलाक होनेवाला है। शीनी के माता-पिता यह भली-भाँति जानते हैं कि इस विवाह के टूटने में निक से अधिक दोषी उनकी बेटी शीनी है। शीनी के माँ-बाप इस तलाक से बहुत परेशान हैं और तरह-तरह के

अनुष्ठान इस विवाह को बचाने के लिए करते हैं। किंतु उनके आश्चर्य का ठिकाना नहीं रहता जब वे देखते हैं कि निक अभी भी अपने सास-ससुर का वही आदर-सम्मानकरता है, उन्हें उतना ही प्रेम देता है जितना पहले, उसके मन में कोई खटास नहीं है कि उनकी बेटी शीनी उसके साथ क्या व्यवहार कर रही है। अपने दोनों बच्चों का भी पूरा खयाल रखता है। नाना-नानी यह देखकर हत्प्रभ हैं कि "बच्चे पहले से अधिक स्वस्थ, बेफिक्र और खिलदंड़े लग रहे थे। हरदयाल और शील यह मानकर चल रहे थे कि बच्चे बहुत उदास, बदहवास और हताश होंगे, सूखकर काँटा हो गए होंगे। शील को तो उनके कपड़ों की भी चिंता थी मगर वे पहले से साफ-सुथरे लग रहे थे। उनमें गजब का आत्मविश्वास था।"[28] इतना ही नहीं निक अपनी प्रेमिका 'नैंसी' की अपने जीवन में उपस्थिति की बात छिपाता नहीं है। उनका बेटा हैरी भी अपने पिता के प्रेम और प्रेमिका की स्थिति को सहजता में ग्रहण करता है। अन्ततः हरदयाल और शील भी इस नई स्थिति को पूरी स्वाभाविकता में ग्रहण कर लेते हैं। इस प्रकार रवीन्द्र कालिया अपने छोटे से उपन्यास में विदेशों में बसे भारतीयों के जीवन को एक बिलकुल नई और स्वस्थ दृष्टि से देखते हैं। उपन्यास का महत्त्व इस बात में है कि किसी उपन्यास में प्रथम बार ऐसा हो रहा है कि विदेशी संस्कृति को महज अपसंस्कृति कह कर अवमूल्यन की दृष्टि से न देखा जाकर उसके श्रेष्ठ को अपनाने का आग्रह एक खुली दृष्टि से किया गया है।

प्रभा खेतान अपने उपन्यास 'आओ पेपे घर चलें' में अमेरिकी जीवन के अनेक विद्रूपों का चित्रण अपनी तरह से करती हैं। यद्यपि उपन्यास कथ्य की केन्द्रीय संवेदना में स्त्रीवादी दृष्टि से नारी स्वातन्त्र्य को परिभाषित करता है किंतु इसके संदर्भ के लिए जो घटनाएँ-प्रसंग उठाए गए हैं, उनमें अमेरिकी समाज में भारतीयों की अस्मिता की तलाश और जीवन-संघर्ष के प्रश्न चर्चित हुए हैं। यहाँ भी यह समस्या सभी भारतीयों की है कि आर्थिक समृद्धि के बीच भी उनका मन नहीं लगता, वे उसी प्रकार हैं जैसे किसी पौधे को दूसरे जलवायु प्रदेश में उखाड़कर लगा दिया गया हो, उनमें अपनी प्रकृत उत्फुल्लता नहीं रह जाती। वे बारम्बार भारत लौटने की बात जब-तब करते ही रहते हैं, "कुल मिलाकर चार दिन हुए हैं और मन में ऐसी उकताहट हो रही है कि दिल करता है, भारत लौट जाऊँ। दिल बिलकुल उचटा हुआ था। यहाँ घर से दूर रात-दिन की मेहनत। ऐसा लग रहा था, मानो किसी ने जड़ से उखाड़कर फेंक दिया हो। मन रोने को कर रहा था।"[29] वहाँ रहकर उनकी व्यस्तता इतनी अधिक है कि वे रोटी भी ढंग से नहीं खा पाते। जब खाने का समय नहीं मिल पाता तो वे खाना ही 'गोल' कर देते हैं। रात-दिन की भागमभाग वाली जिंदगी उन्हें रास नहीं आ पाती, "वही भागम-भाग। गाड़ी में बैठकर न जाने उसे फिर क्या सूझा कि वह वापिस दौड़ती हुई अंदर गई। ऊँची एड़ी के पैंसिल हील के जूतों में दौड़ पाना! न जाने ये लोग कैसे दौड़ लेती हैं। वह लौटी, तो पैकेट में चॉकलेट, दही के डिब्बे और

दो सेब थे। अब से हम लोग लंच गाड़ी में ही करेंगे, नहीं तो एक घंटा रोज खाने में बरबाद होता है।"[30] कैसा वह समाज जिसमें इतने श्रम से कमाए हुए धन से प्राप्त रोटी को भी खाने का समय मनुष्य के पास नहीं है। इतनी धन-समृद्धि के बीच भी शांति दूर-दूर तक नहीं है। लड़कियाँ तक अपनी सुरक्षा और जरूरत पड़े तो आत्म-हत्या के लिए छोटी-सी पिस्तौल अवश्य अपने अपार्टमेंट में रखती है। भोग का कितना-कितना सामान ये लोग एकत्रित किए रहते हैं, इसका अनुमान नैनी द्वारा हेल्गा की दराज खोलने पर चलता है, "...नीचे की दराज खोली। ब्रा और पैण्टी भरे पड़े थे। मैंने सोचा क्या यहाँ औरत साल में दो सौ पैंटीज बदलती है? किसी भी चीज को भोगने की क्षमता होनी चाहिए।" इसी प्रकार ढेरों-ढेर दवाइयों का प्रयोग भी इस भोगवादी समाज में एक आम बात है। वस्तुतः इस समाज का चरम उद्देश्य पैसा कमाना है। हर समय डॉलर इकट्ठा करने की तृष्णा में जीता, "यह अमेरिका है। यहाँ बीस डॉलर से बीस मिलियन कमाया जा सकता है।"[31] यह भोगवादी समाज अपने धन के रख-रखाव पर इतना खर्च करता है कि वहाँ का सौंदर्य-व्यापार जिस तरह नित्य नई ऊँचाइयाँ छू रहा है, वह एक परी-लोक ही लगता है। कम से कम पचास डॉलर और 'ज्यादा ताम-झाम' कराने का डेढ़-दौ सौ डालर का खर्चा वहाँ एक आम-सी बात है। 'बूढ़ी घोड़ी लाल लगाम' कहावत को चरितार्थ करता रीजेन्सी हेल्थ सेंटर का यह दृश्य उस भोगवादी समाज का सही चित्रांकन है, अलग-अलग किस्म के प्रलेप लगाए लेटी-अधलेटी नग्न-अर्द्ध-नग्न स्त्रियाँ जिन्हें देखकर...मुझे कालिदास की नायिकाएँ याद आ गईं। विरह में कातर कामदग्ध। सखियों के हाथों शीतल चंदन का प्रलेप। गुलाब जल से धोना, मगर हाय रे, कालिदास! यहाँ रीजेन्सी की नायिकाएँ स्वीट सिक्सटीन न होकर पचास से पचहत्तर के बीच, पर जवान दिखने की कोशिश में दीवानी।"[32] तरह-तरह से विज्ञापित इन स्वास्थ्य केन्द्रों के उत्पाद ग्राहक को भरमाने-उकसाने के लिए पर्याप्त है यथा 'रूमानिया की प्राचीन पद्धति है' जिसे 'केवल फ्रांस तथा आस्ट्रिया और हंगरी के राजवंशों के लिए ही तैयार किया जाता था।' इसी प्रकार भोगवादी अमेरिकी समाज के विविध पक्षों का चित्रण 'आओ पेपे घर चलें' में हुआ है।

इंग्लैंड और अमेरिका की दुनिया से अलग नासिरा शर्मा ने अपने 'जीरो रोड' उपन्यास में दर्शाया है कि किस प्रकार दुबई जैसा शहर भूमंडलीय प्रभाव में अमेरिकी संस्कृति के प्रभाव को ग्रहण कर रहा है। पूरी दुनिया के सैलानी और व्यापारी वहाँ अपने-अपने उद्देश्यों की संपूर्ति के लिए आते हैं और वहाँ सांस्कृतिक परिवर्तन इस रूप में घटित हो रहा है, "ताजियों का यह शहर दुबई अब सबके लिए बाँहें फैलाए खड़ा है। पूरी दुनिया के व्यापारी अपना सामान लेकर यहाँ बिखरे हुए हैं। ऐसी कोई चीज नहीं है जो यहाँ न मिलती हो। लोग भर-भर थैली खरीदारी करते हैं और जी-भर कर घूमते हैं। आबूदाबी तेल के निर्यात में लगा है तो दुबई तिजारत में। आज इस

नए दुबई को देखकर कोई यकीन कर सकता है कि कल तक यह इलाका वीरान पड़ा था जहाँ इनसानों से ज्यादा ऊँट नजर आते थे।"[33] आज वहाँ पाकिस्तान, भारत, श्रीलंका के विभिन्न कर्मी, अंग्रेज व्यापारी, आस्ट्रेलियाई नर्सें, जार्डेनियन टीचर्स, फिलीपीनी वेटर्स, आदि मिलकर पूर्व और पश्चिम की संस्कृति का एक विलक्षण सांस्कृतिक संगम प्रस्तुत कर रहे हैं। दुबई, के साथ-साथ उपन्यास में सूडान तथा अफ्रीका, मिस्त्र, आदि देशों के समाजार्थिक, राजनीतिक प्रश्न प्रसंगात् आए हैं।

धन केन्द्रित यह भोगवादी अमेरिकी समाज अपनी समस्त नियामतों-मलामतों के साथ भूमंडलीकरण की तीव्र प्रक्रिया से पूरे विश्व में फैल चला है। भारतीय समाज इससे किन-किन रूपों में और किस-किस प्रकार प्रभावित हुआ है, हिंदी उपन्यास बहुआयामी विस्तार में बहुत गहरी चिंता से इसका सार्थक विश्लेषण कथात्मक संवेदन के स्तर पर करता है।

संदर्भ

1. रवींद्र वर्मा, *मैं अपनी झाँसी नहीं दूँगा*, पृ. 154.
2. वही, पृ. 33.
3. वही, पृ. 81.
4. रवींद्र वर्मा, *दस बरस का भँवर*, पृ. 49.
5. वही, पृ. 69.
6. वही, पृ. 74 तथा 75.
7. वही, पृ. 141.
8. रवींद्र वर्मा, *आखिरी मंजिल*, पृ. 40.
9. काशीनाथ सिंह, *रेहन पर रग्घू*, पृ. 13.
10. वही, पृ. 22.
11. अलका सरावगी, *एक ब्रेक के बाद*, पृ. 73.
12. वही, *कलि-कथा : कथा बाईपास*, पृ. 163.
13. वही, पृ. 110.
14. वही, 214.
15. अलका सरावगी, *एक ब्रेक के बाद*, पृ. 51.
16. वही, पृ. 100 तथा 171.
17. राजू शर्मा, *विसर्जन*, पृ. 84.
18. रवींद्र कालिया, *ए.बी.सी.डी.*, पृ. 12.
19. कमल कुमार, *हैमबरगर*, पृ. 4.
20. रामधारी सिंह दिवाकर, *अकाल संध्या*, पृ. 23.
21. महेन्द्र भल्ला, *उड़ने से पेशेतर*, पृ. 85.
22. वही, पृ. 90.
23. सुषम बेदी, *हवन*, पृ. 27.
24. वही, पृ. 42.
25. वही, पृ. 44.

26. उषा प्रियंवदा, *अन्तर्वंशी*
27. रवींद्र कालिया, *ए.बी.सी.डी.*, पृ. 11.
28. वही, पृ. 94.
29. प्रभा खेतान, *आओ पेपे घर चलें*, पृ. 43.
30. वही, पृ. 42.
31. वही, पृ. 84, 85.
32. वही, पृ. 123.
33. नासिरा शर्मा, *जीरो रोड*, पृ. 35.

बाजारवाद, उपभोक्तावाद तथा वैश्वीकरण के अन्य सांस्कृतिक संकट

भूमंडलीकरण की उन्मुक्त बाजार की खुली व्यवस्था ने पूरे विश्व में **बाजारवाद और उपभोक्तावाद** का जो माया-जगत रचा उसकी गिरफ्त में विकासशील देशों का सामान्य जन, विशेषतः मध्य वर्ग इतनी बुरी तरह आता चला गया कि विवेकशील लोगों के लिए यह चिंता का विषय बना हुआ है। हिंदी उपन्यासकारों ने, विशेषतः पिछले दस वर्षों में, इस समस्या का बहुविध चित्रण अपनी कृतियों में बार-बार किया है। एक प्रकार से यह बाजारवाद और उपभोक्तावाद का प्रतिरोधी स्वर है, स्थितियों का चित्रण कर उनके प्रति नकारात्मक रुख अख्तियार करते हुए उपन्यासों के पात्रों की इस रूप में प्रस्तुति की गई है कि उस सबके प्रति एक वितृष्णा-भाव जगे। यदि हिंदी के कुछ सशक्त और चर्चित उपन्यासों के संदर्भ में बाजारवाद और उपभोक्तावाद की स्थितियों को विश्लेषित किया जाए तो स्पष्ट होगा कि सामान्य मनुष्य किस प्रकार बाजार और बाजार की शक्तियों का दास बनकर रह गया है। जिस प्रकार नई पीढ़ी पैसे की चकाचौंध में बाजार में प्राप्त नई-नई वस्तुओं, उत्पादों, सुविधाओं आदि की प्राप्ति की होड़ में हैसियत से ज्यादा खर्च कर जीवन जी रहा है, उसका कथन अलका सरावगी के उपन्यास 'कलि कथा : वाया बाईपास' के किशोर बाबू इस बात से पीड़ित हैं कि उनकी नई पीढ़ी जिस रूप में पैसा खर्च कर रही है, उससे इनका 'दिमाग सही नहीं' लगता क्योंकि दिमाग सही रहने पर वे ऐसा व्यवहार नहीं कर सकते। पूर्णिमा के दिन 'लड़के बहू-बेटियों-जवांइयों' के साथ पिकनिक मनाने जाएँगे और वहाँ 'चौरंगी के नए पेशावरी खानेवाले रेस्तरां 'जारंग' में बैठ कर तीन-तीन सौ रुपए प्लेट का खाना खाएँगे'*, किशोर बाबू के लिए यह दिमाग खराब होने वाली बात है।[1] महँगे से महँगे वस्त्र पहनने और महँगी से महँगी गाड़ियों (कारों) में बैठने का आनन्द लेनेवाली यह पीढ़ी पैसे की परवाह नहीं करती। वे एक उधार-संस्कृति में जीने के लिए अनुकूलित कर लिए गए हैं। यह पीढ़ी किशोर बाबू की उस मारवाड़ी मनोवृत्ति से बिलकुल अलग है जिसने अपने को तिल-तिल गलाकर पैसा कमाना और जोड़कर

---

* अब तक यह प्लेट-कीमत निश्चय ही बहुत बढ़ चुकी होगी।

रखना ही अपना धर्म माना था, वे लोग उधार की बात सोच ही नहीं सकते थे, उन्होंने कभी एक भी पैसा कर्ज नहीं लिया था। उनका जीवनादर्श यह था, "मारवाड़ियों ने इतना पैसा इसलिए कमाया कि उन्होंने कभी मौज-मस्ती में पैसा उड़ाने के लिए कर्ज नहीं लिया। कभी दूसरे के पैसे मारने की नीयत नहीं रखी। बाप मर गया तो बेटे ने कर्ज चुकाया। बेटा नहीं चुका पाया तो पोते ने चुकाया। और तिल-तिल करके पैसा जोड़ा। माचिस की तीलियों तक का हिसाब रखते थे, मेरे पिताजी।"[2] दूसरी ओर इन्हीं की अगली पीढ़ी 'लोन' और 'फाइनेन्स' पर जीती हुई अपने उपभोग की महँगी से महँगी वस्तुएँ प्राप्त कर लेती हैं। वे 'ऋणं कृत्वा, घृतम् पीबेत्' के विश्वासी हैं। घर में महँगी गाड़ी आने पर भुनभुनाते किशोर बाबू अपने लड़के से केवल दो ही सवाल पूछने का निर्णय मन में लेते हैं—पहला 'रुपए कहाँ से लाए?', दूसरा 'क्यों किया ऐसा अभी इस समय?' इन दो प्रश्नों के उत्तर अमोलक जिस रूप में देता है, वह पूरी उपभोक्तावादी संस्कृति की सच्चाई को नंगा करता है। पहले प्रश्न का उत्तर यह दिया जाता है, "पापा, रुपए किसी से माँगने नहीं पड़े। आजकल सौ प्रतिशत फाइनेन्स पर गाड़ी मिलती है। बस किस्तों में रकम चुका देंगे।" किशोर बाबू के लिए आश्चर्य और पीड़ा की बात यह है कि "तुमने भविष्य के लिए रुपए आज खर्च कर दिए हैं—यानी जो रुपया तुम आगे कमाओगे।" किशोर का यह तर्क भी लड़के को ज्यादा प्रभावित नहीं कर पाता कि कर्ज को चुकाने के लिए कर्ज पर कर्ज लेते चले जाने में कहाँ की अक्लमंदी है। किशोर बाबू और अमोलक में इस मुद्दे पर निरंतर बहस चलती रहती है कि इस उपभोक्तावादी दृष्टि ने सामान्य मनुष्य की क्या गत बना डाली है। लड़का स्वयं इस स्थिति को इस रूप में कह जाता है, "देखते नहीं कितने लोग कैसे-कैसे किसलिए आत्म-हत्या कर रहे हैं—कोई लड़की जहर खा लेती है क्योंकि उसका बाप उसे माधुरी दीक्षितवाला घाघरा-चोली नहीं ला देता और अपने इर्द-गिर्द क्या हो रहा है उसकी कोई खबर है आपको? अभी मेरे दोस्त अक्षय की पत्नी ने आत्महत्या कर ली क्योंकि अक्षय उसे अपनी शादी की सालगिरह पर 'ताज बंगाल नहीं ले गया था सेलीब्रेट करने।' और कांता भाभी का तो सबको मालूम ही है—नए फर्नीचर और गहनों के सेट का दाम दिया नहीं भैया जी ने। इसलिए ऐन दिवाली के पहले जहर खा लिया उन्होंने। दो दीदियों के घर में बड़ी गाड़ी हैं हमारा मन नहीं होता क्या? क्या आप चाहते हैं कि जो भैया जी के साथ हुआ मेरे साथ भी वही हो।"[3] इन पात्रों के माध्यम से समाज में बढ़ते उपभोक्तावाद की होड़ का भयानक सच सामने आया है, हर चीज में अभिमान, गर्व (ओनर्स प्राइड) और पड़ोसी का ईर्ष्या-विषय 'नेबर्स एनवी' की मनोवृत्ति कार्य करती हुई समाज को सब कुछ आयत्त करने को एक अंधी दौड़ में धकेले हुए है। सुंदरता को पैदा करने, सँवारने आदि के लिए सौंदर्य-उत्पादों पर जो खर्च होता है, वह तो होता ही है—छोटे शहर की लड़की को जब महानगर कोलकाता की हवा बड़े घर की बहू के रूप में लगी तो उसको तो पर लग गए, "पाँच सौ रुपए

तो मेरे ब्यूटी सैलून में हर महीने खर्च होते हैं। पाँच सौ रुपए हाथ-खर्च में क्या होगा?" किशोर बाबू बौखला जाते हैं, "पाँच सौ रुपया महीना सुंदरता बढ़ाने का खर्च?" जीवन में पहली बार किशोर बाबू विमूढ़ हो गए—"क्या करें?" क्लबों में देर रात तक डांस करना आदि भी देखकर किशोर बाबू का यह सोचना बेमानी नहीं है कि "जिस घर को बनाने में उन्होंने अपनी सारी जिंदगी लगाई, उसके नीचे दीमक लग चुकी है। वह कभी भी धराशायी हो सकता है। मिट्टी में मिल सकता है।"[4] महानगरों में अन्तरराष्ट्रीय ब्रांडों के दनादन खुलते शो-रूम इस उपभोक्तावाद को नित नए-नए रूपों में और भी बढ़ा-उकसा रहे हैं। "किशोर बाबू की पत्नी को समझ में नहीं आता कि इन शर्टों में ऐसा क्या रखा है कि इनके इतने रुपए दिए जाएँ, पर बच्चे बिना नामी 'ब्रांड' के कोई चीज खरीदते नहीं।" कलकत्ते में थियेटर रोड पर लाकौस्टे, ऐरो, पियरे कार्डिन—सबकी शर्टों की दुकान खुल गई है।" ब्रांडिड संस्कृति ने भारतीय उपभोक्ता का मिजाज पूरी तरह बदलकर रख दिया है जिसके चलते किशोर बाबू और उनका परिवार ही व्यथित नहीं हैं, पूरा समाज इससे कुपित है। अपने प्रेमी लड़के के साथ महँगे बूटीक पर आई फैक्टरी के मित्रा साहब की लड़की जब आठ हजार के सूट ले लेती है तो किशोर बाबू सोचते रह जाते हैं कि इस लड़की को इन कपड़ों का मूल्य किस रूप में चुकाना पड़ेगा। केवल देश में ही नहीं, विदेशों में, संसार के सर्वाधिक धनी देश में भी मध्यवर्गीय माँ-बाप की स्थिति ऐसी नहीं है कि वे अपनी संतान को बाजार की हर लुभावन वस्तु मुहैया करा सकें। एक अकाल की-सी स्थिति सारी दुनिया में बनती जा रही है। किशोर बाबू इस स्थिति को देखकर इस प्रकार कुपित होते हैं, "क्या सचमुच दुनिया में मानवता नाम की चीज खत्म हो जाएगी? यहाँ कोई अनावृष्टि नहीं हुई, कोई सचमुच का अकाल नहीं पड़ा—आदमी ने यह अकाल बना दिया आदमी के लिए? कल उसने अखबार में पढ़ा कि अमेरिका में एक सोलह साल के लड़के ने अपने माता-पिता की हत्या इसलिए कर दी क्योंकि पिता ने उसे नए जूते खरीदने के लिए पैसे नहीं दिए थे। किसी के लिए कोई सिद्धान्त, किसी के लिए जूते—लेकिन मरता तो आदमी ही है। अकाल कभी होता नहीं, बनाया जाता है अकाल।" बाजारवाद और उपभोक्तावाद का यह भयावह चेहरा है जिसने मानवीयता और रिश्तों की ऊष्मा को पूरी तरह लील लिया है[5] किंतु सारे विरोधों और हाय-तौबा के बीच नई पीढ़ी के बाजारवाद के इस खेल के लिए पूरी तरह अनुकूलन हो चुका है।

अलका सरावगी के उपन्यास 'शेष कादम्बरी' की रूबी दी अपने आस-पास जब नई-नई चमचमाती महँगी से महँगी गाड़ियाँ देखती हैं तो उन्हें अपनी पुरानी खटारा एम्बेसेडर कार को देखकर कोफ्त होती है, वे सोचती जाती हैं कि पिछले दस सालों में लोगों के पास इतना अकूत पैसा कहाँ से आ गया, "...वह पहले अपने को जमाने के साथ पाती थीं, पर अब नई तरह-तरह की चमचमाती गाड़ियों के बीच अपने को बहुत अकेला और पिछड़ा हुआ पाती है। देखते-देखते लोगों के पास कितना पैसा बढ़

गया। पहले मारवाड़ियों में कहावत चलती थी कि फलाना पहले महायुद्ध का अमीर है कि फलाना दूसरे महायुद्ध का अमीर है। पर आजादी के बाद तो न जाने कितने नौदौलतिए बनते चले गए और सदी के अंतिम दस सालों में तो अब समझना मुमकिन है कि किसके पास कितना पैसा कहाँ से आ रहा है। हर तरफ गाड़ियाँ हैं, एक-से-एक नई चमचमाती।"[6] इन चमचमाती गाड़ियों की चकाचौंध और इस सबके पीछे भागती नई पीढ़ी और 'ऋण-कर्ज़' ये सब शब्द तो अब उनके शब्दकोशों से हटकर 'फाइनेन्स' और 'लोन' भर ही रह गए हैं, "...इस तरह की भीड़ जो बैंक फाइनेन्स पर रोज नई-नई खरीदकर बढ़ाई जा रही है, जिससे सेकेंड-हैंड गाड़ियों का मार्केट एकदम गिर गया है। सड़कें तो उतनी ही रहेंगी, यह फर्स्ट-हैंड और सेकेंड-हैंड की बढ़ोत्तरी का सिलसिला कब तक चलेगा? चलो, वे तो उस दिन को देखने को शायद ही बचेंगी, जब स्थितियाँ एक चरम बिंदु पर पहुँच जाएँगी...।"[7] अलका सरावगी के उपन्यास 'एक ब्रेक के बाद' में तो इन स्थितियों का और भी अधिक विस्तार और गहराई में चित्रण हुआ है, यह उपन्यास पूरी तरह कारपोरेट जगत की दुनिया के अन्तर्बाह्य की सच्चाइयों को उघाड़ता है। 'रिलायंस', 'इन्फोसिस', 'सत्यम्' जैसी कंपनियों के अफसरों के लिए अपने निजी हवाई जहाज मुहैया करा दिए जाते हैं, उनकी ऊँची-ऊँची तन्खाहों के साथ विभिन्न प्रकार के पैकेज—"छुट्टियाँ बिताने के लिए प्राइवेट 'शिप' या 'यॉट' होते हैं।" इन्हीं अफसरों का काम है कि सामान्य-जन, विशेषतः मध्यवर्ग और यहाँ तक कि झुग्गी-झोंपड़ी के निवासियों में भी उपभोग की विभिन्न वस्तुओं की ललक इस रूप में बढ़ा दें कि वे येन-केन प्रकारेण उन्हें प्राप्त कर सकें या उन्हें प्राप्त करने के स्वप्न जीवन में पालते रहें। भले ही इस सबके लिए उन्हें आपराधिक कृत्यों में प्रवृत्त होना पड़े, "जमाना ये दिल माँगे मोर का है। बस्तर के गाँव में अपनी झोंपड़ी में बैठकर आदिवासी टी.वी. पर वाशिंग मशीन में कपड़े धुलते देख रहा है और डबल-डोर फ्रिज में जाने कब से ताजी लौकी और टमाटर की गाथा सुन रहा है। इस देश की एक अरब जनता अब एक साथ सपने देख रही है—फर्क यही है कि किसी के सपने छोटे तो किसी के ज्यादा बड़े सपने।"[8] आकस्मिक नहीं है कि बिड़ला-ग्रुप ने अपने स्टोर्स की शृंखला (चेन) का नाम ही 'मोर' रख दिया है, इस वर्ष (2009 में) देश-भर में 'मोर' के ऐसे ही 650 नए स्टोर खोलकर 'दिल माँगे मोर' एषणाओं को शाणित किया जाएगा। इन कंपनियों के अफसरों को इनके अफसर 'ड्यूपौंट' का महँगा पैन भेंट करते हैं जिनसे वे रोज के कागज-पत्रों पर अपने दस्तखत अंकित करते हैं। ऐसी कंपनी में के. वी. अय्यर दिन-रात कंपनी की सेल बढ़ाने के गुर ईजाद करते रहते हैं। वे देसी लोग अपना आदर्श बिल गेट्स और मीडिया टाइकून रूपर्ट मरडॉक को बनाते हैं। मद्रास के 'एम्बर डिपार्टमेंटल स्टोर' का एक दिन में पाँच करोड़ की 'सेल' करना के. वी. को चौंकाता तो है किंतु वे उससे भी बड़ा चमत्कार करने के चक्कर में अपनी 'इंडियन स्काई शॉप' से पूरे देश में एक-से-एक अद्भुत

चीजें अनोखे दामों में बेच रहे थे। भारतवर्ष के दूर-दराज के कोनों से आनेवाले के लिए चेक और ड्राफ्ट की जाँच कर उन्हें आर्डर का सामान भेजने के लिए उन्हें अपने डिपार्टमेंट में रोज दस नौकरियाँ बढ़ानी पड़ रही थीं। 'स्काई शॉप' की सफलता से के. वी. खुद 'स्काई' में उड़ रहे थे और उन्होंने 'एम्बर' जैसे छुटभैयों पर ध्यान देना तक अपनी शान के खिलाफ समझा था।[9] कल्पना की जा सकती है उस कंपनी की जो एक दिन में पाँच करोड़ की सेल करनेवाली कंपनी की गणना छुटभैयों में करती हो। यह दुनिया को मुट्ठी में कर लेनेवाली बाजार-संस्कृति के आदर्श का प्रारूप (मॉडल) है। मॉल्स और स्टोर संस्कृति ने यहाँ के परंपरागत बाजार और छोटे दुकानदारों के अस्तित्व को खतरे में डाल दिया है। भारतीय उद्योग जगत के बड़े-बड़े दिग्गजों और दादाओं ने पूरे बाजार को मुट्ठी में कर लेने के जो उपक्रम प्रारम्भ किए हैं, उस सच को यह उपन्यास पूरे आँकड़ों सहित विश्लेषित करता है, ''अभी तक भारत छोटे-छोटे करोड़ों 'दुकानदारों का देश' था। प्रायः इन दुकानों को बाप-दादों के जमानों से चले आए पुश्तैनी व्यापार के तौर पर बेटे-पोते चला रहे थे। किंतु अब वह समय आ गया है कि दुनिया के सबसे बड़े रिटेल या खुदरा मार्केट को संगठित कर उसका रस खींचने के लिए टाटा, आई. टी. सी. और रिलायंस ही नहीं, अमेरिका की वाल-मार्ट जैसी कंपनियाँ तक कूद पड़ी हैं। कहते हैं दस साल के अंदर-अंदर भारत का यह रिटेल सेक्टर 650 करोड़ रुपए का हो जाएगा। खुद के. वी. की पत्नी अब आलू-गोभी तक एयरकंडीशंड सुपर मार्केट से मँगवा रही है और वह भी मोहल्ले के सब्जी वाले से सस्ती और ताजा। अभी यदि कोई इंडस्ट्री में उफान है तो वह रिटेल इंडस्ट्री है।"[10] अपने यहाँ बड़ी कंपनियाँ ही नहीं विदेशी बहुराष्ट्रीय कंपनियाँ हमारे दैनंदिन जीवन को किस प्रकार नियंत्रित कर रही हैं, उसका विश्लेषण करता उपन्यास यह तथ्य सामने रखता है, "इंडिया के बीस करोड़ घरों में से करीब साढ़े सोलह करोड़ घरों के अन्दर हिंदुस्तान लीवर कुछ न कुछ छोटा-मोटा सामान जैसे कि तेल या साबुन लेकर घुसा हुआ है। चोरड़िया का प्रेशर कुकर एक दिन इन करोड़ों घरों में आलू-दाल-चावल उबाल रहा होगा। अभी तो इंडिया में संयुक्त परिवार टूटकर न जाने कितने और करोड़ चौके-चूल्हे बन जाएँगे।"[11] लेखिका ने बहुत बारीकी से अध्ययन किया है कि उत्तर से अधिक दक्षिण में किस प्रकार संपत्ति का केंद्रीकरण हो रहा है और वहाँ नित्य बहुराष्ट्रीय कंपनियाँ अपना औद्योगिक विस्तार करने में लगी हुई हैं, यह तुलना के. वी. गुड़गाँव से करता है, "पिछली बार चेन्नई की यात्रा में के. वी. तेरह सौ एकड़ में फैला 'महिन्द्रा वर्ल्ड सिटी' का बिजनेस-आई. टी. पार्क देखकर आए थे। वहाँ नारायणमूर्ति इन्फोसिस का दुनिया का सबसे बड़ा आई.टी. प्रोजेक्ट बना रहा है। चेन्नई में मल्टीनेशनल कंपनियाँ लाइन लगाकर खड़ी हैं; चाहे गाड़ियों की बी.एम.डब्ल्यू., फोर्ड या हुंदुई कंपनियाँ हों या इलेक्ट्रोनिक की नोकिया, मोटरोला, सैंमसंग। खरीददारों के पास में जैसा पैसा अब साउथ इंडिया में है, उसकी नॉर्थ वाले कल्पना भी नहीं कर

सकते।" उपन्यासकार इस बात पर कुपित है कि देश पूरी तरह बहुराष्ट्रीय कंपनियों का गुलाम होकर रह गया है। गुड़गाँव में पुलिस द्वारा 'होंडा' कंपनियों के कर्मचारियों की निर्मम अमानुषिक पिटाई देखकर उसकी यह टिप्पणी द्रष्टव्य है, "हद हो गई। यह देश एकदम बिक गया है। यहाँ की पुलिस, सरकार, पार्लियामेंट सब ये जापानियों, कोरियनों के साथ हैं। किस तरह मार रहे हैं। यह पुलिस है या राक्षस।"[12] ये बहुराष्ट्रीय कंपनियाँ नित्य नए-नए उत्पादों की आविष्कृति कर देश की जनता को अपने बिक्री के माया-जाल में उलझाए रहती हैं, उदाहरणस्वरूप खर्राटे बंद करने की मशीन तथा वजन कम करने के 'वाइब्रेटर्स', किस्म-किस्म के वाइब्रेटर्स, उतारना जिन्हें सोते समय भी आराम से लगाकर अपना वजन कम किया जा सकता है। तरह-तरह के पेय जिनसे या तो शक्ति 'वजन' बढ़ता है या फिर कम होता है। उपभोक्तावादी सामान में सबसे ज्यादा तेजी से प्रसार मोबाइल का हुआ, एक मोबाइल क्रान्ति ही इस देश में हो गई। कोई बचा ही नहीं जिसके पास मोबाइल न हो किंतु इस मोबाइल ने हमारे सामाजिक जीवन में जो बदलाव उपस्थित कर दिया है, वह भी बेचैनी दे देनेवाला है, "अब तो खैर पान व्राले, सब्जी वाले, और नाई, मोची भी मोबाइल रखने लगे हैं। इस मोबाइल ने आदमी के कहीं से बचने के लिए कोई सुराग नही छोड़ा है। जब जिसका मन आए, आपको पकड़ सकता है। भले ही आप कमोड़ पर बैठे हों या गाड़ी चला रहे हों। आपके दिन का कोई समय आपके अपने लिए नहीं बचा है। पति-पत्नी भी अपने शकों की सुई चलाते हुए, एक दूसरे के हर घड़ी-पल का हिसाब मोबाइल के द्वारा रखते हैं।"[13] वस्तुतः इस वैश्विक बाजार व्यवस्था ने इतने सारे उत्पाद बाजार में उतार दिए हैं कि उपभोक्ता भौंचक्का है कि क्या-क्या खरीदे, जो नए से नया उत्पाद आज खरीदता है, वह कल पुराना हो जाता है। के. वी. ने अपनी आकाशी दुकान, स्काई शॉप, से कम से कम सौ-डेढ़ सौ कंपनियों के तरह-तरह के सामान बेचे, 'कम-से-कम पाँच सौ की चीजें लाखों घरों में बेचीं।' इतने सारे उपभोक्ता उत्पादों की खपत द्वारा 'इंडिया को भविष्य में छलाँग लगाने' को तैयार किया जा रहा है। इस प्रकार 'एक ब्रेक के बाद' उपन्यास में बाजारवाद और उपभोक्तावाद की स्थितियों को बहुत विस्तार में जाकर गहराई से विश्लेषित किया गया है।

रवीन्द्र वर्मा ने भी अपने उपन्यासों, विशेषतः 'दस बरस का भँवर' तथा 'आखिरी मंजिल' में बाजारवाद और उपभोक्तावाद की स्थितियों का कुशल चित्रण प्रस्तुत किया है। 'दस बरस का भँवर' के प्रारंभ में ही चित्रित किया गया है कि किस प्रकार बूढ़ों तक को ब्रांडिड चीजों का शौक बाजार की ताकतों ने लगा दिया है। नाईक के महँगे जूतों का क्रेज पूरे जमाने में फैल चुका है, छोटे-से शहर झाँसी के रहनेवाले बाँके बिहारी अपने मँझले बेटे द्वारा मुम्बई में खरीदवाए जूते पहनकर यह अनुभूति प्राप्त करते हैं, "पैरों में नाईक के सफेद जूते पहने", "उसने कहा था, पापा, आप इन्हें पहनकर घूमिए, चलना दौड़ता जैसा लगेगा।"[14] उपभोक्तावाद ने एक ओर पीज्जा

खानेवाले वर्ग को जन्म दिया तो दूसरी ओर एक ऐसा वर्ग स्वतः ही अस्तित्व में आता गया जो भूखों मरने को अभिशप्त था, ऐसे अभिशप्त समय का चित्रण करता कथाकार डॉ. पांडे के माध्यम से कहता है, "...हम जिस समय में जी रहे हैं, उसमें शिजोफेनिया का अंदेशा और भी ज्यादा है। यह ऐसा समय था जिसमें देश के एक-तिहाई लोग भूखे थे और एक चौथाई पिज्जा खा रहे थे—बाकी लोग पिज्जा की प्रदर्शन खिड़की में आँखें गड़ाए खड़े थे।" आज के जमाने का 'भूमंडलीकृत आदमी' वह है, जिसकी नजर आसमान पर है, 'जमीन पर पैर रखने की दरकार उसे दिखाई ही नहीं दे रही है। 'फास्ट फूड' की तरह 'फास्ट सक्सेस' चाहने वाली पीढ़ी के विषय में डॉ. पांडे कहते हैं, "बाजार इन्हें भड़काता है, हर लड़के को ली वाइस जींस, सेल फोन, मारुति और उन तीन लड़कियों में से एक लड़की चाहिए जो नए ब्रीफ के विज्ञापन में समुद्र की लहरों से दौड़ती हुई लड़के की ओर रोज टी.वी. के परदे पर आती है।" विज्ञापन किस प्रकार बाजार के खेल को और भी तेज कर देता है, इस पर सविस्तार चर्चा बाद में होगी, यहाँ यह कहना ही अभीष्ट है कि टी.वी. की विज्ञापनी संस्कृति ने ऐसा खेल मध्य वर्ग के सामने प्रस्तुत कर दिया है कि सामान्य वित्त-व्यक्ति का जीना मुहाल हो गया है। नूर और नमन का बेटा अभी सोलह बरस का भी नहीं हुआ है किंतु वह सोलह सौ रुपए के जूतों की माँग कर रहा है। वे "उसे सी.एम.एस. से नहीं निकाल सकते, जहाँ रईसों के लड़के पढ़ते हैं। न हम बाजार बंद कर सकते हैं, जहाँ सोलह सौ के जूते बिकते हैं।" इस उपभोक्तावादी संस्कृति ने प्रत्येक व्यक्ति को करोड़पति बनने के स्वप्न बेचकर कुछ को रतन की तरह शिजोफेनिया की स्थिति में लाकर जीवन-भर के लिए एक टूटन और अवसाद दे दिया। रतन के आदर्श (मॉडल) ही दो हैं—आमिर और अम्बानी, वह रात-दिन इसी सोच में पड़ा रहता है कि "गाड़ियों में पेट्रोल डालनेवाला नौजवान अम्बानी हो सकता है तो तू करोड़पति क्यों नहीं हो सकता? हाँ, इसके लिए अपना सब कुछ दाँव पर लगाना पड़ेगा।"[15] इन्हीं स्वप्नों को पाने के लिए रतन जैसे नौजवान लॉटरियों की ओर आकर्षित होते हैं। जुआ और चोरी की बढ़ती हुई घटनाएँ भी इस बाजार के उत्पादों की जगाई ललक के ही परिणाम हैं। मारुति जैसी छोटी गाड़ी से मध्य वर्ग की जो सपनों की नगरी आबाद होनी शुरू हुई थी, अन्ततः 'फोर्ड आइकॉन' जैसी महँगी गाड़ियों पर आकर रुकी (रुकी भी या नहीं, यह भी ठीक प्रकार से नहीं कहा जा सकता)। उपन्यास के प्रारंभ में तहसीलदार पिता का बेटा अनिल जब सपना को विवाह के लिए देखने आता है तो मारुति की माँग चुपके से सरका दी जाती है। सपना यह कहकर उठ जाती है कि "तब तुम मारुति से ही ब्याह करना।" एक इंजीनियर की पत्नी के रूप में मारुति का सपना तो सपना ने भी देखा था, किंतु इस रूप में यह उसके विवाह की माँग बन जाएगी, यह उसे स्वीकार नहीं होता है। मुंबई में पहुँचे पवन की बीवी किशोरी केवल फोर्ड आइकॉन के स्वप्न में ही डूबी रहती है, मैरीन ड्राइव पर दौड़ती असंख्य गाड़ियों

में उसकी आँखें नीली फोर्ड को ही देखती रहती हैं। होटल के मीनू पर उसका ध्यान ही नहीं गया। जब पवन उससे आलू बौंडा, चिकन टिक्का, फिश फ्राइड, कोक या पेप्सी का नाम बार-बार लेकर पूछता है कि उसे क्या चाहिए तो किशोरी के मुँह से अचानक निकलते शब्द 'फोर्ड आइकॉन' हैं। दूसरी ओर रतन की नियति यह है कि वह आमिर खान और अम्बानी होने के चक्कर में 'रतन भी नहीं हो सका'। इस प्रकार 'दस बरस का भँवर' उपन्यास उपभोक्तावाद और बाजारवाद के तंत्र को पूरी तरह उघाड़ता हुआ, उसके प्रति एक वितृष्णा जगाने का प्रयास करता है।

काशीनाथ सिंह के 'काशी का अस्सी' उपन्यास का मुख्य स्वर यद्यपि राजनीतिक-सामाजिक क्षेत्र में व्याप्त भ्रष्टाचार को नंगा करना है किंतु वहाँ भी इक्कीसवीं सदी में पैर पसारते बाजारवाद को लेकर गंभीर चिंता है और इसका विमर्श अस्सी के चौराहे पर इस प्रकार होता है, "इस पूरे मामले का संबंध बाजार से है।...हम तो बाजार का एक ही मतलब जानते हैं सरकार, बाजार वह नहीं है जो सड़क पर है, दुकान में है, नुक्कड़ पर है, शोकेस में है। बाजार वह है जो तुम्हारे दरवाजे पर है, पोर्टिको में है, ड्राइंगरूम में है, बेडरूम में है, अलमारी में है, किचेन में है, टायलेट में है और यही क्यों तुम्हारे बदन पर है, सिर के बालों से लेकर पैरों के नाखून तक है। ऐसा कि जो तुम्हारे घर जाए या तुम्हें देखे, उसकी लार टपकने लगे, उसकी नींद और उसका चैन छिन जाए, तड़प उठे कि यह चीज जो तुम्हारे पास है, उसके पास सुबह नहीं तो शाम तक आ जाए। और जब तक न आए तब तक न खाना अच्छा लगे, न पीना, न जीना।" वस्तुतः बाजारवाद का खेल यही है कि अपनी वस्तुओं को 'ओनर्स प्राइड एंड नेबर्स एनवी' के रूप में प्रस्तुत कर उनके लिए एक तृष्णा जगा दे। वस्तुओं, उत्पादों आदि के लिए येन-केन-प्रकारेण धन प्राप्त करना और फिर उन्हें प्राप्त करने का यह भौतिकवादी खेल ही आज युग-सत्य बनकर रह गया है। किंतु महाप्रश्न यह है कि क्या इन सब वस्तुओं की प्राप्ति हमें मन का चैन और तोष प्रदान कर पा रही है? जीवन में जो अवसाद घिर गया है, उसे कृत्रिम हँसी, हँसी के क्लबों द्वारा हम भगाना चाहते हैं, "क्लब, टीम, एसोसिएशन, ग्रुप बनाकर निरर्थक, निरुद्देश्य, जोर-जोर से 'हो-हो-हा-हा' करना इसे हँसी नहीं कहते। हँसी का मतलब है जिन्दादिली और मस्ती का विस्फोट, जिंदगी की खनक। यह तन की नहीं मन की चीज है।"[16] उपन्यासकार को प्रसन्नता है कि 'जम्बूदीप में एक ऐसी जगह' काशी का अस्सी है जहाँ हँसी बची रह गई है।

काशीनाथ सिंह ने अपने उपन्यास 'रेहन पर रग्घू' में बड़ी पीड़ा से यह चित्रित किया है कि किस प्रकार गाँवों में शहर का प्रवेश होकर नई बसी कॉलोनियों के वासियों में किस प्रकार उपभोक्तावाद और बाजारवाद निरन्तर प्रवेश करता जा रहा है। वस्तुतः यह बाजार की शक्तियों द्वारा हमारे गाँवों को विश्व ग्राम का अंग बनाने का भूमंडलीय उपकरण है, "गाँव में वह सब पहुँच रहा था धीरे-धीरे, जो शहर में था–

बिजली भी, नल भी, फ्रिज भी, फोन भी, टी.वी. भी, अखबार भी लेकिन वह मजा नहीं था जो शहर में था। मजा था भी तो उनके लिए जिनके पास ट्रैक्टर था, थ्रैशर था, पंपिंग सेट था, बोलेरो या सफारी थी जो खेती पेट के लिए नहीं, व्यवसाय के लिए कर रहे थे...।"[17] रग्घू मास्टर की पीड़ा यह भी है कि 'दो-दो मुस्टंड बेटे और दोनों परदेश'—पैसे की ऐसी अंधी दौड़ कि माँ-बाप किस रूप में यहाँ पीछे रहेंगे, इसका कोई खयाल तक नहीं। आज हर चीज जब पैसे से तौली जा रही है, रग्घू मास्टर नए जमाने के चलन की व्याख्या इस रूप में करते हैं, "...शरीफ इंसान का मतलब है निरर्थक आदमी, भले आदमी का मतलब है, 'कायर' आदमी। जब कोई आपको विद्वान कहे तो उसका अर्थ मूर्ख समझिए, और तब कोई 'सम्मानित' कहे तो 'दयनीय' समझिए।"[18] संजीव ने भी उपन्यास 'आकाश चम्पा' में भूमंडलीय स्थितियों में ग्राम-समाज में आए परिवर्तन को लक्षित किया है। उपभोक्तावाद ने पैसे की जो भूख और ललक जगा दी है, उसने गाँवों में कोचिंग सेंटर चलाकर शिक्षा का एक ऐसा माफिया तैयार कर दिया है जो 'कोचिंग सेंटर्स' को उद्योग की तरह ले रहा है।[19] उपन्यासकार इस बात से परेशान है कि भूमंडलीकरण और उदारीकरण ने हमारी सारी पारम्परिक सोच को बदलकर जीवनादर्शों को बदलकर रख दिया है, "भूमंडलीकरण, उदारीकरण, उत्तर आधुनिकता के इस हाइटैक दौर ने पुरानी परिभाषाओं को खारिज कर सबको परिभाषाविहीन बना दिया है।"[20] वस्तुतः बाजारवाद भूमंडलीकरण की अनिवार्य परिणति है जिसने हमारी पारंपरिक जीवन-पद्धति और स्थापित मूल्यों में आशातीत परिवर्तन उपस्थित कर दिए हैं। अनामिका तो इसे तैंतीस करोड़ देवताओं में से एक मानती हुई अपने उपन्यास 'तिनका तिनके पास' में इस रूप में शब्द देती है, "तैंतीस करोड़ देवताओं की बात खूब कही—देवताओं की सूची में एक नया देवता है बाजार देवता! है न? एक बार उसे सर नवा आएँ? कुछ जरूरी खरीददारियाँ करनी हैं।" बाजारवाद और उपभोक्तावाद ने नई पीढ़ी को जिस रूप में ढाल दिया है, अनामिका उसका वर्णन करती कहती हैं कि आज की पीढ़ी का जीवन एक प्रकार से रोबोट होकर रह गया है। बात-बात पर 'थैंक्यू' बोलनेवाली पीढ़ी की नियति यह है, "कम्प्यूटर दादा, मोबाइल दादी, टेलिविजन बुआ, कोचिंग चाचा, मम्मी और डैडी—बस इतनी-सी जिनकी दुनिया हो—वृहत्तर विश्व की वर्चुअल रिऐलटी उन्हें एक निकट मायानगरी का कैदी बना लेती है और मयदानव सबसे पहला प्रहार हाथ-पाँव पर और दिल के आयतन पर करता है।"[21]

रजनी गुप्त के उपन्यास 'एक न एक दिन' में नई पीढ़ी की कारपोरेट जगत की दुनिया का चित्रण करते हुए इस बाजारवादी संस्कृति का चित्रण किया गया है। कारपोरेट की दुनिया में एम.बी.ए., एम.सी.ए. डिग्रीधारी नवयुवकों-नवयुवतियों को कितने लाखों—10 से 13 लाख तक के पैकेट पे-पैकेज के रूप में मिलते हैं किंतु उनकी जीवन-शैली उन्हें संतोष और शान्ति के किसी बिन्दु पर नहीं पहुँचाती। एक ओर तो

उनके घर वाले हैं जो सोचते रहते हैं कि ये लोग वेतन की इतनी बड़ी राशि का करते क्या हैं, "ए नीति, कितना बड़ा छलावा साबित होते हैं ये लाखों के पैकेज? घर वाले उसी हिसाब से हर महीने पैसे जोड़ने लगते हैं मगर अंदर की हकीकत हम उन्हें ठीक से समझा भी नहीं पाते। हाथ में आएँगे वही 40-50 हजार।" पापा का तर्क यही है कि तुम पैसा धुएँ की तरह क्यों उड़ाते हो, हर वक्त फ्लाइट पकड़ना, सप्ताहांत में फाइव स्टार होटल या रिसार्ट में जाकर पैसा फूँकना कहाँ की अक्लमन्दी है, "निजी कंपनी वाले तुम जैसों को ब्रांडेड का लेबिल चिपकाकर लूटते हैं सरेआम।" पैसे कमाने की इस अंधी दौड़ में वे मशीन बनकर रह गए हैं, "कोई नहीं समझना चाहता हमारे तनावों को? ओफ! कितनी भगदड़ मची रहती है हमारे अंदर-बाहर? कभी-कभी लगता—मशीन में और हममें क्या फर्क रह गया है?" इस पीढ़ी के सभी लोग "महत्त्वाकांक्षाओं के भँवर-जाल में फँसे हैं जिसकी कोई 'हद' कभी हो भी नहीं सकती।"[22] रजनी गुप्त का उपन्यास बड़ी पीड़ा से इसका भी चित्रण करता है कि पैसे कमाने की इस अंधी दौड़ में जब शिशुओं को क्रेच या नानी-दादी के सहारे महीनों-महीनों छोड़ना पड़ता है तो वे अपनी माँ को पहचानते तक नहीं हैं, बच्चे माँ-बाप के प्यार के अभाव में क्या से क्या बनते चले जा रहे हैं। आनेवाले बच्चों के भविष्य को लेकर नीति की चिंता यह है, "सोचकर डर लगता है कि आनेवाले बच्चों का भविष्य क्या होगा? कैसा होगा? दिन-भर के छोड़े बच्चे कितने असुरक्षित महसूस नहीं करेंगे? बेशक खूब पैसा रहेगा, मगर प्यार करनेवाले माँ-बाप के पास वक्त ही नहीं है कि वे उनकी मनुहार, लाड़-प्यार, गुस्सा और शिकायतों को सुन सकें। कितना कुंठित बचपन बीतेगा उनका? इसका अहसास है किसी को...।"[23] उपन्यासकार इस समस्या से भी रू-ब-रू होती है 'किसी भी तरह से एक्सट्रा पैसे कमाने के चक्कर में 18-19 साल की युवतियाँ देह-व्यापार में प्रवेश कर पूरी तरह वेश्या, कॉलगर्ल या बार बालाएँ बन जाती हैं। आए दिन मीडिया में जो दिखाया जाता है कि किस प्रकार "मात्र 18-19 साल की उन लड़कियों के चेहरे दुपट्टे से ढँके थे मगर क्या होगा उनका भविष्य? क्या वे कभी अपने घर-परिवार, अड़ोस-पड़ोस या रिश्तेदारियों में सिर उठाकर बात कर पाएँगी?" 'सेक्स अपील' के बल पर सेल्स गर्ल, सेल्स एक्जयूटिव आदि की नौकरियाँ पाने वाली लड़कियाँ शरीर को सीढ़ी बनाकर जो धन प्राप्त कर रही हैं, उसे वे बुरा नहीं मानतीं—कृति पैसे की इस दौड़ की भयावह स्थितियों पर विचार करती हुई गहरे सोच में डूब जाती है। बड़ी-बड़ी कंपनियाँ जो जॉब मेले लगाती हैं, उनमें बहुराष्ट्रीय तथा देशीय बड़ी कंपनियाँ किस प्रकार अच्छे, महँगे वेतन पैकज देकर प्रतिभाशाली छात्रों को ले जाती हैं, इसका चित्रण यहाँ इस रूप में किया गया है, "इस शनिवार को आई.बी.एम., एच.पी., माइक्रोसोफ्ट, विप्रो, आई.बी.बी., टी.सी. एस., जॉनसन एंड जॉनसन, नेस्ले, कैडबरी, डाबर, आदित्य बिड़ला ग्रुप तथा आई.टी. क्षेत्र में कॉगनाइजेंट जैसी नामी कंपनियाँ पहुँच रही हैं।...सबसे अधिक वेतन पैकेज

की पेशकस करनेवाली कंपनियों में होड़ लग जाती हैं।" देश के बाजार और उपभोक्ता की आवश्यकताओं का नियमन ऐसी ही बड़ी कंपनियाँ कर एक नई उपभोग-संस्कृति, भोगवादी संस्कृति को विकसित कर रही हैं। ये कंपनियाँ अपने कर्मचारियों के लिए फिटनेस सेंटर भी खोले हुए हैं किंतु किसी के पास समय ही नहीं कि 'फिटनेस' के लिए कुछ किया जा सके, उनकी समस्या यही है कि समय ही नहीं मिलता। जरा-सा भी समय मिलता है तो एकदम इंटरनेट खोल अपनों से बतियाते (चैट करते) हैं! आज की पीढ़ी का आदर्श यह रह गया है, "अपना सपना मनी-मनी। आज जीने का एक ही फार्मूला है—फाइनेंस, 'फन एंड फन'। हमारे लगभग सभी कलीग्स के जीने का यही फलसफा है।"[24] इस प्रकार हमारे वैश्विक बाजार की प्रायः सभी जुगतों पर उपन्यासकार की दृष्टि जाती है।

राजू शर्मा के 'विसर्जन' (2009) उपन्यास का कथ्य मुख्यतः भूमंडलीकरण की आर्थिकता (इकॉनॉमी) का विश्लेषण और उसका सही आकलन है। उपन्यास विस्तार में जाकर अमेरिकी अर्थ-नीतियों, वहाँ के प्रसिद्ध अर्थशास्त्रियों द्वारा उसके विश्लेषण, मुक्त बाजार, नव उदारवाद, बाजार की विकृतियों, मौद्रिक राजकोषीय नीतियों और उन सबके भारतीय अर्थ-व्यवस्था पर पड़ते प्रभावों का कथात्मक आख्यान बनता है। इस नई अर्थ-व्यवस्था ने थोड़े ही समय में किस प्रकार एक नव धनाढ्य वर्ग की निर्मिति की है और उसके द्वारा उपभोक्तावाद को किस प्रकार बढ़ावा मिला है, उसका चित्रण यहाँ एकाधिक बार हुआ है। शॉ वेंकट किस प्रकार उस विकास का लाभ उठाता है, जो पिछले दस बरस में हिंदुस्तान को मिला है, उसका चित्रण इस रूप में हुआ है, "मौकों की कोई कमी नहीं है। जिनमें हुनर है, चतुराई है, दमखम है, उनके लिए सोना बरस रहा है। एक्सपोर्ट, रियल एस्टेट तथा शेयर बाजार में लोगों ने अकूत पैसा कमाया है, अपनी आँखों के सामने उसने टटपूँजियों को बड़े खिलाड़ी बनते देखा है। जिनके पास दो टके जेब में नहीं थे अब यूरोप में छुट्टियाँ मनाते हैं।"[25] यही स्थिति पी.वी. (उपन्यास का एक पात्र) की है जो कुछ ही समय में, मात्र पाँच साल में, अरबों का मालिक बन गया, "किसी वक्त पी.वी. ने निजी निवेश और वेन्चर कैपिटल में आहिस्ता से, मानो शौक पूरा करने के लिए कदम रखा और पाँच से कम साल में डॉलर बिलिनेयर बन गया।" वह भारत को एक उभरती अर्थव्यवस्था (डेवलेपिंग इकॉनॉमी) के रूप में देखता है और विश्व बैंक और भारत के बीच करार का पहला दस्तावेज बनाने में 'महत्त्वपूर्ण रोल अदा' करता है। वस्तुतः पी.वी. उपन्यास का ऐसा चरित्र है जो देश की उदार (खुली) अर्थव्यवस्था में समय-समय पर अपने निर्णायक भूमिका अदा करता है। देश जिस रूप में महाशक्ति का रूप ले रहा है, उसमें पी.वी. की भूमिका किसी प्रसिद्ध अर्थशास्त्री की है जो एक 'थिंक टैंक' के रूप में अपने परामर्श और अनुसंधान संस्थाओं का संजाल बनाकर मुक्त बाजार का 'गुरु प्रचारक' बन गया है, "पी.वी. के बारे में सर्व स्वीकार धारणा है कि वह आक्रामक और उतना

ही उदारवादी है, तेज गति से आर्थिक सुधारों का हिमायती और मुक्त बाजार का गुरु प्रचारक। उसे अडिग विश्वास है कि इक्कीसवीं सदी पर चीन के अलावा भारत का नाम लिखा है और यह देश तेज और मजबूत कदमों से एक आर्थिक महाशक्ति का रूप ले रहा है।" विश्व-स्तर पर क्रिब रिपोर्ट (क्रिब : भारत, चीन, रूस आकर ब्राजील) आदि की जो परिकल्पनाएँ की गईं, पी.वी. के माध्यम से उनका परिचय देकर भी सूचित किया जाता है कि 2050 तक चार प्रमुख देश–चीन, भारत, रूस और ब्राजील के आर्थिक विकास और आर्थिक विकास में वृद्धि-दर के क्या दीर्घकालीन अनुमान लगाए गए हैं। आर्थिक सुधारों का यह महानायक 'बाजारवाद और ग्लोबलाइजेशन का एक देशी संस्करण' ईजाद करता है जो गांधी दर्शन के 'आत्म त्याग और सरल जीवन' के आदर्श से बिलकुल उलट है, "पी.वी. ने अनंत अभिलाषा और लाभ के लिए उधारजनित उपभोग को दिव्य बोध की रोशनी दी।" उपन्यासकार उपभोक्तावाद के बढ़ते कदमों द्वारा अर्थ-व्यवस्था को अपने ही रूप में ढालने की जुगतों की तह में गहराई से उतरता है और शिल्पा शेट्टी की यू. के. के रियल्टी शो में जीत, टाटा और मित्तल की कोरस और आर्सिलोर डील से सेज (विशेष आर्थिक क्षेत्र), रियल एस्टेट का विस्फोट, देश में अरबपतियों की निरंतर बढ़ती संख्या, आदि सबके पीछे देश को विदेशी आँख से देखने का प्रयत्न मानता हुआ, इन स्थितियों का प्रतिरोध प्रस्तुत करता है।[26] वर्ष 2007 के गणतंत्र दिवस पर अंग्रेजी के एक समाचार-पत्र में पूरे पृष्ठ का कविता के रूप में एक विज्ञापन पी.वी. को अपने ही अन्तर्मन–कविता के रूप में–का गान लगता है जिसकी कुछ पंक्तियाँ वस्तु-स्थिति को स्पष्ट करती हैं, "और चुपचाप एक धड़कता, सुनहरा भारत उभर रहा है। ऐसा भारत जिसे अपनी कामयाबी पर नाज है/ऐसा भारत जो विदेशी सामान का बहिष्कार नहीं करता/बल्कि निर्माता कंपनियों को खरीद लेता है/कहते हैं इतिहास बेहद खामोशी से पलटता है/यह एक विरला क्षण है जब इतिहास करवट ले रहा है।"[27]

'विसर्जन' उपन्यास बहुत विस्तार में जाकर बाजारवाद और उपभोक्तावाद को विश्लेषित करता है। नई अर्थ-व्यवस्था में प्रत्येक व्यक्ति को मात्र ग्राहक की नजर से ही देखा जाता है। बड़ी कंपनियों ने "नागरिक को तीन श्रेणियों में बाँट दिया है, पहला वर्ग भक्षक का है जिन्हें बाजार के बाजार खरीदने ही हैं, दूसरी श्रेणी में आकांक्षी हैं और तीसरा समूह वंचितों का है और तीनों वर्ग को बाजार द्वारा लुभाने के अलग तरीके और यंत्र हैं, क्योंकि जनभाषा व्यापार की भाषा हो गई है, इसलिए गलती से हमें दुकानदार माना गया है।"[28] उपन्यास बाजार के अर्थ-पंडितों के विभिन्न सिद्धान्त-कथनों और बाजारवाद के दुष्परिणामों का सविस्तार आकलन करता है। वाशिंगटन आम राय तथा कीनीजियन (जॉन मेनार्ड कीन्स) अर्थ-नीति, रोबर्ट नोजिक, फ्रीडमैन, फूकूयामा आदि अर्थशास्त्रियों के अभिमतों का प्रथम बार हिंदी उपन्यास में विश्लेषण कर बाजारवाद और उपभोक्तावाद के चरित्र को सही परिप्रेक्ष्य में देखा गया है।

वैश्विक बाजारवाद का एक **और** पक्ष है **'कला बाजार'**—चित्रकला जिसमें कला-कृतियों-पेंटिंग्स की कीमतें प्रतिस्पर्द्धात्मक रूप में गगनचुंबी हो गई हैं। भूमंडलीकृत अर्थ-व्यवस्था ने समाज के एक वर्ग विशेष को जो नई आर्थिक समृद्धि दी है, उसका एक बड़ा शौक नामी-गिरामी कलाकृतियों से अपने घरों को सुसज्जित करना है। कला-बाजार का विपणन (मार्केटिंग) करनेवाले लोग जिन जुगतों से कला-कृतियों के मूल्य को आसमान पर चढ़ाकर अकूत पैसा कमाते हैं, उसका चित्रण कई सचेत उपन्यासकारों द्वारा किया गया है। अलका सरावगी ने 'एक ब्रेक के बाद' में इस कला-बाजार के यथार्थ को उद्घाटित किया है। कारपोरेट जगत के दो दिग्गज भट्ट और गुरु पैसा कमाने की नई-नई युक्तियाँ तलाशते रहते हैं। भट्ट कलकत्ते में अपनी नई खोली आर्ट गैलरी को लेकर व्यस्त हैं, उसी संदर्भ में वह बताता है कि भूमंडलीकरण ने कला जगत में किस प्रकार आर्थिक संभावनाओं के द्वार खोले हैं, "अभी हमने बीस युवा चित्रकारों को लेकर समकालीन कला को 'शो-केस' किया था। बहुत हिट रहा। सभी आर्टिस्ट तीस से चालीस बरस के थे और पहली बार ग्लोबलाइजेशन के बाद इंडिया की कला की बदलती हुई जमीन के 'डायनेमिक्स' समझ में आने लगे।"[29] इन लोगों को विश्वास है कि आज भारतीय कला का उद्योग 'इन्फोसिस' के समान लाभ कमाने का साधन बन गया है, "भारत की कला आज कहाँ-कहाँ तक नहीं पहुँच गई है...न्यूयार्क, लंदन, पैरिस, पालो अल्टो, सारारोगा, वेनिस इनमें से कुछ मंजिलों के नाम हैं। दुनिया की तमाम आर्ट गैलरियाँ आज भारत की कला को अपनी दीर्घाओं में शामिल करना चाहती हैं। एम.एफ. हुसैन और गणेश पाइन जैसे चित्रकारों के सबसे ज्यादा कैनवास भारत में नहीं बल्कि दुबई और मिडिल-ईस्ट में हैं। सूजा, रजा, रामकुमार, मनु पारेख, जोगेन चौधरी के चित्र पृथ्वी के तमाम पारखियों के पास पहुँच चुके हैं। 1940 से अब तक प्रोग्रेसिव आर्टिस्ट ग्रुप के सदस्यों के चित्रों के दामों ने 600 प्रतिशत बढ़कर आकाश छू लिया है...।" इन कला-चित्रों को प्रचारित करने के लिए जो महँगे-महँगे 'ब्रोशर' तैयार किए जाते हैं, उनका उल्लेख करते हुए 'विदेशी मुद्रा-विनिमय के मास्टर जमाल मकलई का कथन उद्धृत किया जाता है कि "भारतीय समकालीन कला देश का अगला 'इंफोसिस' बन सकती है।" भट्ट का प्रयत्न है कि भारतीय कला-कृतियों को खरीद लो, इससे पहले कि भारतीय कला 'इंफोसिस' बन जाएगा, "और सारा माल विदेश जाने लग जाए। अब आर्ट और 'ब्लू चिप' में कोई अंतर नहीं बचा है।" कलाकारों का शोषण किस प्रकार किया जाता है, संघर्षरत कलाकारों की कृतियाँ अत्यल्प मूल्य में खरीदकर किस प्रकार उनसे करोड़ों रुपए कमाए जा सकते हैं, इसका उदाहरण बूढ़ा पारसी आर्टिस्ट है जिसको उसकी कला-बाजार में उछालने की उत्कट इच्छा है। इस बूढ़े कलाकार के माध्यम से यह सवाल भी उठाया गया है कि आज बाजार की शक्तियों ने कलाकार की निष्ठा से ऊपर कैसे अपना प्रभाव चारों ओर फैला रखा है। कलाकार का दर्द यह

है कि आज "कला की आत्मा बाजार के शोर में खो गई है" किंतु भट्‌ट जैसे बाजार के खिलाड़ियों का मानना है कि अब कलाकार को 'मीडिया का दुलारा' बनने की कला भी आनी चाहिए, "मीडिया का दुलारा होने के लिए उसे बात बनाने की कला आनी चाहिए। टटपुंजियों की तरह दिखने से उसे कोई पूछेगा तक नहीं। अब सिर्फ कला की प्रतिभा से काम नहीं चलेगा, बिकने के लिए उसे और बहुत सारी चतुराई चाहिए। अपनी आत्मा तक पहुँचने के लिए एक कलाकार कितने मुश्किल रास्तों से गुजरता है। उस हिलती हुई दीये की लौ को पकड़ने के लिए कितनी साधना करता है। पर अब कलाकार इससे ज्यादा जरूरी दूसरे काम करने लगे हैं।"[30] इस प्रकार अलका सरावगी ने अपने इस उपन्यास में कला जगत और कला-व्यापार पर पड़ते वैश्वीकरण के प्रभावों का बहुत सटीक आकलन किया है।

प्रसिद्ध चित्रकार अशोक भौमिक का कला जगत के यथार्थ पर बहुत सशक्त उपन्यास 'मोनालिसा हँस रही थी' आया है। इस उपन्यास में कला जगत पर बाजारवाद के प्रभाव का बहुत अनुभूतिजन्य वर्णन है, यह कथाकार का अत्यन्त निकट से देखा गया संसार है। कथा की पृष्ठभूमि में लखनऊ का स्टेट कॉलिज ऑफ आर्ट्स है जिसके प्रिंसीपल प्रो. अमित कुमार नियोगी अपनी कला-साधना से पूरे विश्व में ख्याति प्राप्त करते हैं, उन्हें पद्‌मभूषण से सम्मानित किया जाता है किंतु वे यही जिद पाले हुए हैं कि वे अपनी कृति (चित्र) किसी को नहीं बेचेंगे, उनका कला-आदर्श तो यह है, "अमित कुमार की जिद थी कि वह अपनी छोटी-बड़ी कोई भी कृति किसी को नहीं बेचेंगे। पूरी जिंदगी वे एक ही बात को दोहराते रहे, मास्टर मोशाई लोग जोदि छोबि बिक्री करेगा तो बच्चा लोग क्या सीखेगा!" वे चाहते तो अपनी कला-कृतियों से लाखों-करोड़ों कमा सकते थे किंतु बहुत साधारण-सादा जीवन जीते हुए "अमित बाबू अपनी जिद से कभी नाता नहीं तोड़ पाए।" अमेरिकी दूतावास के सांस्कृतिक विभाग के उच्च अधिकारी रिचर्ड बार्ड सपत्नीक उनके चित्रों को खरीदने आए थे। यहीं उपन्यासकार उन स्थितियों को रेखांकित करता है कि अमेरिकी-सरकार की रुचि अचानक भारतीय कला-बाजार में क्यों बढ़ गई थी। पी. एल. 480 के अन्तर्गत आया रुपया भारत में ही खर्च होना था, "दरअसल अमेरिकी डॉलरों का रुपयाकरण का दौर शुरू हो चुका था। डॉलरों में दिया गया उधार भारत ने रुपयों में अमेरिका को अदा करना शुरू किया था।" इसी क्रम में यह भारत की कला-संस्कृति के प्रति अमेरिकी रुचि और प्रेम का यह इब्तदाई दौर था और इसके लिए न तो पैसों की कोई कमी थी और न कोई सीमा। अमित कुमार नियोगी के चित्र हासिल करने में समय लग सकता था, पर यह असंभव नहीं था, और अमेरिकी सरकार के इस गुर्गे ने अपनी तदबीरों से नियोगी के मित्र अस्थाना से उसको भेंट किया गया अमूल्य चित्र 'शकुंतला' खरीद लेता है अपितु जब तक अस्थाना रिचर्ड बार्ड के आमन्त्रण पर कार्लटन होटल पहुँचता है, तब तक "रिचर्ड बार्ड सौ, सवा सौ अमित नियोगी खरीद चुका था।" अपनी इन्हीं

चालों से रिचर्ड बार्ड प्रो. नियोगी की जानकारी के बिना भी "दो सवा दो सौ चित्र ले गया साला रिचर्ड।" यह कला पर बाजारवाद, अमेरीकी बाजारवाद की मार थी और प्रो. अमित नियोगी जैसे निष्ठावान कलाकार की हार!! उपन्यास के उत्तरार्द्ध में दिखाया गया है कि किस प्रकार "यूरोप की कला राजा-रजवाड़े की रखैल बनकर बड़ी हुई थी तथा किस प्रकार महानगर की आर्ट गैलरियाँ, विश्व की नामी कला-वीथियाँ, चित्रों, चित्रकारों के भाव-ताव बढ़ाकर उन्हें आकाशी ऊँचाइयों तक पहुँचा देते हैं। किस प्रकार कला-जगत् में तेजी (बूम) आई इसके अनेक विवरण उपन्यासकार देता है, आर्ट गैलरियाँ किस प्रकार अपना व्यवसाय बढ़ाती चली गईं, इसकी झलक इस वर्णन में देखी जा सकती है, "नरेश नारंग और उनकी पत्नी कविता नारंग ने आर्ट गैलरी तब खोली थी जब भारत में कुछ पैसे वाले और व्यावसायिक प्रतिष्ठान ही पेंटिंग खरीदने में रुचि रखते थे। पर धीरे-धीरे इस व्यापार में बहुत बड़ा बदलाव आया। बड़े शहरों के लोग पेंटिंगें खरीदने लगे ही, साथ-साथ विदेशों में भी हिंदुस्तान के कलाकारों की माँग बढ़ी।" आज स्थिति यह है कि "बंबई में रोज नई-नई गैलरियाँ खुल रही थीं।" आस्पी मोदी जैसी हस्तियाँ अपने व्यापारिक कर्तबों से किशन जैसे संघर्षशील कलाकार को विश्व के सबसे महँगे कलाकारों की पाँत में बिठा देते हैं। उसकी पेंटिंग इतने-इतने में बिकती है कि जिंदगी में इतनी बड़ी रकम के बारे में उसने सोचा तक नहीं था। राहुल खन्ना की व्यापारिक कुशलता से लंदन में एशियन आर्ट की नीलामी में किशन की पेंटिंग 'मेमोरीज इन रेड-स्मृतियाँ, लाल रंग में—को रेकार्ड बिडिंग मिला था।" इन चित्रों का विपणन (मार्केटिंग) करनेवाली एजेंसियाँ कला-बाजार में जो चालें चल किसी कलाकार को शीर्ष पर पहुँचाती हैं, उसकी एक झाँकी उपन्यास इस रूप में देता है, "जीत के निर्देश बहुत स्पष्ट थे। पहला कि, किशन प्रकाश के लिए जनसंपर्क का पूरा काम ट्यूलिप पी.आर. करेगी। प्रेस में सात दिनों में कम-से-कम एक बार उसका नाम आना चाहिए। दूसरा, एम्बेसी, मिनिस्टरी और एन.जी.ओ. की पार्टियों में किशन के लिए निमन्त्रण का प्रबन्ध करना। तीसरा, उसके लाइफ स्टाइल और इमेज के बारे में पूरा गाइड करना। चौथा, ये पूरा काम उन्हें देसाई ग्रुप के लिए नहीं बल्कि किसी गैलरी के लिए करना होगा।"[31] इस प्रकार अशोक भौमिक का यह उपन्यास पूरे विस्तार में कला जगत पर पड़ने वाले भूमंडलीय प्रभावों का आकलन करता हुआ इस क्षेत्र में बाजारवाद के प्रवेश से गहरा परिचय कराता है।

रजनी गुप्त ने अपने उपन्यास 'एक न एक दिन' में 'सर्जना कला केन्द्र' के सालाना जलसे के बहाने अन्तरराष्ट्रीय कला बाजार में महँगे बिकते भारतीय कलाकारों के चित्रों की चर्चा कर इस भूमंडलीकृत बाजार का परिचय इस प्रकार दिया है, "धीरे-धीरे अन्तर्राष्ट्रीय मार्केट में इंडियन आर्ट गैलरी और लाखों-करोड़ों में बिकती कला-कृतियों पर चर्चा चलने लगी। हिंदुस्तान में कितने लोग कितना पैसा कला के क्षेत्र में खर्च

करते हैं...ऐसे धनी-मानी उद्योगपति तमाम कलात्मक मास्टरपीस अपने बेडरूम में टाँग जरूर लेंगे मगर कला का 'क' 'ख' 'ग' भी नहीं समझते। आज तो इस क्षेत्र में कितनी किताबों से अँटा पड़ा है मार्केट।...अपने यहाँ की कला-कृतियों की विदेशों में खूब बिक्री है...बहुत बड़ा मार्केट है वहाँ संग्रहणकर्ताओं का।"[32] इसी प्रकार कृति और अनन्या कला जगत में व्यापारिक संभावनाओं पर बात करती है कि किस प्रकार इंटीरियर डेकोरेशन के क्षेत्र में 'पेटिंग्स' का स्पेश तलाशा जा सकता है, माडर्न आर्ट में कम्प्यूटर का प्रभावी इस्तेमाल किस प्रकार किया जा सकता है, किस प्रकार फिल्मों में एनीमेशन में चमत्कार किया जा सकता है आदि। इस प्रकार कला बाजार इस उपन्यास की सोच का विषय बनता है। हिंदी उपन्यास ने भूमंडलीकरण की उपभोक्तावादी और बाजारवादी प्रवृत्तियों का सूक्ष्म चित्रण कर सांस्कृतिक संक्रमण के समय अपनी सार्थक सोच से साहित्यिक स्तर पर एक बड़ा कार्य किया है। इस उपन्यास में बाजारवाद और उपभोक्तावाद के विभिन्न पक्षों का बहुत सशक्त चित्रण किया गया है।

भूमंडलीकरण की आर्थिकता (इकॉनॉमी) ने जहाँ समाज के एक वर्ग को, भले ही उसका प्रतिशत अत्यन्त न्यून हो, कुछ ही वर्षों में एक अकल्पनीय समृद्धि दे डाली और उसे बाजारवाद-उपभोक्तावाद का परिचालक, कारक और नियंता बना दिया, तो दूसरी ओर जो गरीब था, गरीबी की रेखा से नीचे ज़िंदगी खचेड़ रहा था, उसे और भी गरीब बना डाला। गरीबी-अमीरी के बीच असमानता की एक दुर्लंघ्य खाई ने—समाज को सीधे-साधे दो वर्गों में बाँटकर रख दिया, इस रूप में कि वह खाई दिनोदिन और चौड़ी होती जा रही है। हिंदी उपन्यासकार ने भूमंडलीकरण के इस श्याम पक्ष पर गहरी चिंता से विभिन्न रूपों में विचार किया है। इस नई वैश्विक अर्थ-व्यवस्था में देश जिस प्रकार **कंगालीकरण** की ओर बढ़ रहा है उसका चित्रण अलका सरावगी 'एक ब्रेक के बाद' में इस रूप में के.वी. के माध्यम से कहती है, "...क्या आप सचमुच सोचते हैं कि हमारे देश की छब्बीस प्रतिशत यानी कि तीस करोड़ लोग! इतने सारे लोगों की जिंदगी कैसे बनेगी, जो सड़क के कुत्तों जैसी ही ज़िंदगी जी रहे हैं?"[33] इस असमान विकास ने एक ओर देश में ऐश्वर्य के ग्लोबल प्रतिस्पर्द्धा वाले ऐशो-आराम के साधन दिए हैं, तो दूसरी ओर गरीबी की इन्तहा भी दी है। गुरु इस बात को बलपूर्वक रेखांकित करता है, "गरीबी, गंदगी, गरमी सब कुछ बढ़ रहा है और साथ ही अमीरी, गाड़ियाँ, नए होटल और केसिनो भी बढ़ रहे हैं।" यह भारतीय समाज की एक नंगी सच्चाई है कि यहाँ अमीरी की ऊँचाइयों का तो प्रतिशत बढ़ा ही है किंतु उससे कहीं ज्यादा गरीब और उनकी गुरबत बढ़ी है। इसे के. वी. एक 'अर्थपिशाची' व्यवस्था मानता है। 'विकास-पथ पर बढ़ते इंडिया' में गरीब आदमी अमीरों के लिए हर सुविधा जुटाने के लिए मर-खप रहा है। बहुराष्ट्रीय कंपनियाँ अपने नए-नए उत्पाद ईजाद कर समाज के निचले तबके, मजदूर वर्ग को इस स्थिति में ला खड़ा कर रही है कि वे अमीरों के सुख-संसार के लिए पायदान का काम करे, "भारत के बेचारे गरीब

किसान कुएँ से पानी भी पंप से न निकालकर शरीर के जोर से निकालें, शहरों में रिक्शा चलाएँ ताकि दुनिया के सारे अमीरों को दरवाजे के पास आकर दरवाजा खोलने के लिए अँगुली भी न लगानी पड़े और दरवाजे खुल जाएँ, वे सीढ़ियों पर खड़े हों, तो सीढ़ियाँ अपने आप ऊपर चलने लगें, और वे एक शहर से दूसरे शहर जाने के लिए उस तरह हवाई जहाज पकड़ें जैसे लोग बस या टैक्सी पकड़ते हैं। वे लोग मौज से रहें और हम उनकी गंदी की हुई हवा को साफ करने के लिए यहाँ पेड़ लगाते रहें और घोड़े बैल की तरह शरीर के जोर से सारे काम करते रहें।" 'स्पेशल इकोनॉमिक जोन' यानि कि 'सेज' बनाने के लिए दो-चार सौ किसानों को उजाड़ देने में आज सरकार कोई हर्ज ही नहीं समझ रही है।[34] 'सेज' विशेष आर्थिक क्षेत्र बनाने के लिए किसानों को भूमिहीन कर उजाड़ा ही नहीं जा रहा—पुरखों की जमीन से उखड़ने की पीड़ा का उजाड़ने वाली हृदयहीन कंपनी या प्रशासन-तंत्र अनुमान ही नहीं लगा सकते, उसे उपन्यासकार ने इस प्रकार वाणी दी है, "सोचो कि एक औरत और आदमी अपनी जमीन इसलिए सरकार या कंपनी को देने से इनकार करे कि उनके दो साल के मरे हुए बच्चे की देह पिछवाड़े के खेत में गड़ी है और वहाँ पर लगाया हुआ आम का पेड़ अब दो साल बड़ा हो गया है, तो इसमें गलत क्या है? कंपनी को खदानों से अल्यूमिनियम निकाल कर करोड़ों-अरबों बनाने हैं, इससे उन्हें भय क्या? उनके बाप-दादा सौ साल से उस जमीन की हवा-पानी पर पले थे, उसे उजड़ने का हक वे किसी को क्या दें?"[35] गुरुचरण की डायरी पुलिस की सहायता से जबरन उजाड़ दिए गए लोगों की व्यथा-कथा कहती है, "स्त्री-पुरुष, बूढ़े-बच्चे सबको भेड़-बकरियों की तरह उठाकर जेल भेज दिया। उनके चूल्हे-चक्की, खेत-बाग, पशु-प्राणी सबको रौंदकर मिट्‌टी में मिला दिया। छह सौ से ज्यादा घर उजाड़ दिए और उनमें से सौ-सौ को जमीन-पैसा देकर छुट्‌टी पा ली। बाकी सब दिहाड़ी मजदूर बनकर या भिखारी बनकर हमारे शहरों की क्रासिंग पर भीख माँगते रहे या मर-खप गए।"[36] 'कलिकथा : वाया बाईपास' में अलका सरावगी उन एन.जी.ओ. संस्थाओं की कलई खोलती है जो यू.एन.ओ., यूनेस्को आदि से देश की गरीबी मिटाने के लिए विभिन्न प्रकार के अनुदान लेती हैं किंतु "गरीबी मिटाने के लिए बाहर से आए एक रुपए में अस्सी पैसे ये संस्थाएँ खुद अपने ऊपर ही खर्च कर लेती हैं।"[37] अलका सरावगी ने इस प्रकार बढ़ती समृद्धि के बीच गरीब की बढ़ती गरीबी का अपने उपन्यासों में कुशलता से अंकन किया है।

रवीन्द्र वर्मा के उपन्यास 'दस बरस का भँवर' में भी भूमंडलीय अर्थ-व्यवस्था के इस विद्रूप पर बार-बार तीव्र चोट की गई है कि किस प्रकार गरीब निरंतर और भी गरीब होता जा रहा है। नमन भीड़ को सम्बोधित करता बताता है कि "भूमंडलीकरण का पहला दशक अवसान की ओर अग्रसर है और राष्ट्रीय और अन्तर्राष्ट्रीय प्रवक्ताओं के सुनहरे वादे धूल में लोट रहे हैं। उसने कहा कि किसानों और मजदूरों की आत्म-हत्या का दौर शुरू हो गया है। वह दिन दूर नहीं जब बैंक के कर्मचारी भी इसी

राह पर चलेंगे।" पैसे की दौड़ में पिछड़ गया रतन अवसाद का शिकार हो जाता है, उसकी स्थिति देखकर डॉ. पांडे ने कहा था कि "हम जिस समय में जी रहे हैं, उसमें शिजोफेनिया का अन्देशा और भी ज्यादा है। यह ऐसा समय था जिसमें देश के एक तिहाई लोग भूखे थे और एक चौथाई पिज्जा खा रहे थे—बाकी लोग प्रदर्शन-खिड़की में आँखें गड़ाए खड़े थे।" इससे पूर्व उपन्यास किसानों की आत्म-हत्या का भी बयान करता है, किसानों की मृत्यु का कारण ऋण और उनके मरने की प्रविधि सदैव एक-सी है—कीटनाशक पीना। बेकारी से भी मरनेवाले कम नहीं हैं।"[38] रवीन्द्र वर्मा के 'आखिरी मंजिल' उपन्यास में भी वृद्ध-जन आपसी बात-चीत में जब समाचार-पत्रों की खबरों की जुगाली करते हैं तो वे 'गरीबी हटाने के', 'बार-बार होते ऐलानों' की खिल्ली उड़ाते हैं और गरीबी को 'महामारी' न मानकर उसकी परिभाषा करता एक वृद्ध कहता है, "यह एक ही शरीर में", "एक सेठ का हाथ है, एक भिखारी का।" वृद्धों का यह संवाद सेठ और भिखारी के रूप में समाज के दो ध्रुवांतों का रूपक खड़ा कर देता है। अखबारों के माध्यम से ही ये लोग जान पाते हैं कि आंध्र में तीन किसान किस प्रकार कीटनाशक पीकर मर गए थे। ये लोग विचलित हैं कि "आंध्र प्रदेश में किसानों की आत्महत्या की दर में कोई कमी नहीं थी।" उपन्यासकार उस विद्रूपमयी स्थिति का व्यंग्यात्मक चित्रण करता है जब देश का प्रधानमंत्री लालकिले की प्राचीर से किस प्रकार राष्ट्र को भरमाने वाले वायदे और सतरंगी सपनों का संसार दिखाया करता है कि "स्वतंत्रता अब देश में नहीं, देश के बाहर थी।" सरकार के सौ दिन पूरे करने पर सपनों के बीच आकार लेती ये सच्चाइयाँ भी थीं जिनके आकारों में "सूखे से बिंधी धरती थी, भूखे कंकाल थे और आत्म-हत्या करते किसान थे।"[39] आंध्र प्रदेश, आदि स्थानों पर किसानों की आत्म-हत्याएँ बार-बार रवीन्द्र वर्मा के उपन्यासकार को आंदोलित कर इस भूमंडलीय आर्थिकता के श्याम पक्ष पर विचार करने के लिए बाध्य करती है।

भूमंडलीय विकास मॉडल पर गहरा और व्यापक विमर्श राजू शर्मा के 'हलफनामे' और 'विसर्जन' उपन्यासों में मिलता है जिनमें किसानों की आत्महत्याओं और गरीबी रेखा से नीचे रहनेवाले लोगों के जीवन-यथार्थ का सशक्त चित्रण मिलता है। 'हलफनामे' की कथा एक मुख्यमंत्री द्वारा किसानों की आत्महत्याओं को देखकर वोट-बटोर कार्यक्रम के तहत 'किसान आत्महत्या (मुआवजा) योजना' के इर्द-गिर्द बुनी गई है। लेखक विस्तार में जाकर प्रत्येक प्रांत में किसानों द्वारा आत्म-हत्या के कारणों की तह में जाकर उस अर्थशास्त्र का सच सामने लाता है। ''आंध्र प्रदेश में किसानों द्वारा आत्म-हत्या के मामलों की अचानक वृद्धि सन् 1997-98 से शुरू हुई जब कपास के दाम गिरे और फसलें भी फेल करने लगीं—एक साथ दो पहाड़-सी मुसीबतें जिनके उपाय दुष्कर थे।" एक रिपोर्ट के अनुसार 15000 से ज्यादा किसान आत्म-हत्याएँ कर चुके थे। खेती के लिए कर्ज से लगाए गए बोरवैल ही उनकी

आत्म-हत्या के मुख्य कारण बने। आँकड़ों का सहारा लेकर उपन्यासकार ने बताया है कि "चालीस साल का सिंचाई का इतिहास यह था कि किसानों ने बोरवैल में 12,000 करोड़ रुपए झोंक दिए जबकि प्रदेश सरकार ने मात्र 25,000 करोड़ का निवेश किया। 1975 के 8,20,000 बोरवेल 1999 तक आते-आते तेजी से बढ़ कर 22 लाख से ज्यादा हो गए, पानी का स्तर जमीन के नीचे लगातार गिर रहा था। एक बोरवैल डालने की लागत लगभग 15,000 आती थी, और 20,000 का पम्प अलग। अगर पानी न निकला तो दूसरी जगह खोदने का लालच।" इस सब गणित में किसान निरंतर कर्ज में डूबता चला गया और वास्तविकता यह है कि "किसान जो टूटा मेहनत से नहीं, फसल खराब होने से भी नहीं; वह कर्ज के बोझ से टूट गया।" ऐसा एकाध किसान के साथ नहीं हुआ अपितु पूरे आंध्र प्रदेश में किसानों का यही हश्र हुआ। स्वामीराम ऐसा ही पात्र है जिसने "महाजन से कर्ज लेकर फिजूल बोरिंग कराई। कर्ज़ की मार ने उसे निष्क्रिय और निरूपाय बना दिया। समाजवाद और समता की सरकारी नीतियों से वह अनजान था। कोई विकल्प न देख उसने बुजदिली में अपनी जान ले ली। बेचारा मूढ़ किसान दया का पात्र है क्योंकि उसे क्या मालूम आत्महत्या करना पाप है और अपराध भी।" लेखक यहाँ उन अर्थशास्त्रियों की खिल्ली भी उड़ाता है जो महानगर के अपने आलीशान एयर-कंडीशंड कमरों में बैठ कर प्रतिष्ठित समाचार-पत्रों में अपने कॉलम लिख वाहवाही लूटते हैं किंतु उन्हें किसानों की आत्महत्याओं के यथार्थ का तनिक भी ज्ञान है। ऐसी ही एक नई हस्ती का आंध्र प्रदेश के हादसों के बारे में एक लेख छपा जिसका शीर्षक था 'सबकी प्रिय आत्महत्याएँ' और जिसकी प्रमुख स्थापनाएँ थीं–"सारी दुनिया में आत्म-हत्याएँ होती हैं। यह इंसानी फितरत है। इस लिहाज से आंध्र प्रदेश में हर साल करीब पंद्रह हजार खुदकुशियाँ हों तो आश्चर्य या चिंता की बात नहीं। उनमें आठ-दस हजार किसान होना स्वाभाविक है।'' लेखक को इस 'महान अर्थशास्त्री' की इस 'महान स्थापना' पर आक्रोश उबल पड़ता जब इन आत्महत्याओं का कारण वह कर्ज न मानकर कलह और बीमारी जनित अवसाद बताता है, "हरामी आगे कहता है असल में आत्महत्याओं की प्रमुख वजह परिवार में कलह और बीमारी से उपजा अवसाद है...बीमारी याने मानसिक बीमारी और अवतार माने डिप्रेशन...।" ऐसे लोग सरकार के तुष्टिकरण के लिए तथ्यों को तोड़ते-मरोड़ते हुए सत्य का गला घोंटने का प्रयास करते हैं। दूसरी ओर ऐसे लोग भी हैं जो तथ्यों की तह में जाकर आत्महत्याओं के पीछे का सच उजागर कर देते हैं, सैनाथ ऐसा ही व्यक्ति है जो 'अजनबी प्रदेश में गाँव-गाँव घूमता रहा, सैकड़ों, हजारों किसानों की व्यथा कथाएँ रिकार्ड' करता रहा, उसने गरीब, अनाम मौत के त्रास को उघाड़ने के निर्मम बोझ का वहन कर" प्रमाणित किया कि "अधिकांशतः किसान जिन्होंने आत्म-हत्याएँ कीं, उनकी उम्र 31 और 45 के बीच थी, जाति या शिक्षा के स्तर से कोई संबंध नहीं था और सबसे बड़ा कारण था कर्ज का फन्या।"[40] किसानों की

आत्महत्याओं के मुआवजे के लिए जो सरकारी तंत्र का दंद-फंद है उसे कथाकार ने भली-भाँति उघाड़ा है। इस कथा में वह ऐसे अवसर तलाश लेता है जब वह यह भूमंडलीय-कृत आर्थिकता से उपजी गरीबी और भूख को चित्रित कर सके, सुदर्शन और मकई के बीच हुए वार्त्तालाप में यह प्रश्न बार-बार उभरकर आता है कि यह दुनिया दो ध्रुवों में बँट चली है, "बाजार में चौबीस घंटे यंत्र-चालित स्टोर जगमगाते हैं", और दूसरी ओर वह वर्ग है जो "हजारों मील दूर" बैठकर अपने पसीने से और "जतन से इस वैभव को प्रकाशित कर देता है।" "यह उद्यम अपार धन का सृजन कर रहा है। हथियार, मोक्ष, प्रेम, जरूरत, विलास, लालच, अपराध, आकांक्षाएँ और व्यभिचार–सबका सृजन यह बिना भेदभाव के अपार गति से कर रहा है। इस उद्यम के उत्पादन से कचरा बचता है जिसका शोधन एक दूसरे उद्यम में किया जाता है। और उससे उत्पन्न होती है : गरीबी, भूख, रोग, झोंपड़पट्टी, विपदा और दमन... बेरोजगारी और भूखमरी का होना जरूरी है क्योंकि इनके बिना वैभव और विलास का अगाध निर्माण असंभव है।"[40] इस प्रकार 'हलफनामे' बहुत गहराई से भूमंडलीकृत अर्थ-व्यवस्था द्वारा दी गई गरीबी की सौगात का विश्लेषण गहराई से करता है।

'विसर्जन' में भी राजू शर्मा ने इस तथ्य पर प्रकाश डाला है कि गरीबी को लेकर सरकारी स्तर पर कितने मिथ्या गढ़े जाते हैं। सरकारी स्तर पर अभी तक यह स्थायी तौर पर निर्णय नहीं लिया जा सका है कि गरीब को किस प्रकार पारिभाषिक किया जाए, "हमारे अर्थ-जगत में गरीबी की जद्दोजहद आज भी जारी है", "आज की दशाओं में बेशक यह तरीका बेमानी और हास्यास्पद है, पर फिलहाल इस परिभाषा से तेजी से कम होती गरीबी का मिथ्या यथार्थ सृजित हो रहा है। यह कि गरीबी अब मात्र 23 प्रतिशत रह गई है और कुछ वर्षों में हम जीरो गरीबी की सोच सकते हैं।...पर अगर एक वाजिब परिभाषा अपनाएँ तो गरीबी का पूरा यथार्थ और विमर्श आमूल-चूल बदल जाता है। तब हम अचानक तीन-चौथाई आबादी गरीबी का यथार्थ देखने लगते हैं। पर यह सच्चाई वर्तमान आर्थिक विमर्श से मात्र परिभाषा के खेल के कारण, मीलों दूर है।" सरकारी तंत्र के अन्तर्बाह्य से पूरी तरह वाकिफ लेखक इस बात को लेकर बहुत क्षुब्ध है कि हमारा प्रशासन-तंत्र और राजनीतिक नेतृत्व इंडिया शाइनिंग से गद्‌गद्‌ है किंतु इसके साथ जो विद्रूपताएँ और विसंगतियाँ छा गई हैं, उनकी ओर हमारा ध्यान क्यों नहीं जा पाता है, "...अर्थ तंत्र की ठंडक, उसके विद्रूप और विकृति, उसी सड़ांध और विस्मृति को मापने के हमारे यंत्रों में जंग लग गई है। हमें एक आँख या एक ही तथ्य देखने का चस्का लगता जा रहा है।" हम देखना नहीं चाहते कि किस प्रकार समाज का गरीबी-रेखा से नीचे रहनेवाला वर्ग-रिक्शाचालक, प्रवासी मजदूर, ऑटोड्राइवर, फेरीवाले, कबाड़ी और भिखारियों की भी एक दुनिया है। इस वर्ग का और धनाढ्‌य वर्ग का आय का औसत अनुपात 1 : 150 है, यह सही भी है और लानत भी कि इन समूहों की संख्या एक साथ बढ़ती है मानो परस्पर निर्भर

है : मसलन, जिस दिन तीन नए परिवार 10 से 50 लाख के आर्य वर्ग में शामिल होते हैं, "उसी दिन तीन नए बंदे बेघर हो जाते हैं।"[41] उपन्यास दिल्ली महानगर से ही कितने ही प्रकार के आँकड़े एकत्रित कर दर्शाता है कि इस देश में वैश्विक आर्थिकता की समृद्धि के बीच गरीब किस प्रकार की मार खा रहा है।

बिलकुल नए उपन्यासकार रणेन्द्र ने अपने सशक्त उपन्यास 'लालचन असुर और ग्लोबल गाँव के देवता'[42] में चित्रित किया है कि किस प्रकार छत्तीसगढ़ के सुदूर खदान-क्षेत्रों, 'कोयला बीघा का भौंराघाट' जैसे क्षेत्रों में ग्लोबल गाँव के देवता-बहुराष्ट्रीय कंपनियों ने सदियों से बसी भोली-भाली जनजातियों को बेघर और बेभूमि कर डाला है। नंदीग्राम और गुड़गाँव आदि के 'सेज'–विशेष आर्थिक क्षेत्रों–के विषय में तो मीडिया में खूब समाचार आते हैं किंतु बॉक्साइट की सोना उगलती इन खानों और वहाँ की उजड़ती आबादी की ओर ध्यान भी नहीं जाता। पहले शिंडालको जैसी बड़ी कंपनियों और पोद्दार-रूंगटा जैसी छोटी कंपनियों ने वहाँ के संसाधनों का दोहन किया अब ग्लोबल गाँव के देवता ने 'वेदांग' नाम की बड़ी कंपनी बनाकर वहाँ अपना खेल रचकर वहाँ के मूल निवासियों को पूरी तरह बेघर कर दिया है, वहाँ के लोग अब भूख से बिलबिला रहे हैं, "भूख और गरीबी ने अंदर से इतना खोखला कर दिया है कि सामाजिक व्यवस्था भरभरा गई है। अखड़ा में बैगा-पाहन-पुजार और गाँव के बड़े-बूढ़ों की बात का वजन दिन पर दिन घटता जा रहा है। ठीक ही बात है कि घर में तीन-चार माह से ज्यादा का अनाज नहीं हो तो कौन बेटों को गाँव छोड़ने और बेटियों को डेरा में काम के बहाने रखनी बनने से रोक सकता है?" वस्तुतः यह अंदर से बुरी तरह टूट चुके समाज का विलाप है। बिना मुआवजा, बिना पुनर्वास, बिना सैंतीस गाँवों के ग्रामीणों की व्यवस्था किए–किस प्रकार भूमि अधिग्रहण किया जा सकता है और इस सबका विरोध करनेवाले प्रतिनिधियों की लैंड माइंस बिछवा कर धज्जियाँ उड़वा देने का बड़ा क्रूर कर्म करवाकर ग्लोबल गाँव का देवता, मल्टीनेशनल कंपनी 'वेदांग'–अपने उद्देश्य में सफल हो जाती है। इस प्रकार रणेन्द्र बड़ी प्रामाणिकता से भूमंडलीकरण के इस अभिशाप का चित्रण विवेच्य उपन्यास में कर सके। वस्तुतः हिंदी उपन्यास ने वैश्विक आर्थिकता के श्याम पक्ष को बड़े सशक्त रूप में वाणी देकर एक प्रतिरोधी पक्ष प्रस्तुत किया है।

बाजारवाद और उपभोक्तावाद को **विज्ञापन का मायावी जगत** ही पल्लिवत करता है, यही उसे संभव बनाता है। प्रत्येक वस्तु, उत्पाद पहले उत्पादित की जाती है और फिर विज्ञापन उसे 'आवश्यकता' और 'जीवन की अपरिहार्य वस्तु' के रूप में प्रस्तुत कर उसकी माँग बढ़ाता है। विज्ञापन के द्वारा ही प्रसिद्ध उक्ति 'आवश्यकता आविष्कार की जननी है', का सत्य उलट दिया गया है। पहले वस्तु आती है, फिर उसका विज्ञापन इस रूप में किया जाता है कि उसके बिना हमारा जीवन शून्य हो जाएगा या संभव ही नहीं रहेगा। विज्ञापन जगत का यह मायावी संसार रचने में टी.वी.

की महत्त्वपूर्ण भूमिका है, **टी.वी.** ही विज्ञापन को घर-घर में जन-सुलभ बनाता है। प्रिंट मीडिया में भी विज्ञापन का महत्त्व है किंतु टी.वी. के माध्यम से वह उस अशिक्षित जनता तथा झुग्गी-झोंपड़ियों तक भी पहुँचाता है जिसका समाचार-पत्र या अक्षर की दुनिया से परिचय तक नहीं है। विज्ञापन और टी.वी. अपने सहकार से हमारे जीवन-मूल्यों, सांस्कृतिक परिवेश में जो कहर ढा रहे हैं, उस पर सामान्य जन पग-पग पर इस प्रकार रोष व्यक्त करता पाया जाता है, "टी.वी. ने तो बेड़ा ही गर्क कर दिया है।" हमारे दूरदर्शन और मीडिया को किस प्रकार विदेशी बहुराष्ट्रीय कंपनियों ने अपनी चालों का शिकार बना धारावाहिकों ('सीरियल्स') का अमेरिकीरण किया, उसका खुलासा राजू शर्मा ने 'विसर्जन' उपन्यास में धारावाहिकों के घाटालों की सी.बी.आई. द्वारा जाँच के संदर्भ में इस रूप में किया है, विपक्ष ने सरकार पर सीधा आरोप लगाया था कि ''धारावाहिक घोटाले से देश की अस्मिता, सुरक्षा और सभ्यता पर खतरा उत्पन्न हुआ है। सरकार की मिलीभगत से बहुराष्ट्रीय कंपनियों और अवांछित बाहरी ताकतों ने मिलकर दूरदर्शन और देश के मीडिया तंत्र को नष्ट करने और बेचने का एक घिनौना षड्यंत्र रचा है।...सी.बी.आई. ने बाद में भ्रष्टाचार के कुछ मुकद्मे दर्ज किए।"[43] विज्ञापन और टी.वी. के द्वारा हमारे जीवन, जीवन-शैली और पारंपरिक मूल्य-मान्यताओं में जो परिवर्तन आए हैं, समकाल के हिंदी उपन्यास ने इस पर भी गहरी दृष्टि से विचार किया है। भूमंडलीकृत विश्व की नई-नई तकनीकी खोजों, अंतरिक्ष-अभियानों ('सैटलाइट एक्सप्लोरर्स') ने कितने-कितने सौ टी.वी. चैनलों के द्वारा हमारे घरों और जीवन में प्रवेश किया है, इस पर कुपित होकर रवीन्द्र वर्मा के 'दस बरस का भँवर' का अमन 'कोपभवन' में भाषण देते हुए कहता है, "इस दशक में गोरों ने फिर एक हाथ में पेप्सी और दूसरे हाथ में टी.वी. का केबिल लेकर हमारी धरती पर कदम रखे हैं। धरती पर कदम रखने वाले वे खुद नहीं हैं, उनके अक्स हैं। हमें पता नहीं चलता। हम अमरीकी बिम्बों के गुलाम हैं।" यहाँ का विधान-सभा भवन "कुछ सालों बाद अपनी ही छाया हो जाएगा जैसे आजकल अमावस की रात में लगता है। कानून अमरीका में बनेंगे, यहाँ परदे पर छपेंगे और विधान-सभा में कुछ छायाएँ केवल हाथ उठाएँगी।"[44] उपन्यासकार उस भयावह स्थिति की कल्पना करता है जब भविष्य में सब कुछ अमेरिका द्वारा नियन्त्रित और परिचालित होगा, हमारी सरकार पूरी तरह अमेरिका के इशारे पर ही नाचेगी, यह सब कुछ बहुत अंशों तक टी.वी. के द्वारा ही संभव होगा। टी.वी. जिस लालसा को जगाता है, वह कुछ भी उसे प्राप्त करने की जिद में बदल देता है और इस जिद के पूरे न होने पर अल्पमति किशोर-किशोरियाँ और कभी-कभी बड़े भी आत्म-हत्या तक कर लेते हैं। अलका सरावगी के उपन्यास 'कलि कथा : वाया बाईपास' में कोई लड़की इसलिए जहर खा लेती है क्योंकि "उसका बाप माधुरी दीक्षित वाली घाघरा-चोली नहीं ला देता।" यह घाघरा-चोली उसने माधुरी दीक्षित के सुप्रसिद्ध गीत में टी.वी. पर ही तो

देखा था। टी.वी. ने जो क्रान्ति हमारे जीवन में उपस्थित की है, वह एक विज्ञापनी दुनिया के द्वारा ही तो संभव हुआ है, "...पहले जमाने में आदमी शांति से रह सकता था। आज नहीं रह सकता। पहले इतनी चीजें कहाँ थीं? टी.वी. कहाँ था जो इतनी चीजों का पता चलता। अब आदमी चाहे भी तो पहले की तरह नहीं जी सकता।" टी.वी. और विज्ञापन सबसे बड़ा काम यह करते हैं कि आपकी 'निजता', व्यक्तित्व की विशिष्टता, छीन लेता है—सबको वह खिलाना-पिलाना या प्रयुक्त करना सिखा देता है जो वह चाहता है, भले ही किसी भी वस्तु, उत्पाद, या कोई भी ब्रांड हो। हम सब वह खाते-पीते, प्रयुक्त करते हैं जो परदे पर विभिन्न क्षेत्रों की नामी-गिरामी प्रतिभाओं (सेलिब्रिटीज) द्वारा दिखाया जा रहा है, "विज्ञापनों के युग ने सबकी मति हर ली है—जैसे-तैसे शब्दों का इस्तेमाल। वही एक करिश्मा पैदा करने का तरीका है, जैसे सुनील गावस्कर से कमेंटेटर पूछता है, "आपके पास लिखने का 'फ्लेयर' (सहज प्रवृत्ति) कहाँ से आया?" सुनील गावस्कर जेब से 'फ्लेयर' कंपनी का पेन निकालकर कहता है, "क्योंकि मैं फ्लेयर पैन से लिखता हूँ।" अब इसी प्रकार की बातचीत उनका लड़का उनसे कर रहा है। ''ऐसे बिकाऊ मालों, सामानों, उत्पादों को बेचने के लिए न केवल गावस्कर अपितु शाहरुख खानों, धोनियों, तेंदुलकरों, रानी मुखर्जियों, ऐश्वर्या रायों, सुष्मिताओं, शिल्पा शेट्टियों की भीड़ परदे पर लगती है, रोज प्रत्येक क्षेत्र में नई-नई प्रतिभाओं का अवतरण होता है, टी.वी. का परदा महँगे से महँगा पारिश्रमिक देकर इनका भरपूर उपयोग कर उपभोक्ता वर्ग को प्रभावित करता है। जिन चीजों की टी.वी. पर प्रभावी प्रस्तुति होनी चाहिए, उनकी प्रस्तुति ऐसी होती है कि देखकर एक पीड़ा-बोध उभरता है। आधी रात को देश की स्वतन्त्रता-प्राप्ति के जश्न की वर्षगाँठ का विशेष कार्यक्रम पार्लियामेंट में होनेवाला है, प्रचारित किया जाता है कि 'उसमें बड़े-बड़े कलाकार राष्ट्रीय गाने गाएँगे', किशोर बाबू राष्ट्रीय महत्त्व के इस कार्यक्रम को सुनने के लिए टी.वी. खोलते हैं, तो टी.वी. में एक लड़की आधी अंग्रेजी आधी हिंदी बोलती हुई दर्शकों को आज के महत्त्व की प्रतीति कराने के लिए नाटकीय विह्वलता से भरी आवाज में बोल रही थी, जैसे उसके अंदर आँसू जोर मार रहे हों। किशोर बाबू को दर्शकों को भाव-विभोर कराने की उसकी चेष्टा इतनी अश्लील लगी कि उन्होंने आँखें फेर लीं।"[45] टी.वी. और विज्ञान की अपसंस्कृति पर अलका सरावगी अपने उपन्यास 'शेष कादम्बरी' में भी विचार करती है। देश के सर्वाधिक चर्चित रीयल्टी शो 'कौन बनेगा करोड़पति' में व्यक्ति के लालच को भुनाने का जो खेल किया गया, उसके माध्यम से यह विचार किया गया है कि देश की महत्त्वपूर्ण चीजों को अमेरिका द्वारा पेटेंट कराने की गहरी चालें किस प्रकार चली जा रही हैं। 'कौन बनेगा करोड़पति' में भी 'फिक्सिंग' होती थी, यह जानकर भी रूबी दी इस कार्यक्रम को क्यों देखती थीं, इसके उत्तर में देवीदत्त मामा का यह कथन द्रष्टव्य है, "...यह सोचती है कि पैसे में बड़ी ताकत है। यह नहीं जानती कि लालच में उससे भी बड़ी ताकत है।

तभी अमिताभ बच्चन पूरे देश में सड़कें, सिनेमा हॉल, रेस्टोरेंट एक घंटे के लिए खाली करवा सकता है। वह देश के लालच को भुना रहा है। अभी विदेशियों को लालच, नीम, हल्दी, बासमती बेचा जा रहा है, उसके बाद धूप बेची जाएगी।" उनके आश्चर्य का विषय है कि 'धूप भी बेची जा सकती है।' वस्तुतः टी.वी. और विज्ञापन अपनी ही तरह से हमारा अनुकूलन करते हैं। टी.वी. सारे दुःख दर्दों से छुटकारा दिलाने का 'अफीम जैसा सुलभ माध्यम' है। टी.वी. किस प्रकार वस्तु या प्रवृत्ति का भूत-सा चढ़ा देता है, चाहे वह किसी भी क्षेत्र से संबंधित क्यों न हो। रूबी दी परेशान हैं कि "सारे विज्ञापनों में खाली सफाई का भूत है—चाहे कपड़ों की धुलाई के लिए 'सर्फ की खरीददारी में ही समझदारी है' या 'फेना ही लेना' या निरमा, रिन, एरियल वगैरह और साथ में कपड़े धोने की मशीनें, चाहे शरीर और चेहरे की सफेदी-सुंदरता का राज बताते साबुन और क्रीमें; चाहे बालों की सफाई और मजबूती, और रूसी की सफाई करते शैंपू, चाहे दाँतों की सफाई के लिए तरह-तरह के मंजन-ब्रश, चाहे बरतनों की सफाई या फर्श या पाखाने की कीटाणुरहित सफाई करते तरह-तरह के बोतलों में बंद द्रव्य।" केवल विज्ञापनों से ही सामान्य-जन हैरान-परेशान नहीं हैं, उनकी चिंता में यह बात भी है कि किस प्रकार टी.वी. पर प्रसारित सीरियल हमारी सामाजिक मान्यताओं-मूल्यों में परिवर्तन उपस्थित कर रहे हैं। 'पति, पत्नी और वो' की अवधारणा पर बने सीरियलों को देखकर हमारी भावी पीढ़ियाँ किस प्रकार प्रभावित हो रही हैं, उसके संबंध में विवेच्य उपन्यास की रूबी दी इस प्रकार सोचती हैं, "टी.वी. सीरियलों में रूबी दी को जो बात सबसे अधिक बिकाऊ लगी, वह थी शादीशुदा मर्दों-औरतों के ग़ैर-औरतों-मर्दों से संबंध या प्रेम का वही पुराना त्रिकोण—दो लड़कियाँ-एक लड़का या एक लड़की-दो लड़के। बाप रे, रूबी दी ने सोचा, इन्हें देखने वाले बच्चे तो यही समझकर बड़े होंगे कि जीवन में कोई तीसरा हुए बिना जीवन में न कोई सनसनी है, न मजा और ऐसा होना आम बात है। इसी प्रकार अन्य 'रीयल्टी शो' के भदेसपन और फूहड़पन की चर्चा भी एकाधिक स्थानों पर हुई है। 'इंडियन आइडल' जो अमेरिका के स्टार चैनल के लोकप्रिय कार्यक्रम 'अमेरिकन आइडल' की हू-ब-हू नकल है, यहाँ तक कि उसके निर्णायकों की तरह हमारे इंडियन आइडल के निर्णायक भी परस्पर चुहल करते हैं, खट्टी-मीठी नोंक-झोंक करते हैं; के विषय में उपन्यासकार की टिप्पणी यह है, "ठीक उसी तरह जैसे तीसरे इंडियन आइडल को लेकर पूरे देश को मोबाइल से करोड़ों रुपए के एस.एम.एस. करने की खबर से। के.वी. दो मिनट से ज्यादा यह बेहूदगी बर्दाश्त नहीं कर पाते थे जहाँ गायन से ज्यादा महत्त्व पूरे कार्यक्रम को एक इमोशनल ड्रामा बनाने को दिया जा रहा था। और अब तो ट्वेंटी-ट्वेंटी क्रिकेट अखबारों पर किए हुए था, जो एक दूसरी तरह का उत्तेजक ड्रामा या बेस्टसेलर था।" टी.वी. और विज्ञापन संगीत, खेल; पुस्तकें सभी को फास्ट-फूड की तरह फास्ट और चटपटा बनाकर परोस रहे हैं, वह एक प्रकार से 'हर चीज का घटियाकरण' है।

टी.वी. का परदा एक ओर तो हमें तरह-तरह से इक्कीसवीं सदी में छलाँग लगाने के लिए अनुकूलित करने के प्रयास में लगा हुआ, दूसरी ओर वह हमें अंधविश्वासों और दकियानूसीपन की अँधेरी गलियों में धकेल रहा है। प्रत्येक चैनल पर ज्योतिष, वास्तु और अंधविश्वासों से भरे प्रायोजित कार्यक्रम निरंतर दिखाए जा रहे हैं, रत्नों की बिक्री कर मनुष्य का भविष्य सँवारने के लिए प्रलोभित किया जा रहा है, "नवमुखी रुद्राक्ष और भाग्य बदलने के लिए तरह-तरह के मूँगा-पन्ना, नवग्रह के रत्न बेचकर तुम इंडिया को भविष्य में छलाँग लगवाने वाले हो?"[46] रंगनाथन का यह कथन इस विद्रूपमयी स्थिति का ही रेखांकन करता है। वस्तुतः इन टी.वी. सीरियलों ने जिस प्रकार से अपने दर्शकों के मन और तन के भूगोल को बदला है, वह बड़ी भारी चिंता का विषय बनता जा रहा है। अलका सरावगी टी.वी. और विज्ञापन की इस मायावी दुनिया को कारपोरेट जगत के संदर्भ में 'एक ब्रेक के बाद' उपन्यास में विश्लेषित करती हैं। मद्रास का 'एम्बर डिपार्टमेंटल स्टोर' किस प्रकार एक दिन में पाँच करोड़ का सामान बेच डालता है, उसके लिए टी.वी. द्वारा तमिलाभाषी लोगों के 'चहेते हीरो रविकांत' के जन्म दिन पर एक करिश्माई विज्ञापन दिया जाता है। तीस साल का होने के उपलक्ष्य में रविकांत उसी "स्टोर में मास्क लगाए वही शानदार सूट पहने मौजूद रहेगा, जिसका विज्ञापन पूरे शहर-भर में लगा हुआ था और हर अखबार में पूरे पृष्ठ पर फैला हुआ था। लेकिन ठीक वही सूट पहने दुकान में कम से कम पचास मास्कधारी और होंगे। XXXX यह बात रविकांत हर टी.वी. चैनल और रेडियो से बोल रहा था।" इसका परिणाम यह हुआ कि रविकांत के जन्म दिन वाले लोग सुबह सात बजे से उस डिपार्टमेंटल स्टोर पर लाइन लगाकर खड़े हो गए थे। 'दस बजे खुलने तक दस हजार' के जन-सैलाब को नियन्त्रित करने के लिए शहर के पुलिस-बल को नाकों चने चबाने पड़े थे। और इस पाँच करोड़ की रिकार्ड तोड़ बिक्री की युक्ति को अंजाम दिया था "स्टोर के मालिक टी.एस.एस. राजन और 'मिरकैल एडवरटाइज़िंग' के 'यंग' मालिक रवि श्रीनिवासन ने, जिन्होंने अपना नाम हमेशा के लिए देश के आर्थिक इतिहास में दर्ज करवा दिया था।" बिक्री बढ़ाने और तरह-तरह के उत्पादनों में लाभ कमाने का टी.वी. और विज्ञापन एजेंसियों का यह गठजोड़ आज के व्यापार का मूल मंत्र ('फंडा') है। टी.वी. कुछ घटनाओं को सनसनी बनाकर जिस रूप में अपने खबरिया चैनलों पर प्रसारित करता है, उसकी इंगिति उपन्यासकार ने एक घटना के माध्यम से इस प्रकार की है, "जयपुर में कोई बच्चा कहीं गड्ढे में गिर गया है तो चौबीसों घंटे तक (टी.वी. पत्रकार) टी.वी. में चिल्लाकर बता रही है कि वह अभी तक जिन्दा है और उसे निकालने के लिए क्या-क्या किया जा रहा है। निमोनिया होकर अस्पताल में भर्ती अपनी माँ अभी तक जिन्दा है या नहीं, यह जानने की उसे फुरसत नहीं। अगर यही करना था तो एम.बी.ए. की पढ़ाई क्यों की?"[47] टी.वी. पत्रकारिता के अप्रीतिकर रूप की ओर कई उपन्यासकारों का ध्यान गया है। रवीन्द्र वर्मा अपने

उपन्यास 'दस बरस का भँवर' में उस टी.वी. पत्रकार का उल्लेख करते हैं जो 'क्राइम बीट' कवर करने के लिए जुगाड़ भिड़ाता है क्योंकि वहाँ पुलिस की मिली भगत से उसे पैसा मिलता है। 'आखिरी मंजिल' उपन्यास में वे अखबारों की खबर को सनसनीखेज बनाने की प्रवृत्ति की भी खबर लेते हैं। अखबार की खबर को देखकर माधव दयाल सोचने लगते हैं, "क्या यह खबर सही थी? क्या हर खबर की तरह इसे भी अधिकतम सनसनीखेज नहीं बनाया गया था? उदासी आँखों से निकलकर चेहरे पर झिलमिलाती हुई नीचे दाढ़ी में उतर रही थी।"[48]

चित्रा मुद्गल का 'आवाँ' उपन्यास विज्ञापन जगत में मॉडलिंग के व्यवसाय की विवशताओं को चित्रित करता है कि किस प्रकार नमिता को आभूषण-व्यवसाय में जाकर स्वयं को निरंतर उघाड़ने में मानसिक वेदना होती है। गौतमी जब उसे इस व्यवसाय के गुर बताती हुई कहती है कि "किस आभूषण की महीन गढ़त खुले गले के ब्लाउज में निखरकर आएगी, किसके उभार के लिए बंद गले का कुर्तीनुमा ब्लाउज सटीक बैठेगा। किसकी आब ऊँचे गले और बिना बाँह के ब्लाउज में रेखांकित होगी।" तो नमिता को बहुत असुविधा अनुभव होती है। दर्जी से आवश्यकतानुरूप कपड़ों के डिजाइन बनवाकर भी जब गौतमी को कुछ ज्यादा ठीक नहीं जँच पाता है तो नमिता को 'पैडिड ब्रा' की सख़्त जरूरत बता दी जाती है। संकोच करने पर नमिता को विज्ञापन में स्त्री देह के तिलिस्म का महत्त्व इस प्रकार समझाया जाता है, "बीसवीं शताब्दी में तुम अठारहवीं का नमूना हो। देह की आनुपातिकता में कहीं कोई कमी हो तो उसे दूर कर लेने में कैसी अश्लीलता? पैडिड का इस्तेमाल करते ही तुम अनोखी मांसलता की फुरफुरी को रोम-रोम में महसूस कर सकोगी, कि उन्नत वक्ष तुम्हारे चमत्कारी व्यक्तित्व को चमत्कारी आत्मसुदृढ़ता दे रहे हैं। मत भूलो, औरत के अस्तित्व का तिलिस्म उसकी देह से ही उपजता है।" फिर आगे दिखाया गया है कि किस प्रकार नमिता का प्रथम प्रदर्शन ('फस्ट शो') उसके लिए साँसत बना रहा था।[49] इस प्रकार विज्ञान जगत में माडलिंग व्यवसाय की विद्रूपताओं पर 'आवाँ' अच्छा प्रकाश डालता है। टी.वी. और विज्ञापन की दुनिया में तेज-तर्रार स्त्री किस प्रकार अपने शरीर को सीढ़ी की तरह इस्तेमाल कर उन्नति के शिखरों पर आरूढ़ होती चली जाती है, शरद सिंह ने अपने उपन्यास 'पचकौड़ी' में बहुत स्पष्टता से उसका चित्रण किया है। स्थानीय चैनल में काम करती शेफाली ऐसी ही टी.वी. पत्रकार है जिसका 'सिद्धान्त' ही यह है "एक हाथ दे, एक हाथ ले। यह व्यापार था, सौदेबाजी। उसे उस पत्रकार से कोई शिकायत नहीं थी। उसने उससे कुछ लिया भी था तो कुछ दिया भी था।" उसकी विशेषताओं का बखान सारे चैनलवाले करते हैं, "लोग कहते थे वह सैक्सी दिखती है, उसे बातें निकलवाना आता है। चैनल प्रमुख ने उसकी इस खूबियों को देखा और उसे समाचार विभाग में लगा दिया। देखते ही देखते शेफाली एक्सक्लूसिव समाचारों को सूँघने और उन्हें पाने में निपुण हो गई। उसकी माँग बढ़ गई। चैनल

मालिक उसे छोड़ना नहीं चाहता था, लेकिन शेफाली एक जगह ठहरना नहीं चाहती थी।...उसे अपनी क्षमताओं का पता चल चुका था और वह जानती थी कि अपनी योग्यताओं, क्षमताओं के साथ ही देह को सीढ़ी बनाकर बहुत ऊँचाई तक जा सकती है।"[50] कहना न होगा कि यह वैश्वीकरण की अपसंस्कृति ही है जिसने विज्ञान और टी.वी. की इस तेज-तर्रार दुनिया में नए युग की नारी को नए ढंग से ढालकर उसे पैसे और सिर्फ पैसे का दास बनाकर कुछ भी करने के लिए उद्धत कर दिया। सभी उपन्यासकारों ने इस यथार्थ को अपने-अपने ढंग से चित्रित किया है।

वैश्वीकरण की सूचना क्रांति का संवाहक **कम्प्यूटर** है, कम्प्यूटर ने आज भूमंडल का भूगोल-खगोल बदलकर रख दिया है। क्षणों में पूँजी का एक स्थान से दूसरे स्थान पर स्थानान्तरण, सेकिंडों, मिनटों में करोड़ों-करोड़ों के खरीद-बिक्री के आदेश पूरे पृथ्वी मंडल में कहीं भी लिये-दिए जा सकते हैं। **चूहे ('माउस') द्वारा परिचालित** इस दुनिया का चित्रण हिंदी उपन्यास में तरह-तरह से हुआ है। छोटे से चूहे ने पूरी दुनिया में जो खलबली सूचना-क्रांति के विस्फोट से मचाई है, उससे पूरी दुनिया का सामान्य मनुष्य अधिक से अधिक परिचित होने को उतावला है। नगर-नगर, गाँवों तक में भी कम्प्यूटर प्रशिक्षण निजी केन्द्र तथा दुकानें खुल गई हैं। प्रत्येक वय का शिक्षित व्यक्ति इस उपकरण के प्रयोग में निष्णात होना चाहता है या काम-चलाऊ ज्ञान प्राप्त करना चाहता है। 21वीं शती में बिना कम्प्यूटर-ज्ञान के व्यक्ति प्रायः अशिक्षित के ही बराबर है, भले ही उसने कितनी-कितनी उपलब्धियाँ (डिग्रियाँ) क्यों न प्राप्त कर ली हों, कितने ही ग्रंथों का वाचन या प्रणयन क्यों न कर लिया हो। रवीन्द्र वर्मा ने बेकार नवयुवक रतन को अपने उपन्यास 'दस बरस का भँवर' में एक दफ्तर में नौकरी के सिलसिले में इस रूप में प्रस्तुत किया है, "चपरासी ने एक कोने में बैठे आदमी की ओर इशारा किया, जो एक कम्प्यूटर के सामने बैठा था। असल में हॉल में जितने कर्मचारी थे, सभी के सामने कम्प्यूटर थे। पिछले साल जब रतन आया था तो कम्प्यूटर नहीं थे और हॉल में भीड़ नजर आती थी अब कम्प्यूटर थे, भीड़ नहीं थी।" किंतु हर शहर में कम्प्यूटर-जानकारों, कम्प्यूटर डिग्रीधारियों की जो बाढ़ आ गई है, उसके लिए काम-नौकरी मिलना मुश्किल हो गया है, इस विसंगति का चित्रण उपन्यासकार ने इस रूप में किया है। रतन के पूछने पर कि यहाँ 'कोई नौकरी है', नकारात्मक उत्तर देते हुए कर्मचारी का यह उत्तर वस्तुस्थिति को उजागर करता है, "शहर में कम्प्यूटरों के जानकार कम्प्यूटरों से ज्यादा हैं। आप उन्हीं में से एक हैं।" रतन बिना कम्प्यूटर की नौकरी करने के लिए तैयार है किंतु कर्मचारी का उपहासात्मक उत्तर उसे और भी नैराश्य में धकेल देता है, "आप यह हॉल देख रहे हैं, "यहाँ आधे से अधिक आदमी इसलिए चले गए क्योंकि उन्हें कम्प्यूटर नहीं आता था।" हॉल में सन्नाटा छाया रहा। कम्प्यूटर बेआवाज थे।" स्थितियों का यह विद्रूप है कि कुछ लोगों को नौकरी इसलिए नहीं मिलती कि उन्हें कम्प्यूटर का ज्ञान नहीं है और

जिन्हें यह ज्ञान है उन्हें भी नौकरी नहीं दी जाती। यह भी यहाँ के कार्यालयों, बैंकों, निगमों, आदि का सच है कि कम्प्यूटर आ जाने के बाद वहाँ कर्मचारियों की संख्या कम कर दी गई, आवश्यकता ही नहीं थी, कम्प्यूटर दस-दस आदमियों से ज्यादा का काम एक ही आदमी से करा पाने में सक्षम बना रहा था। कम्प्यूटर फिल्म निर्माण आदि में जो अपनी भूमिका निभा रहा है, उसका उल्लेख भी इस उपन्यास में किया गया है।

अलका सरावगी ने अपने 'शेष कादम्बरी' उपन्यास में कम्प्यूटर और ई-मेल की दुनिया का चित्रण किया है। कादम्बरी अपनी नानी की चिट्ठी के जवाब में फोन पर कहती है कि "मैं चिट्ठी लिख ही नहीं सकती। ज्यादा-से-ज्यादा कम्प्यूटर पर ई-मेल भेज सकती हूँ। पर वह अंग्रेजी में होता है और तुम्हारे पास तो कम्प्यूटर भी नहीं।" कैसी विडम्बना है कि नई पीढ़ी, नातिन के रूप में तीसरी पीढ़ी, अपने बुजुर्गों से संवाद करने की स्थिति में ही नहीं है और उसका कारण बनता है कम्प्यूटर। यह नातिन इंटरनेट पर सर्फिंग करने में ही अपने 'लैपटॉप' पर व्यस्त रहती है। सर्फिंग के द्वारा जहाँ एक ओर इतना ज्ञान मिलता है किंतु उसमें कितनी मशक्कत करनी पड़ती है जो कभी-कभी व्यर्थ भी चली जाती है, रूबी दी के पूछने पर कि उसके लेख के लिए कुछ सामग्री मिली, कादम्बरी का यह उत्तर है, "मिलता तो है, पर सब बकवास। कुछ काम का नहीं। ऊपर से इतना समय लग जाता है। गरदन अकड़ जाती है, अब कल सुबह से रात तक नेशनल लाइब्रेरी में माथा खपाऊँगी। सब मिल जाएगा।" इस कथन से लेखिका यह सन्देश भी देना चाहती है कि इंटरनेट, सर्फिंग, पुस्तकों का स्थान नहीं ले सकता, पुस्तकों तथा पुस्तकालयों की अपनी महत्ता है। नई पीढ़ी जो चैटिंग करती रहती है, उसकी विद्रूपमयी स्थिति पर भी नानी-धेवती के संवाद में विचार हुआ है। कादम्बरी के यह कहने पर कि यदि आप एक कम्प्यूटर खरीद ले तो आप भी ई-मेल कर सकती हैं, चैटिंग कर सकती हैं, "चाहे तो अपनी उम्र सोलह साल भी बता सकती है। आपका खूब मन लगा रहेगा इस पर रूबी दी मन ही मन सोचती है, "जीते-जागते हाड़-मांस के लोगों से बात करने का ठिकाना नहीं, कम्प्यूटर के स्क्रीन में आँखें छुपाए अनजाने-अनदेखे लोगों से बात करने की फुरसत तुम्हारी पीढ़ी को ही मुबारक हो... ।"[51] 'एक ब्रेक के बाद' में भी अलका सरावगी ने कम्प्यूटर की दुनिया के कमाल पर जमकर चर्चा की है। आज जिस रूप में वीडियो कांफ्रेंसिंग के जरिए दूर देशों, स्थानों में बैठकर नौकरी के लिए आवेदन कर चुके लोगों का इंटरव्यू लिया जाता है, उसका विवरण उपन्यास इस रूप में देता है, "किसे फुरसत है कि आदमियों को रखने के लिए कोई शहर-शहर भटके-कभी बम्बई दौड़े, तो कभी बंगलौर जाए। फील्ड सेल्स ऑफिसर की नौकरी के लिए एक दर्जन आदमियों का इंटरव्यू करना है। कम्प्यूटर पर वीडियो कान्फरेंस से सबको देखो, सवाल जवाब करो, रखना है तो वहीं 'कन्फर्म' करो। नहीं तो मामला चलता करो।" "अब यह दुनिया असली रही कहाँ? कम्प्यूटर

की 'वरचुअल रियेल्टी' ही जिंदगी की सच्चाई है।"[52] राजू शर्मा के 'विसर्जन' उपन्यास के पात्रों के जीवन में कंप्यूटर, नेट, सर्फिंग का बहुत महत्त्वपूर्ण स्थान है। पी.वी. और ऐसार सदैव ही कंप्यूटर और नेट से ही अपना 'नेट वर्क' चलाते हैं। ऐसार तो सुबह से ही कंप्यूटर और नेट पर जुट जाता है। वे उसे 'सुबह का वफादार साथी' लगते हैं। नेट पर खबरें देखना, ई-मेल खोजना, अपनों से उसी से बतियाना—यह सब इसके लिए अब आवश्यक ही हो गया है। ऐसार को आश्चर्य होता है कि कंप्यूटर ने संचार-प्रविधि में कितना बदलाव ला दिया है, पहले टेलीफोन पर आश्रित लचर-सी संचार-व्यवस्था अब पूरी तरह बदल गई है, "संचार तरीकों में कितना बदलाव आ गया है। ऐसार को अपना वक्त खूब याद है (हाँ, अब 'अपने वक्त' का समय आ गया था)। जब एक ट्रंक-काल के लिए एक्सचेंज में घंटे भर इंतजार करना पड़ता था।" किंतु इसका एक बड़ा भारी अभाव यह है कि इस नई संचार व्यवस्था ने चिट्ठियाँ लिखना छुड़वा दिया है। ऐसार को याद नहीं पड़ता कि उसने आखिरी चिट्ठी कब लिखी थी। पी.वी. चार वेबसाइट है जिन्हें ऐसार स्केन करता है, 'अब ऐसार नेट के गली-कूचों, गड्ढों का अच्छा जानकार' हो गया था। दुनियाभर की जानकारी पी.वी. की वेबसाइटों पर मौजूद है जिनमें वह 'हासेक, आस्ट्रियन स्कूल, मिल्टन फ्रीडमैन, फूकूयामा और उदारवाद के प्रसिद्ध अग्रगामी लेख' देखता है। इस संचार क्रान्ति में मोबाइल क्रान्ति का भी महत् योगदान है। कारोबारी दृष्टि से भी मोबाइल कंपनियाँ करोड़ों-करोड़ों का व्यापार करती हैं, एस.एम.एस. ने न केवल लोगों की दुनिया सुचारु, त्वरित और रंगीन की है अपितु अपनी कंपनियों को खासा मुनाफा दिया है, "अच्छी, सुगम चीज है एस.एम.एस.। अब मोबाइल कन्टेंट बनाने वाली कंपनियों में ढेर वेंचर कैपिटल आ रहा है। रिंग टोन डाउन लोड का सालाना कारोबार सिर्फ तीन सालों में डेढ़ हजार करोड़ का हो जाएगा, यह अनुमान है। ऐसी चीजें ऐसार ने पी.वी. की वेबसाइट से पढ़ी थीं।"[53] इस प्रकार इक्कीसवीं शती के इन उपन्यासों में कम्प्यूटर क्रान्ति के श्वेत-श्याम पक्षों का बहुत अच्छा प्रभावी हुआ है।

बढ़ता हुआ **सौंदर्य-व्यापार**, ब्यूटी कल्चर, वैश्वीकरण के संदर्भ में हिंदी उपन्यास की ऐसी चिंताएँ हैं जिन्होंने नारी के दृष्टिकोण में भारी बदलाव में प्रमुख भूमिका निभाई है। नारी मेधा और प्रतिभा को देह-केन्द्रित करने के जो उपक्रम टी.वी. और विज्ञापन जगत द्वारा किए जा रहे हैं, अनेक-अनेक रीयल्टी शोज, संगीत-नृत्य, गायन प्रतियोगिताएँ उनमें जिस रूप में किशोरियों-लड़कियों की प्रस्तुति हो रही है, वह उन्हें देह के प्रति सचेत करती है। देखा जा चुका है कि सौंदर्य प्रतियोगिताओं आदि के द्वारा विभिन्न सौंदर्य-प्रसाधनों की बिक्री की विपणन नीतियों ने एक अलग सौंदर्य-बाजार खड़ा कर दिया है। अब तो भारत में रह रहे तिब्बती जैसे बंद समाज में भी कई वर्षों से सौंदर्य प्रतियोगिताओं का आयोजन हो रहा है, वैसे प्रत्येक नगर, प्रांत, स्कूल-कॉलिज, आदि, में होने वाली सौंदर्य प्रतियोगिताओं की बात तो अब पुरानी होकर जमाने की

चाल बन चुकी है। इन्हीं के परिणामस्वरूप हर गली-मुहल्ले में खुलते ब्यूटी पार्लर, फाइव-स्टार और अन्य महँगे होटलों में पब, बार आदि के साथ ब्यूटी पार्लर एक आवश्यक उपस्थिति हैं। पिछले दशक के हिंदी उपन्यास में सौंदर्य-व्यापार, फैशन शोज, **ब्यूटी पार्लर** आदि की चर्चा कथाओं के क्रम में बार-बार आई है। चित्रा मुद्गल के 'आवां' में फैशन डिजाइनिंग और आभूषण-व्यवसाय के संदर्भ में सौंदर्य-व्यापार के कई पक्षों पर प्रकाश डाला गया है। आभूषणों को सज्जा प्रदान करनेवाले मॉडल्स को और अधिक सुन्दर और मोहक बनाने के लिए ब्यूटी-पार्लर का सहारा इस व्यवसाय में लिया ही जाता है। ऐसे ही एक अत्याधुनिक होटल में अत्याधुनिक ब्यूटी पार्लर का वर्णन यहाँ इस रूप में आया है, "ब्यूटी पॉर्लर के विषय में उसने खूब सुना है। ममता अकसर पाँव साफ करवाने जाया करती है। अब भी जाती होगी। बल्कि ब्यूटी पॉर्लर की चर्चा उसकी बतकही का विशेष अंग हुआकरती थी। यह भी कि कहाँ किस 'पॉर्लर' में 'किस' हुनर में विशेषज्ञ लड़कियाँ कार्यरत हैं। चीनी और देशी लड़कियों की कुशलता में क्या अन्तर है। 'कामसुख' पहुँचाने में चीनी लड़कियों के कौशल का जवाब नहीं। उसने कॉलेज की शिप्रा के बारे में कनफुस्सी की थी कि वह हिल रोड के 'गार्सियाना' में अकसर 'कामसुख' भोगने जाया करती है।" इसी प्रकार इसी उपन्यास में 'मेम साहब' नामक पॉर्लर की साज-सज्जा का उल्लेख आया है।[54] किसी न किसी बहाने महिला उपन्यासकारों ने अपने उपन्यासों की कथाओं में ब्यूटी पॉर्लर को अवश्य सम्मिलित किया है। 'कलिकथा : वाया बाईपास' में बड़े घर में आई बहू अपना ब्यूटी सैलून का मासिक खर्चा पाँच सौ रुपया बताती है। अनामिका ने अपने उपन्यास में ब्यूटी पॉर्लर को एक शान्ति-सकून-देनेवाला आश्रय (स्पेस) स्थल बताया है, "ब्यूटी पॉर्लर आधुनिक जीवन का एक ऐसा स्पेस है, मेरे मालिक, कि उसके विवरण लोगे तो फेमिनिज्म के और कट्टर सिपाही बन जाओगे...पीट-पीट कर घर से निकाली हुई और दूसरे ढंग से परितृप्त औरतों के पास जाने की और कोई जगह नहीं होती तो ब्यूटी-पॉर्लर ही आ जाती हैं। यह एक ऐसी इन्सुलेटेड-सी जगह है जहाँ कोई फालतू सवाल पूछे बगैर स्नेह-सिक्त हाथों से एक सखी मालिश कर देगी, जहाँ-जहाँ चोट लगी है, वहाँ रख देगी बर्फ की पट्टियाँ। अगर कभी पर्स में पैसे नहीं हैं तो भी धक्के मारकर निकालेगी नहीं, हो लेने देगी प्रकृतस्थ–इधर-उधर के किस्से कहानियाँ–रेडियो-वीडियो, एफ.एम. वगैरह सुनाकर मन बदल देगी...खग जाने खग ही की भाषा।"[55] इस प्रकार ब्यूटी पॉर्लर आज नारी-जीवन का आवश्यक अंग बन गया है जिसका संज्ञान हिंदी उपन्यास ने अच्छी तरह लिया है।

फिल्म जगत और नाटक की दुनिया की चर्चा हिंदी उपन्यास में अधिक नहीं हो पाई, कदाचित् इसका कारण यह रहा कि ये दोनों क्षेत्र अधिकांश कथाकारों के अनुभव-वृत्त का हिस्सा नहीं रहे। नाटक की दुनिया से चलकर फिल्मी दुनिया में पदार्पण करनेवाली एक ही नायिका का स्मरणीय रूप सुरेन्द्र वर्मा अपनी औपन्यासिक

कृति 'मुझे चाँद चाहिए' में कर पाए। इन दोनों ही क्षेत्रों की समृद्ध अनुभव-राशि उपन्यासकार के पास थी, अतएव वे इतनी सशक्त कृति दे सके। छोटे-से कस्बे शाहजहाँपुर के पारम्परिक निम्न मध्यवित्त परिवार की लड़की वर्षा वशिष्ठ उर्फ सिलबिल किस प्रकार परिवार और अपने बंद समाज की रूढ़ियों को तोड़ती हुई, पहले रंगमंच और फिर राष्ट्रीय नाट्य विद्यालय (एन.एस.डी.) और फिल्म जगत में प्रवेश करती है, उसका अत्यन्त रोचक चित्रण करता हुआ उपन्यास नारी-स्वातन्त्र्य के अनेक प्रश्नों से तो टकराता ही है, भारतीय समाज के एक क्षेत्र विशेष में वैश्वीकरण की प्रक्रिया से भी परिचित कराता है। हॉलीवुड के सिने जगत में एक सनसनी के रूप में अपनी धाक जमाती वर्षा वशिष्ठ का हॉलीवुड के प्रख्यात निर्देशक जॉन विलसन से जब प्रथम साक्षात्कार होता है तो इतने बड़े निर्देशक के सामने अपने को बहुत असुविधाजनक (अनकंर्फटेबल) अनुभव करती रही है। यह वही निर्देशक है जिसकी तीस फिल्मों की धाक पूरी दुनिया में थी और वर्षा सोच भी नहीं सकती थी कि जिसकी फिल्म उसने शाहजहाँपुर में अपनी मैडम दिव्या कत्याल के साथ चोरी से देखी थी, आज उसी महान निर्देशक के सामने बैठी होगी। यह वही महान निर्देशक था, "पिछले बीस वर्षों से रेटिंग के हिसाब से तीन 'गरम' निर्देशकों में हमेशा उसका नाम रहता था। बाद में प्रसिद्धि पाने वाले कितने ही कलाकारों और तकनीशियनों को उन्होंने ब्रेक और काम दिया था। पूर्व और पश्चिम इन जैसे महान कलाकारों-निर्देशकों के द्वारा किस प्रकार एक-दूसरे को प्रभावित कर रहे थे, उपन्यास में इसे इस प्रसंग के माध्यम से इस रूप में चित्रित किया गया है, अन्तरराष्ट्रीय विवाह के कथ्य पर बनने वाली फिल्म पर जॉन का यह मत है, "इस विषय में मुझे मैटाफिजिकल मानवीय नियति ने आकृष्ट किया है। अतीत और वर्तमान के बिंबों की सन्निधि—यह इस फिल्म की दृश्यात्मक चुनौती होगी। पूर्वी और पश्चिमी अनुभव-क्षेत्रों तथा जीवन-शैलियों की टकराहट और निश्छल भावात्मक एकीकरण द्वारा उनका शमन—यह कथ्य होगा।" जॉन कुछ ठिठके, "अंतर्राष्ट्रीय विवाह पर मैं लंबे अर्से से मोहित रहा हूँ...कि उस लगाव की प्रकृति कैसी है, जो एक व्यक्ति को अपना देश, अपनी भाषा और अपनी संस्कृति छोड़ने के लिए विवश कर देती हैं।" किंतु यह प्रश्न भी अपनी तरह से इस प्रसंग में अपनी जगह पाता है कि क्या इतना बड़ा निर्देशक और उसके निर्माता क्या केवल सांस्कृतिक और भावात्मक कारणों से इस विषय पर फिल्म बना रहे हैं? यह केवल भ्रम होगा, हॉलीवुड (अमेरिका) का दृष्टिकोण भारत में अपना लाभ कमाने और बाजार बनाने का है! वे इस विषय को इसलिए फिल्म के लिए अपनाते हैं क्योंकि उससे व्यावसायिक लाभ होगा। अब यह विषय "बेस्ट सैलर है और स्टूडियो ने इसके अधिकार खरीद रखे थे", इसके निर्माता मित्र को पहली फिल्म से आर्थिक नुकसान हुआ था। इस प्रोजेक्ट में मुझे व्यावसायिक संभावना दिखाई दी।" इसमें भारत का वह पक्ष है जिसे अन्तरराष्ट्रीय बाजार में आसानी से बेचा जा सकता है, "इसमें पश्चिमी

दर्शक को लुभाने वाली कई चीजें हैं–रहस्यमयपूर्ण, शेर का शिकार, बाल-विवाह और सतीदाह, हाथी पर पोलो, राजा-रानी और राजमहल-षड्यन्त्र, साँपों के करतब, सरोवर-नृत्य...देखूँ, तुम लोगों से इस प्रस्तुतिकरण (प्रस्तुतीकरण) में कहाँ तक सहयोग मिलता है।" वस्तुतः भारत की संस्कृति का वह श्याम-पक्ष भी अमेरिका तथा विश्व-बाजार में एक 'बिकाऊ जिंस' है, इसी का उपयोग हॉलीवुड करना चाहता है।" दूसरी ओर वॉलीवुड है जिसका प्रत्येक उत्तम कलाकार पश्चिम के श्रेष्ठ का स्वस्थ अनुकरण करने की स्पृहा रखता हुआ चुनौतीपूर्ण फिल्में बनाना चाहता है। हर्ष अपने मनोद्भावों में भारतीय सिने कलाकार के स्वप्नों को इस प्रकार रखता है, "हमारी कंपनी सामाजिक-राजनीतिक मुद्दों को लेकर सजग रहेगी। अगर 'रैडफोर्ड द' और 'आल द' प्रेसीडेंट्स मैन बना सकता है, तो आपात्काल के अँधेरे पर फिल्म क्यों नहीं बना सकते? 'हन्ना के' और 'मिसिंग' जैसे राजनीतिक थ्रिलर भी बनाएँगे। 'चेरियट्स ऑफ फायर' ने साबित कर दिया है कि स्पोर्ट्स फिल्म के लिए टैबू नहीं। हम भी ध्यानचन्द या पी.टी. उषा की संभावनाओं को टटोलेंगे। हम 'द लास्ट एंपेरर' जैसी फिल्म बहादुरशाह जफर पर बनाएँगे। हमारी वाइल्ड लाइफ इतनी समृद्ध है। 'आडर ऑफ एफ्रीका' जैसी फिल्म हम बनाएँगे।"[56] हर्ष के इस कथन से सुस्पष्ट है कि अमेरिका से भारत उसका श्रेष्ठ किस प्रकार अपनाने के लिए कृतसंकल्प है किंतु हॉलीवुड (अमेरिका) केवल हमें भुनाने (कैश करने) की जुगत में रहता है। ध्यातव्य है कि सुरेन्द्र वर्मा का यह उपन्यास 1993 ई. का है जबकि आज पिछले दस-पन्द्रह वर्षों में हमारे सिने-जगत के भी सरोकार पर्याप्त बदल गए हैं जिनका विवेचन-विश्लेषण यहाँ अभिप्रेत नहीं है।

भूमंडलीकरण के प्रभाव को हिंदी सिने-जगत, वॉलीवुड ने भाषा-स्तर पर किस प्रकार ग्रहण किया है, सुरेन्द्र वर्मा का यह उपन्यास वर्षा के चरित्र के माध्यम से अभिव्यक्ति देता है। वर्षा वशिष्ठ की वाचिक अभिव्यक्ति पूरी तरह अमेरिकी स्लेंग्स को अपनाती हुई वॉलीवुड के वैश्वीकृत समाज का परिचय देती है, "अगर वर्षा को हॉलीवुड शब्दावली की थोड़ी जानकारी न होती तो उसका चौंकना अनिवार्य था (उसने मन-ही-मन कुछ पुस्तकों और एंड्री को धन्यवाद दिया, जिनके सौजन्य से वह 'पीस ऑफ शिट, कीप वन थर्ड फॉर द शिट, द स्क्रिप्ट इज लिक्ड, डे फॉर नाइट, पेनिस एक्सटेंशन, द पिक्चर इज सॉफ्ट बट इट हैज लैग्स, ओवर एज, आन स्पैक्स', इत्यादि का अभिप्राय समझने लगी थी)। 'मुझे चाँद चाहिए न केवल हॉलीवुड, वॉलीवुड के भाषा-प्रयोग पर अपितु कितने ही अन्य पक्षों का चित्रण कर सिने-जगत पर भूमंडलीकरण के प्रभावों का कुशल अंकन करनेवाला अभी तक हिंदी का अकेला उपन्यास कहा जा सकता है।

हिंदी उपन्यास **भूमंडलीय संस्कृति के** ऐसे अनेक **नवाचार** भी चित्रित करता है जो भारतीय जीवन-पद्धति और साहित्य के लिए अब तक प्रायः अंजाने ही थे। पश्चिमी

जीवन-शैली अमेरिका, कनाडा, इंग्लैंड आदि देशों में रह रहे भारतीयों के लिए तो जीवन-समंजन (एडजस्टमेंट) की अनेक समस्याएँ वहाँ पैदा कर ही रही थी, भारतीय समाज में भी वे स्थितियाँ कमोबेश मात्रा में आती चली गईं। कमल कुमार अपने उपन्यास 'हैमबर्गर' में अमेरिकी जीवन-शैली में जीवन जी रहे भारतीयों की इन समस्याओं का गहराई से विश्लेषण करते हैं। वहाँ रहते भारतीयों को अपने बच्चों और विशेषतः लड़कियों को लेकर जो समस्याएँ हैं, उनका चित्रण मिसेज कपूर और मिसेज शर्मा के माध्यम से किया गया है। एक ओर तो ये पीढ़ियाँ परम्परा, अपनी पारिवारिक धार्मिक मान्यताओं, रीति-नीतियों का पालन आस्था के सम्बल के रूप में करते हैं– भजन, कीर्तन, शिवलिंग पर दूध चढ़ाना, आदि करती रहती हैं "ताकि यहाँ पर बच्चे अपने धर्म, संस्कृति व समाज की सही जानकारी पा सकें। इसके लिए भारतीय परिवारों की स्त्रियों का सामूहिक प्रयत्न था। सभी अपनी भावी पीढ़ी की सांस्कृतिक अस्मिता के लिए चिंतित थे।" बच्चे मिश्रित लिबास पहनते और अमेरिकी अंग्रेजी बोलते किंतु उन पर घरों में दबाव रहता कि वे घरों में हिंदी, गुजराती या अपनी बोली बोलें, अपना म्यूजिक सुनें, हिंदी फिल्में देखें "बाहरी दबाव में वह पीढ़ी जिस पीढ़ी और वातावरण के बीच में पल रहे थे, वहाँ की माँगें अलग थीं। इस द्वित्व में जीतो के माता-पिता की लड़की-लड़कों को लेकर अलग ही समस्याएँ हैं जिनका वर्णन मिसेज शर्मा इस रूप में करती हैं, "मिसेज शर्मा मोना के बारे में बता रही थीं कि मोना को लेकर घर में रोज पति-पत्नी में झगड़ा होता है। मोना से दो साल बड़ा उसका भाई, अमरीका के छोटे शहर के छोटे से विश्वविद्यालय में दो साल से किसी अमेरिकी लड़की के साथ रह रहा है। कक्कड़ दंपती को पता है। उन्हें यह पसन्द नहीं है। पर क्या करें। वह चाहते हैं कि रिश्तेदारों तक बात पहुँचने से पहले दोनों की शादी कर दूँ।" रत्ती जैसी कुछ स्त्रियों को यदि किसी गोरे मैक से प्रेम भी करना पड़ता है तो भी उसका स्तर दैहिक मात्र है। मैक का मत यह है, "वैल वी लाइक फास्ट वूमन एंड फास्ट फूड।" सच तो यह था भावनात्मक स्तर पर जो हम अनुभव करते हैं, वही हमारी वास्तविकता भी होती है। जो खून उसके अन्दर बह रहा था, वह संस्कार वही था, शरीर की शुद्धता का कारण और परिस्थितियाँ कुछ भी हों, दोषी कोई भी हो। सजा सिर्फ उसे ही भोगनी पड़ती थी। चाहे वह जीवित रहकर पल-पल मरती रहे या मरने के बाद पुनः जीवन प्राप्त करे या न करे।" वस्तुतः पल-पल आत्मा को मारने की स्थिति वहाँ रहते परिवारों को भोगनी पड़ती है। लेखिका इस विषय पर भी विचार करती है कि वहाँ रहते स्त्री-पुरुषों में इतनी कामुकता और वासना-वृत्ति क्यों है जिसका एक प्रमुख कारण पुरुषों का मांसाहार है, "जानती हो पुरुष मांस क्यों खाता है? अपनी हिंसा और वासना को बढ़ाने के लिए। हम इस देश में शरीर पर खत्म हो जाते हैं। भीतर से खोखले और घुन खाए हुए। हमारा आधार ही गलत है। शरीर की तुष्टि में लगे हम बेहद महत्त्वपूर्ण को नकार देते हैं।...शरीर के सुख में

वह आत्मा के चैतन्य और गरिमा को भूल गया। उसके भीतर की करुणा और आर्द्रता को वासनाओं की दीमक चाट गई। ऐसा होता है तो होता चला जाता है। फिर कोई प्रकाश रोशनी नहीं देता। डिस्कोलाइट में पश्चिमी पॉप पर फुदकते, नाचते, झूमते, चिपटते-रपटते शरीर में श्रेष्ठ और सुन्दर क्या है?"[57] इन्हीं स्थितियों में पिता, सौतेले पिता और सगे भाइयों द्वारा अपनी ही पुत्री और सगी बहनों का बलात्कार होता है। इस विषय पर विस्तार से चर्चा आगामी अध्याय में की जाएगी, यहाँ यही कहना अपेक्षित है कि पश्चिम, विशेषतः अमेरिका का यह नवाचार हमारे यहाँ के समाजों में भी अतिक्रमण कर रहा है।

अपसामान्य ('एबनॉर्मल') काम-संबंधों का चित्रण जिस रूप में आया, एक ओर तो उस पर पश्चिमी संस्कृति के भोगवादी रूप का प्रभाव है तो दूसरी ओर अंग्रेजी की 'लोलिता' जैसी कृतियों का भी प्रभाव लक्षित किया जा सकता है किंतु हिंदी में इस श्रेणी के उपन्यास-लेखक—मनोहरश्याम जोशी, कृष्ण बलदेव वैद, आदि भूल गए कि 'लोलिता' जैसी कृतियों का जमाना न जाने कब का लद चुका है। मनोहरश्याम जोशी ने अपसामान्य काम-संबंधों का जैसा खुला और 'भयावह' ('हॉरर' से भरा) चित्रण 'हमजाद' में किया है, वह सारी सीमाएँ पार कर देनेवाला चित्रण है। इस बड़े नाम के लेखक का यह उपन्यास 'फुटपाथिया साहित्य' के 'रद्दी लेखन' ('पल्प-राइटिंग') के समान ही है। उपन्यास का नायक नरकियानी 953-954 औरतों के साथ हमबिस्तरी करता है। कोई आयु या पवित्र से पवित्र संबंध नहीं है जिसे नरकियानी ने संभोग का शिकार न बनाया हो—सुंदर-असुन्दर, स्वस्थ-अस्वस्थ, बौनी कुबड़ी कोई नहीं है जिसे बिस्तर पर लाने के लिए उसने नई से नई तरकीब इस्तेमाल न की हो। जिस 'खुली' और 'गलीच' भाषा में इस सबका वर्णन हुआ है, उसे किसी भी दृष्टि से साहित्य नहीं कहा जा सकता, "पापा जी बताते थे कि तुम्हें यह गवारा नहीं हुआ कि उनका 'लकी लिंग' तुमसे छीनकर तुम्हारी छोटी बहन को थमा दिया जाए। XXXXX अफसाने की आड़ तक में कोई कहानी निस्बत से बीमार आदमी ही यह कह सकता था कि पापा जी अपनी बेटी के साथ सोये और धेवती के साथ सोने की कोशिश करते हुए खुदा को प्यारे हुए।" XXXXX मसलन यह अपनी ही बेटी मीना को एक अनजान यतीम लड़की बताकर और उसकी किसी अमीर राजकुमारी-सी परवरिश करके लोगों में वाहवाही लूट रहा था। मगर यह 'नेक' काम भी वह इस बदनामी से कर रहा था कि एक दिन उसे हमबिस्तर बनाएगा। वह लोगों की मौजूदगी में उसे मेरी गर्ल-फ्रैंड कहकर पुचकारा करता था और उसका बोसा ले लिया करता था। "तन्हाई में वह मुझसे अकसर पूछा करता था कि लड़की की नथ उतारने की सही उमर क्या बताई गई है तिलक!" सारे मूल्य, नैतिकता, संबंधों की शुचिता, माया-मोह-ममता यहाँ सब ध्वस्त हैं, सत्य है तो केवल देह, केवल देह!! पशु स्तर पर उतरकर देह का भूगोल खंगालने का ही उपक्रम है 'हमजाद' की कथा।[58] काम-संबंधों का यह काल्पनिक

यथार्थ है जिसे फंतासी का नाम देकर कथाकार को बीमार मानसिकता के दोष से मुक्त नहीं किया जा सकता।

पश्चिम की जिन अन्य प्रवृत्तियों ने भारतीय समाज को आक्रान्त किया है उनमें **समलैंगिकता**–स्त्री और पुरुष दोनों की ही–भी एक है जिसका चित्रण विविध रूपों में हिंदी उपन्यास में हुआ है। स्त्री-समलैंगिकता (लेस्बेनियनज्म) का चित्रण एक प्रकार से नारीवाद की नई सोच और यौनिक स्वतन्त्रता के रूप में ही अधिकांशतः हुआ है। उषा प्रियवंदा, सुषम बेदी, चित्रा मुद्गल, गीतांजलि श्री, आदि उपन्यासकारों ने पूर्ण काम-तुष्टि और पुरुष के एकछत्र कामाधिकार के प्रतिरोधस्वरूप ही स्त्री समलैंगिकता का चित्रण किया है, इसलिए इसकी विशेष चर्चा 'नई नारी चेतना' के अन्तर्गत ही की जाएगी। पुरुष समलैंगिकता का चित्रण अभी हिंदी उपन्यास में कम ही हुआ है, यद्यपि हिंदी सिनेमा पुरुष समलिंगी ('गे') समाज की समस्या पर कई फिल्में ('दोस्ताना', 'स्ट्रेट') बनाकर यह अग्रगामिता ('लीड') प्राप्त कर सका है कि वह समाज की ऐसी समस्याओं पर साहित्य से भी पहले उँगली रखकर अपना दृष्टिकोण प्रस्तुत करता है। प्रभा खेतान के उपन्यास 'पीली आँधी' में सोमा का पति गौतम समलिंगी है–ऐसे पति के संसर्ग में स्त्री की जो मनोव्यथा है, उसका सूक्ष्म चित्रण यहाँ किया गया है किंतु पुरुष अपने अहं में दोष और लांछन पत्नी को ही देता है। उसकी पत्नी में कोई 'रुचि जाग्रत नहीं होती' किंतु उस पर वह यह दोषारोपण करता है, "तुम एक नियमित सेक्स चाहती हो, मासूम भरा-भरा...मैं इसे घरेलू नुस्खा कहूँगा...स्वादहीन...फीका।" उल्टे वह औरत-सोमा को ही 'ठंडी प्रकृति' बताता है। हकीकत यह है कि "महीनों हो जाते हैं, मुझे छूने को भी तुम्हारा मन नहीं करता?" उसका कारण यह है कि गौतम बचपन के दोस्त बिल्लू, पुजारी और अपने ड्राइवर आदि में अपनी काम-तुष्टि पाता है। सोमा-भरे पूरे परिवार में अजीब किस्म का बेगानापन भोगती है। पत्नी के सामने अपनी असलियत को छिपाने या उसके मिस अपना असंतोष दिखाने के लिए वह बात-बात पर सोमा पर झल्लाता है, उसकी झल्लाहट का वास्तविक कारण पत्नी को संतुष्ट न कर पाने की खीज और स्वयं की भी तुष्टि न होने की एक ग्रंथि है। अन्ततः वही होता है जो ऐसी स्थितियों में स्वाभाविक है, सोमा अपने बंगाली प्रोफेसर सुजीत से प्रेम कर दैहिक संबंधों पर आती है। वह अपनी प्रदत्त परिस्थितियों के प्रति विद्रोह करती है, पर-पुरुष से संपर्क कर उसके मन में कोई पाप-बोध नहीं जागता–'सोमा प्यासी' स्थिति में यह मार्ग अपनाती है, "आखिर गलत क्या है? ऐसा कौन-सा अपराध मैं कर रही हूँ? क्या अभी इस वक्त भी दुनिया के सैकड़ों स्त्री-पुरुष, एक-दूसरे को प्यार नहीं कर रहे होंगे? क्या उनका शरीर साथ नहीं? और क्या सभी पति-पत्नी हैं? किसी पराए पुरुष को यदि मैं अपनाना चाहती हूँ तो अनोखा क्या है? क्या कभी विवाहित स्त्री ने अन्य विवाहित पुरुष से प्यार नहीं किया है? फिर यह भय और ग्लानि क्यों?" लेखिका ने सोमा को ग्लानि, भय आदि से मुक्त कर एक

स्वतंत्रचेता नारी का आत्म-दर्प प्रदान किया है, वह अपने पति, परिवार और समाज की परवाह किए बिना सुजीत से संबंध रखना चाहती है, उसके बच्चे की माँ बनना चाहती है, गर्भ-स्राव के लिए किसी भी प्रकार तैयार नहीं होती। वह यह भी भली भाँति जानती है कि गौतम के भाई आदि भी चाहते हैं कि वह इसी प्रकार समलिंगी व्यवहार में पड़ा अपना सब कुछ भूलता रहे जिससे उन्हें उसका व्यापार आदि का हिस्सा देना न पड़े। अपने विद्रोही रूप में सोमा स्पष्टता से पति को लताड़ती है, "गौतम मैंने न कभी तुमसे प्यार किया था और न कभी कर सकूँगी।" वह अपने इस व्यवहार के लिए स्वयं को दोषी नहीं मानती अपितु गौतम को दोषी मानती है, वह गौतम से आखिरी सवाल इस रूप में पूछती है, "गौतम मैं पूछना चाहती हूँ कि क्या मैं शुरू से ऐसी ही थी! क्या मेरा तुमसे कभी कोई लगाव नहीं था? क्या मैंने अपनी पत्नी की भूमिका में कभी कोताही की? लेकिन पुजारी भैया के साथ तुम्हारा आचरण, फिर इन दिनों नए ड्राइवर के साथ, और भैया लोगों का सब कुछ देखकर भी अनदेखा करना, ताकि व्यापार में, घर की हिस्सेदारी में तुम हमेशा कमजोर रहो, कुछ माँग न सको। गौतम, बादशाह भी तो अपने बेटों को शराब और वेश्याओं के साथ भुलाए रखता था ताकि वे कहीं राजगद्दी न माँग बैठें।"[59] अपनी नारीवादी सोच से उपन्यासकार ने सुजीत की पत्नी चित्रा द्वारा सोमा और उसके बेटे को स्वीकार कराया है जिससे सोमा अपना प्रेम और आश्रय पा सके, बच्चा अपना नाम पा सके। इस रूप में प्रभा खेतान ने पुरुष समलिंगी समस्या को बहुत गहरे विश्लेषण के साथ अपने इस उपन्यास में चित्रित किया है। 'शेष कादम्बरी' (अलका सरावगी) में भी संक्षिप्त सा उल्लेख है कि सविता ने "ईश्वरीय प्रेरणा की बातों में फँसकर भावनाओं में बहते हुए एक बंगाली से शादी कर ली, जो एक समलैंगिक निकला" किंतु लेखिका इस प्रसंग को और आगे नहीं बढ़ाती है।[60] पुरुष समलैंगिकता से अलग हटकर कुछ हिंदी उपन्यासों में **पुरुष-वेश्या-वृत्ति ('जिगालो')** पर अवश्य विचार किया गया है। 'हंस' संपादक राजेन्द्र यादव तो सुरेन्द्र वर्मा के उपन्यास 'दो मुर्दों के लिए गुलदस्ता' की प्रशंसा ही इसलिए करते हैं कि वह पुरुष वेश्यावृत्ति (जिगालो) पर हिंदी में प्रथम कृति है, किंतु यहाँ यह अहम सवाल उठता है कि क्या केवल इसी कथ्य के आधार पर उसे सदी के प्रमुख उपन्यासों में परिगणित किया जा सकता है जिस प्रकार राजेन्द्र यादव ने किया है। युवा कथाकार अजय नावरिया ने भी अपने उपन्यास 'उधर के लोग' में पुरुष वेश्यावृत्ति की चर्चा की है, दिल्ली 'महानगर' में बढ़ती पुरुष वेश्यावृत्ति की रिपोर्ट याद आ गई थी। शायद नैतिकता को, दकियानूसी विचार मानने वाले, इस कास्मोपोलिटन शहर का एक बड़ा बिजनेस बन रहा था यह। इस बिजनेस में औरत और आदमी नहीं थे, कम-से-कम, वे दो उत्पाद थे और ज्यादा-से-ज्यादा, नर और मादा। इन उत्पादों का बाजार भाव था जो शेयर बाजार सेंसेक्स की तरह घटता-बढ़ता था। रंग, रूप, कद-काठी और सामर्थ्य के साथ-साथ, अंग्रेजी भाषा, इसके भाव तय करने में अहम

थे। जिस रिपोर्ट की बात यहाँ की गई है, वे 'इंडिया टुडे' जैसी पत्रिकाओं द्वारा प्रकाशित सर्वेक्षणों को संकेतित करती है। ऐसे पुरुष वेश्या-केन्द्र शहर में कई जगह हैं, "मुझे आयशा के बताए 'जिगोलो' भी याद आए थे जो किन्हीं औरतों के लिए खुद को गर्क करते थे।" पश्चिम से आयातित यौन, काम, संबंधों की ऐसी कई विकृतियों का चित्रण हिंदी उपन्यास में हुआ है।

कॉलगर्ल वेश्या-वृत्ति का ही दूसरा रूप है, कॉलगर्ल नाम ही सूचित करता है कि यह पश्चिमी जीवन-शैली से हमारे यहाँ—नगरों-महानगरों में आई प्रवृत्ति है। भारतीय परिवेश में कॉलगर्ल को लेकर प्रमिला कपूर आदि द्वारा बहुत-से समाजशास्त्रीय अध्ययन भी हुए हैं, जिनमें इनके विविध रूपों और कार्य-व्यापार का परिचय सर्वेक्षणों-आँकड़ों के आधार पर प्रस्तुत किया गया है। इस प्रवृत्ति का चित्रण हिंदी के अनेक उपन्यासों में विभिन्न दृष्टियों से किया गया है। कॉलगर्ल का एक रूप वह भी है जब अमेरिका में बसने के लिए कुछ भारतीय युवतियाँ वहाँ के युवकों से अस्थायी विवाह कर कुछ समय बाद तलाक ले लेती हैं। फिर उन्हें पैसे और अपनी काम-तुष्टि के लिए इस कॉलगर्ल पेशे का चस्का ही लग जाता है। अनामिका के 'तिनका तिनके पास' उपन्यास में शीरीन एक अमेरिकी युवक से ऐसा ही विवाह कर मात्र कॉलगर्ल के रूप में रह गई। भारत से जाने से पहले ही शीरीन अपनी आर्थिक विवशताओं में कॉलगर्ल के एक रैकट में काम करती रही है किंतु अमेरिका आकर उसकी इस कॉलगर्ल व्यवसाय में जो दुर्गति हुई उसका चित्रण एक डायरी के रूप में किया गया है, "विश्वायन के बाद के एक कॉलगर्ल की डायरी। अन्तर्राष्ट्रीय नेक्सस पर औरत की दुर्गति का किस्सा...एक पढ़ी लिखी औरत की दुर्गति का...।" अपने विभिन्न ग्राहकों के साथ हुए यौन-अनुभवों को डायरी रूप में शब्द-बद्ध किया गया है। कॉल गर्ल्स की 'पीच', संस्था में उसे तरह-तरह के, प्रत्येक आयु और व्यवसाय के ग्राहक मिले-नई दिल्ली का साफ्टवेयर इंजीनियर, कमसिन आयु का टीनएजर लड़का, कोई बूढ़ा या प्रौढ़। इन विवरणों में वे विवरण बहुत मार्मिक बन पड़े हैं जहाँ कॉलगर्ल की मानसिक स्थिति का खुलासा किया गया है, यथा "शुरू-शुरू में सोचती थी कि कॉलगर्ल का हर दिन असाधारण होता है—सिंदबाद या गुलीवर के साहसिक अभियानों की तरह का, लेकिन ऐसा कुछ नहीं था। ज्यादातर लोग अत्यंत साधारण थे और ज्यादातर के पास प्यार दिखाने का कोई शऊर नहीं था। अत्यंत साधारण बातें करते थे और उबाऊपन की हद तक एकरूप थे उनके कार्यकलाप। ज्यादातर के पास आते ही मेरा मन कमेंटरी करने लगता था कि अब ये होगा, अब वो ये कहेगा, अब अपने जीवन का रोना रोएगा, अब अपने फ्रस्ट्रेशन मुझ पर निकालेगा, अब अपनी फेंटैसी आजमाएगा... कभी-कभी तो ऐसा लगता कि मैं बस ऊर्जा-बोर्ड हूँ और तरह-तरह की आत्माएँ मुझ पर उतरती हैं।...एक ही राहत थी कि एक घंटे से ज्यादा किसी का साथ ढोना नहीं पड़ता था जैसे कि अफेयर में या शादी में कभी-कभी या अकसर ढोना होता है।" यह

सारा वर्णन कॉलगर्ल की संघर्षमयी उबाऊ-सी जिंदगी का परिचय देता है। कभी-कभी कॉलगर्ल का पाला ऐसे विकट ग्राहकों से पड़ता है जो पर पीड़न-रति (सैडिस्टक प्लेजर) के ही आदी होते हैं—थप्पड़, घूँसे मारने, बर्बरतापूर्ण संभोग कर वे बलात्कार-सा ही कर डालते हैं, "यह एक क्लासिकल रेप था! कितना भयानक हो सकता है रेप-यह मैंने जाना और तब मेरे मन में उन सब सीधी-सादी लड़कियों के लिए गहरा बहनापा जागा जिनको (अलभ्य मॉडेल्स या पॉर्नगर्ल्स की नई तस्वीरों द्वारा उकसाए हुए) मर्दों की बीमार-सी हिंसक वासना का शिकार बनना पड़ता है क्योंकि सड़क पर 'उपलब्ध वही होती हैं।"[61] वस्तुतः "बिना प्यार की यौन क्रिया" कितनी पीड़ादायक हो सकती है, उपन्यासकार ने इसे कथा के बीच चित्रित किया है। एक प्रकार से यहाँ तीसरी दुनिया की लाचार औरत की पीड़ा के रेखांकन का प्रयास किया गया है।

रवीन्द्र वर्मा ने 'दस बरस का भँवर' में झाँसी जैसे छोटे शहर में कॉलगर्ल के रूप में पनप रही दोस्तियों का चित्रण किया है। सिविल लाइंस के फ्लैट में रहती कमला और स्टैला ऐसी ही लड़कियाँ हैं जो अपनी दोस्ती की फीस वसूलती हैं। कमला रतन को बताती है कि "ऐसी दोस्तियों का चलन झाँसी में नया है तब रतन को इस पर ताज्जुब हुआ।" रतन को स्टैला की ड्रेस देखकर आश्चर्य हुआ था। स्टैला का स्कर्ट उतारना, पूर्णतः निर्वस्त्र हो जाना, रति-आमंत्रण-कुछ भी तो रतन को अच्छा नहीं लग रहा था, उस सबसे हतप्रभ वह केवल अपनी प्रेमिका सपना को ही स्टैला में देखता है। कॉलगर्ल को प्रेमिका सपना के रूप में देखना रतन का अपने प्रकार का प्रतिरोध है।[62] 'आवाँ' में नमिता को भी गौतमी और 'आभूषण-दीर्घा की मालकिन' इसी रूप में इस व्यवसाय में ढालती हैं कि उसे संजय कनोई जैसे ग्राहक को कॉलगर्ल के रूप में प्रस्तुत किया जा सके, यह बात दूसरी है कि बाद में वे एक प्रेम-सूत्र में बँधते चले गए। इन व्यापारिक प्रतिष्ठानों में नियुक्त लड़कियों को मॉडल और कॉलगर्ल की भूमिका एक साथ निभानी होती है, "मैडम ने संदेश दिया है कि आज शाम पाँच बजे के करीब पारंपरिक भारतीय आभूषणों के विख्यात निर्यातक, अहमदाबाद के प्रतिष्ठित व्यवसायी मि. संजय कनोई अपनी पत्नी निर्मला कनोई के संग घर आएँगे—आभूषण दीर्घा में उनका संकलन और चयन देखने। संजय कनोई के आतिथ्य का उत्तरदायित्व मैडम उन दोनों को सौंप रही है।" निर्मला घबराती है तो गौतमी उसे तरह-तरह से आश्वस्त करती है कि यह सब तो "तुम्हें एक न एक दिन सीखना ही होगा"। इसी प्रकार उसे बार-बार संजय कनोई के पास भेजा जाता है।[63]

डेटिंग भी वैश्वीकरण प्रदत्त नया सभ्याचार है जो इस देश में अजाना था, किंतु अमेरिका, इंग्लैंड गए भारतीयों का समाज नित्य-प्रति इस समस्या से परेशान रहता है। हिंदी उपन्यास में विदेश की कथा-भूमि पर लिखे उपन्यासों में तो विशेषतः इसका चित्रण हुआ है, कुछ उपन्यासों में अपने महानगरों में भी स्थान पाती इस प्रवृत्ति का उल्लेख किया गया है। सुषम बेदी के उपन्यास 'हवन' में राधिका ऐसी ही पात्र है जो

पूरी तरह अमेरिकी संस्कृति में ढल चुकी है। उसे अपना 'राधिका' नाम भी असुविधाजनक लगता है, इसलिए वह इसे बदलकर अपना नाम 'लौरा' रख लेती है। वह डेटिंग पर जाती है और 'स्लम्बर पार्टियों' में अपनी सहेलियों के घर जाकर लड़के-लड़कियों की पार्टी में मस्त रहती है। पिता का थप्पड़ खा कर जब उसे जबरदस्ती घर में रुकना पड़ता है तो वह बहुत रोती-कलपती है। उसका तो उद्देश्य ही यह है कि "एक खुली आजाद और अबाध अमेरीकी लड़की की तरह रहना चाहती है।"[64] इसी प्रकार कमल कुमार के 'हैमबर्गर' उपन्यास में मोना ऐसी ही लड़की है जो बार-बार अलग-अलग लड़कों के साथ डेटिंग पर जाती है और अपने परिचय के घर को अपने मुक्ताचार के लिए प्रयुक्त करती है। अपने मित्र के साथ औचक आई मोना की स्थिति यह है, "वह नीचे आई थी उन्हें कम्परोमाइजिंग पोजीशन में देखकर हत्प्रभ हुई थी। यहाँ के चलन के अनुसार इसमें कुछ विशेष नहीं था। पर यहाँ रह रहे भारतीय परिवारों में इस खुलेपन की इजाजत लड़कियों को कतई नहीं थी। उसने देखा सोलह-सत्रह साल की इस नाबालिग लड़की का चेहरा सपाट था। उसने स्वयं को धर्म संकट में पाया।" मोना का यह क्रम चलता ही रहता है। इस डेटिंग की समस्या से वहाँ रहते भारतीय परिवार इस प्रकार भयाक्रान्त होते हैं कि वे अपनी जवान लड़कियों को लेकर भारत लौट आते हैं। भारतीय परिवारों की डेटिंग विषयक चिंता को इस प्रकार अभिव्यक्त किया गया है, "भारतीय अमरीकी परिवार जिनके घर में लड़कियाँ हैं, बहुत डरे हुए रहते हैं। सबसे बड़ी समस्या डेटिंग की है। इस समस्या का आसान समाधान सपरेशन में ढूँढ़ा जाता है। लड़कियों पर खूब दबाव डाला जाता है। तुम नहीं जानती रत्ती यहाँ हाईस्कूल तक पहुँचते-पहुँचते लगभग सभी लड़के-लड़कियाँ सैक्स का अनुभव कर चुके होते हैं।" डेटिंग सप्ताहांत पर वहाँ की जीवन-शैली में स्वाभाविक कृत्य समझा जाता है, "वीक एंड, सेटरडे फीवर और मंडे ब्लूज की अवधारणाओं के साथ उसके साथ की लड़कियाँ वीक एंड मनाकर लौटी थीं। किसी पिकनिक स्पाट, किसी बीच, किसी रेस्तरां, मोटल या होटल में किसी के साथ रही थी। जरूरी नहीं कि वह किसी पिछले सप्ताहवाला ही था। वे खुश थीं, वे कहती थीं कि वे रिलेक्सड थीं।"[65]

रवीन्द्र कालिया अपने उपन्यास 'ए.बी.सी.डी.' में डेटिंग की समस्या को एक और ही दृष्टि से विवेचित करते हैं। भारतीय परम्पराओं को अमेरिका में जीता परिवार अपनी लड़कियों को अमेरिकियों की तरह डेटिंग पर जाते देखकर हत्प्रभ है। नेहा की बड़ी बहन शीनी गोरे निक के साथ डेट पर चली गई है, इस पर उसकी माँ की स्थिति यह है, "मेरे रोकते-रोकते वह किसी गोरे के साथ मुँह काला करने चली गई। हाय रे, मैं तो बर्बाद हो गई, मैं कहीं की न रही। मुझसे यह सब न सहा जाएगा। मुझे ऊपर उठा ले मेरे पातशाह।" नेहा और शीनी अपने माँ-बाप की दकियानूसी 'हिंदुस्तानी सोच' से परेशान हैं। माँ की इस सोच पर उन्हें अफसोस होता है, "उनके मन में यह क्यों घुस गया है कि लड़का-लड़की एकांत पाते ही सेक्स करने लगेंगे। वे अपने बच्चों

पर भी भरोसा नहीं करना चाहते।" नेहा इतना मुँहफट हो चुकी है कि वह डेटिंग से लौटकर अपनी माँ से यह कह सकने में सक्षम है कि ''माँ मैं सही सलामत लौट आई हूँ, चिंता न करो कोई सेक्स-वेक्स नहीं हुआ।" माँ की इस 'जहालत' पर उन्हें गुस्सा आता है कि 'हिंदुस्तानी लड़कियाँ डेट फेट पर नहीं जातीं।' शीनी के डेट पर जाने को लेकर माँ इतनी परेशान है कि उसने "कुल की तमाम मर्यादाओं का गला घोंट दिया हो और अब डेट से लहू-लुहान लौटेगी।" माँ जब अपनी सहेली लीला को पैंतीस वर्षीया बेटी अपूर्वा, जो बैंक में नौकरी करती है, के विषय में बताती है कि वह आज तक डेटिंग पर नहीं गई तो शीनी तुनुककर जवाब देती है, "देखना माँ एक दिन वह पागल हो जाएगी या आत्महत्या कर लेगी।" शीनी की पीढ़ी का मत है कि "दिन रात शलवार पर पहरा देनेवाली लड़कियाँ ही पवित्र नहीं होतीं।" इस पीढ़ी का तर्क है कि ''जब आज की दुनिया में स्त्री-पुरुष के साथ कंधे से कंधा मिलाकर चल रही है तो लड़कियाँ इस प्रकार के बंधनों में रहकर नहीं जी सकतीं। उपन्यास का संदेश 'डेटिंग' को स्वाभाविकता में ग्रहण करने का है।"[66]

भारतीय परिवेश में महानगरों में विशेषतः 'डेटिंग' प्रचलन में आ चुकी है। इंटरनेटी दुनिया, मोबाइल और बड़े-बड़े शो-रूमों से संपर्क-सूत्र, फोन नं. आदि लेकर लड़के-लड़कियाँ एक दूसरे से संपर्क कर डेटिंग पर जा रहे हैं। इस नियति का संकेतात्मक आकलन अलका सरावगी ने 'कलि कथा : वाया बाईपास' में किया है, "अब जमाना ही ऐसा है तो बच्चे क्या करें? अभी बड़ी लड़की के लड़के को एक लड़की ने 'डेटिंग' के लिए फोन किया और कहा कि उसने उसका फोन नम्बर 'ओपेल' गाड़ी के शो रूम से लिया है। किशोर बाबू समझते ही नहीं कि आखिर उनका लड़का कितने दिन मन मारकर रहता।"[67]

कैबरे, डिस्कोथे, पब तथा पंचसितारा होटलों की संस्कृति वैश्वीकरण के ऐसे प्रभाव हैं, जिनसे पूरा भूमंडल प्रभावित हुआ है। हिंदी उपन्यास ने भूमंडलीकरण के इन 'वरदानों' का आकलन अपनी तरह से किया है। जिस कॉलगर्ल पेशे की बात अभी की गई है, उसे पोषित करने में इस होटल संस्कृति का बहुत बड़ा हाथ है। 'डेटिंग' के लिए भी ये स्थान पर्याप्त उपयुक्त पाए गए। व्यावसायिक हितों के संरक्षण और संवर्द्धन के लिए भी बड़े और पंच सितारा होटलों का सहारा लिया जाता रहा है। 'आवां' में आभूषण अभिकल्पन ('डिजाइनिंग') और आभूषण निर्यात का व्यापार बड़े नामी होटलों में रखी गई मीटिंगों से ही संभव होता है। बार-बार संजय कनोई जैसे आभूषण निर्यातक होटलों में ही नमिता से मिलते हैं, यहीं उनका प्रेम परवान चढ़ता है, नायिका उनके लिए एक मॉडल न रहकर प्रेमिका का रूप होटलों के एकांत में ही ग्रहण करती है। इन होटलों में ही बीयर, ब्रांडी, व्हिस्की आदि का सेवन करती नमिता आधुनिक जीवन शैली में ढलती चली जाती है। सिद्धार्थ, गौतमी और संजय कनोई इस होटल-संस्कृति में आपाद्-मस्तक डूबे हुए हैं, वे नमिता को उसी रूप में दीक्षित

करते चले जाते हैं। अलका सरावगी 'कलि कथा : वाया बाईपास' में किशोर बाबू की अपने बच्चों की उस प्रवृत्ति पर कुढ़न दिखाई है कि वे देर रात तक होटल-क्लबों, आदि में नाचते रहते हैं, "किशोर बाबू ने समझा कि लेटेस्ट फैशन वे नहीं जान सकते। क्लबों में देर रात तक डांस करना भी इसी तरह की चीज है।" अमोलक के दोस्त अरुण की पत्नी इसीलिए आत्म-हत्या कर लेती है कि "शादी की सालगिरह पर वह उसे 'ताज बंगाल' होटल नहीं ले गया था।"[68] द्रोणवीर कोहली के उपन्यास 'चौखट' का कथ्य भी भूमंडलीकरण प्रभावित इस अत्याधुनिक जीवन शैली को ही चित्रित करता है। उपन्यासकार ने दिल्ली के पंचसितारा होटल 'सेंटार' के कैबरे का चित्रण किया है। किस प्रकार मिस गैंडा और मिस नीना कामुक नृत्य प्रस्तुत करती हैं और मिस नीना संगीत की बर्बर और आदिम-सी ड्रमों की धुन पर थिरकती हुई अपने एक-एक वस्त्र उतारती हुई अपनी 'ब्रा' को 'अनहुक' करती है। यह वर्णन वहाँ के इस वहशीपन को पूर्ण विस्तार में चित्रित करता है।[69] उपन्यासकार यह समग्र विवरण तो देता है किंतु इस सबके प्रति अपनी वितृष्णा भी स्पष्टतः प्रकट करता है, गाड़ी में बैठकर वह शीशे इसलिए खोल देता है कि उस कैबरे-दुर्गंध से निजात पाना चाहता है।

रवीन्द्र वर्मा ने भी 'दस बरस का भँवर' में एक बार का ऐसा ही वर्णन किया है, जहाँ कामोत्तेजक नृत्य, गायन और मयखोरी है। बार के तिलिस्मी संसार को देखकर रतन की आँखें फटी की फटी रह जाती हैं। अपनी धुरी पर चारों ओर धीरे घूमता मंच, उस पर थिरकती अर्ध-नग्न 'अप्सराएँ', 'आप जैसा कोई मेरी जिंदगी में आए' का मदमाता गीत एक नई तरह की दुनिया में रतन का प्रवेश है, " 'आप जैसा कोई' की अनन्त संभावनाएँ थीं, जो सिगरेटों के धुएँ और चारों ओर लगे आईनों में नाच रही थीं। मेजों पर भरे-अधभरे गिलास रखे थे।" 'चौखट' के चित्रण के समान यहाँ भी यह वातावरण रतन (कहें उपन्यासकार) को पूरा बनैला, आदिम, बर्बर और क्रूर लगता है, "मेजों पर रूपहला अंधेरा था। आदमियों की आँखें ऐसे चमक रही थीं जैसे अँधेरे में जानवरों की आँखें चमकती हैं। रतन को एकाएक लगा जैसे जंगल के अँधेरों में जानवरों की चमकती आँखें गाने की ओर देख रही थीं जैसे मन्त्रविद्ध हों। उनकी छायाएँ हिलती-डुलती थीं। कभी-कभी दाँत चमकने लगते। जंगल के अँधेरे के पेड़ थे और घात लगाए बैठे जानवरों के दाँत थे। जानवर चुप थे। जंगल में उनकी आवाज पेड़ों और पत्तियों में घूम रही थी। कभी-कभी पत्तियाँ हिलतीं और डालें आपस में टकरा जातीं।"[70] दोनों ही उपन्यासों में जिस वहशी रूप में होटल और बार का यह कैबरे-चित्रण किया गया है, वह एक लगभग आदिम समाज का बोध देता हुआ, उस सबके प्रति वितृष्णा जगाकर अपना प्रतिरोध व्यक्त करता है।

ग्लोबल गाँव-संस्कृति ने जो 'महाप्रसाद' अपनी अत्यधिक आधुनिक (मॉड) जीवन-शैली से पूरे भूमंडल को प्रदान किए **कुआँरा मातृत्व** भी उनमें से एक है जो हिंदी

उपन्यास की चिंता का भी विषय बना है। भारतीय समाज में कुआँरा मातृत्व निरंतर बढ़ता जा रहा है। वह दिन अधिक दूर नहीं गया है जब एक टी.वी.-सिने अभिनेत्री (नीना गुप्ता) ने साहसपूर्वक अविवाहित मातृत्व को अंगीकार कर नारी-स्वातन्त्र्य का एक नया मानक गढ़ा था किंतु अब विभिन्न सामाजिक संस्थाओं तथा पत्रिकाओं ने सर्वेक्षण और आँकड़ों के आधार पर स्थापित किया है कि भारतीय समाज में यह प्रवृत्ति पर्याप्त विस्तार पाती जा रही है। सुरेन्द्र वर्मा के 'मुझे चाँद चाहिए' की वर्षा वशिष्ठ पूरी तरह नई, अत्याधुनिक ('मॉड') जीवन-शैली में ढल चुकी है। अपने मुक्ताचार में हर्ष से प्रेम करते हुए बिना विवाह के ही वह उसका गर्भ-धारण करती है। 'ब्लैक विडो' तथा 'भावात्मक विधवा' जैसे अवमाननापूर्ण सम्बोधन सहकर भी वह उस बच्चे को जन्म देने के लिए कृत-संकल्प है। उसके बच्चे को लेकर सब ओर बतकही होती है मानो "वर्षा के गर्भ ने राष्ट्रीय प्राथमिकता का दर्जा हासिल कर लिया था।" किंतु फिर भी वर्षा का निर्णय डगमगाता नहीं है, उसकी मित्र सुजाता उसके इस कदम को 'सामाजिक रूढ़ियों के लिहाज से' चुनौती-भरा बताती है। डॉक्टर के क्लिनिक से लौटी वर्षा अपने इस निर्णय पर अटल है, "मैं हर्ष के बच्चे को स्वीकार करूँगी, यह धारणा बलवती होती जा रही थी।" अपने इस कदम का औचित्य वह इस रूप में खोजती है, "हर्ष उसके अब तक के जीवन का सबसे महत्त्वपूर्ण पुरुष था। अनेक झंझावातों से गुजरने के बावजूद उसके साथ का रिश्ता बहुत दृढ़ और स्थायी साबित हुआ था। अब इस संबंध का एक प्रतीक उसे मिल सकता था। हर्ष के संबंध की निरंतरता बनी रह सकती थी।"[71] इस प्रकार वर्षा यहाँ अपने कुआँरे मातृत्व को पूरे आत्म-गौरव से स्वीकारती है। चित्रा मुद्‌गल 'आवां' उपन्यास में अविवाहित मातृत्व का प्रश्न बहुत गंभीरता में उठाती है। विधर्मी, मुसलमान युवक सुहैल से प्रेम करती खोली में रहती सुनंदा, सारी सामाजिक भीतियों और प्रतिरोधों को धता बताती हुई, अपने गर्भ-धारण करने में कोई दोष नहीं देखती। अपनी आर्थिक आत्म-निर्भरता उसे मातृत्व धारण करने के लिए बल देती है, "मैं आत्मनिर्भर हूँ, दीदी! अपने बच्चों की परवरिश स्वयं कर सकने में समर्थ। मेरा मातृत्व ब्याह के टुच्चे प्रमाण-पत्र का मोहताज नहीं। असुविधा है तो मात्र इतनी कि माँ स्वयं काम पर जाएगी या मेरी बच्ची की देखभाल करेगी?" सुनंदा किसी भी रूप में अपने को गलत नहीं मानती, तब भी नहीं, जब उसको लेकर सांप्रदायिक ताकतें उपद्रव करना चाहती हैं। उसका मत है कि धर्मांधों को धार्मिक उन्माद दिखाने के लिए कोई न कोई बहाना चाहिए। यदि मैं नहीं तो कोई और बहाना वे ढूँढ़ लेंगे। अपने बच्चे का मातृत्व स्वीकार करने का उसका बड़ा प्रबल तर्क है, "प्रश्न यह था, दीदी कि मैं औरों की सुख-संतुष्टि के लिए अपने सच को घोट दूँ या अपने 'स्व' के सरंक्षण के लिए उसके उगने को देह धरने दूँ, उसे पूरी की पूरी काया ग्रहण करने दूँ...सुहैल ने प्रेम करने के समय तो कोई शर्त नहीं रखी? ब्याह करना होगा तो उससे नहीं, इस्लाम से करना होगा...या उसे हिंदुत्व

से?" कुआँरे मातृत्व के साथ-साथ साम्प्रदायिक पर भी चोट करती हुई लेखिका ने एक बडा अहम प्रश्न उठाया है कि जो व्यावसायिक (या सरकारी) संस्थान जचकी के लिए गर्भवती स्त्री और उसके बच्चे की सुविधाओं का प्रावधान रखे हुए है वे कुआँरी माँ को भी वे सुविधाएँ क्यों नहीं दे सकते...सुविधा का प्रावधान गर्भवती स्त्री और उसके बच्चे को लेकर है, न कि कुआँरी माँ या ब्याहता माँ के विशेषणों के लिए। कुआँरी माँ क्या ब्याहता माँ के समान ही जचकी के घोर कष्टों से होकर नहीं गुजरती? उसे आराम की जरूरत नहीं होती? माँ बनना किसी के निजी मामले की बजाय कंपनी का मामला कैसे हो गया?" वस्तुतः यह इस समस्या पर एक नई सोच की खिड़की खोलता कथन है।[72] लेखिका यहाँ कुआँरे मातृत्व का इसलिए समर्थन करती है कि यह कुआँरा मातृत्व यौनानंद के लिए नहीं है उसके माध्यम से जो सामाजिक प्रश्न उठाए गए हैं, वे महत्त्वपूर्ण हैं किंतु दूसरी ओर स्वच्छंद आचार के रूप में केवल यौनानंद के लिए मातृत्व में फँसने और फिर कितने भी रुपए खर्च कर गर्भपात कराने के प्रयत्नों का लेखिका ने भरपूर विरोध किया है। ऐसी ही एक गर्भपात कराने आई लड़की को डॉक्टर इस प्रकार लताड़ती है, "ऊब गई हूँ मैं लड़कियों की इन नादानियों से। ऐसे पैसों की जरूरत नहीं है इस नर्सिंग होम को। सौ में से प्रत्येक पाँच लड़की स्वतंत्र यौन संबंधों में अपना वजूद तलाश रही। समता तलाश रही। अधिकार तलाश रही। तलाश लिया? पा लिया? चली आती हैं कहानियाँ लेकर–कंडोम इस्तेमाल कर रही थी, एक दिन की लापरवाही में फँस गई, डॉक्टर साहब।" उपन्यास में यह बताने का भी प्रयास किया गया है कि किस प्रकार प्रेम का नाटक कर लड़का लड़की को फँसाता है, विवाह का झाँसा-दिलासा देता हुआ लड़की को इस स्थिति तक पहुँचा देता है। "अब जब फ्री सेक्स पर विश्वास रखने वाली लड़की से उसका जी ऊब गया होगा, वह राजा-मुन्ना अपने माँ-बाप द्वारा सुझाई गई लड़की से फेरे डालने चल दिया होगा।"[73]

ड्रग्स-नशा-सेवन भी ऐसा ही नवाचार है जो नई पीढ़ी में निरन्तर बढ़ता जा रहा है। वस्तुतः यह बीमारी भी भूमंडलीकरण की देन है, अन्तरर्राष्ट्रीय स्तर पर ड्रग्स का कारोबार किस रूप में फैल रहा है, इसे किस प्रकार अंजाम दिया जा रहा है, इसका विवेचन पहले किया जा चुका है। भारतीय नवयुवक किस प्रकार हेरोइन, ब्राउन शुगर और चरस के लती हो चुके हैं, इसका विवेचन काशीनाथ सिंह 'काशी का अस्सी' में इस प्रकार करते हैं, "...यह भारतीय संस्कृति पर हमला है! गाँजा भाँग की संस्कृति पर! जब से अस्सी पर अंगरेज-अंगरेजिन आने शुरू हुए हैं, तभी से मुहल्ले के लौंडे हैरोइन और ब्राउन शुगर, चरस के लती हो रहे हैं।" इन नशेड़ियों के कार्य-व्यापार और अपराधी वृत्तियों पर भी उपन्यास प्रकाश डालता है, "भागने वालों में एक की सूरत उन्हें कुछ पहचानी-सी लगी थी। उन्होंने कई बार उसे चौराहे पर दो-चार रुपयों के लिए लोगों के पाँव पड़ते, चिरौरी करते और घिघियाते हुए देखा था। भिखमंगे इनसे कहीं अच्छे हैं। उनमें स्वाभिमान तो है–माँगते तो हैं अपना अधिकार समझकर,

कभी-कभी डपट!...और ये साले माँ-बाप के नाम पर रिरियाते हैं।" इनके कुछ कारनामों का परिचय देते हुए लेखक ने बताया है कि किस प्रकार ये नशेड़ी युवक बेरोजगारी के आलम में आवारगी करते, 'लौंडियाबाजी के चक्कर में रहते', 'चाय की दुकानों में उधारी चलाते', बनारस जैसी नगरी में 'जजमानों की टोह में रहते', 'हीरो-होंडा या येज्डी पर घूमते', कभी दिल्ली तो कभी बम्बई में विभिन्न आपराधिक कामों में बखत-कटी करते घूमते रहते हैं।[74] 'दस बरस का भँवर' का रतन भी शराब का नशा नशेड़ी की हद तक करता है, वह नशेड़ियों की नई पीढ़ी का एक प्रतिनिधिक चरित्र है, "दारू की लत रतन की पीढ़ी में उसी तरह सामान्य थी जैसे बीड़ी सिगरेट की लत बाँके बिहारी की पीढ़ी में थी। क्या यह एक युवा पीढ़ी का जुनून था? क्या शराब के लिए भी अँगूठी चुराना एक पीढ़ी का मिजाज हो सकता था?"[75] रतन को नशे की आदत से छुड़ाने के लिए उसके पिता बाँके बिहारी इलाज भी बहुत कराते हैं, किंतु वह हर तरह से एक लाइलाज स्थिति को प्राप्त होता चला जाता है। 'शेष कादम्बरी' में अलका सरावगी ने 'आशियाना' शीर्षक एक पूरा अध्याय नशा, ड्रग्स की समस्या के विवेचन के लिए ही नियोजित किया है। 'फरहा का शौहर इसीलिए तो नंपुसक नहीं हो गया क्योंकि वह 'ड्रग' लेता है' जैसे सवालों के संदर्भ से नशा छुड़ाने वाली राष्ट्रीय और अन्तरराष्ट्रीय संस्थाओं और वैश्विक स्तर पर फैली नशे की बीमारी और एक तरह की नशा महामारी तथा इसके फैले हुए अपराध-जगत के व्यवसाय का यहाँ विस्तृत परिचय दिया गया है। "अभी हमारी दुनिया नशीली दवाओं की चौथी महामारी से गुजर रही है", वासुमणि ने रूबी को बताया था, "पहली 1890 के बाद, दूसरी 1920 के आसपास, तीसरी 1950 के बाद, चौथी 1965 के बाद से अभी 1973 तक।" अमेरिका के 'बेरी फोर्ड फाउंडेशन' तथा आरमेनियम ट्रस्ट के अनुदान से चल रहे 'आशियाना' जैसे नशा-मुक्ति-केन्द्रों का परिचय देती हुई कथाकार नशे की विभिन्न किस्मों की भी जानकारी देती है, "'क्रैक' एक बहुत तेज प्रकार की 'कोकेन' है जो बहुत थोड़े समय के लिए सुख का अनुभव कराती है। मिर्गी जैसे दौरे पड़ना, अचेत हो जाना, नाक से खून गिरना, न्यूमोनिया, भयंकर 'कोकेन' खुजली इसके कुछ लक्षण हैं। मानसिक अवसाद, चित्त-विभ्रम, हिंसात्मक व्यवहार और आत्म-हत्या करने की इच्छा के रूप में भी इसके लक्षण प्रकट हो सकते हैं।" रूबी दी द्वारा तैयार की गई 'केस हिस्ट्रियों' के बहाने ड्रग्स-नशे के पूरे पसारे का चित्रण यहाँ कुशलता से किया गया है। पूरी दुनिया में यह धंधा कितने व्यापक पैमाने और लाभप्रद स्थितियों में चल रहा है, इसका भी परिचय लेखिका ने इस रूप में प्रस्तुत किया है, "इधर नशाखोरी बढ़ रही है। रूबी दी ने सुना है कि नशीली दवाओं का धंधा दुनिया का सबसे लाभदायक काम है क्योंकि लाभ का प्रतिशत अकल्पनीय है। अब तो कलकत्ता शहर में जगह-जगह चिकित्सा-केन्द्र खुले हुए हैं, जो नशेबाजों को मुक्ति पाने में मदद करते हैं।"[76] राजू शर्मा के 'विसर्जन' में देश की सर्वोच्च खुफिया एजेंसियों द्वारा नारकोटिक ड्रग्स

के खिलाफ किए जानेवाले ऑपरेशनों की जानकारी जुटाई गई है। इस प्रकार उपन्यास समाज में फैली महामारी की हद तक व्याप गई इस समस्या पर अपना विमर्श रचता है।

महिलाओं द्वारा धूम्रपान पश्चिम से ही आई प्रवृत्ति है जिसे कामकाजी भारतीय नारी ने बतौर फैशन और अति आधुनिक-मॉड-रूप में अपनाया। कुछ अभिजन श्रेणी की घरेलू महिलाओं ने भी किट्टी-क्लबों में सिगरेट पीने का यह फैशन अपनाया। बहुतायत में तो नहीं किंतु कुछ उपन्यासकारों ने ऐसी मॉड महिलाओं का चित्रण किया है। लगभग 20-25 वर्ष पहले मैंने जब दिल्ली के एक प्रतिष्ठित अंग्रेजी दैनिक के संपादकीय विभाग में दो-एक महिलाओं को सिगरेट पीते देखा था तो हतप्रभ अवश्य हुआ था, अब महानगरों में भी महिलाओं के द्वारा न केवल सिगरेट—अपितु तरह-तरह की ड्रग्स का सेवन एक चौंकाने वाली बात नहीं रह गई है। सुरेन्द्र वर्मा ने 'मुझे चाँद चाहिए' में एकाधिक बार दिव्या और वर्षा को कई-कई बार सिगरेट पीते दिखाया है और जिसे 'चेन स्मोकिंग' कहते हैं, उसमें भी उनकी संलिप्ति दिखाई है, "थोड़ी देर पहले वर्षा दो कप काफी बनाकर लाई, तो दिव्या ने सिगरेट के लिए पूछा। वर्षा की दराज में पाँच-पाँच का पैकेट था, जो हर्ष उसके कमरे में भूल गया था। दिव्या ने काफी का बड़ा-सा घूँट लिया और सिगरेट सुलगाई, अँधेरे में लौ चमकी और दिव्या के पतले-पतले होंठ दिखाई दिये, आदि।"[77] द्रोणवीर कोहली अपने 'चौखट' उपन्यास में सुमित्रा की सिगरेट पीने की प्रवृत्ति का चित्रण एकाधिक बार करते हैं, "सुमित्रा बार-बार कश खींचती थी, जैसे उसके भीतर कोई तूफान सिर उठा रहा था। कभी नथूनों से तेज धुआँ छोड़ती। कभी सोफे की बाँह पर कोहनी टिकाकर चुपचाप देखने लगती। कमरा धुएँ से भर गया था और उसका चेहरा साफ दिखाई नहीं देता था। बातचीत के क्रम में सुमित्रा की एक चेन स्मोकर की तरह छठी सिगरेट थी और वह तेज तम्बाकू वाली सिगरेट पीने की आदी हो गई थी।"[78] किसी समय सुमित्रा पर रेडियो में न्यूज-रीडर बनने का भूत सवार था और इस क्षेत्र में अपने रोल मॉडल पांडेय की तरह वह अपनी महीन आवाज को भारी बनाने के लिए सिगरेट की लती हो गई थी। वह मात्र सिगरेट ही नहीं पीती अपने को बहुत अधिक मॉड दिखाने के लिए फाहश-सी भाषा बोलने लगती है, बार-बार 'फक' और 'फकिंग' का प्रयोग निर्द्वन्द्व भाव से करती है। उसकी बातचीत का एक टुकड़ा द्रष्टव्य होगा, "जब उसे बताया जाता है कि अखबार और टेलीफोन स्त्रीलिंग हैं, वह इनके शब्दों का प्रयोग पुल्लिंग के रूप में न करे तो उसका ऐसा ही फाहश-सा उत्तर है, "गलत बोलते हो" "दोनों नपुंसक लिंग हैं...ओह, फक आल दिस लिंग बिजनेस...।"[79] राजू शर्मा के 'विसर्जन' की सपना भी यदा-कदा धूम्रपान से परहेज नहीं करती इसलिए 'उसका एक पैकेट छह महीने चल जाता था।" जयंती के उपन्यास 'खानाबदोश ख्वाहिशें' की नायिका भी धूम्रपान को स्वाभाविक रूप में ग्रहण करती है। भाषा, कहन-रहन और अन्य जीवनाचारों को जिस रूप में यह नई पीढ़ी अपना रही है, उसका विस्तार में विवेचन

'नई स्त्री चेतना' पर विचार करते समय किया जाएगा, यहाँ यही जानना अपेक्षित है कि ड्रग, नशा और विभिन्न प्रकार की बुरी लतें जिस रूप में पश्चिम से आई हैं, उसका हिंदी उपन्यास ने न केवल चित्रण किया है, अपितु उसके प्रति अपना प्रतिरोधी स्वर साहित्यकार ने कथा संवेदन के स्तर पर उठाया है। इस प्रकार हिंदी उपन्यास की चिंता में मुख्यतः भूमंडलीकरण की प्रक्रिया में हमारे परिवेश में व्याप्त बाजारवाद और उपभोक्तावाद तो हैं ही, इस विश्व ग्राम संस्कृति ने हमारे यहाँ जो अपसंस्कृति फैलाई है, जब भी, जहाँ भी, जिस रूप में भी अवसर मिला है उस पर उपन्यासकार ने अपनी लेखनी चलाई है और उस सबका भरपूर विरोध भी अपने-अपने ढंग से किया है।

सन्दर्भ

1. अलका सरावगी, *कलि-कथा : वाया बाईपास*, पृ. 83.
2. वही, पृ. 199.
3. वही, पृ. 198-199.
4. वही, पृ. 203.
5. वही, पृ. 147.
6. अलका सरावगी, *शेष कादम्बरी*, पृ. 25.
7. वही, पृ. 142.
8. अलका सरावगी, *एक ब्रेक के बाद*, पृ. 11.
9. वही, पृ. 67.
10. वही, पृ. 71-72.
11. वही, पृ. 14.
12. वही, पृ. 116, 117.
13. वही, पृ. 17.
14. रवीन्द्र वर्मा, *दस बरस का भँवर*, पृ. 18.
15. वही, पृ. 74, 75, 77, 78 तथा 80.
16. काशीनाथ सिंह, *काशी का अस्सी*, पृ. 142 तथा 162.
17. काशीनाथ सिंह, *रेहन पर रग्घू*, पृ. 104.
18. वही, पृ. 86.
19. संजीव, *आकाश चंपा*, पृ. 262.
20. वही, पृ. 267.
21. अनामिका, *तिनका तिनके पास*, पृ. 61 तथा पृ. 84.
22. रजनी गुप्त, *एक न एक दिन*, पृ. 320 तथा 22.
23. वही, पृ. 325, 329.
24. वही, पृ. 311.
25. राजू शर्मा, *विसर्जन*, पृ. 192.
26. वही, पृ. 108, 109 तथा 110.
27. वही, पृ. 112.
28. वही, पृ. 219.

29. अलका सरावगी, *एक ब्रेक के बाद*, पृ. 188.
30. वही, पृ. 198-99, 209 तथा 210.
31. अशोक भौमिक, *मोनालीसा हँस रही थी*, 'बया' (पत्रिका), जून 2007 में प्रकाशित (बाद में पुस्तकाकार)
32. रजनी गुप्त, *एक न एक दिन*, पृष्ठ 35, 36.
33. अलका सरावगी, *एक ब्रेक के बाद*, पृष्ठ 51
34. वही, पृ. 149.
35. वही, पृ. 165.
36. वही, पृ. 170.
37. अलका सरावगी, *कलि कथा : वाया बाईपास*, पृष्ठ 189.
38. रवीन्द्र वर्मा, *दस बरस बाद का भँवर*, पृष्ठ 73 तथा 74.
39. रवीन्द्र वर्मा, *आखिरी मंजिल*, पृष्ठ 62, 65, 71 तथा 82.
40. राजू शर्मा, *हलफनामे*, पृष्ठ 47, 62, 48, 49 तथा 178.
41. राजू शर्मा, *विसर्जन*, पृष्ठ 369, 374 तथा 180.
42. रणेन्द्र, *लालचन असुर और ग्लोबल गाँव के देवता, नया ज्ञानोदय*, अगस्त 2000 में प्रकाशित
43. राजू शर्मा, *विसर्जन*, पृष्ठ 79.
44. रवीन्द्र वर्मा, *दस बरस का भँवर*, पृ. 74.
45. अलका सरावगी, *कलि-कथा : वाया बाईपास*, पृ. 199, 197 तथा 205.
46. अलका सरावगी, *शेष कादम्बरी*, पृ. 117 तथा 121.
47. अलका सरावगी, *एक ब्रेक के बाद*, पृ. 69, 153 तथा 120.
48. रवीन्द्र वर्मा, *आखिरी मंजिल*, पृ. 49.
49. चित्रा मुद्गल, *आवां*, पृ. 214, द्र. 217, 220-21 भी।
50. शरद सिंह, *पचकौड़ी*, पृ. 208.
51. अलका सरावगी, *शेष कादम्बरी*, पृ. 91, 144, 145.
52. अलका सरावगी, *एक ब्रेक के बाद*, पृ. 15.
53. राजू शर्मा, *विसर्जन*, पृष्ठ 129, 131 तथा 132.
54. चित्रा मुद्गल, *आवां*, पृ. 216 तथा 217.
55. अनामिका, *तिनका तिनके पास*, पृष्ठ 32.
56. सुरेन्द्र वर्मा, *मुझे चाँद चाहिए*, पृ. 464, 463 तथा 465-66.
57. कमल कुमार, *हैमबर्गर*, पृ. 79 तथा 135.
58. मनोहरश्याम जोशी, *हमजाद*
59. प्रभा खेतान, *पीली आँधी*, पृ. 228, 235 तथा 248.
60. अलका सरावगी, *शेष कादम्बरी*, पृ. 160.
61. अनामिका, *तिनका तिनके पास*, पृ. 167 तथा 175.
62. रवीन्द्र वर्मा, *दस बरस का भँवर*, पृ. 38.
63. चित्रा मुद्गल, *आवां*, द्र. 209 और आगे भी।
64. सुषम बेदी, *हवन*, पृ. 54.
65. कमल कुमार, *हैमबर्गर*, पृ. 92, 95 तथा 122.
66. रवीन्द्र कालिया, *ए.बी.सी.डी.*, पृ. 8-9 तथा 11.

67. अलका सरावगी, *कलि-कथा : वाया बाईपास*, पृ. 204.
68. वही, पृ. 203 तथा 199.
69. ''मिस नीना चोली और अंडरवियर में ही रह गई थी। उसने पसली के नीचे कूल्हों पर उस जगह हाथ रखा हुआ था जहाँ पर अंडरवियर की तनी थी और ऐसे मटक-मटक कर दिखा रही थी कि अभी तनी खींच कर वह अंडरवियर नीचे गिरा देगी। "XXXXXX अंडरवियर के नीचे निहायत झीनी पैंटी निकली। उसने पूरी तनी खींचकर अंडरवियर को नीचे गिर जाने दिया और फिर पैर से उठाकर इस तरह फेंका कि ड्रमर के निकट जा गिरा। ड्रमर की आँखों में मस्ती थी। उसने स्टिक से अण्डरवियर उठाकर अपने कंधे पर रखा और फिर जोर-जोर से ड्रम पर स्टिक मारने लगा।" फिर लेखक ने उसके दर्शकों के बीच में जाकर उन्हें लुभाने-तरसाने का चित्रण पूरे विस्तार में जाकर किया है। यह दृश्य कितना भयावह-सा हो सकता है इसको लेखक इस प्रकार अभिव्यक्ति देता है, "...दर्शकों की तरफ पीठ करके उसने धीरे-धीरे ब्रा की हुक खोली। जब वह इस तरह खड़ी थी, तो ड्रमर पूरा मुँह खोले खुश हो-होकर खीसें निपोर रहा था और बीच-बीच में भेड़िए की तरह जीभ निकालता था। उसका मुँह बेहद काला था और होंठों का गुलाबीपन चमकता था।" XXXXXX नीचे का एक बटन रह गया था, जैसे सारी कायनात खामोश हो गई हो। फिर बोंगी पर धीमी थाप पड़ी और नीना ने नीचे का बटन भी खोल दिया और चोली को दोनों तरफ से पकड़ स्थिर खड़ी रही।" यहाँ अंतिम दृश्य इस रूप में अंकित है मानो "नीना स्टेज पर सती होने जा रही है और चिता पर चढ़ते ही उसकी चीख-पुकार को अवगुंठित करने के लिए चारों ओर ढोल-ताशे बज रहे थे।" ड्रमर के दूसरी बार 'उच्च स्वर में याहू' कहते ही मद्धिम प्रकाश में "नीना ने एक झटके के साथ चोली हटा कर क्षण-भर के लिए छातियों की झलक दिखाई और फिर तेजी से भाग गई।"–द्रोणवीर कोहली, *चौखट*, पृ. 165 तथा 166.
70. रवीन्द्र वर्मा, *दस बरस का भँवर*, पृ. 131.
71. सुरेन्द्र वर्मा, *मुझे चाँद चाहिए*, द्र. पृ. 550, 51 तथा 53
72. चित्रा मुद्गल, *आवां*, पृ. 112, 112 तथा 110.
73. वही, पृ. 499 तथा 500.
74. काशीनाथ, *काशी का अस्सी*, पृ. 81.
75. रवीन्द्र वर्मा, *दस बरस का भँवर*, पृ. 108.
76. अलका सरावगी, *शेष कादम्बरी*, द्र. 176, 178 तथा 179.
77. सुरेन्द्र वर्मा, *मुझे चाँद चाहिए*, पृ. 315.
78. द्रोणवीर कोहली, *चौखट*, पृ. 19 तथा 22.
79. वही, पृ. 169.

हिंदी उपन्यास : नारीवाद और नई स्त्री चेतना

हिन्दी कथा-साहित्य में एक नई स्त्री-चेतना का उदय, जिसे एक प्रकार से विस्फोट भी कहा जा सकता है, प्रायः पिछले 15-20 वर्षों में परिलक्षित किया जा सकता है। इस कालावधि में उपन्यास का श्रेष्ठ न केवल महिला कथाकारों द्वारा रचा गया है, संख्या बहुलता में भी इन्हीं का पलड़ा भारी दिखता है। वैश्विक और भारतीय परिदृश्य में नारीवाद के पुनरुत्थान के साथ ही नारी की तेजस्वी कलम ने अपने 'स्व' को पूरी निजता ('इंडजुअल्टी') के साथ कथा-साहित्य, कहानी और उपन्यास दोनों में अकुंठ-भाव से अभिव्यक्ति दी। रचनात्मक स्तर पर यह पितृ-सत्तात्मक समाज-व्यवस्था में अपने को एक नए सिरे से परिभाषित करने का प्रयत्न था/है। यद्यपि हिंदी उपन्यास के जन्म के समय से ही नारी-उत्थान को कथ्य बनाकर 'देवरानी जेठानी की कहानी' (पं. गौरादत्त), 'भाग्यवती' (श्रद्धाराम फिल्लौरी) से लेकर प्रेमचंद और प्रेमचंद युग, प्रेमोचंदोत्तर युग और स्वातन्त्र्योत्तर समय में नारी के बदलते रूप को केन्द्रित कर उपन्यासों की रचना होती रही। समस्त भारतीय भाषाओं के कथा साहित्य में नारी की पारंपरिक छवि को बदलने के प्रयास निरंतर होते रहे। किंतु प्रायः बीसवीं शती में अर्द्ध-शती के समय तक अधिकांश पुरुष लेखकों द्वारा नारी को एक सुधारवादी समाज-व्यवस्था में उसका सम्मान-प्रद स्थान दिलाने, शिक्षा, सुशिक्षा के माध्यम से उसे घर से बाहर के समाज में गौरवपूर्ण रूप में प्रतिष्ठित करने के प्रयत्न ही साहित्य में होते रहे। भारतीय भाषाओं में नारी को उसके अपने पूरे वजूद में, पूरी तरह से हाड़-मांस की नारी के रूप में प्रस्तुत करने का प्रथम विस्फोटक प्रयत्न इस्मत चुगताई की 'लिहाफ' कहानी ने किया जिसके प्रकाशन ने साहित्य की दुनिया में एक जलजला-सा ला दिया, एक थर्राहट जिसकी धमक दूर तक और देर तक सुनी जाती रही। फिर हिंदी में नद-नदिया-सी खुली-डुली मद-भरी 'मित्रो मरजानी' (कृष्णा सोबती) का जन्म हुआ जिसने पारंपरिकता और मर्यादा की चूनर को तार-तार कर साहित्य में नई नैतिकता का सूत्रपात किया। वह नैतिकता थी स्त्री को वस्तु, पदार्थ से व्यक्ति में परिवर्तित करने की। अंग्रेजी में कमला दास ने 'मेरी कहानी' और पंजाबी में अमृता प्रीतम ने अपनी आत्मकथा 'रसीदी टिकट' लिखकर नारी-लेखन के सामने एक नई दिशा ही खोल दी। हिंदी में महिला कथाकारों द्वारा आत्मकथा लिखने का

दौर तो काफी बाद में आया किंतु इससे पूर्व उन्होंने अपनी औपन्यासिक कृतियों द्वारा हिंदी उपन्यास के चरित्र को भारी बदलाव दिया। उसने अपना मनोसंसार पूरी स्पष्टता, ईमानदारी और सारी भीतियों, निषेधों-वर्जनाओं से मुक्त होकर पूरे खाँटी रूप में अभिव्यक्त किया। इस लेखन ने उसे पुरुष-सत्ता द्वारा दिए गए 'नाच मेरी गुडिया' रूप से अलग व्यक्तित्व प्रदान किया। ऐसा प्रयत्न केवल महिला कथाकारों द्वारा ही नहीं किया गया, जैनेन्द्र, यशपाल, भगवतीचरण वर्मा, प्रभृति लेखक उसकी पीठिका पहले ही प्रस्तुत कर चुके थे।

इस कालावधि में रचित महिला कथाकारों के उपन्यास इस 'मिथ' को बुरी तरह तोड़ते हैं कि महिला-लेखन एक सीमित अनुभव-वृत्त का पारंपरिक लेखन है, या उसकी अपनी पृथक कोटि है। यदि इन चित्रित उपन्यासों में घर-परिवार का चिर परिचित अनुभव-जगत चित्रित भी किया गया है तो उसके सरोकार पूरी तरह दूसरे हैं। यहाँ उसकी चिंता के केन्द्र में वह स्त्री है जो युगों से पुरुष सत्तात्मक व्यवस्था में असह्य कष्ट और दुर्वह जीवन भोग रही है। यह बात भी उनकी चिंता के केन्द्र में है कि आर्थिक स्वतन्त्रता प्राप्त कर अपनी संपूर्ण शक्ति में भी क्या स्त्री पुरुष वर्चस्ववादी समाज के अन्यायों-अत्याचारों से मुक्त हो पाई? क्या दहेज-प्रताड़ना से पीड़ित बड़े-से-बड़े (आर्थिक समृद्धि की दृष्टि से) परिवार, उद्योगपति परिवारों, छोटे-से-छोटे श्रमिक, कामगर और मध्यवित्त परिवारों में भी बहुओं द्वारा आत्म-हत्या का सिलसिला रुक पाया है? ऐसे अनेक स्त्री-प्रश्नों से जूझती अपनी स्वतंत्र अस्मिता की तलाश, कभी स्वाभाविक रूप में तो कभी स्त्रीवादी विमर्श में, करती नारी एक नई चेतना से स्त्री-रचित उपन्यास साहित्य में अपनी उपस्थिति पाती है। एक जीवित और सक्रिय सामाजिक इकाई, जनसंख्या में आधी दुनिया का प्रतिनिधित्व करती यह नारी आज अपने हर दुःख-दर्द, संताप और पीड़ा, अपनी दैहिक आवश्यकताओं का अकुण्ठ भाव से स्वीकार और निज स्थिति का ईमानदार ब्योरा देने का साहस रखती हुई कथा साहित्य, उपन्यास साहित्य, में अपनी गौरवपूर्ण उपस्थिति दर्ज कराती है। आज शिक्षा, उच्च शिक्षा के कारण उसका मानसिक क्षितिज इतना विस्तृत है कि वह भली भाँति जानती-समझती है कि वैश्विक परिदृश्य में स्त्रीवादी विमर्श किस रूप में आगे बढ़ रहा है। 'फेमिनिज्म'-स्त्रीवाद की सिमोन द' बोउवार (बोवा) से लेकर केट मिलेट, मार्गरेट मीड, आदि, प्रख्यात लेखिकाओं के लेखन से उसका पूरा परिचय है। अपने यहाँ की नारीवादी संस्थाओं, लेखिकाओं तथा सक्रिय कार्यकत्ताओं के कृतित्व से हिंदी लेखिकाओं का ज्ञान-क्षितिज और सूचना-संसार विस्तृत हुआ है जिसके प्रकाश में वह अपनी घर-बाहर की समस्त समस्याओं को देखती-परखती है।

हिंदी उपन्यास में स्त्री के स्वतंत्र व्यक्तित्व, अस्मिता की तलाश दो रूपों में प्राप्त होती है। एक दृष्टि तो वह है जहाँ स्त्रीवादी आंदोलनों की प्रथम लहर के रूप में स्त्री

को पुरुष के प्रति विद्रोहिणी बनाकर उसके प्रतिपक्ष के रूप में खड़ा कर दिया गया। पुरुष के प्रति अपार घृणा और विद्रोह का एक विस्फोट-सा दिखाई देता है। दूसरी दृष्टि वह है जहाँ बिना किसी मुखर स्त्रीवादी सोच और घोषित नारों के स्त्री-पीड़ा का सूक्ष्म चित्रण किया गया है, साथ ही यह विचार भी प्रस्तुत हुआ है कि पुरुष के विरुद्ध जाकर ही स्त्री-स्वातंत्र्य की अवधारणा पूरी नहीं होती, अपनी स्वतंत्रता और अधिकारों की माँग करते हुए पुरुष के साथ समादृत समंजन (रेस्पेक्टेड एडजस्टमेंट) किस प्रकार स्थापित किया जा सकता है। कहने की आवश्यकता नहीं कि दूसरा मार्ग ही श्रेयस्कर और प्रीतिकर है, इसलिए वे ही उपन्यास अधिक लोकप्रिय हुए और महत्ता प्राप्त कर सके जिनमें स्त्री और पुरुष दोनों को समाज, परिवार की आवश्यक इकाई मानकर उनमें समंजन स्थापित करने की चेष्टा की गई।

यद्यपि हिंदी उपन्यास की नारीवादी सोच और स्त्री की नई चेतना के निर्माण और चित्रण में महिला कथाकारों की कृतियों का ही योगदान अधिक है किंतु यह भी एक न भूलनेवाला तथ्य है कि नारी-स्वातंत्र्य की नए युग में नई परिभाषा गढ़ने का सर्वप्रथम श्रेय सुरेन्द्र वर्मा के उपन्यास 'मुझे चाँद चाहिए' को है। शाहजहाँपुर जैसे छोटे-से शहर के पारंपरिक परिवार की वशिष्ठ कुलोत्पन्न (रूढ़ियों से ग्रस्त बंद ब्राह्मण-समाज की), कन्या सिलबिल का वर्षा वशिष्ठ के रूप में रूपांतरण, शाहजहाँपुर से शाहजहानाबाद (दिल्ली) के बहावलपुर हाउस, जहाँ राष्ट्रीय नाट्य विद्यालय स्थित है और उसके बाद रंगमंच की दुनिया से ऊपर उठकर बम्बई के फिल्म जगत तक की सुदीर्घ यात्रा वर्षा वशिष्ठ के रूप में नए नारीत्व की जय-यात्रा है। वर्षा वशिष्ठ अपने छोटे-से नगर से आकर अपनी पारंपरिकता को तो तोड़ती ही है, विभिन्न रूपों में स्त्रीत्व के लिए गढ़े गए पुरातन आदर्शों को पूरी तरह अपनी मुक्ति का नवीन राजपथ तलाश लेती है। राष्ट्रीय नाट्य-विद्यालय उसकी प्रारंभिक संकोच-अर्गलाओं को तोड़ता है, मौलियर के रूपातंरित नाटक 'बेवफा दिलरुबा' में रेहाना के रूप में अपनी छोटी-सी भूमिका में वह शरीर के स्तर पर काफी खुलती है किंतु फिर भी राष्ट्रीय नाट्य-विद्यालय के निदेशक डॉ. अटल उसके 'किंचित् संकोच' को लेकर उस पर कुपित हो कहते हैं, "तुम्हें अपने यौवन का कम एहसास है और उसके कलात्मक व्यवहार का और भी कम।...वे हीरे कौन से हैं, जिनका जिक्र इस सीन में होता है? तुम्हारी समस्या क्या है?" वस्तुतः 'इस सीन में' डॉ. अटल जिन 'हीरों' की इंगिति करते हैं, वे उसके कुचाग्र हैं, दृश्य में निसार इन्हें ही चुम्बित करने की इच्छा करता है। यद्यपि इस दृश्य का अभिनय करते हुए वर्षा ने अपनी ओर से कोई कोर-कसर उठा नहीं रखी थी, उसका मंचन-दृश्य यह था, "वर्षा ने अपनी समझ से चरित्र-निरूपण किया था।...'मेरे पास कुछ भी नहीं' के साथ इतराते हुए उसने अपने कंगन खनकाए थे। "ऐसी भी क्या प्यास..." कहते हुए अपने होंठों पर हथेली की ओट सहित वह पीछे हटी थी और "मैं दुपट्टा हटाकर एक झलक दिखला भी दूँ" के साथ

उसने दुपट्टे से अपने को और अच्छी तरह ढक लिया था।" किंतु फिर भी डॉ. अटल उसकी इस भूमिका पर यह टिप्पणी देते हैं, "तुम चंद्रमुखी बनने की कोशिश करती हुई पारो लग रही हो—जबकि तुम्हें कॉक टीजर बनना है।" रंग-जगत में निरंतर खुलती चली जाती वर्षा धीरे-धीरे हर्ष के प्रेम में डूबती चली जाती है और दूसरी ओर पिता और बड़ी बहन अपने पत्रों द्वारा सिलबिल को उन्हीं परम्पराओं की डोर में बाँधघर लौटा लेना चाहते हैं। उसकी जीजी का यह पत्र उसे वापिस खींचने के असफल प्रयत्न बनकर रह जाते हैं, "तुम्हें क्या हो गया है बहन? तुमने घर छोड़कर यह कैसी लीक पकड़ ली है? ऐसी ऊटपटाँग बातें न कभी देखीं, न सुनीं। बड़े होने पर संतान का क्या कर्तव्य होता है? (गोद में ताजा शिशु आते ही जीजी की संतति-अपेक्षा जाग्रत हो गई थी।) माता-पिता को धीरज बँधाना या उनकी जान साँसत में डालना? आगे मुंगेरी देवी और पति परमेश्वर के मन में आ जानेवाले सिलबिल-विरोधी जज्बों का हवाला था। (जैसे इससे सिलबिल ड्रामा स्कूल छोड़कर अपना एयरबैग उठा सीधे सुल्तानगंज वापस पहुँच जाएगी)।" फिर जिस निर्द्वन्द्व और उन्मुक्त भाव से (द्र. पृ. 119-20) वह अपने प्रेमी हर्ष से देह-संबंध स्थापित करती है, वह अपनी स्वतंत्रता की पूर्ण उद्घोषणा है। वह अपने व्यक्ति स्वातन्त्र्य को राष्ट्रीय स्वातन्त्र्य के समानान्तर रखकर देखती है, उसे हर्ष द्वारा इंडिया गेट की छाया में शास्त्री-भवन के पीछे लिया गया चुम्बन ऐसे लगता है "जैसे मेरे भावात्मक इतिहास में स्वतंत्रता-आंदोलन के इतने शलाका पुरुषों का जुड़ना काफी नहीं था। निष्ठुर ने रति रंग के लिए अपना घर और वह राष्ट्रीय पर्व चुना, जब भारतीय गणतंत्र का संविधान लागू हुआ था। जब राजपथ पर तोपें राष्ट्रपति को सलामी दे रही थीं, तो हठी प्रेमी मेरे कामकलश पर नखरेखा अंकित कर रहा था। इस तरह मेरे तन-मन की कांति राष्ट्रीय चेतना के इतिहास के साथ गुँथ गई है...।" यह वर्षा का अपने भावी जीवन के परिचालन के लिए लिखा गया 'संविधान' था जिससे वह अपनी पूर्ण स्वतन्त्रता प्राप्त करती है। सारी सामाजिक रीतियों-भीतियों को धता बताकर वह हर्ष की मृत्यु के पश्चात् उसके बच्चे को जन्म देने और पालने का संकल्प लेती है। रंगमंच और सिनेमा की दुनिया में अपना व्यक्ति स्वातंत्र्य अर्जित कर वह जो अनुभव करती है, उसे दिव्या कत्याल से इन शब्दों में व्यक्त करती है, "वर्तमान की इस ऊँची प्राचीर से अतीत का वह क्षण कितनी दूर जान पड़ता था, जैसे किसी प्राचीन युग का ध्वंसावशेष हो। क्या सचमुच आज की संपूर्ण, जीती-जागती वर्षा हजारों साल पहले की उस खंडित जर्जर अनुभूति से निकली है? और अगर दिव्या का सहारा न होता तो वह ऐसे समग्र रूप में वहाँ तक पहुँच सकती थी?"[1] 'सुंदर मुंबई हरित मुंबई' में आकर तो वर्षा आकाशी ऊँचाइयों को छूने लगती है। अकूत धन और संपत्ति पद्मश्री का सम्मान उसके जीवन में पूर्णता ला देते हैं। इस प्रकार नारी स्वातंत्र्य का एक अलग मानक और प्रारूप (मॉडल) 'मुझे चाँद चाहिए' के द्वारा प्रस्तुत हुआ।

सुरेन्द्र वर्मा के इस दिशा निर्देशक उपन्यास के पश्चात् महिला कथाकारों ने नारीवादी सोच के साथ अनेक औपन्यासिक कृतियों की रचना की, जिन्होंने बद्ध स्त्रीवादी विमर्श को यथावत् स्वीकृति नहीं भी दी, उन लेखिकाओं ने भी अपने समय की बदली हुई समाजार्थिक स्थितियों में स्त्री-प्रश्नों पर गंभीरता से विचार-विमर्श किया। न केवल उपन्यास-रचना में अपितु अपने वैचारिक लेखन (द्र. परिशिष्ट ग्रंथ सूची : स्त्री-विमर्श संबंधी ग्रंथ) में भी नारी स्वातन्त्र्य, परंपरागत पितृसत्तात्मक व्यवस्था में नारी के नए वजूद, उसके वैधानिक और पारिवारिक अधिकारों के रहते हुए भी वही 'ढाक के तीन पात' वाली स्थिति पर निरंतर विचार किया है। अपने उपन्यासों में अपनी पूरी बात अँटती न देख मृदुला गर्ग, मैत्रयी पुष्पा, चित्रा मुद्गल, अनामिका, क्षमा शर्मा आदि कथाकारों तथा बंद दुर्ग द्वारों पर दस्तक देती कुछ कवयित्रियों ने भी अपनी टिप्पणियों, आलेखों के संग्रह प्रकाशित कराए, कुछ ने एकाधिक भी और उनके माध्यम से स्त्रीवादी विमर्श, स्त्री-प्रश्नों को आगे बढ़ाया और उन पर सर्वथा एक नई दृष्टि से विचार किया जिसके द्वारा नई नारी चेतना का पूरा परिचय मिलता है। इन सब कृतियों को देखकर यह बात पूरी तरह स्पष्ट हो जाती है कि अब नए युग की स्त्री ने अपनी बेचारगी को पूरी तरह तिलांजलि दे दी है, आज वह स्त्री-सशक्तीकरण ('वीमेन एंपावरमेंट') के समस्त प्रयत्नों से न केवल भली भाँति परिचित है अपितु प्रत्येक दृष्टि से उसमें अपनी सक्रिय भागीदारी निभाती है। उपन्यासों में भी रचनात्मक स्तर पर उसका यह प्रयत्न सदैव अपनी सार्थक प्रतीति कराता रहा है। कृष्णा सोबती, मन्नू भंडारी, उषा प्रियवंदा आदि की पीढ़ी के पश्चात् मृदुला गर्ग ने अपने उपन्यासों में नारी स्वातन्त्र्य का अर्थ अपनी तरह से खोजा। लगभग तीस वर्ष पूर्व आए अपने उपन्यास 'चित्तकोबरा' (1979) में मृदुला गर्ग ने दाम्पत्य में तीसरे की उपस्थिति और स्वीकार तथा देह-तुष्टि के नए रति-अनुभवों के चित्रण द्वारा साहित्य-लेखन में एक हलचल-सी मचाकर रख दी थी। 'अनित्य' (1980) तथा 'मैं और मैं' (1984) में भी वे स्त्री के व्यक्ति-स्वातन्त्र्य के प्रश्नों से रू-ब-रू होती हैं किंतु स्त्रीवादी विमर्श की दृष्टि से इस कालावधि में प्रकाशित 'कठ गुलाब' (1996) विशेष रूप से महत्त्वपूर्ण है। यहाँ बारम्बार 'स्त्रीवादी' ('फेमिनिज्म') तर्कों से स्त्री-प्रश्नों को उठाती स्त्री-पात्र उपस्थित होती हैं और वे इतने मुखर ('वोकल') रूप में अपने विचार रखती हैं कि उपन्यास का कथा-रस भी क्षरित होता है और उसकी प्रभावान्विति भी न्यून हो जाती है। इस सबके बावजूद उपन्यास में आए स्मिता, मारियान, नर्मदा तथा असीमा, स्त्री चरित्र और एक पुरुष चरित्र विपिन अनेक स्त्री-संबंधी प्रश्नों पर विमर्श रच उपन्यासकार की स्त्रीवादी ('फेमिनिस्टिक') दृष्टि का परिचय देते हैं। वस्तुतः ये सब पात्र प्रायः स्त्री को पुरुष के विरुद्ध प्रतिपक्ष में ही खड़ा कर देखने में ही स्त्री की स्वतंत्र अस्मिता का अर्थ खोजते हैं। दीदी नमिता के घर रहती स्मिता के साथ उसका जीजा जिस प्रकार उस पर जब-तब यौनाक्रमण करता रहता है, उसके अनाचारों से

परेशान स्मिता जब अपनी सहेली असीमा के घर पहुँचती है तो असीमा उसे यह सलाह देती है जो नारी को ऐसे अनाचारों का प्रतिरोध करने की सक्षमता प्रदान करती है, "मर्दों की दुनिया में रहने के लिए होम साइंस नहीं, कराटे की जरूरत है।" इसी के द्वारा वह असीमा की तरह 'आत्म-निर्भर और धाकड़' बन सकती है। अपने साथियों के साथ जीजा जिस रूप में स्मिता का बलात्कार करता है, वह उसे मानसिक असंतुलन-सा दे देता है। घरेलू यौन-हिंसा की बर्बरता स्मिता के लिए एक हौलनाक अनुभव है, जीजा उसे 'पौराणिक राक्षस'-सा लगता है। उससे प्रतिशोध लेने के लिए वह एक ज्वाला-सी में जलती रहती है किंतु वह यह भी नहीं कर सकी, जीजा का अंत भगवान ने असामयिक मृत्यु के रूप में कर दिया। फिर इंग्लैंड में रहती हुई उसकी सहेली शुगर मेपल के साथ भी ऐसा ही घटित हुआ, स्मिता उसको एकदम नंगा और लुटा-पिटा देखकर दंग है। विदेश के आजाद समाज में 'सेक्स के अमर्यादित आनंद' पर भी बात की गई है—यह वह समाज है जहाँ 'सेक्स के बाद खरीददारी यहाँ के बाशिंदों का दूसरा व्यसन या वासना है। उपन्यास आगे चलकर स्त्री-पुरुष की सामाजिक स्थिति की तुलनात्मक समीक्षा करता है, औरत और मर्द के रिश्तों के सत्य का संधान विविध रूपों में करने की चेष्टा विभिन्न प्रसंगों के माध्यम से बार-बार की जाती है। लेखिका ने अपनी पात्र-सृष्टि के माध्यम से उन परंपराओं पर विचार किया है जिन्होंने स्त्री को पूरी तरह दब्बू बनाकर सजने वाली गुड़िया का रूप दे दिया और मातृत्व के गौरव से मंडित कर दिया किंतु इसके पीछे पुरुष सत्तात्मक व्यवस्था की मंशा क्या थी, उस पर यह सोच यहाँ दी गई है, "तुम अच्छी तरह जानती हो कि आदिम समाज, स्त्री को शिशु की रचना में व्यस्त रखकर, उसे पुरुष की सुरक्षा पर निर्भर बनाना चाहता था। उसके लिए, उसने यह ढकोसला फैलाया था कि औरत को बच्चे की सृष्टि करके, इतनी परिपूर्णता मिल जाती है कि उसमें काव्य या कलाकृति की सृष्टि करने की भूख बची नहीं रहती। उसने कहा और कई बार कहा कि औरत भगवान की तरह आदिम स्रष्टा है, उसे छोटे-छोटे सृजन की जरूरत नहीं है। बार-बार कहकर उसने तुम लोगों का ब्रेनवाश करके रख दिया। XXXXX आज, जब औरत हर क्षेत्र में काम कर रही है, सुबह से शाम तक व्यस्त रहती है, तो उसे इस आदिम प्रवृत्ति और मान्यता से मुक्त होना चाहिए, वरना किसी महान कला-कृति की रचना नहीं हो पाएगी।" कहना न होगा कि मातृत्व के प्रति यह दृष्टिकोण स्त्रीवाद (फेमिनिज्म) के पहले दौर की 'झंडा उठाओ' प्रवृत्ति के परिणामस्वरूप ही विकसित हुआ है। समाज की इस व्यवस्था का विरोध लगभग आंदोलनवादी स्वर में प्रस्तुत करते हुए यह कहलाया गया है, "मेरा इरादा पाँच साल में तीन बच्चों को जन्म देने का था।" 'दनादन बच्चे पैदा करने' का विरोध इस रूप में व्यक्त किया गया है। ''सच है, मेरी प्यारी बहनो, तमाम शिकायतों, प्रपंचों और दिमागी कसरत को डुबोने के लिए, गीले डाइपर्स से बढ़िया जगह और नहीं है। सोचने की मोहलत न पाना चाहो तो

डाइपर्स का गीलापन बराबर बनाए रखो, यानी एक के बाद दूसरा बच्चा पैदा करती चली जाओ।” वस्तुतः स्त्रीवाद की यही सोच नारी को पुरुष का प्रतिपक्ष बनाकर खड़ा कर देती है, अन्यथा स्त्री को मातृत्व के गौरव से वंचित नहीं किया जा सकता, न ही स्त्री स्वयं इन स्त्रीवादों, बहसों, बहकों में पड़कर अपना मातृत्व अधिकार तथा गौरव खोना चाहेगी। औरत के समस्त अस्तित्व को मात्र एक विडम्बना मानकर जीवन नहीं जिया जा सकता और न ही “औरत तेरा नाम विडम्बना है”, “औरत होना विडम्बना को जन्म देता है, उसके मन में बजा। नहीं औरत होना एक विडम्बना है। नहीं, औरत खुद एक विडम्बना है। जहाँ औरत होगी, विडम्बना जन्म लेगी। औरत, तेरा नाम विडम्बना है।” ऐसे कथन क्या स्त्री को कहीं पहुँचा सकते हैं, क्या इस सबसे स्त्री अपना स्वतन्त्र व्यक्तित्व अर्जित कर सकती है, जिसके समाधान और तलाश के लिए ‘स्त्रीवाद’ का झंडा खड़ा किया गया? मर्दों के खिलाफ यही तेवर ‘कठगुलाब’ की विभिन्न स्त्रियों द्वारा निरन्तर अपनाया गया है। असीमा ‘मेल शॉवनिज्म’ की बात करती हुई कहती है कि ‘महज जिद के बल पर कोई औरत फेमिनिस्ट कहला सकती है, वह अपनी माँ को ‘फेमिनिस्ट’ श्रेणी में रखती ही नहीं, क्योंकि वह उसके बाप के अत्याचारों के सामने सदैव झुकती रही। उसकी “माँ की बिरादरी की औरतों का तर्क भी, साला, एकदम औरतनुमा होता है। फेमिनिस्ट नहीं फीमेल। फेमिनिस्ट कहलाने के लिए जिस औरत को आधुनिक होना जरूरी है, असीमा की माँ वह नहीं है। असीमा अपनी माँ की आदर्श गृहिणी, कत्तर्व्यपरायणा माँ, अपनी सीमाओं में आबद्ध, सतयुगी काल से चली आ रही, संतोषी भारतीय नारी” की छवि से हमेशा खार खाए रहती है। वह अपने बाप को हरामी नं. एक तथा भाई को हरामी नं. दो कहने का साहस करती है, क्योंकि दोनों ने उसका शारीरिक भोग किया था। उसकी महिला मित्र की बात पर यह उत्तर “मुझे फेमिनिस्ट नाम का तगमा लगाने के लिए किसी नीम मर्दानी औरत के साथ सोना मंजूर नहीं है”[2]—सूचित करता है कि उपन्यासकार ‘फेमिनिस्ट मूवमेंट’—स्त्रीवादी आंदोलन की समस्त मान्यताओं, अवधारणाओं और क्रियाकलापों को अपने उपन्यास में किसी न किसी रूप में जबरदस्ती नियोजित कर उन पर टिप्पणी देने की चेष्टा कर यह विश्वास दिलाने का प्रयत्न किया गया है कि लेखिका स्त्रीवाद और स्त्रीवादी आंदोलन की प्रत्येक धारणा और गतिविधि से परिचित है। ‘कोई भी मर्द स्पर्म से ज्यादा नहीं’, ‘पोस्ट कोयटल टेस्ट’, ‘अव्यूलेशन टेस्ट’ आदि की ‘नवीनतम बातें’ कर उपन्यासकार ‘नारी उत्थान’ की भूमंडलीय भावना से अपना पूर्ण तादात्म्य दर्शाते हुए एक स्त्रीवादी ‘सक्रिय कार्यकर्ता’ (‘फेमिनिस्ट एक्टिविस्ट’) के रूप में अपने को प्रस्तुत करने का प्रयत्न करती है और इस क्रम में उपन्यास की सर्जनात्मकता क्षत हुई है, वैचारिकता को यहाँ मुखर प्राधान्य मिला है।

अपने उपन्यासों में स्त्रीवाद (फेमिनिज्म) का प्रखर स्वर उठाने और स्त्री-पक्ष की धारदार प्रस्तुति और पुरजोर समर्थन करने के लिए प्रभा खेतान के उपन्यासों का महत्

योगदान है। प्रभा खेतान के उपन्यासों में स्त्रीवाद मृदुला गर्ग के 'कठगुलाब' के समान आंदोलनवादी रूप में नहीं आता है। प्रभा खेतान के व्यक्तित्व की बुनावट इस रूप में हुई कि वे और उनका लेखन स्त्रीवादी ('फेमिनिज्म') की अवधारणा को नारे और कागजी रूप में स्वीकार नहीं करता। उनका स्त्री पक्ष में चिंतन बहुत व्यावहारिक धरातल पर अवस्थित है, बिना किसी आंदोलनात्मक नारेबाजी और पुरुष को गलियाने के मंतव्यों से बहुत दूर। वे न केवल सार्त्र-दर्शन और जीवन-पद्धति से प्रभावित हैं, अपितु 'सार्त्र का अस्तित्ववाद' (1984) तथा 'शब्दों का मसीहा : सार्त्र' (1985) जैसी पुस्तकों का प्रणयन करती हैं, उनकी जीवन-संगिनी सीमेन द' बोउवार की विश्व प्रसिद्ध कृति 'द सेकेंड सेक्स' का 'स्त्री-उपेक्षिता' शीर्षक से रूपांतरण करती हैं तथा उन दोनों के ही समान अविवाहित रूप में जीवन-भर अपने प्रेम को जीती हैं। परंपराबद्ध, बंद मारवाड़ी समाज में उपेक्षिता लड़की का दुर्भाग्य पाकर अपने संसाधनों और पुरुषार्थ से एक सफल और अग्रणी उद्योगपति की ऊँचाइयों तक पहुँचा उनका व्यक्तित्व स्वयं नारी सशक्तीकरण (वीमेन एंपावरमेंट) का एक अप्रतिम उदाहरण बनता है। विश्व-भर में घूमती हुई वे नारी-स्थितियों का प्रत्यक्ष अनुभव और अध्ययन करती हैं, विशेषतः दक्षिणी एशिया की कामगर स्त्रियों का अध्ययन कर उन्होंने पर्याप्त वैचारिक लेखन किया है। इस पृष्ठभूमि के साथ उनके 'आओ पेपे घर चलें', 'छिन्नमस्ता' तथा 'पीली आँधी' उपन्यासों के आधार पर नई नारी चेतना का अध्ययन किया जा सकता है। अपनी दृष्टि की व्यापकता और पूरे विश्व भ्रमण के अनुभव-स्वरूप जब अमेरिकी संदर्भ में 'आओ पेपे घर चलें' में आईलिन से वे कहती हैं "कि ऐसा कौन-सा देश है जहाँ औरतें 'त्रिशंकु' होकर जीने की स्थिति में नहीं हैं, कहाँ नहीं जीतीं वे? दुनिया में ऐसा कोई कोना बताओ, जहाँ औरत के आँसू नहीं गिरे?" तो उनका कथन बहुत तर्कसंगत और प्रभावी लगता है। अपने अनुभव से वे स्त्री के आर्थिक स्वावलंबन को उसके स्वातन्त्र्य से जोड़कर देखती हैं, उनका दृढ़ मत है "औरत की सारी स्वतंत्रता उसके पर्स में निहित है।"[3] हेल्गा प्रभा खेतान को आर्थिक स्वावलंबन ग्रहण करने के लिए बहुत प्रेरणा देती है, अपने रेस्टोरेंट में पार्टनर बनाना चाहती है और अन्य तरीकों से उसे डॉलर कमाने के लिए प्रेरित कर उनके जीवन को सार्थकता देना चाहती है। अपनी निष्ठा और अध्यवसाय से वह एक उद्योगपति के रूप में प्रस्थापित होती है, उपन्यास की इस संघर्षशीला स्त्री का नाम भी 'प्रभा' है, मानो प्रभा खेतान स्वयं अपना आख्यान लिख रही हों।* 'छिन्नमस्ता' में प्रभा खेतान स्त्री की पक्षधरता में बहुत बड़ा साहसिक पग उठाते हुए भाई द्वारा सगी बहन से शरीर भोग, लगभग बलात्कार ही, को तो सामने लाती ही हैं, क्योंकि वह स्वयं उनके साथ घटित, निरंतर होनेवाला, अत्याचार है, बहुत सूक्ष्मता एवं गहरी

---

* एक बार बातचीत में प्रभा खेतान ने मुझसे कहा था कि, 'मेरा सारा लेखन ही आत्म कथात्मक है।'

संवेदना से उन स्थितियों को विश्लेषित करती हैं जिनके कारण स्त्री को परिवार तथा समाज में दोयम दर्ज़े की स्थिति भोगनी पड़ती है। जिस बड़े घर की बेटी होने का गौरव-भाव 'छिन्नमस्ता' की नायिका में होना चाहिए था, वह उसमें नहीं था क्योंकि उस परिवार में लड़के-लड़कियों के पालन-पोषण में जो दोहरा व्यवहार किया जाता था, वह उसे असहनीय पीड़ा देता है। उस बड़े घर में लड़के-लड़की के बीच जो अन्तर किया जाता था, उसको इस प्रकार अभिव्यक्ति दी गई है, "बस, उस बड़े घर में जहाँ दस-दस नौकर, दाई, महाराज, दरबान, ड्राइवर थे; जहाँ अंगूर और अल्फांसो आम कुछ विशिष्ट जनों के लिए खरीदा जाता था और आम जनता के लिए खीरे, ककड़ी और मौसमी। फलों का खैर मुझे कोई शौक नहीं था, पर मन विद्रोह करता था। अम्मा की भेदभाव की नीति देखकर कुछ खाने को मन नहीं करता था।" मौसम की मटर का महँगी होने के कारण केवल बड़े भैया और छोटी सरोज की थाली में परोसा जाना, संदेश के दाई द्वारा गलती से परोस दिए जाने पर विद्रोह-भाव में वह परसी थाली छोड़ देती है और जब तक उस घर में रहती है 'दाल-रोटी और सब्जी के अलावा' किसी चीज को मुँह नहीं लगाती है, "मैंने उस घर में, हाँ, उस घर में, न कभी बादाम की बर्फी खाई और न ही संदेश। लेकिन फिर भी मैं एक बड़े घर की बेटी थी।" सगे बड़े भाई द्वारा बलात्कार का दंश सहकर यह नारी विवाह हो जाने पर 'एकदम ठंडी-फ्रिजिड... होपलेस' हो जाती है। वह सोचने लगती है कि दांपत्य में अवश्य ही 'ईमानदारी, वफादारी, प्यार, समर्पण' ये सब शब्द केवल औरत को ही सिखाए जाते हैं। उसकी मान्यता है कि "ये शब्द भ्रम हैं। औरत को यह सब इसलिए सिखाया जाता है कि वह इन शब्दों के चक्रव्यूह से कभी नहीं निकल पाए ताकि युगों से चली आती आहुति की परंपरा को कायम रखे।"[4] यह एक प्रकार से भारतीय नारी की पुरुष-सत्तात्मक व्यवस्था के लिए अनुकूलन (कंडीशनिंग) करने का ढंग है। किंतु उपन्यास की नायिका अपनी इस नियति को बदलने के लिए कृत-संकल्प है, उसके गुरु डॉ. चटर्जी उसे नारी-नियति को बदलने का गुरु-मंत्र-सा दे डालते हैं, "स्त्री होना कोई अपराध नहीं है पर नारीत्व की आँसू-भरी नियति स्वीकारना बहुत बड़ा अपराध है।" इस गुरुमंत्र के पाते ही प्रिया अपने भाई, परिवार और पति—सबके द्वारा किए गए अत्याचारों-अनाचारों का भरपूर विरोध करती है, वह आर्थिक स्वावलंबन से अपना नया पथ निर्मित करती है, वह इस बात का प्रतिकार करती है कि "औरत की जिंदगी बस एक सही पुरुष की तलाश-भर बनकर रह जाए।" इस प्रकार 'छिन्नमस्ता' की प्रिया नारी का नया वजूद और नई चेतना लेकर उपस्थित होती है। 'पीली आँधी' में भी मारवाड़ी समाज की राजस्थान के रेगिस्तानों से कलकत्ता के बड़ा बाजार और फिर बड़ा बाजार से पॉश कालोनियों तक की यात्रा के आख्यान के बीच नारी की विकास पाती नई चेतना का परिचय अपने ढंग से देती है। वह उस बंद मारवाड़ी समाज में परंपरा और आधुनिकता के बीच झूलती नारी की कसमसाहट,

सुप्त आकांक्षाओं का परिचय अपने कई पात्रों के माध्यम से देती है। वेल्हम जैसे प्रतिष्ठित पब्लिक स्कूल में पढ़ी, बाप की लाड़ली सोमा जब रूंगटा हाउस की छोटी बीनणी, बहू बनकर आती है तो उसकी सारी आधुनिकता, उसका सारा व्यक्ति-स्वातंत्र्य धरा रह जाता है, सोमा सोचती है, "यदि यही सब होना था तो मुझे बेल्हम क्यों भेजा? और ये लोग भी तो अधबीच के हैं, परंपरा न छोड़ पाते हैं, न निभा सकते हैं। आधुनिकता की ललक नहीं होती तो इस घर का हर बच्चा अंग्रेजी स्कूल क्यों भेजा जाता है?" समलिंगी पति पाते हुए, अपनी काम-तुष्टि न पाकर, जब सोमा अपने घर पढ़ाने आनेवाले प्रो. सुजीत से प्रेम करने लगती है तो भी वह रूंगटा हाउस की छोटी बहू के दायित्वों में बँधकर नहीं रहना चाहती, वह रूंगटा हाउस के प्रति विद्रोह करती है, "रूंगटा हाउस का महत्त्व बहुत बड़ा है। ऊँची शान है। लेकिन मेरी नहीं। मुझे किसी भी निर्णय का अधिकार नहीं। मैं यहाँ कुछ भी नहीं। कुछ भी नहीं। सुजीत मैं मरना नहीं चाहती। जीना चाहती हूँ।" अत्यंत विषम परिस्थितियों में सोमा की यह जीवेषणा ही उसका नई नारी के रूप में रूपान्तरण है, यही लेखिका की नई सोच है। प्रभा खेतान अपनी इस नई सोच से स्त्री के प्रति युग-युग से होते चले आ रहे अत्याचारों-अनाचारों के विरुद्ध अपने पात्रों के माध्यम से विद्रोही स्वर तो उठाती हैं किंतु वे पुरुष के प्रति विद्रोह कर उसे प्रतिपक्ष के रूप में खड़ा नहीं करती हैं।

मैत्रेयी पुष्पा नारी चेतना की एक नई धमक लेकर कथा जगत में अपनी उपस्थिति दर्ज़ कराती हैं। ग्रामीण जीवन परिवेश, बुंदेलखंड और ब्रज-क्षेत्र के अपने खाँटी पात्रों के माध्यम से वहाँ करवट लेती नई नारी-चेतना से वे जिस रूप में निरंतरता में नारीवाद (स्त्रीवाद) का पाठ बिना आंदोलनकारी स्वरों के अपने कथा-साहित्य में रचती हैं, वह बहुत प्रभावी रूप में स्त्री-पक्ष की बात कहता है। निश्चिततः वहाँ परंपरा से विद्रोह करते हुए स्त्री जो अपना स्वरूप ग्रहण करती है, वह उसके व्यक्ति-स्वातंत्र्य की अपनी तलाश है। सारे सामाजिक संबंधों की शुचिता को केवल नारी के दृष्टिकोण से देखना, प्रथम बार अपने देह-धर्म को अकुण्ठ रूप से स्वीकारना, गाँव-समाज में स्त्री का सामाजिक और आर्थिक रूप से एक दबंग शक्ति के रूप में अभ्युदय, वैधव्य की स्थिति में मातृत्व की साहसपूर्ण स्वीकृति, आदि को कथा-प्रसंगों के माध्यम से जिस रूप में मैत्रेयी ने अपने उपन्यासों में विन्यस्त किया है, उससे स्थापित नैतिकताओं की शृंखलाएँ तड़-तड़ाकर टूटती हैं। 'इदन्नमम्' की कुसुमा भाभी रिश्ते में पूज्य अपने दाऊ जी से शरीर-संबंध स्थापित करती है, एक-दूसरे की प्यास समझकर बिना किसी अपराध-बोध के। बिन्नू से उसका यह आत्म स्वीकार है, "बिन्नू सौ बातों की एक बात है, नाते संबंध का नाम बताएँ, गढ़े सो बेकार है। साँचा नाता तो प्यास और पानी का है। हमारी देह प्यासी थी कि दाऊ जी का मन अतिरपित था, सो बस...कारन जरूर अलग-अलग थे।" युग-युग से

भारतीय समाज को आदर्शों और मर्यादा की डोरी से बाँधनेवाला बाबा तुलसीदास की 'श्रीरामचरितमानस' प्रकाशमयी शुचिता की धारणा भी कुसुमा और दाऊ के मन के आवेगों को नहीं रोक पाती है—कुसुमा आसन पर बैठी रामायण बाँचती है—"अनुज वधू भगिनी सुत नारी। सुनि सठ कन्या ये चारी"—इन पंक्तियों को सुनकर "कुसुमा और दाऊ जू ने साथ-साथ देखा परस्पर। देखते ही हड़बड़ा गया हो दाऊ जी का परम पौरुष! विचलित हो उठी कुसुमा के भीतर बसी परंपराओं में बँधी नारी।"[5] उसका ग्रामीण मन शास्त्र और मर्यादा को अपनी तरह से प्रश्नांकित कर पुरुष सत्तात्मक समाज को जिस रूप में चुनौती देता है, वह सदियों से तरह-तरह के विधि-निषेधों को झेलती नारी का एक प्रकार से खुला विद्रोह है, "बिन्नू हमें एक बात समझाओ, अरथाओ कि ये रिस्ते-नाते, संबंध और मरजाद किसने बनाई? किसने सिरजी है बंधनों की रीत? जो नाम लेती हो उनने? मनु-व्यास ने? रिसियों-मुनियों ने? देवताओं ने कि राच्छसों ने?" उपन्यास में स्थान-स्थान पर ऐसे प्रसंग आए हैं जब स्त्री पुरुष द्वारा नारी के लिए बनाई गई व्यवस्था की थुक्का-फजीहत करती हुई, उसके प्रति खुला विद्रोह करती है। पुरुष जब एकाधिक स्त्रियों से संबंध रखता है तो उसे कोई नहीं पूछता, तब पंचायतें, धर्म-नियम, कायदे-कानून उनसे कोई प्रश्न नहीं पूछते। 'इदन्नमम्' में मंदाकिनी इस व्यवस्था को खुलकर चुनौती देती है, "गाँव में छः आठ जोड़े हैं, जिन्होंने दूसरा विवाह किया है। माना कि पुरुष है, तो क्या अम्मा स्त्री होने के दंड की, मखौल की, हेय दृष्टि की भागीदार हैं? यदि ऐसा नहीं है तो उन पुरुषों से अटपटे प्रश्न क्यों नहीं पूछता कोई? उन्हें क्यों नहीं निकाल देता घर से कोई? उनकी निगाह नीची क्यों नहीं होती?"[6] गाँव की लड़की मंदा (मंदाकिनी) को उपन्यास के अंत तक आते जिस संघर्षशीला स्वरूप में गाँव के निर्माण-कार्यों, चुनावों में गाँव-समाजों की सही भूमिका आदि समझाने के लिए जिस रूप में चित्रित किया है, वही नारी का अपेक्षित रूप है। स्त्री का यह नव स्वातंत्र्य-बोध 'चाक' उपन्यास में और भी प्रखरता से अभिव्यक्ति पाता है। यहाँ उनके नारी पात्रों की विद्रोही मुद्रा और भी तेज-तर्रार रूप में उभरती है। सारंग की बुआ की बेटी रेशम की हत्या इसलिए कर दी जाती है कि वह पति की मृत्यु के बाद पर-पुरुष-संसर्ग से गर्भवती हो जाती है। उपन्यास का प्रारंभ ही सारंग की इस मनःस्थिति के चित्रण से होता है कि लोकगीतों-लोक-संस्कारों में स्त्री मन के विद्रोही भाव को किस प्रकार वाणी दी गई है, "स्त्रियाँ जिंदगी के गीतों, संस्कारजनित उत्सवों और रोजमर्रा की जरूरतों के चलते अपने आपको प्राकृतिक लीला में उतार रही हैं या कि भीतर के उमड़ते करुणा खूँखार हाहाकार को पीकर महाविनाश को चुनौती देती हुई जीने की अदम्य-चेष्टा कर रही हैं। शायद पिए हुए समस्त विष को अपनी मुस्कानों में ढालकर अमृत कर देना चाहती हैं।" वस्तुतः इसी पीठिका पर खड़े 'चाक' के सभी पात्र अपनी नई गढ़ंत, निर्मिति पाते हैं। 'स्त्री-जीवन में पतिव्रत-धर्म को तोड़ने वाली औरत के लिए दंडविधान के

निर्धारित नियमों को रेशम बुरी तरह भंजित करती है। सास के इस तर्क पर कि 'रंडी, मेरे पूत की चिता तो सीरी हो जाने देती', रेशम का यह मुँहतोड़ उत्तर इस नए स्त्रीत्व से परिचय कराता है, "अम्मा, तुम तो विरथा ही दाँत किटकिटा रही हो। तुम्हारे पूत की चिता ठंडी हो जाने से क्या मेरी देह की आग बुझ जाती? जीतों-मरतों का भेद भी भूल गईं तुम! बेटे के संग मैं भी मरी मान ली?" सास हुकुम कौर को उसके प्रश्नों के उत्तर रेशम जिस रूप में देती है, वह नारी का नया साहस है। जिन समाजों के ये पात्र हैं, उनमें संबंधों की शुचिता का खयाल किए बिना ऐसे 'नाजायज' संबंध चोरी-छिपे चले ही आ रहे थे किंतु इन संबंधों के औचित्य का विचार प्रथम बार यहीं होता है। रेशम सास को 'अपने चाल चलन की झंडी फहराने का हक' नहीं देना चाहती क्योंकि वह जिस समाज का प्रतिनिधित्व कर रही है, उसमें पुरुष के लिए विधान दूसरा है, "आज को तुम्हारा बेटा मेरी जगह होता तो पूछती कि तू किसके संग सोया था? अब उसकी बाँह गह ले। मेरे मरे पीछे तेरहीं तक भी सबर न करता और ले आता दूसरी। तुम खुश हो रही होतीं कि पूत की उजड़ी जिंदगी बस गई। पर मेरा फजीता करने पर तुली हो।" सास रेशम के इस व्यक्तित्व से हत्प्रभ है जो "लुगाई की जात होकर मर्दों जैसा हौसला जुटाना जुटा रही है।" स्त्रीवादी जिस यौनिक स्वतंत्रता की बात करता है, मैत्रेयी के ये पात्र बिना किसी नारे के अपने इस मंतव्य को पूरा करते हैं। सारंग और श्रीधर, केलासी सिंह और कलावती चाची जैसे युग्मों के संबंध सारे विधि-निषेधों, वर्जनाओं को धता बताकर अपने मन की करते हैं और इनमें वर्जनाओं को तोड़ने में पहल स्त्री ही करती दिखाई गई है। पहलवान केलासी सिंह की मालिश करती चाची कलावती 'पाप-पुन्य' की सारी स्थापित मान्यताओं की दीवारों को गिरा देती है, "...लल्लू केलासी, भूल जाओ रिस्ते-नाते। लाज-लिहाज त्यागन कर दो। उमर का भेद नहीं रह गया हमारे बीच। इस घड़ी तुम मर्द और मैं वैयर...और फिर ये तो देह रहते के खेल हैं रे। पाप-पुण्य मत सोचना।" इस समागम से केलासी चाची को जो आनंद आया उसकी अकुंठ अभिव्यक्ति करती वह कहती है, "इतनी खुस तो मैं तब भी नहीं हुई थी जब पहली बार रिसाल के दादा...। वे पुरिख और मैं लुगाई।"...''सुरगनसैनी चढ़ गई मैं तो।" हिंदी कथा-साहित्य में यह नई नारी का जन्म है। जिन जाति-समाजों का चित्रण मैत्रेयी कर रही है, उनमें ये सब यौनाचार-प्रेमाचार रहे आए हैं किंतु मैत्रेयी साहसपूर्वक उसकी प्रथम प्रस्तुति यहाँ कर रही हैं। तीजों (सलूनों) के त्योहार पर जीजा-साली के बीच का यह संवाद, "ओ जीजा, संग विदा करा ले चलो, देखूँ कितनी ताकत है? पानी माँग जाओगे।" उन कामोन्मत्त अभिव्यक्ति-छटाओं को यहाँ पहली बार स्थान मिला है। लोकगीत अवश्य ऐसी व्यंजनाओं से भरे पड़े हैं जिसकी बानगी उपन्यास यत्र-तत्र देता चलता है, "चिड़ी तोय चमड़िया भावे/तेरे घर में सुंदर नार, बलम तोय परनारी भावे।" अपनी सारी भीतियों और वर्जनाओं को ढाती सारंग जिस प्रकार गाँव की राजनीति

में प्रवेश कर अपनी धाक जमाती है, वह नए युग की जाग्रत नारी की पूर्ण अवधारणा बन जाती है।[7] स्त्री-पक्ष के ऐसे ही प्रश्नों से मैत्रेयी अपने नवीनतम उपन्यास (अब तक) 'त्रिया-हठ' में जूझती हैं। मीरा और उर्वशी वर्जित संबंधों के क्षेत्र में देह की तुष्टि का परितृप्त और मुक्त अनुभव करती हैं–कोई पाप-बोध उन्हें नहीं सालता है, "इसी समय मीरा ने जाना, औरत वर्जित क्षेत्रों में कैसे घुस जाती है।...वह आई, अवैध रिश्तों की भूलभुलैया में भटकती हुई बरजोर सिंह की बैठक में प्रवेश कर जाती।" बरजोर सिंह और उसके बेटे उदय से एक साथ प्रेम करती उर्वशी का गुंजलक-भरा संबंध ऐसा है, "उस भाव को न खतरों का डर है, न सामाजिक मान्यताओं का। बरजोर सिंह ने सदा सही सोचा कि खतरनाक हालातों में बरजोर सिंह और उर्वशी का वजूद हर हालत में बचा रहे। पति-पत्नी बन जाते, दो-तीन बच्चे और पैदा कर लेते तो क्या नया होता? उर्वशी और उनका मिलन क्या उन रीतियों-कुरीतियों के खिलाफ खड़ा होना नहीं था, जो सिर्फ दिए गए संबंधों को समझती है।" उदय उससे विवाह कर स्वयं क्रांति करने का श्रेय लेना चाहता है, "तब यह क्रान्ति हमें करने दो अपनी तरह से।"[8] इस प्रकार मैत्रेयी के स्त्री चरित्र अपनी स्वतंत्रता, अपनी शक्ति, क्षमता और साहस से अर्जित करते हैं।

चित्रा मुद्गल ने स्त्री-पक्ष में जो प्रश्न अपने 'आवाँ' में उठाए हैं, उनमें 'स्त्रीवाद' आंदोलनवादी दृष्टि का विरोध कर पश्चिम से आए नारीवाद को जस का तस स्वीकारने का तीव्र विरोधी स्वर है। वे नारी-स्वातंत्र्य की हामी होकर भी पाश्चात्य स्त्रीवाद की तरह पुरुष से 36 का आँकड़ा न रखकर भारतीय कौटुम्बिक प्रणाली के स्वस्थ रूप को सुरक्षित रखने की पक्षधर हैं। महिला उपन्यासकारों में चित्रा मुद्गल के यहाँ स्त्री-स्वातंत्र्य को लेकर कदाचित् सर्वाधिक स्वस्थ दृष्टि देखने को मिलती है, जहाँ स्त्री को उसके स्वतंत्र व्यक्तित्व की निर्मिति करते भी देखा जा सकता है और साथ ही अपनी पारंपरिक पारिवारिक व्यवस्था में अपना गौरवपूर्ण स्थान पाते भी। वह स्त्री परंपरा और आधुनिकता का एक आदर्श प्रतिरूप (मॉडल) रचती हैं। इन विचारों की संवाहिका 'आवां' में नमिता और गौतमी बनते हैं। स्त्रीवाद का झंडा उठाकर स्वच्छंदतावाद और उच्छृंखलता का जीवन जीती आधुनिकाओं का विरोध डंके की चोट पर इस रूप में करती है, "नारीवाद की आड़ में उद्दंडताओं को जीने वाली शिक्षित स्त्रियों को देश की खालिस देशी औरत से प्रेरणा लेकर कौटुम्बिक जीवन के क्षरण को रोकने की चेष्टा करनी चाहिए।" इसी विचार-सूत्र की पीठिका पर 'आवां' का सारा स्त्री-विमर्श बड़ी कुशलता से खड़ा किया गया है। स्त्रीवाद के बढ़ते शोर में उनकी सबसे बड़ी चिंता भारतीय परिवार-व्यवस्था को बचाने की है। आज स्त्री-विमर्श का पाठ पढ़ती नारी मातृत्व से दूर भागना चाहती है किंतु वह भूल जाती है कि मातृत्व में ही उसकी शक्ति, गौरव और वास्तविक तोष है। जब नारी इस सत्य का साक्षात्कार कर लेगी कि "उसका एकमात्र श्रेष्ठ स्वरूप जननी है–केवल जननी!

माँ होना ही उसके स्त्रीत्व की सार्थकता है। अजेय शक्ति है और पुरुष आश्रय में ही उसकी संपूर्ण सुरक्षा! जिस क्षण महिलाएँ परम पुरातन आधुनिकता-बोध से साक्षात्कार कर लेंगी, समस्त विश्व समाज-विखंडन के त्रास से मुक्त हो, परस्पर पूरक व्यवस्था जिएगा। भग्न घरों की दिग्भ्रमित संतानें गंजेड़ी, भंगेड़ी, स्मैकी और शराबी होने से बच जाएँगी...और सदियों पुराना राग कुटुंब, अलापते हुए भारतीय कोटुंबीय परंपरा की पुनर्प्रतिष्ठा करेंगे।" वस्तुतः वे स्त्री-पुरुष दोनों की एक पूरक भूमिका में ही घर, परिवार और समाज का हित देखती हैं। वे आज की इस 'विडंबना' का जिसमें "पारिवारिक जीवन में स्त्रियों ने मर्द को विपक्ष बना लिया" पुरजोर विरोध विभिन्न कथा-प्रसंगों और पात्रों के माध्यम से उपन्यास में बार-बार करती है। उसके स्त्री-विमर्श की यही धुरी और आधार-पीठिका है। स्त्री-पुरुष की परस्पर पूरक भूमिका को स्वीकारते हुए भी वे पुरुष की कूपमंडूकता और स्त्री को दोयम बनाने की पुरुष सत्तात्मक व्यवस्था को खुलकर चुनौती देती हैं। सुनंदा की मय्यत को कंधा देने आई नमिता पांडे को जब पाटिल ससंकोच बरजता है "ये आप क्या कर रही हैं? आपको मालूम नहीं, औरत के लिए मय्यत को कंधा देना शास्त्र-सम्मत नहीं?" तो नमिता उसे कड़ा-सा उत्तर देती है कि उस नारी की मय्यत को कंधा देने में धर्मानुशासन किस प्रकार खंडित होता है जो औरत के अधिकारों के लिए लड़ती-लड़ती जीवन-शेष हुई है, वह सारी औरतों को श्मशान चलने को प्रेरित करती है, "कूपमंडूक पुरुषों से हमें सीखना होगा कि क्या शास्त्र है, क्या नहीं?, निर्दोष स्त्री की हत्या करना शास्त्र सम्मत है, पाटिल? नहीं, तो पूछो अपने हृदय से कि क्यों हममें से किसी ने उसके प्राण ले लिए? मैं कंधा किसी औरत की मय्यत को नहीं दे रही, उस स्त्री-चेतना को दे रही हूँ जिसका गला घोंटने की कोशिश हत्या के बहाने हुई है। मैं हर जाति, धर्म, वर्ण की स्त्रियों का आवाहन करती हूँ कि वे सबकी सब श्मशान चलें और बारी-बारी से सुनंदा की मय्यत को कंधा दें।" उपन्यासकार ने गौतमी के माध्यम से उन स्थितियों पर भी भारी चोट की है जिनमें पुरुष ने स्त्री को अपनी शासिता बनाकर रख दिया है। पति पत्नी का जिस पाशविक रूप में भोग करता है, गौतमी उसका तीव्र विरोध करती है, आज वह 'अपनी शर्तों पर अपनी जिंदगी जीती है। मातृत्व भी वह अपनी मर्जी से धारण करती है और शय्या-सुख भी अपनी इच्छा के दबाव में प्राप्त करती है। वह अपने पति को 'अधिकृत बलात्कारी' की भूमिका से अलग रखती है', ''पति क्या होता है, अधिकारिक बलात्कारी। अथोराइज्ड...मैंने अशोक को उस अधिकार से वंचित रखा है कि जब मन किया, बीवी सो रही हो, जाग रही हो, काम में व्यस्त हो, मरजी हो, न हो—उठाकर बिस्तर पर पटक लिया...।" यहाँ स्त्री अपने प्रति किसी भी अत्याचार को सहन नहीं करती, उसका भरपूर विरोध करती है। वह कहीं से भी बेचारगी को ओढ़ना नहीं चाहती। स्मिता स्वयं अपने पिता के द्वारा भोगी जाती है किंतु वह पिता को कभी माफ नहीं

कर पाती। अपने मटका किंग खुराफाती बाप को वह सीढ़ियों से गिराकर मार देती है, पिता के व्यवहार से उसमें जो एक मनोग्रंथि पड़ जाती है, उसका बदला वह अपने पति से लेती है, "बाप का बदला मैं शरत से लेती रही, उसे उद्दीप्त कर ऐन मौके पर लात लगा।" बाप का व्यवहार उसमें जो प्रतिहिंसा भाव जगाता है, उससे उसे अपनी शक्ति और क्षमता का बोध होता है, उसे यह अच्छी तरह भान है कि वह आधुनिक युग की ऐसी नारी है जिसे अपने अधिकारों और कर्तव्यों का पूरी तरह बोध है। वह हिंदुस्तान की उस औरत की प्रतीक अपने को मानती है जो धीरे-धीरे जन्मने की प्रक्रिया में है, "मेरे जींस जाँचे-परखे जाएँ तो औरों से भिन्न निकलें। स्वाभाविक नहीं? मटका किंग की औलाद हूँ! लेकिन मुझे लगता है, वैज्ञानिक शोध के अन्तर्सत्यों से परे कि मुझमें आज की औरत के जीन हैं जो अब तक जन्मी नहीं थी...जन्मने के लिए छटपटा रही थी।"[9] वस्तुतः नारीत्व की यह नई सोच, वैचारिक दृष्टि से पूरी तरह बदली हुई, नई जन्मती यह स्त्री नई नारी-चेतना को सुदृढ़ आधार प्रदान करती है, उपन्यास के स्त्री-विमर्श की यह एक सार्थक उपलब्धि है।

'स्त्रीवाद' और 'स्त्री-पक्ष' के प्रश्न अलका सरावगी के उपन्यासों में 'कथित' कम ही हुए हैं, उनके स्त्री-पात्र उसकी यत्किंचित् अभिव्यक्ति अवश्य करते हैं। इसका बड़ा कारण यह है कि अपने 'कलि-कथा : वाया बाईपास' तथा 'शेष कादम्बरी' उपन्यासों में तो वे मारवाड़ी समाज को केन्द्र में रख उपनिवेशकालीन भारत और आधुनिक भारत को ऐतिहासिक विकास-क्रम में विश्लेषित करने की आग्रही रही हैं और 'एक ब्रेक के बाद' उपन्यास में भूमंडलीकृत औद्योगिक जगत की विभिन्न समस्याएँ कथा के केन्द्र में हैं, यहाँ स्त्री-स्वातंत्र्य, आदि के प्रश्न गौण होकर रह गए हैं। 'कलि-कथा : वाया बाईपास' में किशोर बाबू की पत्नी अपनी तीन साल की छोटी नातिन से बात-बात पर 'मेरी मर्जी' की उद्घोषणा सुन हतप्रभ रह जाती है, "वे दंग रह गईं कि इतनी छोटी बच्ची को 'मर्जी' का अर्थ मालूम है, तो उन्हें बताया जाता है कि यह सिनेमा का एक गाना है 'जिसमें हर लाइन के अंत में कहा जाता है–'मेरी मर्जी'।" वस्तुतः यहाँ पुरानी पीढ़ी हतप्रभ है कि जब इतने छोटे बच्चों की 'मर्जी' के खिलाफ कुछ नहीं किया जा सकता तो फिर बड़े बच्चों, लड़कियों को किस प्रकार नियन्त्रित किया जा सकता है। वस्तुतः यह नई पीढ़ी विशेषतः स्त्रियों के 'अपनी राह' चलने के प्रति पुरानी पीढ़ी का क्षुब्ध भाव है।[10] 'शेष कादम्बरी' की कथा में भी स्त्री-प्रश्नों के लिए कम ही अवकाश है। रूबी दी की व्यथा-कथा में अपने दाम्पत्य की यंत्रणाओं के माध्यम से औरत के भाग्य को लेकर पति के निर्दय व्यवहार पर यह टिप्पणी की गई है, "नहीं, रेप नहीं किया उसने मेरे शरीर का। खुद मेरी मर्जी के लिए वह निरे बेमन से सिर्फ दो-तीन मिनट के लिए आता था मेरे पास। उसे एक-से-एक सुंदर लड़कियों के साथ घूमने की आदत जो थी। और मैं? मैं इस तरह सूखी हुई रहती कि रेप से भी ज्यादा कष्ट होता था मुझे।...अरे विधाता; तूने औरत को क्या सिर्फ पीड़ा झेलने

के लिए बनाया—किसी पुरानी फिल्म के घटिया डायलॉग की तरह यह कम्प उसके अंदर गूँजकर रह गया।"[11] दांपत्य की इस कड़ुवाहट जिसने रूबी दी का जीवन निस्सार करके रख दिया, अलका सरावगी ने कादम्बरी आदि के व्यवहार द्वारा बदलती हुई नारी-सोच का परिचय दिया है। 'एक ब्रेक के बाद' मुख्यतः कारपोरेट, उद्योग जगत की समस्याओं को बाजारवादी और उपभोक्तावाद को केन्द्र में रख विश्लेषित करता है। वहाँ भट्ट की पत्नी के मनोभाव अवश्य स्त्री के अपने स्वतंत्र अस्तित्व के लिए अपनी छटपटाहट दर्शाते हैं, "भट्ट की पत्नी को विवेक देवराय या उसके परिवार की रत्ती-भर भी परवाह नहीं थी। बस अपना एक निजी 'स्पेस' बनाने के लिए उसे उन लोगों की जरूरत थी। वह एक ऐसी दुनिया चाहती थी जिसमें उसका प्रवेश किसी उपाधि के कारण यानी कि माँ या पत्नी होने के कारण नहीं था, बल्कि इसलिए था क्योंकि लोग उसे हाड़-मांस के व्यक्ति के रूप में देखते थे जो अपनी मर्जी से चलता-फिरता या हँसता-रोता है।" वस्तुतः परिवार जितना अधिक समृद्धि के सोपान चढ़ता है, घर की मालकिन उतनी ही अधिक, दूसरों के लिए, व्यस्त होकर अपना निजी 'स्पेस' खोजती है, भट्ट की पत्नी इसी पीड़ा से व्यथित है।[12]

अनामिका अपने स्त्रीवादी लेखन के लिए पर्याप्त चर्चित हैं, न केवल अपने महत्त्वकांक्षी उपन्यास ('महत्त्वाकांक्षी' उपन्यास इस अर्थ में कि उसमें सब कुछ समो देने-अँटा देने की स्पृहा लेखिका की रही है) अपितु इस विषय पर अपनी कई अन्य पुस्तकों द्वारा उन्होंने स्त्री-पक्ष और 'स्त्रीवाद' पर काफी-कुछ लिखा है। 'हंस' आदि पत्रिकाओं में उनके स्त्री-विमर्श संबंधी कई महत्त्वपूर्ण लेख प्रकाशित हुए हैं। अंग्रेजी भाषा और साहित्य से गहन परिचय (तथा अंग्रेजी साहित्य की प्राध्यापिका) होने के साथ-साथ संस्कृत साहित्य, वैदिक साहित्य से भी उनका परिचय उनके स्त्री-विमर्श को एक ठोस वैचारिक धरातल प्रदान करता है। उन्होंने पाश्चात्य और पौर्वात्य दोनों परंपराओं में स्त्री की स्थिति का गहन अध्ययन किया है, पश्चिम के नारीवादी चिंतकों और ऋग्वेद, पुराणों आदि के स्त्री संबंधी विचार उनके उपन्यासों में वैचारिक पूँजी के रूप में उपस्थित होते हैं। सबसे ऊपर उनका भाषा-लालित्य इस स्त्री विमर्श को बहुत नए सरोकारों के साथ प्रस्तुत करता है। 'तिनका तिनके पास' में लेखिका इसी रूप में पुरुषों की कामाचारी, दुराचारी प्रवृत्ति, स्त्री-पुरुष, पति-पत्नी संबंधों और उनके बीच आज की नारी की भूमिका, उसके स्वातंत्र्य के प्रश्न आदि के विषय में अपनी खुली सोच, नई नारी चेतना का परिचय विविध रूपों में देती हैं। औरत की जिंदगी में कितने प्रकार के 'कामीजन' आते हैं, उनकी 'तीन-चार कोटियाँ होती हैं'—"कुछ कामियों का दिल सुपरएक्टिव होता है, कुछ का दिमाग, कुछ का अधोभाग-लातादि, कुछ की बस जीभ सुपरएक्टिव होती है। और कुछ ऐसे भी बॉड होते हैं जो चुप्पी, बंकिम दृष्टि, शुभाशांसा आदि निग्रहादि सूक्ष्मतर अवयवों के 'मिशन इम्फॅसिविल' से 'मिशन एकॉम्पलिश्ड' का सफर पूरा करते हैं।" इन्हीं कोटियों का वर्णन करते-करते

वे अंग्रेजी के रोमेंटिक कवियों पर आती हैं जो अपने लिए ''एक अप्राप्य आदर्श सैट कर लेते थे–वड्र्सवर्थ के लिए नेचर, कॉलरिज के लिए 'सुपरनेचर', कीट्स के लिए 'सौंदर्य', शैली के लिए 'प्रेम', बायरन के लिए 'लिबर्टी' ऐसी ही प्लैटोनिक अवधारणा थी, एक तरह का माया-मृग जिसको भींचना असंभव था।" शीरीन के पिता के घर तीन बरस तक हाउस कीपरी करती नायिका भी अपने जीवन में 'ऐसे-ऐसे विकट पुरुष और अर्द्ध मानव' देखती है कि उसे उन सबकी तुलना में नीम-पागल से पर मन से शिशु शाहिद के बच्चे की माँ बनना ज्यादा अच्छा लगता है। यहाँ 'निरंकुश' जीवन जीती स्त्री अपने जीवन में आए अधिकांश पुरुषों ('प्रत्याशियों') को टालती ही रहती है, क्योंकि उसकी मूल चारित्रिक वृत्ति तो यह है, "बहुत दिन किसी एक व्यक्ति से बँधकर मैं रह नहीं पाई।" यहाँ नारी बदले हुए युग की नई आचार-संहिता को अपनाने की विश्वासी है, ऐसे कई प्रसंग उपन्यास की कथा में सप्रयास नियोजित हैं। इस नई आचार संहिता में ढली नारी स्त्री-पुरुष संबंधों के प्रत्येक पक्ष पर बहुत खुलकर बात कर सकती हैं, उपन्यास में कथा-नायिका की डायरी के कितने ही पृष्ठ उसके जीवन-इतिहास के चौंकाने वाले पृष्ठ हैं। मौसी से पहेली पूछने के बहाने यह प्रश्न खड़ा किया जाता है "एक अकेली स्त्री की खातिर सबसे दुर्लभ क्या है", उत्तर है...''सबसे दुर्लभ है पुरुष मित्र।" आज अकेली स्त्री के लिए मित्र या प्रेमी बुलाना कोई बहुत बड़ी बात नहीं है। ये तो थोक में मिल जाते हैं, कठिनाई यह है कि "सर्वतोमुखी प्रेम का दावा ठोंकने वाले देह-लोलुप प्रेमी 'तीन बुलावै तेरह आवै' की तरह थोक में राह चलते मिल जाते हैं मगर देह-निरपेक्ष कोई सच्चा दोस्त नहीं मिलता किसी अकेली स्त्री को।" पत्नी की भूमिका में भी स्त्री आज अपनी परकीया स्थिति को स्वीकारने का साहस रखती है और औरत देह-संबंधी अनेक प्रश्नों को उपन्यास अपने स्त्री पात्रों के माध्यम से केंद्र में रखता है। हमारे शास्त्र जिस रूप में मातृत्व को गौरव-मंडित कर स्त्री-देह का मर्म और धर्म समझाते हैं, उसे उपन्यासकार स्पंदन भी माँ के माध्यम से ऋग्वेद के एक मंत्र के भावार्थ के माध्यम से समझाती है, "प्रकृति का स्त्री-तेज कहता है : 'जन्म और मृत्यु, रोग-शोक के घात-प्रतिघात की मर्मभेदी पीड़ा और चंचलता के घोर आवर्तन से छिन्न-भिन्न होकर सब जीव दीर्घ निःश्वास छोड़ते हैं, जब तुम्हारे लिए मैंने अपना विशाल वक्ष-स्थल अनावृत किया है और अनंत भुजाओं का प्रसारण किए तुम्हारे ही पीछे दौड़ी जाती हूँ। तुम मेरी संतति हो! मेरी गोद से दूर कैसे-कहाँ रह सकते हो? मेरी गोदी में दुःख और संताप का स्पर्श भी नहीं! जिससे तुम्हें भीति और आशंका है, मेरा ही स्तन्य है। मातृमुख की आभा से उद्भासित है अंतरिक्ष, उसके प्रणवमात्र से मधुव्योम मुखरित है। मातृगोद की संजीवनी धारा में, आओ अवगाहन करो और अभेद की उपलब्धि के साथ जीवन का आनंद भोगो।" लेखिका मातृत्व के जिस पक्ष को स्वयं कहने में जो संकोच कर रही है–'जो और तरह से कह नहीं पाती', उसे इस मंत्र के द्वारा कहने का साहस करती है।

प्रेम संबंध पर भी आज की बदली हुई दृष्टि 'तिनका तिनके पास' में स्थान-स्थान पर अभिव्यक्ति पाती है। आज स्त्री घर-परिवार की दुनिया से बाहर निकल कर आई है, तो कदम-कदम पर उसका संपर्क ऐसे पुरुषों-लड़कों से होता है जो उसके आगे प्रेम-प्रस्ताव से लेकर विवाह प्रस्ताव तक लेकर उपस्थित रहते हैं, ऐसे प्रेम 'इकतरफा प्रेम' के रूप हैं जिनकी कितनी ही केस हिस्ट्रियाँ शीरीन के पास हैं "...धीरोदात नायकों के धीरज से सबको टैकल किया है हमने, अपमान किसी का नहीं किया, लेकिन दूरी सबसे अधिक बनाई रखी। अपमान इसलिए नहीं किया कि प्रेम-प्रस्तावों की डलिया पर आदृश्य अक्षरों में कुदरत ही लिख देती है, "हैंडल विद केयर", दुनिया की सबसे महीन और नाजुक-सी संवेदना प्रेम है—इसको झकझोरना हिमाकत है, पर एक ही प्रेम इतनी बड़ी जिम्मेदारी है कि ज्यादा मैनेज ही नहीं होता—स्नेह मैनेज हो जाता है पर प्रेम? बच्चों की तरह ज्यादा से ज्यादा 'एक या दो-बस' बाकी प्रस्तावों के आगे 'हाउस-फुल' की तख़्ती टाँगनी ही पड़ती है।"[13] यहाँ प्रेम में 'एकनिष्ठता-जैसी अवधारणा किसी भी पात्र के पास नहीं है अपितु सभी इन स्थितियों में हैं कि वे एकाधिक पुरुष मित्र रखकर उन्हें जब-तब 'संदर्भ ग्रंथों' की तरह इस्तेमाल करती है। यहाँ 'फायरब्रांड' लड़कियाँ हैं, कॉलगर्ल हैं, प्रेम और यौन का चाय-कॉफी की तरह इस्तेमाल करती महानगरों की स्वतंत्र और उद्दाम जीवन जीती लड़कियाँ हैं जिनकी सोच पूरी तरह 'ग्लोबल गाँव' की है। उपन्यास बिना किसी वर्जना-भाव के स्त्री-पुरुष संबंधों के प्रत्येक पक्ष को खूब खुली अभिव्यक्ति देता हुआ पग-पग पर एक नई स्त्री-चेतना का बोध कराता है।

अनामिका के बाद की या कहें उनके लगभग समकालीन महिला कथाकारों की पीढ़ी भी स्त्री-प्रश्नों के प्रति उतनी ही जागरूक रही है किंतु वे स्त्री-अधिकारों की बात कर भी 'स्त्रीवाद' (फेमिनिज्म) के 'ज्वर' से ग्रस्त नहीं दिखाई देती हैं। कहा जा सकता है कि अब 'स्त्रीवाद' का उन्मादी उत्ताप ('क्रेज') शांत हो चला है। अपनी सामाजिक-पारिवारिक स्थितियों के परिप्रेक्ष्य में बहुत स्वाभाविकता से स्त्री-स्वातंत्र्य का विमर्श रचते हुए पुरुष सत्तात्मक व्यवस्था में उसे उसका समुचित, गौरवपूर्ण स्थान दिलाने की वैचारिक बहस उपन्यासों में जाती है। रजनी गुप्त का 'एक न एक दिन' उपन्यास इसी रूप में विभिन्न कथा-प्रसंगों के माध्यम से भारतीय समाज में उच्च शिक्षिता और आर्थिक दृष्टि से पूर्ण स्वावलंबी, उच्च पदस्थ नारी की व्यथा को चित्रित करता हुआ स्त्री स्वातंत्र्य और समानता के प्रश्न बार-बार उठाता है। कृति का अपने पति से कोई संवाद नहीं रह जाता, कारणों में न जाकर कृति प्रश्न उठाती है, "पुरुषों को अपने लिए 'ब्रिदिंग स्पेस' की हमेशा दरकार रहेगी, मगर स्त्रियों के लिए वे बात-बात पर फिर वही हदबंदियाँ लाद देंगे जिन्हें बर्दाश्त करना मुश्किल होता गया।" पग-पग पर पति जब स्त्री पर अत्याचार करता है तो एक उच्च शिक्षिता और उच्च पदस्थ नारी के मन में सारी पुरुष सत्तात्मक व्यवस्था के प्रति विद्रोह पनपता है और

वह युग-युग से चले आ रहे स्त्री-प्रताड़न का हिसाब 'माँगता ही नहीं', 'हिसाब चुकता' भी कर देना चाहता है। नारी ऐसे शोषण और अन्याय का प्रतिकार करने के लिए कृत-संकल्प है, वह 'ऐसी दोगली व्यवस्था पर थूकती है', दफ्तर में काम करती नीता राजीव को यह मुँहतोड़ उत्तर थमा देती है, "...पुरुष वर्चस्व के चलते ही समाज में विषमता की खाई खुदती चली गई। मर्दवादी अहंकार की वजह से औरतें सालों तक उनकी गुलामी बर्दाश्त करने को मजबूर थीं। आर्थिक परवशता के चलते ही वो मुँह सिए नहीं रहीं और अपने खिलाफ होते शोषण को अपनी नियति मानकर जीती रहीं।. ..पुरुषों ने हमारी आदर्श छवियाँ गढ़ लीं...अपने सुभीते और सहूलियत के हिसाब से हमें गढ़ते-रचते रहे और हम उन्हें मालिक-मालिक चिचियाते हुए उनके अहं को पुष्ट करते रहे। इसी गैर बराबरी के दुष्परिणाम सामने हैं। आज का पुरुष खुद को स्त्री से पैदाइशी तौर पर श्रेष्ठ समझता है। इस पितृसत्ता ने विरासत में यही झूठा दंभ उनके दिमाग में ठूँस-ठूँस कर भरा है कि तुम बेटे हो, पति हो, पिता हो यानी तुम्हीं सर्वेसर्वा हो। औरत क्या है? दो टके की।" नीता का यह तेजाबी कथन पुरुष सत्ता के खिलाफ खुला विद्रोह है। रजनी बड़ी मनोवैज्ञानिकता से पुरुष मानसिकता के अहम् का तार्किक विश्लेषण करती है, "कोई भी पुरुष अपने अहम् का विसर्जन नहीं करना चाहता। फिर...फिर ऐसे कैसे कटेगा उसका जीवन? क्या होगा? पुरुष दंभ और अहंकार का फन इतना विकराल और विश्वास होता है कि स्त्री चाहकर भी उसे लचीला बनाकर अपनी तरफ नहीं मोड़ पाती।"[14] विवेच्य उपन्यास में रजनी गुप्त विषम दांपत्य को जीती नारी की समस्याओं को इस रूप में उठाती है कि स्त्री-अधिकारों और उसके स्वातंत्र्य की बात करते उनके स्त्री-चरित्र अपने आत्म-विश्वास, पुरुष-सत्ता से भिड़ने के साहस और अपनी योग्यता के बल पर अर्जित आर्थिक क्षमता से समाज में अपना और अपने बच्चों का उज्ज्वल भविष्य बनाते हुए, अपना प्रभावी रूप प्रस्तुत करती हैं।

नई जीवन-दृष्टि : नया जीवनाचार

नारी की इस नई चेतना ने उसे एक ऐसी नई जीवन-दृष्टि प्रदान कर दी जिसने युग-युग से चली आती पारिवारिक संस्थाओं, दांपत्य और प्रेम की अवधारणाओं तथा स्त्री-पुरुष संबंधों के अनेक समीकरणों को पुनर्परिभाषित कर एक नया जीवनाचार समाज में स्थापित कर दिया। सबसे बड़ी बात यह हुई कि आज स्त्री को सब कुछ अकुंठ भाव से कहने का अकूत साहस सहज ही प्राप्त हो गया, न उसके लिए कोई आंदोलन हुए, न किसी प्रकार के संस्थागत प्रयत्न, बस उसे लगा कि अपनी हर प्रताड़ना, प्रत्येक अनाचार, शोषण, परिवार में लालन-पालन में मिले भेदभावपूर्ण असमान व्यवहार, देह-शोषण और अपने मनोगत भावों को उसे पूरी बेबाकी से प्रकट कर देना है। यह उसका स्वाभाविक अधिकार है कि वह अपनी साँस-साँस की धड़कन

को कागज पर उतार दे, इसलिए इस कालावधि के उपन्यास-लेखन में महिला कथाकारों ने इतने साहसपूर्वक 'स्व' को अभिव्यक्त ('रिलीव') किया कि उसका साहस प्रशंसनीय बन जाता है। परिवार में पिता, सगे भाई, मौसा जीजा, आदि द्वारा किए गए यौनाक्रमणों, बलात्कारों को बेझिझक अभिव्यक्ति देकर अपनी मूक व्यथा को प्रकट किया। विवाह-संस्था के बेमानी और रस्मी होते चले जाने, दांपत्य की कुंठाओं, पति से यौन-तुष्टि न हो पाने की पीड़ा और उससे मुक्ति के अन्य रास्तों की तलाश, आदि प्रश्नों पर महिला कथाकारों ने तो खूब-खूब लिखा ही, पुरुष कथाकारों ने भी इस क्षेत्र में अपने अनुभवों को बहुत खुलकर, तो कहीं-कहीं पूरी तरह अश्लीलतापूर्ण ('पोर्नोग्रैफिक') ढंग से अभिव्यक्ति दी। उपन्यास में जिस रूप में यह नई जीवन दृष्टि और नया जीवनाचार प्राप्त होता है, उसका विश्लेषण आवश्यक है :

पुनर्परिभाषित विवाह-संस्था

आधुनिकता का प्रारंभ होते ही मनुष्य ने प्रत्येक वस्तु और समस्या को प्रश्नांकित कर सोचने का प्रयत्न किया तो स्त्री-पुरुष को सनातन संबंध-सूत्र में बाँधने वाली विवाह-संस्था में पुरुष के दंभपूर्ण शासक-भाव के प्रति नारी का विद्रोह जागा। बीसवीं शती के उत्तरार्द्ध से लेकर 1985 तक के समय में प्रकाशित उपन्यासों में भी विवाह के प्रति अनास्था और दरकन को वाणी मिली किंतु 1985 के बाद के उपन्यासों में विवाह संस्था और पारंपरिक दांपत्य के प्रति विद्रोह-भाव निरंतर उग्रतर होता चला गया। इस समय के उपन्यास, विशेषतः महिला लेखन के उपन्यास, विवाह संस्था का तीव्रतर विरोध कर उसमें स्त्री की शोषित स्थिति के प्रति निरंतर विद्रोह दर्शाते हैं। प्रभा खेतान अपने उपन्यास 'आओ पेपे घर चलें' में विवाह को पूरी तरह नकारती कहती है, "औरत जब अपना दिल एक खूँटे से बाँध देती है, तब सारी जिंदगी रोती है, सारी जिंदगी।"[15] वे अपने सभी उपन्यासों में परंपराबद्ध मारवाड़ी समाज में 'बहू' की असहनीय स्थिति को रेखांकित कर स्त्री-स्वातंत्र्य का महत्त्व रेखांकित करती है। 'छिन्नमस्ता' की प्रभा पति नरेन्द्र से समता का व्यवहार चाहती है, वही उसे नहीं मिल पाता। वह अपनी 'आईडेंटिटी, व्यक्तित्व-विकास के लिए' संघर्ष कर अपने मारवाड़ी समाज से निकल वृहत्तर मानव-समाज से जुड़ना चाहती है, "उसने समाज में मुझे जलील किया, लेकिन नरेन्द्र का समाज बड़ा छोटा है। वह सिर्फ दो-ढाई सौ-पैसे वाले घराने का समाज है और मानव समाज इससे बहुत बड़ा है और जब से मेरे कदम इस वृहत्तर समाज की ओर उठे, मैं रुक कहाँ पाई?" नरेन्द्र के 'दोहरे मापदंड', 'अपने अहं को आत्म-सम्मान की संज्ञा देना' और 'मेरे अहं को अहंकार कहना?' इतने बड़े घर की बहू पैसे-पैसे का हिसाब देने के लिए विवश, हीरे और गहनों आदि पर भी पूर्ण अधिकार न होना, आदि की स्थितियों से निकल प्रभा अपना निर्णय लेती है, "तुम खुद अपनी व्यवस्था बना सकती हो, अपनी जमीन।" प्रभा में भारतीय दांपत्य की

घुटन के प्रति एक वितृष्णा जागती है, "औरत कहाँ नहीं रोती? सड़क पर झाड़ू लगाते हुए, खेतों में काम करते हुए, एयरपोर्ट पर बाथरूम साफ करते हुए या फिर सारे भोग-ऐश्वर्य के बावजूद मेरी सासूजी की तरह पलँग पर रात-रात भर अकेलेकरवटें बदलते हुए। हाड़-मांस की बनी ये औरतें...अपने-अपने तरीके से जिंदगी जीने की कोशिश में छटपटाती ये औरतें। हजारों सालों से इनके ये आँसू बहते जा रहे हैं।"[16] युग-युगों से विवाह-संस्था में छटपटाती नारी का यह मुखर विद्रोह है। 'पीली आँधी' की सोमा भी मारवाड़ियों के बड़े घर रूंगटा हाउस की छोटी बहू है जो अपने प्रति होते अत्याचारों के असहनीय सीमा तक पहुँच जाने पर विवाह-संस्था की दीवारों को भरभरा कर गिरा कर अपनी इच्छा का जीवन प्रो. सुजीत के साथ जीती है।[17]

मृदुला गर्ग के 'कठ गुलाब' में दांपत्य संबंधों का चित्रण जिस रूप में किया गया है, वह स्त्रीवाद के स्वर में विवाह संस्था का निषेध करता है। उपन्यास के सभी पात्र स्मिता, मारियान, नर्मदा, असीमा तथा विपिन किसी न किसी रूप में दांपत्य का विरोध कर एक स्वच्छंद (या कहें उच्छृंखल) जीवन जीने के पक्षधर हैं। 'विमेन लिब का हिस्टीरिया' इन सभी पात्रों पर तारी रहता है। असीमा अपनी माँ के असफल दांपत्य को जिस प्रकार अभिव्यक्ति देती है, उसमें स्पष्टतः 'फेमिनिस्ट' सोच और मुहावरों का प्रयोग है। असीमा मर्दों से इतनी खफा है कि "अब आए तो कोई मर्द मेरी सीमा में, टाँग तोड़कर पूँछ बना दूँ" का हौसला रखती है। वह अपनी माँ को 'अड़ियल और जिद्दी औरत' मानती हुई कहती है कि "क्या महज जिद के बल पर कोई औरत फेमिनिस्ट कहला सकती है?" वह अपनी माँ को 'तयशुदा विवाह की पात्रा' मानते हुए अपनी माँ का चरित्र-विश्लेषण इस रूप में करती है, "बस स्वाभिमान का शीरा कुछ ज्यादा मिकदार में उसके खून में मिला हुआ था। जिसे अपना मान लिया, मान लिया। फिर खून को कड़ाही में खौलाकर शीरा यूँ सख़्त किया कि फेमिनिस्ट से फेमिनिस्ट, मर्दमार, उच्च शिक्षित औरत, उस अनपढ़ गँवार को देखकर दाँतों तले जीभ दबा ले। व्यवहार किसी फेमिनिस्ट थ्योरी के पास पासंग बैठे तब तो उसका तर्क समझ में आए न!" वह अपनी माँ और 'उसकी बिरादरी की औरतों का तर्क 'फेमिनिस्ट नहीं फीमेल' मान उसे हिकारत की दृष्टि से देखती है। असीमा पिता और भाई का व्यवहार देखकर यह घोषणा कर देती है, "मैं किसी साले मर्द से वास्ता नहीं रखना चाहती।" वह औरत की जिंदगी में आए हर 'मर्ज का इलाज शादी नहीं' मानती, वह इस (विवाह) संस्था को 'सिर्फ मर्दमार मर्ज' का इलाज मानती है। ये नारियाँ खाली बैठकर 'फेमिनिस्ट शब्दावली की नई गालियाँ ईजाद करने की विश्वासी हैं। विपिन भी विवाह संस्था में बिलकुल भी आस्था नहीं रखता, वह उसे निरंतर दुखी होने का साधन मानता है, "विवाह! वही तो! वही अखंड, पूर्ण, परम, नित्य दुख पाने का माध्यम।" वह असीमा को 'पसंद करता' है, 'शादी पसंद नहीं' उसे। असीमा के पूछे जाने पर कि ''पसंद और शादी पर्याय हैं क्या?" उसका निस्संकोच उत्तर है,

"बिलकुल नहीं, शादी में मेरा भी विश्वास नहीं है।" वह 'बिना शादी' उसे अपने साथ रहने का प्रस्ताव रखता है।[18] इस प्रकार मृदुला गर्ग की विवाह संस्था संबंधी सारी सोच 'फेमिनिस्ट' अवधारणा से परिचालित हो स्त्री और पुरुष को एक-दूसरे का प्रतिपक्ष बनाकर खड़ा कर देती है, उनके ये पात्र दांपत्य से बाहर यौन-सुख तलाशते हैं। मैत्रेयी पुष्पा भी दांपत्य संबंधों में एकनिष्ठता की कायल नहीं है, उनके उपन्यासों के सभी पात्र अपने उद्दाम यौवन की प्यास को दांपत्येतर संबंधों में जीकर बुझाते हैं। 'इदन्नमम्' की कुसुमा भाभी दाऊ जी से शरीर तृप्ति पाकर ऋषि-मुनियों द्वारा बनाई गई विवाह संस्था की धज्जियाँ इस रूप में उड़ाती हैं, ऋषि-मुनियों द्वारा 'बनाई गई' किताबों को सिरे से नकारते हुए वह कहती है, "गलत बनाई हैं मन्दा। एकदम पच्छपात से रची हैं।" "बताओ तो अगिन साच्छी परकें गाँठ बाँधने का क्या मतलब?" पति और पतनी को साथी-सहचर कहें तो बिरथा है कि नहीं?" "कितेक उलटा है बिन्नू, बेअरथ! यह संबंध बहुत थोथा है।" "लो एक तो खूँटे बाँधा पाँगुर, इसका सरग में उड़ता पंछी।" "ढोर और पंछी सहचर नहीं हो सकते, मन्दा..." एक ही साँस में बिन्नू (मंदा) से कहे गए इन शब्दों में अंतिम वाक्यांश में स्त्री को 'ढोर' और 'पुरुष' को पंछी से तुलित कर लेखिका ने पारंपरिक विवाह संस्था के भवन को धड़ाम से गिरा दिया है। उपन्यास की स्त्रियाँ 'बीमार मगज' (विकृत मानसिकता) वाले आदमियों का 'ऐलाज करवाने' की बात कहती है। मिथकीय चरित्रों, विशेषतः मर्यादा पुरुषोत्तम राम ने जो पातिव्रत्य धर्म की परिभाषाएँ समाज को दीं, मैत्रेयी की मंदाकिनी उसे भी प्रश्नांकित कर सीता का पक्ष रखकर दांपत्य में स्त्री की स्थिति को रेखांकित किया है, "वे सब पुरुष-प्रधान समाज के अवसरवादी प्रसंग हैं। एक ओर पातिव्रत धर्म की परिभाषा करता राम के साथ सीता का वन-गमन, दूसरी ओर उसी निष्ठा को तोड़ता मर्यादा पुरुषोत्तम राम का सीता की अग्नि परीक्षा लेना। सीता ने क्यों नहीं माँगा कोई सबूत कि हे भगवान् कहे जानेवाले राम, तुम भी तो उस अवधि में मुझसे अलग रहे हो, अपने पवित्र रहने के साक्ष्य दो।" इस संदर्भ में मंदा पुराणों और महाभारत की कुंती, द्रौपदी, सत्यवती, आदि पात्रों की पुनर्मीमांसा कर डालती है। इन सारी कथाओं में स्त्री को जो बेचारगी दी गई है, मैत्रेयी उसका पुरजोर विरोध करती है। सत्यवती का 'अपनी बहुओं को वंश चलाने की खातिर ऋषि व्यास के सामने नंगी अवस्था में खड़ा कर देना घोर अपराध लगा। कुंती का परपुरुषों से पुत्र प्राप्त करना उसे 'कतई उचित नहीं' लगता। द्रौपदी ने सास का जो अन्याय सहा कि एक वीर पुरुष द्वारा स्वयंवर में जीती पत्नी को पाँचों में बाँट लो उन्हें एक औरत के प्रति दूसरी औरत का घोरतम अन्याय और कुकर्म लगा।" इन्हीं बंधनों में बंधी विवाह संस्था को ढोती स्त्री के पक्ष में यह कथन, "पुरुष-पूजा को मान-मर्यादा का नाम न दो। तुम उसी परंपरा को तो निभाने की कोशिश करती रही और उसी का फल है कि आज तक हमारे घर की स्थिति वही की वही है, और बुरी," उसकी शोषिता की स्थिति के प्रति

तीव्र विरोध का स्वर प्रकट करता है। विवाह के बाद पुरुष के देहांत के कारण नारी ने जिस रूप में अपनी स्वाभाविक कामेच्छा को बुरी तरह मारा-दबाया है, उस मनोवृत्ति का विरोध मैत्रेयी की मंदा इस रूप में करती है, "पुरुष समाज के डर से बऊ ने जिस आदिम भूख को निर्ममता से मारा है, उसके परिणामस्वरूप डाह का जन्म हुआ है।"[19] यौन-असंतुष्टि स्त्री के व्यक्तित्व से एक विशृंखलता देती है, ऐसा उनका मन है। 'चाक' की रेशम, कलावंती, सारंग, सारे लोकापवादों को धता बताकर अपने तन-मन की परितृप्ति के 'बंदोबस्त' कर लेती हैं। अपने पति रंजीत के होते हुए भी श्रीधर से संबंध-स्थापन, शरीर समर्पित करने में उसे कुछ दोष दिखाई नहीं देता। दलित वर्ग के श्रीधर मास्टर से जब वह अपने संबंध का विश्लेषण करती है तो अपने को पूर्णतः निर्दोष अनुभव करती है, "पता नहीं रंजीत का सोच दोमुँहा है कि मेरी बुद्धि भोथरी है।...लोग कह रहे हैं कि रंजीत की बहू ने बड़े-बूढ़ों के गाल पर तमाचा मारा है। छिः! मेरा ऐसा इरादा...कोई सुन सकता होता तो बता देती कि मेरे मन की आशा बुझी जा रही थी, दो बूँद नेह जुटा लिया ऐसा करके। दूर...बहुत दूर खड़े होकर कैसी अलौकिक ज्योति दिखाई दी कि इस धरती आकाश का रूप ही बदल गया मेरे लिए। बियाबान-सुनसान रेत के वीराने में प्यासे मन पर श्रीधर ने मीठी मुस्कान के झरने बहा दिए, जो मुझ तक...।" लेखिका की यह धारणा भी उपन्यास में एकाधिक स्थलों पर देखी जा सकती है कि 'ब्याही-ठिहाई लड़की' के बिगड़ने के ज्यादा मौके होते हैं, वह कभी भी दांपत्य की दीवारों को तोड़ अपने मन की कर सकती है, तभी वे लौंगसिरी बीबी से यह कहला देती है, "अरी ब्याही-ठिहाई जवान बेटी बेरुत की आँधी-सी समझो; क्या मालूम कि कित कूँ बहक पड़े।"[20] इस प्रकार मैत्रेयी पुष्पा ने विवाह संस्था के पारंपरिक बंधन में पिसती स्त्री को उसका निजी 'स्पेस' दिलाने की चेष्टा अपने पात्रों के माध्यम से की है।

चित्रा मुद्‍गल ने 'आवां' में विवाह संस्था का जो रूप चित्रित किया है, उसके पारंपरिक रूप की रक्षा करता हुआ, उसी में नारी को सम्मानप्रद स्थान दिलाने की पक्षधरता करता है। पुरुष अहं पर वे भी चोट करती हैं और किसी भी प्रकार पति द्वारा स्त्री-दलन के विरुद्ध हैं। मातृत्व और स्त्री-स्वावलंवन पर विचार करती हुई, पवार और नमिता के माध्यम से, वे कहती हैं कि यदि मातृत्व स्त्री को मजबूरी में अपनी दासी बनाकर रखने की युक्ति के रूप में इस्तेमाल किया जाए तो उसका विरोध होना चाहिए, "जननी होना उसे गुलाम बनाए रखने की शर्त हो तो मजबूरी से स्वयं को मुक्त कर लेना उसकी अनिवार्यता नहीं? क्यों झेले सब वह जो उसे मनुष्य की श्रेणी से अपदस्थ करता हो?" स्त्री को अपनी दोयम दर्जे की स्थिति से मुक्ति का उन्हें एक ही मार्ग सूझता है जो स्त्री के आर्थिक स्वावलंबन का है। यदि स्त्री आर्थिक आत्म-निर्भरता प्राप्त कर लेती है तो वह घर में पति की "एक अदद कठपुतली नौकर की 'जरूरत भर' का उपादान-मात्र बनकर रह जाएगा जो उसे

आटे-दाल के जंजाल से मुक्त रखे। उसकी स्वच्छंदता को पोसे। गूंगे दर्शक-सा।" वे आर्थिक स्वावलंबन के बाद भी स्त्री को इस रास्ते को अख़्तियार करने की वकालत नहीं करतीं, वे पति-पत्नी में 'परस्परता विकसित' करने को श्रेयस्कर समझती हैं। पारिवारिक जीवन में 'स्त्रियों ने मर्द को' जिस रूप में स्त्रीवादी चेतना की बहक में 'विपक्ष' बनाकर खड़ा कर दिया है, चित्रा मुद्‌गल इसका विरोध करती हैं। पुरुष समाज अपने को 'सामंती धुआँ-धौंस से मुक्त होने की' जो 'उद्‌घोषणा' कर रहा है, वह मात्र जबानी जमाखाता है। इसका एकमात्र उपाय यही है कि दोनों आपसी सूझ-बूझ से दांपत्य की गाड़ी को पटरी पर लाएँ, यदि कोई वैवाहिक समीकरण गलत बैठ जाए तो उस संबंध को समाप्त कर देने में कोई बड़ाई की बात नहीं है। हर्षा और नमिता के बीच हुआ यह वार्तालाप इसी दृष्टि की पुष्टि करता है, "शादीशुदा आदमी इंसान नहीं होता? मान लो, ब्याह-शादी का कोई समीकरण जीवन में गलत बैठ जाए तो उसके पीछे गले में पत्थर बाँध आदमी को नदी में छलाँग लगा देनी चाहिए?"[21] इस प्रकार 'आवां' में विवाह-संस्था में स्त्री-पुरुष को पारस्परिकता बढ़ाकर एक दूसरे से समंजन और समरसता स्थापित करने पर बल दिया गया है।

अनामिका के 'तिनका तिनके पास' उपन्यास में विवाह-संस्था के प्रति एक तीव्र आक्रोश, उसे पुनर्परिभाषित करने का प्रबल विद्रोही आग्रह और नई नारी चेतना में ढली स्त्री का दांपत्य में 'स्व' को एक स्वतंत्र इकाई के रूप में स्थापित करने की चेष्टा दिखाई देती है। वस्तुतः उनके नारी पात्र पूरी तरह परंपरा को नकारते हुए अपनी जीवन-रीति गढ़ते हैं। 'तिनका तिनके पास' उपन्यास में पारंपरिक दांपत्य में पिसती नारी का चित्रण बहुत गहरे संवेदन से आधुनिक भाषा-मुहावरे के लालित्य में प्रस्तुत हुआ है। अवंतिका का बेटा स्पंदन अपने पिता द्वारा माँ को निरंतर प्रताड़ित होते और मूक पीड़ा सहते देखता है तो वह माँ की नियति के माध्यम से विवाह-संस्था में निरंतर त्रास भोगती स्त्री का भाग्य इस रूप में वर्णित करता है, "...समझो कि तुम एक टायर हो और हर दिन तुम्हें कुछ देर यानी जितनी देर बप्पा घर में रहते हैं—ऊबड़-खाबड़ सड़क पर उठा-पटक झेलनी ही है, 'मोदी टायर' की तरह का 'एंड्योरेंश टेस्ट' देना ही है...।" अवंतिका के बहाने लेखिका दांपत्य में छोटी-छोटी बातों से उठती तकरार और कलह को बहुत विस्फोटक बन जाने तक की स्थितियों का ऐसा खुलासा करती है कि वह घर-घर की कहानी का परिचय देता है, "सब्जी में शोरबा कम या ज्यादा गाढ़ा बना है—इस महान् इशू पर टेबल और खानदान पूरा ही उलट-पुलट देने की विभीषिका रह-रहकर झेलनी होती। ऑफिस का गुस्सा बीवी बच्चों को धुन देने, हाथ और कान ऐंठ देने तक सीमित रह जाता...तो बात शायद इतनी बढ़ती भी नहीं...रोती बिसूरती, 'गेट आउट' और 'शट-अप' के पवित्र निर्माल्य चुनती मैं आम गृहणियों की तरह ही काट देती जिंदगी!" अवंतिका को 'अपनी उद्‌दाम जिजीविषा' के व्यर्थ छीज जाने का अफसोस है। भारतीय दांपत्य में पत्नी की भूमिका शासित की ही

रहती है, वह पति को प्रेमी या साथी कामरेड के रूप में नहीं देख पाती। पुरुष के दंभ के आगे स्त्री की यही स्थिति है जिसे अवंतिका अपने अनुभवों पर आधारित निष्कर्ष के रूप में यह बात कहती है, "पति कामरेड नहीं हो सकता तो इसलिए नहीं कि ये खुद में विरोधाभासी शब्द हैं। पति जिसका अर्थ होता है साथी, मित्र, सखा। नहीं, मैंने पति शब्द को महज स्त्री-पुरुष के बीच वैवाहिक रिश्ते को नाम देनेवाले एक शब्द के रूप में लेने के बावजूद ऐसा कहा था।" इस संदर्भ में वे पति-पत्नी संबंधों का बड़ा विस्तृत और सूक्ष्म विवेचन करती हैं। इसलिए अवंतिका मित्रता को विवाह में बदलने की पक्षधर नहीं है, यहाँ 'परंपरागत पत्नीत्व' का स्पष्ट विरोध है।

अनामिका ने दांपत्य के एक और दारुण पक्ष की ओर बहुत गहराई और बहुत सूक्ष्मता में विचार किया है, वह है किसी भी प्रकार से मन न होते हुए भी पति के काम-सुख, यौन-तुष्टि के लिए स्त्री को अपनी देह बिछानी पड़ती है। कभी-कभी अपने दोनों के बीच सुलह-सफाई के रूप में, झगड़े को मिटाने के लिए उसे न चाहते हुए भी शरीर समर्पण कर पत्नी होते हुए भी वेश्या की भूमिका में उतरना पड़ता है। इसे लेखिका पत्नी को 'कॉलगर्ल' मानती हैं जिसे पति की हर कॉल पर न चाहते हुए भी शरीर समर्पण करना पड़ता है, "पर घर में इसकी स्थिति ज्यादा आई–रूठे सैंया जी को मनाते हुए। जब कोई उपाय नहीं सूझा तो घर की सुख-शांति के लिए और अपने अज्ञात भयों से निजात पाने के लिए एक 'फंदे' की तरह देह ही बिछाई! जो बात सुनने को तैयार हो ही नहीं–उस पति के आगे एक 'शार्टकट' की तरह अपनी देह बिछा देने को मजबूर पत्नियों की व्यथा-कथा किसी कॉलगर्ल से कमतर नहीं होती उस क्षण! 'टु कट शॉर्ट' कोई पिटी हुई निरूपाय पत्नी पति से सटकर जब अपना ब्लाउज ऊपर उठा ले–सिर्फ इसलिए कि उसके पास जाने की और कोई जगह नहीं, कि उसके बच्चे अभी दुधमुँहे हैं कि बाहर की दुनिया भयानक लगती है उसको, उसकी स्थिति किसी वेश्या से बेहतर नहीं होती–यह मैंने खुद हर उस क्षण महसूस किया जब 'गेट आउट' कहने के अगले ही घंटे सब भूलकर मेरे पतिदेव मेरा ही दुधमुँहा बच्चा बन गोदी में मस्त सो लिए और मैं छत की बीमें गिनती चुपचाप सोचती रही कि उठने के ग्याहरवें क्षण फिर वही हाँय-हाँय, झाँय-झाँय जब शुरू होगी–मन की वितृष्णा कैसे पोछूँगी–जाँघों पर असमय ही भभक पड़ी वीर्य-बूँदों की तरह या आँसुओं की तरह?" प्रत्येक स्त्री द्वारा इस प्रकार भोगी गई पीड़ा की यह साहित्य में प्रथम साहसपूर्ण अभिव्यक्ति है जिसे बड़े साहस और कौशल से लेखिका ने चित्रित किया है। इस प्रकार के संभोग को वे 'रगड़-घिस्स' मात्र मानती हैं। 'बिना प्यार की यौन-क्रिया' सचमुच कितनी पीड़ादायक हो सकती है, इस त्रासद स्थिति का चित्रण विभिन्न प्रसंगों में उपन्यास में कई बार हुआ है। मिथकीय चरित्रों के दांपत्य के साथ जो नाइंसाफी की गई, उसका भी उल्लेख कई स्थानों पर उपन्यास में किया गया है।

ये प्रश्न केवल जाग्रत स्त्रीत्व ही उठा सकता है, "...कितनी अजीब बात है कि ससुराल से जब सीता निकाली गई तो नैहर से कोई भी लिवाने नहीं आया! ऐसा भी क्या विदेह हो जाना, बाबा। ऐसे समाज से तो जंगल भला। इस तरह मेरी अम्मा के भी मायके से कोई हिम्मत करके उन्हें लिवा जाता जब वह फार्म हाउस के हादसे के बाद दिल्ली से भाग-भूगकर मुजफ्फरपुर लौटी थीं...तो आज हमारी जिंदगी का नक्शा कितना अलग होता!"[22] मिथकीय कथा के इस झोल से वर्तमान के प्रश्नों के उत्तर माँगना, एक बहुत आकर्षक कथा-युक्ति के रूप में यहाँ प्रयुक्त है। स्त्री का रिश्ता जिस रूप में 'नैहर' से टूटता है और 'आधिभौतिक, मानसिक' जो जुड़ाव उसे अपने पीहर से होता है, उसका यहाँ मार्मिक अंकन है।

रजनी गुप्त अपने उपन्यास 'एक न एक दिन' में विवाह-संस्था को बहुत भरोसेमंद आश्रय-स्थली न मानकर दाम्पत्य की विकृतियों को रेखांकित करती है। दांपत्य में स्त्री को सुखी बनाने के आर्थिक स्वावलम्बन और उच्च शिक्षा के आदर्श धरे के धरे रह जाते हैं। उपन्यास की उच्च पदस्थ स्त्री के जीवन में जो कटुता घुल गई है, उसका आख्यान उपन्यास में विविध रूपों में हुआ है। अनन्या को लक्षित कर कहे गए ये शब्द दांपत्य की हकीकत अपनी तरह से बयान करते हैं, "अजीब घनचक्कर है ये दांपत्य। हम घर बनाने चलते हैं मगर बन जाते हैं मकान। कितनी उम्मीदों से ईंट पर ईंट रखकर दिन पर दिन, महीने-दर-महीने और साल पर साल के बाद बमुश्किल बन पाता है घर लेकिन एक ही झटके ये यूँ मरमराकर ढह जाती हैं दीवारें! उफ! छल की एक ही चिंगारी ने किस बेरहमी से किस कदर उस बहुमंजिला इमारत को पल-भर में धराशायी कर डाला।" उपन्यास की स्त्री इस सामाजिक व्यवस्था से हत्प्रभ है किसने विवाह-संस्था का नियमन कर पुरुष को अनंत अधिकार दे डाले और स्त्री को मात्र अधीनस्थ की भूमिका में खड़ा कर दिया! यहाँ सभी चरित्र विवाह-संस्था के बीमार और बेकार हो जाने की बात तरह-तरह से कहते हैं, कृति के ये शब्द पारंपरिक विवाह-संस्था की धज्जियाँ इस प्रकार उड़ाते हैं, "आखिर किसने थमाए एक व्यक्ति के हाथों में इतने अनंत अधिकार? क्यों ये व्यवस्था हमेशा औरत पर ही छींटाकशी के मौके ढूँढ़ती रहती है? महज सात फेरे लेने से क्यूँकर एक पुरुष किसी भी स्त्री का सर्वांग मालिक बन जाएगा। स्त्री की सारी सोच, सारी क्षमताएँ और सारी ऊर्जा क्यूँकर एक पुरुष के इर्द-गिर्द चक्कर काटकर वहीं थम जाने के लिए अभिशप्त है?"[23] दांपत्य की बंद चारदीवारियों में पति द्वारा नित्य की मार-पीट का जो त्रास, घरेलू हिंसा के रूप में स्त्री को भोगना पड़ता है, उसके अनेक यथार्थ और मार्मिक चित्र महिला कथाकारों ने अपने उपन्यासों में प्रस्तुत किए हैं जिनमें स्वानुभूति का ताप है। मुस्लिम कथा जगत की बागी औरतों ने तो घरेलू हिंसा की यंत्रणाओं का बहुत अधिक चित्रण दूसरी भाषाओं में किया है परंतु अब हिंदी में भी महिलाओं ने अपनी इस यंत्रणा को वाणी दी है। नित्य प्रति समाचार-पत्रों, आदि में पुरुषों द्वारा

संभ्रांत महिलाओं की पिटाई के समाचार सूचित करते हैं कि भारतीय समाज में यह क्रूरता कितनी बढ़ रही है, विशेषतः उच्च मध्य वर्ग में अब हिंदी लेखिकाएँ भी निडर होकर इसे अभिव्यक्त कर रही हैं। रजनी गुप्त के उपन्यास 'एक न एक दिन' की चाहे कृति हो, चाहे अनन्या उन्हें यह यंत्रणा निरंतर भोगनी पड़ी है। इन प्रताड़नाओं के कई हृदय-द्रावक चित्र उपन्यास में हैं। कृति लातों-घूसों और बालों से पकड़कर पीटे जाने की स्थितियों के प्रति विद्रोह कर घर ही छोड़ देती है। इससे पहले उसके बच्चे इस घरेलू हिंसा का प्रतिरोध इस रूप में करते हैं, "जरा भी लाज-शरम नहीं बची उनके भीतर। कितनी गंदगी भरी है उनके दिमाग में तभी तो वो आपके लिए गंदा-गंदा बोलते थे। अब फिर से सुनना चाहती हैं आप वही सब, वही मारपीट,.. .और रात-दिन की किच-किच।"[24] अनामिका 'तिनका तिनके पास' में शीरीन के माध्यम से घरेलू हिंसा के पक्ष की ओर भी तीव्र स्वर में भर्त्सना करती हैं कि किस प्रकार बाहर बड़ी-बड़ी बातें करनेवाले पुरुष घर में कितना क्रूर रूप रख उपस्थित होते हैं,...शीरीन से तो मैं सुन ही चुकी थी घरेलू आतंकवाद के वे किस्से! कितने छोटे-छोटे हिटलर और मुसोलिनी हर घर में बैठे थे, उस वक्त। आश्चर्य की बात तो यह कि वृहत्तर राजनीति में जो प्रजातंत्र के पक्षधर थे, घरेलू जीवन में उनको भी तानाशाही एक आजमाया नुस्खा जान पड़ती थी, लगता था कि सबको बोलने दिया जाए तो घर का अनुशासन ही बिगड़ जाएगा...मारे डर के बीवी बच्चे सामने पड़ते ही सिजदे में सर तो झुका लेते हैं पर झुके हुए उन सरों में गुम बगावतें कुलबुला रही हैं।[25] बिलकुल नई पीढ़ी की लेखिका जयंती के 'खानाबदोश ख्वाहिशें' की निधि को स्वामी जी बने आकाश में अपना प्रेमी और प्रेम की परिपूर्णता और पूर्ण दैहिक तुष्टि का दिव्य सुख मिलता है, "उस दिन निधि बहुत दिनों बाद तन-मन से तृप्त हुई। कई दिनों का, सदियों का रुका बाँध जैसे खुल गया। देह की नस-नस, पोर-पोर, एक-एक कोशिका रस-विभोर हो उठी। अलसाई-सी वह देर तक बिस्तर पर पड़ी रही। तन पर आकाश की धोती लपेटे, खुले बालों को चादर पर बिखराए, आँखें बंद किए वह देर तक मंद-मंद मुस्कराती रही।"[26] इस प्रकार आज के इस ज्वलंत प्रश्न पर प्रत्येक पीढ़ी की लेखिकाओं ने पूरी बगावत का सुर अपनाया है।

इस नई नारी चेतना ने जहाँ स्त्री को खुलकर अपने मन की बात कहने की सामर्थ्य दी है, वहीं उसे 'तन' की बात भी उतनी ही स्पष्टता से, बिना किसी वर्जना, निषेध के कहने का अकूत साहस प्रदान किया है। दांपत्य में स्त्री की काम-तुष्टि, या कहें काम-अतृप्ति का प्रश्न भी बड़ी बेबाकी से चित्रण पाता है। पति अपने श्रेष्ठत्व-बोध, सुपीरियररिटी कॉम्पलेक्स में यह स्वीकार करने को तैयार नहीं कि वह अपनी कमतर यौन-शक्ति से अपनी पत्नी को पूरी तरह संतुष्ट नहीं कर पाता है या कभी ऐसे भी अवसर आते हैं कि रति-प्रसंग में वह अपने साथी (पत्नी) का पूरा साथ नहीं दे पाता है। ऐसे समय पत्नी एक कातर स्थिति में तो होती ही है किंतु फिर भी

पुरुष अपने पौरुष की सराहना पाना चाहता है। वस्तुतः पति-पत्नी के बीच का रति-व्यवहार इतनी ईमानदारी से और इतने खुलेपन के साथ महिला कथाकारों ने ही अभिव्यक्त किया है। यही वे स्थितियाँ हैं जो उसे **दांपत्येतर काम संबंधों** या **समलिंगी संबंधों** की ओर धकेल देती हैं। हिंदी की महिला उपन्यासकारों ने अपनी काम-यौन-असंतुष्टि का चित्रण अकुंठ भाव से किया है। वस्तुतः उन्हें अपने शयन कक्ष के गहन अनुभवों को पूरी तरह सार्वजनिक करने में किचिंत् भी संकोच नहीं है। यह एक प्रकार की बोल्डनेस–साहसिकता–है जिसे वे स्वाभाविक कर्म मानकर सहजता में अभिव्यक्ति दे रही है। हिंदी उपन्यास की कथा का यह सर्वथा नवीन चेहरा है। मैत्रेयी पुष्पा के स्त्री पात्र अपनी कामेच्छा को दबाकर रखने के विश्वासी नहीं हैं, वे दांपत्य की सीमा से बाहर जाकर अपने तन की तृप्ति करने में किसी पाप-बोध का भार ढोते नहीं जीते। 'आवां' में किटी क्लब की महिलाएँ काम वाली बाई नीलम्मा से देह-मालिश कराकर काम-तृप्ति पाती हैं। मँझली मालकिन तो देह मालिश कराती ही हैं, एक दिन जब उनकी सहेली मालिनी मालिश कराकर पूर्ण परितृप्त, निहाल, हुई तो वह उसकी प्रशंसा इस रूप में करती है, "मालिश तो तूने बड़ी रेशमी की, नीलम्मा। पर तेरे हाथों का रोयाँ-रोयाँ सिहरा देनेवाला वह जादू भी देखूँ जो मेरी शैलजा को तेरे पीछे पगलाए हुए है। जो कसमें खा-खाकर मुझे यकीन दिलाने की कोशिश करती है कि मालिनी, औरत की देह को औरत ही पहचानती है। मर्द के लिए तो वह केवल उगालदान-भर है। तेरे हाथ का हुनर मुझे भा गया है तो शैलजा से बात हो गई है पक्की–इस कोठी का चौका-बासन छोड़ तू केवल मालिश करेगी।" ये धनाढ्य घरों की महिलाओं के समलिंगी जीवन की ओर बढ़ते कदम हैं। यही वे स्थितियाँ हैं जो धनी-मानी घरों की स्त्रियों को पुरुष वेश्याओं, मर्द टैक्सी के शौक की ओर खींचती है जिनका चित्रण विस्तार में सुरेन्द्र वर्मा ने अपने उपन्यास 'दो मुर्दों के लिए गुलदस्ता' में किया है। 'आवां' में संजय कनोई की दी गई यह सूचना हत्प्रभ करनेवाली है, "...तुम्हारी जानकारी में इजाफा करने के मकसद से तुम्हें बताना चाहती हूँ। पुरुषों की बनिस्बत काम-कला में स्त्रियाँ मुझे अधिक निपुण लगती हैं। कभी ओबेराय के ब्यूटी पॉर्लर 'मार्टिना' गए हो? वहाँ बड़े गजब की चीनी लड़कियाँ हैं। काम-संतुष्टि के लिए वे हस्तकौशल से काम नहीं लेतीं, जीभ का उपयोग करती हैं। अलबत्ता फीस तगड़ी जरूर है उनका सौदा घाटे का नहीं। इच्छा हो तो कभी जीभ का चरम सुख उठाकर देखो। मुझे कोई आपत्ति नहीं होगी।" इतना ही नहीं उपन्यास में इस स्थिति का भी चित्रण है जब स्त्री अपने पति को काम-अतृप्त छोड़ उसे 'हाथ से निपटने' का भी प्रस्ताव देती हैं, तर्क यह दिया जाता है कि 'देह-चर्चा' कर ही 'देह की रूढ़ियों' से मुक्त हुआ जा सकता है, "देह को लेकर अंतर्व्याप्त रूढ़ि से मुक्त होने का सबसे कारगर उपाय है, उसे चर्चा का विषय बना लो। तुम्हें लगता होगा कि मैं यौनाकांक्षी स्त्री हूँ। वास्तव में मैं ऐसी नहीं हूँ। यौन मेरे लिए उन्माद का विषय नहीं। इच्छा

हो आए, बात अलग, वरना बगल में लेटे हुए हृष्ट-पुष्ट पति, अशोक को धरती हिलाऊ हस्थ-मैथुन करना पड़ता?"[27] संजय कनोई भी अपनी पत्नी के विषय में बताते हैं कि उसे कभी शरीर-संबंध बनाने से बरजते हुए 'चाहे तो वह अपने हाथ से निपट लें' का सुझाव देती है। प्रश्न यह है कि ये चित्रण भले ही स्त्री-पुरुषों यौन-व्यवहार की खुलकर अभिव्यक्ति कर रहे हों किंतु इनकी साहित्य में प्रस्तुति किन अभीष्टों की संपूर्ति करती है? क्या ये हस्त-मैथुन-प्रसंग नारी-व्यथा के अंतर व्रणों का कोई नया खुलासा कर पाने में समर्थ हैं? इन वर्णनों के बिना भी नारी मन की विवृति साहित्यिक संवेदन के स्तर पर की जा सकती है। क्या यह सब साहित्य में नई नारी चेतना, स्त्रीवाद के फैशन रूप में स्वीकार्य होना चाहिए? नारी मन को पूरी तरह खोलने, विवृत करने में भी एक स्तरीयता तो होनी ही चाहिए।

अनामिका जिस रूप में दांपत्य में यौन-अतृप्ति के प्रसंग का नियोजन 'तिनका तिनके पास' की कथा में करती है, वह स्त्री की उस व्यथा को रेखांकित करती हैं जब स्त्री यौन-क्रिया में तुष्ट नहीं हो पाती किंतु उसका श्रेष्ठत्व-बोध से पीड़ित पति प्रायः ही अपनी 'रणचातुरी' और 'सामर्थ्य' के विषय में पूछता है। अवंतिका चतुर्वेदी अपना मन खोलती हुई स्त्री की इसी त्रासद स्थिति से परिचित कराती हैं। पति के निरंतर शक करने का मुँहतोड़ उत्तर देती कि "मेरे पतिदेव मुझ पर इतना शक करते हैं तो सचमुच ही कुछ क्यों नहीं कर गुजरूँ?" ऐसे 'योग्य वर' की तलाश करते हुए वे जिस धनी मुवक्किल के साथ यौन-क्रिया-रत होती है, "उसके साथ सोने में मुझे उतनी ही जोर से आँखें भींचकर एक-एक क्षण की रगड़-घस झेलनी होती जितनी पति के साथ! एक फर्क था केवल—पति को तो इसकी चिंता नहीं थी कि मुझको उनका प्रणय-पर्फोमेन्स लगा कैसा, लेकिन यह मेरा प्रेमी काम-क्रिया के अपने पराक्रम की विरुदावली सुनने को ज्यादा ही आकुल-व्याकुल दीखता। पिता का सिखाया यह श्लोक 'सत्यं बूयात प्रियं ब्रूयात/न ब्रूयात सत्यम अप्रियम' याद करके मैं चुप रह जाती।"[28] इस चित्रण में कदाचित् स्त्री की इस अनकही व्यथा को यहाँ प्रथम बार साहित्यिक कौशल से अभिव्यक्त किया गया है। 'पीली आँधी' की सोमा भी पति की समलैंगिकता के कारण यौन-संबंध में अतृप्त रहकर प्रेमी प्रो. सुजीत की ओर खिंची चली जाती है और बाद में तो 'प्रायः पत्नी' ही बन जाती है।

दांपत्य में यौन-परितृप्ति न पाने पर प्रेमी, किसी दूसरे-तीसरे से देह-मिलन की अनंत सुख-राशि पाने के चित्र तो उपन्यासों की प्रायः सभी प्रेम कथाओं में देखे जा सकते हैं—मैत्रेयी पुष्पा, चित्रा मुद्गल, जया जादवानी, रजनी गुप्त आदि ने अपने उपन्यासों में इस कथ्य को बहुत कलात्मकता से बुना है, प्रेम की यह सनातन स्थिति तो सभी जगह स्वीकार्य है किंतु नए युग की नई नारी ने इसके लिए समलैंगिक संबंधों का भी आश्रय लिया, **स्त्री-समलैंगिकता** के आनंद को इधर के उपन्यासों ने निर्द्वन्द्व भाव से अपना कथ्य बनाया है। इस विषय का महत्त्व तब और भी बढ़ जाता

है जब (2 जुलाई 2009 को) दिल्ली उच्च न्यायालय ने भारतीय दंड संहिता की धारा 377 को असंवैधानिक और मानवीय स्वतंत्रता का हनन करनेवाली घोषित कर वयस्कों के बीच परस्पर सहमति से एकांत में बनाए गए समलैंगिक संबंधों को अपराध के दायरे से बाहर कर भारतीय दंड संहिता के 149 वर्ष पुराने इस कानून को व्यक्ति के मौलिक अधिकार का विरोधी करार दे दिया। भारतीय न्यायपालिका का यह एक महत्त्वपूर्ण निर्णय है जो समलैंगिकों की पक्षधर संस्था द्वारा आठ वर्ष से चलाई जा रही कानूनी लड़ाई में विजय के साथ भारत सरकार द्वारा तत्संबंधी कानून बनाने का मार्ग प्रशस्त करता है, अभी सर्वोच्य न्यायालय का निर्णय शेष है। हिंदी लेखिकाओं ने पश्चिम के स्त्रीवाद के प्रभाव से इस समस्या को अपने उपन्यासों में स्थान दिया, कुछ समय बाद यह प्रवृत्ति भारतीय स्त्री के लिए भी इतनी 'विदेशी' नहीं रह गई, इसे उन्होंने पूरी तरह 'देशीय' बना लिया। समाचार-पत्रों, टी.वी. चैनलों, आदि द्वारा अब तो लड़की-लड़की के मध्य शारीरिक संबंध और विवाह के समाचार काफी संख्या में प्रकाश में आ रहे हैं। स्त्रीवाद (फेमिनिज्म) की प्रबल पक्षधर मृदुला गर्ग ने 'कठगुलाब' में स्त्री समलैंगिकी की समस्या को विस्तार में चर्चित किया है। 'स्मिता' शीर्षक अध्याय में स्मिता लेस्बियन संबंधों का वर्णन करती हुई लेखिका औरतों मर्दों के साथ ही रहती हैं, "और हर छठे-छमाहे वे साथी बदल लेने की विश्वासी हैं। इनको द्वि-लिंगी (बाई सैक्सुअल) संबंधों को जीने वाली भी कहा जा सकता है। लेस्बियन औरतों के संबंध भी उतने ही अस्थाई और तूफानी होते। आए दिन, लड़ाई-झगड़ा चलता, असुरक्षा से उत्पन्न ईर्ष्या दिल जलाया करती और बेवफाई के किस्से परवान चढ़ते। अलबत्ता, ये मेयार औरतें भी पहली और दूसरी किस्म की औरतों की तरह, अपनी जाति जिंदगी के किस्से, बड़ी बेबाकी से एक-दूसरे को सुनाया करती थीं।"[29] लेस्बियन संबंधों में केवल एक ही न्यूनता ये पातीं हैं कि वे माँ नहीं बन सकतीं किंतु इन्हें जिंदगी का असली आनंद तो स्त्री से ही शरीर-संबंध में प्राप्त होता है। संतान वे अन्य अनेक साधनों, चिकित्सीय खोजों के नित नए लाभों से प्राप्त कर सकती हैं। मारियान और स्मिता के बीच हुआ यह वार्तालाप इस स्थिति का स्पष्ट कथन है, पुरुष बच्चा दे सकता है, "इस एक मोह को छोड़ दें तो पाएँगी कि जिंदगी की असल नेमत है, औरत की दोस्ती। एक अच्छी औरत दोस्त। हाँ, हम औरत ही ठीक हैं। इस जन्म में, पूर्व-पश्चिम, किसी देशकाल में, हम औरत ही रहना चाहती हैं। असीमा के माध्यम से लेखिका ने इस संबंध में यह सूचना भी प्रकारांतर से दे डाली है कि "उन दिनों फेमिनिज्म पर जो किताब छपती, मैं पढ़ डालती।" तभी उसके मन में यह प्रश्न उठता है कि "अगर मर्द-औरत के बीच का रिश्ता शोषक-शोषित का रिश्ता है तो क्या उसका विकल्प लैस्बियनिज्म है?" वस्तुतः यह फेमिनिज्म का सामान्यीकरण है, "उस समय की फेमिनिस्ट ऐसे ही सामान्यकरण देने में जुटी हुई थीं। वस्तुतः मृदुला गर्ग की समलैंगिकता संबंधी सोच पूरी तरह फेमिनिस्ट ढाँचे में ढली हुई है।

उषा प्रियवंदा अपने उपन्यास 'अंतर्वंशी' में अमेरिका में जा बसी बनारस की 'वनश्री' का अमेरिका में 'वाना' के रूप में रूपांतरण होता है तो वह पूरी तरह वैश्विक गाँव की स्त्री बन जाती है। अपनी मित्र क्रिस्तीन के संसर्ग में ही उसे अपने देह में वास्तविक सौंदर्य और देह से फूटते संगीत का पहली बार अहसास इस रूप में होता है, "यह जो वाना, निर्वस्त्र, अकुंठित, लज्जाहीन, अतृप्त और जाग्रत, क्रिस्तीन से सट कर लेटी है, शिवेश की पत्नी नहीं है। वह केवल वाना है और वह केवल रात-भर प्यार करने के लिए प्रतीक्षित है।" इन्हीं अंतरंग क्षणों का सुख पाकर उसे अनुभव होता है, "देह सुख के लिए पुरुष की आवश्यकता नहीं, वह केवल संतान के लिए चाहिए–वाना अकेले बैठे-बैठे सोच रही है। वर्जना किसने की, पुरुषों ने ही न। अपना दावा, अपना ठप्पा कायम रखने के लिए।" समलिंगी संबंधों का आनंद प्राप्त करने के बाद ही उसे प्रतीति होती है कि उसका 'पति तो उसे रौंदता मात्र' था, असली सुख और शरीर-सौंदर्य से परिचित कराया क्रिस्तीन ने ही। इस प्रकार यहाँ दांपत्य के काम-सुख से अधिक सखी प्रदत्त यौन-सुख को वरीयता दी गई है। अनामिका अपने उपन्यास 'तिनका तिनके पास' में सोफी-शीरीन के लैस्बियन संबंधों का चलता-सा उल्लेख मात्र करती हैं, "इसी सोफी से अपने लैस्बियन रिश्ते के दौरान मुझे तीसरी दुनिया की सब औरतों से धीरे-धीरे इश्क होने लगा था।"[30] चित्रा मुद्गल 'आवां' में इस समलैंगिक प्रवृत्ति का विरोध करती हैं, वे इस प्रवृत्ति को स्त्री-पुरुष संबंधों में ठन आए वैर-भाव का प्रतिफलन मानती हुई इसे एकदम समाज बाह्य कृत्य मानकर इसकी भर्त्सना करती हैं, "अब देखो, स्त्री-पुरुष संबंधों में प्रतिहिंसा परस्पर इस सीमा तक खिंच गई है कि स्त्रियों ने एकजुट हो स्त्रियों के संग रहने की ठान ली। मर्द-औरत के बीच कोई सामंजस्य स्थापित हो सकेगा इन बेहूदा हरकतों से? बन पाएगी परस्पर स्वस्थ स्थिति? मैं फिर दोहरा रहा हूँ, स्त्री-शोषण का वितंडावाद अधिक दिनों का खेल नहीं। स्त्रियाँ जब तक चाहें, साथ रह लें। छुआ-छुऔवल खेल कर कामेच्छा तुष्ट कर लें। फिर भी कुछ है जो उनकी सामर्थय से परे है।"[31] ना ही वे उस संबंध में मातृ-सुख से वंचित होने के प्रश्न की चर्चा करती हैं। व्यंग्य भाव से भारत सरकार को इसे स्वीकृति देने का प्रस्ताव रखकर जनसंख्या नियंत्रण का अचूक कारगर कदम मानती हैं। इस सारे विवेचन से वे समलैंगिकता के खिलाफ खड़ी हो, इसे नारीवाद का फैशन मात्र मानती हैं। गीताजंलि श्री अपने उपन्यास 'तिरोहित' में 'कौमा' स्थिति में पड़े ओम बाबू के सामने ही बहन जी और कथा-नायिका की काम-क्रीड़ा दिखाती हुई उस अपरिमित आनंद की तुलना हजारों मधुमक्खियों द्वारा निर्मित शहद से करती हैं। योनि पर जब हाथ रखती है तो दूसरी पूछती है 'क्या है', उत्तर है 'मधुमक्खी का छत्ता', 'कितनी मक्खियाँ हैं?' 'हज्जारों-हज्जारों', 'शहद बन रहा है'...और अपने अनगिनत प्रोग्रामों की तरह इस बार भी हम गाने लगीं अपनी हर साँस का जैसे इसी तरह निवारण करतीं। यही न, जब हम दोनों हाथ में हाथ

देकर प्रोग्राम करतीं, तो हर चीज हमारी आशिनाई की गिरफ्त में।" जिस रसपूर्ण रूप में लेखिका ने इस प्रसंग का चित्रण किया है, उससे यही प्रकट होता है कि वे इसे एक स्वाभाविक क्रिया के रूप में स्वीकारती हैं। कदाचित् कहीं न कहीं, गुजरात में रहती गीतांजलि श्री, गुजराती में बिंदु भट्ट के स्त्री-समलैंगिकता के चर्चित उपन्यास 'मीरा याज्ञिक की डायरी' से प्रभावित न रही हों।[32] महिला कथाकारों द्वारा ही नहीं, कुछ पुरुष कथाकारों ने भी स्त्री समलैंगिकता का उल्लेख अपने उपन्यासों में किया है, जिनमें सुरेन्द्र वर्मा प्रमुख हैं। 'मुझे चाँद चाहिए' में शिवानी फिल्म शूटिंग में थकी-हारी वर्षा को इस प्रकार सुख-सागर में डुबोती है, "किसी ने उसके कफतान की जिप खोली। फिर उसे कंधों से सरकाने लगी। 'छाया तंग मत करो।' वर्षा कुनमुनाई। कोई सुगंधित क्रीम उसकी पीठ पर मल रहा था। ब्रा के स्ट्रेप के नीचे पतली-पतली उँगलियाँ। नाजुक, कोमल, स्पर्श। शिराएँ धीरे-धीरे सुगबुगाने लगीं। वर्षा की देह अपने-आप ढीली हो गई। स्पर्श और नीचे फिसला, कमर से होता हुआ पेंटी-तले नितंबों, फिर जाँघों और पिंडलियों तक...।"[33] इस प्रकार हिंदी उपन्यास ने स्त्री समलैंगिकता को स्त्री-जीवन के एक सत्य के रूप में स्वीकार कर आधुनिक जीवन की इस समस्या का चित्रण किया है।

नई नारी चेतना ने जिन नव जीवनाचारों को आधुनिक समाज में स्थान दिया है, उनमें **'सहजीवन'** (**'लिविंग इन रिलेशनशिप'**) भी प्रेम और काम संबंधों की एक नई स्थिति है, जिस पर अभी हिंदी उपन्यासकारों ने कम ध्यान दिया है, कुछ उपन्यासकारों ने अवश्य इस पर अपने विचार प्रकट किए हैं। वस्तुतः सहजीवन बिना विवाह के या कहें विवाहपूर्व एक साथ स्त्री-पुरुष का विवाहितों जैसा जीवन बिताना ही है। सहजीवन की एक बहुत अच्छी परिभाषा अनामिका ने अपने उपन्यास 'दस द्वारे का पींजरा' में प्रारंभ में ही 'आधारशिला' में दी है, "मुझे सहजीवन और विवाह में कोई बुनियादी फर्क नजर नहीं आता। फर्क है तो इतना कि विवाह के सिर पर कानून की छतरी और धर्म का चंदोवा टँगा है और सहजीवन बिना छतरी और चंदोवे के धूप और बारिश एक साथ झेलने और भोगने के रोमांस से नहाया हुआ है। विवाह एक परम ठोस सामाजिक व्यवस्था है : आल-औलाद, नैहर-ससुराल, पड़ोस-मुहल्ला, पोथी-पतरा, रीति-रिवाज, गैहना-कपड़ा—हर कदम पर बृहत्तर समाज यहाँ खड़ा है। सहजीवन है खुले द्वार का पिंजड़ा, जब तक मिठास से निभे, रहो वरना तुम अपने रास्ते, हम अपने। सिद्धान्ततः मैं इस पर सहमत हूँ कि रिश्तों और पदों को अस्थायी समझो और तब तक ही उनसे जुड़ो, जब तक तुम्हें लगे कि तुम इन्हें व्यक्तित्व का सर्वोत्तम दे रहे हो।" किंतु यदि इस अवधि में बच्चे हो जाते हैं, तो समस्याएँ विकराल रूप में खड़ी हो सकती हैं, विशेषतः तब जब गर्भस्थ स्थिति में ही कोई सहजीवन से पल्ला झाड़कर चल दे! इसका सहजीवन जीने वालों के पास कोई उत्तर नहीं है और देश का कानून भी अभी तक इस संबंध में सुरक्षा की कोई मजबूत छतरी मुहैया

नहीं करा पा रहा है। "सहजीवन इस अंतिम प्रणाम की सुविधा जुटाता है, विवाह-बंधन तो ऐसा फेविकोल जोड़ है कि, घसीट मारता है, पर टूटता नहीं" तो "सहजीवन (संबंध) अंतिम प्रणाम की सुविधा जुटाता है।"[34] इस सबके बावजूद सहजीवन यौन-स्वतंत्रता और उससे भी आगे बढ़कर 'यौन स्वच्छंदता' का ही रूप अधिक दिखाई दे रहा है, जो बढ़ते औद्योगीकृत समाज, कारपोरेट जगत में निरंतर बढ़ता चला जा रहा है। द्रोणवीर कोहली ने अपना 'चौखट' उपन्यास पूरी तरह 'सहजीवन' पर ही केन्द्रित किया है। जयंती ने भी अपने उपन्यास 'खानाबदोश ख़्वाहिशें' में सहजीवन की स्थितियों का चित्रण कर नई पीढ़ी की नारी का परिचय दिया है। रजनी गुप्त के उपन्यास 'एक न एक दिन' में कारपोरेट की दुनिया की एक लड़की सहजीवन पर इस प्रकार अपनी टिप्पणी करती है, "यहीं मुंबई में कई जोड़े बिना शादी के भी रह रहे हैं। खूब मौज-मस्ती एंड नो कमिटमेंट। ऐं, ऐसे क्या आँखें चौड़ी करके दीदे फाड़ रही हो? लिव इन रिलेशनशिप में क्या बुराई है?"[35] इस प्रकार सहजीवन हिंदी उपन्यासों का विषय बनता जा रहा है।

परिवार में लड़की पर, किशोरावस्था में विशेषतः, **यौनाक्रमण या यौन हिंसा** भारतीय समाज में भी निरंतर बढ़ती जा रही है। ऐसा नहीं है कि भूमंडलीकरण की स्थितियों में पहले जैसा नहीं हो रहा था, हो रहा था पर कदाचित् इतनी व्यापकता में नहीं। कोई ही दिन ऐसा जाता होगा जब समाचार-पत्रों, टी.वी. आदि में पिता, चाचों, भाई आदि 'सगों' द्वारा लड़की को यौन-उत्पीड़न देने के समाचार देश के प्रत्येक अंचल से न पढ़े-सुने जाते हों। सर्वप्रथम भारतीय साहित्य में अंग्रेजी की लेखिका कमलादास ने 'मेरी कहानी' ('माई स्टोरी') शीर्षक आत्म-कथा में अपने परिजनों द्वारा घर की चारदीवारियों में ही रहती लड़की के यौन-उत्पीड़न की व्यथा को वाणी दी। इससे अन्य लेखिकाओं का मार्ग प्रशस्त हुआ और महिलाओं ने खूब खुलकर स्त्री-जीवन के इस दंश का चित्रण निडर मन से किया। घर में भी अपनों के संरक्षण में रहती लड़की जब इस दृष्टि से पूरी तरह असुरक्षित अनुभव करती है और भीतर-ही-भीतर घुटकर वह किस असह्य वेदना का अनुभव करती है, आज महिला कथाकारों ने इन स्वानुभूत स्थितियों को पूरी निडरता और सूक्ष्म ब्यौरों में कथा में उतारा है, कहीं स्वयं अपना नाम देकर तो कहीं कथा-चरित्रों के माध्यम से। हिंदी में इस ओर सबसे पहले साहसी पग प्रभा खेतान ने उठाया जिन्होंने अपने सगे बड़े भाई के यौनात्याचार जिसे एक प्रकार से बलात्कार भी कहा जा सकता है, को 'आओ पेपे घर चलें' तथा उससे भी अधिक विस्तार में 'छिन्नमस्ता' में व्यक्त किया। 'छिन्नमस्ता' की नायिका स्वयं प्रभा खेतान ही हैं, जिनका दसवाँ बरस लगते-लगते भाई ने उनके साथ जो सलूक किया उस अमानवीय कृत्य को दाई माँ यह अभिव्यक्ति देती है, "अरे, जालिम, अरे कसाई, अपनी सगी बहन को भी नहीं छोड़ा। हम तो ओकर हाल सब जानत हई। बहूजी के डर से कुछ बोला नहीं जात।" और जिस

वेदना-भाव से दाई माँ कराहती हुई कहती हैं, "अरी ओ बिटिया, नाहीं, ई बात किसी से कभी जिन कहियो", वह बहुत देर तक कानों में बजता रहता है। उम्र से पहले, अपनी और बड़ी बहनों से पहले शुरू हो गया मासिक धर्म उसे हर महीने भाई के अनाचार की पीड़ादायक स्मृति करा देता, "तो मेरे इस दुर्भाग्य के कारण हैं बड़े भैया। मेरा सारा शरीर थर्रा उठा। सर के ऊपर से एक कव्वों का काँव-काँव निकल गया। मैं खामोश, नल के नीचे रखे हुए खून से भरे कपड़ों को देख रही थी।" दसवें बरस की उम्र से लेकर बी.ए. तक निरंतर उसे भाई भोगता रहा, इस यंत्रणा का मुँह को कलेजा आनेवाला वर्णन प्रभा खेतान करती है, "मैं साँस रोके पत्थर-सी पड़ी रहती। मेरा कलेजा धक-धक करता रहता और मेरा रोम-रोम किसी रक्षक को पुकारता। 'ओह! मुझे बचा लो, भगवान! तुम मुझे बचा लो।' आधे घंटे, पौने घंटे किसी कड़ी चीज की रगड़ मैं पीठ पर झेलते रहती। साँसों की तेजी और फिर थक हार कर पुरुष का स्खलन। चिपचिपा, लिसलिसा सीमेन, कभी मेरे कुर्ते में, कभी चद्दर में लगा रह जाता।...ऐसा रोज नहीं होता था मगर तीन-चार महीनों में दसों बार ऐसा घटा। मैं रात-रात-भर सो नहीं पाती थी। अब मैं बड़ी हो गई थी। बी.ए. फाइनल की परीक्षा थी और पढ़ने में ध्यान भटक जाता था।...सूरज डूबने के साथ मुझे दहशत घेर लेती। आज भैया कहाँ सोएँगे!"[36] प्रभा खेतान ने इस अव्यक्त को व्यक्त कर हिंदी उपन्यास को एक नया मुहावरा देने का महत् कार्य किया। पुरुष के बनैले व्यवहार का और विकृत रूप उन घटनाओं में दिखाई देता है जहाँ पुत्री के जनक, पिता द्वारा यौनात्याचार के विकृत रूप का चित्रण है। हिंदी उपन्यासकारों ने इस अमानुषिकता का भी बहुत सशक्त चित्रण किया है। कमल कुमार ने अपने 'हैमबर्गर' उपन्यास में पिता और सौतेले पिता द्वारा अमेरिकी समाज में हो रहे इस अघटनीय का वर्णन किया है। वहाँ मात्र छः वर्ष की आयु की बच्ची के साथ उसका पिता जघन्य व्यवहार करता है और फिर जब वह चौदह वर्ष की हो जाती है, तो उसे यही दंश भोगना पड़ता है जिसके परिणामस्वरूप वह मैंटल हस्पताल में दाखिल कर दी जाती है, बालिका अपनी व्यथा को इस प्रकार व्यक्त करती है, "मुझे पता नहीं मुझे क्या हुआ था। बच्ची थी सिर्फ छः साल की। पहली बार! दूसरी बार चौदह साल की।" मैंटल हास्पिटल में उसकी यह हालत हो गई थी कि "हर आदमी को देखकर चीखती थी। हर आदमी मेरे पास आते ही मेरे पिता में बदल जाता और पिता दरिन्दे में बदल जाता।" दूसरी बार जब उसके साथ यह अघटित हुआ तब वह पन्द्रह की थी, "माँ के दूसरे पति थे। मेरे तो पिता हुए न! वह आक्रांता की तरह आए थे। खींच कर रजाई दूर फेंक चुके थे। बनैले जानवर की तरह मुझ पर टूटे थे।" इस प्रकार परिवार में रहती पिता जैसी छाया और पितृत्व के दुलार के द्वारा ही न जाने कितनी बच्चियों को रौंदा जाता है, यह सब उपन्यास का विषय बना है।[37] 'शेष कादंबरी' (अलका सरावगी) में माया बोस रूबी दी को दो साल से एक राज, पिता द्वारा बलात्कार की बात बताने की

सोचती रही है और बहुत साहस जुटाकर वह कह पाती है, "आठ साल की उम्र में मेरा जीवन नष्ट किया उस आदमी ने। कोई और नहीं, एकदम करीबी रिश्तेदार है वह। घर में रहनेवाला साँप।...और कौन रूबी दी, मास्टरजी, रूबी दी मास्टरजी। आपको यह कथा मालूम है कि सृष्टिकर्त्ता ब्रह्मा अपनी पुत्री सरस्वती पर मुग्ध हो गए थे।" फिर रात में वह एक सपना देखती है जिसमें सविता उन्हें एक घर में ले गई जिसमें नंगे ही नंगे लोग भरे थे, एकदम वस्त्रहीन। उसने रूबी दी से कहा, "इनसे मिलिए रूबी दी ये मेरे पिता हैं, इससे मिलिए, रूबी दी यह मेरा भाई है।"[38] हिंदी उपन्यास साहित्य में स्त्री, लड़की पर होनेवाले ऐसे अत्याचारों का लेखा-जोखा निरंतर आ रहा है। 'तिनका तिनके पास' में सोफी के पिता हैं, बचपन से जो उसको इधर-उधर सहलाकर इतना घायल कर गए कि उसका कभी किसी लड़के से स्वाभाविक संबंध हो ही नहीं पाया। शीरीन को भी अपने 'महात्मा स्वरूप पिता' की चुम्मियों से उबकाई आती है किंतु उन्हें वह एक गूंगी-गुड़िया भी तो थी जिसे 'माता-माता' कहते हुए जब-तब अंकवार सकते थे, अतृप्त देह की खुजली मिटा सकते थे।[39] 'आवाँ' में स्मिता की भी यही त्रासदी है 'पिता के लिए कोई पुत्री देह हो सकती है' की पीड़ा यहाँ भी है।[40]

पिता के अतिरिक्त मौसा, जीजा, आदि संबंधियों द्वारा जिस रूप में लड़कियों को सताया जाता है, इसके चित्र भी उपन्यासकारों ने पूरी सच्चाइयों में अंकित किए हैं। 'आवां' में नमिता को मौसा उसका दसवाँ लगते ही भोग लेता है।[41]

'कठगुलाब' में जीजा ही स्मिता का भोग नहीं करता अपितु अपने अन्य साथियों के साथ उस पर सामूहिक बलात्कार करता है। भारतीय समाज की इन विद्रूपताओं, स्त्री पर होते जघन्य अत्याचारों का अत्यन्त हृदय-द्रावक चित्रण महिला कथाकारों ने कर पुरुष वर्चस्ववादी व्यवस्था के विरोध में स्वर तो उठाया ही है, स्त्री के प्रति होते इस अत्याचार के विरुद्ध सशक्त प्रतिपक्ष खड़ा किया है।

संदर्भ

1. सुरेन्द्र वर्मा, *मुझे चाँद चाहिए,* पृ. 119-20.
2. मृदुला गर्ग, *कठगुलाब,* पृ. 17, 19-20, 73 तथा 97.
3. प्रभा खेतान, *आओ पेपे घर चलें,* पृ. 35 तथा 36.
4. प्रभा खेतान, *छिन्नमस्ता,* पृ. 126, 12 तथा 117.
5. प्रभा खेतान, *पीली आँधी,* पृ. 214.
6. मैत्रेयी पुष्पा, *इदन्नमम्,* पृ. 94 तथा 311.
7. मैत्रेयी पुष्पा, *चाक,* पृ. 7 तथा 18-19.
8. मैत्रेयी पुष्पा, *त्रिया-हठ,* पृ. 146 तथा 152.
9. चित्रा मुद्गल, *आवाँ,* पृ. 363, 258, 153, 361 तथा 374.
10. अलका सरावगी, *कलि-कथा : वाया बाईपास,* पृ. 211.

11. अलका सरावगी, *शेष कादम्बरी*, पृ. 73.
12. अलका सरावगी, *एक ब्रेक के बाद*, पृ. 133.
13. अनामिका, *तिनका तिनके पास*, पृ. 29-30, 41, 60, 62, 63, 70 तथा 132.
14. रजनी गुप्त, *एक न एक दिन*, पृ. 39, 93-94 तथा 149.
15. प्रभा खेतान, *आओ पेपे घर चलें*, पृ. 53.
16. प्रभा खेतान, *छिन्नमस्ता*, पृ. 215 तथा 220.
17. प्रभा खेतान, *पीली आँधी*, पृ. 241 तथा 245.
18. मृदुला गर्ग, *कठगुलाब*, पृ. 155, 201 तथा 211.
19. मैत्रेयी पुष्पा, *इदन्नमम्*, पृ. 95 तथा 309.
20. मैत्रेयी पुष्पा, *चाक*, पृ. 143 तथा 134.
21. चित्रा मुद्गल, *आवाँ*, पृ. 129.
22. अनामिका, *तिनका तिनके पास*, पृ. 58, 97, 99, 101 तथा 165.
23. रजनी गुप्त, *एक न एक दिन*, पृ. 206, 170 तथा 23.
24. वही, पृ. 14.
25. अनामिका *तिनका तिनके पास*, पृ. 197.
26. जयंती, *खानाबदोश ख्वाहिशें*, पृ. 112.
27. चित्रा मुद्गल, *आवाँ*, पृ. 514-15, 425, 473 तथा 425.
28. अनामिका, *तिनके तिनके पास*, पृ. 59.
29. मृदुला गर्ग, *कठगुलाब*, पृ. 53, 107 तथा 179.
30. उषा प्रियंवदा, *अन्तर्वंशी*
31. चित्रा मुद्गल, *आवाँ*, पृ. 261-62.
32. गीतांजलि श्री, *तिरोहित*, पृ. 138-39 (पेपरबैक)
33. सुरेन्द्र वर्मा, *मुझे चाँद चाहिए*, पृ. 307.
34. अनामिका, *दस द्वारे का पींजरा*, पृ. 13.
35. रजनी गुप्त, *एक न एक दिन*, पृ. 308.
36. प्रभा खेतान, *छिन्नमस्ता*, पृ. 18, 50 तथा 54.
37. कमल कुमार, *हैमबर्गर*, पृ. 146-47 तथा 151.
38. अलका सरावगी, *शेष कादम्बरी*, पृ. 6.
39. अनामिका, *तिनका तिनके पास*।
40. चित्रा मुद्गल, *आवाँ*, पृ. 44.
41. वही, पृ. 302-3.

हिंदी उपन्यास : भूमंडलीय अपसंस्कृति का राजनीतिक परिदृश्य

किसी भी देश में भूमंडलीकरण के अवतरित और प्रसारित होने की प्रक्रिया को राजनीतिक नेतृत्व ही संभव बनाता है। सत्ता-पक्ष जिस रूप में अपने देश की नीतियों, विशेषतः आर्थिक, मौद्रिक नीतियों का नियमन कर उदारवाद, नव उदारवाद तथा मुक्त बाजार की व्यवस्था करता है, वे भूमंडलीकरण की प्रक्रिया के द्वार खोल देते हैं। कहना न होगा कि भारत ने पूर्ण उन्मुक्त भाव से भूंमडलीय आर्थिक व्यवस्था के फलने-फूलने के पूर्ण अवसर प्रदान किए। बहुराष्ट्रीय कंपनियों के लिए सुविधाजनक और लाभकारी स्थितियाँ पैदा करने की एक होड़-सी विभिन्न राजनीतिक दलों में निरंतर बनी रही। बहुराष्ट्रीय कंपनियों ने मोटी-मोटी राशि घूस के रूप में देकर राजनेताओं को अपने न्यस्त स्वार्थों के लिए एक प्रकार से खरीद-सा ही लिया। घोटाले और धाँधलियाँ बहुत सामान्य, नित्य प्रति का-सा काम हो गया, लाखों-करोड़ों के घोटालों को पढ़-सुनकर जो एक सनसनी-सी होती थी, वह भी अब लुप्तप्राय हो गई। लोगों ने इसे एक आम-सी बात मानकर उनके विषय में सोचना ही छोड़ दिया। राजनीति के अपराधीकरण का यह सबसे विकृत रूप है। पैसे की अँधी दौड़ में भूमंडलीय आँधी ने राजनेताओं को इस कदर भ्रष्ट किया कि अब वे लाखों के वारे-न्यारे करना भूलकर करोड़ों-करोड़ों के खेल खेलने लगे। चुनावों में जो अकूत राशि खर्च की लाने लगी, अगले पाँच सालों में उसका 'प्रबंधन' करने में राजनेता दिलो-जान से लगे रहते हैं। केवल चुनाव-प्रबंधन के लिए ही पैसा नहीं चाहिए, उससे अलग भी शाही जीवन-शैली के लिए बड़ी-बड़ी राशियाँ चाहिए। आगे आनेवाली अपनी सात पीढ़ियों के लिए भी उन्हें अकूत धन-राशि का प्रबंध करना ही होता है। ऊपर से नीचे तक आपाद्-मस्तक भ्रष्टाचार-कदाचार में डूबी व्यवस्था, प्रशासन-तंत्र, नौकरशाही ने भी 'यथा राजा तथा प्रजा' का गुर साध लिया। जीवन के प्रत्येक क्षेत्र में राजनीति का यह भ्रष्ट तंत्र अपना वर्चस्व स्थापित किए हुए है। **राजनीति का अपराधीकरण** हिंदी उपन्यास की चिंता का केन्द्रीय विषय बना रहा है, जिसका सशक्त रेखांकन विभिन्न उपन्यासकारों द्वारा किया गया है।

काशीनाथ सिंह का 'काशी का अस्सी' अपनी प्रखर राजनीतिक चेतना के कारण देर तक स्मरण में रहनेवाला उपन्यास है। भ्रष्ट राजनीति और उससे परिचालित कदाचारी तंत्र की यहाँ बड़ी निर्ममता से बखिया उधेड़ी गई है। चाहे अपनी, अपने दल की सरकार हो या न हो, वे मंत्री रहें या न रहे किंतु सत्ता-केंद्रों में काम कराने की जुगतों और उससे नावाँ कमाने की तरकीबों से वे भली-भाँति वाकिफ रहते हैं, फलतः करोड़ों-करोड़ों का खेल खेलते हुए सदैव अपना वर्चस्व बनाए रखने की कला में नेतागण खूब माहिर हैं। इसीलिए वे वर्षों-वर्षों सत्ता में किसी न किसी रूप में बने रहते हैं या उस पर पूरी तरह छाए रहते हैं। उपन्यास में राम वचन जी इस तथ्य का सत्यापन इस रूप में करते हैं, "सन् '70 के बाद के कुछ लोग ऐसे हैं जो बराबर सत्ता में हैं। सरकार चाहे जिसकी बने, वे हारें या जीतें, सत्ता-सुख भोग रहे हैं। जैसे, मैं एक मंत्री जी को जानता हूँ। बड़ा रुतबा है उनका इन दिनों। उन्होंने अलग-अलग काम के लिए लोगों से कुल मिलाकर एक करोड़ रुपए ले रखे हैं। अब मान लीजिए, कल सरकार गिर गई। सरकार में रहकर वे जान चुके हैं कि काम कैसे कराया जाता है। वे मंत्री रहें, न रहें लेकिन आधा करोड़ भी खर्च कर देंगे तो काम हो जाएगा। अगले चुनाव तक तो काम चलता रहा न! यह दल बदलुओं को छोड़ के बकिया लोगों का हाल है।" सत्ता में बने रहने के लिए चुनावी समीकरणों पर दृष्टि जमाते हुए दल–बदलना राजनेताओं के लिए एक सहज-सी बात हो गई है—कुछ ही समय में, रातों-रात जिस प्रकार ये लोग दल बदलते हैं, पार्टी और उसके राजनीतिक सिद्धांत इन लोगों के लिए कोई अर्थ नहीं रखते क्योंकि आज राजनीति का चरित्र इतना भ्रष्ट हो गया है "जिस देश में मुर्दा फूँकने के लिए घूस देना पड़ता हो उसमें सिद्धान्त" की बात पूर्णतः निरर्थक है, "यहाँ हफ्ते-भर के भीतर सारा समीकरण बदल जाता है। क्यों नहीं देखते लोग कि 3 अगस्त 1990 को देवीलाल के निकाले जाने पर जो लोग 'वी.पी. सिंह ज़िंदाबाद' और 'देवीलाल मुर्दाबाद' बोल रहे थे, वही लोग 15 अगस्त 1990 को मंडल आयोग की घोषणा के बाद 'वी.पी. सिंह मुर्दाबाद' बोलने लगे।"[1] देश की सिद्धान्त विहीन दिशाहीन राजनीति पर यह बड़ी तल्ख टिप्पणी है। राजनीति के अपराधीकरण का एक बड़ा कारण चुनावी राजनीति है। चुनाव में जो अनाप-शनाप रुपया खर्च किया जाता है वह न केवल भ्रष्टाचार, घूस और अपराध को प्रश्रय देता है, जाति-व्यवस्था की जंजीरों की जकड़नों को और अधिक मजबूत करता है। चुनाव जिस लोकतंत्र की आधारभूमि है, सभी तरह का भ्रष्टाचार उसकी जीवन-गति है, इसी स्थिति पर व्यंग्य करता उपन्यासकार कहता है, "भ्रष्टाचार लोकतंत्र के लिए ऑक्सीजन है, है कोई ऐसा राष्ट्र जहाँ लोकतंत्र हो और भ्रष्टाचार न हो? जरा नजर दौड़ाइए पूरी दुनिया पर, ये छोटी-बड़ी राजनीतिक पार्टियाँ कहाँ हैं? अलग-अलग छोटे-बड़े संस्थान, भ्रष्टाचार के प्रशिक्षण केंद्र, सिद्धांत मुखौटे हैं जिनके पीछे ट्रेनिंग दी जाती है। आप क्या समझते हैं, जो आदमी चुनाव लड़ने में पन्द्रह-बीस लाख खर्च

करेगा वह विधायक या सांसद बनने पर ऐसे ही छोड़ देगा आपको? देश को? चूतिया है क्या?"[2] उपन्यास में पचास करोड़ रुपए देनेवाला जायसवाल पाँच एम.पी. सीटों पर चुनाव लड़ा रहा है। चुनावों के समय टिकट देते समय उम्मीदवार की योग्यता पर विचार नहीं किया जाता, पूरी तरह आँकड़े देकर लेखक ने सिद्ध किया है कि वोटों को नोटों के बल पर ही खरीदा जाता है और वे ही चुनाव में निर्णायक सिद्ध होते हैं। राजस्थान, दिल्ली, मध्यप्रदेश, मणिपुर—चार प्रांतों के उप-चुनावों का विश्लेषण इस प्रकार प्रस्तुत किया गया है, "हर पार्टी ने रुपए लेकर सीटें बेचीं। यह भी पता नहीं किया कि उसके घर के वोट भी उसे मिलेंगे या नहीं। इन्हीं में कुछ राष्ट्रीय क्या, अंतरराष्ट्रीय नेता भी थे जो अपनी ही विधान सभा के 180 बूथों में से 60 से अधिक के बारे में नहीं जानते! लेकिन इनमें से कई जाते भी क्योंकि इनकी नेतागिरी प्रेस पॉलिटिक्स वाली नेतागिरी है। ये अखबारों में अच्छा-से-अच्छा बयान देते हैं। इनके चौथे ग्रेड के वे मित्र हैं जो भ्रष्ट, खूनी और दलाल हैं।"[3] प्रत्याशियों को अपनी पार्टी का टिकट देने में दूसरा महत्त्वपूर्ण कारण बनता है—प्रत्याशी की जाति! जातिगत राजनीतिक समीकरणों को भी पार्टियाँ अपनी ही तरह से तोड़ती-मरोड़ती हैं। जातिवाद का एक नया चेहरा राजनीति ने समाज को दे डाला है, "मुलायम जिसे टिकट दें, वह अहीर, कांसीराम का टिकट मिला नहीं कि चमार हुआ। बनारस से अवधेश राय लड़ रहे हैं बसपा से और हरिजन बस्तियों में जाकर देख लीजिए।" जातिवाद की समस्या के मूल में जाकर लेखक जहाँ उस ब्राह्मणवाद की खबर लेता है जिसने यह वर्ण-व्यवस्था बनाई और उसे निरंतर कठोर नियमों-आचरणों में उलझा दिया, वहीं वह धर्म-निरपेक्षता, सेक्यूलरिज्म के नाम पर मुसलमानों और अन्य छोटी जातियों के चुनावी-समीकरणों पर प्रकाश डालता है। उत्तर प्रदेश के संदर्भ में विचार करता लेखक कहता है कि बहुसंख्यक जातियों के वोट आज निर्णायक स्थिति में नहीं हैं, चुनाव में जीत का निर्णय छोटी कही जानेवाली अल्पसंख्यक जातियों के द्वारा ही होता है, "वोट किनके हैं, यादवों के, चमारों के। लेकिन वे अपने बूते जिता नहीं सकते। जिता कौन सकता है तो बकिया जातियाँ—पाँच घर तेली, चार घर कहार, तीन घर गड़रिया, दो घर पासी, तीन घर धोबी, दो घर कुम्हार, लुहार, नोनियाँ, धुनिया... जिताने वाली जातियाँ यही हैं जो हर गाँव में हैं और जिन्हें कोई नहीं पूछता। वे जिधर जाएँगी, वही जीतेगा...।" गाँव प्रधान, जो प्रायः ही गुंडा किस्म का व्यक्ति होता है (शरीफ तो राजनीति से किनारा ही कर लेते हैं), वह अपने तमंचेबाज छोकरों के बल पर वोट दिलाता है। चुनावी यथार्थ के ये ऐसे चित्र हैं जिनका जायजा जमीन से कटे, बड़े पत्रों के एयरकंडीशंड कमरों में बैठे पत्रकार-टिप्पणीकार नहीं कर सकते, "...अपने गाँव का प्रधान हूँ...ए डॉक्टर साहब! गाँव पर रहते हुए भी गाँव में नहीं रहता। बाहर पंपिंग सेट है अपना। आठ-दस गाय-भैंसें हैं। गैर-लाइसेंसी बाजों (तमंचा) का बंदोबस्त भी है। चोरी-छिनैती करनेवाले नहाते-धोते भी हैं सुस्ताते हैं,

गाँजा-भाँग भी पीते हैं। जरूरत समझते हैं तो खाते-पकाते हैं। वोटवा भी वही दिलाते हैं। अब वोट किसी शरीफ आदमी के बस की बात नहीं, अरे आप तो तीन सौ दो के केस में मेरी ओर से गवाही भी दे चुके हैं।"[4] बूथ कैप्चरिंग, बोगस वोट डालने की तिकड़म, आदि की कलई उपन्यास में खोली गई है। राजनीति और अपराध की एक शाश्वत और अटूट साँठ-गाँठ चुनावों के द्वारा बन गई है, चुनाव-पूर्व, चुनाव-काल और चुनाव के बाद की राजनीति–सभी जगह अपराध, घोर अपराध आज के युग-सत्य हैं। धार्मिक संस्थाओं, शिक्षा-जगत, जीवन का कोई भी क्षेत्र आपराधिक गतिविधियों से अछूता नहीं रह गया है। विश्वविद्यालय बाल राजनेताओं का राजनीतिक अनुकूलन इसी रूप में कर रहे हैं कि भविष्य में इस पौध का इस्तेमाल राजनीतिक पार्टियाँ कर सकेंगी, बनारस यूनिवर्सिटी के संदर्भ में लेखक का कथन है कि कभी यह यूनिवर्सिटी "बच्चा नेताओं का 'किडी कान्वेंट' हुआकरती थी।...आज तो न राजनीति है, न नेतागिरी, लेकिन जब भी तब यहाँ बच्चा नेताओं की ट्रेनिंग होती थी-कैसे सुबह होते-होते यूनिवर्सिटी अनिश्चित काल के लिए बंद कराई जाती है? कैसे बिना डंडा खाए जेल जाया जाता है? कैसे खुद को सुरक्षित रखते हुए आम छात्रों के हाथ-पैर तुड़वाए जाते हैं? कैसे छात्र संघ के चुनाव में सहानुभूति बटोरने के साथ हवा बनाई जाती है?"[5] संतों-महंतों की भी चुनावी राजनीति में कारगर भूमिका होती है, उपन्यासकार की दृष्टि उस ओर भी गई है। इन सभी हथकंडों का इस्तेमाल करते हुए राजनेता सभी प्रकार की असामाजिक गतिविधियों में संलिप्त देखे जा सकते हैं। राजनीति और अपराध का जैसा गठजोड़ बिहार में है, वैसा कदाचित् कहीं न हो, उपन्यासकार की दृष्टि उस पर भी जाती है, पांडे जी के माध्यम से कहलाया गया है, "हमारे बिहार की हालत दूसरी है। वहाँ वही नेता हो सकता है जो जमीनी हो। जमीनी का मतलब जो खुद जुताई, बुवाई-कटाई दँवाई करे। जो खुद डाका डाले, चोरी करे, दस-पाँच कत्ल करे–यह नहीं कि अपने तो पाक-साफ बना रहे और दूसरों से यह सब करवाता रहे। इस माने में बिहार पूरे देश की राजनीति का मॉडल है। नीति-निर्देशक। यह राजनीति अन्ततः इसी रास्ते जानी है।"[6] राजनीति के अपराधीकरण के अनेक पक्ष हैं, धनपतियों, कुबेरपतियों से भी राजनीति की साँठ-गाँठ किसी से छिपी नहीं है। राजनेता किस प्रकार भूमंडलीकरण द्वारा लायी गई आर्थिक नीतियों को धनपतियों, कुबेरपतियों के सम्मुख प्रस्तुत करते हैं, उसका चित्रण सेठों द्वारा पंचसितारा होटल में दी गई पार्टी में सरकार के प्रतिनिधि के रूप में 'खजाना वजीर' (वित्त मंत्री) की उपस्थिति है जो अपने 'धाँसू' भाषण में सरकार की नीतियों की आधारभूमि, विकास की नीतियों और नव उदारवाद को बताता है, "कि हमने कभी दुनिया को रास्ता दिखाया था, ज्ञान का प्रकाश दिया था, संस्कृति और तहजीब सिखाई थी। अब वक्त आ गया है कि एक बार फिर उन्हें रोशनी दिखाएँ कि हमारी गुजारिश है दुनिया से कि वह हमारे विकास-कार्यों में अपनी पूँजी लगाएँ

और आगे आने में हमारी मदद करें।" मंत्री जी की यह घोषणा तो प्रेस वालों के सामने दुनिया को दिखाने-भर के लिए थी "लेकिन खास बात बंद कमरे में वह बैठक जो वजीर के साथ सेठों ने की" जिसका चित्रण लेखक ने थोड़ा फंतासी के क्षेत्र में जाकर किया है जिसका सार-रूप यह है कि आज पूरी व्यवस्था को धन और धनपतियों ने खरीदकर अपना दास बना लिया है, वह उन्हीं के इशारे पर चलती है। विभिन्न महानगरों के 'महासेठ' खड़े हो-होकर जिस रूप में अपनी बात कहते हैं, वह व्यवस्था के इनके इशारों पर नावने की साक्षी है, मुंबई के सेठ का यह कथन इस तथ्य को सत्यापित करता है, "उसने जुहू, मैरिन ड्राइव और दूसरे समुद्री किनारों पर जहाँ-जहाँ से मानसून चलता है–इतनी ऊँची-ऊँची दीवारें, इमारतें खड़ी कर दी हैं कि एक भी बादल कहीं से बहककर नहीं जा सकता। पूरे मुल्क में बादलों के हमारे गोदाम रहेंगे। हम बादलों को–हर तरह के बादलों को–मौसमी, बेमौसमी, साँवले, काले, लाल, उजले, भीगे, सिमसिमाए, सूखे–सभी तरह के बादलों को अलग-अलग उनमें जमा करेंगे और जब जैसी जरूरत होगी, उड़ा देंगे। जहाँ जैसी बारिश की जरूरत होगी–जैसे, जहाँ ज्यादा पानी चाहिए, वहाँ काले मेघ, जहाँ कम पानी चाहिए, वहाँ साँवले मेघ; जहाँ पानी नहीं छाया चाहिए वहाँ उजले धुले हलके-फुलके बादल। यह काम हम नदियों, नालों, बाँधों, नहरों, नलकूपों, वगैरह के जरिए भी कर सकते हैं इसलिए हम जानना चाहते हैं कि आप क्या मदद कर सकते हैं हमारी?" हवा, पानी और बादल को बाँधकर अपने गोदामों में रखने और जहाँ चाहो जिस रूप में बाँटना चाहो का हौसला व्यवस्था को पूरी तरह अपनी तिजोरी में गिरवी रखने के समान है। भाग्य-विधाता राजनेता नहीं, ये आर्थिक शक्तियाँ हैं। तभी तो वे वित्त मंत्री को चुनौती देती हैं कि "शर्तें मंजूर हो तो ठीक नहीं तो जाओ मध्यावधि चुनाव की तैयारी करो। उसी में पता चल जाएगा कि जनता की फिकर किसे ज्यादा है, हमें या तुम्हें?" सेठ लोग जोर देकर मंत्री को लताड़ते हुए कहते हैं–"इस पूरे मामले का संबंध बाजार से है। तुम्हारा काम है सरकार देखना, हमारा काम है बाजार देखना। हम अपना काम देखते हैं, आप अपना काम देखो।"[7] राजनीति के सेठाश्रयी और गुंडागर्दी में तब्दील हो जाने का बड़ा सूक्ष्म, प्रामाणिक तथा सशक्त चित्रण 'काशी का अस्सी' उपन्यास में हुआ है जिससे राजनीति के अपराधीकरण के अनेक पक्ष खुलते हैं। 'रेहन पर रग्घू' में काशीनाथ सिंह उन स्थितियों का विश्लेषण करते हैं जिनके द्वारा राजनीति ने गाँवों का चरित्र बदलकर रख दिया है। अगड़े-पिछड़ों की राजनीति और विभिन्न राजनीतिक दलों की गाँवों में पैठ ने वहाँ के नवयुवकों की नई नस्लें पैदा कर दी थीं, "ये नई नस्लें पैदा हुई थीं गाँव में–तभी से जबसे गाँवों में बिजली के खंभे, केबुल, ट्यूबवैल, पंपिंग सैट, दवाखाने आए थे, जातियों की पार्टियाँ आई थीं, हर तीसरे घर से फौज में किसी-न-किसी की भर्ती हुई थी। सवर्णों में एक नस्ल रिसर्च और कोचिंग करनेवाले लड़कों की थी, जो शहर से या किसी फौजी के घर से बोतल हासिल करते और रात

पंपिंग सैट पर बिताते!" जिन लोगों की 'दिलचस्पी पालिटिक्स में थी', उनका परिचय नरेश और उसके भाइयों से मिलता है, "देवेश सपा का कार्यकर्ता था, रमेश बसपा का, और महेश भाजपा का। यही पार्टियाँ पिछले बीस सालों से सत्ता में आ जा रही थीं और क्षेत्र में विधायक और सांसद भी इन्हीं पार्टियों के हो रहे थे।"[8] गलत-सलत तरीकों से जनता से काम कराकर अपने कारनामों से विधायकों और सांसदों की यही जाति गाँवों में नाम और नामा कमा रही थी।

राजू शर्मा के 'विसर्जन' उपन्यास में राजनीति के अपराधीकरण को बड़े सशक्त रूप में प्रस्तुत किया गया है। उपन्यास की कथा देश की उच्चतम खुफिया संस्थाओं केन्द्रीय जाँच ब्यूरो, आई. बी. और रॉ की कार्य-शैली का यथार्थ प्रस्तुत करती हुई, राजनेताओं और इन संस्थाओं की मिली भगत का चित्रण करती हुई राजनीति के अपराधीकरण को पूरी तरह नंगा करती है। देश में हुए घोटालों और तरह-तरह के बड़े अपराधों की जाँच करनेवाली ये संस्थाएँ किस प्रकार शाह-ए-वक्त के इशारों पर नाचती हुई अपनी निष्पक्षता का दंभ करती हैं, इसका सच यह है कि ये प्रधानमंत्री की 'सबसे भरोसेमंद रखैल' की भूमिका अदा करती हैं, "कोई प्रधानमंत्री आई. बी. की शिकायत नहीं करता। शिकायत हो भी कैसे। अपनी सबसे भरोसेमंद रखैल से किसे गिला हो सकता है। खुफिया ब्यूरो का निदेशक पी. एम. से रोज मिलता है। बिना नागा। यह एक परंपरा बन गई है। फिर हर सुबह और देर रात आई.बी. की डेली रिपोर्ट प्रधानमंत्री के सामने रखी जाती है।" देश की सत्ता पर काबिज राजनीतिज्ञ किस प्रकार बहुराष्ट्रीय कंपनियों और अवांछित बाहरी शक्तियों से मिलकर देश को नुकसान पहुँचा सकते हैं, इसके प्रमाणस्वरूप दूरदर्शन घोटाले के सच को सामने लाया गया है। तत्कालीन प्रधानमंत्री के संदर्भ से बताया गया है कि "धारावाहिक घोटाला अकेला मुद्दा था जिसकी लहर बनाकर वे सत्ता में आए थे। उनके गठबंधन ने पिछली सरकार पर सीधा आरोप लगाया था (प्रधानमंत्री ने एक कागज पर पढ़ा) कि धारावाहिक घोटाले में देश की अस्मिता, सुरक्षा और सभ्यता पर खतरा उत्पन्न हुआ है। सरकार की मिली भगत से बहुराष्ट्रीय कंपनियों और अवांछित बाहरी ताकतों ने मिलकर दूरदर्शन और देश के मीडिया तंत्र को नष्ट करने और बेचने का एक घिनौना षड्यंत्र रचा है।...सी. बी. आई. में बाद में भ्रष्टाचार के कुछ मुकद्दमे दर्ज़ किए गए। जाँच कमीशन ने अभी अपनी ड्राफ्ट रिपोर्ट तैयार की है। डीटेल्ज को एक बार छोड़ दें पर संकेत यह है कि व्यापक षड्यंत्र का कोई स्पष्ट या विश्वसनीय प्रमाण नहीं है।"[9] उपन्यासकार इस दूरदर्शन घोटाले के जाँच निष्कर्षों से उन सभी घोटालों की जाँच का सच सामने रखता है जिनमें हजारों-हजार पन्नों में प्रकाशित रिपोर्ट इतना-इतना समय और धन का अपव्यय कर 'खोदा पहाड़ निकली मरी हुई चुहिया' की स्थिति को पाता है (बोफोर्स तोप के घोटाले का ताजा सच तथा बाबरी मस्जिद ध्वंस पर लिब्राहन कमीशन की रिपोर्ट इसी रूप में सामने आए हैं)। मीडिया और

टेलीकॉम से जुड़े 'इस स्कैम' को 'धारावाहिक घोटाले' के नाम से जाना गया और 'जनमत ने इसे आजाद हिंदुस्तान के सबसे बड़े घोटाले की संज्ञा दी।' लेखक एक उच्च पदस्थ प्रशासनिक अधिकारी है तो अपने सत्ता के उच्चतम सोपानों पर बैठे नियंताओं को बहुत निकट से देखकर उनकी आपराधिक गतिविधियों का लेखा-जोखा सामने रखा है। अपने पात्रों के माध्यम से उसने देश के उच्चतम संस्थानों की कार्य-विधि को सूक्ष्म दृष्टि से विश्लेषित किया है। राजकाज के 'अतुल्य भेद' प्रथम बार उघाड़ने का साहसपूर्ण पग उठाकर एक साहसपूर्ण रचनात्मक हस्तक्षेप करती हुई तीखी टिप्पणियाँ उपन्यास में स्थान-स्थान पर की गई हैं, यथा–"...बेहद दबाव था मुझ पर। सी. एम. ओ. को अन्दाजा था कि घोटाले के कुछ महत्त्वपूर्ण सूत्र मेरे हाथ में हैं। उन्होंने दूत भेजे, टोह ली...कि क्या यह मामला टल सकता है या खत्म हो सकता है। इस पर मैंने कहा कि मेरे पास कोई लिखित आदेश नहीं। फोन भी आए पर मैं अडिग रहा। फिर एक दिन, रात का वक्त था" ''...पी. एम. ओ. के एक नुमांइदे ने गाड़ी भेजकर एक दफ्तर में बुलाया। मैं पहुँचा, रात का वक्त था, एक फोन बजा...पी. एम. खुद था। उसकी आवाज थी। पी. एम. की आवाज कौन नहीं पहचानेगा। पी. एम. ने कहा उनका व्यक्तिगत अनुरोध है। यह मामला रुक जाना चाहिए, इसके गंभीर असर हो सकते हैं। अन्तरराष्ट्रीय षड्यंत्र लगता है, देश की सुरक्षा का सवाल है, इस तरह की बातें। मैं सुनता रहा। मैंने कहा सर ठीक है, मैं आपका मुलाजिम हूँ, मैं आदेश का पालन करूँगा। पर आदेश लिखित होना चाहिए। आखिर मेरा भी ईमान है।...संविधान की शपथ जो आपने ली है वही मैंने...फोन काट दिया।" राजनेताओं को देश के आर्थिक हितों की सुरक्षा से इतना लेना-देना नहीं जितना अपनी 'सुरक्षा' से, राजनीति के अपराधीकरण का इससे घिनौना रूप और क्या हो सकता है, "वह महीन विचारधाराओं के आर्थिक अपराध और धन उगाही के लगभग अदृश्य पैंतरों से अब ऊब गया था। जब सार्वजनिक धन का केक लावारिस और असुरक्षित है तो वह कहाँ तक देखे कौन उसे काट रहा है और कितना लूट रहा है...एक नजरिए से जो अपराध है, वही दूसरे नजरिए से राष्ट्रीय हित है।"[10] राजनीति और प्रशासन-तंत्र के भीषण आर्थिक अपराधों के विविध पक्षों को 'विसर्जन' अत्यन्त सूक्ष्म, प्रामाणिक और इस ढब से प्रथम बार प्रस्तुत करता है जिसको पढ़कर पाठक सहज ही अन्य अलक्षित-अकथित क्षेत्रों में फैले कदाचार और भ्रष्टाचार का अनुमान सहज ही लगा सकता है।

शरद सिंह के उपन्यास 'पचकौड़ी' में भैया जी के माध्यम से राजनीति के अपराधीकरण को नंगा किया गया है। चुनावी राजनीति में जिस प्रकार जातिवाद और दादागिरी का दखल है, भैया जी उसका मूतिमंत रूप होकर सामने आते हैं। कई बार विधायक रहने के बाद भी अबकी बार टिकट न मिलने पर उनकी बौखलाहट और अपने पालित नौकर पचकौड़ी को प्रत्याशी घोषित करने, चुनाव जिताने, उससे प्रेस

कान्फ्रेंस कराने आदि में राजनीति का घिनौना रूप सामने आता है। साथ ही उपन्यासकार इन नेताओं के 'व्यक्तिगत' को भी उजागर करती है कि किस प्रकार अपनी वासना-तुष्टि के लिए ये लोग किस-किस प्रकार के कामाचार करते हैं।[11] हरी चरन प्रकाश बड़े व्यंग्यात्मक रूप में अपने उपन्यास 'एक गंधर्व का दुःस्वप्न' में अपने समकाल की राजनीति के अपराधीकरण पर तल्ख टिप्पणियाँ करते हुए चुनावी तंत्र का यथार्थ सामने रखते हैं। वह सीधे-सीधे किसी राजनेता का नाम नहीं लेते हैं किंतु चित्रण इस रूप में करते हैं कि नेताओं की पहचान बहुत स्पष्ट रूप में सामने आ जाती है, "कला और संस्कृति का मौसम ठंडा चल रहा था क्योंकि सुंदर प्रधानमंत्री का सूर्य इस समय अस्ताचलगामी था। उसने एक तोप खरीदी थी जिसके मुकाबिल अखबार गरज रहे थे। आगे चलकर राजर्षि की उपाधि पानेवाले एक सहयोगी ने उसकी पीठ में ईमानदारी का खंजर भोंका था। पूरा देश इस समय ईमानदारी के ज्वार में था। लोगों को गुस्सा आ रहा था कि इसी आदमी ने कहा था कि गरीबी की योजनाओं का 15 प्रतिशत ही उन तक पहुँच पाता है, और खुद ऐसी बेईमानी।" विवेच्य उपन्यास में इस चुनावी राजनीति के विष के गाँवों के इंटर कॉलेज आदि में फैलते रूप का भी सशक्त चित्रण किया गया है कि किस प्रकार वहाँ के अध्यापक, विद्यार्थी और उन संस्थाओं के मैनेजर अपने को पूरी तरह चुनावी राजनीति में झोंक देते हैं, "आनेवाले दिन बड़ी गहमागहमी के थे। जनता पार्टी के गठन के साथ ही लोगों का साहस धरती से आसमान जा लगा था। श्रीकृष्ण यादव ने अपने स्कूल के मास्टरों को चुनाव प्रचार में जुटा दिया क्योंकि ऐसा करना मैनेजरों का स्वाभाविक अधिकार और मास्टरों का स्वाभाविक कर्तव्य था।"[12]

राजनीति के अपराधीकरण का एक बहुत बड़ा आपराधिक रूप **राजनीतिज्ञों द्वारा** प्रेरित और पोषित **सांप्रदायिकता** है जिसको **रामजन्म-भूमि और बाबरी मस्जिद प्रकरण** के माध्यम से प्रायः प्रत्येक सचेत उपन्यासकार ने गहरे आक्रोश और चिंता से चित्रित किया है। कुछ उपन्यास तो पूरी तरह इसी कथ्य पर केन्द्रित हैं तो कुछ ने अपने कथा-प्रसंगों में इन स्थितियों पर विचार करने के लिए कथा-नियोजन इस रूप में किया कि देश की इस ज्वलंत समस्या पर विचार किया जा सके। सभी प्रबुद्ध रचनाकार इस बात को लेकर विक्षुब्ध रहे कि उग्र हिंदूवाद ने बाबरी मस्जिद और रामजन्म-भूमि विवाद को अपनी-अपनी तरह से हवा-ईंधन देकर पूरी तरह धधकाने में कोई कसर नहीं रखी। हिंदुत्व की रक्षा का दम भरनेवाले राजनीतिक दलों ने अपनी समिधा डालकर इस आग को और भी भड़काया। अलका सरावगी अपने उपन्यास 'कलि कथा : वाया बाईपास' में स्वामी सहजानंद का यही रूप प्रदर्शित करती हैं जो अपनी पत्रिका में गौरव-भाव से अपना वह चित्र दिखाता है जिसमें वह "जमीन पर खड़े हुए ऊपर चढ़े हुए लड़कों को एक मेगाफोन लेकर आदेश दे रहा था। निःसंदेह वह स्वामी सहजानंद था, बगैर अपनी हँसी के। तस्वीर बिलकुल साफ थी।" यही पंडित जी अपने

कलकत्ते के एक भक्त से अपनी इस करतूत को कि किस प्रकार उन्होंने बाबरी मस्जिद ध्वंस में अपनी महती भूमिका निभाई है, का यशोगान आप्त-भाव से कर रहे थे कि "किस तरह उसने अपने विदेश में रहनेवाले एन.आर.आई. साले के मार्फत विदेशों से करोड़ों रुपए इकट्ठा कर विश्व हिंदू परिषद् को दिए, किस तरह उस दिन वे लोग बाबरी मस्जिद तक पहुँचे; पुलिस किस तरह खड़ी देखती रही उनके कार्यकताओं को, किस तरह कुछ लड़के मस्जिद तोड़ते वक्त काम आए, किस तरह उन्होंने विजय प्राप्त की और मस्जिद ढहा दी।"[13] अमोलक की मौत बाबरी मस्जिद को ढहाने में ही होती है या कहें कि स्वामी सहजानंद ने अमोलक जैसे न जाने कितने नवयुवकों की बलि इस धार्मिक उन्माद के कृत्य में दे डाली थी, इन सारी स्थितियों का बहुत आक्रोशपूर्ण प्रतिक्रिया के साथ सशक्त चित्रण उपन्यास में मिलता है, जो अमोलक 16 अगस्त 1946 को बंगाल के सांप्रदायिक दंगों में नहीं मरा, वह इस कांड में मरा, "तो अमोलक की मौत क्या दस दिसम्बर उन्नीस सौ बानवे को अयोध्या में निश्चित थी, इसीलिए वह छियालीस बरस पहले उस दिन मरने से बच गया था? लेकिन यह क्या सचमुच निश्चित था कि उसकी मौत ऐसे ही लोगों के हाथ होनी थी–भले ही उस दिन होती या जैसे अंत में हुई? क्या यही कि आदमी की एक के प्रति प्रतिबद्धता दूसरे के प्रति उसकी नफरत से तय होती है? रामजी से प्रेम–मुसलमानों से नफरत। गांधी से नफरत–हिंदूपन से प्रेम। क्या धर्म की दीवार इतनी मजबूत है कि उसमें खिड़कियाँ बन नहीं सकतीं?"[14] अलका सरावगी सांप्रदायिक ताकतों का विरोध करती हुई अगस्त, 1946 ई. के कलकत्ते के दंगों का विश्लेषण करती हैं जिसे 'द ग्रेट कैलकटा किलिंग' के नाम से जाना जाता है। 16 अगस्त (1946) के दंगों का ही परिणाम नोआखाली और बिहार के दंगे थे। इस प्रकार उपन्यास धर्मान्ध शक्तियों की कटु आलोचना कर एक प्रतिरोधी स्वर उपस्थित कर एक ऐसी दुनिया तामीर करना चाहता है जहाँ मानव-मात्र के लिए प्रेम हो।

काशीनाथ सिंह 'काशी का अस्सी' में अपने उपन्यास के कथ्य और कहन के अनुरूप खूब खुलकर सांप्रदायिकता की आँच में अपनी रोटियाँ सेंकते, वोट के समीकरण बनाते भारतीय जनता पार्टी, बजरंग दल, आदि उग्रवादी हिन्दू संगठनों को बुरी तरह लतियाते हैं जिन्होंने राम-जन्म-भूमि–बाबरी मस्जिद की आग को सदैव प्रदीप्त रखने में ही अपनी इयत्ता मानी है। बाबरी मस्जिद ढहाने की राजनीतिक प्रक्रिया का तिथिवार गंभीर विश्लेषण पप्पू की दुकान और अस्सी की शान के अनुरूप खिलदंड़ी शैली में ही किया गया है, "अस्सी के सभी 'आदिवासी' रामभक्त हो गए और कार-सेवा की तैयारी में लग गए। 23 अगस्त को आडवानी की गिरफ्तारी ने सनसनी पैदा कर दी। शंख, घड़ियाल, आतिशबाजी, मशाल, नारे अस्सी की दिनचर्या बन गए। XXXXXX देखिए, उस पटरी पर केसरिया पट्टा बाँधे चीखते-चिल्लाते लोगों का जुनून!" जनसामान्य में जिस प्रकार एक सांप्रदायिक जुनून लगातार

भड़काया जा रहा था, लेखक उसका चित्रण इस रूप में करता है, "अस्सी का हर कारसेवक अयोध्या के रामलला के साथ हॉटलाइन पर। प्रत्येक दस मिनट पर नई-नई अफवाहें! आडवानी नजरबंदी से फरार अयोध्या में। अटल बिहारी गिरफ्तार! मुलायम सिंह को दिल का दौरा! अयोध्या में तैनात सेनाओं में बगावत! वी. पी. सिंह अस्पताल में! गई रात रामसेवक हनुमान जी ने गदा से मस्जिद की गुम्बज उड़ा दी। रामलला ने कारसेवकों की कमान खुद सँभाल ली है...आदि-आदि।" अस्सी के स्लोगन सेंटर पर किस प्रकार नए-नए नारे गढ़े जा रहे थे जो पूरे जनपद में गूँज जाते थे–ऐसा ही एक नारा जनप्रिय हो उठा था–"बच्चा बच्चा राम का, लंड न कवनो काम का।" जिस खाँटी भाषा में काशीनाथ सिंह ने यथास्थितियों का निरूपण कर जन-मानस का परिचय दिया है, वह पत्रकारिता के शहरी-चरित्र के कारण शेष संसार के लिए पूर्णतः अज्ञात पक्ष है। इस समय जन-मानस को पूरी तरह धर्म की अफीम चटाकर पूरी तरह विवेकहीन स्थिति में ला दिया गया था, भीड़ में विवेक नहीं होता है, भेड़-धसान प्रवृत्ति की अनुकरण वृत्ति होती है। राम मंदिर को लेकर भाजपा की ढुलमुल और समय-समय पर बदलती नीति पर भी तीखी टिप्पणी करते हुए कहा गया है कि वह थूक पर चाटने की राजनीति कर रहे हैं, "तुमने कहा–सोनिया विदेशी है लेकिन जब कांग्रेस ने आडवानी की गाँड़ में डंडा किया कि वह भी विदेशी है तो कहना शुरू किया कि सोनिया देशी है, विदेशी नहीं। इस तरह पहले कहा–काशी-मथुरा एजेंडा पर नहीं है, अब आज कह रहे हो कि अयोध्या में राम-मंदिर बनेगा। कल फिर कहोगे कि हम कोर्ट को नहीं मानते। साले कोई दीन-ईमान है तुम्हारा?" इस प्रकार काशी-वाराणसी को केन्द्र में रख उपन्यास राम जन्म-भूमि और बाबरी-मस्जिद विवाद पर सही परिप्रेक्ष्य में विचार करता हुआ धर्म की सही व्याख्या करता है कि ईश्वर के नाम पर ये विभाजन, लड़ाई-झगड़े गलत हैं इसलिए फंतासी के रंग में चित्रित हुआ है कि जब माफिया के लोगों को ईश्वर को सादर लिवा लाने के लिए भेजा गया तो वह "उस वक्त अयोध्या में था। मन्दिर से निकलकर मस्जिद में नमाज अदा करने जा रहा था ईश्वर कि घेर लिया रास्ते में और अगवा कर मुम्बई ले आए।"[15] ईश्वर के लिए मंदिर मस्जिद सब एक हैं।

रवीन्द्र वर्मा अपने उपन्यास 'दस बरस का भँवर' में इस समस्या पर एक नई दृष्टि से विचार करते हैं। उनका मानना है कि लखनऊ जैसे शहर में पहले ताजिओं को लेकर शिया-सुन्नी के झगड़े तो होते सुने थे लेकिन हिन्दू-मुस्लिम दंगे बिलकुल नई बात थी और दिसम्बर '92 के बाद मुस्लिम कट्टरवाद ने अपनी सुरक्षा के लिए एक नया रूप ले लिया था। नूर और अमन का बेटा पिता से बड़ा तीखा सवाल पूछता है कि पापा "मंदिर और मस्जिद एक साथ क्यों नहीं रह सकते?" यह वस्तुतः अपने समय से पूछा गया प्रश्न है। नमन को यह प्रश्न कुरेदता है कि "मथुरा और वाराणसी में वे एक साथ पीठ से पीठ टिकाए रहते हैं तो अयोध्या में क्यों नहीं?" वास्तविकता

यह है कि "अयोध्या में मस्जिद के मलबे में कुर्सियों की खेती होगी।" राजनीतिज्ञ अपनी कुर्सी पाने-बचाने के लिए रामजन्म-भूमि–बाबरी मस्जिद विवाद को सुलझने नहीं देते, और अधिक उलझाए जाते हैं क्योंकि दिल्ली के सिंहासन की प्राप्ति में इसकी महती भूमिका है, "सत्ता के खेल में धार्मिक रूपकों और प्रतीकों का दोहन था। अयोध्या में यही हो रहा था। इस दोहन का पर्दाफाश जरूरी था। उसने कहा कि सन् 1949 में जो रामलला बाबरी मस्जिद में अवतरित हुए और जिनकी अध्यक्षता में 1992 में मस्जिद गिरी, वे तुलसी के राम नहीं थे। राम दिल्ली की कुर्सी का पायदान नहीं हो सकते।"[16] राजनेताओं ने सांप्रदायिकता के जुनून को इतना भड़का दिया कि **गुजरात में गोधरा और अहमदाबाद के सांप्रदायिक दंगे** उसी के परिणाम थे। तत्कालीन समय का चित्रण करते हुए बताया गया कि "नवरंगपुरा के मुसलमानों के घर उसी तरह चिन्हित थे जैसे नाजी जर्मनी में यहूदियों के। जब शहर भड़कता, मुसलमान पुराने शहर में अपनी बस्तियों में भाग जाते।" वली दकनी की मजार का उखाड़कर फेंका जाना, एहसान जाफरी को नृशंसतापूर्वक घसीट-घसीट कर मारना, जैसी बर्बर घटनाओं को चित्रित करता लेखक उग्र हिन्दूवाद को पूरी तरह नंगा करता है। बार-बार लेखक विचलित हो उन घटनाओं को चित्रित करता है जिनसे स्वयं बर्बरता भी थर्रा जाती है, अमृत, श्याम सुंदर और मोहन जब उन इलाकों का दौरा करते हैं जहाँ सांप्रदायिकता का यह तांडव हुआ था तो वहाँ की स्थिति यह है "...अब सिर्फ जली दीवारें बची हैं। वे गैस सिलिंडर नहीं हैं, जो घरों में फूटे। न वे तेल के डिब्बे हैं, जिन्हें आदमियों पर उँड़ेला गया और आग लगाई गई। वह आग भी नहीं है। न वह पानी है जिसमें बिजली चलाकर लोगों को आखिरी बार नहलाया गया। न वे त्रिशूल और तलवारें हैं जिनसे पेट चिरे और सिर कटे। जलते हुए टायर भी नहीं हैं। शरीर कोई नहीं बचा।" गोधरा कांड से उत्पन्न सांप्रदायिकता के इस तांडव को लेखक ने 'ब्लैक होल' की घटना से भी अधिक अमानवीय और राष्ट्रीय कलंक बताया है जिसका परिचय देने के लिए इस लोमहर्षक उद्धरण को देने का लोभ-संवरण नहीं किया जा सकता, "ब्लैक होल अंग्रेजी राज का षड्यंत्र था। नरोड़ा-पाटिया जनतंत्र का षड्यंत्र था। 'ब्लैक होल' में आदमी जानवरों की तरह मारे गए थे। नरोड़ा-पाटिया में आदमियों को हवा में उछालकर संगीन पर छेदा गया। 'ब्लैक होल' में लाशें बची थीं। नरोड़ा-पाटिया में लाशें नहीं थीं–ताकि सनद रहे जो वक्त पर काम आए।" 2002 के इस गुजरात नर-संहार के एक-से-एक भयावह चित्र उपन्यास में आए हैं। मीडिया में प्रकाशित-प्रचारित इन लोमहर्षक घटनाओं को पूरी लेखकीय संवेदना के साथ प्रस्तुत करते हुए सांप्रदायिक जुनून का भरपूर विरोध यहाँ दर्ज़ किया गया है।

कमलेश्वर ने अपने उपन्यास 'कितने पाकिस्तान' में बाबरी-मस्जिद विवाद को ऐतिहासिक परिप्रेक्ष्य में विश्लेषित किया है। उन्होंने 'आईने अकबरी' के अंग्रेजों द्वारा गुम किए गए पृष्ठों द्वारा इतिहास को तोड़-मरोड़ कर, हिंदू-मुस्लिम के विरोध में खड़ा

कर, 'बाँटों और राज करो' की नीति से इस समस्या को जन्म दिया। उनके अनुसार वास्तविकता यह है कि बाबर कभी अयोध्या आया ही नहीं–सो यह मस्जिद उसकी बनवाई हुई हो ही नहीं सकती। यह मस्जिद तो इब्राहीम लोदी ने बनवाई थी, हो सकता है, उसमें कुछ फेर-बदल मीर बाकी ताशकंदी ने करवाई हो।" लेखक ने तिथि-पुष्ट प्रमाणों के आधार पर बताया है कि अंग्रेजों ने किस प्रकार इतिहास को तोड़ा-मरोड़ा है। अंग्रेजों के इतिहासकार ए. एच. नेविल ने जानबूझकर 1857 के बाद बेईमानी की। अदीबे आलिया की अदालत में उपस्थित होकर बाबर कहता है, "मेरे लिखे बाबरनामा में जिस औध का जिक्र है, नेविल ने उस 'औध' को बेईमानी से 'अयोध्या' कहा है, जबकि औध का मतलब है 'अवध'! जिसे आप आज भी उसी नाम से पुकारते हैं। फ्यूहरर ने भी मुझे जानकारी दी थी कि अंग्रेजों के अपने चहेते अफसर कनिंघम, जिसे हिंदुस्तान की इमारतों की देखभाल करने का काम सुपुर्द किया गया था, उसने बड़ी चालाकी से लखनऊ गजेटियर में यह दर्ज किया था कि बाबरी मस्जिद की तामीर के दौरान हिंदुओं ने तामीर होती मस्जिद पर हमला किया था और उस जंग में मुसलमानों ने एक लाख चौहत्तर हजार हिंदुओं को हलाक किया था... और हिंदुओं के खून से मस्जिद के लिए गारा बनाया गया था।" इस कथन का परीक्षण करने के लिए फैजाबाद के जनसंख्या के आँकड़ों के आधार पर सिद्ध किया गया है कि बाबर के वक्त 1528 ई. में उस क्षेत्र की आबादी इतनी थी ही नहीं। "इसलिए यह बात साफ होनी चाहिए कि अंग्रेजों ने हमारे मुल्क के साथ क्या खेल खेला है!" बाबर अयोध्या गया ही नहीं, इसके दूसरे सशक्त प्रमाणस्वरूप लेखक ने बाबर की बेटी गुलबदन के 'हुमायूँनामा' का साक्ष्य दिया है जिसमें बलपूर्वक यह प्रतिपादित किया गया है कि अप्रैल, मई और जून 1528 के तीन महीनों में बाबर निरंतर आगरा में ही बने रहे, तो इस संदर्भ में अंग्रेज गजेटियर लेखक एच.आर. नेविल का यह कथन मिथ्या सिद्ध होता है कि 1528 ई. की गर्मियों में यानी अप्रैल और अगस्त के बीच बाबर अयोध्या में था और उसने 'प्राचीन राममंदिर को तोड़ने का आदेश दिया और वहाँ मस्जिद तामीर करवाई, जिसे बाबरी मस्जिद का नाम दिया गया। वस्तुस्थिति यह है कि यह अंग्रेजों की हिन्दू-मुस्लिम को 1857 ई. में एक संयुक्त शक्ति के रूप में देख 'बाँटो और राज करो' की नीति की सोची-समझी चाल थी, जिसका परिणाम हमें आज तक भुगतना पड़ रहा है। कमलेश्वर बलपूर्वक उन स्थितियों को रेखांकित कर चीन्हना चाहते हैं जो हिन्दू-मुस्लिम की साझा गंगा-यमुनी संस्कृति को निरन्तर परिपुष्ट करती रही हैं। 'कितने पाकिस्तान' न केवल भारत अपितु पूरे विश्व में धर्म-संप्रदाय तथा जाति के आधार पर पनप रहे अलगाववाद पर विभिन्न रूपों में प्रहार करता है, "लेकिन अब तो सब मुल्कों में नफरत का एक पाकिस्तान बनाने की कोशिशें जारी हैं...क्या हुआ बोस्निया में, क्या हुआ साइप्रस में, क्या हुआ है तब के टूटे सोवियत यूनियन और अब बने रशियन फेडरेशन में। क्या

हो रहा है आज के अफगानिस्तान में? हर व्यक्ति नफरत के सहारे अपने ही लोगों के खिलाफ एक दूसरा पाकिस्तान ईजाद करना चाहता है।"[17]

हरी चरन प्रकाश ने अपने उपन्यास 'एक गंधर्व का दुःस्वप्न' में उन ऐतिहासिक तथ्यों के प्रकाश में बाबरी मस्जिद और रामजन्म-भूमि विवाद को विश्लेषित करने का प्रयास किया है जो अभी तक फैजाबाद जनपद के बाहर के लोगों के लिए पूर्णतः अजाने थे। वह इस प्रकरण को सदैव जीवित रखने के लिए सीधे-सीधे राजनीति और प्रशासन को दोषी मानता है कि किस प्रकार उन्होंने अपने स्वार्थों के लिए देश को सांप्रदायिकता की आग में झोंक दिया। समस्या का प्रारंभ तब होता है "जब फैजाबाद के जिला जज ने जन्मभूमि में स्थापित मंदिर का ताला खोलने का निर्णय लिया। नगर मजिस्ट्रेट ने हाथ जोड़कर ताला खोला।" तत्कालीन 'राजकुमार' (प्रधानमंत्री) ने सुप्रबंधन के नाम पर 'कुछ इधर दो और कुछ उधर दो'—दोनों संप्रदायों के लोगों को देकर शाहबानों और राम-मंदिर विवाद को एक साथ खड़ा कर दिया। बाबरी मस्जिद प्रकरण पर आने से पहले उपन्यासकार भवनाथ के स्मृति-ज्ञान के सहारे 1946-47 ई. तक के समय तक आता है जब पाकिस्तान जाने के लिए चारों ओर मुसलमानों में भगदड़ मची हुई थी किंतु "इस शहर के मुसलमान स्पेशल रेलों काफिलों में पाकिस्तान नहीं गए। वह जाते रहे फुटकर सवारियों की तरह और छोटे-छोटे कारणोंवश। शायरे शहर नूर फैजाबादी कभी मादरेवतन को छोड़ जाएँगे, यह उन्होंने सोचा भी नहीं था। इश्तियाक बाबू के जहन में तो केवल इतना ही था कि जहाँ बुजुर्गों की हड्डियाँ दफन हैं वहीं उनकी भी होंगी। लेकिन दफन के एक झंझट के कारण नूर फैजाबादी का कफन ओढ़े-ओढ़े, इश्तियाक बाबू को बहुत दिन जीना पड़ा।" लेखक ने बहुत आक्रोशपूर्ण ढंग से उस संक्रान्तिकालीन सामाजिक मनोस्थिति का चित्रण किया है कि किस प्रकार उस समय "बाबरी-मस्जिद में साल डेढ़ साल पहले एक कामचलाऊ मंदिर खुल चुका था और यह झगड़ा हिंदूवादी ताकतों ने किस प्रकार बावेले के रूप में खड़ा कर दिया। मस्जिद के पास की जो कब्रिस्तान की भूमि थी, उस पर हिंदुओं के अलगाववादी तत्त्वों ने सांप्रदायिक विद्वेष बढ़ाया और मुसलमानों को यह अहसास दिया कि अब वे भारतवर्ष के मुसलमान थे, हिंदुस्तान के नहीं।" इन तत्त्वों ने हिंदू-मुस्लिम के बीच की सामाजिक संरचना को जिस रूप में तोड़ा, उसका बड़ा प्रमाणपुष्ट चित्रण लेखक ने मय्यत दफनाने के प्रसंग में किया है, "इश्तियाक बाबू ने म्युनिस्पल रिकार्ड में देखा था कि यह जगह कब्रिस्तान के रूप में दर्ज थी। आचार्य जगत प्रसाद कहते थे कि वहाँ सन् 1934 से कोई दफन नहीं हुआ तो अब यह भड़काने वाली कार्रवाई क्यों की जा रही है। बाईस घंटों की जद्दोजहद और सड़न के बाद इश्तियाक बाबू के रिश्तेदार को किसी और जगह कब्र नसीब हुई।"[18] यहीं से हिन्दू-मुस्लिम के बीच पनपी गंगा-यमुनी संस्कृति में प्रदूषण प्रारंभ हो गया। इस सबके चलते न जाने नूर फैजाबादी जैसे लोगों को पाकिस्तान

में जाकर 'बेवतनों' की तरह का जीवन जीना पड़ा। 'ताला-चाभी', 'रथ-यात्रा', 'लहरों का उत्पात' से लेकर अंत तक उपन्यास की कथा बाबरी-मस्जिद ध्वंस और रामजन्म-भूमि मंदिर की राजनीति के विश्लेषण पर केन्द्रित रहती है। 'ताला-चाभी' शीर्षक अध्याय के प्रारंभ से पूर्व अध्याय के मुखबंध रूप में पृथक्-पृथक् दो पृष्ठों पर तुलसीदास और 'महात्मा गांधी' के एक ही लेख के तीन अंश उद्धृत हैं—ये दोनों अंश 'राम'-ईश्वरत्व की व्याख्या के दो भिन्न दृष्टियों वाली विचार-दृष्टियाँ हैं। तुलसी का कथन तुलसी मस्तक तब नवै, जब धनुष बाण लेहु हाथ' उस राम की व्याख्या देता है जो अयोध्या के रामभक्तों की टोलियों के अनुकूल है—वे राम को अपने ही रूप में स्थापित करना चाहते हैं—उनकी निष्ठा तुलसी के कथन की संपुष्टि से, कट्टरपन के रूप में रामत्व को स्थापित करना चाहती है कि जब तक यह सब नहीं होगा, मंदिर वहीं नहीं बनेगा, तब तक उनका मस्तक नहीं झुकेगा। दूसरी ओर गांधी रामत्व की व्याख्या एक अलौकिक निराकार शक्ति के रूप में करते हैं—"जो हमारे हृदय में बसते हैं, वे राम देहधारी हो ही नहीं सकते। अँगूठे के समान छोटा-सा तो हमारा हृदय और उसमें भी समाए हुए रामदेहधारी क्योंकर हो सकते हैं, या किसी साल चैत की नवमी में उनका जन्म हुआ ही नहीं होगा। वे तो अजन्मा हैं, वे तो सृष्टि को पैदा करनेवाले हैं, संसार के स्वामी हैं, इसलिए हम जिन राम का स्मरण करना चाहते हैं और जिनका स्मरण करना चाहिए, वे राम हमारी कल्पना के राम नहीं।" गांधीजी के राम की यह निराकार, निर्गुण अवधारणा और अगले दो कथन सहज ही यह प्रस्थापित करते हैं कि "राम को रामलला के रूप में स्थापित करना ही धर्म नहीं है, इसलिए राम के नाम पर यह मार-काट क्यों? अयोध्या की उस समय स्थिति कैसी थी और क्या बनाई जा रही थी, उसका परिचय इस रूप में दिया गया है, "ताला खोलो", "ताला खोलो" की चीख सड़कों से उड़कर घरों पर मंडराने लगी थी। एक लम्बी और गहरे में पलती फुसफुसाहट को चीख में बदलने का अहसास किया जा रहा था। यह अवरोह से शीर्ष की उलट-यात्रा थी, पुरानी राग-रागनियों को पकाकर अयोध्याराग तैयार हो रहा था। तमाम ऐतिहासिक और पुरातात्विक अनुसंधान हो रहे थे। समाज का टेंपरामेंट ऐतिहासिक हो रहा था।" इस व्यंग्यात्मक आखेलन के बाद कथाकार कांग्रेस के राजकुमार (राजीव गांधी) के प्रबंधन पर व्यंग्य करता है कि किस प्रकार उनकी व्यवस्था ने फैजाबाद के जिला जज से जन्मभूमि में स्थापित मंदिर का ताला खोलने का निर्णय सुनवा दिया था। लेखक इस समाधान को हिन्दू और मुस्लिम दोनों को तुष्ट करने की नीति 'कुछ इधर दो और कुछ उधर' के सिद्धान्त से जोड़ता है।[19] उपन्यास अपनी कथा के माध्यम से हिन्दुत्व की उदार और विवेकवान विचारधारा के पल्लवन का सार्थक प्रयास करता है। 'रथ-यात्रा' ने राम के 'पाणौ महासायकं चारु चापम्' रूप को वरेण्य बनाकर हिन्दुत्व की उग्र विचारधारा से और भी शाणित कर दिया था, "जहाँ-जहाँ रथ-यात्री जाते धनुष बाण

का बाजार खुल जाता। वह सोमनाथ से चले थे और एक टेढ़ा तथा लम्बा रास्ता तय कर उन्हें अयोध्या पहुँचना था। उनकी हुँकार थी–'सौगंध राम की खाते हैं/हम मंदिर वहीं बनाएँगे।' इस हुँकार की गूँज बाबरी-मस्जिद के मटमैले गुम्बदों से टकरा रही थी।" फिर उन सब स्थितियों का जायजा लिया गया है जिससे मंदिर बनाने का यह आंदोलन उग्र से उग्रतर होता चला गया। साध्वियों के भाषणों के कैसेट जिस प्रकार विष वमन कर रहे थे उसे साध्वी सुचरिता के कैसेट के वर्णन से साक्षात् किया गया है–"अद्भुत वक्तृता है भवनाथ। नपुंसकतम हिंदू भी सुन ले तो पनपनाकर तलवार निकाल ले।" कैसेट में जो आवाज थी उसमें "...बिजली की कड़क थी। मुसलमानों के अत्याचार और हिन्दुओं के विरोध का वाचाल इतिहास था। लगता था कि हिन्दुस्तान के इतिहास का आदि और अंत यही है। इसके सिवाय कुछ नहीं। कैसी है यह औरत जिसकी नस-नस में इतनी आग भरी है।" 'लहरों का उत्पात' शीर्षक अध्याय में मस्जिद-विध्वंस से पूर्व की स्थितियों पर विचार किया गया है कि किस प्रकार व्यवस्था का तंत्र स्थिति से निपटने की 'तैयारी' राजनीतिक नेतृत्व की इच्छानुसार कर रहा था। मुसलमानों से निपटने के लिए उग्र हिन्दूवाद जो तैयारी कर रहा है, इस अध्याय में संक्षिप्ति में ही उसका बड़ा प्रामाणिक विमर्श रचा गया है, "जय श्रीराम, जय श्रीराम के नारों से सरयू का पानी हिल रहा था। नदी के सीने पर मजबूती से खम्भा गाड़े वह पुल किसी पीपे के पुल की ही तरह हिल रहा था। मनचले धर्मकर्मियों की भीड़ उमड़ी पड़ रही थी।" 'संन्यासियों की हिलती दाढ़ियों का आक्रोश', 'रामकाजियों की गझिन भीड़ उत्तेजित और स्फुरित', 'जहाँ राम का जन्म हुआ है, मंदिर वहीं बनाएँगे के उद्घोष', तथाकथित शिक्षितों-बुद्धिजीवियों का यह तर्क "इस देश के इतिहास में मुसलमान पहली बार डिंफेसिव हो रहा है", आदि से परिव्याप्त परिमंडल और साथ ही हिन्दू चिति ('साईके') का 'रामकाज' के लिए अनुकूलन जिससे वे 'राम मंदिर के आंदोलन को एक दूसरे पागलपन' का रूप दे रहे थे। धर्मोन्माद को हवा देने का कार्य लोकतंत्र की चौथी सत्ता, समाचार-पत्रों द्वारा किया जा रहा था। वे 'सावधान हिंदू जाग गया है। असुर भारत का विध्वंस कर रहे हैं। चलो असुर का विध्वंस करो' जैसी टिप्पणियाँ प्रसारित कर समस्या को और भी बढ़ा रहे थे। पुलिस किस प्रकार एक निर्देशित वाहिनी की भूमिका में अपनी ड्यूटी निभा रही थी उसे मात्र एक वाक्य से संकेतित कर दिया गया है, "पुलिस की नाकाबन्दियों से आरामदेह आँखमिचौनी करते हुए लोग सड़क पर जा रहे थे।" किस रूप में हिंदू उग्रवाद बाबरी-मस्जिद पर आक्रमण की तैयारी में था और किस रूप में उसे सरकारी तंत्र का सहयोग मिल रहा था, उसका चित्रण करती लेखक की कलम विभिन्न क्षेत्रों में प्रवेश करती उस मंजर का चित्रण करती है, "गौपट्टी के हिंदू पिले हुए थे। यह लोग अयोध्या के आसपास के गाँवों में बड़े जलवे के साथ दिये हुए थे। अखबार उनकी सांगठनिक चतुराई पर फिदा थे। गुप्तचर एजेंसियाँ उनसे पूछ-पूछ कर

रिपोर्ट दे रही थीं। XXXX दिन चढ़ने तक अयोध्या में भगदड़ मच गई। XXXX कर्फ्यू और कसकर लगा दिया गया। फिर भी दूसरे दिन अखबार वाला अखबार डाल गया। अयोध्या में नरसंहार, शहीदों की भरमार और मुख्यमंत्री की ललकार कि परिंदा भी पर नहीं मार पाएगा, के उपहास से अखबार का मुखपृष्ठ पटा पड़ा था। बाबरी-मस्जिद पर कार सेवकों ने भगवा फहराया और इसके साथ-साथ आदि-इत्यादि का विस्तृत विवरण, कुछ झाँकियाँ भी। वह दिन तिरंगे का नहीं था।" 'अयोध्या में कला और संस्कृति की उल्टी बयार बहने' से संस्कृति कार्यक्रमों का फूहड़पन, आदि का चित्रण करते हुए लेखक इस बात को बलपूर्वक रेखांकित करना चाहता है कि कांग्रेस और भगवा दल दोनों की सरकारें इस अयोध्या मुद्दे को किसी न किसी प्रकार जीवित रख अपने-अपने वोट बैंक की सुरक्षा में लगी हुई थी। 'लम्बी चीख' शीर्षक अंतिम अध्याय में एक बार फिर वह कथा में बाबरी-मस्जिद ध्वंस के दृश्यों को प्रामाणिकता में प्रस्तुत करने का प्रयत्न करता है। "छह दिसम्बर 1992 को सवा बारह बजे कार सेवा का मुहूर्त था" किंतु उससे एक दिन पहले जब 5 दिसम्बर को गीता जयंती मनाई गई तो अयोध्या का यह दृश्य था, "कार-सेवक एक गैर अवधी शब्द था लेकिन अखंड भारतीयता के रूप में आज वह अवधपुरी में बहुतायत से मौजूद था। कारसेवक बाद में पानी की तरह इकट्ठे हो गए थे और असली कार सेवा पर उतारू थे।" मस्जिद-ध्वंस का चित्र उपन्यासकार ने उसी प्रकार खींचा है जिस प्रकार उस समय विभिन्न राष्ट्रीय और अन्तरराष्ट्रीय टी.वी. चैनलों के कैमरे ने दिखाया था किंतु उसकी नवीन परिकल्पना मस्जिद की चोटी पर चढ़ प्रथम प्रहार करनेवाले व्यक्ति की है जिसे उसने उन्मादी लंगड़े भिखारी के रूप में देखा है जो जन्म से ही पूरी तरह असामाजिकता से जन्मा और पला था। उपन्यासकार ने मस्जिद-ध्वंस के दृश्य का बहुत निकट से देखा चाक्षुष साक्षात्कार कराया है। उपन्यास के समापन की ओर बढ़ता लेखक इतिहास को सही भित्ति पर स्थापित करने का प्रयत्न करता हुआ इस तथ्य को रेखांकित करता है कि "लोग क्यों भूले कि मुसलमानी हमले के समय अयोध्या में तीन मुख्य हिन्दू स्थल थे; जन्म-स्थल-मंदिर, स्वर्गद्वार और त्रेता का ठाकुर जो एक-एक कर सगर्व और दर्ज कर तोड़े गए। इस सच के विरुद्ध धर्मनिरपेक्षी जितना गढ़ेंगे उतना ही पस्त होंगे।" लेखक ऐतिहासिक तथ्यों के परिप्रेक्ष्य में यह सिद्ध करने में सफल होता है कि मंदिर तोड़कर बाबरी-मस्जिद बनानेवाला मिथ भरमानेवाला है जिसका जनक उग्र हिंदूवाद है। 'रथयात्री' (सीधा-साधा संकेत अडवानी की ओर है) के इशारे पर, रुमाल के 'अनुशासनपूर्वक तहाकर' सामने की ओर है देखने पर, "सी. आर. पी. एफ. और पी. ए. सी. के जवान मस्जिद कारसेवकों के हवालेकर बाहर निकल रहे थे। बन्दूक कंधे पर लटकाए विध्वंस को एक तरह का गार्ड ऑफ ऑनर दे रहे थे।" हनुमान गढ़ी पर लगी 'सजावटी' तोपें भी मौन रहीं। लेखक ने बार-बार बहुत तकलीफ से तफसीलों में जा उन स्थितियों को रेखांकित किया है जिससे

सरकारी तंत्र की निष्क्रियता और कार-सेवकों को पुलिस तथा सुरक्षा बलों का परोक्ष समर्थन देने का प्रशासन का हथकंडा साफ दिखाई देता है।

अनवर सुहैल के उपन्यास 'पहचान' में राजनीति प्रेरित-संचालित इस सांप्रदायिकता को बहुत सूक्ष्मता से चित्रित कर विभिन्न राजनीतिक दलों की सांप्रदायिक मनोवृत्ति को नंगा किया गया है। उपन्यास न केवल मुसलमान अल्पसंख्यकों की पीड़ा का आख्यान बनता है, अपितु सिखों के साथ 1984 ई. में हुए दुर्व्यवहार पर भी दृष्टि डालता है। सांप्रदायिक मनोवृत्ति से ग्रस्त सामान्य हिन्दू जिस रूप में और जिस भाषा में सोचता है, उसकी बेलाग अभिव्यक्ति इस रूप में की गई है, "सिक्खड़ों को तो सन् चौरासी में औकात बता दी गई थी। मुसलमानों को गोधरा के बहाने गुजरात में तगड़ा सबक सिखा दिया गया। सिख तो समझ गए और मुख्य धारा में आ गए, लेकिन इन म्लेच्छ मुसलमानों को ये कांग्रेसी और कम्युनिस्ट चने को झाड़ पर चढ़ाए रखते हैं। और वो जो एक ठो ललुआ है, वो चारा डकारकर मुसलमानों का मसीहा बना बैठा है।" उपन्यासकार ने उन उग्र हिन्दूवादी लोगों की भी खबर ली हो जो इस देश को हिंदुओं का 'होमलैंड' बनाने की परिकल्पना करते हैं, ये लोग सरकार की अल्पसंख्यकों के प्रति तुष्टिकरण की नीति से निरंतर अप्रसन्न रहते हैं। विवेच्य उपन्यास की एक बहुत बड़ी विशेषता यह है कि यह गुजरात दंगों और नर-संहार का चित्रण तो करता ही है, यह प्रथम बार इन दंगों की टी.वी. और समाचार-पत्रों द्वारा रिपोर्टिंग की अमानवीयता पर खुलकर बरसता हुआ, उस ओर पाठक का ध्यान मिलता है, "गोधरा-कांड के बाद गुजरात में मार-काट मची हुई है। तमाम अखबार और टी.वी. के न्यूज चैनल गुजरात के दंगों को आम-जन के सामने लाने में भिड़े हुए हैं। एक से बढ़कर एक न्यूज रिपोर्टर कैमरा टीम के साथ जहाँ-तहाँ पिले पड़ रहे हैं ताकि दंगों का लाइव-कवरेज बना सकें।" हर टी.वी. इस होड़ में लगा हुआ है कि हमारा चैनल ही पहली बार इन घटनाओं को दिखा रहा है, "यह एक्सक्लूसिव कवरेज सिर्फ इसी चैनल में आप देख रहे हैं...ये देखिए हमारे संवाददाता के साथ जनता कैसा बर्ताव कर रही है...लोग हमारा कैमरा तोड़कर फेंक देना चाहते हैं, इस सड़क पर देखिए पुलिस के सिपाही मौन खड़े भीड़ को अवसर दे रहे हैं...वो देखिए एक गर्भवती महिला किस तरह भागना चाह रही है...किस तरह त्रिशूल और लाठियाँ लिये, माथे पर गेरुआ पट्टी बाँधे युवक उस महिला को चारों तरफ से घेरकर खड़े हो गए हैं...और...और ये रहा उस महिला के पेट का त्रिशूल की नोक से चीरा जाना... देखिए किस तरह त्रिशूल पर अजन्मा बच्चा भीड़ के सिरों पर खुले आकाश में लहराया जा रहा है।...याद रखिए ये लाइव कवरेज हमारे चैनल पर ही दिखाया जा रहा है।" वस्तुतः खबरों का यह प्रसारण इस उल्लासित मनोभाव से किया जा रहा था, मानो हमारी कोई राष्ट्रीय टीम अन्तरराष्ट्रीय खेल प्रतियोगिता में विजयी होकर आ रही हो। घाव पर नमक यह कि इस समाचार कार्यक्रम के प्रायोजक हैं हीरे-

जवाहरात के व्यापारी, चरस-हीरोईन के स्मगलर, जूता, साबुन, कंडोम और नेपकिन्स के निर्माता... । अपराध जगत का कैसा सहकार रहा इन अमानवीय कृत्यों में! बाबरी मस्जिद ध्वंस को अंजाम देनेवाली राजनीतिक शक्तियाँ किस प्रकार इन दंगों पर अपनी रोटियाँ सेंक रही थीं, उसकी पहचान करता लेखक उन शक्तियों को इस रूप में चित्रित करता है, "खसखसी दाढ़ीवाले मुख्यमंत्री और 'कवि प्रधानमंत्री' वाले विपक्ष में बैठे लोग, जिनके दामन में जाने कितने दंगों के दाग लगे थे, जिन्होंने अपने शासन-काल में बाबरी-मस्जिद शहीद होने दी थी, घड़ियालों आँसू बहा रहे थे।"[20] उपन्यासकार बहुत संजीदगी से हिन्दू-मुस्लिम सौहार्द बनाए रखने की जुगतों पर विचार करता हुआ सांप्रदायिक मनोवृत्ति पर करारी चोट करता है।

उग्र सांप्रदायिकता का वैश्विक रूप आतंकवाद को जन्म देता है **और अपराध जगत** तरह-तरह से इससे अपना पल्लवन पाता है। कुछ उपन्यासकारों ने आतंकवाद और उससे सम्बद्ध अपराध जगत पर गंभीरता से विचार किया है। कट्टर इस्लामी विचारधारा ने विश्व में जगह-जगह अलगाववादी प्रवृत्तियों को जन्म देकर आतंकी गतिविधियों से पूरे देश में शांति को एक सपना बना दिया। सोमालिया, बोस्नियाँ, अजरबेजान, बोलबिया, नायजीरिया, अफगानिस्तान, अमेरिका, कश्मीर, आदि इस्लामी आतंकवादी शक्तियों ने धर्म के नाम पर जो कहर ढाए हैं, कमलेश्वर अपने उपन्यास 'कितने पाकिस्तान' में इन स्थितियों को इस रूप में चित्रित करते हैं, "तभी लाशों के बाजार खुलते चले गए। सोमालिया में शांति कायम करने गए पाकिस्तानी फौजियों की लाशों का अम्बार लगा था। बोस्नियाँ में कत्ल किए गए मुसलमानों की लाशों को कफन में लपेट कर सजाया जा रहा था। अजरबेजान में लाशों का बाजार लगा था। गीदड़, चील-कव्वे और कुत्ते उनका बँटवारा कर रहे थे। नायजीरिया में लाशों की शिनाख़्त हो रही थी और बोलबिया में तमाम लाशें अपनी शहादत का खुतबा पढ़े जाने का इंतजार कर रही थीं। कश्मीर में पड़ी लाशें अपने बयान दर्ज करा रही थीं...उन लाशों में कश्मीरी मुसलमान भी थे और कश्मीरी पंडित भी। अफगानिस्तान में लाशें दफनाने के लिए जमीन की कमी पड़ रही थी। और ताज्जुब की बात यह कि तालिबानों द्वारा रौंद दिए जाने के बावजूद, अपने-अपने हिमायती लोगों की लाशों के ढेर पर गुलाम रब्बानी, अहमद शाह मसूद, गुलाबुद्दीन हिकमतयार और तालिबानों का तानाशाह मोहम्मद उमर जैसे लोग अपने-अपने इस्लाम का ताज पहने शान से खड़े थे।"[21] लेखक किसी को भी बख़्शता नहीं है, पूर्ण निडर भाव से सभी आतंकी आकाओं के नाम लेकर उनकी करतूतों का बखान करता है। इस्लाम जिस मानवीयता, भाईचारे का दम भरता है, ये आतंकी सरगना उनकी धज्जियाँ उड़ाते हुए अपने ही संप्रदाय के सामान्य जन की किंचित् भी परवाह नहीं करते। विभिन्न आतंकी संगठनों के ये मुखिया अपने न्यस्त स्वार्थों के लिए राजनीतिक चालें चलते हुए सामान्य आदमी को तबाही में डाले रहते हैं। एक मुर्दे

के माध्यम से इस हकीकत का बयान इस रूप में किया गया है, "यह चारों तो इस्लाम का ताज पहनकर बेशर्मी से खड़े हैं, पर कोई देखे तो हम आम इस्लाम परस्तों का क्या हाल हुआ है! हुजूर! हम लाखों करोड़ों लोग तो मारे गए...इन चारों के दामन बेगुनाहों के खून से तर हैं...पूरा मुल्क तबाह हो चुका है।" इस प्रकार यह उपन्यास उन अलगाववादी असामजिक शक्तियों और उनकी असामाजिक गतिविधियों पर प्रकाश डालता है, जो हर जगह धर्म के नाम पर अपने-अपने पाकिस्तानों का निर्माण करने में लगे हुए हैं। इस्लामी आतंकवाद के अतिरिक्त उपन्यासकार पिछली सदी 19वीं शती के संदर्भ से यह बताना चाहता है कि किस प्रकार उपनिवेशवादी शक्तियों ने गुलामों, अफीम, चीनी, आदि की तस्करी कर अपराध जगत को प्रश्रय दिया। कबीले नष्ट करने पर जब उपनिवेशवादियों को मजदूर नहीं मिल रहे हैं, इसलिए ये लोग अफ्रीका-एशिया से अपने जहाजों में मेहनतकश कुलियों को भरकर लाते हैं। देखिए चलकर मेरे साथ...जरखरीद गुलामों का बाजार जो इन उपनिवेशवादियों ने डकार इलाके के समुद्री-तट के पास वाले टोयी गोरी पर स्थापित कर लिए।" अपने आलीशान घरों के नीचे बने तबेलों और बाड़ों में "सिनेगल और मध्य अफ्रीका से लाए गए नीग्रोज को नंगा करके पशुओं की तरह जंजीरों में बाँध दिया जाता है।" चीन के रेशम के व्यापार को अफीम की तस्करी के व्यापार ने ठप्प कर दिया है, "वेस्टइंडीज, क्यूबा, ब्राजील, जावा, फीजी, मारिशस में यह गन्ने की खेती करके योरुप के बाजारों में मनमाने मुनाफे पर शुगर सप्लाई कर रहे हैं...अफ्रीका की तस्करी करके, बदले में यह चीन से रेशम और चाय ले जा रहे हैं...चीन के रेशम के करघे बेकार हो गए हैं—तस्करी की अफीम का मुनाफा सौ गुना ज्यादा है क्योंकि तस्कर कोई कर या महसूल नहीं देते।" XXXXXX इसी व्यापार में शामिल थी ब्रिटिश-अमरीका की कंपनियाँ पर्किंस और रसल, जो तस्करी के लिए अपराधी गुंडों की गन-बोट्स भी लाती थीं। साथ में आते थे इनके धर्म-प्रचारक, जो हमें परम्परागत आस्था से वंचित करके, हमारी सांस्कृतिक श्रद्धा को विस्थापित कर देते थे। इस प्रकार धर्म के ठेकेदार जिस प्रकार सांप्रदायिकता फैलाते हुए आतंक और अपराध को जन्म देते हैं, उपन्यास विभिन्न रूपों में उसका विवेचन करता हुआ एक प्रतिरोध उपस्थित करता है।

आतंकवादी गतिविधियों का सबसे बड़ा हादसा और सांप्रदायिक जुनून की अति का विस्फोट 11 सितम्बर, 2001 को हुआ जिससे पूरी दुनिया हिल उठी। विश्व-समुदाय इस खौफ में डूब चला कि जब विश्व के सबसे अधिक शक्तिशाली राष्ट्र के गौरव-प्रतीकों न्यूयार्क के वर्ल्ड ट्रेड सैंटर की दो ऊँची मीनारों को इस प्रकार ध्वस्त किया जा सकता है तो शेष विश्व में किसी भी राष्ट्र को अपना लक्ष्य बनाकर किसी भी जगह आक्रमण करना आतंकियों के लिए कोई मुश्किल काम नहीं है। रवीन्द्र वर्मा ने अपने उपन्यास 'दस बरस का भँवर' में इस घटना का चित्रण लेखकीय संवेदन से

किया है कि किस प्रकार टी.वी. के "परदे पर दो गगनचुम्बी मीनारें शनैः-शनैः ढहती हुई नजर आईं। ये वायुयानों की टक्कर से खंडित हुई थीं।...गिरती मीनारों के साथ भागते हुए आदमियों और औरतों की तस्वीरें थीं, जिनके चेहरे भय के चेहरे थे। उनके चेहरों पर वही डर था जो किसी सोते आदमी के चेहरे पर अचानक खिंच आता है जब वह आँखें खोलता है और अपने को बिस्तर पर घिरा हुआ पाता है। यह बादशाह का बिस्तर था। यह अमेरिका था।" इस घटना से पूरे विश्व में जो भय और आतंक व्यापा था उसका चित्रण इस रूप में किया गया है, "डर की लहरें अमेरिका से निकल कर सात समुद्रों से होती हुई पूरी दुनिया में फैल गई थीं। मुंबई समुद्र के किनारे थी, जिसमें फैली जमीन के नीचे समुद्र से घिरे सात द्वीप थे। सातों द्वीप का डर अकेला था। यदि बादशाह के बिस्तर पर विस्फोट हुआ था, तो कहीं कुछ भी हो सकता था।" दुनिया की सबसे बड़ी शक्ति को यह चुनौती सभी के लिए चिंता का विषय थी। आतंकवादियों का अपना तर्क है कि "दूसरे उन्हें पागल ही कहते हैं। वे कहते हैं कि बादशाह पागल है और वे बादशाह को जगा रहे हैं।"[22] आतंकवादियों के दृष्टिकोण को भी प्रस्तुत करना इस घटना-क्रम को वर्णित करने की एक नई कथा-दृष्टि है।

अलका सरावगी 'एक ब्रेक के बाद' उपन्यास में अन्ततराष्ट्रीय आपराधिक गतिविधियों के एक और ही पक्ष पर विचार करती हैं कि दुनिया को भयंकरतम हथियारों की दौड़ में धकेल देने में विश्व की योग्यतम वैज्ञानिक प्रतिभाओं का कितना बड़ा हाथ है जो अपनी नित नई-नई खोजों से नए-नए मारक अस्त्र-शस्त्रों, अणु अस्त्र, परमाणु अस्त्र, नाभिकीय (न्यूक्लीअर) अस्त्रों, आदि से पूरे विश्व को विनाश के कगार पर बैठे होने की प्रतीति देते रहते हैं। गुरु भट्ट से कहता है कि "दुनिया को उजाड़ने वाले हथियारों को बनाने वालों या धरती की हवा-पानी-मिट्टी को नष्ट करनेवालों के साथ वह नहीं होना चाहता था। तुम्हें पता है दुनिया में अब तक जितने वैज्ञानिक हुए हैं या हैं, उनमें से पचास प्रतिशत सिर्फ हथियारों की रिसर्च में लगे रहे हैं, गुरु ने उसे बताया था।"[23]

अन्तरराष्ट्रीय आतंकवाद का एक रूप कश्मीर-श्रीनगर तथा जम्मू आदि में है जो सीमा पार से सांप्रदायिक उन्माद के रूप में कौम तथा मजहब और जेहाद आदि के नाम पर पड़ोसी देश की सरकार के सहकार से कहर ढा रहा है (यह बात दीगर है कि अब उस देश को अपनी ही लगाई आँच से झुलसना पड़ रहा है)। कश्मीर के लेखकों ने अपने उपन्यासों में यहाँ की आतंकी गतिविधियों का परिचय अपने उपन्यासों में दिया है। इस दृष्टि से क्षमा कौल का 'दर्दपुर' तथा चंद्रकान्ता का 'कथा सतीसर' उपन्यास विशिष्ट बन पड़े हैं।[24] भारत की आजादी के समय से ही कश्मीर की घाटी के लोगों को सांप्रदायिकता के विष का दंश सहना पड़ा था। वहाँ हिन्दू-मुस्लिम के बीच जो सौहार्द था, उसे अंग्रेजों की चाल ने ही दुफाड़ करके रख दिया, लेखिका का स्पष्ट मत है, "जहर घोला अंग्रेजों की नीतियों ने"—इसके उदाहरणस्वरूप कई

घटनाएँ-प्रकरण चित्रित किए गए हैं, यथा अफगानिस्तान से आए कादर पठान का खानसामा के रूप में अंग्रेज मिलट्री अफसर के पास नौकरी करना। वर्तमान संदर्भों पर आते हुए उपन्यासकार ने 1932, 1965, 1975 ई. की घटनाओं के संदर्भ में बताया है कि किस प्रकार घाटी में सांप्रदायिकता का विष फैलाकर वहाँ के अमन-चैन को छीन लिया गया और फिर एक ही दशक में हालात इतने काबू से बाहर हो गए और धीरे-धीरे प्रशासन तंत्र में आतंकियों ने अपने सूत्र स्थापित कर लिए। 14 सितम्बर (1988) के 'कश्मीर टाइम्स' के संदर्भ से यह सूचना दी गई है, "14 दिसम्बर के कश्मीर टाइम्स ने लिखा, डी. आई. जी. पुलिस जयवल्ली ने, वादी में आतंकवाद का एक कारण पुलिस में ऐसे अफसरों का होना बताया जिनका संबंध अलफतह जैसे सांप्रदायिक संगठनों से रहा है। वहाँ मीडिया को भी आतंकवादी पूरी तरह नियंत्रित कर चुके थे "आजकल वही छपता है, जो वे चाहते हैं। और जो कुछ छपता है, बंदूक के साये में छपता है।"[25] अल्लाह टैगर्स, जिदा टाइगर्स, हिजबे अल्लाह जैसे आतंकी संगठनों ने घाटी में जिस रूप में अपना पूरा साम्राज्य फैला दिया उसका चित्रण सूक्ष्मता और तटस्थता से कर घाटी में फैले 'अलगाववाद के जहर' से अंतरंगता से परिचय कराया गया है। आतंकवादियों द्वारा ढाए गए जुल्मों के अनेक जीवंत चित्र उपन्यास में प्रस्तुत हुए हैं। बलात्कार, सामूहिक बलात्कार के वर्णन लोमहर्षक हैं, "नसीम, पता नहीं उनके साथ कहाँ-कहाँ गई! कितने पहाड़ लाँघे, कितनी नदियाँ पार कीं? उसने नाखूनों से उन्हें छील दिया, वे उसका जिस्म नोचते रहे। नसीम ने एक की बाँह में दाँत गड़ा दिए, उसने नसीम की छातियाँ गरम सलाखों से दागकर चेताया कि यह बहादुरी के स्टंट, वेलफेयर सेंटर के लिए ठीक है, हमसे पंगा मत लो। वे जेहादी थे।" जेहादियों की फितरत क्या है, इस पर भी प्रकाश डाला गया है, "हम जेहादी हैं। आजादी के लिए सिर पर कफन बाँधकर निकले हैं। जान भी जाए इस जंग में तो परवाह नहीं।"[26] इस प्रकार यह उपन्यास बड़ी पैनी दृष्टि से कश्मीर में चल रही आतंकी गतिविधियों और सांप्रदायिक उन्माद के दुष्कृत्यों पर प्रकाश डालता है।

इस प्रकार वैश्विक स्थितियों ने जिस रूप में हमारे राजनीतिक परिदृश्य को प्रभावित कर राजनीति के अपराधीकरण, भ्रष्टाचार और प्रशासन के आपाद-मस्तक कदाचार में डूबने तथा अन्तरराष्ट्रीय स्तर पर पनप रहे सांप्रदायिक जुनून और उसके परिणामस्वरूप आतंकवाद और अपराध जगत को जिस रूप में प्रश्रय दिया है, हिंदी उपन्यास उसका सशक्त चित्रण प्रस्तुत करता है।

सन्दर्भ

1. काशीनाथ सिंह, *काशी का अस्सी*, पृ. 25.
2. वही, पृ. 35.
3. वही, पृ. 91.

4. वही, पृ. 45.
5. वही, पृ. 71.
6. वही, पृ. 91.
7. वही, पृ. 140.
8. काशीनाथ सिंह, *रेहन पर रग्घू*, पृ. 83.
9. राजू शर्मा, पृ. 78, 79 तथा 24.
10. वही, पृ. 60 तथा 426.
11. शरद सिंह, *पंचकौड़ी*, द्र. पृ. 162, 170 तथा 184.
12. हरी चरन प्रकाश, *एक गन्धर्व का दुःस्वप्न*, पृ. 140 तथा 118.
13. अलका सरावगी, *कलि-कथा : वाया बाईपास*, पृ. 160 तथा 161.
14. वही, पृ. 164 तथा 165.
15. काशीनाथ सिंह, *काशी का अस्सी*, पृ. 26, 28, 36, 56 तथा 136.
16. रवीन्द्र वर्मा, *दस बरस का भँवर*, पृ. 60, 61, 96, 170, 177 तथा 179.
17. कमलेश्वर, *कितने पाकिस्तान*, पृ. 77, 73-74 तथा 93.
18. हरी चरन प्रकाश, *एक गन्धर्व का दुःस्वप्न*, पृ. 34.
19. वही, पृ. 139, 148.
20. अनवर सुहैल, *पहचान*, पृ. 75, 118 तथा 119.
21. कमलेश्वर, *कितने पाकिस्तान*, पृ. 149, 149-50.
22. रवीन्द्र वर्मा, *दस बरस का भँवर*, पृ. 136, 136.
23. अलका सरावगी, *एक ब्रेक के बाद*, पृ. 61.
24. चन्द्रकान्ता, *कथा सतीसर*, पृ. 43 तथा 174.
25. वही, पृ. 491, 492.
26. वही, द्र. पृ. 516, 525 तथा 552.

मूल्य संक्रमण : हिंदी उपन्यास

भूमंडलीकरण ने जिस रूप में हमारे सांस्कृतिक परिदृश्य को बदला है, उससे हमारे जीवन-मूल्यों में भारी बदलाव आया है। जिन बहुत-से जीवन-मूल्यों को हम सदियों से उदात्त और श्रेष्ठ की कोटि में रखते चले आ रहे थे, वे पिछले दस-पन्द्रह वर्षों में वैश्वीकरण की आँधी में समय-बाह्य (आउट डेटिड) हो चले। नई पीढ़ी पुरातन को नकारकर अपनी एक नई लीक स्थापित करती हुई वैश्विक संदर्भों से अपने को गौरवान्वित अनुभव करती है। नव उदारवाद और आर्थिक विकास की नई समृद्धियों, ऐश्वर्यों ने नई पीढ़ी के आदर्श और सुख के केंद्र परिवर्तित कर दिए हैं। भौतिक समृद्धि ने उन्हें आलीशान कार, कोठी और कोठी के अन्दर के अगणित, अमित संभार प्रदान कर उन्हें भव्य 'भवन' ('मकान') तो दे दिए पर 'घर' की संकल्पना और सुख-स्वप्न इस भौतिक समृद्धि के बीच कहीं बिला गए। मनुष्य मानवीयता, संबंधों की ऊष्मा और शुचिता खोकर निरंतर छीजता चला जा रहा है। यह माया के 'पानी बिच मीन प्यासी' की स्थिति है, सब कुछ होकर और पाकर भी 'न कुछ' होने की दयनीय स्थिति है। हिंदी उपन्यास में मूल्य-संक्रमण की इस स्थिति का चित्रण दो रूपों में मिलता है–प्रथमतः इस रूप में कि घटनाओं और पात्रों के माध्यम से इस परिवर्तित मूल्य-दृष्टि का परिचय दिया गया है और दूसरे, चिंतन-मनन के स्तर पर इस मूल्य-परिवर्तन पर अपनी सोच प्रस्तुत करते हुए मूल्य-क्षरण पर अपनी पीड़ा को अभिव्यक्ति दी गई है। यह काम कुछ कठिन था, इसलिए इसकी अभिव्यक्ति उपन्यास में प्रायः कम ही मिलती है और दायित्व के साथ यह कहा जा सकता है कि मूल्य-क्षरण की पीड़ा की अभिव्यक्ति अधिकांशतः कथाकारों की वरिष्ठ पीढ़ी द्वारा ही हुई है। उन्होंने परिपक्व आयु के अनुभव के आधार पर मूल्य-क्षरण का पीड़ा-भरा आख्यान रचा है। इसे कुछ सशक्त उपन्यासकारों के संदर्भ में विश्लेषित किया जा सकता है।

क्षरित होते श्रेष्ठ जीवन-मूल्यों को बचाने **की चिंता** साहित्यकार की ही चिंता क्यों है, वह भी शेष संसार के साथ उसी गति और विधि से क्यों नहीं चल सकता? साहित्यकार, उपन्यासकार की चिंता कबीर की ही चिंता है जो 'सुखिया संसार' के बीच 'दुखिया' बनकर जागता और रोता है–"सुखिया सब संसार है खावै और रोवै, दुखिया दास कबीर है, जागे और रोवै।" यही पीड़ा तुलसी की रही जिन्होंने "सबसे

भले मूढ़ जन जिन्हैं न ब्यापै जगत गति" कहकर मानव-कल्याण के लिए अपनी सारी शब्द-साधना की। कमलेश्वर के 'कितने पाकिस्तान' उपन्यास का कथन कि प्रत्येक युग में साहित्यकार, अदीब ही मानवीय मूल्यों की चिंता करता है, इसीलिए प्रत्येक अत्याचार और अनाचार के खिलाफ उसकी शब्द-शक्ति फूट पड़ती है, "मत भूलो महमूद! किसी भी दौर के अत्याचारों अनाचारों के खिलाफ खड़ा होनेवाला कोई-न-कोई अदीब हमेशा एक नैतिक अदालत बनकर मौजूद रहता है।'' उपन्यास में वृद्ध को अदीब की ही प्रतिकृति के रूप में प्रस्तुत किया गया है जिसे मानवीयता की विलुप्ति की पीड़ा निरंतर सालती है, जहाँ भी मानवीयता—इंसानियत—की हत्या होती है, वहाँ वह अपने को खड़ा पाता है। वृद्ध जिस प्रयोगशाला की बात करता है उसमें 'आँसुओं का अध्ययन' किया जाता है। "...मनुष्य के आँसुओं से पवित्र कुछ भी इस दुनिया में नहीं है अदीब! मैं उन्हीं पवित्र आँसुओं का अध्ययन करता हूँ...उसके संताप, दुःख, यातना और पीड़ा के ताप की पहचान करता हूँ।" 'यह मृत्यु के बदले जीवन की तलाश है जिसके लिए इस लेखकीय आत्मा को बार-बार अपना बलिदान देना होता है।' निरंतर हो रहे युद्धों ने अपने भयंकर नर-संहार से जिस प्रकार मनुष्य ने मृत्यु की खोज स्वयं कर डाली है, उसका प्रतिकार इस रूप में किया गया है। मृत्यु के ईश्वरीय विधान को नकार कर "जबसे मनुष्य ने मृत्यु का आविष्कार किया है, तबसे युद्धों में अप्राकृतिक मृत्युएँ होने लगी हैं...नर-संहार होने लगे हैं...मैं कुछ नहीं कर पाता...बेबस हूँ...इसलिए अदीब हर प्राकृतिक मृत्यु के साथ मैं मरता हूँ...मैं एक ही समय में सहस्रों मृत्युएँ स्वीकार करता हूँ...कुरुक्षेत्र की युद्धभूमि में मैं लाखों-करोड़ों बार मरा हूँ...मैं मैराथन के संग्राम में भी बार-बार मरा हूँ और आबेला के युद्ध में भी...उसके बाद झेलम; कैने, सोमनाथ, तराईन; क्रेसी, पानीपत जैसे सैकड़ों संग्रामों में मैं ही मरता रहा हूँ क्योंकि मनुष्य हंता मनुष्य ने एक अप्राकृतिक मौत का अन्वेषण कर लिया है... ।" "पूरी दुनिया में मानवाधिकारों का जो हनन हो रहा है, हिंसा, हत्या, कष्ट, उत्पीड़न, यातना, बेईमानी, बदकारी के सैलाब उमड़ रहे हैं XXXXXX लेकिन फिर भी कुछ ऐसा भी है जो शुभ है।"[1] और इसी 'शुभ' को बचाने की चिंता उपन्यासकार की चिंता है, किसी भी साहित्यकार की चिंता है। कदाचित् सारी शब्द-साधना मानव के 'शुभ'-श्रेष्ठ जीवन-मूल्यों-को बचाने की ही चिंता है।

काशीनाथ सिंह 'काशी का अस्सी' में मनुष्यता को बचाने की चिंता इसी रूप में करते हैं कि आज जब हम भौतिक दृष्टि से उन्नति और समृद्धि के चरम सोपान आयत्त कर रहे हैं, तो हम मानवीयता का इतना ह्रास क्यों देख रहे हैं, आज "डॉक्टर, इंजीनियर, अफसर सब बनना चाहते हैं, आदमी कोई नहीं बनना चाहता।" उपन्यास में आया यह संक्षिप्त-सा वाक्य बहुत कुछ कह देता है। आदमी के सिद्धांत और शुचितापूर्ण जीवनचर्या विगत की बात हो गई है। सिद्धान्त-कथन तो व्यक्ति केवल सार्वजनिक रूप में अपनी छवि बनाने के लिए करता है, वास्तविकता यह है,

"सिद्धान्त सोने का गहना है। रोज-रोज पहनने की चीज नहीं। शादी-ब्याह तीज-त्योहार में पहन लिया बस! सिद्धान्त की बात साल में एक-आध बार कर ली, कर ली, बाकी अपनी पालिटिक्स करो।" इस सबके साथ एक और विडम्बनापूर्ण अघट वर्तमान पीढ़ी के साथ घटित हुआ, वह है अपनी जड़ों से पूरी तरह कटना, जिससे सारे सांस्कृतिक स्रोत उनके लिए सूख चुके हैं। इसका पीड़ादायक प्रतीकात्मक कथन 'काशी का अस्सी' में बनारस के 'बहरी अलंग' की परंपरा समाप्त हो जाना है जो "बनारस के जीवन से जुड़ी एक ऐसी परंपरा है जो उसकी अपनी संस्कृति है।"[2] इस संस्कृति में जिस प्रकार का स्वच्छ उच्छल आवेग, भाँग संस्कृति में पगा अपना निर्द्वन्द्व, निर्व्याज, जीवन दर्शन छिपा है, वह आज अलक्ष्य हो चला है। सुख, सुविधाओं के नाम पर व्यक्ति ने अपनी आजादी जिस प्रकार आज खोई है, उस पर टी.वी. के माध्यम से कटाक्ष किया गया है कि उसने अपने ही घर में व्यक्ति को एक अघोषित कैद दे दी है, एक प्रकार से यह व्यक्ति-स्वातंत्र्य का हनन है। जो आदमी कभी मनोरंजन के लिए वेश्या के कोठे पर जाता था, कभी सिनेमा या अन्य कोई तमाशा देखने जाता था, "ये सारी चीजें उसके लिए घर में ही मुहैया कर दे रहे हैं हम। चाय की एक नहीं, पचास किस्में? नाखून से लेकर बालों तक सिंगार-पटार के सारे सामान। अब सिनेमा कल किस बात के लिए जाओगे? लो, ये रहे सारे देसी-विदेशी कंपनियों के टेलिविजन, वी.सी.आर., सी.डी. कैसटें, वीडियो गेम्स, म्यूजिक अलबम। मन्तरी जी इसे कहते हैं दिमाग, न दफा एक सौ चवालीस, न दंगा, न कर्फ्यू, उन्हीं का घर, उसी में कैद। अपनी मर्जी से। इसे नजरबंद भी नहीं कहेगा कोई। कैद करो उन्हें। उन्हीं की इच्छा से उन्हीं के घर में।" यह मनुष्य को उससे उसके सांस्कृतिक केंद्र 'बहरी अलंग' से ही काटना नहीं है अपितु उसे सामाजिकता से विलग करना है। सर्वज्ञात तथ्य है कि टी.वी. संस्कृति ने लोगों की साँझ की सामाजिकता, एक दूसरे के यहाँ आना जाना-मिलना कितना कम कर दिया है।

देश के आर्थिक विकास ने जो भौतिक समृद्धि मध्यवर्ग को दे दी है, उसमें सब कुछ के होते हुए भी सुख-चैन, शांति उनसे कोसों दूर है। पैसे की अंधी दौड़ में रात-दिन की भागमभाग क्या उन्हें सुख-संतोष का कोई बिंदु दे पाई है? इस स्थिति पर काशीनाथ सिंह इस रूप में कटाक्ष करते हैं, "हर कोई भाग रहा है लेकिन भाग के कहाँ जा रहे हैं भोंसड़ी के? देखो तो ऐसा लगता है जैसे सबकी गाँड़ में पलीता लगा है। लेकिन है किसी के चेहरे पर चमक? खुशी? संतोष? एक बात बताओ कौशिक, कभी आदमी के पूँछ थी, क्यों झड़ गई? जानवर के तो आज भी है।" उपन्यास में 'हँसी मजाक' में कही गई इन बातों का 'अंदाज' पूरा फलसफाना है। नवयुग की यह वैश्विक संस्कृति मनुष्य से उसका सुख-चैन मस्ती और हँसी छीनने का मायावी प्रकल्प रच रही है जिसे समझना आसान नहीं है। डॉ. गयासिंह ने टी.वी. के पीछे की भाषा पढ़कर उसका अभिप्राय समझ लिया है, "यह एक अभियान है।

हमारी हँसी और मस्ती के खिलाफ कि हँसों मत। हँसते हुए आदमी को देखो। और हर जगह हँसने की जगह नहीं होती। इसकी जगह निश्चित कर दी गई है—पर्दा। इसके कारखाने हैं—मुम्बई में, चेन्नई में, दिल्ली में, कलकत्ते में। जिसे हँसना हो इन कारखानों के पर्दे पर आए। हँसी लगाए और पैसा बनाए।" वस्तुतः वैश्वीकरण का यह राक्षस हमारी हँसी और सहज जीवन-पद्धति को लीलकर अपनी स्थितियों के अनुरूप हमारा अनुकूलन कर रहा है। क्या कभी सोचा गया होगा कि रोना-हँसना जैसे हमारे जो स्वाभाविक स्वतःस्फूर्त मनोभाव हैं, उनके लिए, विशेषतः हँसी के लिए, हमें क्लब भी बनाने होंगे जिससे हमारा मन और शरीर स्वस्थ रह सके। इस स्थिति का बड़ा व्यंग्यात्मक आख्यान 'काशी का अस्सी' में रचा गया है, "अमेरिका ने एक टीका ईजाद किया है। टीका क्या है, ड्रॉप है। हँसी निरोधक ड्रॉप। पैदा होते ही किसी बच्चे को एक बूँद दे दी जाए तो हँसी जीवन-भर के लिए खत्म।" जिसे हँसी निरोधक ड्रॉप कह रहे हो, वह ड्रॉप नहीं, यही टी.वी. है।" जब इस टी.वी. के खिलाफ बनारस के लोग डॉ. गया सिंह के नेतृत्व में पोस्टर, बैनर, प्लेक्रॉर्ड्स के साथ जुलूस निकालना चाहते हैं तो जो पोस्टर-प्रदर्शनी शुरू हुई उसका अवलोकन कर अनुमान लगाया जा सकता है कि किस प्रकार टी.वी. संस्कृति ने हमारा आत्मिक सुख छीन लिया है :

टी.वी. क्या कहता है?
हँसी हँसने की नहीं, देखने-सुनने की चीज है।
हँसी से बचिए, काम से काम रखिए।
हँसी भगाओ, देश बचाओ।
सावधान। हँसी छूत का रोग है।
हँसना खलनायक है, नायक मुस्कराता है।
आदमी रहेंगे, मगर हँसी नहीं रहेगी।

लेखक जीवन से स्वाभाविक हँसी की इस विलुप्ति के रूपक को और आगे बढ़ाता हुआ अस्सी से 'हँसियों, ठहाकों, मस्तियों और याराना गालियों' के बिला जाने की पीड़ा व्यंग्यात्मक रूप में प्रस्तुत करता है। उसे जम्बूद्वीप में एकमात्र ऐसा स्थान यही दिखाई देता है जहाँ हँसी बची रह गई थी किंतु अब वह वहाँ से भी गायब होती जा रही है। फंतासी के रंग में कहा गया है कि 'स्टार-न्यूज' ने इस समाचार को 'सदी के समाचार के रूप में प्रसारित किया था' कई बार, "हँसी धीरे-धीरे खत्म हो रही है दुनिया से। पश्चिम के लिए इसका अर्थ रह गया है—कसरत, खेल। इसे हँसी नहीं कहते। हँसी का मतलब है जिंदादिली और मस्ती का विस्फोट, ज़िंदगी की खनक। यह तन की नहीं मन की चीज है। यह किसी भी सनसनीखेज खबर से कम नहीं कि जम्बूदीप में एक ऐसी भी जगह जहाँ हँसी बची रह गई है।"[3] वस्तुतः इस भूमंडलीय विकास-व्यवस्था में हँसी और खुशी मात्र भौतिक है, आत्मिक नहीं, इसलिए यहाँ "बँगला खुश था लेकिन डाली चिन्तित", "गेट खुश, दरवाजे खुश, लॉन खुश—बँगले की हर चीज खुश लेकिन

डाली चिंतित!" मुड़कट्टा बाबा का 'हँसनेवाला सिर यहाँ-वहाँ घूमता रहता है, उसका यह घूमना ही संसार में विलुप्त होती हँसी को जीवित रखने का एक प्रबल उपक्रम है।

'रेहन पर रग्घू' में भी काशीनाथ सिंह इंसानियत की विलुप्ति की चिंता करते हैं। उनका रग्घू मास्टर इस दुनिया की परिवर्तित मूल्य-दृष्टि से हैरान-परेशान है कि आज व्यक्ति को परखने के सारे मानदंड बदले हुए हैं, रघुनाथ मास्टर को इलहाम होता है "कि 'शरीफ' इंसान का मतलब है निरर्थक आदमी, भले आदमी का मतलब है 'कायर' आदमी। जब कोई आपको 'विद्वान' कहे तो उसका अर्थ मूर्ख समझिए, और जब कोई सम्मानित कहे तो 'दयनीय' समझिए।"[4] मानव-मूल्यों में बहुत बड़ी पीड़ा आज संबंधों में ऊष्मा-क्षरण की है। आज संबंध, उन संबंधों का प्रेम-भाव, ऊष्मा जिस रूप में शेष हो रही है, वह जीवन का बहुत ही पीड़ादायक और कारुणिक पक्ष है। पारिवारिक संबंधों में आया रीतापन, छूँछापन विचलित करनेवाला है, "देखो जग्गन, 'परायों' में अपने मिल जाते हैं लेकिन 'अपनों' में अपने नहीं मिलते। ऐसा नहीं है कि अपने नहीं थे—थे लेकिन जब समाज था, परिवार थे, रिश्ते-नाते थे; जब भावना थी।...पारिवारिक संबंधों का टूटना और रीतना बचाए रखने के दो आधार थे—भावना और लोक-लाज-भय—दोनों एक-दूसरे को इस प्रकार सँभाले रहते थे कि एक पक्ष कमजोर हुआ तो दूसरा सबल हो उठता था जिससे रिश्ते-नाते निभ जाते थे और निभाने में एक सुकून मिलता था, भावना यह थी कि यह भाई है, यह भतीजा है, भतीजी है, यह कक्का है, यह काकी है, यह बुआ है, भाभी है। भावना में कोई कमी होती थी तो उसे पूरी कर देती थी लोक लाज कि ऐसा नहीं करेंगे वो लोग क्या कहेंगे? धुरी भावना थी, गणित नहीं, लेन-देन नहीं।" पूरा उपन्यास संबंधों के शेष हो जाने की इसी पीड़ा का आख्यान रचता है।

मनुष्य के भावनाहीन हो जाने की अमानवीय स्थिति को 'शेष कादम्बरी' में अलका सरावगी ने एक भीख माँगने वाली लड़की के दुर्घटनाग्रस्त होकर मरने पर अभिव्यक्ति दी है, "...मिंटो पार्क के चौराहे पर भीख माँगने वाली दस साल की लड़की की सड़क पर पड़ी हुई लाश के, जिसे कोई गाड़ी टक्कर मारकर चली गई थी, इर्द-गिर्द इकट्ठी भीड़ के चेहरों पर कोई दुःख या अफसोस की छाया तक क्यों नहीं पड़ी थी? पूरी तरह अवसन्न कर देनेवाली ऐसी घटनाएँ नित्य लगभग प्रत्येक नगर-महानगर में घटती हैं किंतु मानवीय करुणा इनके प्रति पूरी तरह निरपेक्ष बनी रहती है। अलका सरावगी यहाँ संयुक्त परिवारों के टूटने और संबंधों के चुक जाने को भी कलात्मक ढंग से व्यक्त करती हैं। रुबी और उसकी माँ के संबंध वर्तमान में निर्ममतापूर्वक रिश्तों के चुकने की स्थिति को व्यंजित करते हैं, साँवली होने के कारण उसकी माँ ने कभी रुबी को प्रेम ही नहीं किया। जब इस बात की शिकायत रुबी दी अपनी माँ से करती है तो उसकी माँ का यह उत्तर इन संबंधों की असलियत को बयान कर देता है, "तुम्हें तो सिर्फ माँ का प्रेम नहीं मिला। मुझे तो न माँ का प्रेम मिला, न बेटी का।" यह इस माँ द्वारा अपने अभागेपन की स्वीकृति है। संयुक्त परिवार के सुख को व्यक्त करती

रहती रुबी दी को "लगता कि जाड़ों की धूप की-सी ऊष्मा लिए एक नदी ऊपर गोमुख से नीचे बह रही है। वे आँखें खोलतीं तो उस ऊष्मा से नहा लेतीं। आँखें बंद करतीं तो उस ऊष्मा की स्मृति में।" किंतु रुबी दी का यह ऊष्मामय संसार समय की आँधी में बिला गया है। प्रीति के माध्यम से संयुक्त परिवार की महत्ता इस रूप में कहलाई गई है, "प्रेम सहज भाव बन सके, इसके लिए संयुक्त परिवार एक स्कूल की तरह है। आप देना सीखते हैं, हर वक्त—और देकर निहाल होते हैं क्योंकि यह आपको दुगुना-चौगुना होकर वापिस मिलता रहता है।" किंतु वर्तमान जीवन में व्यक्ति अपनों से टूटकर इतना-इतना अकेला हो गया है कि उसे अपने अकेलेपन और उदासी को दूर करने के लिए 'नेट-सर्फिंग' कर मित्र ढूँढ़ने पड़ते हैं। "जीते-जागते हाड़-मांस के चलते-फिरते लोगों से बात करने का ठिकाना नहीं, कंप्यूटर के स्क्रीन में आँखें घुसाए अनजाने-अनदेखे लोगों से बात करने की फुरसत तुम्हारी पीढ़ी को ही मुबारक हो, उन्होंने मन ही मन सोचा। हिंदी-अंग्रेजी के अखबार में इन दिनों लगातार निकलने वाले एक विज्ञापन की उन्हें याद आई—अकेलापन, घबराहट, उदासी? दूर करने के लिए यह नम्बर घुमाएँ। प्रति मिनट या प्रति दस सैकेंड के एक रुपया बीस-पैसा—या ऐसा ही कुछ। क्या सचमुच इस देश के लोग अब इतने अकेले हो गए हैं कि उन्हें इस तरह खर्च करके टेलीफोन का सहारा लेना पड़े।"[5] व्यक्ति के अकेले हो जाने का यह दर्द हिंदी उपन्यास में विविध रूपों में अभिव्यक्ति पाता है।

रवीन्द्र वर्मा के उपन्यास में पीढ़ियों में आए अंतराल और मूल्य-परिवर्तन का दर्द बार-बार आता है—'नियान्वे', 'मैं अपनी झाँसी नहीं दूँगा', 'दस बरस का भँवर' तथा 'आखिरी मंजिल'—इन सभी में यह पीड़ा अभिव्यक्ति पाती है। पहले दो उपन्यासों में यह पीढ़ी अंतराल और मूल्य-परिवर्तन कथा के ऐतिहासिक परिप्रेक्ष्य में व्यक्त होता है तो परवर्ती दोनों उपन्यासों के संदर्भ वर्तमान के ही हैं। 'दस बरस का भँवर' में बाँके बिहारी और रतन तथा उनके अन्य दोनों बेटों के संदर्भ में बार-बार यह व्यंजित किया गया है कि पुराने मूल्यों में जीने का जमाना नहीं रहा, संबंधों की ऊष्मा शेष हो चुकी है, छोटे बेटे रतन को पहले घर में रहती बहू से यह सुनकर कि वह इस 'नीम पागल' के साथ इस घर में नहीं रह सकती, उसके बच्चे पर बुरा असर पड़ेगा तो वे बम्बई का रुख करते हैं जहाँ मँझला बेटा रहता है किंतु "दस माह बाद छोटे ने फोन पर रोते हुए कहा—"पापा, यहाँ मैं घर का नौकर हो गया हूँ, जिसे वेतन नहीं मिलता।" वे बम्बई से भी बेटे को ले आते हैं और यह प्रश्न उन्हें मथता है कि एक बेटा उसे दुत्कार रहा है, एक उसे नौकर बनाकर रखता है और तीसरा अमेरिका में बैठा उसे इलाज के लिए बुला तो नहीं सकता, कुछ डॉलर भेज सकता है। तब बाँके बिहारी निर्णय लेते हैं, "दान नहीं लूँगा, छोटे मेरा बेटा है। मैं उसे पालूँगा। उन्हें पता ही नहीं चला था। पहले वे उठकर बैठे, फिर खड़े हो गए थे, गोया किसी महायात्रा का संकल्प हो।" वृद्धावस्था में भी उन्हें पुनः अथ से प्रारंभ करने की जरूरत इसीलिए आ पड़ी कि नई

पीढ़ी के लिए संयुक्त परिवार के दायित्वों का निर्वहन करना जी का जंजाल है। उनके मूल्य बिलकुल दूसरे हैं। किंतु यही रतन जब ट्रेन में बैठता है और उनके पैर नहीं छूता तो उपन्यासकार बड़ी कुशलता से पीढ़ियों के इस अंतराल को महज एक वाक्य से अभिव्यक्ति दे देता है, वाक्य बहुत देर तक पाठक की चेतना पर बजता रहता है, "रतन को उनके पैर छूना याद न रहा। बाँके बिहारी को बेटे का पैर न छूना याद रहा।"[6] उपन्यास के अंत में जब बाँके बिहारी गाँव लौटते हैं, जहाँ उनका कोई 'बाल-बच्चा' नहीं है सिर्फ 'अपना गाँव' अमरा है जिसे पाने के लिए उद्विग्न हैं और वहाँ पहुँचने के रास्ते में वे ऐसे सोए कि कोई सपना नहीं देखा'–ऐसी नींद जैसे महीनों से न सोए हों। उनका यह गाँव लौटना पुराने जीवन-मूल्यों को खोजने की ही यात्रा है। 'आखिरी मंजिल' में माधव दयाल का रोना भी अपनों से ही चोट खाना है जिससे वे बुरी तरह विचलित हुए हैं, "वे फफक-फफक कर रो रहे थे। वे लिखने की मेज से छटपटाकर उठे थे और कमरे के बीच खड़े रो रहे थे। रोने की शुरुआत भीतर उठी एक मरोड़ से हुई थी। माधव दयाल को लगा था कि उनका दिल भीतर-ही-भीतर टूटकर बिखर जाएगा। उन्हें अपने से ऐसी उम्मीद नहीं थी। जब कोई दूसरा धोखा देता है तो आदमी येन-केन-प्रकारेण झेल ही लेता है। लेकिन जब यह लगे कि धोखा तुम्हारे अंदर था और तुम उसे देख ही नहीं सके! वे एकाएक चीखकर सामने दीवार की ओर बढ़े थे और उन्होंने उसे थाम लिया जैसे किसी सहारे की जरूरत हो।"[7] वस्तुतः यह मूल्यहीन जीवन-दृष्टि जिसने संबंधों की शुचिता को पूरी तरह लील लिया है, आज प्रत्येक व्यक्ति को पीड़ा पहुँचा रही है। विवेच्य उपन्यास में इस पीड़ा का गहरा अहसास है।

संबंधों की ऊष्मा शेष होकर चुक जाने के संदर्भ में **वृद्धावस्था की दारुण दशा** हिंदी उपन्यास की एक बड़ी चिंता है जिसे बहुत गहराई और व्यापकता में चित्रित किया गया है। वृद्धावस्था हमारे सामाजिक परिदृश्य में इतनी भयावह समस्या का रूप ले चुकी है कि प्रत्येक रचनाकार की मानसिक स्थिति उससे आक्रांत है, यही कारण है कि इस कथ्य पर विपुल कथा-साहित्य (कहानी और उपन्यास) रचा गया है। उपन्यासों की कथा में घटनाओं-प्रसंगों का नियोजन इस रूप में किया गया है कि कहीं न कहीं उपन्यासकार वृद्धावस्था की इस दुर्दशा और बेचारगी पर अपनी सोच प्रकट कर सके। कुछ उपन्यास स्वतंत्र रूप में इसी तथ्य को केन्द्र में रखकर लिखे गए यथा चित्रा मुद्‌गल का 'गिलिगुड', काशीनाथ सिंह का 'रेहन पर रग्घू', कृष्णा सोबती का 'समय सरगम', रवीन्द्र वर्मा का 'आखिरी मंजिल', रमेशचन्द्र शाह का 'सफेद परदे पर', आदि। 'गिलिगडु' में बाबू जसवंत सिंह व कर्नल स्वामी दो वृद्धों के माध्यम से भारतीय परिवारों में वृद्धों के साथ हो रहे अमानवीय व्यवहारों और समाज में बदल रहे जीवन मूल्यों का बड़ा कारुणिक तथा प्रामाणिक यथार्थ गहरी संवेदना से चित्रित हुआ है। परिवारों में अपने ही बेटों-बहुओं द्वारा वृद्धों को दिए जा रहे संताप की गर्हित स्थितियाँ सभी के लिए बहुत-बहुत जानी-पहचानी हैं, किंतु उन्हीं का ऐसा हृदयद्रावक

चित्रण 'गिलिगडु' में हुआ है कि वह बहुत देर तक पाठकीय चेतना को उद्वेलित-आंदोलित रखता है। बाबू जसवंत सिंह ने बेटे नरेन्द्र को आई.आई.टी. की महँगी शिक्षा दिलाने के लिए क्या कुछ त्याग नहीं किया था, अपनी 'भविष्य-निधि' की रकम तोड़ दी थी और न जाने क्या-क्या पापड़ बेलकर कितने अरमानों से बेटे का भविष्य बनाया था। यही बेटा ऊँची नौकरी पाकर भी बाप को किस प्रकार निरंतर उपेक्षा के गर्त में धकेल रहा है, उनके जन्मदिन पर फोन करना भी भूल चुका है, माँ की मृत्यु पर निर्धारित क्रिया-कर्म, रीतियों को निभाने में उसकी कोई दिलचस्पी नहीं रहती, आदि। जसवंत सिंह को पता चल जाता है कि बेटा "क्या जाने! चौथापन कितना परवश करता है पुरुष को और उनकी परवशता शुरू हो चुकी थी। कानपुर से दिल्ली आकर जब उन्हें नरेन्द्र अपने फ्लैट की बॉलकनी में ला पटक देता है जिसे कमरे का रूप दे दिया गया है और कमरा क्या घर के आलतू-फालतू सामान के कबाड़ से अँटे उस दड़बे में उन्हें कैद-सा कर दिया जाता है। ऊपर से बहू सुनयना के ताने, बिजली बंद करना भूल जाने पर यह तिरस्कारपूर्ण उत्तर "भूल जाने से बिजली का मीटर तो खामोश नहीं बैठ जाएगा।" 'कबाड़ के अंबार के ऊपर बेमुरव्वत से उठाकर फेंक दिए गए' बाबू जसवंत सिंह बेटे के घर में जिल्लत की जिंदगी जी रहे हैं। ऊपर से शरीर की अवशता–प्रत्येक इन्द्रिय का शिथिल होकर हर समय बुढ़ापे का अहसास कराना–कपड़ों पर लगे पाद तथा बवासीर आदि के दागों को देखकर बहू सुनयना का उन्हें ताँसना, बेटे का बहू के पक्ष में बोलना और बाप से अनावश्यक जिरह–ये सब पीड़ाएँ प्रत्येक बुजुर्ग की पीड़ाएँ हैं। एक दिन झुँझलाकर जब वह बेटे नरेन्द्र से पूछते हैं कि "क्या तुम कभी बूढ़े नहीं होंगे नरेन्द्र?" तो नरेन्द्र का तीखा उत्तर उन्हें तिलमिला देता है, "सवाल बुढ़ापे और जवानी का नहीं है बाबू जी, एडजस्टमेंट का है"–वे झुँझलाकर कह उठते हैं, "बिलकुल ठीक–यही सीख तुम अपनी बहू को क्यों नहीं देते? उसे नहीं सीखना चाहिए, बुजुर्गों के संग कैसे रहा जाता है? छीकें, पाद, डकारें जवानी और बुढ़ापा नहीं देखतीं नरेन्द्र!" घर के इन्हीं त्रासों से विचलित हो बाबू जसवंत सिंह अपने कानपुर के घर की नौकरानी सुनगुनिया का स्मरण करते हैं जो पूरी श्रद्धा-भक्ति से उसकी देखभाल करती थी, उन्हें उसके दोनों बच्चों की शिक्षा के खर्चों की चिंता सताती है, वे उसके लिए पाँच सौ रुपया मनीआर्डर भेजते हैं और अपनी इच्छा व्यक्त करते हैं कि वे वहीं प्राण छोड़ना चाहते हैं, उसके बेटे द्वारा ही अपनी कपाल-क्रिया कराना चाहते हैं। समृद्धि में जीती अपनी संतान को छोड़ उस नौकरानी से मधुर आत्मिक संबंध बनाने में, दुनिया इस संबंध को चाहे जो भी नाम दे–इसकी परवाह किए बिना, वे अपने जीवन की सार्थकता का अनुभव करते हैं। बाबू जसवंत सिंह का बुढ़ापा उस सारी समाज-व्यवस्था को नंगा कर देता है जिसको भोगने के लिए प्रायः हर बूढ़ा अभिशप्त है। बाबू जसवंत सिंह के बूढ़े साथी कर्नल स्वामी का वृतांत और भी कारुणिक है। वे सदैव अलमस्त दिखाई देते हैं और उसी रूप में अपने मित्र बाबू

जसवंत सिंह से हँसी-ठट्टा करते हुए यह बोध देते हैं कि उनकी पोतियाँ, उनकी बहुएँ और बेटों द्वारा उन्हें असीम प्यार दिया जाता है किंतु जब कर्नल की मृत्यु के पश्चात् जसवंत सिंह मित्र की खबर लेने उनके फ्लैट पर जाते हैं उन्हें जिस कठोर सच्चाई का पता चलता है तो वे भौंचक रह जाते हैं। वे पिछले आठ वर्ष से पत्नी की मृत्यु के पश्चात् अकेले ही रह रहे थे, उनके तीनों बेटे बंगलौर, हैदराबाद जैसे बड़े शहरों में जा बसे थे, उनके अपने फ्लैट भी हो गए थे किंतु अब बेटों की नजर अप्पू के नोएडा वाले चार कमरों के फ्लैट पर लगी हुई है, वे चाहते थे कि अप्पू इस आलीशान फ्लैट को बेचकर तीनों भाइयों को वह रकम दे दें, यद्यपि इससे पूर्व वे गाजियाबाद का अपना महँगा प्लॉट बेचकर उन्हें फ्लैट खरीदने में मदद कर चुके थे। अब उनका मँझला बेटा श्रीनारायण आया था और उसका प्रस्ताव पिता ने ठुकरा दिया था तो क्रुद्ध श्रीनारायण ने उन पर हाथ उठा दिया, “कर्नल स्वामी के रोने-चीखने का आर्त स्वर सुनकर मिस्टर एंड मिसेज श्रीवास्तव का दिल दहल उठा। दरवाजा भड़भड़ाया। श्रीवास्तव से उन्होंने दरवाजा खोल देने की चिरौरी की। श्रीनारायण ने भीतर से ही उनको आपसी मामले में दखल न देने की धमकी दी।” अन्ततः पुलिस को बुलाकर घायल लहूलुहान कर्नल स्वामी को अस्पताल पहुँचाया जाता है। किंतु यह दृश्य तब और भी हृदय-द्रावक हो उठता है जब बोलने के काबिल होते ही कर्नल स्वामी ने बेटे के विरुद्ध एफ.आई.आर. दर्ज़ कराने से मना कर दिया, “श्रीनारायण ने माफी माँगते हुए अपने अप्पू के पाँव जो पकड़ लिए थे।” इस कारुणिक अंत में लेखिका कुशलता से इस एक वाक्य द्वारा ही दोनों पीढ़ियों की मूल्य-दृष्टि को रेखांकित कर देती है। कर्नल स्वामी की कथा में अपने एकाकीपन के दंश में अणिमा दास से जुड़ाव, प्रेम की हद तक जुड़ाव और अपनी पोतियों की तस्वीरें पूरे घर में लगा उनसे निरंतर नेह बनाए रखना–इसे और भी भीनी-सी महक दे देता है। कर्नल स्वामी के पड़ोसी निस्संतान श्रीवास्तव दंपती का यह कथन वृद्धावस्था की त्रासदी को और भी गहरा देता है, “ऐसी कसाई औलादों से तो आदमी निपूता भला। हमें इस बात का कोई गम नहीं कि हमारी कोई अपनी औलाद नहीं...।”[8] इस प्रकार ‘गिलिगडु’ उपन्यास वृद्धावस्था की असहाय स्थिति, जर्जर शरीर की तरह-तरह की पराश्रित आवश्यकताओं, भावनात्मक शून्य और एकाकीपन, अपनों से पाया दुलार और जीवन में इतना-इतना खटने के बाद एक निरर्थकता का बोध और समस्त त्रासद संवेदनों को सशक्त रूप में मूर्त करता है।

‘काशी का अस्सी’ में काशीनाथ सिंह ने वृद्धावस्था की लाचारगी और उसमें अपनों के व्यवहार की अमानवीयता का बड़ा मर्मस्पर्शी चित्रण किया है, इस रूप में कि वह केवल काशी का चित्र न होकर प्रत्येक मुहल्ले के बड़े-बूढ़ों की करुण कथा है। कन्नी के बूढ़े बाप की ही यह दशा नहीं थी, वे “जमाने से ही नाराज थे हमेशा की तरह। वे घर के किसी कोने में बुक्की मारे पड़े थे और अपनी किस्मत को झंख रहे थे। वे जब तक मर नहीं जाते, तब तक जिए जाने के लिए विवश थे।...बेटा-बहू,

पोता-पोती किसी के पास इतना वक्त नहीं कि उन्हें देख सकें या उनकी सुन सकें। वे देख रहे थे कि सभी बूढ़े घर पर नहीं, अस्पताल में मर रहे हैं–डॉक्टरों और नर्सों के भरोसे। मरने वाले को क्या करना चाहिए–बस अपनों का प्यार। और जब यही नहीं तो कहीं–मर नहीं रहे हैं, मारे जा रहे हैं। कहाँ की सेवा और कहाँ की टहल? कहाँ के चार कन्धे, कहाँ की शवयात्रा, कहाँ का हरिश्चन्द्र घाट और कहाँ की नौ मन लकड़ी?" उस पीड़ा को वही नहीं, सारे वृद्ध भोग रहे थे जिसका प्रतीकात्मक चित्रण 'टाइम्स' के पत्रकारों द्वारा तीन बूढ़ों से साक्षात्कार की पेशकश के रूप में किया गया है। वृद्धों के ये सारे कारुणिक चित्र उस परिवर्तित जीवन-दृष्टि और मूल्यों का बोध कराते हैं जिन्होंने हमारी सामाजिक संरचना के ताने-बाने को पूरी तरह बिखरा दिया है। कन्नी बाप से भी अधिक दुर्दशा माँ की कर देते हैं जिससे वे 'खूब प्यार करते थे', "अपने बँगले के पीछे एक 'सर्वेंट्स क्वार्टर' बनवाया था मंत्री ने। गैराज के बगल में। 'सर्वेंट्स क्वार्टर' माने पाखाने से जुड़ी एक कोठरी। उसी में रहती थी माँ" जिसे उन्होंने ऐसी दिनचर्या दे डाली कि उसी कोठरी में रमी रहें। उस सबसे ऊब जाएँ तो उन्हें झाड़ू, पाइप, बाल्टी, पोंछा थमा दिए गए थे जिसमें वे अपने को व्यस्त रख सकें। माँ को 'लंच और डिनर' के लिए घंटों इंतजार न करना पड़े, इस उम्र में उनसे भूख भी बर्दाश्त नहीं होती तो "कन्नी ने सारे जरूरी काम छोड़कर चूल्हा, सिलेंडर और एक-एक बोरिया चावल, दाल, आटा रखवा दिया–यह लो, जब मन करे, बनाओ, खाओ और मस्त रहो।" "किस का मुँह जोहने का सवाल खत्म।" "माँ ही जाने, वह कितनी मस्त थीं।" माँ को बुढ़ापे में ये सब पापड़ बेलने के बेटे द्वारा किए गए प्रबंध समाज की मूल्यहीन स्थितियों को पीड़ा-भरे अहसास से चित्रित करते हैं। पिता को ढूँढ़ने के लिए कन्नी जब ठिठुरती और हल्की बूँदा-बूँदी की रात में कार स्टार्ट करते हैं तो उन्हें बोनट के पास खड़ी माँ दिखाई देती है जो शायद रोते-रोते थक गई थी। बेटे द्वारा अंकवार में भरकर बिस्तर पर लिटाने, हथेलियाँ-तलवे रगड़ने के ममतालु व्यवहार से माँ फिर फफककर रो पड़ी। रात के दो बजे माँ-बेटे के मिलन का यह अद्भुत दृश्य था, "जुगों-जुगों बाद जैसे किसी माँ को उसका बेटा मिला हो और बेटे को उसकी माँ।"[9] अपने पति से बिछुड़ी माँ और लापता पिता का यह दयनीय रूप चित्रित कर उपन्यासकार ने हमारे समाज में माँ-बाप की करुणाजनक स्थिति का सटीक चित्रण किया है। 'रेहन पर रग्घू' में भी काशीनाथ सिंह ने वृद्धावस्था की बेचारगी को ही कथा के केंद्र में रखा है जिसकी चर्चा ऊपर की जा चुकी है। 'आखिरी मंजिल' उपन्यास में रवीन्द्र वर्मा वृद्धावस्था के दंश का चित्रण कर इस अवस्था की अनेक समस्याओं पर विचार कर इस निष्कर्ष पर पहुँचते हैं कि वृद्धावस्था में शरीर में जर्जरता और परवशता के कारण प्रायः सभी वृद्ध एक जैसी अवस्था को पहुँच जाते हैं, "माधवदयाल को यह भी लगा कि उनकी उम्र में पहुँचकर सारे बूढ़े एक से लगते हैं, पालनों में बच्चों की तरह। क्या इसलिए कि जिंदगी की शुरुआत और अंत एक

ही तरह से होता है?"[10] रमेशचन्द्र शाह अपने उपन्यास 'सफेद परदे पर' में वृद्धावस्था की समस्या को एक अलग ही कोण से उठाते हैं। बेटा-बहू से लड़-झगड़ वृद्ध लेखक जब एक अलग फ्लैट में रहने आ जाता है तो अकेलेपन में उसकी सोच तरह-तरह की छलाँग लगाती है। सबसे पहले वे उस पीड़ा का चित्रण करते हैं जो पत्नी के दिवंगत हो जाने पर उसके अस्तित्व के अभाव को पल-पल और प्रत्येक स्थान पर अनुभव करते हैं। दांपत्य की सारी तल्खाहट के साथ पत्नी के साथ होने का क्या अर्थ है, विधुर को यह बात बड़ी तीव्रता से बेधती है, बेटा बहू से अलग हुआ कि वृद्ध लेखक सोचता है, "...तू ही जिम्मेदार है मेरी इस दुर्दशा के लिए जान्हवी! इत्ती जल्दी क्या थी तुझे! अरे, लड़ते-झगड़ते भी जब हमने तीस बरस काट ही दिए थे तो पाँच-दस बरस और काट लेते। कोई दिन ऐसा नहीं जाता—जबसे तू गई है—जब कोई न कोई चीज, कोई न कोई घटना मुझे तेरी याद नहीं दिला देती। मन ही मन—देखती नहीं तू—अब भी झगड़ता रहता हूँ तुझसे। बिला वजह, आपसे आप चलती रहती है एक अंतहीन जिरह, जिसका कभी कोई फैसला नहीं होता। XXXXXX शिकायतें जो थीं, वो सबकी सब तुझी से थीं या फिर तुझी से की जा सकती थीं। अब किससे करूँ शिकायत? आदत तो आदत है। तुझ पर खीजने-झल्लाने के लिए तेरा सामने होना क्यों जरूरी है?" वस्तुतः वृद्धावस्था के इस पक्ष का जब दांपत्य का यह साथ टूट जाता है, यह विरल चित्रण है जिसमें इस वृद्ध के एकाकीपन का मार्मिक अंकन हुआ है। वृद्धावस्था के इस वृतांत में कथाकार ने इस समस्या पर नई पीढ़ी की ओर से भी विचार प्रस्तुत किया है। अपने सुख की तलाश में वृद्ध तो अकेलेपन से निजात पाने के लिए अलग रहने चला जाता है किंतु इस सबसे जो मानसिक कष्ट समाज में अप्रतिष्ठा के कारण बहू-बेटे को झेलना पड़ता है, उसका चित्रण बहुत कुशलता से उपन्यासकार ने किया है। अन्ततः बेटी बीच में पड़ अपने 'पापई' (पापा) को वापिस घर में आने के लिए तैयार कर लेती है।[11] इस रूप में रमेशचन्द्र शाह ने कई नई दृष्टियों से वृद्धावस्था की समस्या का निरूपण किया है। हिंदी उपन्यास में वृद्धावस्था की समस्याओं, वृद्धों के प्रति अपनों, विशेषतः बहू-बेटों की उपेक्षा का मुख्य कारण परिवर्तित मूल्य दृष्टि है जिसके कारण संयुक्त परिवार-व्यवस्था बुरी तरह टूटी है। कई उपन्यास—'समय सरगम', 'गिलिगडु', आदि इसका समाधान दो वृद्धों—एक पुरुष-एक स्त्री-का एक साथ रहना, वृद्धों का सह जीवन भी सुझाकर एक विकल्प रचते हैं। इधर की कहानियों के कई वृद्ध किसी अपरिचित व्यक्ति से भावात्मक संबंध होने के कारण इसी वैकल्पिक व्यवस्था के विश्वासी दिखाए गए हैं।

वैश्विक अपसंस्कृति की आँच से साहित्य जगत भी अछूता नहीं रह सकता था, वह भी अपने समय और समाज से प्रभावित होता ही है। फलतः **साहित्य-रचना में** भी **मूल्य-दृष्टि में बदलाव** विभिन्न रूपों में लक्षित किया जा सकता है। उपन्यास विधा का व्यापक कथा-फलक इन प्रभावों को आत्मसात करने में अधिक और संभावनापूर्ण और

सक्षम रहा। अंग्रेजी कथा-लेखन ('फिक्शन') विशेषतः भारतीयों के अंग्रेजी कथा-लेखन ('इंडियन फिक्शन राइटिंग इन इंग्लिश'—ये पद बहुतायत में प्रयुक्त होते रहे हैं), के प्रभाव से हिंदी उपन्यास में भी **काम अभिमुखी** ('सैक्स ओरिएंटिड') **लेखन** की प्रवृत्ति बढ़ी और बढ़ती जा रही है। विषय विशेषज्ञों का मानना है कि अंग्रेजी कथा-साहित्य, विशेषतः उपन्यास में उत्तर आधुनिकता की एक बहुत बड़ी प्रवृत्ति यौन, काम प्रवृत्तियों का साहसिक (बोल्ड) चित्रण है। कितने ही उपन्यासों में काम, यौन-चित्रण, इस रूप में आया कि कुछ अंग्रेजी की सर्वाधिक बिक्री वाली ('बैस्ट सेलर्स') कृतियों की प्रविधियों का प्रयोग किया गया। यद्यपि संबंधित उपन्यासकारों को यह तथ्य सहज सुपाच्य नहीं होगा किंतु वास्तविक स्थिति यही है कि संभोग-चित्रण की कथागत स्थितियाँ जबरदस्ती प्रकल्पित की गईं, ठीक उसी प्रकार जैसे हिंदी सिनेमा इसी सबको कहानी की माँग के नाम पर परोस रहा है। जिस प्रकार फिल्मों में तड़के या मसाले के रूप में एक या एकाधिक आइटम साँग डालना जरूरी-सा हो गया है, उसी प्रकार उपन्यासों में काम-चित्रण का एक आवश्यक कथा-युक्ति के रूप में प्रयोग निरंतर बढ़ रहा है। यदि इन उपन्यासों में ये चित्रण हटा दिए जाएँ तो न कथा पर कोई प्रभाव पड़ता है, न ही उपन्यास की प्रभावान्वित में कोई कमी आती है। इसे जनप्रियता पाने का सस्ता नुस्खा भी कहा जा सकता है। कृष्ण बलदेव वैद और मनोहरश्याम जोशी के उपन्यासों में ऐसे वर्णनों को अध्याय दो में सोदाहरण रेखांकित किया जा चुका है, उसकी पुनरावृत्ति का यहाँ कोई औचित्य नहीं होगा। हाल ही में प्रकाशित राजू शर्मा का उपन्यास 'विसर्जन' जहाँ वैश्वीकरण की आर्थिक स्थितियों के चित्रण में विशिष्ट बन पड़ा है, वहाँ उसकी एक बड़ी न्यूनता यह है कि वह अनावश्यक रूप से काम-चित्रण में 'तल्लीन' है। सभी उद्धरण देना तो न संभव होगा, न उसकी कोई आवश्यकता है—एकाध उदाहरण कथन की पुष्टि में देने से पूर्व वे पृष्ठ संख्याएँ दी जा सकती हैं जिनमें काम-कला के विभिन्न प्रयोग चित्रित हैं—पृष्ठ संख्या 57, 58, 60, 70, 71-72, 102, 133, 239, 247, 293, 294, 295—(पर तीन स्थल)। किसी भी रचनाकार को यह निर्देशित ('डिटेक्ट') नहीं किया जा सकता कि उसके लेखन में श्लीलता-अश्लीलता की रेखाएँ किस रूप में और कहाँ खींची जाएँ किंतु इतना अवश्य है कि जब तक प्रेम के अंतरंग क्षण औदात्य और दिव्यता का बोध नहीं देते, वे पाठक को रिझा नहीं सकते। यौन और केवल यौन-चित्रण कभी भी साहित्य का अभिप्रेत नहीं रहा। राजू शर्मा जिस रूप में बार-बार रति-चित्रण में प्रवृत्त होते हैं, उसके दो उद्धरण द्रष्टव्य हैं—

– सद्यः स्नाता सपना का चित्र है यह "...उसने किसी डेनिम की शॉर्ट्स पहनी थी जिसकी निचली किनारियों के धागे निकल रहे थे, उसके पतले, स्ट्रेच कपड़े की एक सफेद टी. शर्ट ऊपर डाली थी जो उसके वक्षों के ऊपर उभार में गिर रही थी, उसने ब्रा नहीं पहनी थी और हवा के किसी अनजान झोंके में शर्ट यदा-कदा उसकी देह से उठ चिपक रही थी और तब उसके

उरोज के शिखर चमक उठते थे...वह शरीर और मन से पूरी तरह उन्मुक्त, तल्लीन और स्व-परिभाषित दिखाई दे रही थी, यह कि लिबास उससे था, वह लिबास से... ।"

– फिर यही वर्णन लगभग पूरे अगले पृष्ठ तक जाता है और रति-कर्म की ये 'करामातें' बयान होती हैं, "कामदेव कहाँ नहीं विराजे थे : किचिन, सिंक के ऊपर, बरामदा, स्नानघर, कोठरी, लॉफ्ट–रति-रमण के लिए हर जगह सुगम थी। उन्होंने कुछ नहीं छोड़ा : सोफे, टेबिल, कुर्सियाँ, अलमारी, आले, शेल्फ, फर्श, अधर। आगे-पीछे, ऊपर-नीचे, अगल-बगल, धारण-धारित : उनके संसर्ग का संगीत हर जगह सुनाई दिया था। उनकी प्रवृत्तियाँ एक किसान या हस्त-शिल्पी की थीं, एक साथ निष्क्रिय और चौकन्नी, सृजनशील और प्रसुप्त।"[12]

इस प्रकार शरीर के भूगोल को खँगालते चित्र 'विसर्जन' में जगह-जगह आए हैं जिनका कोई औचित्य नहीं बनता। महिला उपन्यासकारों की पूर्ववर्ती पीढ़ी ने भी स्त्री-पुरुष संबंधों की चर्चा में पर्याप्त साहसिक (बोल्ड) काम-चित्रण किया है जिसे प्रस्तुत पुस्तक के छठे अध्याय में पुनर्परिभाषित विवाह संस्था, दांपत्येतर काम-संबंधों, स्त्री समलैंगिकता तथा सहजीवन शीर्षकों के अन्तर्गत सविस्तार विवेचित किया गया है, यहाँ उसकी पुनरावृत्ति समुपयुक्त नहीं होगी किंतु इस सबका एक दुष्परिणाम यह हुआ कि दिनोंदिन नई पीढ़ी की लेखिकाएँ भी काम-केन्द्रित ('सेक्स ओरिएंटिड') लेखन की प्रवृत्ति में ग्रस्त होती जा रही हैं। यह प्रवृत्ति सस्ती लोकप्रियता अर्जित करने की एक कथा-युक्ति बनती जा रही है। शरद सिंह का 'पचकौड़ी' (2009) तथा जयंती का 'खानाबदोश ख्वाहिशें' (2009) उपन्यास इस कथन की संपुष्टि करते हैं। 'पचकौड़ी' में एक स्थान पर लड़के के हस्तमैथुन और स्वप्नदोष का चित्रण है, एक स्थान पर पति-पत्नी का स्थूल और कामुक-सा रति-चित्रण है, एक स्थान पर जयेश और शेफाली की यौन-क्रीड़ा है जिसमें पुरुष (जयेश) को अफसोस है "तुम्हें और ईंधन की जरूरत थी, मैं तो जल्दी ही बुझ गया।" और भी कुछ अन्य प्रसंग ठकुराइन के चित्रित हुए हैं, वसुंधरा और दलपत की सुहागरात का यह प्रसंग इस प्रकार के चित्रण का एक नमूना है, "वसुंधरा छटपटा उठी जब उसे अनुमान हुआ कि दलपत ने उसका लाँचा सरका दिया है और उसकी जांघों के बीच अपनी उँगली घुमा रहा है। उसे कुछ भी समझ में नहीं आ रहा था कि दलपत को ये क्या हो गया है? वे उसके साथ इस तरह का व्यवहार क्यों कर रहे हैं। पता नहीं 'सेक्स' तो नहीं... ।" इससे पूर्व उसे बिस्तर पर गिराने, वक्ष मसलने आदि का वर्णन है।[13] 'खानाबदोश ख्वाहिशें' में निधि संन्यासी बने आकाश से शरीर-संबंध स्थापित कर तन-मन से परितृप्त होती है और चन्द्रा अपने ही दामाद विवेक से शरीर-संबंध बनाकर 'सन्तुष्टि के अनमोल रत्नों को समेटती' हुई कृतकृत्य होती है, यह बात दीगर है कि बाद में वह आत्म-ग्लानि का दंश

अनुभव करती है।[14] कामाभिमुखी लेखन की इस बढ़ती प्रवृत्ति का एक अप्रिय परिणाम यह हुआ कि कुछ अत्यंत सशक्त उपन्यासों में भी लेखकों ने ऐसी स्थितियाँ-अवसर–निकाल ही लिए, जहाँ रति-चित्रण किए जा सकते हैं, यह और बात है कि वे समर्थ भाषा-शैली के बल पर उन्हें स्थूल शरीर-वर्णन या कहें देह के भौगोलिक चित्रण से बचा लेते हैं। हरी चरन प्रकाश का बहुत सशक्त उपन्यास 'एक गन्धर्व का दुःस्वप्न' ऐसा ही उदाहरण है, वृद्ध पोस्टमास्टर नीम पागल-सी नौकरानी कमली के साथ इस प्रकार रति-क्रिया-रत दिखाया गया है, "वह दिन बहुत भारी गुजरा। काम्य कल्पनाओं के दुरंत अश्व खाली खुले मैदान को दौड़-दौड़ कर खूँदे डाल रहे थे। दिन-दिहाड़े उनके सनसनाते काँपते मन ने पहला प्रयास किया। xxxxx फिर एक सधे हुए खिलाड़ी की तरह उन्होंने कदम बढ़ाए। एक-एक क्षण घनीभूत होकर तरह-तरह के ठोस और गुलगुले आकार ग्रहण कर रहा था। फिर चीखती-चिल्लाती साँसों के बीच अतल-तल की औंधे मुँह फिसलन। चरमोत्कर्ष। घोर पतन। हे भगवान, वह उसके जीवन के प्रथम पुरुष थे। उनकी आँखों में आँसू आ गए। उन्होंने बड़े प्यार और जिम्मेदारी से अपनी नायिका को चूम लिया।"[15] आगे भी पोस्टमास्टर 'बाबू इकबाल तन-मन से रति राग साधने में मगन' रहे। इसी प्रकार तीन-चार ऐसे ही रति-चित्र उपन्यास में और हैं। कहना न होगा कि हिंदी उपन्यास की यह प्रवृत्ति वैश्विक प्रभावों के कारण ही निरंतर बढ़ती जा रही है। दूसरी ओर कुछ ऐसे उपन्यास भी हैं जहाँ स्त्री-पुरुष के अंतरंग मिलन के क्षण काव्यात्मक संवेदन, दार्शनिकता से उदात्त और दिव्यता का बोध देते हैं, यथा जया जादवानी का 'तत्त्वमसि'। प्रेम-चित्रण की सफलता का विवेचन यहाँ प्रसंग-बाह्य होगा।

साहित्यिक राजनीति से व्यापी **साहित्य-क्षेत्र की मूल्यहीनता** का चित्रण भी कुछ उपन्यासों में किया गया है। रवीन्द्र वर्मा ने अपने उपन्यास 'आखिरी मंजिल' में दो लेखकों माधव दयाल और मदन मोहन की जीवन-चर्या में कई प्रश्न उठाए हैं जिनसे साहित्य क्षेत्र में फैली मूल्यहीनता का परिचय मिलता है। सबसे पहले माधव दयाल को पुस्तकों के आए दिन होनेवाले लोकार्पण-कार्यक्रमों से चिढ़ है कि किस प्रकार जोड़-तोड़ की राजनीति से इन **लोकार्पण कार्यक्रमों** का प्रायोजन होता है। यदि कोई लेखक किसी ऊँचे सरकारी ओहदे पर है तो इन कार्यक्रमों की सारी शोभाधर्मिता उनके पद के कारण ही बनती है। कंचन कुमारी जो 'सूचना विभाग में काम करती है' और 'नारीवादी आंदोलन का एक प्रमुख नाम है' के कहानी-संग्रह के लोकार्पण के बहाने लेखक इन कार्यक्रमों की खिल्ली उड़ाता हुआ अपना आक्रोश प्रकट करता है, "माधव को पुस्तक के लोकार्पण-उत्सव से चिढ़ थी। उनका कहना था कि किताब कोई बाँध या बिजलीघर नहीं है जिसे खोलकर जनता को सौंपा जाए। किताब का लोकार्पण उसका पढ़ा जाना है। लोकार्पण में किताब को उल्टा पकड़े खड़े लोगों की खबरें अखबार में छपी तस्वीरों को देखकर वे मुस्कराने लगते।" माधव उन मदन

मोहन जैसे लेखकों से अलग रहकर साहित्य में मूल्यों की चिंता करनेवाले साहित्यकार हैं, जिनकी सप्ताह में दो-तीन बार अध्यक्षता या लोकार्पण की अखबारों में छपी थीं। वस्तुतः इन लोकार्पण समारोह की सार्थकता क्या है, कृति, कृतिकार और अध्यक्षता करनेवाले व्यक्ति को समाचारों में रखकर बाजार को साधना है। लोकार्पण की बढ़ती प्रवृत्ति बाजारवाद का ही परिणाम है। इसी प्रकार उपन्यासकार ने साहित्यकारों की 'अमृत जयंती' पर व्यंग्य किया है और वे मुक्तिबोध को उद्धृत करते हुए साहित्यकार के ऐसे फसल काटने के समय को 'कीर्ति की पेंशन का दौर' कहा है।

'आखिरी मंजिल' उपन्यास में **साहित्य के** लिए दिए जानेवाले **पुरस्कारों** के पीछे **की राजनीति** का भी चित्रण हुआ है। इन पुरस्कारों के पीछे की राजनीति दर्शाती है कि मूल्यों की बात करनेवाले साहित्यकारों के मूल्य भी क्या हैं। इस संदर्भ में भारत के नोबेल पुरस्कार, ज्ञानपीठ पुरस्कार का वर्णन किया गया है जिसे पाकर लेखक अपने को 'मोक्ष मिल गया' की स्थिति में पाता है। ज्ञानपीठ पुरस्कार का प्रत्येक वर्ष किसी भाषा विशेष को दिए जाने का भी औचित्य व्यंग्यात्मक रूप में प्रश्नांकित किया गया है, "वे दो दिन पहले दिल्ली से लौटे थे। उन्होंने यह खबर दी कि ज्ञानपीठ पुरस्कार इस वर्ष हिंदी को मिलना है और सूची में मदन मोहन और माधव दयाल दोनों के नाम हैं।" उन्होंने यह खबर भी दी थी कि पुरस्कार समिति के महत्त्वपूर्ण सदस्य मनीष बटव्याल जिनकी भूमिका निर्णायक होगी, उनकी शिकायत थी कि माधव दास मिलते ही नहीं।" यह कथन इस बात को संकेतित करता है कि पुरस्कारों की प्राप्ति में 'जन-संपर्क' की कितनी भूमिका है जिसके अभाव में माधव को यह पुरस्कार नहीं मिलता, मदन मोहन को मिल जाता है। लेखक ने इसी प्रकार साहित्य अकादमी पुरस्कारों की गुणवत्ता और विश्वसनीयता को भी प्रश्नांकित किया है। मुक्तिबोध जैसी समर्थ हस्ती को भी साहित्य अकादमी पुरस्कार न मिलना इन स्थितियों के विद्रूप को नंगा करता है और मुक्तिबोध के कद के सामने बहुत छोटे मनीष बटव्याल जैसे लोगों का यह दावा–"तब मैंने उनके लिए साहित्य अकादमी पुरस्कार की कोशिश की थी" और उस पर माधव का यह व्यंग्य करना 'जब वे अचेत थे'[16] यह सब पुरस्कारों की राजनीति के सच को उघाड़ते हैं और यह भी कहने की कोशिश करते हैं कि निराला और मुक्तिबोध जैसी समर्थ प्रतिभाएँ किसी पुरस्कार की मोहताज नहीं होतीं, हाँ, इससे साहित्य जगत में मूल्य-क्षरण की स्थितियाँ बहुत खुले रूप में सामने आती हैं। मुक्तिबोध के बाद तो ये स्थितियाँ और विकट होती चली गई हैं। राजू शर्मा ने 'विसर्जन' उपन्यास में देश के सर्वोच्च पद्म अलंकरणों के पीछे की राजनीति का भी चित्रण संकेतात्मक रूप में किया है, "पी.वी. उन विरल पुरस्कृतों में था जिन्हें पद्मश्री और पद्मभूषण की सीढ़ियों से नहीं गुजरना पड़ा, उसे सीधे देश का द्वितीय पायदान का सम्मान पद्मविभूषण प्रदान किया गया।" पी.वी. अपने नाम के इनिशियल के कारण पद्म विभूषण हो सकता है तो जिसके इनिशियल बी.आर.

है, वह 'भारत रत्न' क्यों नहीं हो सकता—ऐस्सार की यह सोच पद्म अलंकरणों की चयन-प्रक्रिया पर व्यंग्य करती है।[17]

हरी चरन प्रकाश ने राज्यों के **सूचना-संस्कृति विभागों की कार्य-प्रणाली** पर व्यंग्य कर संकेतित किया है कि किस प्रकार ये विभाग सरकारी तंत्र का मनमाना उपयोग कर साहित्य और संस्कृति का भोंडा प्रदर्शन करते हैं। कवि-सम्मेलनों आदि में कवियों-रचनाकारों को आमन्त्रित करने में क्या बंदरबाँट होता है, इसका परिचय इस रूप में दिया गया है, "शहर इतना संस्कृतिमय हो रहा था कि कश्मीर से कन्याकुमारी हो रहा था। गायन, वादन तथा नर्तन की बहार थी। अभी कुछ दिन पहले एक क़वि सम्मेलन हुआ था जिसका कुशल संचालन सूचना अधिकारी ने किया था। उन्होंने सारे कवियों की कविताएँ पहले निशान लगाकर पास की थीं। दर्शकगण/श्रोतागण को पता नहीं कि लोकप्रिय गीत 'कारवाँ गुजर गया देखते रहे' उन्होंने ही सेंसर कर दिया था।"[18] आपातकाल के संदर्भ में यह सूचना-संस्कृति विभागों की कार्य-विधि पर व्यंग्य है। इस प्रकार हिंदी उपन्यास में जीवन के प्रायः प्रत्येक क्षेत्र में निरंतर हो रही मूल्य-क्षरण की स्थितियों पर चिंताकुल दृष्टि से विचार किया गया है।

सन्दर्भ

1. कमलेश्वर, *कितने पाकिस्तान*, पृ. 20, 22, 23 तथा 179.
2. काशीनाथ सिंह, *काशी का अस्सी*, पृ. 153, 34 तथा 169.
3. वही, पृ. 145-146, 149, 151, 152 तथा 162.
4. काशीनाथ सिंह, *रेहन पर रग्घू*, पृ. 86.
5. अलका सरावगी, *शेष कादम्बरी*, पृ. 41, 81, 108, 131 तथा 145.
6. रवीन्द्र वर्मा, *दस बरस का भँवर*, पृ. 12, 109, द्र. पृ. 205-6.
7. रवीन्द्र वर्मा, *आखिरी मंजिल*, पृ. 116.
8. चित्रा मुद्गल, *गिलिगडु*, पृ. 80 तथा 138.
9. काशीनाथ सिंह, *काशी का अस्सी*, पृ. 161 तथा 170.
10. रवीन्द्र वर्मा, *आखिरी मंजिल*, पृ. 92.
11. रमेशचन्द्र शाह, *सफेद परदे पर*, पृ. 16.
12. राजू शर्मा, *विसर्जन*, पृ. 294 तथा 295.
13. शरद सिंह, *पचकौड़ी*, पृ. 97.
14. जयंती, *खानाबदोश ख़्वाहिशें*, पृ. 171.
15. हरी चरन प्रकाश, *एक गंधर्व का दुःस्वप्न*, पृ. 44, द्र. 54, 73 तथा 116.
16. रवीन्द्र वर्मा, *आखिरी मंजिल*, पृ. 18, 95, 113.
17. राजू शर्मा, *विसर्जन*, पृ. 411.
18. हरी चरन प्रकाश, *एक गंधर्व का दुःस्वप्न*, पृ. 93.

परिशिष्ट

ग्रंथ सूची

आधार ग्रंथ

आलोचनात्मक ग्रंथ

स्त्री-विमर्श संबंधी ग्रंथ

अन्य सामग्री, संसाधन

पत्रिकाएँ

समाचार पत्र

इंटरनेट

टी.वी. चैनल

ग्रंथ सूची

आधार ग्रंथ :

1. अजय नावरिया, *उधर के लोग,* 2008, राजकमल प्रकाशन, नई दिल्ली।
2. अनवर सुहैल, *पहचान,* 2009, राजकमल प्रकाशन, नई दिल्ली।
3. अनामिका, *तिनका तिनके पास,* 2008, वाणी प्रकाशन, नई दिल्ली।
4. *दस द्वारे का पींजरा,* 2008, राजकमल प्रकाशन, नई दिल्ली।
5. अनिता राकेश, *गुरुकुल,* 2008, राधाकृष्ण प्रकाशन, नई दिल्ली।
6. अब्दुल बिस्मिल्लाह, *अपवित्र आख्यान,* 2008, राजकमल प्रकाशन, नई दिल्ली।
7. अमरकांत, *काले उजले दिन,* 2003, राजकमल प्रकाशन, नई दिल्ली।
8. अलका सरावगी, *कलिकथा बाईपास,* 1973, आधार प्रकाशन, पंचकूला।
9. *शेष कादम्बरी,* 2001, राजकमल प्रकाशन, नई दिल्ली।
10. *कोई बात नहीं,* 2004, राजकमल प्रकाशन, नई दिल्ली।
11. *एक ब्रेक के बाद,* 2008, राजकमल प्रकाशन, नई दिल्ली।
12. अशोक भौमिक, *मोनालीसा हँस रही थी,* 2007, अंतिका प्रकाशन, गाजियाबाद।
13. असगर वजाहत, *सात आसमान,* 1998, राजकमल प्रकाशन, नई दिल्ली।
14. *कैसी आगि लगाई,* 2004, राजकमल प्रकाशन, नई दिल्ली।
15. उषा प्रियवंदा, *अन्तर्वंशी,* 2000, वाणी प्रकाशन, नई दिल्ली।
16. *भया कबीर उदास,* 2007, राजकमल प्रकाशन, नई दिल्ली।
17. ऋता शुक्ल, *अग्नि पर्व,* 1990, भारतीय ज्ञानपीठ, नई दिल्ली।
18. कमलेश्वर, *कितने पाकिस्तान,* 2000, राजपाल एंड संज, नई दिल्ली।
19. कांतिदेव, *महिमामयी,* 2005, सामयिक प्रकाशन, नई दिल्ली।
20. कामतानाथ, *काल-कथा खंड I व II,* 2000, राजपाल एंड संज, नई दिल्ली।
21. काशीनाथ सिंह, *काशी का अस्सी,* 2002, राजकमल प्रकाशन, नई दिल्ली।
22. *रेहन पर रग्घू,* 2008, राजकमल प्रकाशन, नई दिल्ली।
23. कुसुम कुमार, *पूर्व द्वार,* 2005, सामयिक प्रकाशन, नई दिल्ली।
24. कृष्णा सोबती, *दिलो दानिश,* 2004, राजकमल प्रकाशन, नई दिल्ली।
25. *समय सरगम,* 2005, राजकमल प्रकाशन, नई दिल्ली।

26. क्षमा कौल, *दर्दपुर,* 2004, भारतीय ज्ञानपीठ, नई दिल्ली।
27. गिरिराज किशोर, ढाई *घर* 1991, भारतीय ज्ञानपीठ, नई दिल्ली।
28. *पहला गिरमिटिया,* 2001, वाणी प्रकाशन, नई दिल्ली।
29. गीतांजलि श्री, *हमारा शहर उस बरस,* 1998, राजकमल प्रकाशन, नई दिल्ली।
30. *खाली जगह,* 2006, राजकमल प्रकाशन, नई दिल्ली।
31. *तिरोहित,* 2007, राजकमल प्रकाशन, नई दिल्ली।
32. गोविंद मिश्र, *फूल, इमारतें और बंदर,* 1995, राजकमल प्रकाशन, नई दिल्ली।
33. *पाँच आंगनोंवाला घर,* 2000, राधाकृष्ण प्रकाशन, नई दिल्ली।
34. *कोहरे में क़ैद रंग,* 2005, भारतीय प्रकाशन, नई दिल्ली।
35. चित्रा मुद्‌गल, *एक जमीन अपनी,* 1990, प्रभात प्रकाशन, नई दिल्ली।
36. *आवां,* 1999, सामयिक प्रकाशन, नई दिल्ली।
37. *गिलिगडु,* 2004, सामयिक प्रकाशन, नई दिल्ली।
38. चन्द्रकान्ता, *एलान गली ज़िंदा है,* 1984, राजकमल प्रकाशन, नई दिल्ली।
39. *अपने-अपने कोणार्क,* 1995, राजकमल प्रकाशन, नई दिल्ली।
40. *कथा सतीसर,* 2002, राजकमल प्रकाशन, नई दिल्ली।
41. चन्द्रकिशोर, *मां और दाह,* 2005, रचनाकार प्रकाशन, साहित्याबाद, जायसवाल, दिल्ली।
42. जगदीश चन्द्र, *नरक कुण्ड में वास,* 1994, राजकमल प्रकाशन, नई दिल्ली।
43. *घास गोदाम,* 1995, राधाकृष्ण प्रकाशन, नई दिल्ली।
44. जयंती, *खानाबदोश ख्वाहिशें,* 2009, सामयिक प्रकाशन, नई दिल्ली।
45. जया जादवानी, *तत्त्वमसि,* 2009, वाणी प्रकाशन, नई दिल्ली।
46. ज्ञान प्रकाश विवेक, *दिल्ली दरवाजा,* 2005, वाणी प्रकाशन, नई दिल्ली।
47. दामोदर दत्त दीक्षित, *धुआं और चीखें,* 2005, भारतीय ज्ञानपीठ, नई दिल्ली।
49. नासिरा शर्मा, *शालमली,* 1997, राजकमल प्रकाशन, नई दिल्ली।
50. *कुइयाँ जान,* 2005, सामयिक प्रकाशन, नई दिल्ली।
51. *अक्षय वट,* 2004, भारतीय ज्ञानपीठ, नई दिल्ली।
52. निर्मला भुराड़िया, *जीरो रोड,* 2008, भारतीय ज्ञानपीठ, नई दिल्ली।
53. *आब्जेक्शन मी लार्ड,* 2004, सामयिक प्रकाशन, नई दिल्ली।
54. निर्मल वर्मा, *अंतिम अरण्य,* 2004, राजकमल प्रकाशन, नई दिल्ली।
55. पद्‌मा सचदेव, *जम्मू जो कभी शहर था,* 2004, भारतीय ज्ञानपीठ, नई दिल्ली।
56. प्रमोद कु.तिवारी, *डर हमारी जेबों में,* 2003, सामयिक प्रकाशन, नई दिल्ली।
57. *अरे चांडाल,* 2006, सामयिक प्रकाशन, नई दिल्ली।
58. प्रेमकुमार मणि, *ढलान,* 2002, वाणी प्रकाशन, नई दिल्ली।
59. प्रेमपाल शर्मा, *चौराहे,* 2002, वाणी प्रकाशन, नई दिल्ली।
60. प्रभा खेतान, *आओ पेपे घर चलें,* 1990, राजकमल प्रकाशन, नई दिल्ली।
61. *छिन्नमस्ता,* 1993, राजकमल प्रकाशन, नई दिल्ली।

62. *पीली आँधी*, 1996, राजकमल प्रकाशन, नई दिल्ली।
63. प्रियंवद, *परछाईं नाच*, 2000, भारतीय ज्ञानपीठ, नई दिल्ली।
64. बच्चन सिंह, *पांचाली नाथवती अनाथवत्*, 2002, विश्वविद्यालय प्रकाशन, वाराणसी।
65. भगवानदास मोरवाल *काला पहाड़*, 1999, राधाकृष्ण प्रकाशन, नई दिल्ली।
66. *बाबल तेरा देस में*, 2004, भारतीय ज्ञानपीठ, नई दिल्ली।
67. *रेत*, 2008, राजकमल प्रकाशन, नई दिल्ली।
68. भगवान सिंह, *उन्माद*, 1999, राधाकमल प्रकाशन, नई दिल्ली।
69. भीमसेन त्यागी, *जमीन*, 2004, राजकमल प्रकाशन, नई दिल्ली।
70. भीष्म साहनी, *मय्यादास की माड़ी*, 1994, राजकमल प्रकाशन, नई दिल्ली।
71. *नीलू, नीलिमा, नीलोफर*, 2002, राजकमल प्रकाशन, नई दिल्ली।
72. मंजूर एहतेशाम, *सूखा बरगद*, 1998, राजकमल प्रकाशन, नई दिल्ली।
73. *पहर ढलते*, 2007, राजकमल प्रकाशन, नई दिल्ली।
74. मधु कांकरिया, *सलाम आखिरी*, 2004, राजकमल प्रकाशन, नई दिल्ली।
75. *सेज पर संस्कृत*, 2008, राजकमल प्रकाशन, नई दिल्ली।
76. मधुकर सिंह, *बाजत अनहद ढोल*, 2005, वाणी प्रकाशन, नई दिल्ली।
77. मनोहरश्याम जोशी *हमजाद*, 1996, किताब घर प्रकाशन, नई दिल्ली।
78. *कसप*, 2002, वाणी प्रकाशन, नई दिल्ली।
79. महुआ माजी, *मैं बोरिशल्ला*, 2006, राजकमल प्रकाशन, नई दिल्ली।
80. मिथिलेश्वर, *यह अंत नहीं*, 2000, किताब घर प्रकाशन, नई दिल्ली।
81. *माटी कहे कुम्हार से*, 2006, भारतीय ज्ञानपीठ, नई दिल्ली।
82. मृदुला गर्ग, *कठगुलाब*, 1997, भारतीय ज्ञानपीठ, नई दिल्ली।
83. मैत्रेयी पुष्पा, *इदन्नमम*, 1994, राजकमल प्रकाशन, नई दिल्ली।
84. *चाक*, 1997, राजकमल प्रकाशन, नई दिल्ली।
85. *कस्तूरी कुंडल बसै*, 2000, राजकमल प्रकाशन, नई दिल्ली।
86. *त्रिया हठ*, 2005, राजकमल प्रकाशन, नई दिल्ली।
87. मो. आरिफ, *उपयात्रा*, 2006, राजकमल प्रकाशन, नई दिल्ली
88. राजकुमार 'राकेश', *जो इतिहास में नहीं है*, 2005, भारतीय ज्ञानपीठ, नई दिल्ली।
90. रमेशचंद्र शाह, *सफेद परदे पर*, 2006, किताब घर प्रकाशन, नई दिल्ली।
91. रवींद्र कालिया, *ए.बी.सी.डी.*, 2004, वाणी प्रकाशन, नई दिल्ली।
92. *खुदा सही सलामत है*, 2005, द्वि.सं., राजकमल प्रकाशन, नई दिल्ली।
93. रवींद्र वर्मा, *निन्यानवे*, 1999, वाणी प्रकाशन, नई दिल्ली।
94. *मैं अपनी झाँसी नहीं दूँगा*, 2004, वाणी प्रकाशन, नई दिल्ली।
95. *दस बरस का भँवर*, 2007, राजकमल प्रकाशन, नई दिल्ली।
96. राधावल्लभ त्रिपाठी, *विक्रमादित्य कथा*, 2005, भारतीय ज्ञानपीठ, नई दिल्ली।
97. लवलीन, *कठघरे*, 1997, राजकमल प्रकाशन, नई दिल्ली।

98. राजी सेठ, *निष्कवच*, 1996, भारतीय ज्ञानपीठ, नई दिल्ली।
99. राजू शर्मा, *हलफनामे*, 2006, राधाकृष्ण प्रकाशन, नई दिल्ली।
100. *विसर्जन*, 2009, राधाकृष्ण प्रकाशन, नई दिल्ली।
101. वल्लभ सिद्धार्थ, *स्वप्न ही रास्ता है*, 2004, भारतीय ज्ञानपीठ, नई दिल्ली।
102. विनोद कुमार शुक्ल *नौकर की कमीज*, 1979, आधार प्रकाशन, पंचकूला।
103. *खिलेगा तो देखेंगे*, 1979, आधार प्रकाशन, पंचकूला।
104. वि. ना. उपाध्याय, *विक्षुब्ध*, 1996, दी स्टूडैंटस बुक कं., जयपुर।
105. विभूतिनारायण राय, *कर्फ्यू*, 1986, इतिहास बोध प्रकाशन, इलाहाबाद।
106. *प्रेम की भूतकथा*, 2009, भारतीय ज्ञानपीठ, नई दिल्ली।
107. वीरेंद्र जैन, *डूब*, 1991, वाणी प्रकाशन, नई दिल्ली।
108. श्रीलाल शुक्ल, *विश्रामपुर का संत*, 1998, राजकमल प्रकाशन, नई दिल्ली।
109. शरद सिंह, *पिछले पन्ने की औरतें*, 2005, साामयिक प्रकाशन, नई दिल्ली।
110. *पचकौड़ी*, 2009, साामयिक प्रकाशन, नई दिल्ली।
111. शिवप्रसाद सिंह, *नीला चांद*, 1988, वाणी प्रकाशन, नई दिल्ली।
112. *कुहरे में युद्ध*, 1993, राजपाल एंड संज, नई दिल्ली।
113. शैलेंद्र कुमार, *चतुरंग*, 2001, वाणी प्रकाशन, नई दिल्ली।
114. सत्येन कुमार, *छुट्टी का दिन*, 1986, राजकमल प्रकाशन, नई दिल्ली।
115. संजीव, *सावधान नीचे आग है*, 1986, राधाकृष्ण प्रकाशन, नई दिल्ली।
116. *धार*, 1990, राधाकृष्ण प्रकाशन, नई दिल्ली।
117. *आकाश चंपा*, 2008, रेमाधव पब्लिकेशन्ज, गाजियाबाद।
118. संतोष चौबे, *क्या पता कॉमरेड मोहन*, 2006, राधाकृष्ण प्रकाशन, नई दिल्ली।
119. सुरेंद्र वर्मा, *मुझे चांद चाहिए*, 1993, राधाकृष्ण प्रकाशन, नई दिल्ली।
120. *दो मुर्दों के लिए गुलदस्ता*, 1998, राजकमल प्रकाशन, नई दिल्ली।
121. स्वयं प्रकाश, *बीच में विनय*, 1993, राजकमल प्रकाशन, नई दिल्ली।
122. सुषम बेदी, *हवन*, 1989, पराग प्रकाशन, नई दिल्ली।
123. *गाथा अमरबेल की*, 1999, नेशनल पब्लिशिंग हाऊस, नई दिल्ली।
124. सुषमा जगमोहन, *जिंदगी ई. मेल*, 2005, सामयिक प्रकाशन, नई दिल्ली।
125. हरनोट, *हिडिम्ब*, 2003, आधार प्रकाशन, पंचकूला।

आलोचनात्मक ग्रंथ :

1. अमरनाथ, *हिंदी आलोचना की पारिभाषिक शब्दावली*, 2009, राजकमल प्रकाशन, नई दिल्ली।
2. अमित कुमार सिंह, *भूमंडलीकरण और भारत : परिदृश्य और विकल्प*, 2009 सामयिक प्रकाशन, नई दिल्ली।
3. अरविंद मोहन, *मीडिया, शासन और बाजार*, 2008, सामयिक प्रकाशन, नई दिल्ली।

4. कँवल भारती, *दलित विमर्श की भूमिका,* 2002, इतिहास बोध प्रकाशन, इलाहाबाद।
5. कुँवरपाल सिंह, *मार्क्सवादी सौंदर्यशास्त्र और हिंदी उपन्यास,* 2005, शिल्पायन, नई दिल्ली।
6. करुणाशंकर उपाध्याय, *हिंदी का विश्व संदर्भ,* 2008, राधाकृष्ण प्रकाशन, नई दिल्ली।
7. गोपाल राय, *हिंदी उपन्यास का इतिहास,* 2002, राजकमल प्रकाशन, नई दिल्ली। *उपन्यास की संरचना,* 2006, राजकमल प्रकाशन, नई दिल्ली।
8. चंद्रकान्त बांदिवडेकर, *आधुनिक हिंदी उपन्यास : सृजन और आलोचना,* 1988, नेशनल पब्लिशिंग हाऊस, नई दिल्ली।
9. देवेंद्र चौबे (सं.), *साहित्य का नया सौंदर्यशास्त्र,* 1988, किताबघर प्रकाशन, नई दिल्ली।
10. परमानंद श्रीवास्तव *उपन्यास का पुनर्जन्म,* 1995, वाणी प्रकाशन, नई दिल्ली।
11. प्रभा खेतान, *भूमंडलीकरण ब्रांड संस्कृति और राष्ट्र,* 2007, सामयिक प्रकाशन, नई दिल्ली।
12. बच्चन सिंह, *उपन्यास का काव्यशास्त्र,* 2008, राधाकृष्ण प्रकाशन, नई दिल्ली।
13. बी.एम. तारकुण्डे, *नवमानववाद : स्वातन्त्र्य और लोकतंत्र का दर्शन,* 2006, वाग्देवी प्रकाशन, बीकानेर।
14. एम.एन. राय, *हमारा सांस्कृतिक दर्प (पेपरबैक संस्करण),* 1998, वाग्देवी प्रकाशन, नई दिल्ली।
15. यशवंत व्यास, *कल की ताजा खबर,* 2008, वाग्देवी प्रकाशन, नई दिल्ली।
16. रोहिणी अग्रवाल, *इतिवृत्त की संरचना और स्वरूप,* 2006, आधार प्रकाशन, नई दिल्ली।
17. विजय बहादुर सिंह, *उपन्यास : समय और संवेदना,* 2007, वाणी प्रकाशन, नई दिल्ली।
18. विमला लाल, *वृद्धावस्था का सच,* 2006, कल्याणी शिक्षा परिषद्, नई दिल्ली।
19. विश्वनाथ प्रसाद तिवारी *आलोचना के हाशिए पर,* 2008, नेशनल पब्लिशिंग नई दिल्ली।
20. सच्चिदानन्द सिन्हा *भूमंडलीकरण की चुनौतियाँ,* 2003, वाणी प्रकाशन, नई दिल्ली।

स्त्री-विमर्श संबंधी ग्रंथ :

1. अनामिका, *मन माँझने की जरूरत,* 2006, सामयिक प्रकाशन, नई दिल्ली।
2. क्षमा शर्मा, *स्त्रीवादी विमर्श : समझ और साहित्य,* 2002, राजकमल प्रकाशन, नई दिल्ली।
3. चित्रा मुद्गल, *बयार उनकी मुट्ठी में,* 2006, कल्याणी शिक्षा परिषद्, नई दिल्ली।
4. प्रभा खेतान, *उपनिवेश में स्त्री,* 2003, राजकमल प्रकाशन, नई दिल्ली।
5. *बाजार के खिलाफ : बाजार के बीच,* 2004, वाणी प्रकाशन, नई दिल्ली–*स्त्री : उपेक्षिता (सीमोन द बोउवार की 'दि सेकेंड सेक्स' का हिंदी रूपान्तर),* 1994, सरस्वती विहार, नई दिल्ली।

6. मृणाल पांडे, क्षमा शर्मा (संपा.), *बंद गलियों के विरुद्ध*, 2001, राजकमल प्रकाशन, नई दिल्ली।
7. मृदुला सिन्हा, *मात्र देह नहीं है औरत*, 2007, सामयिक प्रकाशन, नई दिल्ली।
8. राजेन्द्र यादव, *कथा जगत् की मुस्लिम बागी औरतें*, मुशर्रफ अली जौकी (सं.), 2006, राजकमल प्रकाशन, नई दिल्ली।
9. लता शर्मा, *औरत अपने लिए*, 2006, सामयिक प्रकाशन, नई दिल्ली।
10. लवलीन, *प्रेम के साथ पटाई* 2007, सामयिक प्रकाशन, नई दिल्ली।
11. विभा देवसरे, *घरेलू हिंसा*, 2008, आर्यमंडल प्रकाशन, गांधीनगर।
12. शशिकला राय, *इस्पात में ढलती स्त्री*, 2008, सामयिक प्रकाशन, नई दिल्ली।
13. शैलेन्द्र कुमार, रजनी गुप्त (संपा), *आजाद औरत : कितनी आजाद*, 2008, सामयिक प्रकाशन, नई दिल्ली।
14. सुभाष सेतिया, *स्त्री अस्मिता के प्रश्न*, 2006, कल्याणी शिक्षा परिषद्, नई दिल्ली।

अन्य सामग्री, संसाधन :

पत्रिकाएँ :

अक्षर पर्व, आलोचना, नया ज्ञानोदय, वागर्थ, वसुधा, आदि शीर्ष पत्रिकाएँ।

समाचार पत्र :

जनसत्ता, दैनिक भास्कर, आदि तथा अंग्रेजी समाचार-पत्र टाइम्स ऑफ इंडिया, हिंदुस्तान, द हिन्दू।

इंटरनेट :

w.w.w. en. Wikipedia, Answer com. आदि इंटरनेट सूत्रों से ग्लोबलाइजेशन, विमेन्स लिबरेशन, फेमिनिज्म, करप्शन, करप्शन एंड द ग्लोबल फाइनेन्शल क्राइसिस, आतंकवाद, डब्ल्यू.टी.ओ.,जी. 7, जी.-20, नाफ्टा, आदि, यूनेस्को भाषा संबंधी रिपोर्ट, आदि सामग्री।

टी.वी. चैनल :

लोक सभा, बी.बी.सी., सी.एन.एन., आदि की परिचर्चाएँ, उनके द्वारा दिए गए विभिन्न आँकड़े।

●●●